MANAGEMENT SCIENCE AND ENGINEERING CLASSICS 管理科学与工程经典译丛

管理科学与工程经典译丛

CONTEMPORARY ENGINEERING ECONOMICS

工程经济学

（第5版）

钱·S·帕克（Chan S. Park） 著
邵颖红 译

U0873856

中国人民大学出版社
·北京·

译者序

工程经济学是研究有关工程设计和分析的效益和费用并对此进行系统计量和评价的学科。很多人将工程经济学理解为有关工程项目决策的知识，仅供将来从事工程项目决策工作的学生学习和使用。因此目前在我国高校仅仅限于工程管理、土木工程、城市规划等专业设有工程经济学课程。实际上这是一种误解。工程经济学的研究对象不仅是工程项目的经济性，而且包括任何产品和服务工程设计的经济性。所有未来在企业从事产品设计和在公共部门从事服务设计的工程技术人员，都应学习这一课程。

本书深入浅出地介绍了现代工程师必备的工程经济学专业基础知识，是针对各类工科学生的入门教材。本书内容丰富、逻辑严密，充分运用理工学生较强的数理基础，通过大量的运算实例来阐述理论与方法，该教材从 1993 年首版以来，再版 4 次，及时吸纳最新研究成果，并随实践和计算手段的演进而不断修订更新，做到与时俱进，长盛不衰，一直被很多高校采用，深受师生欢迎。

艾奥瓦州立大学戴维·斯莱（David Sly）博士评论说，帕克的这本书强调个人的财务问题，清楚地解释了商业财务问题，以及为什么和什么时候该将其应用到企业当中，所以学生能学得更好。我发现当学生能够联系到自己的状况，而且明白这些金融工具对他们个人的成功非常重要的时候，他们学习工程经济学就更有效率了。

确实如此，这本书充分体现了学以致用的特色，一切以学生为中心，以帮助学生掌握原理和方法为目的。在翻译过程中，译者深深为作者秉持的教育工作者的敬业精神所折服。所有章节开篇均以当代著名企业的工程经济问题为引例，探讨了很多当前的热点问题，引导读者运用所学知识解决现实世界中的问题，但由于篇幅所限，译著中对一些引例进行了删减。

本书体系完整，教学资料丰富，非常适合大学院校作为教材，也可供政府企业作为培训教材使用，个人自学也非常适宜。

一些研究生参与了本书部分章节的初译工作，他们是范可、郭小栋、范晨卉、孟鑫、朱光灵、徐海燕，没有上述同学的协助本人难以完成本书的翻译工作，在此深表谢意。

中国人民大学出版社工商管理分社诸位编辑为本书的出版提供了热情的帮助，特此表示衷心的感谢。

邵颖红

序 言

何谓“现代”工程经济学

产品开发中工程设计阶段的决策决定了制造该产品的主要成本（甚至其价值可能占到85%的比例）。设计和制造过程越来越复杂，工程师们在做决策时比以前更关注资金的使用。所以，在21世纪，成为一个称职且成功的工程师，除必须拥有相关的设计经验，还应具备科学、工程学和经济学各方面的专业知识。在新经济下，越来越多的企业需要这类专业工程师。

经济和设计问题在产品和服务的整个寿命周期里息息相关。所以，写作本书的一个重要动机就是把经济和工程设计实践带到课堂上来，帮助学生结合实践考虑工程决策问题。当然，本书的主要目的不仅是去满足当前的知识需求，而且是秉承一个教育工作者所持的永恒不变的宗旨：帮助学生掌握知识。所以，在各章写作中，把工程经济学原理陈述得透彻、简洁和准确才是我的目标。

第5版的新内容

大部分内容做了简化，为的是提供更深程度的素材，反映现代工程经济学面临的挑战。一些重点更改的地方如下：

- 所有的章节以引例①（现代工程经济学一书的一贯特征）开始，这些引例或者更新了，或者完全由最新的和更加引人思考的话题取代。引例的选择涉及不同的产业领域和经营变化过程，反映了全球经济的重要片段。在美国，服务行业贡献了国内生产总值（GDP）的80%以上，工程师们也在服务行业处理各种经济决策问题。因此，第5版教材中展示了很多服务行业的工程经济决策问题。
- Excel电子表格模型技术应用到许多经济决策问题当中，为重要的决策难题提供“假设分析”解决方案。
- 所有章末的习题都随着整篇文章的引用材料的更新而改变了。总共有642道题目和62个小型案例研究题。和上一版相比（509道题和59个小型案例研究题），本书在题目的数量上增加了24%，也就是新增136道题。大约40%的章末习题是新增的或者更新了的。②

---

① 由于篇幅所限，译著对原书一些引例进行了删减。——译者注

② 由于篇幅所限，译著选择了原书大致1/3的习题。——译者注

● 增加了一个新的关于如何准备基础工程考试的附录，包括练习题和答题思路。①

● 本书第11章介绍了Crystal Ball风险模拟工具，可以为读者在处理项目不确定性时提供综合的风险分析方案。

● 第12章（实物期权分析）做了很大改动，为工程师应该如何管理其战略经济决策问题中的风险提供了一个新的思路。特别是增加了一种评估项目波动性的方法，在管理长期性项目风险时，实物期权分析因此方法变成一个更加实用的财务工具。

● 关于各个章节的其他一些变化总结如下②：

章	新内容或者更新
1	● 1.2节经过修订加入了最新的议题——国家输电网络项目（Smart Grid Projet）。 ● 1.4节完全更新了对反映混合动力车的技术和市场认知的改变。
2	● 提供了可以解决不同经济等值问题的Excel财务函数。 ● 2.4节经过修订，添加一些新的例子说明很多不同的非传统的但很有用的等值问题。
3	● 3.5.3节经过修订，反映各种不同的购房按揭贷款的财务选择。
4	● 4.3节中引入了项目余额的概念。
5	● 用Excel展示寿命周期成本分析。
6	● 6.3.4节（混合投资的决策准则）经过修订，清楚地解释了多个收益率问题。 ● 用Excel模型去计算投资收益率。
7	● 新增了本量利分析一节（7.3.3节）。 ● 更新了所有有关车辆拥有和运行的成本数据。
8	● 更新了税收信息。
9	● 用Excel生成所有的现金流量表。 ● 9.4.3节（租赁或购买决策）经过修订，对实务中有关外包决策的各种经济问题做出了更好的解释。
10	● 更新了所有消费价格指数相关数据和其他成本数据，以反映不同经济领域的通胀和通缩现实。 ● 用Excel生成所有的现金流量表。
11	● 给出用Excel进行假设分析的过程。 ● 复杂风险分析决策问题的建模采用了Crystal Ball软件，替代了“@RISK”。
12	● 大部分重大的改变都是为了适应教学的需要，多采用图示方式解释复杂的金融概念和实物期权问题。 ● 新增一节（12.6节）说明如何估算项目波动性。
13	● 采用Excel建模技术解决很多的更新决策问题。
14	● 简化了讲解。
15	● 修订了15.2节关于卫生保健问题的经济分析，以改进教学效果。 ● 增加了一个有关费用—效益分析的详细案例。
附录	● 附录B——标准正态分布函数值。

① 与国内关系不大，译著删除了该附录。——译者注

② 由于篇幅所限，译著中删去了原著中的第2章和一些章后习题等。此处表格中的章节为调整后的序号。——译者注

本书概述

尽管本书很少包含高等数学和高深的概念，但工程经济学这门课对于大二、大三和大四的学生来说，经常被认为是一门困难但有趣的课。它的难点体现在以下几方面：

1. 这门课第一次要求学生将金钱纳入考虑范围来做分析（除了支付学费、房租、饭费和书本费以外很少涉及）。

2. 过分强调理论会使得学生不清楚课程的首要目标是建立一系列衡量项目价值的实用分析工具。这很不幸，因为几乎每个工程师——不用说每个人——或多或少都有责任对有限资金进行合理配置。

3. 选修该类课程的有来自工业工程、土木工程、机械工程、电力工程和制造工程等各工科专业的本科生，但他们大都觉得这门课程没有让他们学到想要培养的技能。对于工业工程专业的学生来说，这可能有失偏颇，教材内容大多针对他们而设计，但是其他专业学生经常因为缺乏相关的应用内容而兴趣不足。

本书目标

本书不只是提供全面的工程经济学概念，而且要解决上面所提到的学生遇到的困难，这些困难都是基于对工程经济学实际问题的疏忽。具体来说，本书有以下主要目的：

1. 建立项目财务分析实践的理论和概念体系基础。

2. 满足工程项目财务决策分析的实际需要。

3. 综合使用所有的关键决策工具——包括工程师进行财务决策分析时使用的最新的计算机导向的工具。

4. 要求课程内容对以下所有工科专业都适用：工业工程、土木工程、机械工程、电力工程、计算机、航空航天工程、化学工程、制造工程及工程技术。

先修课程

本书适用于大二及以上的工科本科生。唯一的数学背景要求就是初等微积分。在第11章和第12章中，预先拥有概率或数理统计基础将有助于对本书的理解，但是这也并不是必需的，因为本书所涉及的基本问题的处理都自成体系。

利用互联网

将计算机应用融合进来是现代工程经济学的另一个重要特征。学生们更容易接触和熟悉不同的电子表格工具，而教师也更倾向于在课程中明确采用电子表格解题或者鼓励学生自行熟悉和应用电子表格。

由此产生的问题就是计算机的使用会降低学生对于课程概念的实际理解。本书并不提倡应用工作表处理简单问题，从而替代理解和应用传统解决方法的技能，而是关注计算机对于复杂项目现金流量生成和分析的效率。电子表格主要用于解释章节里的复杂概念，计算机可以比传统的手算方法效率高得多。

教师资源

教师可以在线使用所有的资料。采用本书授课的教师可以使用以下资源：

- TestGen，一个试卷生成软件，帮助教师生成考卷或者在线测试题。
- 本书的一些例子和章后习题的 Excel 文件。
- 教师答案手册，有 Word 和 PDF 两种版本。
- 有 Excel 文件链接的 PPT 讲义。

学生资源

学生可使用以下资源：

- Pearson e-Text 载有本书的在线完整版电子书，包括重点内容、读书笔记、查询能力以及本书中的 Excel 媒体文件（包含本书的所有例子），以及附加的学生学习资料。标有※的章末习题表明可使用某些 Excel 模板。
- 每章的工程基础测试题。
- 本书网站提供的分析工具：在网站上有各种财务计算工具，网址是 http://www.pearsonhighered.com/park。现金流量分析器（Cash Flow Analyzer）是一个综合的在线 Java 程序，采用菜单形式，应用方便而且灵活；它提供两方面功能：(1) 方便数据输入和修改的灵活易用的现金流量编辑器；(2) 种类齐全的计算模型和可供用户选择的图形输出。

钱·S·帕克
亚拉巴马州奥本大学

目　录

第 1 篇

财务决策基础

第1章

工程经济决策

学习目标

通过本章学习，应该掌握以下概念：

- 工程师在商业活动中的角色。
- 企业组织的类型。
- 工程经济决策的性质和类型。
- 工程经济决策困难的原因。
- 典型的工程项目创意如何融入商业中。
- 工程经济学的基本原则。

1.1 工程师在商业活动中的角色

雅虎（Yahoo）、苹果电脑（Apple Computer）、微软（Microsoft Corporation）以及太阳微系统（Sun Microsystems）等公司都是市值数十亿美元的电脑产品公司，这些公司最初都是由拥有技术背景的大学生创立的。起初，这些学生以个人独资企业的形式设立公司，随着业务的增长，他们的公司转变为合伙制企业，最终转变为公司制企业。本章将首先介绍企业组织的三种基本设立形式并简要探讨工程师在商业活动中的角色。

1.1.1 企业组织的类型

企业组织有三种法律形式：个人独资企业、合伙制企业和公司制企业。它们各自有其优缺点。

个人独资企业

个人独资企业（proprietorship）是由一个自然人所拥有的企业。该个人对公司的政策负责，拥有公司的全部资产，并以其个人财产对公司债务承担完全责任。个人独资企业有两大优势。第一，易于设立且成本较低。设立个人独资企业没有法律和组织的条件要求，因此几乎没有组织成本。第二，个人独资企业的经营所得，按其业主的个人所得税税率纳税，一般所纳税额比按公司所得税税率纳税要低。个人独资企业的主要缺陷是拥有者以其个人财产对公司债务承担责任，且个人独资企业不能发行股票和债券，因此融资困难。

合伙制企业

合伙制企业（partnership）与个人独资企业类似，但合伙制企业的所有者多于一人。合伙制企业大多通过合伙人之间签订书面协议的方式建立，协议通常明确规定合伙人的薪酬、出资额、损益的分配方式。合伙制企业有许多优势，例如成本低和易于设立。由于有不止一个出资人，合伙制企业拥有更多的资本用于经营活动。由于有所有合伙人的资产为企业经营活动做保障，合伙制企业更容易向银行借款。此外，合伙人对其享有的公司应税收入，只需缴纳个人所得税。

合伙制企业的缺点在于，根据法律规定，合伙人对公司的债务承担无限连带责任。这意味着合伙人必须以其全部个人资产承担风险，而并不仅仅是投资到公司中的资产。在破产清算时，虽然每个合伙人对其相应的债务承担责任，但如果有合伙人不能履行其偿债责任，其余合伙人对其未偿债务具有清偿责任。最后，合伙制企业的寿命一般不长，如果有合伙人退出企业，企业必须解散或重组。

公司制企业

公司制企业（corporation）是根据地方或联邦法律设立的独立法人，它独立于所有人和管理人。这种独立使得公司制企业有如下四大优势：

（1）可以通过发行股票和债券向大量投资者集资。

（2）通过股权交易所有者的利益易于转移。

（3）投资者以其出资额为限，对公司债务承担有限责任。

（4）公司制企业的赋税方式不同于个人独资企业和合伙制企业，在一定情况下，税法倾向于公司制企业。然而，设立公司制企业成本较高，且要遵循许多政府的管制规定和要求。

由于企业的法律形式影响其对运营的控制程度以及集资的能力，因此随着企业的发展可能需要改变其法律形式。企业的法律形式还会影响破产时所有者的风险以及企业赋税方式。以苹果公司为例，起初企业以两人合伙制企业运营。随着业务的增长，所有者感到了组织形式的约束：公司集资困难，破产风险高，随着收入的增加税负增加。最终，他们认为有必要将合伙制企业转变为公司制企业。

在美国，大部分经营企业是个人独资企业，其次是公司制企业和合伙制企业。然而，就业务总量（销售额）而言，个人独资企业和合伙制企业却远小于公司制企业。由于大部分业务是由公司制企业完成的，本书将主要探讨公司制企业的经济决策问题。

1.1.2 工程经济决策

在企业里，诸如工程师发挥何种作用，担任何种工作，采用何种工具和方法提升企业利润等许多问题值得探讨。工程师参与了从生产、营销到财务等的广泛决策，然而，我们的探讨将着眼于与工程项目相关的经济决策，我们将这类决策称为**工程经济决策**（engineering economic decisions）。

在生产过程中，工程问题涉及产品生产的各个细节，从概念设计到运输。事实上，工程决策解释了大部分生产成本（约 85%）。工程师必须考虑厂房设备等资本资产的有效使用，工程师的主要任务之一就是制定设备购置（**资本支出**（capital expenditure））计划，从而使企业产品设计和生产更为经济。

在购置设备等固定资产时，我们需要估计该资产在使用期间会产生的利润（确切地说是现金流）。换言之，我们需要在未来预期的基础上进行资本支出决策。例如，假设你考虑购买去毛刺机，以满足生产齿式联轴器所要用的材料（轮毂和套管）需求。预期该设备将使用 10 年，因此该项决策需要预测未来 10 年的齿式联轴器销量。这意味着验证该项支出是否值得需要很长时间。

对资产需求不合理的估计可能导致严重的后果。如果对一项资产投资过多，会导致不必要的沉重支出。而对固定资产的投入过少也有危害，因为可能由于设备过时不能高效地生产产品。缺乏足够的生产能力也会导致丧失市场份额，想挽回失去的顾客可能需要支出巨大的营销费用，或将产品降价或改进产品，采取这些措施的代价都很高。

1.1.3 个人经济决策

如同工程师在公司财务资产的有效利用中所起的作用，我们每个人也需要管理个人财务。在我们支付了房租、食品、服装和交通等必要生活开支后，剩余的资金可用于娱乐、旅行和投资等可自由支配的活动开支。对于用于投资的资金，我们希望在可接受的风险范围内将经济收益最大化。投资对象有无数种选择，比如储蓄账户、权证、股票、债券、共同基金、养老保险计划、可出租物业、土地、商业所有权等。

如何选择需要做仔细的投资分析。个人投资机会分析采用与工程经济决策分析相同的技术，同样，最困难的是预测投资对象未来的表现。投资对象选择的好坏决定了投资结果，如持有安然公司股票的投资者，在欺诈调查事件前卖出股票的成了亿万富翁，而没有卖出的，失去了一切。

聪明的投资策略是通过分散投资控制风险。采取该策略，投资者将持有不同风险大小和不同行业领域的投资品种。由于未将“所有的鸡蛋放在一个篮子中”，血本无归的风险大大降低。

1.2 工程经济决策的难点

工程师在商业活动中进行经济决策，与个人进行理财决策区别不大，只是涉及的规模不同。假设某公司 12 年前购置一台车床生产传动泵，你作为负责该产品生产的工程师，预测未来一段时间传动泵的需求持续增长，然而在过去两年，车床频繁出现故障，最后完全停止运转。现在需要决定是更新还是维修车床，如果你希望车床能在未来一两年内有效运转，可能会选择维修旧车床而不是更新。这里最重要的问题是这笔相当大的设备投资是现在投入还是将来投入。更复杂一些，如果产品的需求减少，你还要分析减少的利润是否可以弥补新车床的成本。

下面以一个规模更大的真实工程决策实例来加以说明，该实例来源于CNNMoney.com上的一篇论文。[1]

> 多年来人们一直听闻国家输电网络的陈旧落后。
>
> 2003年，让5 000万人陷入黑暗的大停电为人们敲响了警钟。今年夏天，T·布恩·皮肯斯（T. Boone Pickens）计划投资数十亿美元兴建风力发电厂，同时募集大量资金更新国家的老化电路，以适应风电电力的输送。
>
> 1950年，美国经济产出的20%直接依赖于电力，据行业网站smartgrid-news.com的编辑杰西·伯斯特（Jesse Berst）的报道，这个数字现在已达到60%，并且还会很快地增长。在一个能源短缺和全球气候变暖的时代，建设更好的输电网络对经济增长至关重要。
>
> 从事专业咨询的布拉特尔集团（Brattle Group）预计，未来20年美国对电力系统的开支将达1.5万亿美元，而这仅仅够维持照明。
>
> 如果采用更清洁的能源发电，其投资可将这一数额推高至2万亿美元，包括建造新的电厂、输电线路以及维护费用。
>
> 单就电网（包括线路、电塔、电测仪、变电站等）建设而言，布拉特尔集团预计智能电网建设的一期工程未来20年将耗资9 000亿美元，此项支出包括计算机、各类电表、电网智能化软件等。
>
> 全面实现电网的智能化，需要改进所有公用事业用户的计算机系统，接纳可再生能源从多个发电源进入电网，连入电动汽车充电站并使用汽车电池作为移动的储电设备实现电力双向流动。据布拉特尔集团的首席咨询专家彼得·福克斯-彭纳（Peter Fox-Penner）所言，该项工程的投资额尚不明确，但预计花费达数千亿美元，且至少2030年以后才能完成。

很明显，这种水平的工程决策远比引进新产品的商业决策复杂和重要。该类工程涉及大量的资金和较长的周期，用任何精确的方法都难以估计其经济效益规模。假设我们决定重建电网系统，是应当逐步建设，还是直接建设能满足20年后需求的电网？即使可以判定该工程经济上合理，如何为该工程融资又是一个问题。所有这类规模宏大工程的决策都很难制定。

本书将探讨多种形式的投资，既有个人投资也有商业投资。然而讨论的重点将放在基于经济可接受性的工程项目评价，以及典型的企业或公共机构面对的投资问题。

1.3 经济决策与设计决策

经济决策与典型的工程设计决策从根本上不同。在设计中，工程师运用自然规律知识、物理化学原理，根据工程设计的关联性和敏锐直觉来实现实用而优化的设计。如果设计理念合理，计算准确且忽略技术进步，一项设计是不随时间改变的。换言之，如果是今天所做的可以满足某特定需要的一项工程设计，下一年或5年后，其最终设计改变不大。

比较而言，衡量投资吸引力的经济决策比设计决策更为直观易懂。然而这种衡量常常需要预测未来一段时期（5年，10年，20年等）的产品销量、产品价格、产品成本等。

这些预测一般有两个问题。第一，预测结果不会与未来的真实情况完全一致。第二，现在的预测与未来某一时点的预测也会不同。正是这种未来恒变的思想要求人们回顾甚至改变先前的经济决策。因此，不同于工程设计，经济评价得出的结论不会一成不变。经济决策必须以优质的信息为基础，并对预测数据的不确定性有全面的理解。

1.4 大型工程项目

在产品的开发过程中，工程师要将一种创意转换为现实。公司的成长和发展很大程度上依赖于连续的新产品创意，为了保持公司的竞争力，必须完善现有产品或降低生产成本。下一节将介绍一个设计工程师将创意转变为创新汽车产品的过程。

1.4.1 典型的工程创意演变过程

普锐斯（Prius）是丰田汽车公司（Toyota Motor Corporation）推出的全球首款批量生产的油电混合动力汽车，作为丰田新一代产品的代表，其发动机极大地降低了空气污染，显著提高了燃料利用效率。简言之，丰田希望开启和主宰绿色节能汽车的新纪元，并计划投资 15 亿美元。普锐斯最初针对日本市场，采用汽油和电力两种方式作为动力，其污染气体排放量小于普通汽车，且行驶里程越多，总的二氧化碳排放量越少。此外，普锐斯有高度灵敏的反应能力和平稳的加速能力。以下来自《商业周刊》[2]（*BusinessWeek*）的资料说明了大型公司的工程师制定战略决策的过程。其余资料由丰田汽车公司提供。

开发新能源汽车的原因

丰田从 1995 年开始开发普锐斯，当时有四位工程师负责研究 21 世纪的人需要何种类型的汽车。通过一年的研究，首席工程师认为，丰田应生产更好地用于一个资源短缺的世界的汽车。他想到了电动汽车，但电动汽车行驶 215 公里就需要充电，另一种选择是使用氢气燃料电池的汽车，但他预测这种汽车的批量生产至少要在 15 年后。最后该工程师确定了一种混合动力车，这种车同时用镍氢电池和汽油发动机提供动力。这对丰田来说是一个巨大的赌注，那时原油和汽油的价格正在低位波动，而环保汽车价格昂贵且实用性有待考量。没有汽车制造商能成功售出顾客认为不需要花钱购买的东西：清洁的空气。即使在一升汽油贵达一美元的日本，汽车制造商也很难推广高效燃料和低碳排放的概念。丰田有若干理由选择走新能源汽车之路，在 21 世纪，中国、印度等地将新增数百万汽车用户，丰田预测汽油价格将在全球范围内上涨。同时，日本汽车制造商预测，随着污染和气候变暖威胁的加剧，政府会采取强硬的措施改善空气质量。

设计的独特之处

普锐斯现行动力系统的研发花费了丰田两年时间。该车拥有两台发动机，即一台电动机和一台新开发的 1.5 升汽油发动机，由其提供复合动力。当发动机启动时，一个特殊的“动力分配装置”将一部分能量输送到传动轴推动车轮转动，同时再将一部分能量输送给发电机，发电机产生电能或驱动马达，或为电池充电。由于这种灵活的传送方式，普锐斯可以在电动机和汽油发动机中自由转换，或同时提供驱动。汽车低速行驶时只靠蓄电池和发电机工作，以正常速度行驶时，电动机和汽油发动机同时工作，高速行驶、超车或上坡时，电池也加入供能。

汽车减速或刹车时，电动机将汽车的动能转化为电能并通过逆变器储存在蓄电池中，因此汽车的移动和汽油发动机产生的能量可以为汽车供电。这种供电和储电的过程增加了汽车的效率。汽车在等待红灯时关闭发动机也会发生这样的能量转换。在高速行驶和加速过程中，电动机辅助驱动，使汽油发动机高效运转。丰田宣称，经测试其混合动力车将油耗降低100%，发动机效率提高80%，普锐斯排放的二氧化碳大致是传统车的1/2，一氧化碳、碳氢化合物、氮氧化合物约为传统车的1/10。

混合动力车雨天行驶的安全性问题

新能源汽车的大规模市场推广还面临很多难题。汽车购买者对气候变暖导致的海平面上升并没有很大的焦虑。许多日本的创新发明，都有成为仅仅令人印象深刻的技术的风险，也就是说这种技术很有意义但只有一小部分精英会购买。陌生的绿色环保技术也会令顾客产生恐惧心理。日本政府在节假日为人们提供试驾混合动力汽车的机会，但是在5月的一个下雨的周末，一些人拒绝了试驾，因为他们害怕开电动车可能会触电。一位工程师指出："经历了20年自动挡汽车才在日本流行起来。"新能源汽车技术的推广肯定需要很长一段时间。

混合动力车的成本问题

混合动力车的批量生产所面临的最大问题是成本。在全球汽油价格普遍低于日本的情况下，要使普锐斯在国际市场上具有竞争力，丰田尤其需要降低其生产成本。随着生产规模增大产生的规模经济会有助于成本降低，但工艺流程的改进也至关重要。依据最初的设计，普锐斯的月经营成本约是传统车的两倍。尽管如此，丰田仍坚持普锐斯上市第一年本土的销售量超过12 000辆的目标，为达到这一目标，每辆车的售价仅为17 000美元。公司坚持认为普锐斯不会造成公司的损失，但竞争对手和分析师认为，依据当时的制造水平，每辆普锐斯的生产成本高达32 000美元。如果事实如此，低价策略将使丰田在该新款车型上每年有超过1亿美元的亏损。

需求问题

消费者为什么要购买17 000美元的普锐斯，而放弃只要13 000美元的卡罗拉(Corolla)？在饱和的本土汽车市场推广普锐斯对丰田并没有益处，没有人知道混合动力车最终会有多大的市场。丰田预测最早至2005年，混合动力车将占世界汽车市场的1/3。日本国际贸易与工业部（Japan's Ministry of International Trade and Industry）预测，到2010年行驶在日本各类道路上的包括混合动力车在内的新能源汽车将达240万辆。尽管其前景并不明朗，然而普锐斯为丰田的竞争者制定了新能源汽车标准。看来日本不会停下前行的脚步，政府要求汽车制造商2010年前将二氧化碳排放量减少20%，氮氧化合物、碳氢化合物、一氧化碳排放量减少80%。同时政府给购买新能源汽车的消费者提供减免税优惠。

普锐斯的前景开始好转：1998年6月，普锐斯的销量已达7 700辆。受此鼓舞，丰田宣布将在2000年将普锐斯推向北美和欧洲市场。到那时，北美和欧洲市场的总销量将达到每年约20 000辆。丰田计划未来两年进一步优化混合动力车以适应欧美市场的环境。

普瑞斯推广的商业风险

丰田的工程师表示，美国加利福尼亚州将成为普锐斯在日本之外的最大市场，但 50 000 辆的年需求是值得生产的必要条件。尽管丰田的管理层决定将普锐斯推向美国市场，但工程师们并不能确定美国市场有足够的需求量。此外，包括美国汽车制造商在内的丰田的竞争对手，还没有看到丰田生产的新能源汽车达到盈利的经济规模。普锐斯的最主要优点是将汽车的污染减半，如果政府实施更严格的空气质量标准，消费者对环保越来越重视，普锐斯的这一优点将很有吸引力。然而，如果生产成本无法降低，市场需求无法提升，那么对新能源汽车的投资缺乏可行性。

□ 1.4.2　工程项目对财务报告的影响

工程师必须了解公司制定重要决策时所处的商业环境。工程项目产生盈利是重要的，但公司的总体财务状况也应得到提升。我们如何衡量丰田的普锐斯项目是否成功呢？普锐斯的销售前景是否能确保丰田的新能源事业成为主要的盈利来源？即使普锐斯项目能为客户提供舒适、可靠、低成本驾驶的汽车，项目可接受的底线仍是其长期的财务效益。

无论哪种形式的企业，每个经营周期都要提供基本的财务报告，这些报告是未来投资分析的基础。实务中很少只根据项目的盈利性预计进行投资决策，还要考虑投资对企业整体财务状况的影响。

假如你是丰田的总裁，而且你拥有公司的股权，你将会为公司设立怎样的目标？虽然公司经营的目的是盈利，但决定公司市场价值的不是每股收益，而是现金流。毕竟是可用资金决定公司未来的投资和成长。因此，你的目标之一是尽可能为公司的所有者提升公司价值。从某种程度上说，公司股价代表了公司的市场价值。有许多因素影响公司市值：当前和预期收益、收益的时间分布和期限以及相应的风险。当然，任何成功的投资决策都能提升公司市值。股价是公司财务健康状况的良好指标，也是对公司服务股东利益状况的市场反应。

□ 1.4.3　2009 年对丰田决策的事后评价

显然，在 1998 年人们对混合动力车市场有许多怀疑和不确定。即使丰田的工程师也不确定美国市场是否有充足的需求。在普锐斯上市 10 年后，事实证明丰田推广普锐斯的决策是正确的。

● 由于普锐斯的持续成功，2003 年丰田在纽约车展上推出了普锐斯第二代，这款车具有更强的动力和更好的节能性能。新款普锐斯说明丰田达到了它的目标：在保持现代汽车的传统优势下，创造具有高节能减排性能的环保车型。加上易于操控和有吸引力的设计，普锐斯成为个人和公司钟爱的选择。丰田已经宣布，将美国市场的产量翻倍，从每年 50 000 辆增加到 100 000 辆，但如果未来石油价格继续上涨，这种产量规模依然不能满足需求。

● 由于公众对混合动力车的喜爱，需求不断增加，丰田的投资者们欢欣鼓舞。因此丰田的股价和股东价值得以提升。事实上，经过大力推广，新能源汽车已成为市场领导者，使得丰田的股价在 2005 年后期持续走高。[3]

● 到 2006 年，丰田的市场价值依然在增长。到 2009 年 2 月，普锐斯在美国的销售，占全球 1 200 万辆车销量的一半以上。普锐斯 10 款车型的平均售价达到 25 000美元。

有关普锐斯的任何成功投资决策，都会引起公司股价上涨以及促进公司的长期利益。因此在大规模工程项目决策过程中，必须考虑项目对公司市场价值的可能影响。

1.5 战略型工程经济决策的一般类型

丰田公司成功推出新产品并成为混合动力车市场领导者的故事很典型：一个好的想法，被很好地执行，最终获得好的结果。像普锐斯这样的项目思想可能产生于组织的不同层次。因为想法有好有坏，我们必须建立审查项目的程序。许多大公司都有专门的项目分析部门，积极寻找新的想法、项目和商业机会。工程经济决策通常分为以下五类：（1）设备或工艺选择；（2）设备更新；（3）新产品或产品扩展；（4）成本节省；（5）服务或质量改善。这种分类有助于管理者抓住问题的关键：例如，现有的厂房能否容纳新的生产？企业是否有足够的知识和技能实施新投资？新计划能否招募到新的技术人员？这些问题的答案有助于公司排除在现有的公司资源下，不可行的方案。

普锐斯项目代表了一个相当复杂的工程决策，它需要公司的高级管理层和董事会的批准。事实上所有大企业有时都要面临这种规模的投资决策。投资规模越大，所需的分析越详细。例如，旨在提高现有产品产量或生产新产品的支出，需要详细的经济性判别。新产品的生产和营销决策通常属于较高级别的决策，而维修设备的决策属于较低级别的决策。工程项目决策的五种分类阐述如下。

- **设备或工艺选择决策**。该类决策指从满足项目需求的若干行动方案中选择最优的方案。例如，几个备选设备应选择购买哪一个？我们通常选择最节省的（或最大投资回报率的）设备。再如，车身面板材料的选择决定了汽车的制造工艺。有许多因素影响材料的选择，工程师必须考虑主要的成本因素，如机器设备、工具、人工、材料的成本，其他因素还有压模、装配、生产及加工废料、模具数量、各种工序周期等。

- **设备更新**。该类投资决策主要是关于更新损坏和老旧设备的必要支出。例如，某公司购入10台大型冲压机，预期使用10年以生产金属冲压件。但5年后，该零件有可能改为塑料材质，因此冲压机可能需要早些更换为塑料压模机。此外，公司发现为适应市场竞争，需要生产更大更精密的零件，因此，公司不得不提前考虑更新旧设备。

- **新产品或产品扩展决策**。由于产出增加，该类投资可以提高企业收入。该类决策的一般类型是关于增加现有产品产量或配送设施的支出决策。这种情况最基本的问题是："我们是建造还是购买新厂房？"这类投资的预期现金流入是由新设备生产的产品或提供的服务所带来的收益。该类决策的另一种类型是生产新产品或在新地域销售产品。这类项目通常长期需要大量资金。

- **成本节省决策**。该类决策是旨在降低公司运营成本的决策。例如公司需要考虑是否购进机器来替代现在的手工操作，或者现在花钱是否能换取将来省更多的费用。投资产生的预期未来现金流入是经营成本的节省额。

- **服务或质量改善决策**。前文的大部分例子都是与制造业相关的经济决策。而本书介绍的决策方法也适用于改善服务或改进产品质量的决策。

1.6　工程经济学的基本原则

本书着眼于工程师制定合理经济决策时所使用的原则和方法。与其他工程类学科相比，第一次学习工程经济学的学生会对涉及资金的问题感到陌生。不过，在本领域解决问题时的决策逻辑与其他工程类学科可能非常相似。下面将介绍工程经济学的基本原则，这些原则将本书中的概念和技术联系起来，有助于我们把握工程经济实务中的逻辑。

- **原则 1：货币具有时间价值**。工程经济学中的基本概念是货币具有时间价值。由于现在获得的资金可以用来赚取利息，所以同样一笔资金，越早获得越好。这个概念是所有工程项目评价的基础。
- **原则 2：着眼于方案的差异**。经济决策必须以备选方案间的差异为基础，方案间的相同之处与决策无关（见图 1—1）。当然，正在考虑的方案必须是最优的经济决策，因此经济决策的目标是最佳地利用有限的资源。做出一个选择后势必要放弃一些东西，一项选择的机会成本就是所放弃的最佳选择的价值。

设备购买和租赁方案比较

无论你如何决策，在燃料和维护费用上花费相同　　单位：美元

方案	月燃料费	月维护费	初始费用	月偿还	第3年年末残值
购买	960	550	6 500	350	9 000
租赁	960	550	2 400	550	0

决策中的不相关项

图 1—1　差异分析

- **原则 3：边际收益大于边际成本**。有效的决策需要比较备选方案的增量成本和增量效益。每个备选方案都必须先检验其自身的经济价值，然后再与其他方案比较。任何有意义的经济活动都应符合基本的经济原则，即边际收益必须大于边际成本。这里，边际收益指每增加一单位（或很小单位）活动所增加的收益，边际成本指每增加一单位（或很小单位）活动所增加的成本。自然资源、人力资源、资本物品等生产资源是有限的，人们不可能拥有所希望的全部产品或服务，因此人们必须有所取舍。
- **原则 4：额外的风险需要额外的回报相匹配**。由于消费的推迟，投资者对投资对象有最低的回报要求，最低回报必须大于预期通货膨胀率或可察觉的风险贴水（见图 1—2）。如果不能获得弥补通货膨胀或风险的收益，投资者会提前购买他们所需的商品，或将资金投到可以获取充足回报的其他资产。

上述四项原则是常识般的理论准则。这些原则提供了工程经济分析的基本逻辑。我们以这些原则为基础并试图将它们应用于决策制定过程。本书以后各章的主题不同，但我们在探讨时采用的基本逻辑是一致的，这些逻辑都根植于这四项基本原则。

债券、股票的预期收益通常高于储蓄存款

投资类别	潜在风险	预期收益率
储蓄存款（现金）	低或无	1.5%
债券（债权）	中	4.8%
股票（股权）	高	11.5%

图1—2 风险和收益权衡

[注释]

[1]“A ＄2 trillion bet on powering America”，by Steve Hargreaves，CNNMoney. com staff writer Last Updated：January 8，2009：6：59 PM ET.

[2] Emily Thornton (Tokyo)，Keith Naughton (Detroit)，and David Woodruff，“Japan's Hybrid Cars—Toyota and rivals are betting on pollution fighters—Will they succeed?” *BusinessWeek*，December 4，1997.

[3] Toyota Motor Corporation，*Annual Report*，2005.

第2章

利率和经济等值

学习目标

通过本章学习，应该掌握以下概念：

- 货币的时间价值。
- 单利和复利的区别。
- 经济等值的意义及其在经济分析中的作用。
- 怎样运用经济等值概念比较两种不同的现金流量系列。
- 利息运转和用于计算经济等值的利息公式类型。

2.75亿美元彩票中奖者惜字如金，更少忧虑[1]

居住在佐治亚州东南部的罗伯特·哈里斯（Robert Harris）需要权衡一个棘手的问题：应该现在领取1.67亿美元的奖金，还是在26年内分期领取2.75亿美元的奖金？但是，这位刚刚离职的钢铁工人，作为佐治亚州彩票发售史上15年来最高个人奖金获得者，已经确定无疑的一件事是：他再也不需要工作了。被问及未来的计划，他的回答只有四个字："快乐生活。"被问及做出放弃工作的决定是否艰难时，他的答案还是四个字："非常容易。"至于是否经常购买彩票，他的答案依然简洁："很少。"

据彩票发行管理机构所言，获得头奖的几率约为1.75亿分之一。中奖号码为7，12，13，19，22，大彩球号码为10，由罗伯特·哈里斯六个孙子的生日组合拼出。根据彩票规则，他可以选择立即获得较低额度的奖金1.67亿美元，也可以每年领取1 057万美元的奖金（准确地说是

10 576 923美元），无论选择哪种形式，都会对他所居住的只有600人的小镇大有帮助。

现在想象一下假如你是哈里斯，那么你肯定想知道为什么立即领奖只能得到1.67亿美元，远低于分26年支付的2.75亿美元？分期领取2.75亿美元是否远比立即领取1.67亿美元划算？首先，多数熟悉投资的人会告诉哈里斯，即使他可以活到获得全部奖金的时候，立即接受1.67亿美元的奖金也很可能被证明远比分26年获得2.75亿美元的奖金划算。得出这一结论的原因涉及本章将要阐述的原理，即利息运转和货币的时间价值。今天手中的一美元比将来的一美元更值钱。

本章所讲的原理是工程经济学中几乎所有项目投资分析的基础。这是因为我们总要解释随时间分布的现金流量加总时利息的作用。利息公式能够将不同时间发生的现金流量置于相同的时间框架中进行比较。可以明确地说，几乎所有工程经济学的研究都是基于本章所介绍的原理。

2.1 利息：资金成本

大部分人一般都熟悉利息概念。储蓄账户上的钱能够赚取利息，以至于随着时间的推移产生的余额比存款总额还要大。贷款买车需要分期偿还，还款额不仅包括所借金额的偿还，还要包括利息。但也许人们不熟悉的是：在财务领域，资金像其他可以买卖的东西一样，也是商品，即资金是有成本的。

资金成本以**市场利率**（market interest rate）衡量，是指定时期内利息额同借贷资本总额的比率。借款时，利息就是借款人由于使用贷款人的资金而支付的钱；贷款或投资时，利息是贷款人向别人提供商品获得的收益。于是**利息**（interest）也许可以定义为可利用资金的成本。本节将考察自由市场经济中利息的运转方式，为理解后面章节更加复杂的利息关系打下基础。

2.1.1 货币的时间价值

“货币的时间价值”似乎是一个深奥的概念，但它却是我们每天都要面对的一个问题。是应该今天买某件东西还是将钱存起来留待以后买？举一简单例子说明人们的购买行为如何会产生不同结果。假设某人有1 000美元，打算更新现在用的笔记本电脑，这需要花费1 000美元。现在所用笔记本电脑还能继续使用，只是速度慢了些。如果马上换新的，他将没有一点剩余的钱。假设他可以以3%的利率将这笔钱用于投资，而由于技术更新，笔记本电脑的价格以每年4%的速度下降。一年后，他仍可以买这台笔记本电脑，并且还会有70美元的剩余。如果笔记本电脑的价格实际上每年提高5%，一年后他就没有足够的钱买到它（会有20美元的缺口）。在这种情况下，他也许最好现在就买笔记本电脑。

同时考虑盈利能力和购买力

显然，利息收益率应该大于通货膨胀率，这样延迟购买才有经济意义。换言之，在通货膨胀的经济环境下，人们的购买力会随着推迟购买电脑而逐渐下降。为了补偿未来购买力的下降损失，利息收益率应该比预期通货膨胀率足够高，这个例子说明我们必须将盈利能力和购买力与时间的概念联系在一起。毕竟，时间和资金一样，是有限的资源。一天只有 24 小时，所以对时间也需要做预算。

当我们面临资金数额大、时间长或者利率高的情况时，资金总额随着时间的推移而产生的变化尤为明显。比如，现行年利率是 10%，100 万美元每年能够获得 10 万美元的利息，因此，等待一年之后得到 100 万美元显然是做出了牺牲。当在备选方案中做决策时，为了对不同时间的不同金额做出合理比较，我们必须考虑利息的运转和货币的时间价值。

利息的运转方式反映了货币具有时间价值。这就是为什么利息的多少取决于时间的长度，比如利率通常以年百分率的形式给出。我们也许可以对货币的时间价值作如下定义：货币的经济价值取决于获得它的时间。因为货币随时间具有不同的**盈利能力**（earning）和**购买力**（purchasing power），如图 2—1 所示，今天的一美元比将来的一美元更有价值。

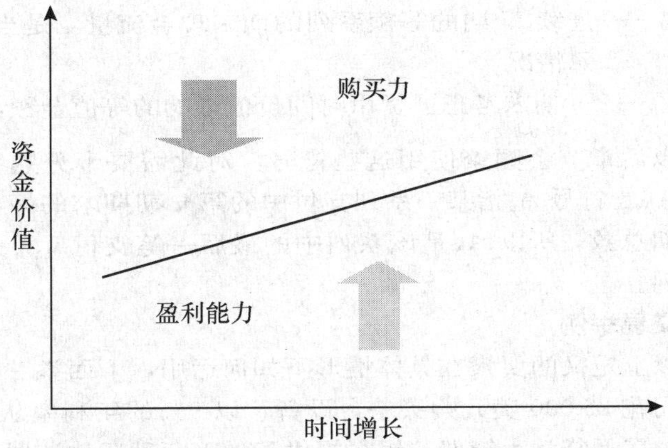

图 2—1　货币的时间价值是双刃剑：一方面盈利增长，但另一方面由于通货膨胀购买力随时间下降

市场利率和时价表示的现金流量

当借贷时，利率由金融机构确定，利率反映预期收益，以及避免由于未来通货膨胀引起的购买力下降造成的损失。（如果想知道剔除通货膨胀影响的真实盈利可以求实际利率。本书将在第 10 章详细考察这个问题，采用不同的分析方法计算资金盈利能力和通货膨胀造成的价值损失。）除非另有说明，假设本书所用的利率就是指市场利率，该利率综合考虑了市场中盈利能力和通货膨胀的影响。此外，本书采用**时价**（actual dollars）形式给出所有交易行为的现金流量，其金额中包含了通货膨胀的影响。

2.1.2　涉及利息的交易要素

许多交易行为（比如借钱、投资或贷款购买设备）涉及利息，虽然类型不同，但是所有这些交易类型包含以下共同要素：

- 贷款或投资交易中的初始资金叫做**本金**（principal）。
- 用**利率**（interest rate）衡量资金的成本或价格，并且以每个周期的百分率形式表示。
- 一个周期称为**计息期**（interest period），决定了每计息一次的时间。
- 交易期限用一特定长度的时间表示，从而定义了**计息期数**（number of inter-

est periods）。

- 这些交易行为的**收支计划**（plan for receipts or disbursements）将产生一特定时期内专有的现金流量分布形式（比如，贷款偿还计划可采用每月等额支付系列现金流量形式）。
- **将来值**（future amount of money）源于整个计息期内的利率累积作用。

为了便于计算，上述要素用如下变量表示：

A_n——某计息期末发生的离散现金流量

i——计息期的利率

N——计息期数

P——**现值**（present value or present worth），在0时点的货币金额

F——将来值，分析期末的货币金额

A——连续 N 期的等额系列的期末现金流量，是当 $A_1=A_2=\cdots=A_n$ 的特殊情况

V_n——n 期末考虑了货币时间价值影响的等值金额，$V_0=P$，$V_n=F$

本书以后章节会频繁使用这些符号，对此需要十分熟悉。比如，要注意区分 A，A_n和 A_N。符号 A_n指某一系列支付中的第 n 期期末的一项具体的收支。因为 N 是指计息期总数，所以 A_N是该系列中的最后一笔支付。A 是指所有收支相等的现金流量系列。

利息交易举例

对于以上定义的要素在具体情形下如何运用，下面举一个例子说明。假设某电子制造公司花25 000美元购买一台设备，以9%的年利率从银行贷款20 000美元，并支付200美元贷款手续费。银行提供了如下两种还款计划：

计划1：本金 P 等于20 000美元，利率 i 为9%，计息期为1年，交易期限5年即计息期为5年（$N=5$）。值得反复强调的是，一般一年是一个计息期，也可以有其他的计息周期，如一个月、一个季度或者半年计息一次。因此，本书用**周期**（period）而不是**年**（year）定义之前列出的变量。这项交易产生一个5笔等额支付 A 为5 141.85美元的现金流量形式，在第1到第5年年末支付。（现在只能不加怀疑地接受该计算结果，下一节将给出在已知其他要素的情况下，求等值支付额的公式。）

计划2：这个计划包含了计划1的大部分要素，除了不允许本金分期偿还，而且只是每年年末支付利息，本金在贷款到期时一次支付。

上述两个还款计划的总结如表2—1所示。

表2—1　还款计划（$N=5$，$i=9\%$）　单位：美元

年末	收入	还款计划	
		计划1	计划2
第0年	20 000.00	200.00	200.00
第1年		5 141.85	1 800.00
第2年		5 141.85	1 800.00
第3年		5 141.85	1 800.00
第4年		5 141.85	1 800.00
第5年		5 141.85	21 800.00

注：由于有200美元的手续费，该公司实际借了19 800美元，但是应偿还的本金为20 000美元。

现金流量图

用现金流量图表示有关资金时间价值的问题会比较方便（见图 2—2）。**现金流量图**（cash flow diagrams）表示的时间水平线标记了指定的计息期数。用箭头表示对应期间现金流动的方向，向上的箭头表示现金流入，向下的箭头表示现金流出。请注意，箭头也可以表示**净现金流量**（net cash flow）：同时发生的两项或更多的收支总和以一个箭头表示。比如，收入 20 000 美元同时支出 200 美元就可以用向上的箭头 19 800 美元表示。而且，箭头的长短代表现金流量的大小。

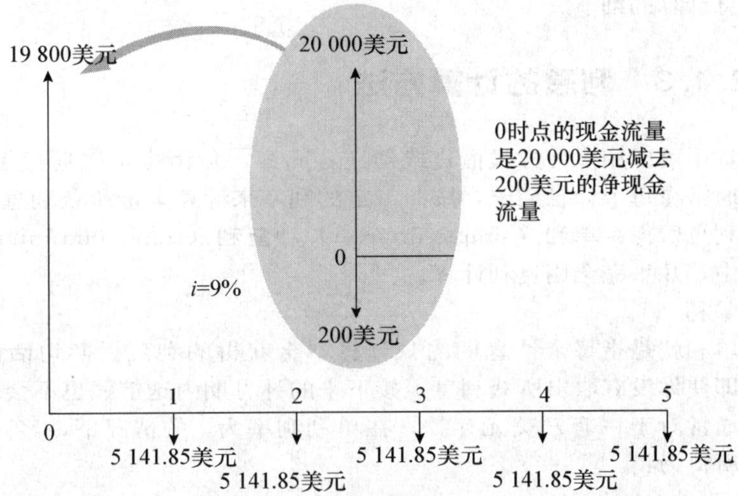

图 2—2　表 2—1 中贷款偿还计划 1 的现金流量图

现金流量图和大多数工程师经常用的受力图、电路图作用类似：现金流量图以图形方式总结一个问题的所有重要因素，便于确定该问题是否已用适当的参数表达。本书会经常使用这个图形工具，强烈建议读者养成一种习惯，用清晰标记的现金流量图作为识别和总结现金流量问题的相关信息的方法。类似地，也可采用表的形式组织信息，例如表 2—1。

期末惯例

实践中，现金流量可以发生在计息期期初或期中，或者是任何时点。在进行工程经济分析时的一个简单假设是**期末惯例**（end-of-period convention），即把所有现金流量置于计息期期末（见图 2—3）。这个假设避免了由于计息期期间利息影响所造成的复杂计算。

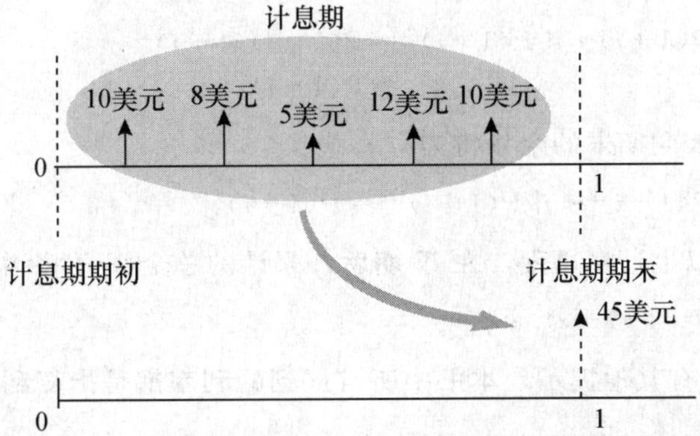

图 2—3　发生在计息期内的所有现金流量加总，并置于计息期期末

同许多工程经济问题建模中的简单假设和估计一样，期末惯例会不可避免地导致模型和现实结果的一些差别。比如，假设在某一年的第一个月存入账户100 000美元，计息期 1 年，年利率 10%。在这种情况下，1 个月的差别会导致10 000美元的利息损失。这是因为，在期末惯例中，期间存入的 100 000 美元被看作在年末存入，而不是早了 11 个月。这个例子让你了解了为什么金融机构通常报价利率是年利率。但实际上选择的计息期都少于一年。（我们将在第 3 章讨论这个问题。）

在对利息问题的基本要素有了一定了解的基础上，我们现在可以开始进一步讨论利息计算的细节。

□ 2.1.3 利息的计算方法

货币可以用多种方式借贷或偿还，同样，货币也可以通过多种方式获取利息。但是通常在每个计息期末，按照一定的利率来计算本金所获利息。有两种方法用来计算利息所得：**单利**（simple interest）和**复利**（compound interest）。在工程经济分析中，几乎完全用复利计算。

单利

单利就是指每个计息期内只计算本金获得的利息。换句话说，在每个计息期内，即使你没有取出所获利息，接下来的计息期内这笔钱也不会获得额外利息。

通常对于一笔 P 美元存款，在单利利率为 i 的情况下，经过 N 个周期，全部利息所得为：

$$I=(iP)N \tag{2.1}$$

N 期末的全部可用资金为：

$$F=P+I=P(1+iN) \tag{2.2}$$

一般对附加利息贷款或债券使用单利，我们将在第 3 章中详细介绍。

复利

在复利计息方式中，每个计息期获得的利息，都是以前一期期末总金额为基数计算的。该总额包括了原始本金和留在账户中的累计利息。在这种情况下，通过计入利息所得实际上增加了存款金额。一般说来，如果你存入（投资）了 P 美元，利率为 i，在第 1 期期末你将拥有 $P+iP=P(1+i)$ 美元，如果在下一期以同样的利率 i 将第 1 期期末所获得的总金额（本金加利息）再投资，则在第 2 期期末你将会有：

$$\begin{aligned}P(1+i)+i[P(1+i)]&=P(1+i)(1+i)\\&=P(1+i)^2\end{aligned}$$

在第 3 期期末的余额将为：

$$P(1+i)^2+i[P(1+i)^2]=P(1+i)^3$$

重复以上计息过程，在 N 期后，累计的总金额 F 将增加到

$$F=P(1+i)^N \tag{2.3}$$

（除非有其他提示，本书中所有提到的利率都是指复利。）

例 2—1

复　利

假设你向一个银行储蓄账户中存入 1 000 美元，年复利利率 10%，如果你每期期末不取出利息，第 3 年年末你将获得多少钱？

解：

已知：P=1 000 美元，N=3 年，i=10%/年。

求：F。

根据式（2.3）得：

- 单利：

$$F=1\,000(1+0.10\times3)=1\,300(\text{美元})$$

- 复利：

$$F=1\,000(1+0.10)^3=1\,331(\text{美元})$$

利息总额为 331 美元，比单利计息方式多 31 美元。通过下表可以更清楚地了解利息的计息过程。

年份	期初金额（美元）	本期利息（美元）	期末金额（美元）
1	1 000	1 000×0.10	1 100
2	1 100	1 100×0.10	1 210
3	1 210	1 210×0.10	1 331

评注：在第 1 年年末，你有本金 1 000 美元，加上利息 100 美元，共计 1 100 美元。实际上，在第 2 年年初，你相当于存入了 1 100 美元，而不是 1 000 美元。因此，在第 2 年年末，利息所得为 0.10×1 100=110 美元，总金额为 1 100+110=1 210 美元。这也是你在第 3 年年初将要存入的金额，且利息所得为 0.10×1 210=121 美元。第 3 年年末本金 1 210 美元加上利息 121 美元，总金额为 1 331 美元。图 2—4 描绘了复利计息的一系列过程。

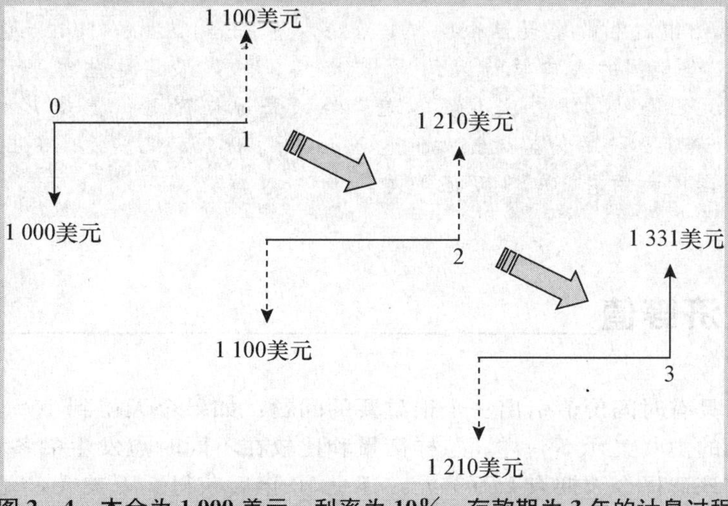

图 2—4　本金为 1 000 美元，利率为 10%，存款期为 3 年的计息过程（例 2—1）

2.1.4 单利和复利比较

回忆一下在单利计息方式下，每个计息期期末只对本金计算利息。在复利计息方式下，对本金和利息额均计算利息。从式（2.3）可知，N 期利息总计为：

$$I=F-P=P[(1+i)^N-1] \tag{2.4}$$

与单利计息方式相比，复利产生的额外利息为：

$$\Delta I=P[(1+i)^N-1]-(iP)N \tag{2.5}$$

$$=P[(1+i)^N-(1+iN)] \tag{2.6}$$

i 或 N 任何一个变大，利息收益的差额也会变大，因此复利的作用就越明显。注意，当 $N=1$ 时，复利和单利一样。

为了更清晰地描述复利和单利的差异，可参见例2—2。

例2—2

单利和复利的比较

1626年，荷属西印度公司（Dutch West India Company）的彼得·米努伊特（Peter Minuit）花费24美元从印第安人手中买下了纽约曼哈顿岛。假想一下，如果米努伊特拿这24美元投资于某储蓄账户，赚取8%的利息，到2010年值多少钱？

解：

已知：$P=24$ 美元，$i=8\%$/年，$N=384$ 年。

求：F，分别基于：(a) 8%单利；(b) 8%复利。

(a) 以8%单利计息：

$$F=24(1+0.08\times384)=761.28(\text{美元})$$

(b) 以8%复利计息：

$$F=24(1+0.08)^{384}=164\,033\,801\,073\,200(\text{美元})$$

评注：在本例中复利的重要性很明显。很多人几乎很难理解164万亿美元的金额有多大。2010年，全美国的人口总计大约有3.08亿人。如果将这些钱平均分配，每人会得到532 577美元。当然，没办法准确知道曼哈顿岛现在究竟价值多少，但是绝大多数房地产专家认为这座岛屿的价格无论如何也不会接近164万亿美元。（注意，至2009年3月1日，美国国债大约有10.89万亿美元。）

2.2 经济等值

货币具有时间价值引出一个很重要的问题：如果今天得到100美元和未来某个时点得到的100美元不一样，怎样衡量和比较在不同时点发生的各种现金支付？比如我们应该选择今天拥有2万美元，还是10年后获得5万美元，还是未来10年内每年获得8 000美元？本节将介绍能做出上述比较的基本分析技术。然后，在2.3节，利用这些技术生成一系列公式，以极大简化计算。

2.2.1 定义和简化计算

选择哪个现金流量方案的核心问题是如何比较它们的经济价值。如果不考虑货币的时间价值，比较将会变得很容易：我们可以把所有的收支简单相加，将收入看作正现金流入，支出看作负现金流出。货币具有时间价值的事实使计算变得更为复杂。为了完全地估计其经济效果，我们不仅需要知道每笔支付的大小，实际上，也要了解以下几点：

- 支付的规模。
- 支付流向：流入还是流出？
- 支付时间：什么时候发生？
- 分析期内的利率。

由此可见，评估一系列支付的经济效果，必须分别考虑每笔支付的影响。

计算一笔或更多现金流量的经济影响是建立在经济等值概念基础上的。**经济等值**（economic equivalence）存在于具有相同经济效果，并可以在假想金融市场上进行等价交换的不同现金流量之间。

经济等值是指一笔现金流量，无论是一笔支付还是一系列支付，都可以被转换成任意时点的等值现金流量。比如，我们可以求与现值 P 在利率 i 下，第 N 期等值的将来值，或者与现值 P 等值的 N 期等额支付 A。

先前严格定义的等值概念，限制了我们将一笔现金流量转化成另一笔等值的现金流量，也许可以引申至包括备选方案的比较。比如，我们可以通过求任何同一时点的等值比较两个方案的价值。如果两个看上去截然不同的财务方案被证明具有相同的货币价值，在经济决策时就可以任择其一：从经济角度，一个方案在经济效果上是与另一个方案等同的，所以就经济价值而言没有理由认为其中一个方案优于另一个方案。

在实际工作中，一个理解等值和经济无差异概念的方法是观察贷款机构提供的消费贷款偿还计划的不同之处。回顾表 2—1，一笔 20 000 美元贷款具有两个不同的偿付计划，年利率为 9%，贷款期限 5 年。审视该表，也许人们会奇怪，两种计划要求完全不同的偿还方式以及不同的偿还总额。但是，因为货币具有时间价值，这两种计划是等值的，经济上银行并不介意消费者选择哪种偿还计划。下文将对如何建立这种等值关系进行讨论。

等值计算：一个简单的例子

等值计算可以被看作 2.1 节中复利计息公式的应用。假设以年利率 12% 投资 1 000美元，投资期 5 年。复利计算公式 $F=P(1+i)^N$（式（2.3）），说明在已知利率 i 和计息期 N 条件下，某现值 P 和将来值 F 之间的等值关系。因此在投资期末，总金额变为：

$$1\,000(1+0.12)^5=1\,762.34(\text{美元})$$

所以，可以说利率为 12%时，现在收入 1 000 美元与 5 年后收入 1 762.34 美元是等值的，我们可以以现在的 1 000 美元和 5 年后的 1 762.34 美元做互换交易。例 2—3 进一步说明了这种基本技术的应用。

例 2—3

等 值

假设有两种选择，5 年后得到 3 000 美元或者现在得到 P 美元。3 000 美元将会全额支付，没有任何风险。因为现在不需要花钱，你会存入利率 8%的储蓄账户 P 美元。P 的值为多少时会让你认为今天的 P 美元和未来 5 年后的 3 000 美元无差别？

解题思路： 本题是要确定与 5 年后的 3 000 美元经济等值的现值，已知投资可获年利率 8%的收益。注意本题假设你可以选择利用存款产生的货币盈利能力。所谓“无差别”指的是经济上无差别，即在适用利率为 8%的市场上，你可以进行两个现金流量的互换交易。

解：

已知：$F=3\,000$ 美元，$N=5$ 年，$i=8\%$/年。

求：P。

式（2.3）为：

$$F=P(1+i)^N$$

将上式变换成求解 P 的公式，得

$$P=\frac{F}{(1+i)^N}$$

代入数据，得

$$P=\frac{3\,000}{(1+0.08)^5}=2\,042(\text{美元})$$

该问题的图解过程如图 2—5 所示。

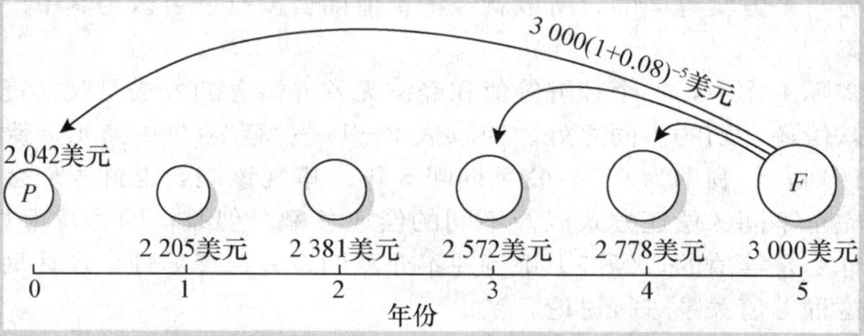

图 2—5　与 5 年后的 3 000 美元经济上等值的各时点的不同金额，已知利率为 8%（例 2—3）

评注： 本例中，显而易见的是如果 P 小于 2 042 美元，你会倾向于选择 5 年后的 3 000美元，而不是今天的 P 美元；如果 P 大于 2 042 美元，你会选择今天拥有 P 美元。也许你已经猜到，在一个更低的利率条件下，P 应该更高才能与将来值等值。例如 $i=4\%$时，$P=2\,466$ 美元。

2.2.2　等值计算：基本原则

上述实例虽然数字简单，但反映了几个重要的基本原则，说明如下。

原则 1：方案比选的等值计算需要一个相同的时间基点

去国外旅行时，我们经常需要按现行外币兑换比率把美元换成等值的当地货币，同样，我们也必须把现金流量加以转化，以便在共同的基础上比较它们的价值。这一可比基础的其中一个方面就是选择某一时点进行价值的计算。在例 2—3 中，如果已知每笔现金流量的大小，要求确定它们是否等值，我们可选取任一时点作为参照点，并利用复利计息公式求出每笔现金流量在那一时点的值。容易看出，选择 $n=0$ 或 $n=5$ 可以将问题简化，因为只需要进行一种计算：利率为 8%时，或是将时点 0 的 2 042 美元转化成时点 5 的等值，或者将时点 5 的 3 000 美元转化成时点 0 的等值。（要了解怎样选择不同的参照点，参见例 2—4。）

当选择一个时点作为比较不同现金流量值的参照点时，我们通常做以下两种选择，一是现在的时点 0，在此点得出的是现金流量的**现值**（present worth），或者将来的某个时点，得出的是**将来值**（future worth）。时点的选择通常取决于具体决策所处的环境，或者是为了计算简便。比如，如果三种备选方案中的两种方案的现值是已知的，只需要计算第三种方案的现值就可以对三种方案进行比较。

例 2—4

等值的现金流量在任一共同时点都是等值的

例 2—3 中，已知年利率为 8%的条件下，今天获得 2 042 美元与 5 年后获得 3 000 美元是等值的。那么在第 3 年年末这两个现金流量是等值的吗？

解题思路：如图 2—6 所示，本题的解答包括解决两个等值问题。

(a) 年利率 8%，现在的 2 042 美元在第 3 年年末的将来值是多少？

(b) 年利率 8%，第 5 年年末的 3 000 美元在第 3 年年末的等值是多少？

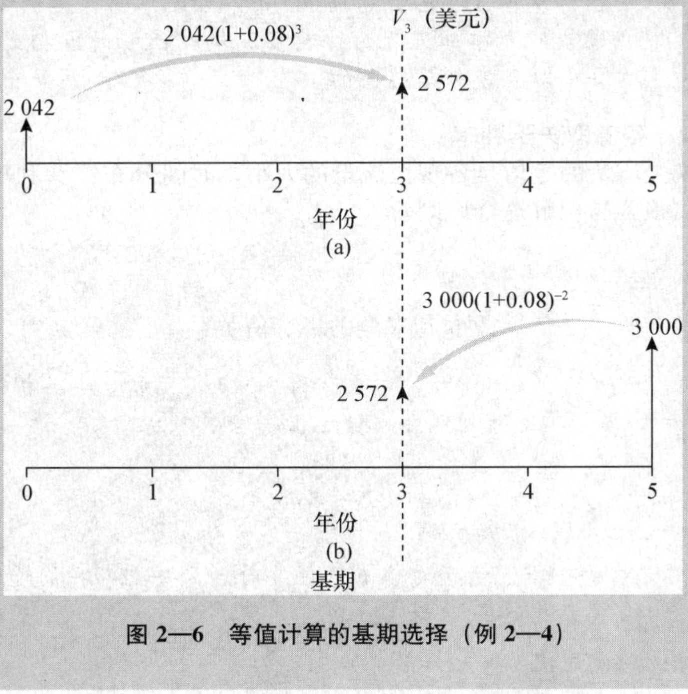

图 2—6　等值计算的基期选择（例 2—4）

解：

已知：

(a) $P=2\,042$ 美元，$i=8\%/$年，$N=3$ 年。

(b) $F=3\,000$ 美元，$i=8\%/$年，$N=5-3=2$ 年。

求：

(a) V_3；

(b) V_3。这两个值相等吗？

公式：

(a) $F=P(1+i)^N$

(b) $P=F(1+i)^{-N}$

注：

通常意义上的术语 F 和 P 在此例中变得令人困惑，因为 $n=3$ 时的现金流量在（a）中被看作将来值，而在（b）中被看作过去的现金流量。为了简化问题，可以随意选定一个参照点 $n=3$，它不必是现在的时点。因此，将 $n=3$ 时的等值现金流量用变量符号 V_3 表示。

(a) 2 042 美元 3 年后的等值为：

$$V_3=2\,042(1+0.08)^3=2\,572(\text{美元})$$

(b) 3 000 美元在两年前的等值为：

$$V_3=F(1+i)^{-N}=3\,000(1+0.08)^{-2}=2\,572(\text{美元})$$

（注意，$N=2$，是由于离第 3 年的计息期数为 2，在此期间计算折现至第 3 年年末。）

(c) 虽然我们的解答没有严格地证明两种现金流量在任一时点都是等值的，但只要按 8%的利率，它们在任一时点就都是等值的。

原则 2：等值取决于利率

两种现金流量的等值是各现金流量的大小、时间分布以及利率的函数。结合例 2—3，可以很容易理解这个原则。

例 2—5

改变利率会破坏等值关系

例 2—3 证明，已知年利率为 8%，现在获得 2 042 美元和 5 年后获得 3 000 美元是等值的。当年利率为 10%时，这两种现金流量还相等吗？

解：

已知：$P=2\,042$ 美元，$i=10\%/$年，$N=5$ 年。

求：F，其是否等于 3 000 美元？

首先确定计算等值的基期。由于可以选取任一时点为基期，我们选取 $N=5$。然后需要计算与现在的 2 042 美元相等的 5 年后的值。

$$F=2\,042(1+0.10)^5=3\,289(\text{美元})$$

由于这个数值大于 3 000 美元，利率的改变使两种现金流量的等值关系不成立。

原则 3：等值计算会要求将多次支付的现金流量转化成一次支付现金流量

在到目前为止所有的例子中，我们局限于最简单的情况，即把某一时点的一次支付转化成另一时点的等值一次支付。比较不同现金流量系列的任务之一就是把系列中各现金流量转化到同一时点并相加得到一个等值的现金流量。例 2—6 演示了这一计算过程。

例 2—6

多次支付的等值计算

假设你从银行借了 1 000 美元，年利率 10%，贷款期 3 年。银行提供两种方案可供选择：(1) 每年年末支付利息，第 3 年年末归还本金；(2) 第 3 年年末本金和利息一次性偿还。两种备选方案的偿还计划表如下表所示。

备选方案	第 1 年	第 2 年	第 3 年
方案 1：每年年末支付利息，贷款期末偿还本金（美元）	100	100	1 100
方案 2：贷款期末本金利息一次性偿还（美元）	0	0	1 331

确定这两种方案是否等值，假设适用利率为 10%。

解题思路： 由于两种计划都在第 3 年年末偿还本金，可以省略对本金的分析。有一点很重要：在比较备选方案时可以忽略共同的因素以便完全关注利息支付比较。注意在方案 1 中，利息支付总计为 300 美元，然而在方案 2 中，利息支付总计达 331 美元。就此认为对银行来说方案 2 较优是不对的，应认识到两种现金流量的比较是以支付金额大小和其时间分布的结合为基础的。我们必须在同一时点上比较每个方案的等值。鉴于方案 2 已经是仅有一项第 3 年年末的单一支付，最简单的做法是将方案 1 的现金流量换算成在第 3 年年末的一个值。即必须对方案 1 的三笔支付分别计算其在第 3 年年末的等值。在第 3 年年末，由于它们的时点相同，我们可以简单加总以便与方案 2 中的 331 美元作比较（见图 2—7）。

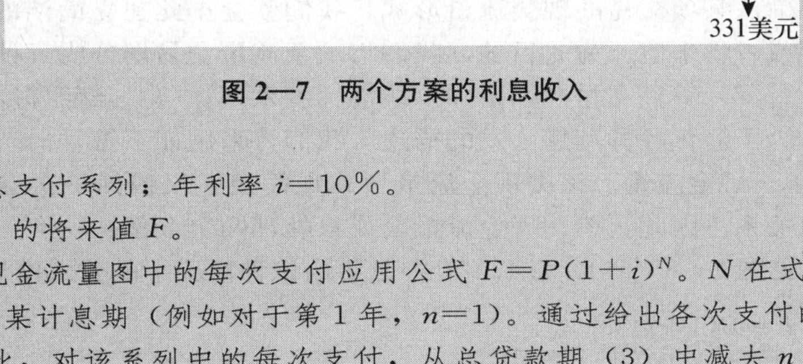

图 2—7　两个方案的利息收入

解：

已知：利息支付系列；年利率 $i=10\%$。

求：方案 1 的将来值 F。

公式：对现金流量图中的每次支付应用公式 $F=P(1+i)^N$。N 在式 (2.3) 中是指计息期数。n 指某计息期（例如对于第 1 年，$n=1$）。通过给出各次支付的计息期数可求得 F 的值。因此，对该系列中的每次支付，从总贷款期 (3) 中减去 n 可以计算出 N，即 $N=3-n$。求得每次支付的值之后再加总求和。

对于 $n=1$ 时点的 100 美元，其将来值 $F_3=100(1+0.10)^{3-1}=121$（美元）

对于 $n=2$ 时点的 100 美元，其将来值 $F_3=100(1+0.10)^{3-2}=110$（美元）

对于 $n=3$ 时点的 100 美元，其将来值 $F_3=100(1+0.10)^{3-3}=100$（美元）

合计＝331（美元）

通过将方案 1 的现金流量转换成在第 3 年的将来一次支付，我们就可以比较方案 1 和方案 2。由于两个支付计划是等值的，因此银行对于这两种计划的选择是经济上中立的。注意方案 1 中最后一次利息支付不产生任何复利。

原则 4：等值与计算角度无关

只要在等值计算中使用相同的利率，无论从哪种角度计算都是等值的。在例 2—6 中，从银行的角度，这两个备选方案在利率为 10%时是等值的。从借款者的角度结果如何呢？假设你从某银行借了 1 000 美元，然后将它存入另一家年利率为 10%的银行。然后你用这个储蓄账户的钱偿还贷款。在方案 1 中，你的储蓄账户在第 1 年年末连本带利之和是 1 100 美元。现在你从该储蓄账户中取出 100 美元（正好是第 1 年需要偿还的贷款利息额），向银行偿还第 1 年的贷款利息。这时候你的储蓄账户中只剩下 1 000 美元。在第 2 年年末，你的储蓄账户再得到 100 美元的利息，本金与利息合计 1 100 美元。现在你再取出 100 美元用于偿还银行贷款利息，然后你剩下 1 000 美元。第 3 年年末，1 000 美元经过一年计息再次变为 1 100 美元。最后一次偿还贷款之后，你在两个账户将都没有余额。在方案 2 中，你可以以类似的方式记录账户余额。你会发现在一次性偿还本金和利息 1 331 美元之后，账户余额为 0。如果借款者和银行使用的利率相同，这两个方案就会是等值的。

2.3 等值计算公式的推导

既然已经确立了一些假设和符号，并对等值的概念有了初步的了解，我们将建立一系列的利息公式以便应用于更加复杂的现金流量的比较中。

当开始比较现金流量系列而不是一次支付时，分析要求越来越复杂。本书将现金流量交易分为五种主要类型，分别建立了利息公式，并各举若干实例。

2.3.1 现金流量的五种类型

一旦确认某项交易的现金流量形式，我们就会据此建立简洁的表达式以计算系列的现值或者将来值。为此目的，我们将现金流量交易划分成五种类型：（1）单一现金流量；（2）等额支付系列；（3）线性梯度系列；（4）几何梯度系列；（5）不规则系列。为了简化各种利息公式的描述，我们将采用如下符号。

1. **单一现金流量**。该类现金流量形式最简单，仅包括一次支付的现值和将来值的等值关系。因此，单一现金流量公式只处理两个金额：一次支付的现值 P 和将来值 F（见图 2—8（a））。2.1.3 节中已给出该种情况下的公式推导，即式（2.3）：

$$F=P(1+i)^N$$

2. **等额支付系列**。也许最常见的类型就是定期支付一系列等额的资金，即**等额支付系列**（uniform series，equal-payment series）（见图 2—8（b））。例如，常见的分期偿还贷款合同的现金流量就属于这种类型，贷款偿还安排定期支付相等的金额（A）。等额支付系列公式解决的是 P，F 和 A 之间的等值关系。

3. **线性梯度系列**。虽然很多交易涉及现金流量系列，但金额并不总是相等的。但是它们可以以一定的规律变化。一个常见的变化形式是一个系列中的每笔现金流量按固定的金额增加或减少（见图 2—8（c））。例如一项 5 年贷款偿还计划，其一系列年金支付按照每年 500 美元增长，就具有这一特征。我们把这种现金流量形式称作**线性梯度系列**（linear-gradient series），在 2.3.5 节将会看到，它的现金流量图呈直线上升或下降。除了 P，F 和 A，公式还引入了常数 G 作为每笔现金流量的变化量。

4. **几何梯度系列**。另一种梯度系列表现为现金流量不是按固定的金额比如 500 美元变化，而是按一定的百分率变化。例如，某项目的 5 年财务计划中，一种原材料的花费预计每年增长 4%。图 2—8（d）中的现金流量图展示的梯度曲线说明了为何将其称作**几何梯度系列**（geometric-gradient series）。在有关这种系列的公式中，变化率用 g 来表示。

5. **不规则系列**。最后，也许一系列的现金流量是不规则的，没有呈现出规律性的总体型式（见图 2—8（e））。但是，在这样的系列中，不同的时间段可能会出现一种或多种有规律的已知现金流量形式。例如，在一个 10 年期的支付系列中，其中连续 5 年的现金流量是相等的。当出现这种有规律的现金流量形式，就可应用相应的公式，其结果包含在整个系列的等值计算中。

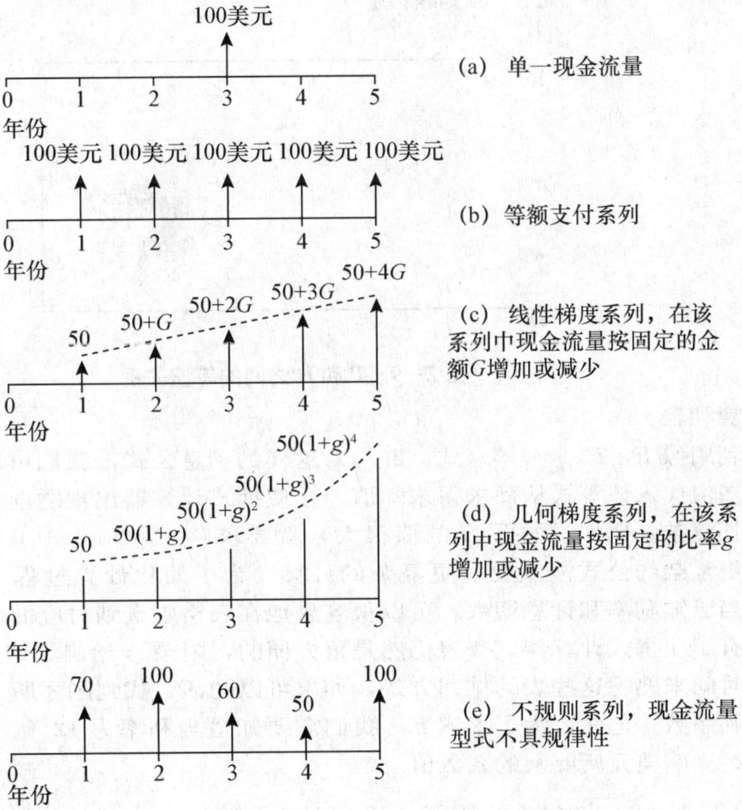

图 2—8　五种现金流量类型

□ 2.3.2 单一现金流量公式

首先介绍最简单的现金流量——单一现金流量的利息公式。

复利系数

已知现值 P，计息期 N，利率 i，在第 N 个计息期期末本金利息合计是多少？你也许会立刻注意到这种描述和我们在说明复利时开始遇到的情况类似。用式（2.3）求得将来值 F：

$$F=P(1+i)^N$$

因为该公式起源于复利计算，因此 $(1+i)^N$ 被称作**复利系数**（compound-amount factor）。和等值的概念一样，该系数是工程经济分析的基础之一。已知复利系数，所有其他重要的利息公式都能推导出来。

F 的求解过程通常被称作**复利法**（compounding process）。其现金流量换算如图 2—9 所示。（注意时间尺度惯例：第 1 期在 $n=0$ 时开始在 $n=1$ 时结束。）如果手边有计算器，可以很容易地直接计算出 $(1+i)^N$。

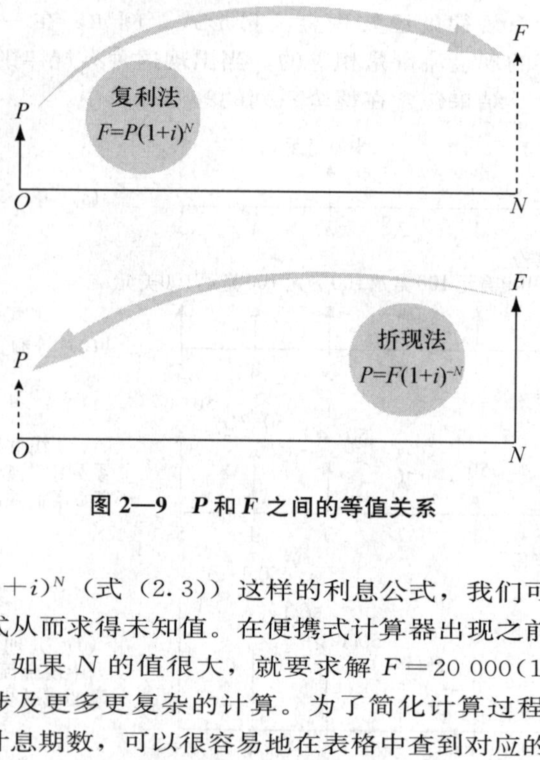

图 2—9 P 和 F 之间的等值关系

复利表

利用像 $F=P(1+i)^N$（式（2.3））这样的利息公式，我们可以把一个具体情形的已知值代入该等式从而求得未知值。在便携式计算器出现之前，求解这类等式特别冗长复杂。比如，如果 N 的值很大，就要求解 $F=20\,000(1+0.12)^{10}$ 这样的等式。更复杂的公式涉及更多更复杂的计算。为了简化计算过程，编制了复利系数表，当已知利率和计息期数，可以很容易地在表格中查到对应的系数（见表 2—2）。即使有了便携式计算器，查表仍然是很方便的，附录 A 给出了这些系数表。现在花一些时间来熟悉这些表的排列方式，如果可以的话，找到刚才所举的已知 P 的例子的复利系数。记住，为了求解 F，我们需要知道当利率为 12%，计息期数为 10 年时，20 000 美元所要乘的系数值。

$$F=20\,000\underbrace{(1+0.12)^{10}}_{3.105\,8}=62\,116(\text{美元})$$

表 2—2　　典型复利表（12%）

N	一次支付		等额支付系列				梯度系列		N
	复利系数 $(F/P,i,N)$	现值系数 $(P/F,i,N)$	复利系数 $(F/A,i,N)$	积累基金系数 $(A/F,i,N)$	现值系数 $(P/A,i,N)$	资金恢复系数 $(A/P,i,N)$	等额支付转换系数 $(A/G,i,N)$	现值系数 $(P/G,i,N)$	
1	1.120 0	0.892 9	1.000 0	1.000 0	0.892 9	1.120 0	0.000 0	0.000 0	1
2	1.254 4	0.797 2	2.120 0	0.471 7	1.690 1	0.591 7	0.471 7	0.797 2	2
3	1.404 9	0.711 8	3.374 4	0.296 3	2.401 8	0.416 3	0.924 6	2.220 8	3
4	1.573 5	0.635 5	4.779 3	0.209 2	3.037 3	0.329 2	1.358 9	4.127 3	4
5	1.762 3	0.567 4	6.352 8	0.157 4	3.604 8	0.277 4	1.774 6	6.397 0	5
6	1.973 8	0.506 6	8.115 2	0.123 2	4.111 4	0.243 2	2.172 0	8.930 2	6
7	2.210 7	0.452 3	10.089 0	0.099 1	4.563 8	0.219 1	2.551 5	11.644 3	7
8	2.476 0	0.403 9	12.299 7	0.081 3	4.967 6	0.201 3	2.913 1	14.471 4	8
9	2.773 1	0.360 6	14.775 7	0.067 7	5.328 2	0.187 7	3.257 4	17.356 3	9
10	3.105 8	0.322 0	17.548 7	0.057 0	5.650 2	0.177 0	3.584 7	20.254 1	10

系数符号

从本章以后有更多的利息公式出现，为表达明确起见，将用惯例符号代表复利系数，以清楚说明采用哪个系数表求解等式。比如在前面的例子中，推导出式（2.3）是 $F=P(1+i)^N$，显然为了求解与现值 P 等值的将来值 F，我们需要用 P 乘以一个系数，这个系数用 1 与利率之和的 N 次幂表示，N 是总的计息期数。为了具体说明复利表是怎样使用的，我们也可以用函数符号（F/P，i，N）表示系数，读作“已知 P，i 和 N，求 F”。它被称作**一次支付复利系数**（single-payment compound-amount factor）。把符号表示的复利系数代入公式，得

$$F=P(1+i)^N=P(F/P,i,N)$$

因此，可以把前例中的 $F=20\,000\ (1.12)^{15}$ 写作 $F=20\,000\ (F/P,\ 12\%,\ 15)$。我们从 12%的复利表中找到 F/P 这一列，再找到 $N=15$ 这一行就得到对应的复利系数。由于利用复利表往往是最简单的求解等式的方法，在接下来的章节所推导出的公式中都会采用这种系数符号。

例 2—7

一次支付：已知 i，N 和 P，求 F

假设你现在投资 2 000 美元，利率 10%，8 年之后获得多少钱？

解：

已知：$P=2\,000$ 美元，$i=10\%/$年，$N=8$ 年（见图 2—10）。

求：F。

求解此问题有三种方法。

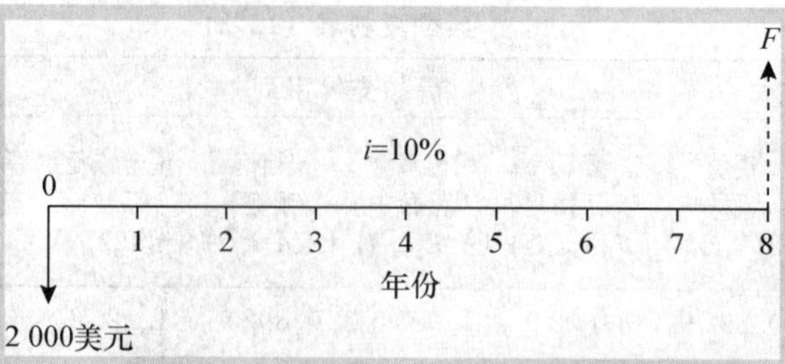

图 2—10　投资者的现金流量图（例 2—7）

1. **利用计算器**。你可以用计算器求系数 $(1+i)^N$（财务计算器大都预先编制了求解这类将来值问题的程序）：

$$F=2\,000(1+0.10)^8=4\,287.18(\text{美元})$$

2. **利用复利表**。根据 $i=10\%$ 和 $N=8$ 可以在复利表中确定复利系数，并把它代入等式。本书附录 A 给出了复利表，由该表得

$$F=2\,000(F/P,10\%,8)=2\,000\times2.143\,6=4\,287.20(\text{美元})$$

它和直接应用一次支付复利系数计算的结果本质上是相等的，微小的差别是由舍入误差引起的。

3. **利用 Excel**。许多用于求解复利问题的财务软件程序个人电脑都可以使用。Excel 提供了财务函数以求解各种利息公式，将来值的计算如图 2—11 所示。

	A	B
1	*P*	$ 2 000
2	*N*	8
3	*i*	10%
4		
5	*F*	$4 287.18

=FV(10%,8,0,–2 000)

图 2—11　Excel：FV 函数

现值系数

求解一笔未来金额的现值就是复利的逆运算，称作**折现法**（discounting process）。在式（2.3）中，我们可以看到如果已知将来值 F，求解现值 P，则有

$$P=F\left[\frac{1}{(1+i)^N}\right]=F(P/F,i,N) \tag{2.7}$$

系数 $(1+i)^{-N}$ 叫做一次支付现值系数，记为 $(P/F,\ i,\ N)$。复利表已经给出了各种 i 和 N 对应的 P/F 系数。利率 i 和 P/F 系数也分别称作折现率和折现系数。

例 2—8

一次支付：已知 *F*，*i* 和 *N*，求 *P*

假设 5 年后会收到 1 000 美元，年利率 12%，这笔金额的现值是多少？

解：

已知：$F=1\,000$ 美元，$i=12\%/$年，$N=5$ 年。

求：P。

$$P=1\,000(1+0.12)^{-5}=1\,000\times0.567\,43=567.43\text{(美元)}$$

利用计算器也许是进行这类简单计算最好的方式。为了 5 年后在储蓄账户里有 1 000 美元，现在必须存入 567.43 美元。你也可利用复利表求得

$$P=1\,000\overbrace{(P/F,12\%,5)}^{(0.567\,43)}=567.43\text{(美元)}$$

再者，你可以用财务计算器或者电脑求现值。用 Excel 计算现值如图 2—12 所示。

	A	B	
1	F	\$ 1000	
2	i	12%	
3	N	5	
4			
5	P	\$567.43	←=PV(12%,5,0,–1000)

图 2—12　Excel：PV 函数

求时间和利率

此时，你应该注意到计算复利和折现过程是互逆的，是一个等式的两种形式：

将来值形式：$F=P(1+i)^N$

现值形式：$P=F(1+i)^{-N}$

在这个等式中有四个变量：P，F，N 和 i。如果你知道其中任意三个变量，即可以求得第四个变量。到目前为止，利率 i 和计息期数 N 是已知的，或者求 P 或者求 F。可是在很多情况下，像我们接下来要讨论的那样，你需要求解 i 或 N。

例 2—9

i 的求解

假设你可以用 20 美元买进一只股票以 40 美元卖出，获利就是 20 美元。如果它在一年内发生，投资收益率高达 100%（20/20=1）。如果时间是 5 年，投资的年收益率是多少（见图 2—13)?

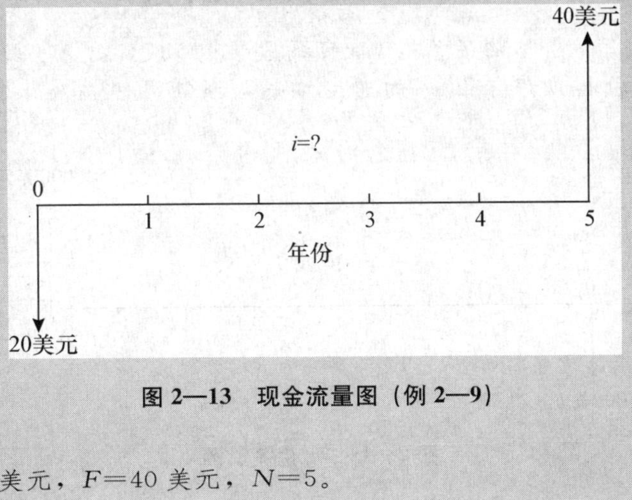

图 2—13　现金流量图（例 2—9）

解：

已知：$P=20$ 美元，$F=40$ 美元，$N=5$。

求：i。

本题已知 P，F 和 N，但投资收益率 i 未知。此类一次性投资的收益率很容易计算，其求解过程如下。

$$F=P(l+i)^N$$
$$40=20(1+i)^5$$

从中解出 i，得

$$i=2^{1/5}-1=14.87\%$$

● **利用复利表**。你可以利用附录 A 给出的复利表求解此题。沿着 $N=5$ 这一行在 $(F/P, i, 5)$ 列中找到邻近 2 的值：

$$40=20(1+i)^5$$
$$2=(1+i)^5=(F/P,i,5)$$

在利率为 15%的表中，$(F/P, 15\%, 5)=2.011\,4$，所以 5 年后 20 美元增长到 40 美元的利率接近 15%。当利率有小数部分或者 N 为非整数时，这个过程会变得冗长复杂，因为你必须用线性内插法求解。

● **利用 Excel**。最实用的方法是用财务计算器或 Excel 电子表格。财务函数 RATE $(N, 0, P, F)$ 可以计算未知利率。确切的命令语句如图 2—14 所示。注意，在 Excel 公式中，现值 P 的输入为负，表示现金流出。

	A	B	
1	*F*	$40.00	
2	*P*	$20.00	
3	*N*	5	
4			
5	*i*	14.87%	←=RATE(5,0,–20,40)

图 2—14　Excel：RATE 函数

例 2—10

一次支付：已知 *P*，*F* 和 *i*，求 *N*

你以每股 60 美元的价格购买了花旗集团的股票 100 股，打算当其市场价格翻倍时卖出。如果预计股票价格以每年 20%的速度增长，预期要等多久才能出售股票（见图 2—15）？

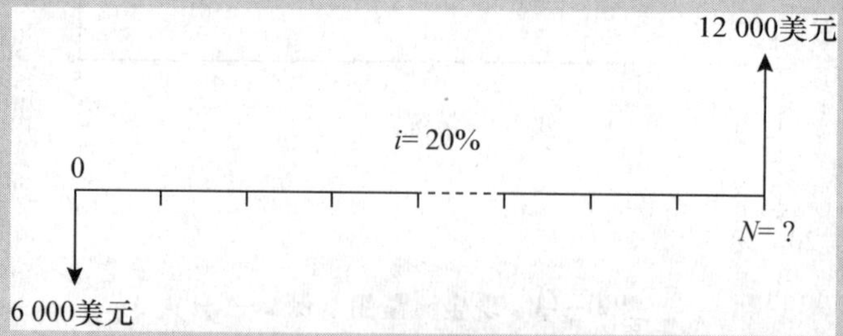

图 2—15　现金流量图

解：

已知：$P=6\,000$ 美元，$F=12\,000$ 美元，$i=20\%/$年。

求：N。

应用一次支付复利系数：

$$F=P(1+i)^N=P(F/P,i,N)$$

将已知值代入上式，得

$$12\,000=6\,000(1+0.20)^N=6\,000(F/P,20\%,N)$$
$$2=(1.20)^N=(F/P,20\%,N)$$

同样，我们可以用计算器或者计算机电子表格程序求 N。

1. **利用计算器**。根据

$$\log 2=N\log 1.20$$

求得

$$N=\frac{\log 2}{\log 1.20}=3.80\approx 4(\text{年})$$

2. **利用 Excel**。通过 Excel 财务函数 NPER（i，0，P，F）计算出投资额从 P 按照每期利率 i 增长到将来值 F 所需的复利计息期数。本例中，Excel 命令如图 2—16 所示。

	A	B
1	*F*	\$12 000
2	*P*	\$ 6 000
3	*i*	20%
4		
5	*N*	3.80

=NPER(20%, 0,–6 000,12 000)

图 2—16 Excel：NPER 函数

评注：一个非常有用的经验法则是 72 法则，用来大致估计一笔金额翻一番所需的时间。这个规则规定，用 72 除以利率，就可得到现在的一笔资金总额翻一倍所需的时间。本例中，利率是 20%。因此，根据 72 法则就是 72/20＝3.6，或者大约用 4 年，总额就会翻倍。实际上，这与我们所求的准确值相当接近了。图 2—17 描述了根据 72 法则，不同利率条件下使投资额翻倍所需的大概时间。

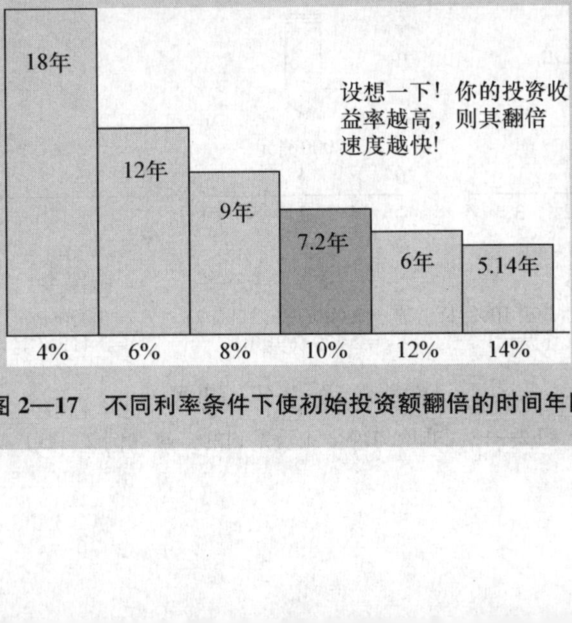

图 2—17 不同利率条件下使初始投资额翻倍的时间年限

2.3.3 非均匀支付系列

一个普通的现金流量交易涉及一系列的收支。我们熟悉的支付系列是汽车贷款和住房抵押贷款分期支付。汽车贷款和住房抵押贷款分期支付属于典型的定期等额支付。但是，如果支付系列没有一个明确的形式，我们称之为非均匀现金流量系列。

一般可以通过计算每笔支付的现值并加总来求得任何非均匀支付系列的现值。一旦求得现值，我们就可以进行其他等值计算。（比如，可以利用在之前章节中介绍的利息系数求将来值。）

例 2—11

通过分解成若干一次支付求非均匀支付系列的现值

威尔逊技术公司（Wilson Technology）是一家成长中的机械工厂，打算留出一笔资金用于接下来4年投资于客服部办公自动化。公司现在一次性存入一笔款项可以赚取10%的利息，并打算分年取出以下资金用于各项支出。

第1年：25 000美元用于购买电脑和客服专用数据库软件。

第2年：3 000美元用于购买额外的硬件以适应系统升级。

第3年：没有支出。

第4年：5 000美元用于软件升级。

现在存入多少钱才能够支付接下来4年的计划开支？假设每笔收支都发生在年末。

解题思路：这个问题就是问你P值为多少时，选择今天的P美元和今后的一系列费用支付（25 000美元，3 000美元，0美元，5 000美元）无差别。解决非均匀现金流量系列的一种方法就是计算每笔现金流量的现值然后加总求P。也就是说，现金流量被分为如图2—18所示的三部分。

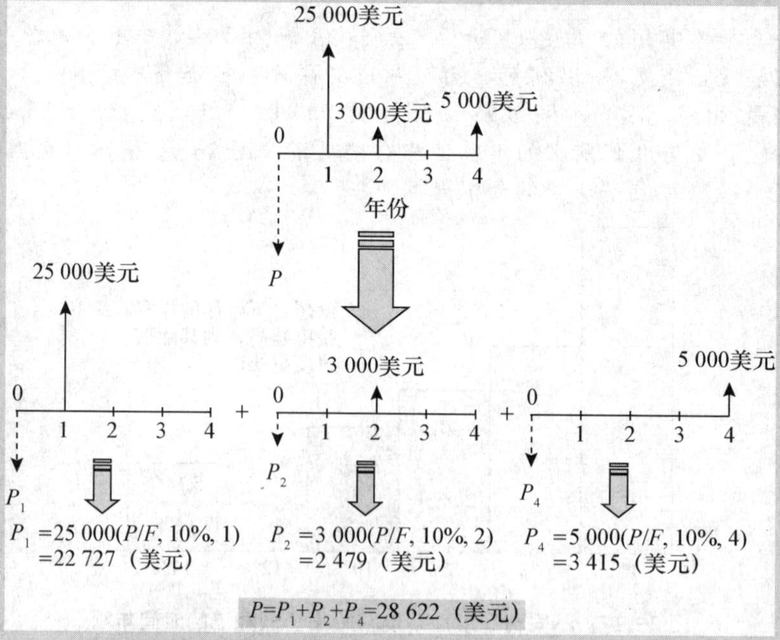

图 2—18　非均匀现金流量系列的分解（例 2—11）

解：

已知：图 2—18 中的非均匀现金流量，$i=10\%/$年。

求：P。

$$\begin{aligned}P&=25\,000(P/F,10\%,1)+3\,000(P/F,10\%,2)+5\,000(P/F,10\%,4)\\&=28\,622(\text{美元})\end{aligned}$$

评注： 为了验证 28 622 美元是否真的够用，让我们计算一下每年年末的余额。如果你现在存入 28 622 美元，它会在第 1 年年末增长到 1.10×28 622 美元，即 31 484 美元，从中支出 25 000 美元，余额为 6 484 美元，第 2 年年末增长到 1.10×6 484 美元，即 7 132 美元。现在你从中支出 3 000 美元，从而在第 2 年年末只剩 4 132 美元。由于在第 3 年没有支付发生，余额在第 4 年年末增长到 $(1.10)^2\times4\,132$ 美元，即 5 000 美元。第 5 年年末收支相抵。

例 2—12

不同利率条件下非均匀系列的将来值

假设你在美联储有一个储蓄账户，通过观察账户历史数据，你了解到最近 5 年每个时期的利率变化，如图 2—19 所示。

本例将演示美联储计算储蓄账户余额的过程。

解：

已知：如图 2—19 所示不同利率条件下的存款系列，$N=5$ 年。

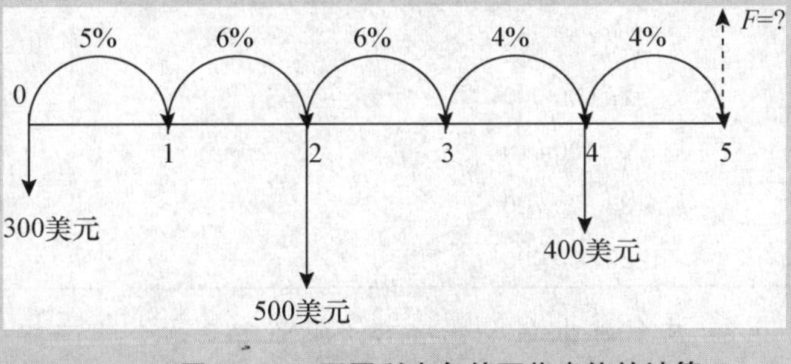

图 2—19　不同利率条件下将来值的计算

求：第 5 年年末的余额（F_5）。

- 在 $n=0$ 时存入 300 美元，其在第 5 年年末的等值为：

$$\underbrace{\underbrace{\overbrace{300(F/P,5\%,1)}^{n=1\text{ 时的余额}}(F/P,6\%,2)}_{n=3\text{ 时的余额}}(F/P,4\%,2)}_{n=5\text{ 时的余额}}=382.82(\text{美元})$$

- 在 $n=2$ 时存入 500 美元，其在第 5 年年末的等值为：

$$\underbrace{\overbrace{500(F/P,6\%,1)}^{n=3\text{ 时的余额}}(F/P,4\%,2)}_{n=5\text{ 时的余额}}=573.25(\text{美元})$$

- 在 $n=4$ 时存入 400 美元，其在第 5 年年末的等值为：

  $400(F/P,4\%,1)=416$（美元）

- $n=5$ 时余额合计：

  $F_5=382.82+573.25+416.00=1\ 372.07$（美元）

例 2—13

萨巴希亚的含 900 万美元签约费的 1.61 亿美元新合同[2]

2008 年 12 月 18 日，萨巴希亚（CC Sabathia）与纽约扬基队（Yankees）签订未来 7 年合约，成为美国职业棒球大联盟最富有的运动员之一。萨巴希亚与扬基队最终确定了 7 年 1.61 亿美元的合约，签订当时支付给萨巴希亚 600 万美元的签约费，其余的 300 万美元在 2009 年支付。2009 赛季的起薪是 1 400 万美元，此后每个赛季涨到 2 300 万美元，对一个棒球投球手来说这无论在薪金总额还是年薪方面都是最高的了。

每赛季季末薪金和签约费的年净支付见表 2—3。

表 2—3 萨巴希亚 1.61 亿美元的合约 单位：美元

赛季末	底薪	按比例签约费	年支付总额
2008 年	—	6 000 000	6 000 000
2009 年	14 000 000	3 000 000	17 000 000
2010 年	23 000 000	—	23 000 000
2011 年	23 000 000	—	23 000 000
2012 年	23 000 000	—	23 000 000
2013 年	23 000 000	—	23 000 000
2014 年	23 000 000	—	23 000 000
2015 年	23 000 000	—	23 000 000

假设年利率为 6%，支付发生在每赛季末。萨巴希亚的合约按签约时间计算的实际价值是多少？

解：

已知：支付系列如图 2—20 所示，$i=6\%$/年。

求：P。

图 2—20 萨巴希亚与扬基队合约的现金流量图

签约时的实际值

$$P = 6\,000\,000 + 17\,000\,000(P/F, 6\%, 1) + 23\,000\,000(P/F, 6\%, 2) + \cdots$$
$$+ 23\,000\,000(P/F, 6\%, 7)$$
$$= 128\,734\,396 (\text{美元})$$

注意合约的实际价值比 161 000 000 美元的数字要小得多。

评注： 不同于大多数运动员，萨巴希亚一年 12 个月的总薪金按半月分期支付，这意味着在 4 月 6 日开赛之前，他将取得 6 笔 583 333 美元的支付。第 3 章将介绍这些频繁支付的等值计算。

在例 2—13 中，将现金流量分割成单笔支付的粗暴方法虽然总是有效的，但是因为很多因素必须被计算在内，导致时间花费太多并且容易出错。对于某些形式的现金流量存在更有效的方法，在接下来的章节中将予以介绍。

□ 2.3.4 等额支付系列

通过例 2—13 可知，加总每笔现金流量的现值来确定一系列未来现金流量的现值。然而，如果现金流量形式呈现出规律性（如例 2—13 中的薪金支付系列），就可采用一些简捷方法，如确定等额系列的现值。一些交易具有等额系列的支付情况，如租金、债券利息和商业分期付款计划都是以等额支付系列为基础的。

复利系数：已知 A，i 和 N，求 F

假定我们投资一基金定投计划，每期期末投入 A 美元并按照利率 i 赚取利息，N 期后得到将来值 F。上述交易的现金流量如图 2—21 所示。可以看到如果在每期期末投入资金 A，经过 N 个周期，可收回的金额 F 将是各期投入金额的复利终值之和。

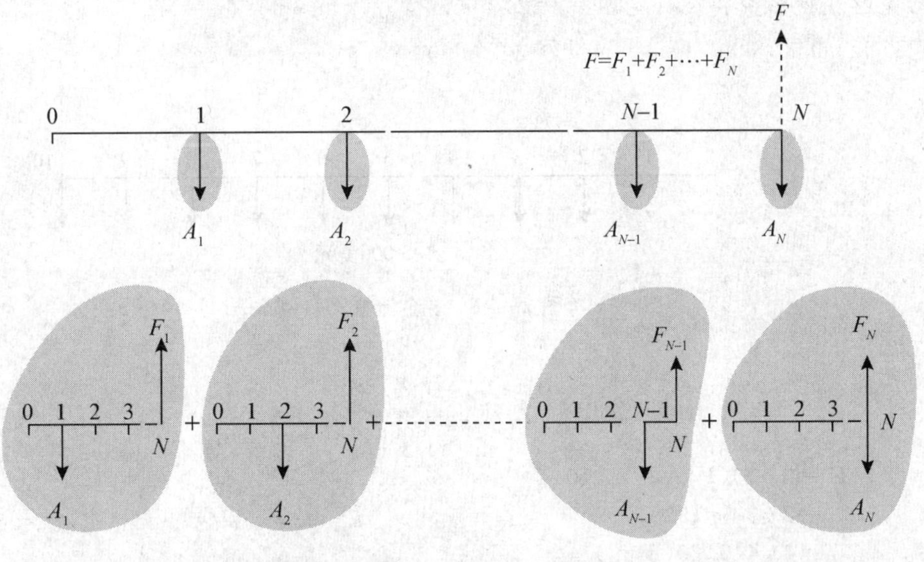

图 2—21 通过每笔现金流量将来值的加总而获得的现金流量系列的将来值

如图 2—21 所示，第 1 期期末投入的 A 美元在经过 N 个周期之后将会价值 $A(1+i)^{N-1}$。第 2 期期末投入的 A 元美元价值 $A(1+i)^{N-2}$……以此类推。最终，第

N 期期末投入的 A 美元价值仍然为 A 美元。这意味着，存在如下系列形式：

$$F=A(1+i)^{N-1}+A(1+i)^{N-2}+\cdots+A(1+i)+A$$

或者，改变一下形式：

$$F=A+A(1+i)+A(1+i)^2+\cdots+A(1+i)^{N-1} \tag{2.8}$$

将式（2.8）乘以（$1+i$），得

$$(1+i)F=A(1+i)+A(1+i)^2+\cdots+A(1+i)^N \tag{2.9}$$

式（2.9）减去式（2.8），得

$$F(1+i)-F=-A+A(1+i)^N$$

解出 F，得

$$F=A\left[\frac{(1+i)^N-1}{i}\right]=A(F/A,i,N) \tag{2.10}$$

式（2.10）括号中的术语称为**等额支付系列复利系数**（equal-payment series compound-amount factor，uniform series compound-amount factor），其系数符号记为（F/A，i，N）。附录中的复利表，计算了不同 i 和 N 组合的该系数的值。

例 2—14

等额系列：已知 i，A 和 N，求 F

假定你在 10 年间每年年末向储蓄账户中存入 3 000 美元，如果年利率为 7%，在 10 年后能够获得多少资金（见图 2—22）？

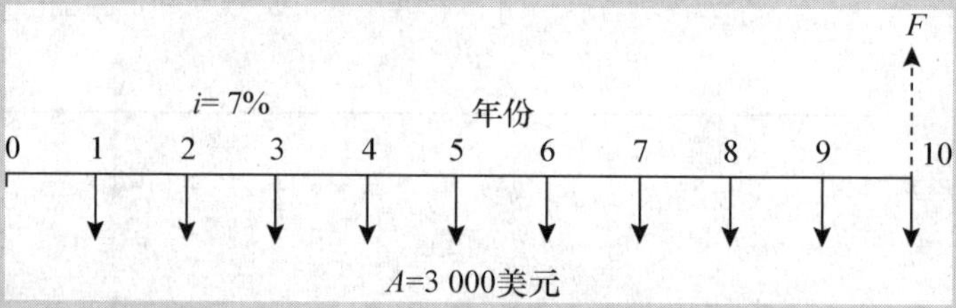

图 2—22 现金流量图（例 2—14）

解：

已知：$A=3\,000$ 美元，$N=10$ 年，$i=7\%$/年。

求：F。

$$\begin{aligned}F&=3\,000(F/A,7\%,10)\\&=3\,000\times13.816\,4\\&=41\,449.20(\text{美元})\end{aligned}$$

通过 Excel 求年金的将来值，可以采用财务函数命令"=FV(7%，10，−3 000)"，如图 2—23 所示。

	A	B	C
1	*N*	金额	将来值
2	0		
3	1	$3000.00	$5515.38
4	2	$3000.00	$5154.56
5	3	$3000.00	$4817.34
6	4	$3000.00	$4502.19
7	5	$3000.00	$4207.66
8	6	$3000.00	$3932.39
9	7	$3000.00	$3675.13
10	8	$3000.00	$3434.70
11	9	$3000.00	$3210.00
12	10	$3000.00	$3000.00
13			
14		合计	$41,449.34
15			

=FV(7%,10,−3000)

图 2—23　Excel 工作表求将来值（*F*）

例 2—15

在等额系列中处理时间变化

在例 2—14 中，10 笔存款中的第一笔发生在第 1 期期末，其余 9 笔存款发生在每期期末。假设每笔存款都发生在相应周期的期初，那么如何计算第 10 期期末的账户余额？

解：

已知：现金流量图如图 2—24 所示，i=7%/年。

求：F_{10}。

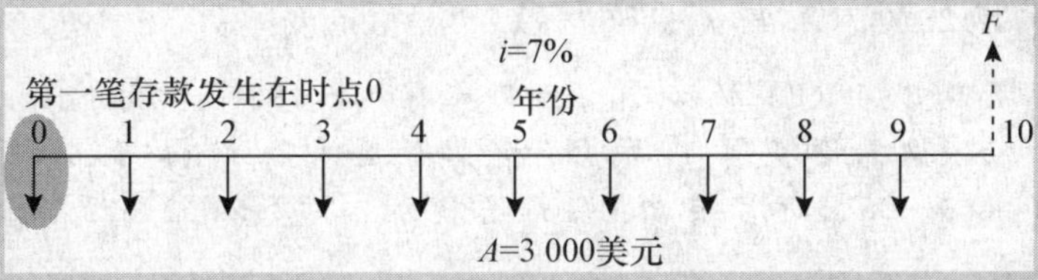

图 2—24　现金流量图（例 2—15）

将图 2—24 与图 2—22 进行比较：每次支付提前一年的时间，因此，每次支付额外增加了一年计算复利的时间。采用年末存款的方式，末期余额（*F*）为 41 449.20 美元，采用年初存款的方式，在第 9 期期末就可实现与前面相同的余额。该值可以额外地赚取一年的利息。因此，末期余额很容易算出，为：

$$F_{10}=41\,449.20\times 1.07=44\,350.64(\text{美元})$$

使用下面的 Excel 财务函数命令，可以很容易算得年金：

=FV(7%,10,−3 000,0,1)

评注：确定末期余额的另一个方法是比较两个不同的现金流量形式。通过对原现金流量在第 0 期期初增加 3 000 美元存款，并减去第 10 期期末的 3 000 美元存款，我们得到了第二个现金流量。因此，可以通过对 41 449.20 美元做出下述调整，求得末期余额：

$$F_{10}=41\,449.20+3\,000(F/P,7\%,10)-3\,000=44\,350.64(\text{美元})$$

积累基金系数：已知 F，i 和 N，求 A

从式（2.10）解出 A，可得

$$A=F\left[\frac{i}{(1+i)^N-1}\right]=F(A/F,i,N) \tag{2.11}$$

式中括号内的术语称为**等额支付系列积累基金系数**（equal-payment series sinking-fund），或者**积累基金系数**（sinking-fund factor），其系数符号记为（A/F，i，N）。积累基金是一种在每个计息期存入一固定金额的有息账户，通常因为固定资产更新或者公司债券回收目的设立。

例 2—16

延迟建立退休基金的成本

拖延是人的本性，并且人们总会说："我下一年会开始储蓄。"但是当涉及财务问题，拖延的代价会十分惊人。假设你在 20 岁的时候每年将 5 000 美元存入罗斯个人退休金账户（Roth IRA），收益率 7%。假设你计划在 65 岁退休，到时候你的账户余额为 1 428 747美元。

$$F=5\,000(F/A,7\%,45)=1\,428\,747(\text{美元})$$

现在如果你想在退休时得到 1 428 747 美元，那么根据开始年龄的不同每年要求存入的年金是多少？

解：

已知：$F=1\,428\,747$ 美元，$N=65-n$ 年，$i=7\%/$年。

求：A。

根据开始年龄 n 的不同每年要求存入的年金为：

$$A_n=1\,428\,747(A/F,7\%,65-n)$$

比如，你延迟 3 年（23 岁），你必须每年存入 6 195 美元才能保证在 65 岁时得到相同数目的退休金。如果你等到 40 岁才开始加入退休金计划，你必须连续每年存入将近 22 589 美元！图 2—25 显示了要求年金的总趋势，表 2—4 给出了各个年龄拖延的代价。

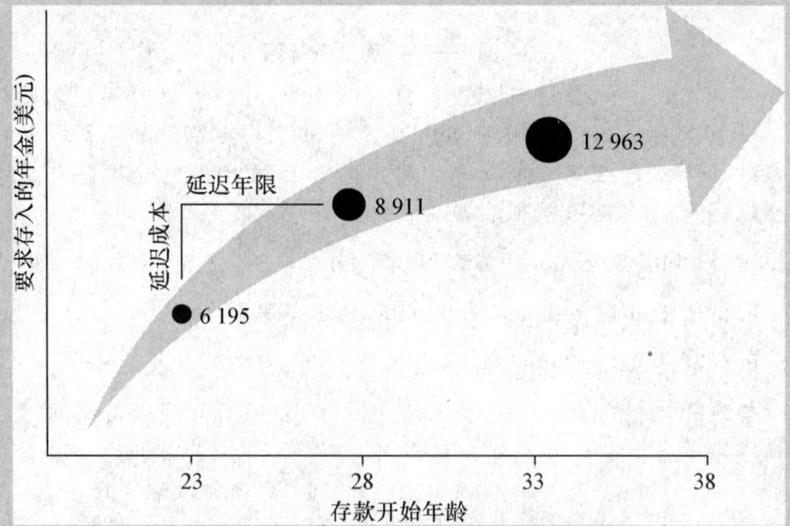

图 2—25　延迟加入退休基金计划的代价

表 2—4　为了在退休时得到 1 428 747 美元，根据开始年龄的不同每年要求存入的年金

	A	B	C	D	E
1					
2				投资	
3	开始年龄	退休年龄	年金	收益率	终值
4					
5	18	65	$4,339.73	7%	$1,428,747
6	19	65	$4,657.66	7%	$1,428,747
7	20	65	$5,000.00	7%	$1,428,747
8	21	65	$5,368.79	7%	$1,428,747
9	22	65	$5,766.27	7%	$1,428,747
10	23	65	$6,194.91	7%	$1,428,747
11	24	65	$6,657.42	7%	$1,428,747
12	25	65	$7,156.79	7%	$1,428,747
13	26	65	$7,696.32	7%	$1,428,747
14	27	65	$8,279.66	7%	$1,428,747
15	28	65	$8,910.88	7%	$1,428,747
16	29	65	$9,594.48	7%	$1,428,747
17	30	65	$10,335.49	7%	$1,428,747
18	31	65	$11,139.56	7%	$1,428,747
19	32	65	$12,012.99	7%	$1,428,747
20	33	65	$12,962.90	7%	$1,428,747
21	34	65	$13,997.30	7%	$1,428,747
22	35	65	$15,125.29	7%	$1,428,747
23	36	65	$16,357.22	7%	$1,428,747
24	37	65	$17,704.92	7%	$1,428,747
25	38	65	$19,181.97	7%	$1,428,747
26	39	65	$20,804.02	7%	$1,428,747
27	40	65	$22,589.22	7%	$1,428,747
28					

例 2—17

比较三种不同的投资计划

某人刚刚过完 24 岁生日，比较他的三种投资方案，年利率 8%（如图 2—26 所示）。

A 方案：在工作的前 10 年每年投资 2 000 美元。10 年之后，不再追加投资，但把前 10 年累积的资金在未来 31 年内进行再投资。

B 方案：前 10 年不做投资，在以后 31 年每年投资 2 000 美元。

C 方案：在 41 年内每年投资 2 000 美元。

需要指出的是投资是在每年生日当天发生的，在 25 岁时完成第一笔存款（$n=1$），需要确定其 65 岁（$n=41$）时的账户总额。

解：

已知：在 $i=8\%/$年，$N=41$ 年条件下提出三种不同的储蓄方案。

求：41 年后（或 65 岁时）存款账户总额。

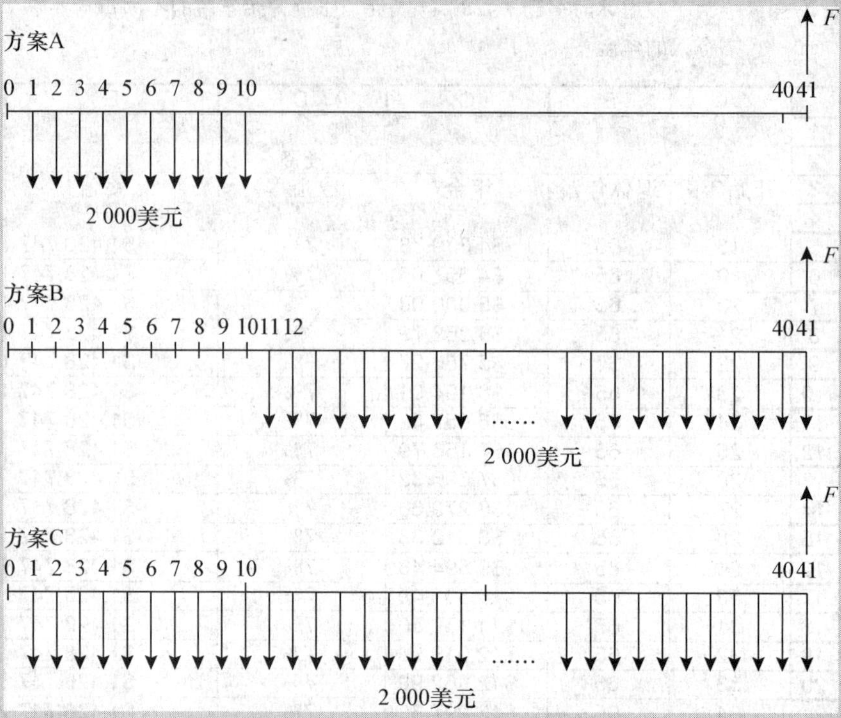

图 2—26 三种不同投资方案的现金流量图（例 2—17）

方案 A：

$$F_{65}=\underbrace{\overbrace{2\,000(F/A,8\%,10)}^{10\text{ 年末的账户额}}}_{28\,973.12\text{ 美元}}(F/P,8\%,31)$$

$$=314\,870.34(\text{美元})$$

方案 B：

$$F_{65}=\underbrace{2\,000(F/A,8\%,31)}_{246\,691.74\text{ 美元}}$$

$$=246\,691.74(\text{美元})$$

方案 C：

$$F_{65}=\underbrace{2\,000(F/A,8\%,41)}_{561\,562.08\text{ 美元}}$$

$$=561\,562.08(\text{美元})$$

表 2—5 以报表形式清晰地表示了每年年末存款余额的变化。需要指出的是，由于舍入误差，最终计算出的总额可能会稍微偏离于由利息公式计算出的结果。

表 2—5　　三种投资计划——时间对货币价值的影响

	A	B	C	D	E	F	G	H
1								
2			方案 A		方案 B		方案 C	
3								
4	年龄	年份	当年存款	年末值	当年存款	年末值	当年存款	年末值
5								
6	24	0						
7	25	1	$2,000.00	$2,000.00	$0.00	$0.00	$2,000.00	$2,000.00
8	26	2	$2,000.00	$4,160.00	$0.00	$0.00	$2,000.00	$4,160.00
9	27	3	$2,000.00	$6,492.80	$0.00	$0.00	$2,000.00	$6,492.80
10	28	4	$2,000.00	$9,012.22	$0.00	$0.00	$2,000.00	$9,012.22
11	29	5	$2,000.00	$11,733.20	$0.00	$0.00	$2,000.00	$11,733.20
12	30	6	$2,000.00	$14,671.86	$0.00	$0.00	$2,000.00	$14,671.86
13	31	7	$2,000.00	$17,845.61	$0.00	$0.00	$2,000.00	$17,845.61
14	32	8	$2,000.00	$21,273.26	$0.00	$0.00	$2,000.00	$21,273.26
15	33	9	$2,000.00	$24,975.12	$0.00	$0.00	$2,000.00	$24,975.12
16	34	10	$2,000.00	$28,973.12	$0.00	$0.00	$2,000.00	$28,973.12
17	35	11	$0.00	$31,290.97	$2,000.00	$2,000.00	$2,000.00	$33,290.97
18	36	12	$0.00	$33,794.25	$2,000.00	$4,160.00	$2,000.00	$37,954.25
19	37	13	$0.00	$36,497.79	$2,000.00	$6,492.80	$2,000.00	$42,990.59
20	38	14	$0.00	$39,417.62	$2,000.00	$9,012.22	$2,000.00	$48,429.84
21	39	15	$0.00	$42,571.03	$2,000.00	$11,733.20	$2,000.00	$54,304.23
22	40	16	$0.00	$45,976.71	$2,000.00	$14,671.86	$2,000.00	$60,648.57
23	41	17	$0.00	$49,654.84	$2,000.00	$17,845.61	$2,000.00	$67,500.45
24	42	18	$0.00	$53,627.23	$2,000.00	$21,273.26	$2,000.00	$74,900.49
25	43	19	$0.00	$57,917.41	$2,000.00	$24,975.12	$2,000.00	$82,892.53
26	44	20	$0.00	$62,550.80	$2,000.00	$28,973.12	$2,000.00	$91,523.93
27	45	21	$0.00	$67,554.87	$2,000.00	$33,290.97	$2,000.00	$100,845.84
28	46	22	$0.00	$72,959.26	$2,000.00	$37,954.25	$2,000.00	$110,913.51
29	47	23	$0.00	$78,796.00	$2,000.00	$42,990.59	$2,000.00	$121,786.59
30	48	24	$0.00	$85,099.68	$2,000.00	$48,429.84	$2,000.00	$133,529.52
31	49	25	$0.00	$91,907.65	$2,000.00	$54,304.23	$2,000.00	$146,211.88
32	50	26	$0.00	$99,260.26	$2,000.00	$60,648.57	$2,000.00	$159,908.83
33	51	27	$0.00	$107,201.09	$2,000.00	$67,500.45	$2,000.00	$174,701.54
34	52	28	$0.00	$115,777.17	$2,000.00	$74,900.49	$2,000.00	$190,677.66
35	53	29	$0.00	$125,039.35	$2,000.00	$82,892.53	$2,000.00	$207,931.87
36	54	30	$0.00	$135,042.49	$2,000.00	$91,523.93	$2,000.00	$226,566.42
37	55	31	$0.00	$145,845.89	$2,000.00	$100,845.84	$2,000.00	$246,691.74
38	56	32	$0.00	$157,513.56	$2,000.00	$110,913.51	$2,000.00	$268,427.07
39	57	33	$0.00	$170,114.65	$2,000.00	$121,786.59	$2,000.00	$291,901.24
40	58	34	$0.00	$183,723.82	$2,000.00	$133,529.52	$2,000.00	$317,253.34
41	59	35	$0.00	$198,421.73	$2,000.00	$146,211.88	$2,000.00	$344,633.61
42	60	36	$0.00	$214,295.47	$2,000.00	$159,908.83	$2,000.00	$374,204.30
43	61	37	$0.00	$231,439.10	$2,000.00	$174,701.54	$2,000.00	$406,140.64
44	62	38	$0.00	$249,954.23	$2,000.00	$190,677.66	$2,000.00	$440,631.89
45	63	39	$0.00	$269,950.57	$2,000.00	$207,931.87	$2,000.00	$477,882.44
46	64	40	$0.00	$291,546.62	$2,000.00	$226,566.42	$2,000.00	$518,113.04
47	65	41	$0.00	**$314,870.34**	$2,000.00	**$246,691.74**	$2,000.00	**$561,562.08**
48								
49	注意存款在每年生日当天存入。							
50	方案 A 和方案 C 都是在 25 岁生日时存入第一笔款项。							

资金恢复系数（年金系数）：已知 P，i 和 N，求 A

如果已知 P，i 和 N，可以确定定期支付金额 A。图 2—27 描述了这种情况。为了将 P 与 A 联系起来，由式（2.3）$F=P(1+i)^N$ 中 P 和 F 之间的关系，将其代入式（2.11）可得

$$A=P(1+i)^N\left[\frac{i}{(1+i)^N-1}\right]$$

或

$$A=P\left[\frac{i(1+i)^N}{(1+i)^N-1}\right]=P(A/P,i,N) \qquad (2.12)$$

从而得到了在已知现值 P 的情况下求每期期末支付金额 A 的计算公式。括号中的术语称为**等额支付系列资金恢复系数**（equal-payment series capital-recovery factor），或简称为**资金恢复系数**（capital-recovery factor），用（A/P，i，N）表示。

在财务领域，这个 A/P 系数称为**年金系数**（annuity factor），表明了一个持续数个周期的固定金额支付系列。

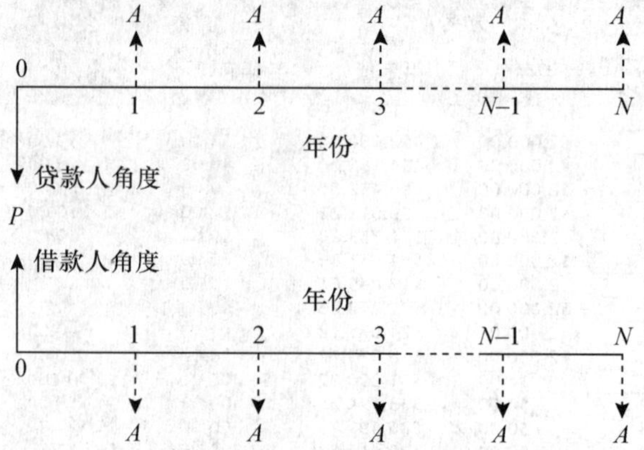

图 2—27 贷款还款系列

例 2—18

等额系列：已知 P，i 和 N，求 A

BioGen 公司是一个小型生物技术公司，为进行基因拼接实验贷款 250 000 美元购买设备。该贷款年利率为 8%，需要在以后 6 年内分期等额偿还。计算每年分期付款的金额（见图 2—28）。

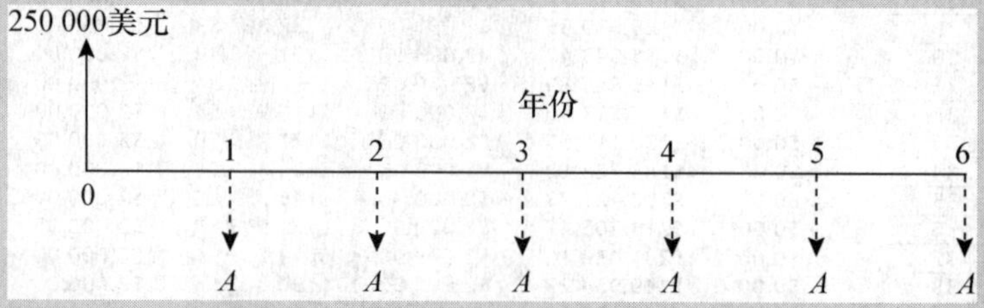

图 2—28 BioGen 公司贷款现金流量图

解：

已知：P=25 000 美元，i=8%/年，N=6 年。

求：A。

$$
\begin{aligned}
A &= 250\,000(A/P, 8\%, 6) \\
&= 250\,000 \times 0.216\,3 \\
&= 54\,075(\text{美元})
\end{aligned}
$$

可以使用 Excel 年金函数命令求解（见图 2—29）：

$=\text{PMT}(i, N, P)$

	A	B	
1	P	$25,0000	
2	l	8%	
3	N	6	
4			
5	A	$54,078.85	← =PMT(8%,6,–250000)

图 2—29 Excel：PMT 函数

例 2—19

递延贷款偿还

在例 2—18 中，假定 BioGen 公司希望通过与银行谈判将首次偿还贷款时间推延至第 2 年年末（但仍然在接下来的 6 年按 8%的利率分期偿还贷款）。如果银行想要获得与原来相同的利润，那么每年分期付款金额，即**递延年金**（deferred annuity）应该是多少（见图 2—30）？

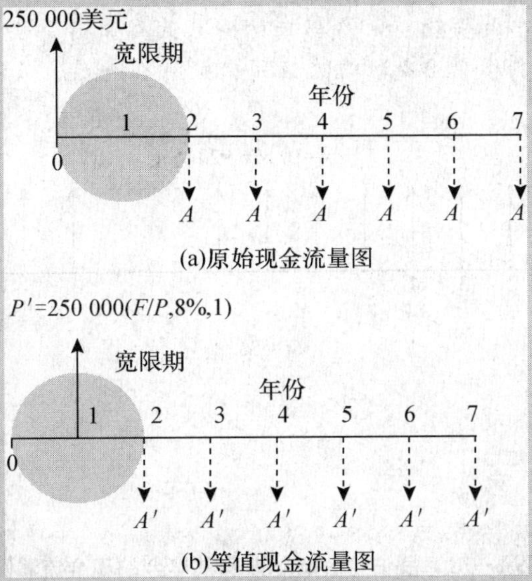

图 2—30　BioGen 公司递延贷款现金流量图（例 2—19）

解：

已知：P＝250 000 美元，i＝8%/年，N＝6 年，并且第一次偿还发生在第 2 年年末。

求：A。

由于还款推迟一年，银行会把第 1 年的应计利息加入到本金中。换句话说，我们需要求 250 000 美元一年后的等值 P'：

$$P'=250\,000(F/P,8\%,1)$$
$$=270\,000(\text{美元})$$

实际上，BioGen 公司贷款金额为 270 000 美元，贷款期 6 年。为了分 6 次等额偿还贷款，基于 P'的递延等额支付为：

$$A'=270\,000(A/P,8\%,6)$$
$$=58\,401(\text{美元})$$

因为延迟还款一年，BioGen 公司每年需要多偿还 4 326 美元。

现值系数：已知 A，i 和 N，求 P

为了在各个 N 期期末收回 A 美元，现在应该投入多少资金？为回答这个问题，所要面对的是与等额支付系列资金恢复系数相反的情况：已知 A，求 P。利用式（2.12）给出的资金恢复系数，求 P：

$$P=A\left[\frac{(1+i)^N-1}{i(1+i)^N}\right]=A(P/A,i,N) \tag{2.13}$$

上式括号中的术语称为**等额支付系列现值系数**（equal-payment series present-worth factor），用（P/A，i，N）表示。

例 2—20

等额系列：已知A，i和N，求P

回顾本章开始时提出的罗伯特·哈里斯的彩票问题。讨论哈里斯先生放弃未来 26 年每年 10 576 923 美元（利率为 5%）的收益而接受现在一次性 167 000 000 美元的收益是否明智（见图 2—31）。

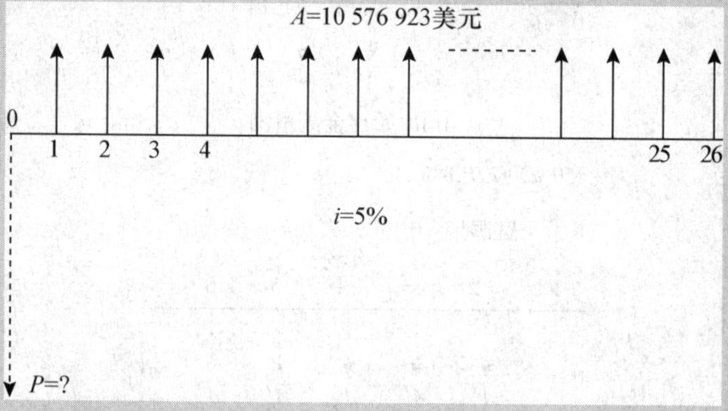

图 2—31 罗伯特·哈里斯彩票奖金的现金流量图

解：

已知：$i=5\%$/年，$A=10\ 576\ 923$ 美元，$N=26$ 年。

求：P。

- 利用利息系数：

$$\begin{aligned}P&=10\ 576\ 923(P/A,5\%,26)=10\ 576\ 923\times 14.375\ 185\\&=152\ 045\ 228(\text{美元})\end{aligned}$$

- 利用 Excel：

=PV(5%,26,−10 576 923)=152 045 228(美元)

评注： 显然，可以告诉哈里斯先生，如果他的投资收益率只有 5%，那么放弃未来 26 年每年 10 576 923 美元的收益换取现在一次性 167 000 000 美元的收益是划算的。

2.3.5 线性梯度系列

工程师经常遇到这样的情况：定期支付的金额连续每期都以一个常数（G）递增或递减。这种情况经常发生，所以利用特殊等值系数将线性梯度现金流量与其他现金流量联系起来是十分必要的。图 2—32 描绘了一个**严格梯度系列**（strict gradient series），$A_n=(n-1)G$。需要指出的是，该系列的起点是第 1 期期末并且值为 0。梯度 G 可为正，也可为负。

- 如果 $G>0$，称为递增梯度系列。
- 如果 $G<0$，称为递减梯度系列。

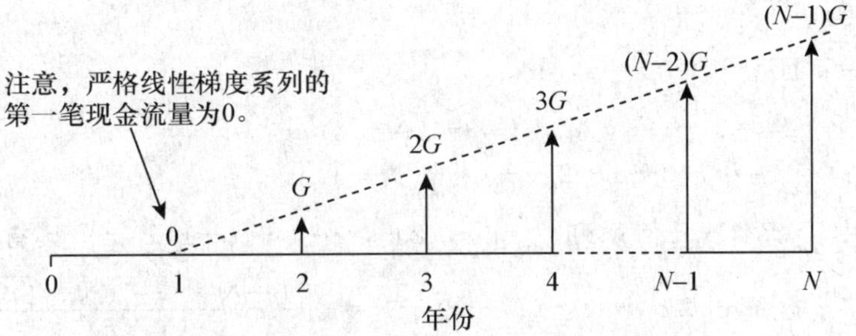

图 2—32 严格梯度系列的现金流量图

不幸的是，递减梯度或递增梯度系列严格的形式与大多数工程经济问题所采用的形式并不一致。一个典型的与线性梯度相关的问题是首期支付一定金额，且在以后数个计息期内以 G 递增，图 2—33 就描述了这样一种情况。与之相比，图 2—32 描述的情况中第 1 个周期没有发生支付，在第 2 个周期发生首个支付后才开始按一定的梯度增加。

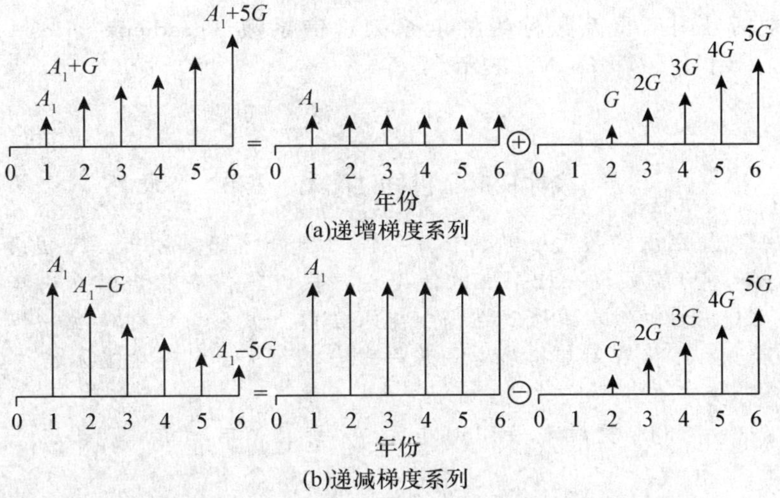

图 2—33 两类梯度系列及其 N 期支付为 A_1 的等额系列与常数 G 的梯度系列的组合形式

梯度系列及组合系列

为了利用严格梯度系列解决典型的工程经济问题，我们要把图 2—33 描述的现金流量视作**组合系列**（composite series），或者两个现金流量的合成，且每个现金流量都有与之对应的可以很容易地识别和处理的形式：N 期支付额为 A_1 的等额系列和增额为 G 的梯度系列。在解决问题时，将涉及线性梯度系列的现金流量视作两种不同系列的组合是很有必要的。

线性梯度现值系数：已知 G，N 和 i，求 P

某人应该存入多少金额才能获得如图 2—32 中所示的梯度额？为了求现值 P，对系列的每一笔现金流量使用一次支付现值系数，得

$$P=0+\frac{G}{(1+i)^2}+\frac{2G}{(1+i)^3}+\cdots+\frac{(N-1)G}{(1+i)^N}$$

或

$$P=\sum_{n=1}^{N}(n-1)G(1+i)^{-n} \tag{2.14}$$

使 $G=a$ 且 $1/(1+i)=x$，得

$$\begin{aligned}P&=0+ax^2+2ax^3+\cdots+(N-1)ax^N\\&=ax[0+x+2x^2+\cdots+(N-1)x^{N-1}]\end{aligned} \tag{2.15}$$

由于算术—几何系列 $\{0, x, 2x^2, \cdots, (N-1)x^{N-1}\}$ 具有有限项和：

$$0+x+2x^2+\cdots+(N-1)x^{N-1}=x\left[\frac{1-Nx^{N-1}+(N-1)x^N}{(1-x)^2}\right]$$

式（2.15）可写成：

$$P=ax^2\left[\frac{1-Nx^{N-1}+(N-1)x^N}{(1-x)^2}\right] \tag{2.16}$$

将 a 和 x 的值代入，得

$$P=G\left[\frac{(1+i)^N-iN-1}{i^2(1+i)^N}\right]=G(P/G,i,N) \tag{2.17}$$

式中括号内所得系数称为**梯度系列现值系数**（gradient-series present-worth factor），用（P/G，i，N）表示。

例 2—21

线性梯度：已知 A_1，G，i 和 N，求 P

一家纺织厂刚刚购买了一辆具有 5 年使用寿命的起重汽车。工程师估计其第 1 年的维修费需要 1 000 美元。在接下来的使用年限内，维修费将会随着汽车使用时间的增加每年增加 250 美元。假定维修费在每年年末支出。该公司计划建立一个年利率为 12%的账户，以后所有维修费用都将从这个账户支出，那么公司现在应往账户里存入多少钱？

解：

已知：$A_1=1\,000$ 美元，$G=250$ 美元，$i=12\%$/年，$N=5$ 年。

求：P。

求该公司应该存入多少钱，就是求在年利率为 12%的条件下维修费的现值。其现金流量可以分为如图 2—34 所示的两部分：

第一部分为等额支付系列（A_1），第二部分为线性梯度系列（G）。已知：

$$\begin{aligned}P&=P_1+P_2\\P&=A_1(P/A,12\%,5)+G(P/G,12\%,5)\\&=1\,000\times3.604\,8+250\times6.397\\&=5\,204(\text{美元})\end{aligned}$$

注意梯度系数中 N 为 5，而不是 4。这是由于根据梯度系列的定义，第一个梯度是从第 2 期开始的。

评注： 作为检验，可以用系数（P/F，12%，n）计算现金流量的现值，如图 2—35 所示。

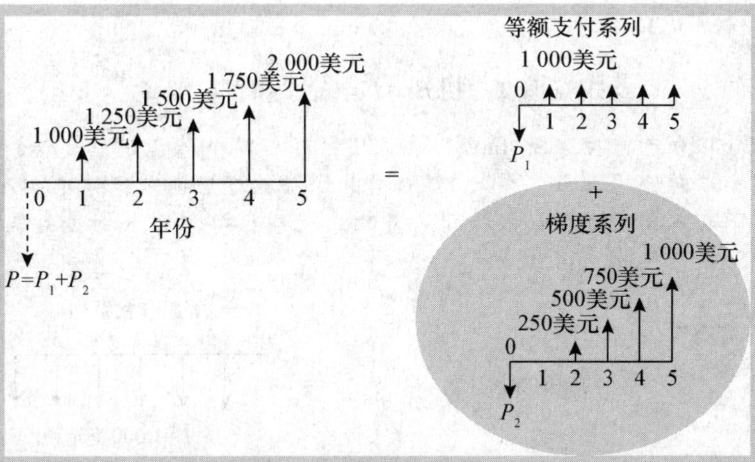

图 2—34　梯度系列的现金流量图（例 2—21）

	A	B	C
1			
2	期 (*n*)	现金流量	现值
3			
4	0		\$0.00
5	1	\$1, 000.00	\$892.86
6	2	\$1, 250.00	\$996.49
7	3	\$1, 500.00	\$1, 067.67
8	4	\$1, 750.00	\$1, 112.16
9	5	\$2, 000.00	\$1, 134.85
10			
11		合计	\$5, 204.03
12			

=PV(12%,A7,0–B7)

=SUM(C4:C9)

图 2—35　计算所需储存额的 Excel 工作表

（其中细微的差异是由舍入误差造成的。）

梯度系列等额支付转换系数：已知 *G*，*i*，*N*，求 *A*

我们可以构建与梯度系列等值的等额支付系列，如图 2—36 所示，将式(2.17) 代入式 (2.12)，得

$$A=G\left[\frac{(1+i)^N-iN-1}{i[(1+i)^N-1]}\right]=G(A/G,i,N) \tag{2.18}$$

式中括号内的系数称为**梯度系列等额支付转换系数** (gradient-to-equal-payment series conversion factor)，记作 (A/G，i，N)。

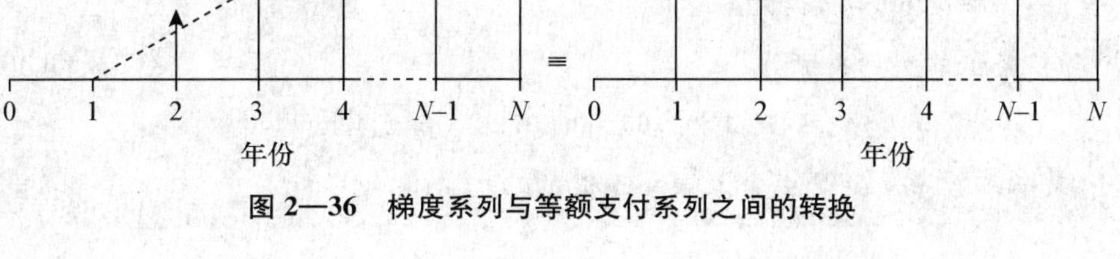

图 2—36　梯度系列与等额支付系列之间的转换

例 2—22

线性梯度：已知 A_1，G，i 和 N，求 A

约翰（John）和芭芭拉（Barbara）在信用社开了两个储蓄账户，年利率 10%。约翰打算在第 1 年年末向他的账户内存入 1 000 美元，并在以后的 5 年每年存入 300 美元。芭芭拉打算在接下来 6 年间每年存入相同的金额。芭芭拉每年存入多少金额能使得 6 年后两个账户中的余额相等（见图 2—37）？

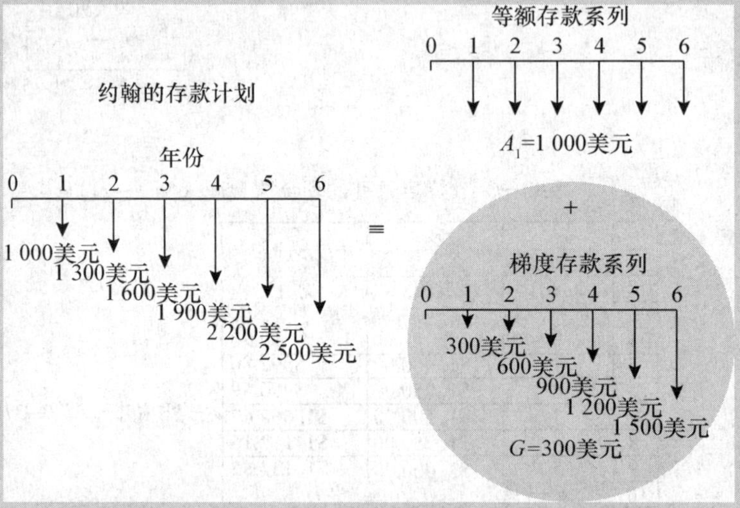

图 2—37　约翰的存款系列可视作等额系列与梯度系列的组合形式

解：

已知：$A_1=1\,000$ 美元，$G=300$ 美元，$i=10\%$/年，$N=6$ 年。

求：A。

在没有特别说明的情况下，一般采用期末惯例，该系列开始于第 1 年年末，最后一笔存款发生在第 6 年年末。我们可以将系列中固定不变的 1 000 美元的部分分离，剩下梯度系列 0，0，300，600，…，1 500。

为了使开始于第 1 年年末结束于第 6 年年末的等额支付系列与梯度系列有相同的现值，计算过程如下：

$$A=1\,000+300(A/G,10\%,6)=1\,000+300\times2.223\,6=1\,667.08(\text{美元})$$

芭芭拉应每年存款 1 667.08 美元。

评注： 另一种解法，可以首先计算出约翰每年存款支出的等值现值，然后求与其等值的等额支付系列，从而计算出芭芭拉的年储蓄额。此组合系列的现值为：

$$\begin{aligned}P&=1\,000(P/A,10\%,6)+300(P/G,10\%,6)\\&=1\,000\times4.355\,3+300\times9.684\,2\\&=7\,260.56(\text{美元})\end{aligned}$$

与其等值的年储蓄额为：

$$A=7\,260.56(A/P,10\%,6)=1\,667.02(\text{美元})$$

（其中细微的差异是由舍入误差造成的。）

例 2—23

递减线性梯度：已知 A_1，G，i 和 N，求 F

假设你每年都向一个银行账户内存款，年利率为10%。第一笔存款为1 200美元，发生在第1年年末，以后4年存入的金额每年减少200美元。在第5次存款完成之后账户共有多少金额？

解：

已知：现金流量图如图2—38所示，$i=10\%/$年，$N=5$年。

求：F。

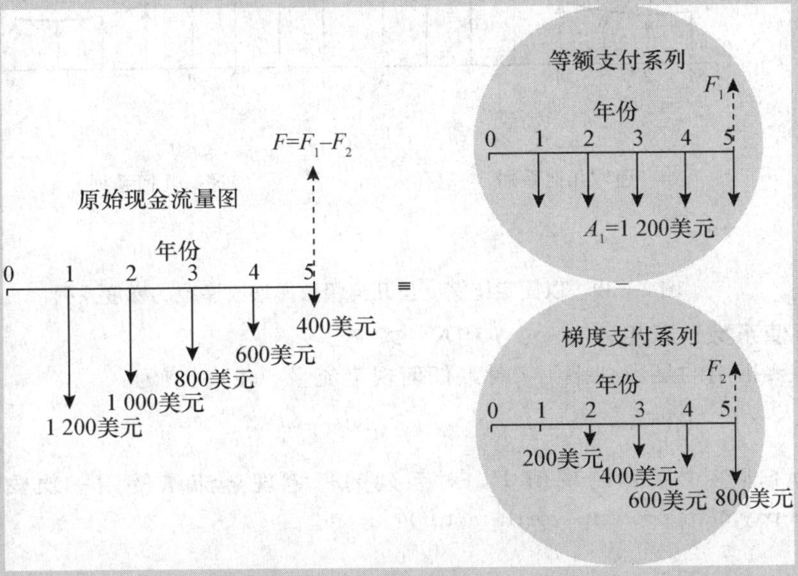

图2—38　将梯度系列分解成一个等额支付系列和一个严格梯度系列

该现金流量是一个递减梯度系列。考虑到线性梯度系数是从递增梯度系列中得出，对于递减梯度系列，可简单地将其分为两个部分求得：一个是等额支付系列，另一个是从等额系列中减去的递增梯度系列（见图2—38）。其将来值为：

$$\begin{aligned}F&=F_1-F_2\\&=A_1(F/A,10\%,5)-200(P/G,10\%,5)(F/P,10\%,5)\\&=1\,200\times6.105-200\times6.861\,8\times1.610\,51\\&=5\,115.92(\text{美元})\end{aligned}$$

□ 2.3.6　几何梯度系列

很多工程经济相关问题，特别是与建设费用相关的问题，常常要涉及现金流量随时间以固定的比率，即**几何梯度**（geometric gradient）增加或下降，而不是以常量（线性梯度）变化的情况。这种现金流量称为**复利增长**（compound growth）。因通货膨胀引起的价格变化是一个典型的几何梯度系列。如果我们把相邻两个周期之间支付金额变化的百分比设为 g，第 N 次支付金额 A_n 与首次支付金额 A_1 有如下关系：

$$A_n=A_1(1+g)^{n-1},\quad n=1,2,\cdots,N \tag{2.19}$$

变量 g 可以取正也可以取负，这取决于现金流量的类型。如果 $g>0$，系列递增，如果 $g<0$，系列递减。其现金流量图如图 2—39 所示。

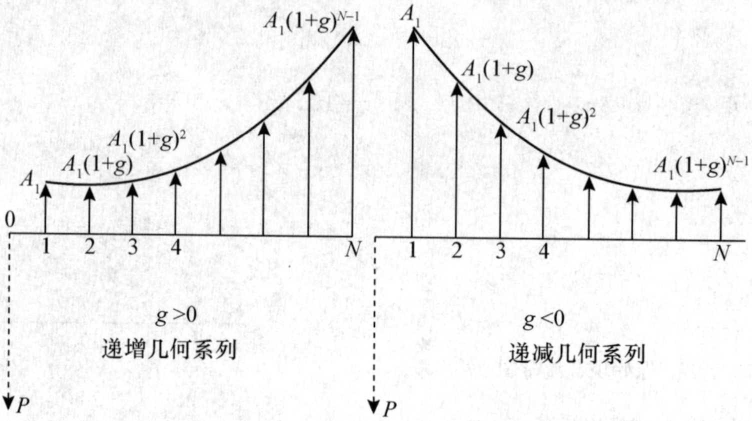

图 2—39　以固定比例 g 呈几何级数递增或递减的梯度系列

现值系数：已知 A_1，g，i 和 N，求 P

需要指出的是当利率为 i 时，任何现金流量 A_n 的现值为：

$$P_n=A_n(1+i)^{-n}=A_1(1+g)^{n-1}(1+i)^{-n}$$

为了求整个系列的现值 P，对系列的每笔现金流量使用**一次支付现值系数**（single-payment present-worth factor）：

$$P=\sum_{n=1}^{N}A_1(1+g)^{n-1}(1+i)^{-n} \tag{2.20}$$

将常数项 $A_1(1+g)^{-1}$ 从累加求和公式中提出来：

$$P=\frac{A_1}{(1+g)}\sum_{n=1}^{N}\left[\frac{1+g}{1+i}\right]^n \tag{2.21}$$

令 $a=\dfrac{A_1}{1+g}$，$x=\dfrac{1+g}{1+i}$，则式（2.21）改写为：

$$P=a(x+x^2+x^3+\cdots+x^N) \tag{2.22}$$

由于式（2.22）中的求和项为几何系列中前 N 项和，可以通过以下步骤得到解析表达式。

首先，将式（2.22）乘以 x，得

$$xP=a(x^2+x^3+x^4+\cdots+x^{N+1}) \tag{2.23}$$

然后，以式（2.22）减去式（2.23）：

$$P-xP=a(x-x^{N+1})$$

$$P(1-x)=a(x-x^{N+1})$$

$$P=\frac{a(x-x^{N+1})}{1-x},\quad x\neq 1 \tag{2.24}$$

如果代入 a，x 的初始值，得

$$P=\begin{cases}\dfrac{A_1}{i-g}\left[1-\left(\dfrac{1+g}{1+i}\right)^N\right], & i\neq g\\ \dfrac{NA_1}{1+i}, & i=g\end{cases} \tag{2.25}$$

或者用工程经济学符号表示，则有

$$P=A_1(P/A_1,g,i,N)$$

上式括号中的系数称为**几何梯度系列现值系数**（geometric-gradient series present - worth factor），记为（P/A_1，g，i，N）。特殊情况下，当 $i=g$ 时，式（2.21）变为 $P=NA_1/(1+i)$。

例 2—24

已知 A_1，g，i 和 N，求 P

Ansell 公司是一家医疗设备制造商，它利用螺线管内的压缩空气和设备压力开关控制各种设备的运转。多年来，生产车间布局已经改变了无数次。每次布局完成，压缩空气传输系统便会增加很多管道以适应制造设备的新位置。但是废弃的旧管道并没有封堵或者拆除，因此，现在的压缩空气输送系统效率很低并且存在泄漏问题。由于泄漏，预计下一年压缩机运行时间需占工厂总生产时间的70%。工厂运行 6 000 小时（假设工厂每年运行 250 天，每天运行 24 小时），需要 260 千瓦的电力，电费为 0.05 美元/千瓦时。如果 Ansell 公司继续使用该压缩空气输送系统，由于日益严重的泄漏问题，压缩机运行时间在未来 4 年内每年将增加 7%。（5 年后，现有系统将会由于不能满足工厂生产需求而被更新。）如果 Ansell 公司决定现在处理所有旧管道，预计花费 28 570 美元。

新的压缩机运行的天数不变，但由于减少了空气压力的损失，其运行时数降低 23%（或者日运行时间为 70%（1−23%）=53.9%）。假设 Ansell 公司的利率为 12%，现在对设备进行维修是否划算？

解：

已知：目前的电力消耗，$g=7\%$，$i=12\%$，$N=5$ 年。

求：A_1 和 P。

第 1 步：我们需要计算目前的管道系统在第 1 年的耗电成本：

耗电成本＝占日运行时间百分数×年运行天数×日运行时数×功率×电价
＝70%×250 天/年×24 小时/天×260 千瓦
×0.05 美元/千瓦时
＝54 600 美元

第 2 步：每年年耗电成本与上年相比将增加 7%。5 年间预计的耗电成本如图 2—40 所示。利率为 12%的几何梯度系列的费用现值为：

$$\begin{aligned}P_{旧}&=54\,600(P/A_1,7\%,12\%,5)\\&=\frac{54\,600}{0.12-0.07}\left[1-\left(\frac{1+0.07}{1+0.12}\right)^5\right]\\&=222\,937(美元)\end{aligned}$$

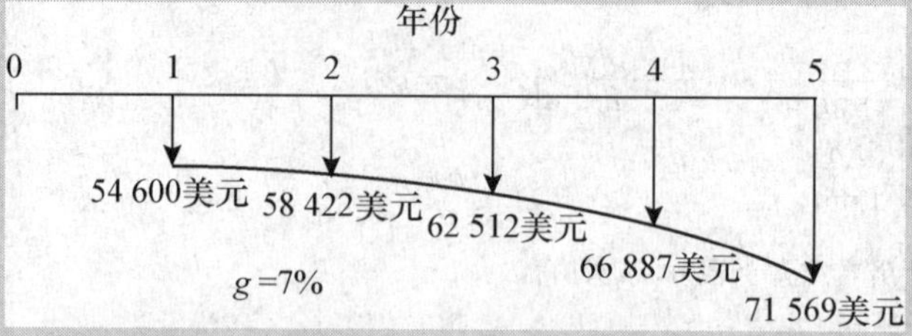

图 2—40　不维修的情况下年耗电成本

第 3 步：如果 Ansell 公司用新的设备替换现有压缩空气系统，年耗电成本将降低 23%，并在未来 5 年内维持在这个水平上。利率为 12%的费用现值将变为：

$$\begin{aligned}P_{新}&=54\,600(1-0.23)(P/A,12\%,5)\\&=42\,042\times3.604\,8\\&=151\,552(美元)\end{aligned}$$

第 4 步：现在替换旧系统能节省 71 385 美元（222 937－151 552）。由于新系统只花费 28 570 美元，所以现在就应该更新设备。

评注： 本例中，我们假设安装新系统的费用包含了拆除旧系统的费用。如果被拆除的系统有残值，那么更新设备将产生更多的费用节省。本书的第 13 章将讨论多种类型的更新案例。

例 2—25

几何梯度：已知：*F*，*g*，*i* 和 *N*，求 A_1

吉米·卡蓬特（Jimmy Carpenter）是一个个体经营者，打算在银行开设一个退休基金账户，目标是 20 年后退休时账户余额为 100 万美元。一家当地银行设立的退休基金账户未来 20 年内的年复利利率为 8%。吉米希望在他的职业生涯中年收入可以每年增长 6%。他计划在第 1 年年末开始存款（A_1），并在以后将每年增加 6%。那么他第一次存入的金额（A_1）应该为多少？第一笔存款发生在第 1 年年末，接下来也在每年年末存入，最后一笔存款发生在第 20 年年末。

解：

已知：$F=1\,000\,000$ 美元，$g=6\%/$年，$i=8\%/$年，$N=20$ 年。

求：图 2—41 中所示的 A_1。

根据题意，得

$$\begin{aligned}F&=A_1(P/A_1,6\%,8\%,20)(F/P,8\%,20)\\&=A_1\times72.691\,1\end{aligned}$$

求 A_1，得

$$A_1=1\,000\,000/72.691\,1=13\,757(美元)$$

评注： 这个例子说明了初始存款 A_1 的求解过程。我们可以利用 Excel 中的单变量求解（Goal Seek）函数轻松求解。[7]

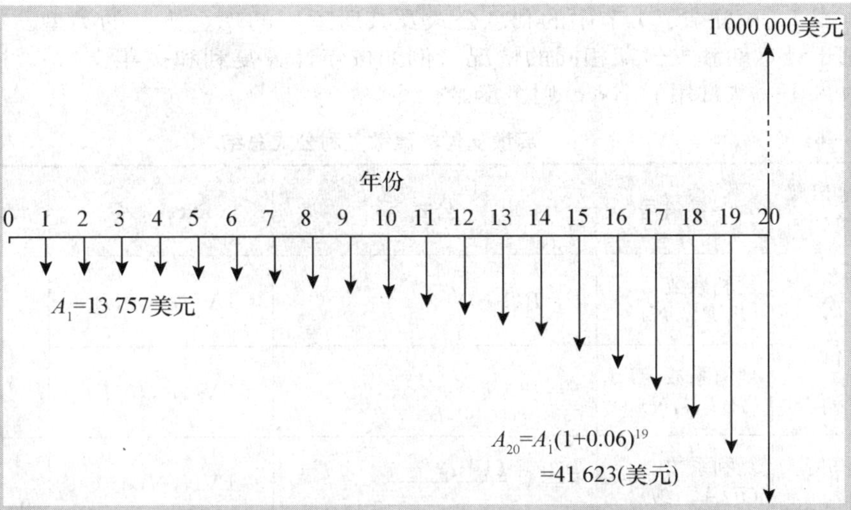

图 2—41　吉米·卡蓬特的退休计划（例 2—25）

在图 2—42 中，包含了所要求解公式的单元格称为“目标单元格”（Set cell）（$C$30）。公式所要达到的值叫做“目标值”（To value）（1 000 000），公式中的变量称为“可变单元格”（By changing cell）（$B$2，初始存款）。“目标单元格”必须包含一个公式或一个函数，“可变单元格”只能包含一个值，而不是一个公式或函数。点击“确定”（OK），Excel 会求得 A_1 的值为 13 756.85 美元，与利用等值公式求解所得结果相同。

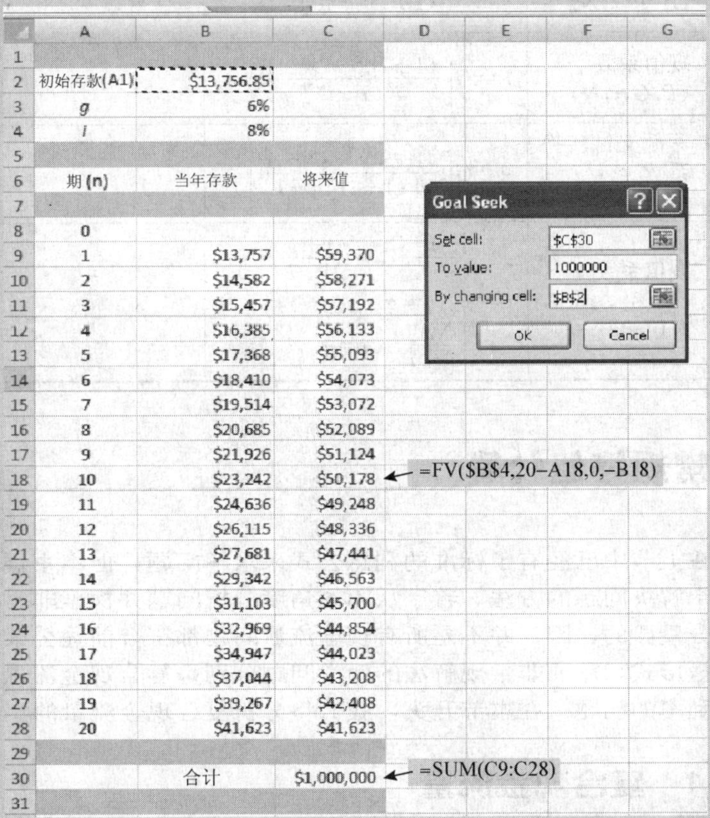

	A	B	C
1			
2	初始存款(A1)	$13,756.85	
3	g	6%	
4	i	8%	
5			
6	期 (n)	当年存款	将来值
7			
8	0		
9	1	$13,757	$59,370
10	2	$14,582	$58,271
11	3	$15,457	$57,192
12	4	$16,385	$56,133
13	5	$17,368	$55,093
14	6	$18,410	$54,073
15	7	$19,514	$53,072
16	8	$20,685	$52,089
17	9	$21,926	$51,124
18	10	$23,242	$50,178
19	11	$24,636	$49,248
20	12	$26,115	$48,336
21	13	$27,681	$47,441
22	14	$29,342	$46,563
23	15	$31,103	$45,700
24	16	$32,969	$44,854
25	17	$34,947	$44,023
26	18	$37,044	$43,208
27	19	$39,267	$42,408
28	20	$41,623	$41,623
29			
30		合计	$1,000,000
31			

图 2—42　演示单变量求解函数应用的 Excel 工作表

表2—6总结了本节中的利息公式及其所适用的现金流量的类型。这些公式只适用于计息期和支付期相同的情况（例如按年计算复利和按年支付）。同时也在表中收入了一些常用的Excel财务函数命令。

表2—6　　离散支付的离散复利公式总结

现金流量类型	系数符号	公式	Excel命令	现金流量图
一次支付系列	复利系数 $(F/P,i,N)$	$F=P(1+i)^N$	$=\mathrm{FV}(i,N,0,P)$	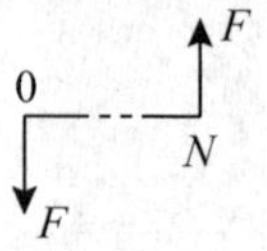
一次支付系列	现值系数 $(P/F,i,N)$	$F=P(1+i)^{-N}$	$=\mathrm{PV}(i,N,0,F)$	
等额支付系列	复利系数 $(F/A,i,N)$	$F=A\left[\frac{(1+i)^N-1}{i}\right]$	$=\mathrm{FV}(i,N,A)$	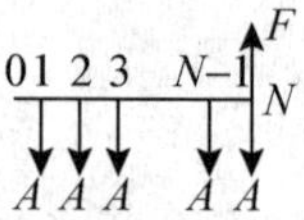
等额支付系列	积累基金系数 $(A/F,i,N)$	$A=F\left[\frac{i}{(1+i)^N-1}\right]$	$=\mathrm{PMT}(i,N,0,F)$	
等额支付系列	现值系数 $(P/A,i,N)$	$P=A\left[\frac{(1+i)^N-1}{i(1+i)^N}\right]$	$=\mathrm{PV}(i,N,A)$	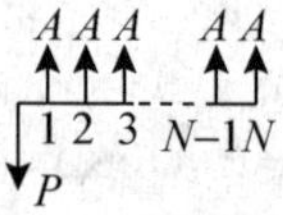
等额支付系列	资金恢复系数 $(A/P,i,N)$	$A=P\left[\frac{i(1+i)^N}{(1+i)^N-1}\right]$	$=\mathrm{PMT}(i,N,P)$	
梯度系列 线性梯度	现值系数 $(P/G,i,N)$	$P=G\left[\frac{(1+i)^N-iN-1}{i^2(1+i)^N}\right]$		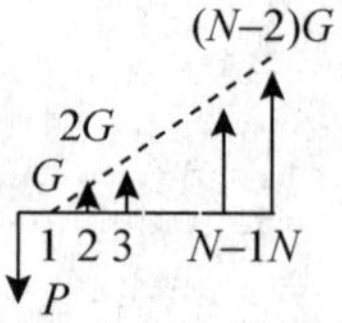
梯度系列 线性梯度	等额支付转换系数 $(A/G,i,N)$	$A=G\left[\frac{(1+i)^N-iN-1}{i[(1+i)^N]-1}\right]$		
梯度系列 几何梯度	现值系数 $(P/A_1,g,i,N)$	$P=\begin{cases}\frac{A_1}{i-g}\left[1-\left(\frac{1+g}{1+i}\right)^N\right], & i\neq g\\ \frac{NA_1}{1+i}, & i=g\end{cases}$		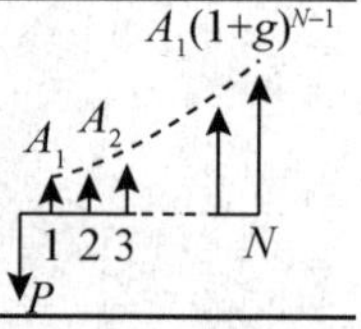

2.4 非常规等值计算

尽管在上节中已经有了标准的利息公式来求解问题，但本书偶尔也会提出两个甚至更多个解决问题的方法。善于从不同角度分析问题并探索非常规情况下的计算方法是十分重要的，因为并不是所有现金流量问题都符合前述公式推导所依据的规律现金流量形式。需要非常规解法的两类问题分别是复合现金流量问题和求金融合约中隐含利率的问题。在本节开头，我们将分析复合现金流量的实例。

2.4.1 复合现金流量

尽管很多财务决策涉及的现金流量呈现固定或系统的变化，也有现金流量包含多种现金流量的组合，它们整体上呈不规则形式。因此，有必要扩展分析范围以处理这些复合现金流量。还要注意在某些情况下，可能需要求支付系列在某一时点而非时点 0 的等值。此时，我们仍然可以按照上述方法进行计算，只是改变折现或复利所至时间点——比如说第 2 年而不是第 0 年。

为了说明这一点，可参考图 2—43 中的现金流量图。我们可以从两个不同角度考察该现金流量系列。

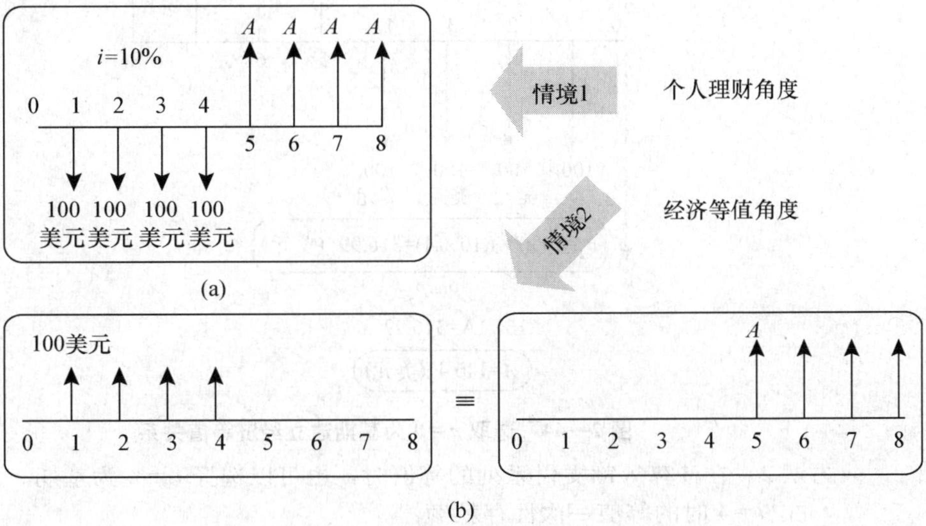

图 2—43　基于两种不同角度的等值计算

● **情境 1**。假设你向储蓄账户中连续 4 年每年存入 100 美元，年利率 10%，那么在接下来的 4 年每年能够得到多少等额年金回报？这是一个基本的储蓄计划问题，一个人连续 4 年每年存入 100 美元，然后开始每年从账户中提取固定金额的钱（见图 2—43（a））。

● **情境 2**。在利率为 10%的条件下，A 的值为多少时两个现金流量等值（见图 2—43（b））？

方法 1。选取 $n=0$ 为基期，计算与连续 4 年每年存入 100 美元等值的时点 0 的一次支出额，然后计算与连续 4 年每年收回 100 美元等值的时点 0 的一次支出额，其求解过程包括以下步骤。

● 等值一次性存款：

$$P_{存款}=100(P/A,10\%,4)=316.99(美元)$$

● 等值一次性取款额：先求年金为 A 的等额支付系列在第 4 年的等值，然后将该值转化为在时点 0 的等值。

$$P_{取款}=\underbrace{A(P/A,10\%,4)}_{V_1}(P/F,10\%,4)=2.165\,1A$$

● 求未知数 A：这两个金额一定相等，因此通过建立等式求得未知数 A。

$$2.165\,1A=316.99$$

$$A=146.41(美元)$$

计算过程如图 2—44 所示。

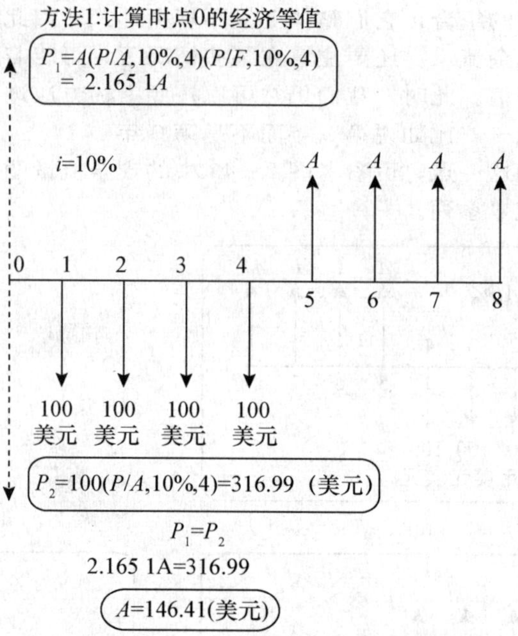

图 2—44　选取 $n=0$ 为基期建立经济等值关系

方法 2。在计算等额支付系列的等值时，也可以选择 $n=4$ 为基期。

- 在 $n=4$ 时的等值一次性存款额：

$$V_{4,存款}=100(F/A,10\%,4)=464.10(美元)$$

- 在 $n=4$ 时的等值一次性取款额：

$$V_{4,取款}=A(P/A,10\%,4)=3.169\,9A(美元)$$

- 求未知数 A：

$$3.169\,9\,A=464.10$$
$$A=146.41(美元)$$

如图 2—45 所示，选取 $n=4$ 为基期，所用利息系数较少，A 的计算更有效率。

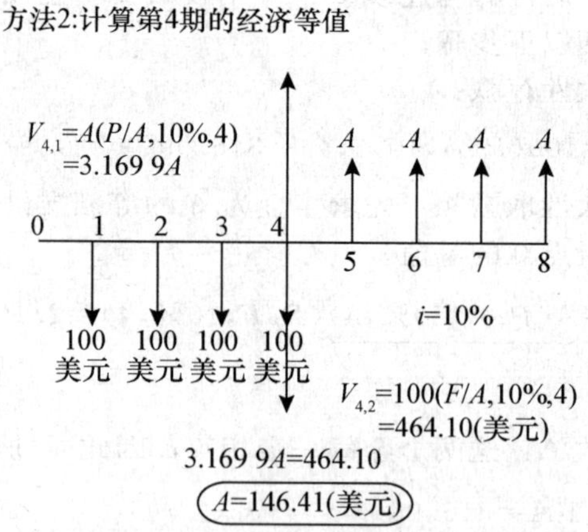

图 2—45　选取 $n=4$ 为基期建立经济等值关系

例 2—26

现金流量的分解形式

图 2—46 所示的两个现金流量在年复利利率为 12%的条件下是等值的。求未知数 C。

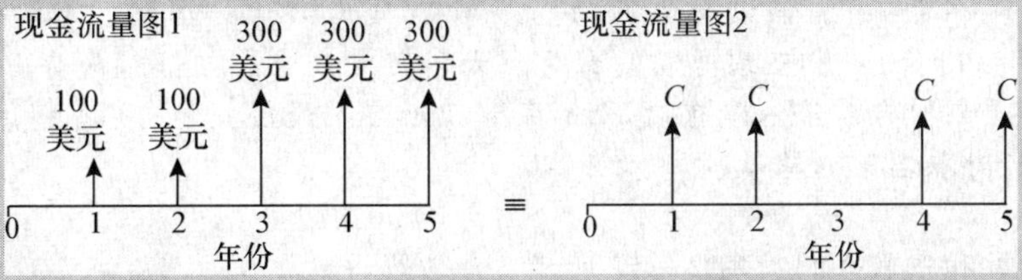

图 2—46 等值计算（例 2—26）

解：

已知：现金流量如图 2—46 所示，$i=12\%$/年。

求：C。

● **方法 1**。分别计算各现金流量在时点 0 的现值。

$$P_1=100(P/A,12\%,2)+300(P/A,12\%,3)(P/F,12\%,2)=743.42(\text{美元})$$

$$P_2=C(P/A,12\%,5)-C(P/F,12\%,3)=2.893\,0C$$

由于两个现金流量是等值的，$P_1=P_2$，则有

$$743.42=2.893\,0C$$

求解 C，得

$$C=256.97(\text{美元})$$

● **方法 2**。可以选择一个非 0 时点作为对照。基期的选择主要取决于现金流量形式。显然，我们要选择一个所需利息系数个数最少的基期来计算等值。第一种现金流量代表了两个等额支付现金流量系列的组合。第二种现金流量可以看作一个去掉了第三次支付的等额支付系列。对于第一种现金流量，在第 5 期计算等值只需要两个利息系数：

$$\begin{aligned}V_{5,1}&=100(F/A,12\%,5)+200(F/A,12\%,3)\\&=1\,310.16(\text{美元})\end{aligned}$$

对于第二种现金流量，在第 5 期计算每一个等额支付系列的等值也只需要两个利息系数：

$$\begin{aligned}V_{5,2}&=C(F/A,12\%,5)-C(F/P,12\%,2)\\&=5.098\,4C\end{aligned}$$

因此，使 $V_{5,1}=V_{5,2}$ 求得等值：

$$1\,310.16=5.098\,4C$$

从中求出 C 的值，得

$$C=256.97(\text{美元})$$

计算结果与方法 1 相同。方法 1 需要 5 个利息系数，而方法 2 变换了对比时点，只需要 4 个利息系数。

例 2—27

建立大学助学基金

一对夫妇想要为他们刚出生的女儿提前积攒将来上大学的费用。这对夫妇可为此建立一项基金，年利率 7%。假设女儿 18 岁上大学，父母预计女儿大学 4 年每年的花费约为 40 000 美元（时价）。求直到他们的女儿上大学之前这对夫妇每年应存入多少钱。（假设在女儿 1 岁生日时存入第一笔存款，18 岁生日时存入最后一笔存款。大一开始时也就是在 18 岁生日时取出第一笔款项。）

解：

已知：存款和取款系列如图 2—47 所示，$i=7\%/$年。

求：每年存款额 X。

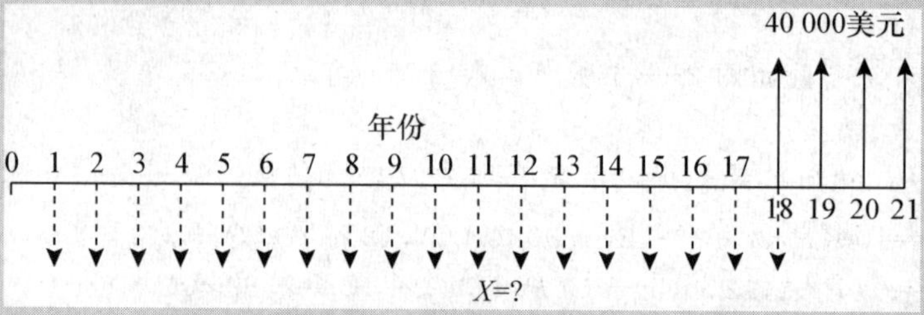

图 2—47 建立助学基金（例 2—27）

说明：注意 40 000 美元表示的是实际预期花费，考虑了通货膨胀的因素。

- **方法 1**。在时点 0 建立经济等值关系。

第 1 步：求等值的一次性存款额：

$$P_{存款}=X(P/A,7\%,18)$$
$$=10.0591X$$

第 2 步：求等值的一次性取款额：

$$P_{取款}=40\,000(P/A,7\%,4)(P/F,7\%,17)$$
$$=42\,892(美元)$$

第 3 步：由于两笔金额是相等的，使 $P_{存款}=P_{取款}$，求得 X：

$$10.0591X=42\,892$$
$$X=4\,264(美元)$$

- **方法 2**。在孩子 18 岁生日时建立经济等值关系。

第 1 步：求在 18 岁生日时的累积存款额：

$$V_{18}=X(F/A,7\%,18)$$
$$=33.9990X$$

第 2 步：求在 18 岁时一次性取款的等值：

$$F_{18}=40\,000+40\,000(P/A,7\%,3)$$
$$=144\,972(美元)$$

第 3 步：由于这两笔金额一定相等，则有

$$33.999\,0X = 144\,972$$
$$X = 4\,264(\text{美元})$$

上述计算步骤如图 2—48 所示。一般说来，对于此种类型的决策问题，方法 2 求解等值过程更有效率。

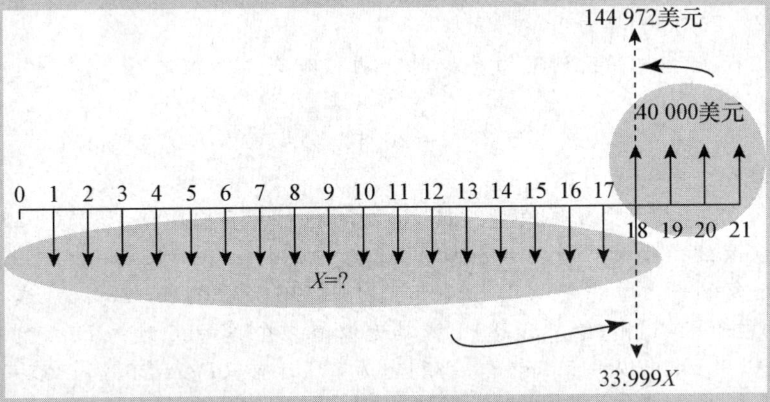

图 2—48　第二种等值计算方法（例 2—27）

评注： 为了验证连续 18 年每年存入 4 264 美元是否足以支付女儿上大学的费用，我们可以逐年计算每年实际余额：在连续 18 年每年存入 4 264 美元后，孩子 18 岁时账户余额为：

$$4\,264(F/A, 7\%, 18) = 144\,972$$

夫妇将用这笔钱支付女儿 4 年的学费：

单位：美元

年份	期初余额	利息	学费	期末余额
大一	144 972	0	40 000	104 972
大二	104 972	7 348	40 000	72 320
大三	72 320	5 062	40 000	37 382
大四	37 382	2 618	40 000	0

2.4.2　求经济等值时的利率

迄今为止，本书一直假设在等值计算中利率已知且固定不变。现在可以利用之前推导的利息公式求等值问题中未知的利率。对大部分商业贷款而言，合同中已经明确了利率。但是，当对金融资产比如股票，进行投资时，需要知道资产价值增长率（或投资收益率）。（这类计算是分析收益率的基础，第 6 章将会有介绍。）虽然可以在复利表中找到一次支付或等额支付的隐含利率，但是不规则支付系列的隐含利率就较难求得了。在这种情况下，可以利用试错法或计算机软件求解。

例 2—28

未知利率的计算

回顾例 2—20，目前想知道收益率为多少时，哈里斯先生的交易（一年获得10 576 923美元）才是划算的。

方案 1：现在一次性获得 167 000 000 美元。

方案 2：26 次分期付款。

当哈里斯先生的存款利率为多少时，两种方案是等值的？

解：

已知：P=167 000 000 美元，N=26 年，A=10 576 923 美元。

求：两种方案等值时的 i。

在该问题中，所求的是使得 $(P/A,i,26)=167\ 000\ 000/10\ 576\ 923=15.789\ 1$ 的利率。由于涉及的是年金，计算过程如下：

● 利用复利表，首先确认 $167\ 000\ 000=10\ 576\ 923(P/A,\ i,\ 26)$ 或 $(P/A,\ i,\ 26)=15.789\ 1$。在附录 A 中查找 15.789 1 或其近似值。在 N=26 时的 P/A 列中，当利率为 4% 时有 $(P/A,\ 4\%,\ 26)=15.982\ 8$，当利率为 5%时有 $(P/A,\ 5\%,\ 26)=14.375\ 2$。

利用复利表求解时，最后还是要采用试错法。

利率	(P/A, i, 26)
4%	15.982 8
?	15.789 1
5%	14.375 2

因此，我们可以得出利率一定是在 4%～5%之间，如图 2—49 所示，可以用线性内插法求近似值。

$$i=4\%+(5\%-4\%)\left(\frac{15.982\ 8-15.789\ 1}{15.982\ 8-14.375\ 2}\right)$$

$$=4\%+1\%\times\frac{0.193\ 7}{1.607\ 6}$$

$$=4.120\ 5\%$$

● 利用 Excel，你只需通过以下命令来求解年金的未知利率问题。

=RATE(N,A,P,F,$type$,$guess$)

=RATE(26,10 576 923,−167 000 000,0,0,5%)

=4.112 25%

哈里斯在市场上寻找到收益率高于 4%的金融投资机会的可能性是很大的。

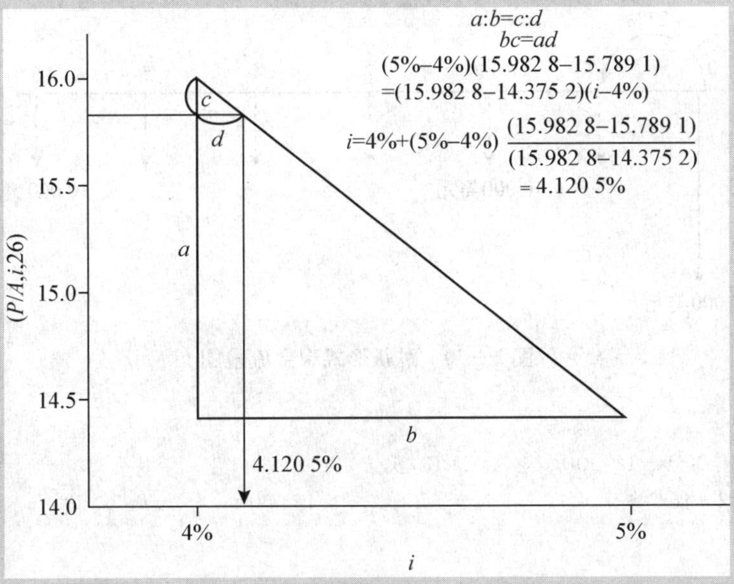

图 2—49　线性内插法求未知利率

评注： 这个例子证明了求利率是一个迭代的过程，它比已知利率求等值更复杂，精确度也相对较低。计算机和财务计算器提高了求利率的速度，强烈推荐用这些工具求解此类问题。

2.4.3　不规则现金流量形式中的规律性

有时我们会面临现金流量形式中存在一定的规律，但是又不能直接用标准利息系数计算等值的情况。例如，某人每 5 年粉刷一遍房子，粉刷费用的支出每 5 年发生一次，而不是每年发生，但是如果把 5 年看作一个周期，那么它也属于等额支付系列。具体参见例 2—29。

例 2—29

跳跃形式现金流量的等值计算

假设你购买了一台设备，需要特定的计算机软件才能运行这台机器。许可协议中规定现在支付 20 000 美元，以后每隔一年支付 10 000 美元用于软件的更新升级。如果机器使用寿命为 12 年，年利率为 10%，求所有花费的等值现值。

解题思路： 由于每隔一年支付一次，首先应根据年利率求出计息周期为 2 年时的实际利率。在本例中，如果年利率为 10%，则两年计息期的实际利率为：

$$i=(1+0.10)(1+0.10)-1=1.21-1=21\%$$

这样该问题就转化成了利率为 21%，每年支付 10 000 美元，共 6 年的等额支付系列。

解：

已知：支付系列如图 2—50 所示，$i=10\%$/年。

求：P。

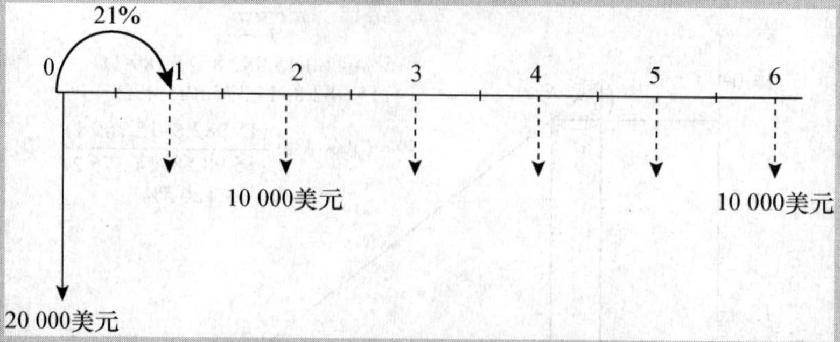

图 2—50 跳跃形式现金流量图

求得现值：

$$P = 20\,000 + 10\,000(P/A, 21\%, 6) = 52\,446(\text{美元})$$

习 题

＊计息类型

2.1 本金 50 000 美元，年利率 6%，计息期共 5 年，分别以单利和复利计算所得利息。

2.2 从银行贷款 10 000 美元，年利率 10%，按复利计息。每年等额偿还 2 638 美元，第一笔支付发生在第 1 年年末，求每年的本金和利息分别是多少？

＊等值概念

2.3 假设有两个选择，5 年后得到 18 000 美元或者现在得到 P 美元。你现在不需要资金，所以你可以把 P 美元存在银行，年利率 5%。当 P 为多少时，两种选择没有差别？

2.4 当年利率为多少时，图 2—51 所示的两种现金流量是等值的？

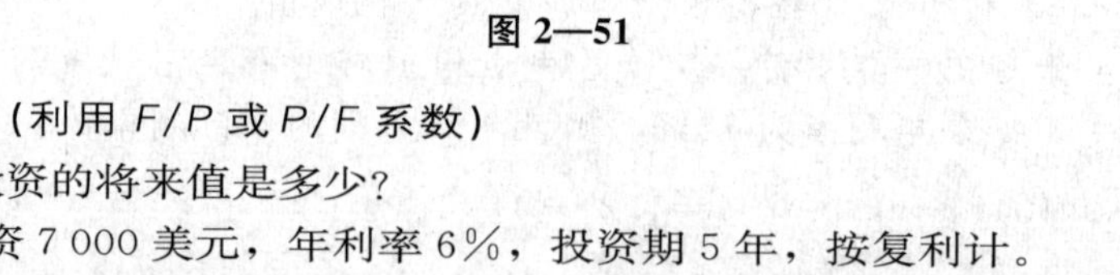

图 2—51

＊一次支付（利用 F/P 或 P/F 系数）

2.5 以下投资的将来值是多少？

(a) 初始投资 7 000 美元，年利率 6%，投资期 5 年，按复利计。

(b) 初始投资 3 250 美元，年利率 5%，投资期 15 年，按复利计。

(c) 初始投资 18 000 美元，年利率 8%，投资期 33 年，按复利计。

(d) 初始投资 20 000 美元，年利率 9%，投资期 8 年，按复利计。

2.6 假设你于 2009 年 4 月 30 日花了 3 200 美元购买了通用电气公司的 300 股股票。

你打算在这只股票价格翻倍的时候卖出。如果通用电气的股票价格预期年增长率为8%，你需要持有几年？将计算结果与72法则作比较（例2—10中提到过）。

＊非均匀支付系列

2.7 考察以下4年间的存款和回报见图2—52，如果存款年利率为10%，在第4年年末你能得到多少回报？

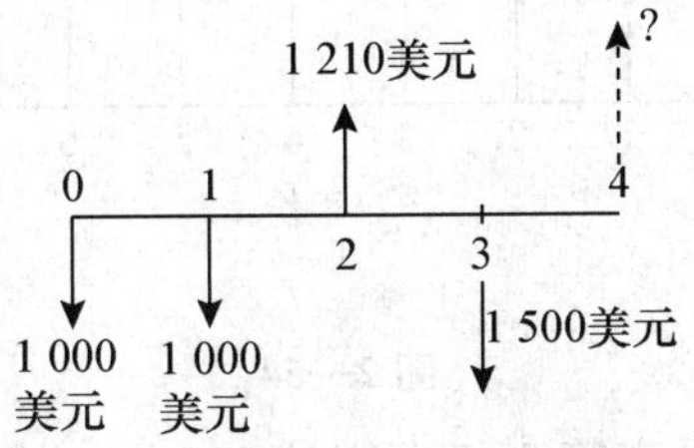

图2—52

2.8 假设年利率为6%，现在投入多少钱才能满足未来的三笔支付，从现在起两年后支付第一笔8 000美元，5年后支付第二笔6 000美元，7年后支付第三笔4 000美元。

＊等额支付系列

※2.9 连续15年每年向一个储蓄账户中存入2 000美元，年利率8%，如果分别满足以下条件，则该等额支付系列的终值是多少？

(a) 每年年末存入。

(b) 每年年初存入。

2.10 有一种免收发行费的投资信托年复利利率是11%，如果预期其增长率可以保持在11%，那么每年应投资多少钱才能在第5年年末收回15 000美元？

2.11 根据附录A的复利表，利用内插法求下列系数的值，并将所得结果与利用A/P和P/A利息公式所求结果进行比较。

(a) 利率为6.25%，共38个计息周期，求资金恢复系数。

(b) 利率为9.25%，共85个计息周期，求等额支付系列的现值系数。

2.12 利率为12%，按年计算复利，只用4个利息系数求每一笔现金收入的现值，现金流量如图2—53所示。

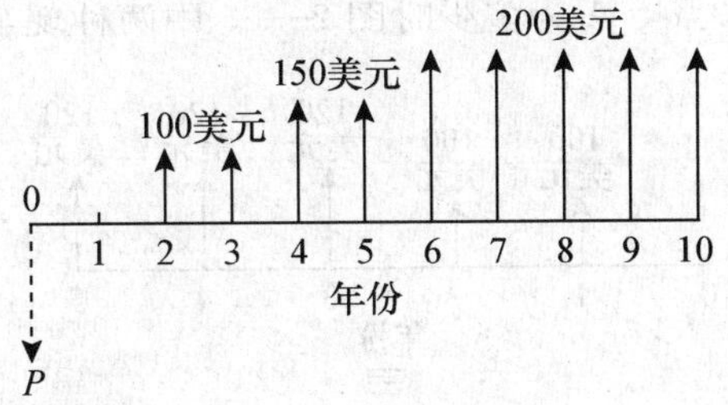

图2—53

2.13 你准备购入一台设备以使部分生产过程自动化，该自动化生产能在10年中每年减少劳动力支出35 000美元，购买设备需要200 000美元。如果利率为12%，购买该设备是否划算？

＊线性梯度系列

2.14 一项基金的年复利利率为8%，5年间每年分别向其中存入7 500美元、6 000

美元、4 500 美元、3 000 美元 1 500 美元，求存入第 5 笔资金后基金内的总金额。

2.15 根据图 2—54 所示现金流量表计算现值 P，假设 $i=9\%$。

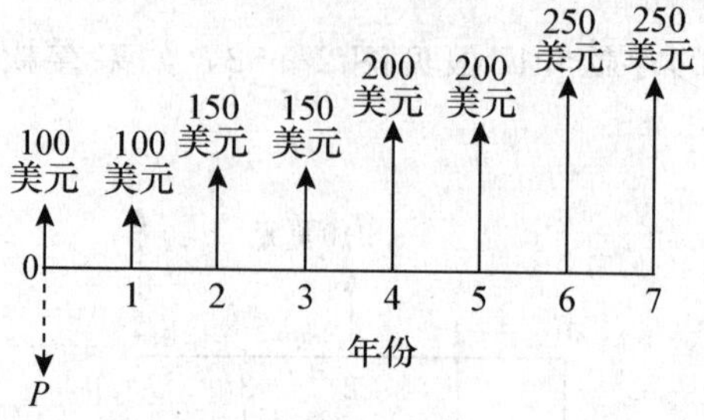

图 2—54

2.16 假设一个油井预计投产第 1 年可产油 100 000 桶，后续产能预计以每年 10%的速度增长，该油井已被证实的储油量为 1 000 000 桶。

(a) 假设石油价格为 60 美元/桶，年复利利率 12%，接下来 7 年预期现金流入的现值是多少？

(b) 假设第 1 年石油价格为 60 美元/桶，并以每年 5%的速度增长。年复利利率 12%，接下来 7 年预期现金流入的现值是多少？

(c) 接 (b)，如果在投产 3 年后，打算卖掉油井，定价应该是多少？

* 不同利息系数的关系

2.17 证明以下利息系数间的关系：

(a) $(F/P,i,N)=i(F/A,i,N)+1$

(b) $(P/F,i,N)=1-(P/A,i,N)i$

(c) $(A/F,i,N)=(A/P,i,N)-i$

(d) $(A/P,i,N)=i/[1-(P/F,i,N)]$

(e) $(P/A,i,N\to\infty)=1/i$

(f) $(A/P,i,N\to\infty)=i$

(g) $(P/G,i,N\to\infty)=1/i^2$

* 等值计算

2.18 年复利利率为 13%，A 为多少时图 2—55 中两种现金流量等值？

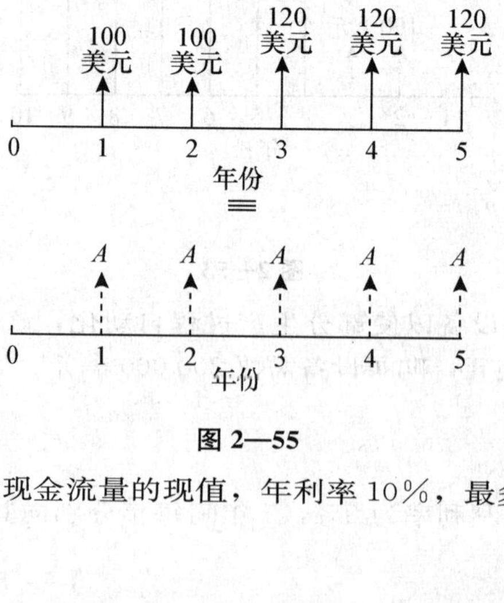

图 2—55

2.19 求图 2—56 所示现金流量的现值，年利率 10%，最多使用 3 个利息系数。

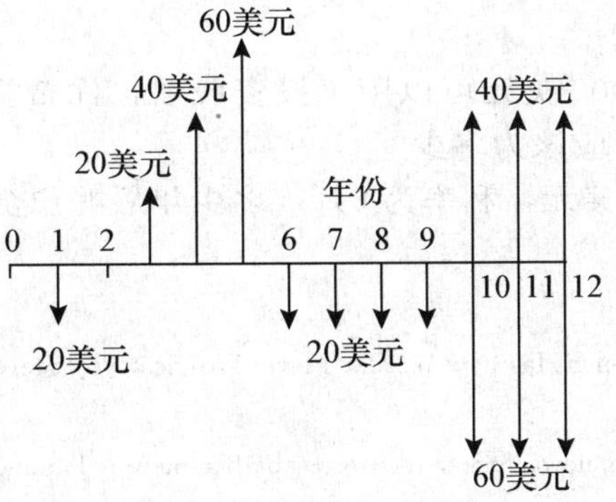

图 2—56

2.20　考察表 2—7 中的现金流量。

表 2—7

年份	支付（美元）
0	500
1～5	1 000

利率为 12%，求第 5 年年末的终值 F，以下等式哪个是错误的？

(a) $F=1\,000(F/A,12\%,5)-500(F/P,12\%,5)$

(b) $F=500(F/A,12\%,6)+500(F/A,12\%,5)$

(c) $F=[500+1\,000(P/A,12\%,5)]\times(F/P,12\%,5)$

(d) $P=[500(A/P,12\%,5)+1\,000]\times(F/A,12\%,5)$

2.21　考察图 2—57 给出的现金流量系列，求 $n=4$ 时的等值，以下哪个等式是错误的？

(a) $V_4=[100(P/A,i,6)-100(P/F,i,4)](F/P,i,4)$

(b) $V_4=100(F/A,i,3)+100(P/A,i,2)$

(c) $V_4=100(F/A,i,4)-100+100(P/A,i,2)$

(d) $V_4=[100(F/A,i,6)-100(F/P,i,2)](P/F,i,2)$

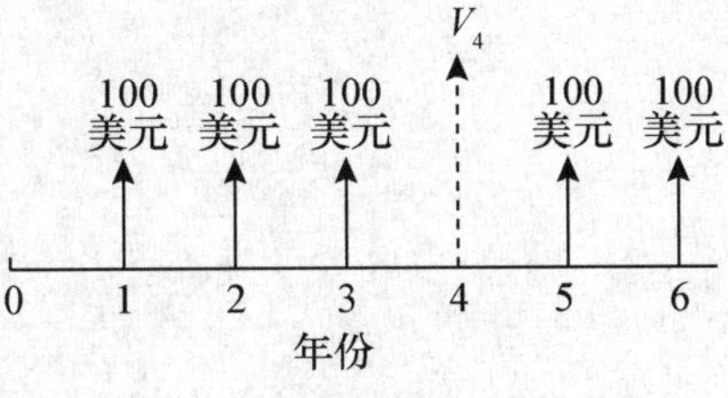

图 2—57

2.22　亨利·西斯科（Henry Cisco）计划现在存入 25 000 美元，6 年后再存入 30 000 美元，他想前 6 年每年收回 C 美元，后 6 年每年收回（C+1 000）美元，年利率 10%，求 C 的值。

(a) 7 711

(b) 5 794

(c) 6 934

(d) 6 522

＊求未知利率或计息期

※**2.23** 假设你有10 000美元可以用于投资股票，你希望5年后能够收回35 000美元，那么股票市值的成长率应该为多少？

2.24 每年存入2 000美元，利率为6%，多少年后账户金额能够达到100万美元？

[注释]

[1] "$ 275 Million Lottery Winner Has Few Words, Fewer Worries," by Steve Visser, The Atlanta Journal-Constitution, February 25, 2008.

[2] http://proathletesonly.com/news/locker-room/cc-sabathias-new-161-million-contract-includes-9-million-signing-bonus/.

[3] 当公式的结果已知，而得到该结果所需输入值未知时，可以通过"单变量求解"求得输入值。可以不断变换某个特定单元格中的值直到得到已知结果为止。"单变量求解"在"工具"下拉菜单中。

第 3 章

学会理财之道

学习目标

通过本章学习，应该掌握以下概念：

- 名义利率和有效利率的区别。
- 基于支付期计算有效利率的步骤。
- 如何依据还本付息方式设计商业贷款和抵押贷款。
- 金融资产投资的基础知识。

本章将介绍资金管理的几个重点概念。在第 2 章中，详细阐述了时间是如何影响货币价值的，并推导出各种利息公式。运用这些基本公式，可以将等值的概念扩展到求资金借贷合同的隐含利率。为此，本书将介绍贷款交易中的几个例子。比如，许多商业贷款要求一年复利计息多次——比如按月或按季度计算复利。为了考察多次计算复利的影响，必须首先理解名义利率和有效利率的概念。

3.1 名义利率和有效利率

在第 2 章所有的例子中，暗含的假设都是按年支付。然而在我们熟知的金融交易中，无论是个人交易还是在工程经济学的分析中，一些相关支付并不是基于按年支付——例如，按月偿还抵押贷款和按季度获得储蓄账户收益。因此，如果我们比较具有不同复利周期的现金流量，需要在统一的基准上进行计算。这就需要引出**名义利率**（nominal interest rate）和**有效利率**（effective interest rate）的概念。

3.1.1 名义利率

拿出任何一张信用卡，查看其账单说明。或者如果你最近购入一辆轿车，检查相关的贷款合同。你会发现其中都包含了银行向你未付余额索要的利息。即使金融机构采用除年以外其他的时间单位（例如以月或者季度作为利息支付的周期）——金融机构的报价通常给出的是年利率。如许多银行，通常都以如下形式说明其信用卡利息计算规定：

年利率18%，按月复利计息

这种报价意味着每月要按未付余额的1.5%向银行支付利息。这里的18%称为**名义利率**（nominal interest rate）或者**年利率**（annual percentage rate，APR），复利计算频率为每年12次。如图3—1所示，为求得每个复利计算周期内的利率，用12去除18%，则月利率为1.5%。

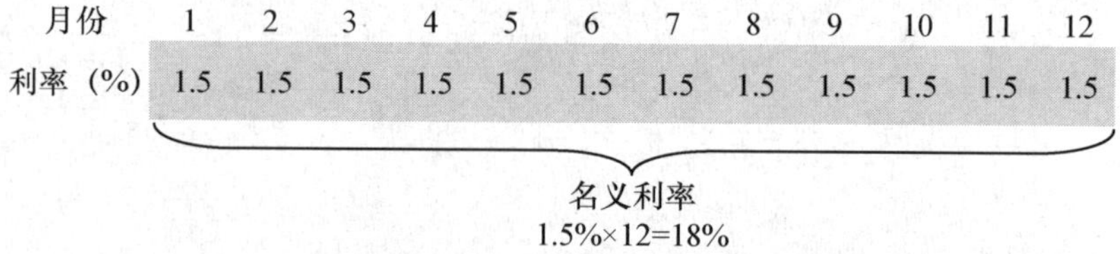

图3—1 各计息期利率加总得名义利率

虽然年利率（APR）常被金融机构所采用，也为人们所熟悉，但是年利率却不能准确解释一年之中利息积累额。为了解释频繁计息对年利息额的真实影响，我们将引入有效利率概念，通常称之为实际年收益或者年收益率（APY）。

3.1.2 年有效利率

年有效利率（effective annual interest rate）能真实反映一年中所赚取的利息。还是以信用卡为例，银行会在每个月末对未付余额索要1.5%的利息。因此这1.5%的利率就代表了每个月的实际利率，以一年为基准，求累计利率——实际月利率为1.5%时的年有效利率。该累计利率预示了信用卡中未偿还余额的实际利息支付水平。

假设你存款10 000美元，年利率为9%，按季度计算复利。此时9%是名义利率，而每个季度的利率就是2.25%（9%/4）。表3—1举例说明了如何按季度计算复利。

表3—1 计算按季度复利的利息 单位：美元

计息期	期初余额	利息2.25%×期初余额	期末余额
第一季度	10 000.00	2.25%×10 000.00=225.00	10 225.00
第二季度	10 225.00	2.25%×10 225.00=230.06	10 455.06
第三季度	10 455.06	2.25%×10 455.06=225.24	10 960.30
第四季度	10 690.30	2.25%×10 690.30=240.53	10 930.83

显然，你赚取的利息比存款本金的 9%更多。年有效利率为 9.308 3%（930.83/10 000）。我们可以根据式（2.3）给出的公式计算 10 000 美元本金所获得的年利息总额。如果 $P=10\,000$，$i=2.25\%$，$N=4$，那么可以求得

$$
\begin{aligned}
F&=P(1+i)^N\\
&=10\,000(1+0.022\,5)^4\\
&=10\,930.83(\text{美元})
\end{aligned}
$$

这表示，对于存入的每一美元，都能获取 9.308 美分的年利息。可以根据利息额占本金的百分比计算年有效利率（i_a），得

$$i_a=930.83/10\,000=0.093\,083 \text{ 或 } 9.308\,3\%$$

换言之，以每季度 2.25%的利率按季度支付，与每年 9.308 3%的利率一次支付是等值的。

表 3—2 给出了年利率在 4%～12%区间内变化时，不同计息期下的有效利率。如表所示，随着复利计息频率的变化，年有效利率与年利率差异显著。因此美国诚信借贷法规定，在储蓄或者贷款时，金融机构必须同时明确年利率和复利计息期（或者有效利率）。

表 3—2　　不同计息期的名义利率和有效利率（%）

	有效利率				
名义利率	按年复利	按半年复利	按季度复利	按月复利	按日复利
4	4.00	4.04	4.06	4.07	4.08
5	5.00	5.06	5.09	5.12	5.13
6	6.00	6.09	6.14	6.17	6.18
7	7.00	7.12	7.19	7.23	7.25
8	8.00	8.16	8.24	8.30	8.33
9	9.00	9.20	9.31	9.38	9.42
10	10.00	10.25	10.38	10.47	10.52
11	11.00	11.30	11.46	11.57	11.62
12	12.00	12.36	12.55	12.68	12.74

当然，在名义利率不变的前提下，通过增加一年内的复利计息次数可以提高有效利率。假设名义利率为 r，一年内的复利计息期数为 M，计算年有效利率或年收益率（APY），得

$$i_a=\left(1+\frac{r}{M}\right)^M-1 \tag{3.1}$$

当 $M=1$ 时，是按年复利的特殊情况，把 $M=1$ 代入式（3.1）得 $i_a=r$。也就是说，如果每年只计算一次复利，则有效利率与名义利率相等。因此，在第 2 章的例子中只考虑了年利率，根据定义，其实采用的也是有效利率。

例 3—1

求复利计息期

表 3—3 汇总了 2009 年 5 月 29 日不同金融机构提供的存单（CD）利率。表中未提及复利计息次数。求：(a) UFBDirect. com 5 年存款的复利计息期；(b) 8 000 美元存款 5 年后的账户总额。

表 3—3　　CD 的类型及其利率

存单类型	金融机构	最低存款额（美元）	年利率（%）	年收益率（%）
3 个月 CD	犹他州米德维尔的 Ally 银行	0	1.69	1.70
6 个月 CD	伊利诺伊州芝加哥的 Corus 银行	10 000	2.18	2.20
1 年 CD	亚拉巴马州伯明翰的 Nexity 银行	1 000	2.42	2.45
2 年 CD	特拉华州纽卡斯尔的 Discover 银行	2 500	2.72	2.75
3 年 CD	纽约州纽约市的 Intervest National Bank 银行	2 500	3.05	3.10
5 年 CD	加利福尼亚州欧文的 UFBDirect. com 银行	8 000	3.64	3.70

* 年收益率＝年有效利率（i_a）。

解：

已知：$r=3.64\%$/年，$i_a(\text{APY})=3.70\%$，$P=8\,000$ 美元，$N=5$ 年。

求：M 以及第 5 年年末余额。

(a) 名义年利率为 3.64%，年有效利率为 3.70%。

运用式（3.1），可得表达式为：

$$0.037\,0=\left(1+\frac{0.036\,4}{M}\right)^{M}-1$$

或

$$1.037\,0=\left(1+\frac{0.036\,4}{M}\right)^{M}$$

通过反复试算，确定 $M=365$，说明是按日计算复利。或者利用 Excel 中的“单变量求解”函数（见图 3—2），更易求得准确值。因此，该 5 年定期存单年利率 3.64%，按

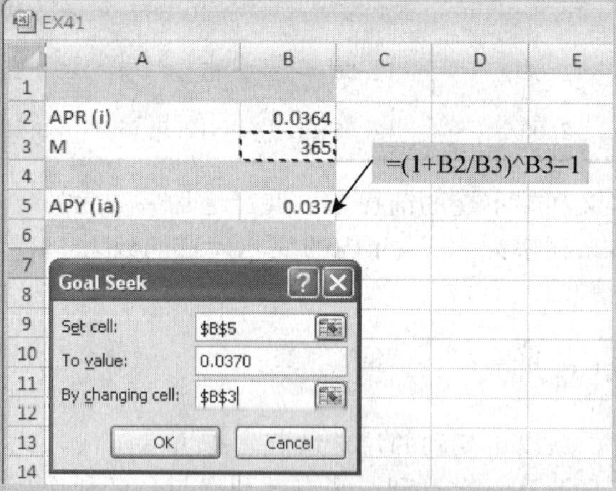

图 3—2　利用 Excel 中的单变量求解函数求 M

日复利计息。一般来说，如果到期时定期存单没有提现，它将自动以原始利率重新计算复利。与此类似，可以求出其他定期存单的计息期。

(b) 如果购买了5年的定期存单，年利率3.64%，按日复利计息。也就是说该定期存单的年有效利率为3.70%。

$$\begin{aligned} F &= P(1+i_a)^N \\ &= 8\,000(1+0.037\,0)^5 = 8\,000\left(1+\frac{0.036\,4}{365}\right)^{365\times 5} \\ &= 9\,593.65(\text{美元}) \end{aligned}$$

评注： r 和 i_a 之间差异越小，频繁计算复利的影响越不明显。

□ 3.1.3 支付期的有效利率

可以把式（3.1）的结论推广到任一计息期的有效利率计算。如下文所述，有效利率通常是基于支付（交易）周期计算的。例如，如果按季度发生现金流量，但按月复利计息，应以季度为基础计算有效利率。为了实现换算，将式（3.1）改写为：

$$\begin{aligned} i &= \left(1+\frac{r}{M}\right)^C - 1 \\ &= \left(1+\frac{r}{CK}\right)^C - 1 \end{aligned} \tag{3.2}$$

式中：M——年计息期数；

C——支付期计息期数；

K——年支付期数。

注意，在式（3.2）中，$M=CK$。而在按年支付并按年计算复利的特殊情况下，可以得到 $i=i_a$ 且 $C=M$，$K=1$。

例 3—2

支付期的有效利率

假设，某人每个季度向他的储蓄账户中存入一定金额的钱，按月计算复利，年名义利率为9%，计算每个季度的有效利率。

解：

已知：$r=9\%$，季度计息期数 $C=3$，年支付期数 $K=4$，年计息期数 $M=12$。

求：i。

根据式（3.2），计算有效利率，得

$$\begin{aligned} i &= \left(1+\frac{0.09}{12}\right)^3 - 1 \\ &= 2.27\% \end{aligned}$$

评注： 图3—3揭示了每个支付期内的名义利率和有效利率的关系。

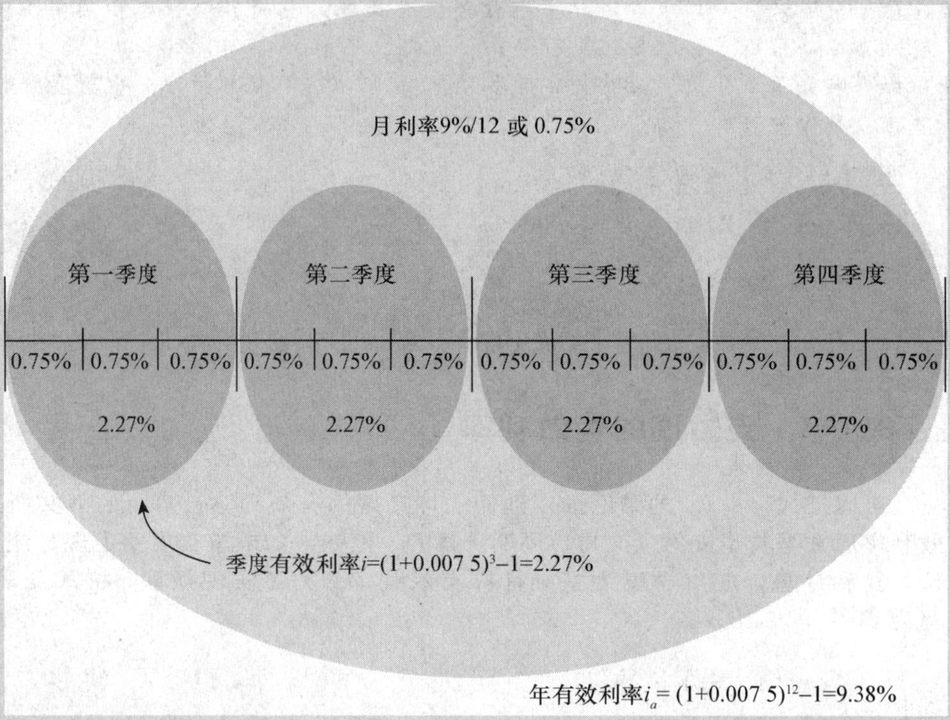

图 3—3 当名义利率为 9%，按月计算复利并按季度支付的 r，i 以及 i_a 间的函数关系（例 3—2）

3.1.4 连续复利

为提高在金融市场中的竞争力，或者出于设法诱导储户增加储蓄额的目的，有些金融机构提供连续复利。随着复利计息期数 M 变得很大，计息期的利率（r/M）变得很小。当 M 趋于无穷大时，r/M 趋近于 0，我们把这种情况近似称为**连续复利**（continuous compounding）。

将式（3.2）两端取极限，可得支付期的有效利率为：

$$\begin{aligned} i &= \lim_{CK\to\infty}\left[\left(1+\frac{r}{CK}\right)^{C}-1\right] \\ &= \lim_{CK\to\infty}\left[\left(1+\frac{r}{CK}\right)^{CK}\right]^{1/K}-1 \\ &= (e^{r})^{1/K}-1 \end{aligned}$$

因此，支付期有效利率为：

$$i=e^{r/K}-1 \tag{3.3}$$

为了计算连续复利条件下的年有效利率，设 K 为 1，从而得到

$$i_a=e^{r}-1 \tag{3.4}$$

举个例子，年名义利率为 12%时的年有效利率是 $i_a=e^{0.12}-1=12.749\,7\%$。

例 3—3

计算按季度支付的有效利率

求年名义利率为8%时，以下五种情况所对应的季度有效利率：(a) 按季度复利；(b) 按月复利；(c) 按周复利；(d) 按日复利；(e) 连续复利。

解：

已知：$r=8\%$，M，C，$K=4$，每年按季度支付。

求：i。

(a) 按季度复利：

$r=8\%$，$M=4$，季度计息期数 $C=1$，年支付期数 $K=4$，于是

$$i=\left(1+\frac{0.08}{4}\right)^{1}-1=2.00\%$$

(b) 按月复利：

$r=8\%$，$M=12$，季度计息期数 $C=3$，年支付期数 $K=4$，于是

$$i=\left(1+\frac{0.08}{12}\right)^{3}-1=2.013\%$$

(c) 按周复利：

$r=8\%$，$M=52$，季度计息期数 $C=13$，年支付期数 $K=4$，于是

$$i=\left(1+\frac{0.08}{52}\right)^{13}-1=2.0186\%$$

(d) 按日复利：

$r=8\%$，$M=365$，季度计息期数 $C=91.25$，$K=4$，于是

$$i=\left(1+\frac{0.08}{365}\right)^{91.25}-1=2.0199\%$$

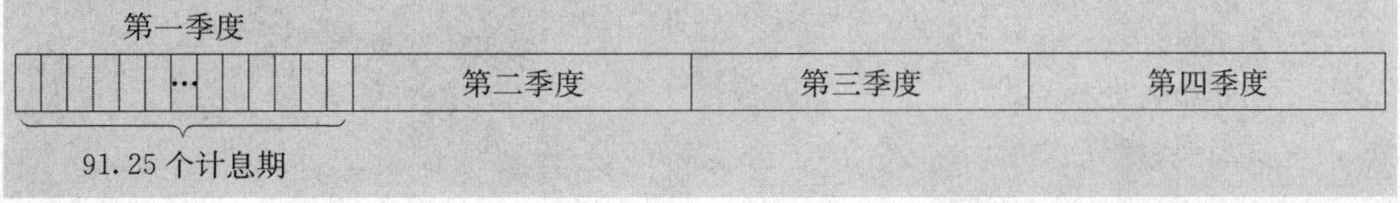

（e）连续复利：

$r=8\%$，$M\to\infty$，$C\to\infty$，$K=4$，根据式（3.3），有

$$i=e^{0.08/4}-1=2.020\,1\%$$

评注： 注意，按日复利与连续复利的差异常忽略不计。许多银行提供连续复利招揽储户，但是额外收益其实非常少。

3.2 有效利率的等值计算

在第 2 章中，所有的例子都假定按年计算复利和支付利息。然而在实践中，许多金融机构的计息期和支付期往往是不一致的。当复利计息期和支付期不一致时，就需要换算为统一的时间单位。例如复利计息期为月，而支付期为季度，那么比较合理的方法是计算季度的有效利率。反之，如果复利计息期为季度，支付期为月，则可以换算成等值的月利率。总之，记住一条原则，进行等值计算，计息期和支付期必须一致。

3.2.1 支付期等于计息期

当复利计息期和支付期相等（$M=K$）时，无论是按年计算复利还是按其他的时间周期计算，都可以运用以下解题方法。

步骤 1。确定每年的复利计息期数（M）。

步骤 2。计算支付期的有效利率，运用式（3.2），然后根据 $C=1$ 且 $K=M$，有 $i=r/M$。

步骤 3。确定复利计息期总数：

$$N=M\times 年数$$

例 3—4

汽车贷款偿还的计算

假设你要购买一辆轿车，并且浏览了经销商登在报纸上的广告，下列信息引起你的注意：

专为大学毕业生设计的 2010 年新款 Ford Fusion Hybrid，配备自动变速箱、空调系统、发电机组和巡航控制系统。

厂商建议零售价：	20 870 美元
经销商折扣：	1 143 美元
厂商折扣：	800 美元

毕业生现金优惠：　　　　　　　　　　　　　500 美元

售价：　　　　　　　　　　　　　　　　　18 427 美元

价格再加上税费、过户费、客户服务费等费用，可按照年利率（APR）6.25%，分 72 个月支付。

若你能够首付 3 427 美元（及税费和保险费），则需贷款金额为 15 000 美元。那么每个月所要偿还的金额是多少（见图 3—4)?

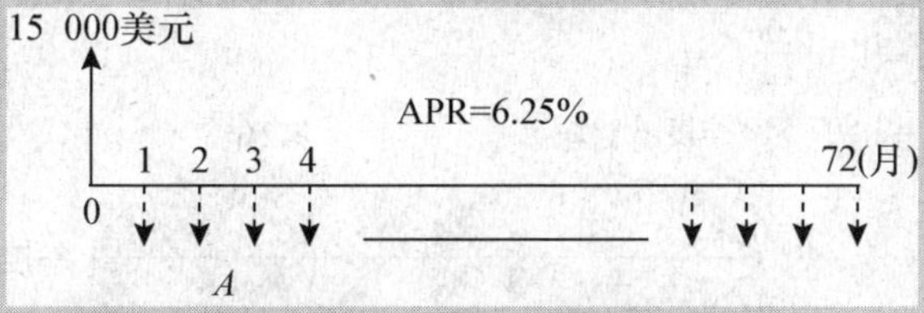

图 3—4　贷款购车现金流量图（例 3—4）

讨论：广告中并没有明确复利计息期，但是在汽车贷款时，计息期和支付期通常都按月计算。因此，APR 为 6.25%指年利率 6.25%，按月复利计息。

解：

已知：P=15 000 美元，r=6.25%/年，年支付期数 K=12，N=72 个月，年计息期数 M=12。

求：A。

根据已知条件，通过式（2.12）容易求得每月偿还的金额：

i=6.25%/12=0.520 8%/月

N=12×6=72(月)

A=15 000(A/P,0.520 8%,72)=250.37(美元)

□ 3.2.2　计息期与支付期不同

我们需要考虑两种情况：(1) 复利计息比支付频繁的情况；(2) 复利计息不如支付频繁的情况。

复利计息比支付频繁的情况

建立经济等值的计算过程如下：

步骤 1。明确年复利计息期数（M），年支付期数（K），以及支付期计息期数（C）。

步骤 2。计算每个支付周期的有效利率。

- 对于离散复利：

$$i=\left(1+\frac{r}{M}\right)^{C}-1$$

- 对于连续复利：

$$i=e^{r/K}-1$$

步骤 3。求出支付期总数。

$$N=K\times 年数$$

步骤 4。将上述 i 和 N 代入表 2—6 中适当的公式。

例 3—5

复利计息比支付频繁（基于离散复利的案例）

假设你每个季度都往一笔基金中存入 1 500 美元，该基金的利率为 6%，按月计算复利，如图 3—5 所示。求第 2 年年末余额。

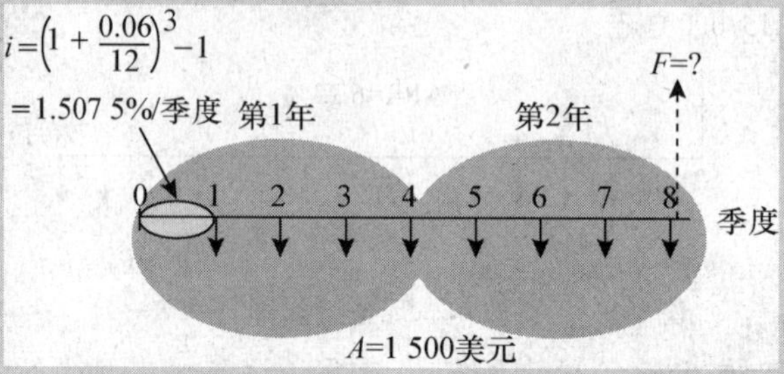

图 3—5　按月计算复利，按季度储蓄（例 3—5）

解：

已知：A=1 500 美元/季度，r=6%/年，每年复利计息期数 M=12，N=8 个季度。

求：F。

对于复利计息期和支付期不同的情况，我们按照前文所述步骤计算。

1. 确定参数 M，K，C 的值

   每年的复利计息期数 $M=12$

   每年的支付期数 $K=4$

   每个支付期内计息期数 $C=3$

2. 根据式（3.2）计算有效利率

$$i=\left(1+\frac{0.06}{12}\right)^3-1=1.507\,5\%/\text{季度}$$

3. 求得支付期总数 N：

   N=K×年数=4×2=8(季度)

4. 将 i 和 N 代入适当的等值公式：

$$F=1\,500(F/A,1.507\,5\%,8)=12\,652.61(\text{美元})$$

评注：在附录 A 中并没有 1.507 5%的利率表，但是仍可以通过 F=1 500（A/F，0.5%，3）（F/A，0.5%，24）来估算 F，其中，通过第一个利息系数求得与其等值的月支付金额，通过第二个利息系数将按月支付系列转化为等值的将来一次支付。

例 3—6

复利计息比支付频繁（基于连续复利的案例）

如图 3—6 所示，连续 5 年每季度等额收入 500 美元。这一季度支付系列如果按照 8%的连续复利计算，它的现值是多少呢？

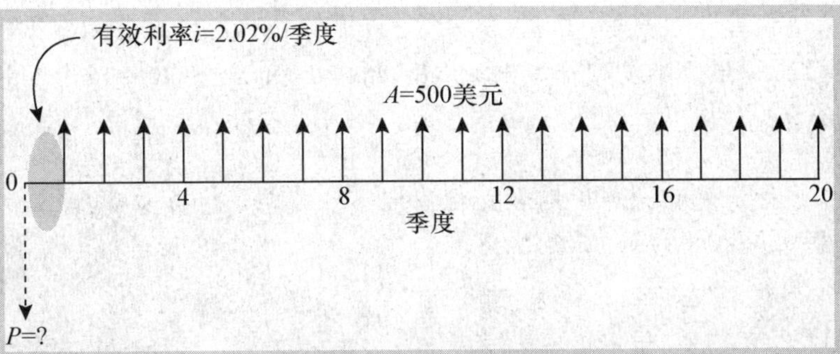

图3—6　按8%年利率连续复利计息的等额支付系列现值计算（例3—6）

讨论：上述问题换个说法是：当利率为8%且连续复利计息时，现在需要存入多少钱才能在连续5年中每季度末支取500美元？既然是按季度支付，则需要计算用于等值公式的季度利率：

$$i=e^{r/K}-1=e^{0.08/4}-1=2.02\%/\text{季度}$$

$$N=\text{年支付期数 } 4\times 5 \text{ 年}$$

$$=20(\text{季度})$$

解：

已知：$i=2.02\%$/季度，$N=20$ 季度，$A=500$ 美元/季度。

求：P。

将 $i=2.02\%$，$N=20$ 代入系数（P/A，i，N），得

$$P=500(P/A,2.02\%,20)$$

$$=500\times 16.3197$$

$$=8\,159.85(\text{美元})$$

□ 3.2.3　复利计息不如支付频繁的情况

下文的两个例子中包含了储蓄情境中相同的参数，都是复利计息不如支付频繁的情况。然而，两个完全不同的假设决定了如何计算利息。例3—7的假设为储蓄一旦发生则开始计息；而例3—8的假设为在季度中存入的存款直到季度末才开始计息。因此，在例3—7中，将复利计息期转化为与支付期一致，而在例3—8中，将几个支付期合并以达到与复利计息期一致。在实际生活中，选用哪种假设取决于所涉及的具体交易以及金融机构。许多公司所采用的方法是将计息期间的现金流量视为在那段周期期末发生。例如，若每天都会产生现金流量，但按月计算复利，将每个月的现金流量加总（忽略利息影响）并当作一次性支付来计算利息。

注：本书假定只要明确了现金流量发生的时点，则不能在不考虑货币时间价值的情况下，变更该现金流量的时点（即应遵守例3—7所示做法）。

例3—7

复利计息不如支付频繁的情况：求支付期的有效利率

假设你每月往一延税退休基金中存入500美元，年利率为10%，按季度计算复利，求第10年年末的余额，计息期间的存款也产生利息。

解：

已知：$r=10\%$/年，年复利计息期数 $M=4$，年支付期数 $K=12$，$A=500$ 美元/月，$N=120$ 个月。

求：i，F。

和例 3—5 一样，复利计息周期和支付周期不一致时，计算步骤如下：

步骤 1。参数 M，K 和 C 的值为：

$M=4$ 个复利期/年

$K=12$ 个支付期/年

$C=1/3$ 个计息期/支付期

步骤 2。如图 3—7 所示，根据式（3.2）计算每个支付周期内的有效利率：

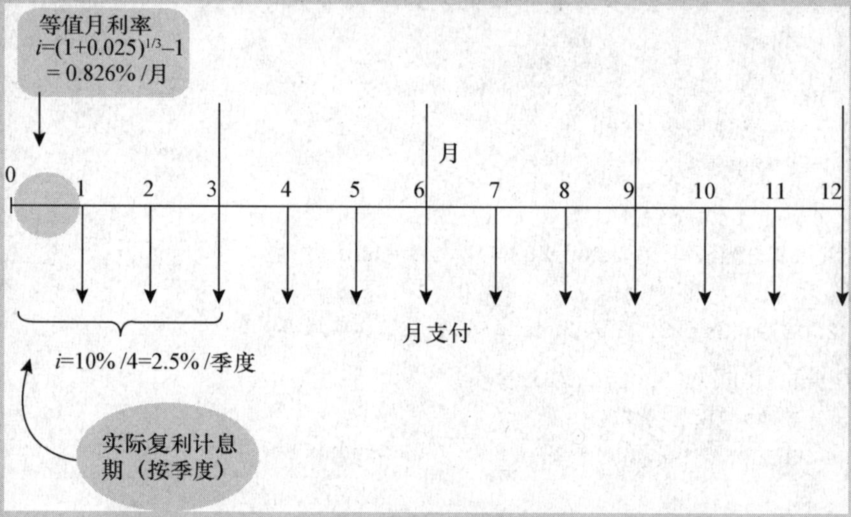

图 3—7　已知季度利率条件下等值月利率的计算（例 3—7）

步骤 3。求 N：

$N=12\times10=120$（个支付期）

步骤 4。将 i 和 N 代入相应的等值计算公式中（见图 3—8）：

$F=500(F/A,0.826\%,120)=101\ 907.89$（美元）

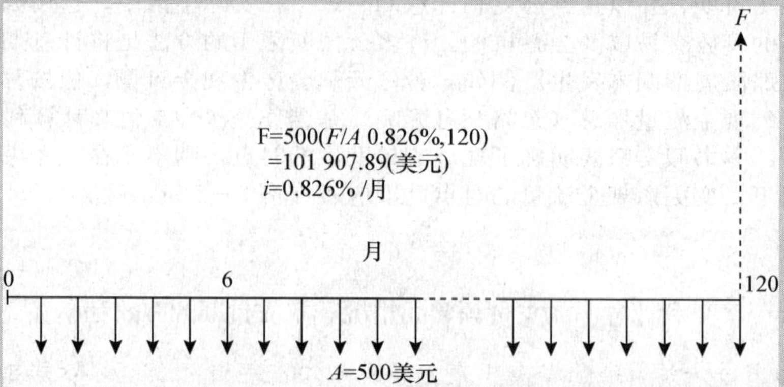

图 3—8　现金流量图（例 3—7）

例 3—8

复利计息不如支付频繁的情况：将所有现金流量合并至复利计息期期末

有些金融机构并不对在计息期期间存入的资金支付利息。举个例子，回顾例 3—7，假设在每个季度内（一个复利计息期期间）存入的资金并不能产生利息（见图 3—9），计算第 10 年年末的 F 值。

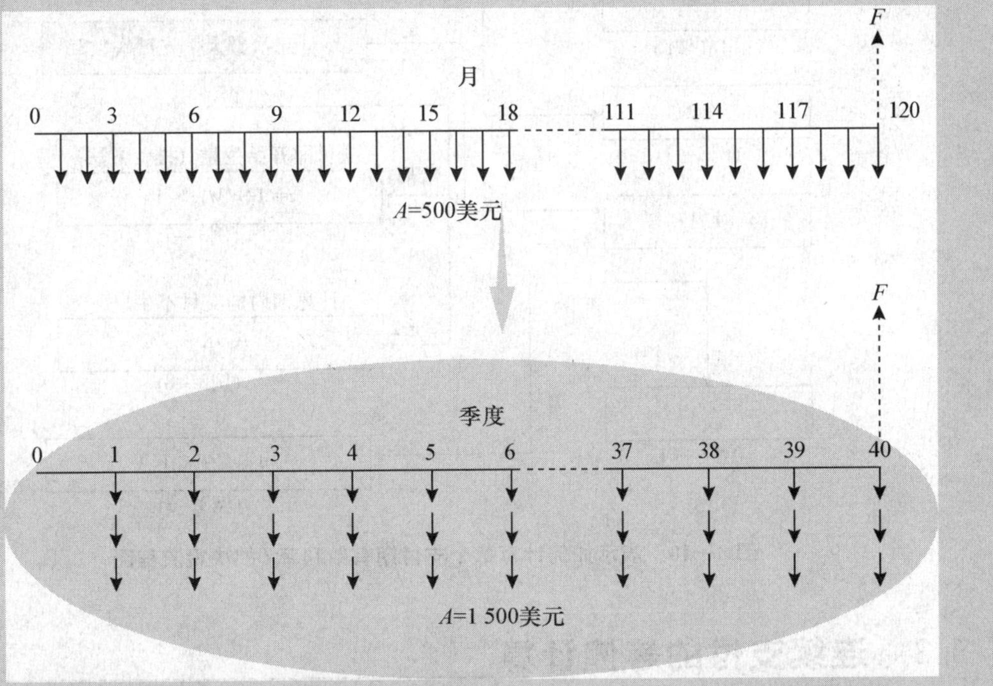

图 3—9　将所有按月支付的现金流量合并到季度计息期期末的现金流量图变化（例 3—8）

解：

已知：同例 3—7，但是复利计息期内不产生利息。

求：F。

本例中，将每季度的三笔月存款额放在每季度末计算，这样支付期就和计息期一致了。于是可以得

$i=10\%/4=2.5\%$

$A=3\times500=1\,500$（美元/季度）

$N=4\times10=40$（个支付期）

$F=1\,500(F/A,2.5\%,40)=101\,103.83$（美元）

评注：在例 3—8 中，余额比例 3—7 中的少 804.06 美元。这与提高复利计息频率会增加货币将来值的道理一致。有些金融机构是按照例 3—7 中的做法来实践的。作为一名投资者，需要弄清楚将存款存入支付比计息更频繁的有息账户是否明智。在复利计息期间，投资者可能过早地束缚了自己的资金，而失去了其他获得利息的机会。

图 3—10 是一个考虑了在各种可能的复利计息方式下，如何求得支付期有效利率的决策图。

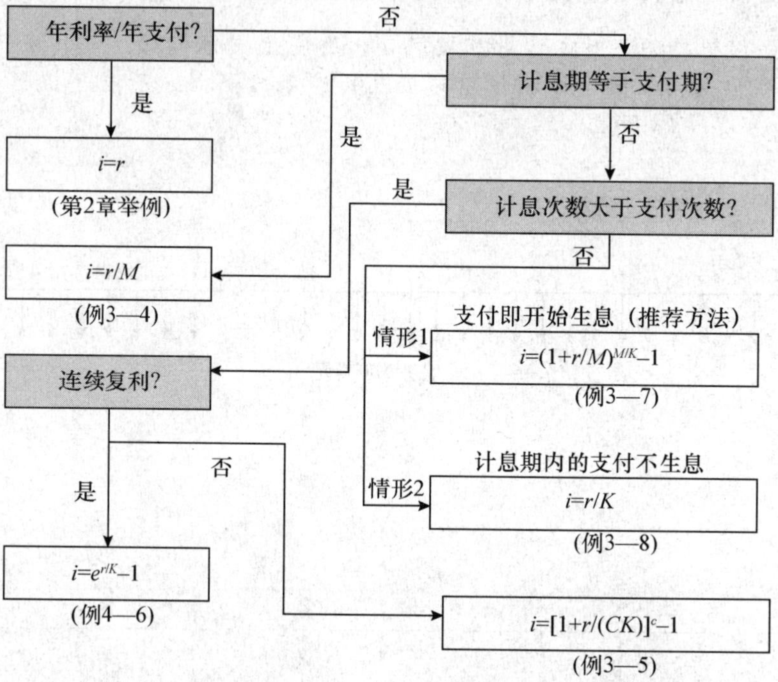

图 3—10　演示如何计算每个支付期有效利率 i 的决策流程图

3.3　连续支付的等值计算

正如我们所知，利息可以按年计算，按半年计算，按月计算，甚至可以连续计算。离散复利适用于许多金融交易，抵押贷款、债券、分期还款等需要离散收支的交易都是很好的例子。然而，大多数商业活动都是在整个年度中连续进行交易的。在这种情况下，我们把金融交易看作资金的连续流动，因而连续复利和贴现就更符合实际情况。本节将讨论如何在连续复利条件下建立现金流量间的经济等值。

连续现金流量代表了在已知时间段内利率一定的条件下资金的连续流动。在商业活动中，许多日常的现金流量都可以看作连续的。连续现金流量方法的优点之一是它更贴近现实中的商业交易。劳动力成本、库存成本、设备的运营维护成本都是很典型的例子。其他的例子有节能、节水、蒸汽工艺等技改项目投入，其费用节省也可以看作连续的。

3.3.1　一次支付现金流量

首先，我们将阐述一次支付交易的连续复利和贴现公式的推导过程。假设现在投入 P 美元，在 N 年内名义利率为 r。若连续复利计息，则年有效利率 $i=e^r-1$。用 e^r-1 替代 i，根据 F/P 系数得资金在第 N 年年末的将来值为：

$$
\begin{aligned}
F &= P(1+i)^N \\
&= P(1+e^r-1)^N \\
&= Pe^{rN}
\end{aligned}
$$

上式表明现在投资 1 美元，年利率 r，按照连续复利计算，在 N 年后将累积至 e^{rN} 美元。相应地，从现在起 N 年后的 F，按照年利率 r 连续复利贴现，其现值等于

$$P = Fe^{-rN}$$

即从现在起 N 年后的 1 美元，按照年利率 r 连续复利贴现，等于现在的 e^{-rN} 美元。

3.3.2　连续现金流量

假设一笔投资单位时间内（例如每年）的未来现金流量可通过一个任意形状的连续函数（$f(t)$）来表示。同时假定，这笔投资能够在 t 和 $t+\Delta t$ 之间产生 $f(t)\Delta t$ 美元现金，其中 $0 \leqslant t \leqslant N$（见图 3—11）。

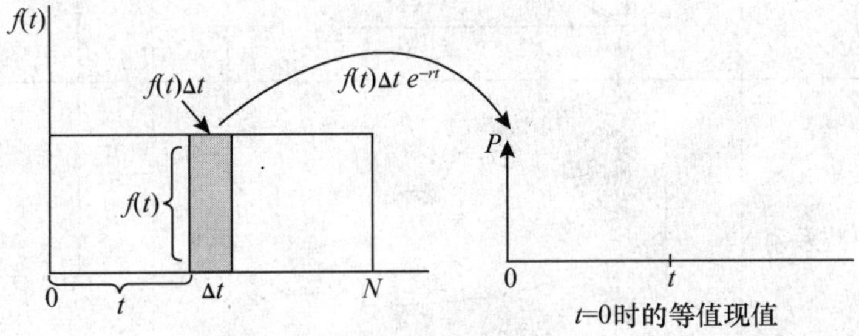

图 3—11　当名义利率为 r 时求连续支付函数 $f(t)$ 的等值现值

如果名义利率在这段期间内为常数 r，那么这些连续现金流量的现值可以近似表示为：

$$(f(t)\Delta t)e^{-rt}$$

式中，e^{-rt} 是将将来值转化为现值的折现系数。随着项目寿命期从 0 延续到 N，我们把从 0 到 N 期间所有的复利计息期内现金流量加总。当计息期被无限微分到极小的单位（即 Δt 接近于 0）时，通过积分获得现值的表达式：

$$P = \int_0^N f(t)e^{-rt}\,\mathrm{d}t \tag{3.5}$$

同样，连续现金流量将来值的表达式为：

$$F = Pe^{rN} = \int_0^N f(t)e^{r(N-t)}\,\mathrm{d}t \tag{3.6}$$

式中，$e^{r(N-t)}$ 是把现值转化为将来值的复利系数，需要强调的是时间单位是年，因为有效利率是以年来表示。因此所有等值计算中的时间单位都需要转化为年。表 3—4 汇总了一些便于等值计算的典型连续现金流量函数。[1]

表 3—4　　连续复利条件下典型连续现金流量的利息系数汇总

现金流量类型	现金流量函数	参数：求	参数：已知	代数表示法	系数表示法
均匀支付系列	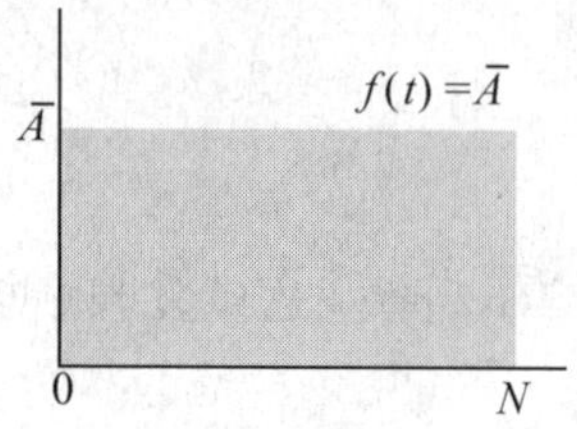	P	$\bar{A}$	$\bar{A}\left[\frac{e^{rN}-1}{re^{rN}}\right]$	$(P/\bar{A},r,N)$
		$\bar{A}$	P	$P\left[\frac{re^{rN}}{e^{rN}-1}\right]$	$(\bar{A}/P,r,N)$
		F	$\bar{A}$	$\bar{A}\left[\frac{e^{rN}-1}{r}\right]$	$(F/\bar{A},r,N)$
		$\bar{A}$	F	$F\left[\frac{r}{e^{rN}-1}\right]$	$(\bar{A}/P,r,N)$
线性梯度支付系列	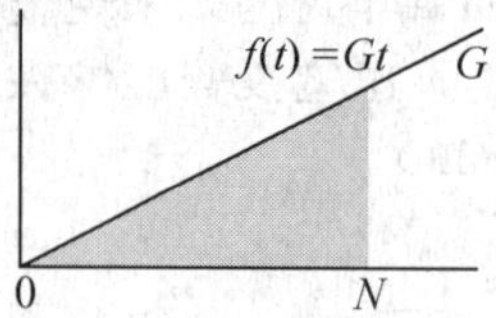	P	G	$\frac{G}{r^2}(1-e^{-rN})-\frac{G}{r}(Ne^{-rN})$	
指数递减系列	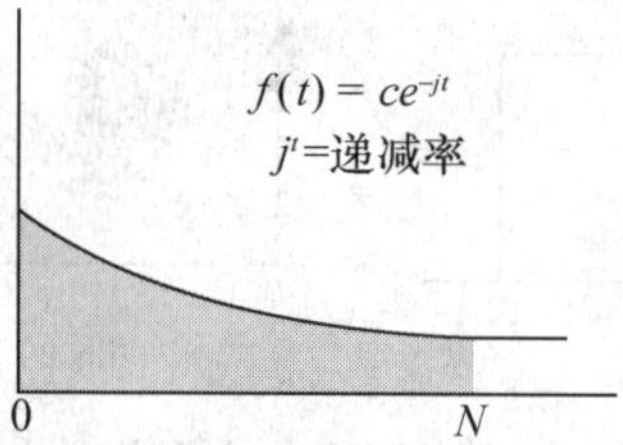	P	c,j	$\frac{c}{r+j}(1-e^{-(r+j)N})$	

例 3—9

日现金流量按日复利计息与连续现金流量按连续复利计息的比较

考虑每日等额现金流量的情况。假设某人拥有一家零售店，每天可赚取 200 美元现金。他在银行开立了一个特定的商业账户，将每日赚取的 200 美元现金存入该账户，持续 15 个月，年利率为 6%。比较第 15 个月月末的累计现金终值。假设：

(a) 按日复利计息；

(b) 连续复利计息。

解：

(a) 按日复利计息：

已知：A=200 美元/年，r=6%/年，M=365 个复利计息期/年，N=455 日。

求：F。

假设 15 个月有 455 日，可以求得

$$i=6\%/365$$
$$=0.016\,44\%/日$$
$$N=455\ 日$$

第 15 个月月末余额为：

$$
\begin{aligned}
F &= 200(F/A, 0.016\,44\%, 455) \\
&= 200 \times 472.409\,5 \\
&= 94\,482(\text{美元})
\end{aligned}
$$

(b) 连续复利计息：

已知：$\overline{A}=73\,000$ 美元/年，$r=6\%$/年，连续复利计息，$N=1.25$ 年。

求：F。

如图 3—12 所示，将该离散现金流量系列近似看作一个均匀连续现金流函数。在这种情况下，每年有现金流 $\overline{A}$，持续 N 年。

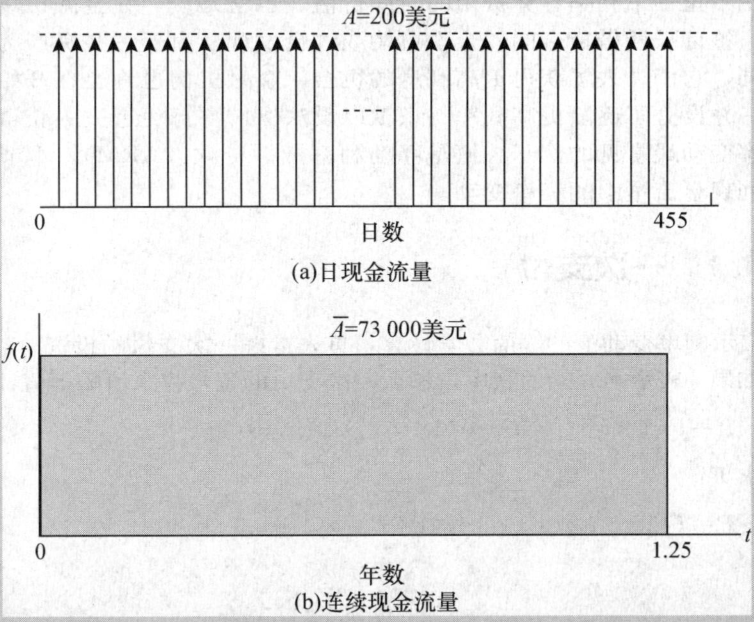

图 3—12 按日复利计息与连续复利计息的比较（例 3—9）

注意：本题采用的时间单位是年。因此，15 个月其实就是 1.25 年。于是现金流量函数的表达式为：

$$
\begin{aligned}
f(t) &= \overline{A}, \quad 0 \leqslant t \leqslant 1.25 \\
&= 200 \times 365 \\
&= 73\,000(\text{美元/年})
\end{aligned}
$$

把该值代入式 (3.6)，得

$$
\begin{aligned}
F &= \int_0^{1.25} 73\,000 e^{0.06(1.25-t)} \mathrm{d}t \\
&= 73\,000\left[\frac{e^{0.075}-1}{0.06}\right] \\
&= 94\,759(\text{美元})
\end{aligned}
$$

式中，括号内的系数称为**连续积累基金复利系数**（funds flow compound-amount factor），记为 $(F/\overline{A}, r, N)$，如表 3—4 所示。注意这两种方法的差异只有 277 美元（小于 0.3%）。

评注： 如本例所示，在多数情况下，离散按日复利与连续复利的差别并无什么实际意义。因此为了便于数学计算，我们可以假设研究期内的资金是按照某一均匀流量连续流动的，而不是将其看作在每日末的离散现金流量。在化工产业中，这类现金流量假设是通行做法。

3.4 利率变动

至此，在等值计算中，我们一直假定利率为常数。当等值计算涉及若干年时，可能会用不止一个利率计算货币的时间价值。也就是说，在金融市场中，利率随时间波动。签订长期借贷合同的金融机构或许会发现，由于一些资产为固定的低利率贷款合同，它们失去了获得更高利息的机会。金融机构也许会在开始订立长期贷款合同时一并设立了逐渐提高利率的条款以设法保护自身免遭失去获得更高利息的机会。利率变动最常见的例子大概是浮动利率抵押贷款（ARM）。本节将讨论一次支付和系列现金流量中的利率变动。

3.4.1 一次支付

为表示利率变动下的等值数学计算，首先考虑一次支付的投资总额 P，计息次数为 N，如果 i_n 表示第 n 期的利率，那么一次支付的资金将来值的等值计算表达式为：

$$F=P(1+i_1)(1+i_2)\cdots(1+i_{N-1})(1+i_N) \tag{3.7}$$

反之，求 P：

$$P=F[(1+i_1)(1+i_2)\cdots(1+i_{N-1})(1+i_N)]^{-1} \tag{3.8}$$

例 3—10

一次支付中的利率变动

假设某人向个人退休金账户（IRA）中存入 2 000 美元，该账户前 2 年的年利率为 6%，剩余 3 年的年利率为 9%，按月复利计算。求第 5 年年末余额（见图 3—13）。

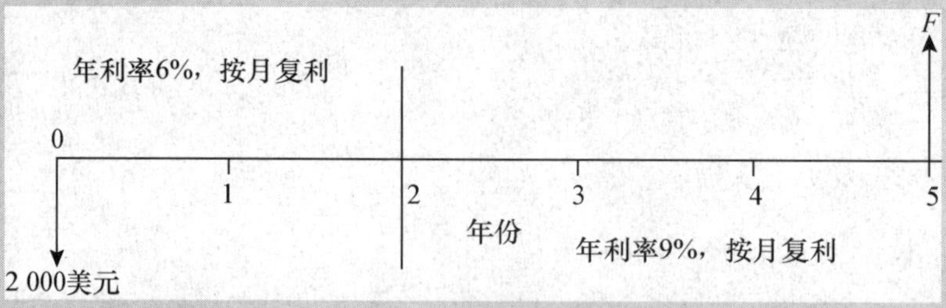

图 3—13 计算浮动利率下的将来值（例 3—10）

解：

已知：$P=2\,000$ 美元，前 2 年 $r=6\%/$年，后 3 年 $r=9\%/$年，$M=4$ 个复利计息期/年，$N=20$ 季度。

求：F。

可以分两步计算 F 的值，首先计算第 2 年年末的账户余额 B_2，年利率 6%，按月复利计算，于是有：

$$i=6\%/12=0.5\%/月$$
$$N=12\times 2=24(个月)$$
$$B_2=2\,000(F/P,0.5\%,24)$$
$$=2\,000\times 1.127\,16$$
$$=2\,254(美元)$$

该部分资金没有提取，而是按照年利率 9%，每月复利计息一次进行再投资。第二步计算第 5 年年末余额的步骤如下：

$$i=9\%/12=0.75\%/月$$
$$N=12\times 3=36(个月)$$
$$F=B_2(F/P,0.75\%,36)$$
$$=2\,254\times 1.308\,6$$
$$=2\,950(美元)$$

3.4.2 现金流量系列

利率可变的现象可推广应用到现金流量系列中。在这种情况下，一个现金流量系列的现值可用如下公式表示：

$$P=A_1(1+i_1)^{-1}+A_2[(1+i_1)^{-1}(1+i_2)^{-1}]+\cdots+A_N[(1+i_1)^{-1}(1+i_2)^{-1}\cdots(1+i_N)^{-1}] \quad (3.9)$$

反之，可得到现金流量系列的将来值

$$F=A_1[(1+i_2)(1+i_3)\cdots(1+i_N)]+A_2[(1+i_3)(1+i_4)\cdots(1+i_N)]+\cdots+A_N \quad (3.10)$$

计算与之等值的等额支付系列分两步进行。首先，通过式（3.9）计算系列的现值，然后通过以下等值公式求得 A。

$$P=A(1+i_1)^{-1}+A[(1+i_1)^{-1}(1+i_2)^{-1}]+\cdots+A[(1+i_1)^{-1}(1+i_2)^{-1}\cdots(1+i_N)^{-1}] \quad (3.11)$$

例 3—11

不规则现金流量系列的利率变动

考察图 3—14 中给定利率下的现金流量系列，并计算与该现金流量系列等值的等额支付系列。

解题思路：在这个问题以及其他许多类似问题中，最简便的方法是把原始现金流量系列转化为比如在时点 0 的一次支付现金流量，然后将这笔一次支付转化为最终要求形式。

解：

已知：现金流量和利率如图 3—14 所示，$N=3$。

求：A。

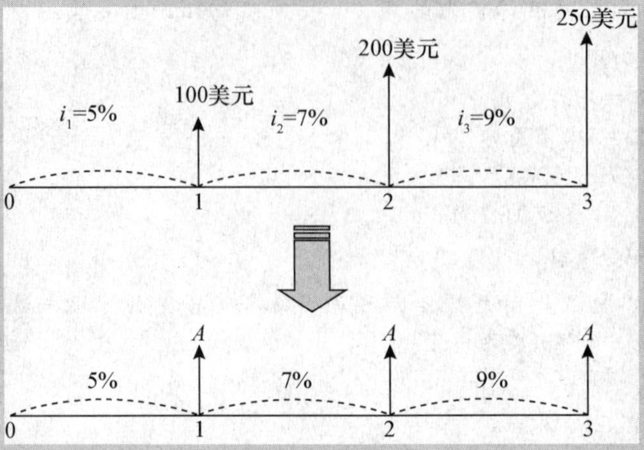

图3—14 利率变动下的等值计算（例3—11）

通过式（3.9），可以求得现值：

$$
\begin{aligned}
P &= 100(P/F,5\%,1)+200(P/F,5\%,1)(P/F,7\%,1)\\
&\quad +250(P/F,5\%,1)(P/F,7\%,1)(P/F,9\%,1)\\
&= 477.41(\text{美元})
\end{aligned}
$$

然后得到等值的等额支付系列如下：

$$
\begin{aligned}
477.41 &= A(P/F,5\%,1)+A(P/F,5\%,1)(P/F,7\%,1)\\
&\quad +A(P/F,5\%,1)(P/F,7\%,1)(P/F,9\%,1)\\
&= 2.659\,1A
\end{aligned}
$$

$$A=179.54(\text{美元})$$

3.5 负债管理

信用卡负债和商业贷款是涉及利息的最重要的金融交易。贷款的类型有很多种，但我们的研究主要集中于个人和商业行为中最常用的类型。

3.5.1 商业贷款

复利计息的最重要的一种应用形式是**分期付款**（installments）。如果贷款是周期性等额偿还（每周一次、每月一次、每季度一次或者每年一次），称为**分期偿还贷款**（amortized loan）。

分期还款的例子有购车贷款、电器购置贷款、住房按揭贷款以及除极短期贷款之外的大多数商业借贷。多数商业贷款按月复利计息。有了购车贷款，你从地方银行或经销商贷款预先获得资金付清购车款，然后需要每月偿还本金和利息，通常需要3或5年还清。所购车辆是你的抵押品。如果你不能够坚持按月还款，经销商有权收回汽车，并且不退还你已支付的还款。

对你所产生的借款费用取决于两个方面：融资费率和贷款期限。最划算的贷款并不是还款额最少或者利率最低的贷款。而是应该注意两点：（1）借款总费用，这取决于利率和业务费率；（2）还款期限。虽然你也许无法影响利率或业务费率的确定，但是你或许可以缩短还款期。

- **年利率**（APR）是由贷款人决定，并告知借款人的贷款年成本，用 APR 表示。有些贷款人索要利率较低，但是其他费用很高；有些贷款人则相反。APR 则是将年利息和其他费用合并计算的真实年利率水平，允许借款人比较相同期限内的两种贷款形式哪种更为划算。
- **业务费**（fees）是贷款人索要的借贷业务办理费用。申请费包括贷款人处理借贷业务流程的所有花费。律师费用来支付贷款人雇用律师的服务费。信用查册费用来支付调查你的信用历史的开支。开户费用包括管理费用，有时也包括资产评估费用。这些费用加在一起会显著增加贷款成本。
- **融资费**（finance charges）是借款成本。对多数贷款而言，它包括所有的利息、业务费、服务费、费率加点、信用相关的保险费贴水以及其他一些费用。
- **计息期利率**（the periodic interest rate）是贷款人根据借款额索要的利息。如果贷款人还索要其他费用，那么计息期利率就不是实际的利率水平。
- **还款期**（the term of your loan）对于贷款成本的影响至关重要。还款期短意味着每期还款额很高。同时也意味着少付几年的利息从而能节省一部分钱。

分期付款

到目前为止，本书已经考虑了许多分期付款的例子。其中，计算了贷款额的现值、将来值或分期还款额。关于分期还款引人感兴趣的另一点是，在每次还款额中，利息占本金偿还额的比例计算。在第 9 章中，本书将对此做更详尽的介绍。贷款利息是计算应税收入的一项重要因素，并在个人贷款以及商业贷款中都得到体现。下面将关注在贷款期内任意时点计算应偿还本金和利息的几种方法。

在计算分期还款的月偿还额时，贷款机构可能会采用两种方案。第一种是基于复利的传统的分期付款。另外一种是基于单利的附加利息贷款。随后将介绍每种方案的计算方法，但需要知道的是分期还款是商业借贷中最常见的一种贷款方式。附加利息贷款普遍应用于购买家具、家用电器等。

在典型的分期还款中，每期所要支付的利息取决于该期期初尚未偿还的贷款余额。有一系列的计算公式可用于计算某期未偿还贷款余额、应付利息以及应偿还本金。假设贷款总额为 P，年利率为 i，N 期内本息分期等额偿还 A。那么每次应偿还额 $A=P(A/P,\ i,\ N)$，每次偿还额都分为应付利息和应还本金两部分。

设

B_n＝截至第 n 期期末未偿还余额，且 $B_0=P$

I_n＝第 n 期应付利息，即 $I_n=B_{n-1}i$

P_n＝第 n 期应还本金

则每期偿还额为：

$$A=P_n+I_n \tag{3.12}$$

计算分期还款的本金偿还和利息支付有多种方法，这里介绍两种。这两种方法并不存在绝对的优劣之分。但是在使用电子表格自动计算时，采用方法 1 可能更加简便，而方法 2 更适用于明确还款期限时的快速计算。你至少要熟悉其中一种方法，可以选择你用着最顺手的方法。

方法 1：列表法。第一种方法是列表法。根据期初未偿还贷款余额计算某期的利息。例 3—12 阐述了采用迭代方法安排贷款偿付计划的步骤。

例 3—12

列表法计算未偿还贷款余额、本金和利息

假使你从当地银行获得金额为 5 000 美元的住房改善贷款。银行计算你的月偿还额如下：

贷款额＝5 000 美元
还款期＝24 个月
年利率＝12％
月还款额＝235.37 美元

图 3—15 是现金流量图。给出贷款偿付计划，显示每个还款期期末欠款额、应付利息及应还本金。

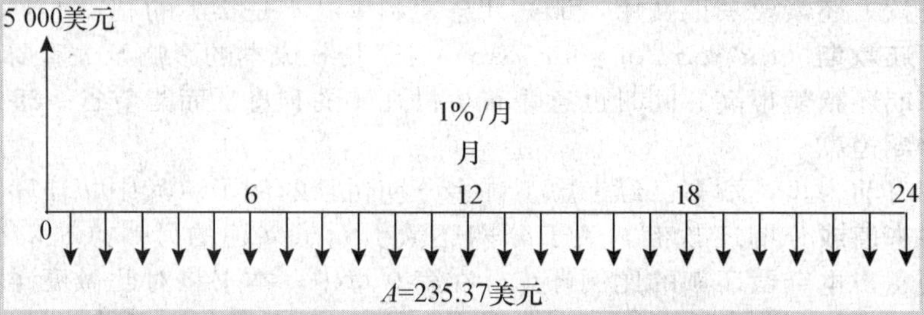

图 3—15　住房改善贷款的现金流量图，年利率（APR）为 12％（例 3—12）

解：

已知：P＝5 000 美元，A＝235.37 美元/月，r＝12％/年，M＝12 个复利计息期/年，N＝24 个月。

求：B_n和 I_n（n＝1，2，…，24）。

可以清楚地看到银行是如何计算出每个月的还款额 235.37 美元。由于该贷款每个还款期的有效利率是每月 1％，可以建立如下的等值关系：

$$235.37(P/A,1\%,24)=235.37\times 21.243\,4=5\,000(\text{美元})$$

所建立的贷款偿付计划如表 3—5 所示。在第 1 个月里，应付的利息是 50 美元，即期初欠款的 1％，剩余部分是应付本金 185.37 美元。这样第 2 个月期初欠款就变成了4 814.63美元。第 2 个月所要支付的利息就是 4 814.63 美元的 1％，也就是 48.15 美元，本金偿还就是 187.22 美元。在第 24 个月，剩余的 235.37 美元恰够支付最后未偿还的本金及其利息。图 3—16 揭示了整个贷款期内的应付利息和应还本金之间的比例。

评注：显然，除非用计算机，建立一个类似表 3—5 的表格无疑是枯燥且耗时的。在为本书开设的网站上，你可以下载一个贷款偿付计划表的 Excel 文件，只需要做适当的调整就可以用来帮助你解决典型贷款的决策问题。

表 3—5 用 Excel 创建贷款偿还计划（例 3—12）

	A	B	C	D	E
1	贷款额		$5,000.00		
2	利率（%）		1%		
3	贷款期限（月）		24		
4					
5	还款	当期	利息	本金	贷款
6	期	还款	支付	偿还	余额
7					
8	0				$5,000.00
9	1	$235.37	$50.00	$185.37	$4,814.63
10	2	$235.37	$48.15	$187.22	$4,627.41
11	3	$235.37	$46.27	$189.09	$4,438.32
12	4	$235.37	$44.38	$190.98	$4,247.33
13	5	$235.37	$42.47	$192.89	$4,054.44
14	6	$235.37	$40.54	$194.82	$3,859.62
15	7	$235.37	$38.60	$196.77	$3,662.85
16	8	$235.37	$36.63	$198.74	$3,464.11
17	9	$235.37	$34.64	$200.73	$3,263.38
18	10	$235.37	$32.63	$202.73	$3,060.65
19	11	$235.37	$30.61	$204.76	$2,855.89
20	12	$235.37	$28.56	$206.81	$2,649.08
21	13	$235.37	$26.49	$208.88	$2,440.20
22	14	$235.37	$24.40	$210.97	$2,229.24
23	15	$235.37	$22.29	$213.08	$2,016.16
24	16	$235.37	$20.16	$215.21	$1,800.96
25	17	$235.37	$18.01	$217.36	$1,583.60
26	18	$235.37	$15.84	$219.53	$1,364.07
27	19	$235.37	$13.64	$221.73	$1,142.34
28	20	$235.37	$11.42	$223.94	$918.40
29	21	$235.37	$9.18	$226.18	$692.21
30	22	$235.37	$6.92	$228.45	$463.77
31	23	$235.37	$4.64	$230.73	$233.04
32	24	$235.37	$2.33	$233.04	$0.00
33					

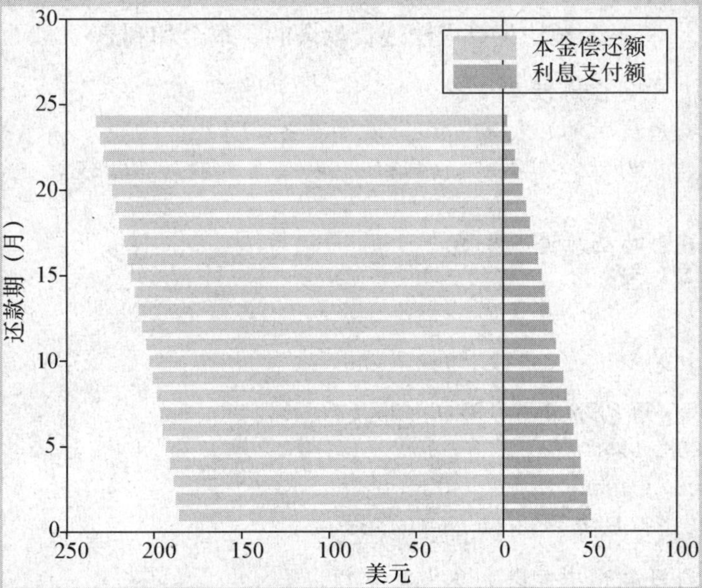

图 3—16 贷款期内本息偿还比例（月偿还 235.37 美元）（例 3—12）

方法 2：余额法。余额法即通过计算 n 次支付后剩余等额支付系列在第 n 期期末的等值推导出 B_n。因此，未偿还的 $N-n$ 次支付欠款余额是

$$B_n=A(P/A,i,N-n) \tag{3.13}$$

而第 n 期的利息支付额为：

$$I_n=B_{n-1}i=A(P/A,i,N-n+1)i \tag{3.14}$$

式中，$A(P/A,\ i,\ N-n+1)$ 是在第 $n-1$ 期期末未偿还贷款余额，于是

$$\begin{aligned}P_n&=A-I_n=A-A(P/A,i,N-n+1)i\\&=A[1-(P/A,i,N-n+1)i]\end{aligned}$$

已知利息系数的关系为$(P/F,i,n)=1-(P/A,i,n)i$，由表 2—6 可得

$$P_n=A(P/F,i,N-n+1) \tag{3.15}$$

如图 3—17 所示，这种方法提供了未偿还贷款余额计算的比较简洁的公式。

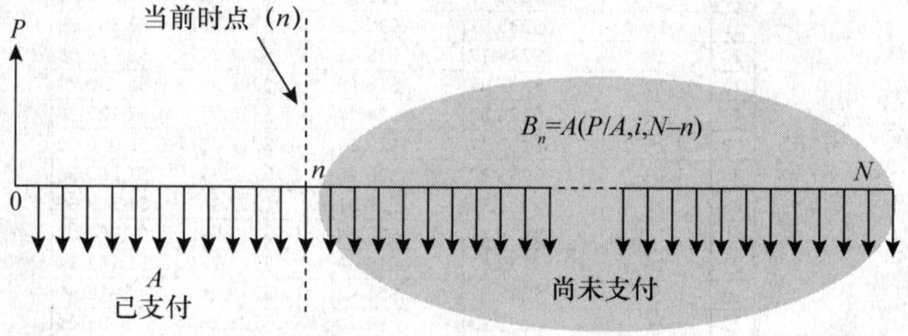

图 3—17　按照方法 2 计算欠款余额

例 3—13

余额法计算未偿还贷款余额、本金和利息

仍以例 3—12 中的住房改善贷款为例。

(a) 计算第 6 次支付的应付利息和应还本金各是多少。

(b) 在第 6 次支付后，想要一次付清所有剩余欠款额，该笔还款金额是多少？

解：

(a) 第 6 次还款中的本金和利息。

已知：同例 3—12。

求：I_6 和 P_6。

根据式（3.14）和式（3.15）计算，得

$$\begin{aligned}I_6&=235.37(P/A,1\%,19)(0.01)\\&=4\,054.44\times0.01\\&=40.54(\text{美元})\end{aligned}$$

$$P_6=235.37(P/F,1\%,19)=194.83(\text{美元})$$

或者只需从每个月还款额中扣除利息得还本额：

$$P_6=235.37-40.54=194.83(\text{美元})$$

(b) 第 6 次支付后未偿还贷款余额。

图 3—18 中的下面部分描绘了这个问题的现金流量图。可以通过计算在第 6 次付款后，剩余 18 个月的贷款余额在第 6 个月月末的等值来求得未偿还余额。

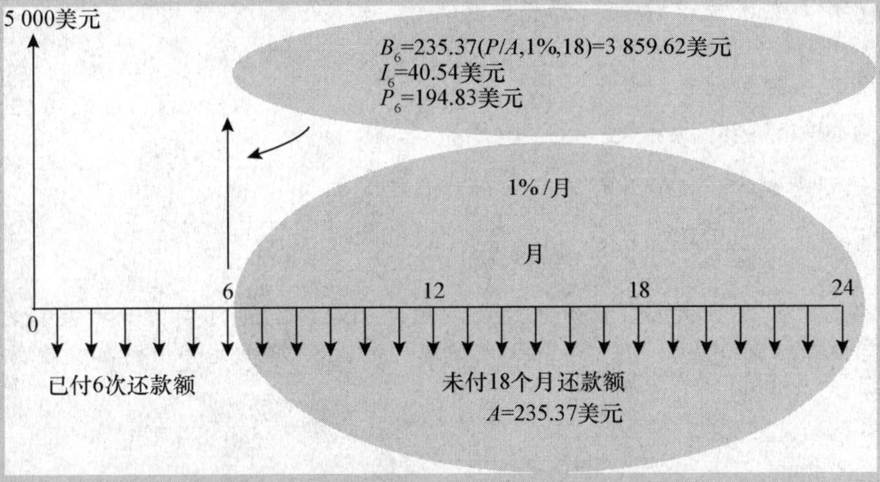

图 3—18　计算第 6 次支付后住房改善贷款的欠款余额（例 3—13）

已知：$A=235.37$ 美元，$i=1\%$/月，$N=18$ 个月。

求：6 个月后的欠款余额（B_6）。

$$B_6=235.37(P/A,1\%,18)=3\ 859.62(\text{美元})$$

如果某人希望在第 6 个月月末一次付清所有欠款，那么他必须支付 3 859.62 美元。为验证结果，将该答案与表 3—5 中给出的值进行比较。

附加利息贷款

附加利息贷款与广为人知的分期偿还贷款完全不同。在附加利息贷款中，应付利息总额预先计算出来并与本金相加。本金和预先计算出的利息一并等额分期支付。在这种情况下，所用的利率并不是有效利率，因而称为**附加利息**（add-on interest）。如果借款金额为 P，还款期为 N 年，附加利率为 i，每个月月末等额偿还，一般的金融机构都会按照如下方法计算借款人每个月所要偿还的金额。

$$\text{总附加利息}=P(i)(N)$$

$$\text{本金加附加利息}=P+P(i)(N)=P(1+iN)$$

$$\text{月偿还额}=\frac{P(1+iN)}{(12\times N)} \tag{3.16}$$

注意，附加利息贷款采用的是单利。只要明确了月偿还额，金融机构就根据这个偿还额计算年利率（APR）。尽管附加利率是根据年利率（APR）确定的，许多不了解情况的借款人认为自己实际上是按分期偿还贷款利率支付利息。例 3—14 解释了典型附加利息贷款实际支付利息额的计算。

例 3—14

附加利息贷款的有效利率

仍以例 3—12 的住房改善贷款为例，假设借款总额为 5 000 美元，附加利率为 12%，贷款期为 2 年，分 24 个月等额偿还。

（a）求每个月的还款金额。

（b）计算名义利率和年有效利率。

解：

已知：附加利率＝12%/年，贷款额（P）＝5 000 美元，N＝2 年。

求：（a）A；（b）i_a和i。

（a）首先求附加利息：

$$iPN=0.12\times 5\,000\times 2=1\,200(\text{美元})$$

然后把利息和本金相加后除以 24，得到 A：

$$A=\frac{5\,000+1\,200}{24}=258.33(\text{美元})$$

（b）假设你就是贷款人，计算上述贷款的年利率。上述月支付额如按月复利计算，需要求使现在的5 000 美元与 24 个月每月等额支付 258.33 美元等值的年有效利率。在这种情况下，用如下等式求 i：

$$258.33=5\,000(A/P,i,24)$$

或

$$(A/P,i,24)=0.051\,7$$

系数 A/P 的值已知，但是利率 i 未知。因此，需要查阅几个利率表，利用内插法确定 i。或利用 Excel 中的 RATE 函数，设置如下参数，求得的数值更为精确。

$$=\text{RATE}(N,A,P,F,type,guess)$$
$$=\text{RATE}(24,258.33,-5\,000,0,0,1\%)\rightarrow 1.797\,5\%$$

附加贷款的名义利率为 1.797 5%×12＝21.57%，而年有效利率为 $(1+0.017\,975)^{12}-1=23.84\%$，并非附加利率中所说的 12%。在申请贷款时，不要把贷款人所言附加利息和贷款实际的利息费用搞混了。

评注：在现实中，美国诚信借贷法规定，在抵押贷款以及其他贷款中，必须明确年利率（APR）。所以，作为一个借款申请人，你无须计算名义利率（尽管你可能对计算实际利率有兴趣）。然而，你会发现在本节以后的工程经济学分析中，经常需要求隐含利率，或者计算投资收益率。本书的目的就是定期给予读者一些针对此类问题的训练，即使问题背景并不能完全拟合实际情况。

3.5.2 贷款与租赁融资的比较

例如，当你决定购买汽车时，也同时选择了支付方式。如果你手中并没有足够的现金立即支付购车款——多数人都不具备直接购买的经济能力——你可以考虑采用贷款购车或者是租赁车来分摊支付。选择现金支付，还是贷款，或者租赁，取决于个人喜好和经济因素。租赁是人们为得到指定期限内汽车的使用权而支付该段时间内汽车的价款份额以及租费、税和其他杂费。比如，你想购置一辆价值 20 000 美元的汽车，假设租用 3 年后还值 9 000 美元（称为残值）。

● 如果你有足够的钱，你可以用现金直接购买该车。然而，如果你用现金支付，就失去了用这笔钱赚取利息的机会。如果你知道另外有一个收益率很高的投资，那么全款购车的损失是很大的。

● 如果用贷款方式购买该车，每月要偿还的金额基于该车全价 20 000 美元计算。在还款期期末，你仍能拥有该车，但是所支付的利息会提高该车的购置成本。

● 如果租车，你每个月所要支付的费用根据租借期内车的使用价值计算。该价值（本例为 11 000 美元）为原始购车成本（20 000 美元）与残值（9 000 美元）的差额。租车时，可根据你的驾驶需要确定租赁协议期、月支付额以及年里程优惠。租赁方式最大的吸引力在于其低初始支出费：通常你只需要缴纳租赁管理费、一个月的租金和可退还押金。租赁条款中将包含年行车里程优惠，如果行车超出了一定里程，需要额外付费。

比较不同融资方案的折现率

在计算购买一辆汽车的净成本时，需要确定采用何种利率来贴现贷款偿还系列。假设经销商（银行）的利率可反映经销商（银行）的货币时间价值，并将该因素计入贷款偿还额计算中。但是，在比较支付方案时所采用的利率应该是能够反映你的货币的时间价值的利率。对大多数人来说，这个利率或许和储蓄利率是相等的。例 3—15 举例说明了三种购车支付方案的比较。

例 3—15

三种购车支付方案：现金支付、贷款或租赁

假设你要使用一辆车 42 个月，购买或者租赁未定。以一辆 2010 BMW 325 Ci 2—D 小型车为例。考虑以下三种融资方案。

● 方案 A：采用分期付款，按照正常价格 32 508 美元购买该车，年利率 APR 为 5.65%，按月等额还款，还款期 42 个月。

● 方案 B：按照打折后的价格 31 020 美元立即支付购买该车。

● 方案 C：租赁该车 42 个月。

表 3—6 列出了每种方案的利息。无论哪种方案，都另计牌照费、过户费以及登记费。对于租赁方案，承租人必须在签订租赁合同时一次性付款 1 507.76 美元。这笔费用包含了第一个月的租金 513.76 美元以及 994 美元的管理费。合同期内的可用行驶里程为 60 000 英里。若超出 60 000 英里，每超出一英里，要额外支付 18 美分，无须押金。然而，在租期结束后，要支付 395 美元处置费。那时承租人可以选择以 17 817 美元的价格买下该车。承租人同样要对过度磨损和使用负责。如果用来支付该车的资金目前可以获得年利率为 4.5%，按月复利计算的利息。那么哪种支付方案更划算呢？

表 3—6 购车方案汇总 单位：美元

项目	方案 A：贷款	方案 B：现金支付	方案 C：租赁
价格	32 508.00	32 508.00	32 508.00
首付款	4 500.00	0.00	0.00
APR（%）	5.65%		
月支付额	736.53		513.76
期限（月）	42		42
管理费			994.00
租期到期时应付现金			395.00
租期到期时的购置费			17 817.00
签合同时应付现金	4 500.00	31 020.00	1 507.76

解题思路： 若采用租借方式，你承担所用车辆的使用价值折耗部分。在租期满后，要把车辆还给车主，并支付处置费。而传统的融资支付方式，每个月要支付的费用按照该车全价 32 508 美元计算，在支付期结束后，你就能拥有该车。既然要比较 42 个月内的三种支付方式，就必须要考虑在 42 个月后，车辆未使用的那部分价值。也就是说，为了计算购车净成本，需要考虑该车 42 个月后的转售价值。对此可以参考租借方案中经销商给出的 17 817 美元。然后你需要确定在 42 个月后是否真的能够得到那部分价值。

注意，5.65%的年利率（APR）代表的是经销商在计算贷款偿还时所用的利率。在 5.65%的利率下，你每个月要支付的金额就是

$$A=(32\,508-4\,500)(A/75,5.65\%/12,42)=736.53(\text{美元})$$

但是，还需要注意一点，4.5%的年利率（APR）代表机会利率。也就是说，就算不买车，你的这笔钱仍然能获得年利率（APR）为 4.5%的利息。因此。4.5%代表了购车的机会成本。那么，在分析过程中，应该选择哪个利率呢？很明显，选取 4.5%是合适的。

解：

已知：相关融资参数如图 3—19 所示，$r=4.5\%$，复利计息期和支付期都是月。

求：最经济的支付方案（假设你在 42 个月后能够以 17 817 美元的价格将汽车转售）。

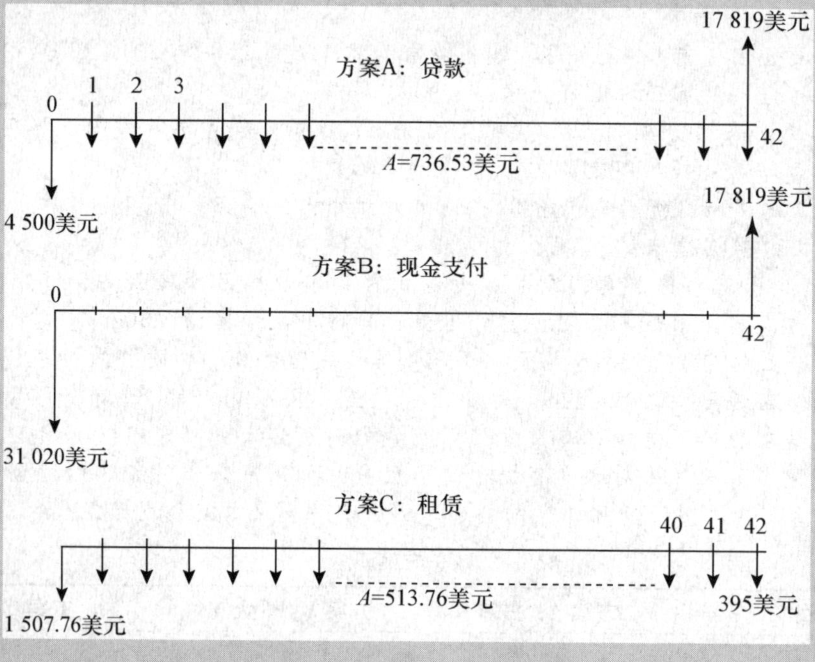

图 3—19 不同支付方案的比较

无论哪种方案，都要计算其时点 0 的净费用现值。由于贷款按月偿还，我们需要求出每个月的实际利率，即 4.5%/12。

- 方案 A：传统贷款。

贷款分期还款总额的等值现值为：

$$\begin{aligned}P_1&=4\,500+736.53(P/A,4.5\%/12,42)\\&=33\,071.77(\text{美元})\end{aligned}$$

车辆转售价格的等值现值为：

$$P_2=17\,817(P/F,4.5\%/12,42)=15\,225.13(\text{美元})$$

净费用现值为：

$$P_{\text{方案A}}=33\,071.77-15\,225.13=17\,846.64(\text{美元})$$

- 方案 B：现金支付。

$$\begin{aligned}P_{\text{方案B}}&=31\,020-17\,817(P/F,4.5\%/12,42)\\&=31\,020-15\,225.13\\&=15\,794.87(\text{美元})\end{aligned}$$

- 方案 C：租赁。

$$\begin{aligned}P_{\text{方案C}}&=1\,507.76+513.76(P/A,4.5\%/12,41)+395(P/F,4.5\%/12,42)\\&=1\,507.76+19\,490.96+337.54\\&=21\,336.26(\text{美元})\end{aligned}$$

很明显，在年利率为4.5%，按月复利的情况下，一次现金支付方案无疑是最经济的方式。

3.5.3 购房按揭贷款

按揭贷款（mortgage）是一种特殊的贷款形式，通常用于购买特定的资产，例如房屋。按揭贷款最常见的形式有固定利率分期还款、浮动利率分期还款和分级偿还贷款。同我们常用的分期付款一样，大多数购房按揭贷款也是按月还款，按月复利计算。然而，顾名思义，可以通过多种方式确定按揭期内月还款数额和月利率。

按揭贷款的成本

按揭贷款的成本取决于贷款总额、利息和还款期。由于按月支付，还款分摊在很长的期间，所以人们很容易忽略总成本。例如，如果某人借款总额为100 000美元，还款期为30年，年利率是8.5%。他要偿还的贷款总额大概是277 000美元，比本金的2.5倍还多！利率8.5%和8%的微小差别，累积30年后会产生巨大差别。如果利率按8%计算，还款总额是264 160美元，比按照8.5%计算少了13 000美元。抛开利率不算，下列因素都会增加总成本，但是高利率、长还款期的影响是最大的。

- **贷款总额**。贷款总额是扣除各种杂费和预付利息后实际借到的资金总额，它是计算实际利率、年利率（APR）的基数。
- **还款期**。还款期越短，利息总额就越少，但是月还款额就会稍微多一些。贷款额相同的条件下，与一份还款期为30年的贷款相比，一份还款期为15年的贷款能节省超过55%的成本。
- **还款次数**。借款人可以每两周还款一次，而不是按月还款，甚至可以每月额外偿还一部分贷款。如果每两周还款一次，每年的还款次数就由12次变为26次了。还款期缩短了近一半，而所要支付的利息也减少了近一半。如果每月额外偿还部分贷款，就可以减少本金。按照固定利率计算，还款期缩短了，但是每个月固定的还款额没变。

● **点数（预付利息）**。点数是买房前预付的利息。每一个点数表示预付金占贷款总额的 1%。例如，贷款总额是 100 000 美元，3 个百分点就表示预付金是 3 000 美元，这等于借款人实际只筹到 97 000 美元，但是还款额还是基于 100 000 美元的贷款额计算的。

● **杂费**。杂费包括了申请费、贷款初始费以及其他的由贷款人征收的初始费用。

● **按揭类型**。按揭贷款既可以是固定利率也可以是浮动利率（或者两者兼有，即混合按揭贷款类型）。正如前面所说，金融市场的利率随时间上下波动。

计算固定利率按揭贷款的月还款额

这种按揭贷款的利率和月偿还额在整个还款期是固定不变的。根据金融机构提供的按揭贷款类型计算还款额。其中常见的有：

● 完全分期按揭贷款。贷款期为 15 年或 30 年，分期偿还固定的本息直到贷款期结束。

● 只付息按揭贷款。只付息按揭贷款是指借款人只支付利息，不需偿还本金，贷款额保持不变，在特定的一段时间内需支付利息，通常为 5 年或 10 年。这种贷款类型的主要优点之一是，只付息按揭贷款适用于无固定收入的借款人。当他们资金紧张时，可以只付利息，当他们资金充裕时可偿还本金。

● 点按揭。或许贷款人很乐意提高一点利率（比如，0.125%或 0.25%），而降低点数——或者反向操作，只要能获得同样的利润即可。低点数的好处就是低手续费以及在你手头紧张时所需支出较少。然而，如果借款人打算拥有该房超过 5 年或 7 年，买更多的点数以获得更低的利率却可以降低长期成本。例 3—16 考察了点数对固定利率按揭借款成本的影响。例 3—17 说明了贷款人的点数费用对借款人财务决策的影响。

例 3—16

只付息的按揭与完全分期按揭贷款的比较

假设某人需要购买一套价格为 24 万美元的房子，首付 4 万美元，年利率 6.6%，按月复利，贷款期 30 年。他有如下两个从银行取得按揭的备选方案：

● 方案 1：完全分期按揭贷款

● 方案 2：5 年只付息按揭贷款

假设整个贷款期内利率固定，求每种方案的月还款额。

解：

已知：P=200 000 美元，APR=6.6%/年或 0.55%/月，N=30 年。

求：(a) 月还款额；(b) 第 1 年支付的利息额；

(a) 月还款额：

● 方案 1：$A=200\,000(A/P,6.6\%/12,360)=1\,277.32$(美元)

● 方案 2：$A=200\,000\times 0.005\,5=1\,100$(美元)

(b) 利息额。如图 3—20 所示，利用 Excel 计算求解。

	A	B	C	D	E	F	G	H	I	J
1										
2	*P*	$200,000.00								
3	APR (*r*)	6.60%								
4	*N*(月)	360								
5										
6		方案 1（完全分期按揭贷款）					方案 2（只付息按揭贷款）			
7	月	还款额	利息	本金	余额		还款额	利息	本金	余额
8										
9		第 1 年								
10	1	$1,277.32	$1,100.00	$177.32	$199,822.68		$1,100.00	$1,100.00	0	$200,000.00
11	2	$1,277.32	$1,099.02	$178.29	$199,644.39		$1,100.00	$1,100.00	0	$200,000.00
12	3	$1,277.32	$1,098.04	$179.27	$199,465.12		$1,100.00	$1,100.00	0	$200,000.00
13	4	$1,277.32	$1,097.06	$180.26	$199,284.86		$1,100.00	$1,100.00	0	$200,000.00
14	5	$1,277.32	$1,096.07	$181.25	$199,103.61		$1,100.00	$1,100.00	0	$200,000.00
15	6	$1,277.32	$1,095.07	$182.25	$198,921.36		$1,100.00	$1,100.00	0	$200,000.00
16	7	$1,277.32	$1,094.07	$183.25	$198,738.11		$1,100.00	$1,100.00	0	$200,000.00
17	8	$1,277.32	$1,093.06	$184.26	$198,553.85		$1,100.00	$1,100.00	0	$200,000.00
18	9	$1,277.32	$1,092.05	$185.27	$198,368.58		$1,100.00	$1,100.00	0	$200,000.00
19	10	$1,277.32	$1,091.03	$186.29	$198,182.29		$1,100.00	$1,100.00	0	$200,000.00
20	11	$1,277.32	$1,090.00	$187.32	$197,994.97		$1,100.00	$1,100.00	0	$200,000.00
21	12	$1,277.32	$1,088.97	$188.35	$197,806.63		$1,100.00	$1,100.00	0	$200,000.00
22										
23		第 6 年								
24	61	$1,277.32	$1,030.90	$246.42	$187,189.81		$1,362.94	$1,100.00	$262.94	$199,737.06
25										

PMT=($B$3/12,$B$4,–$B2)

PV=($B$3/12,$B$4–A24,–B24)

PMT=($B$3/12,$B$4–60,–$B$2)

图 3—20　方案 1 和方案 2 的利息支付比较

评注：注意本例假设整个贷款期内利率是固定的。然而大多数只付息贷款的利率是浮动的，这意味着贷款人需要在第 5 年年末重新商定利率。

例 3—17

固定利率按揭贷款——点数权衡

当你要申请房屋按揭贷款时，你会面临各种不同的贷款方案，包括先支付点数的贷款，或者无点数但利率更高的贷款。假设你要申请一份总额为 100 000 美元、15 年固定利率的房屋按揭贷款。一家主要的独立房屋贷款机构会给你提供以下两种无须初始费用的方案。

- 方案 1：加 1 点，年利率 6.375%。
- 方案 2：无点数，年利率 6.75%。

一个点数是指按揭贷款票面价值总额的 1%，也就是说，在方案 1 中，你实际借款额只有 99 000 美元，但是贷款人还是按照借款额 100 000 美元来计算你每月应偿还贷款额。计算方案 1 中的年利率 APR。你将选择哪个方案？

解题思路：折价费或者点数是按揭贷款的特点。点数是贷款人征收的费用，以提高其借出的那部分资金的实际利息额。加点替代了部分利息，加点越高，取得同样收益的还款利率就越低。初始费用是由贷款人索取的用来准备贷款文件、信用检查、评估资产的费用。这些费用通常是按照贷款面额的一定百分比计提的。

解：

已知：$P=100\ 000$ 美元，$r=6.375\%$/年，$N=180$ 个月，折价点数$=1$。

求：年利率（APR）。

首先要求出贷款人所计算的月还款额。由于按揭支付是按照贷款的面额计算，月应还款额为：

$$A = 100\,000(A/P, 6.375\%/12, 180)$$
$$= 864.25 (美元)$$

因为你为了借入100 000美元必须支付1 000美元的费用，实际借款额只有99 000美元。因此需要求实际利率。也就是说，你借了99 000美元，每个月应偿还864.25美元，还款期为15年。为求利率，可以建立如下等值公式：

$$99\,000 = 864.25(P/A, i, 180)$$
$$i = 0.545\%/月$$
$$APR = 0.545\% \times 12 = 6.54\%$$

注意，加1点费用，贷款人就能把贷款的实际利率由6.375%提高到6.54%。但是，贷款人所赚取的利息仍比方案2中要少。

计算浮动利率按揭贷款（ARM）的月还款额

这种类型的贷款的利率与经济指数相联系。利率和偿还额随指数变化而周期性上下浮动。如果存在市场利率超过固定利率的可能性，有些贷款人将不愿锁定长期贷款的利率。如果采用固定利率，因资产利率较低，贷款机构就失去了通过更高利率赚取更多利息的机会。而浮动利率按揭贷款意味着鼓励贷款机构发放长期贷款。比较典型的是，有些按揭贷款在前几年利率逐年上升，之后固定在某一值。ARM主要包括以下几个特征：

- **指数**。ARM的利率由两部分组成：指数和保证金率。指数是指贷款人用来衡量利率变动的参考。贷款人常用的指标包括1年期、3年期、5年期国债（CMT），资金成本指数（COFI），伦敦银行同业拆借利率（LIBOR）。图3—21给出了1996—2006年这11年间一些常用的指数。由图可知，一些指数比率高于其他指数，也有一些指数变动更频繁。但是如果贷款人根据一段时间指数平均值来确定贷款利率，那么利率就不会有太大变化。

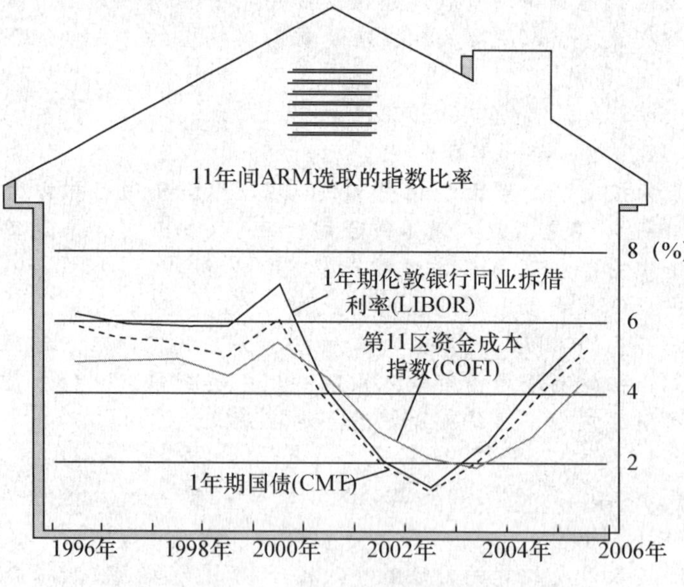

图3—21　11年间ARM选取的指数变化率

● **保证金率**。为了设定浮动利率按揭贷款（ARM）的利率，贷款人在指数比率的基础上加上一定的百分点，称为保证金率。利率基本上表示贷款的业务成本与利润之和。指数加上保证金率决定了总利率。一般在住房贷款的整个贷款期保证金率是保持不变的。

● **调整期**。调整期是指两次调整浮动利率之间的时间段。ARM 通常用 1/1，3/1，5/1 来表示。每套数字中的第一个表示贷款初始期，在此期间自签约日起利率保持不变。第二个数字代表调整期，表示初始期结束后多长时间利率可以变动一次。这里给出的浮动利率按揭贷款的例子其调整期都是一年，即每年可以调整一次利率。通常 3/1 或 5/1 浮动利率按揭贷款称为**混合利率按揭贷款**（hybrid-rate mortgage）。

● **利率上限**。利率上限是指利息变动上限额。浮动利率按揭贷款（ARM）的利率上限有两种类型：

1. **周期利率上限**（periodic cap）限定了从一个利率调整期到另一个调整期利率的最高增加额度。并非所有的 ARM 都有周期利率上限。

2. **贷款期利率上限**（lifetime cap）限定了整个贷款期利率可以增加的最高额度。按照法律，ARM 必须有贷款期利率上限。

● **还款上限**（payment cap）：还款上限限定了每个调整期可以增加的月还款最高额度。ARM 的还款上限通常不包含周期利率上限。

例 3—18 阐述了在典型 ARM 模式下如何计算月偿还额。

例 3—18

5/1 混合浮动按揭贷款方案

假设你采用 5/1 混合按揭贷款（5 年固定利率/随后每年浮动利率）的方式购买一套房子，还款期为 30 年，贷款总额为 100 000 美元。该混合贷款方案前 60 个月的固定利率为 6.02%。之后每年的贷款利率将调至以下三方案中最低者；1 年期国库券的当前利率加上 2.75%的保证金率，或者之前的利率加上年利率增加上限 2%，或者整个贷款期利率上限 11.02%。该贷款形式没有预付金。贷款人预计 5 年后的年利率如下表所示。

年份	预计 APR
1～5 年	6.02%（固定）
第 6 年	6.45%
第 7 年	6.60%
第 8 年	6.80%
第 9 年	7.15%
第 10 年	7.30%

（a）完成前 10 年的还款计划表。

（b）计算 10 年的利息总额。

解：

已知：浮动按揭贷款利率和 $N=30$ 年。

求：（a）月还款额；（b）10 年房贷的利息总额。

（a）计算月还款额。对于前 5 年，贷款额为 100 000 美元，利率为 6.02%，还款期是 30 年。为求月还款额，有 $i=6.02\%/12=0.501\,7\%$/月，$N=360$ 个月：

$$A_{1\sim 60}=100\ 000(A/P,0.501\ 7\%,360)=600.84(\text{美元})$$

第60个月月末，欠款余额就变成：

$$B_{60}=600.84(P/A,0.501\ 7\%,300)=93\ 074(\text{美元})$$

到了第6年，年利率变成了6.45%，或0.537 5%/月，但是剩余还款期就只有300个月。因此，每月所偿还的金额变为：

$$A_{60\sim 72}=93\ 074(A/P,0.537\ 5\%,300)=625.54(\text{美元})$$

经过72个还款期后，按揭贷款的欠款余额就成为：

$$B_{72}=625.54(P/A,0.537\ 5\%,288)=91\ 526(\text{美元})$$

在第7年，年利率变成6.60%，或0.550 0%/月。新的月还款额和84个月后欠款余额为：

$$A_{73\sim 84}=91\ 526(A/P,0.550\ 0\%,288)=634.03(\text{美元})$$

以及

$$B_{84}=634.03(P/A,0.550\ 0\%,276)=89\ 908(\text{美元})$$

可以以此类推计算剩余还款期内每月应偿还金额。表3—7给出了整个还款期内的详细情况。

表3—7　　5/1混合按揭贷款模式下的月还款额

	年	月	预计利率（%）	月还款额（美元）	欠款余额（美元）
固定利率	1	1～12	6.02	600.84	98 777
	2	13～24	6.02	600.84	97 477
	3	25～36	6.02	600.84	96 098
	4	37～48	6.02	600.84	94 633
	5	49～60	6.02	600.84	93 704
浮动利率	6	61～72	6.45	625.54	91 526
	7	73～84	6.60	634.03	89 908
	8	85～96	6.80	645.09	88 229
	9	97～108	7.15	664.09	86 513
	10	109～120	7.30	672.05	84 704

（b）为求10年房贷的利息总额，必须先求出10年的月还款额。由于知道了第10年年末时的欠款余额，可以很容易地求出这段期间内利息总额：

$$\begin{aligned}\text{按揭贷款的还款总额}&=60\times600.84+12\times(625.54+634.03+645.09\\&\quad+664.09+672.05)\\&=74\ 940(\text{美元})\end{aligned}$$

$$\begin{aligned}\text{利息支付额}&=\text{欠款余额}+\text{还款总额}-100\ 000\\&=84\ 704+74\ 940-100\ 000\\&=59\ 644(\text{美元})\end{aligned}$$

3.6 金融资产投资

对多数个人投资者来说，主要的金融资产投资方式有三种：股票投资、债券投资和现金投资。现金投资包括把钱存入银行账户，投入存单（CD），或者购买国债。你可以直接选择这三种方式中的任何一种，也可以通过购买共同基金间接投资，共同基金是一种把你以及他人投入的资金集中起来投资的基金形式。如果你打算对金融资产进行投资，机会将有很多。仅在美国，就有超过9 000只股票，7 500只共同基金，以及成千上万的公司和政府债券可选。本节将在金融资产框架下讨论投资基础知识，但是相同的经济概念同样适用于后面章节所研究的任何经营资产。

3.6.1 投资基础知识

如何选择最佳的投资方式取决于你的个人情况以及市场总体环境。例如，长期退休金计划的最佳投资策略相对于一个短期助学储蓄计划来说也许并不是最佳策略。在每一个案例中，正确的投资都是能够做好流动性、安全性、收益率三者之间的平衡。

- **流动性：资金是否随时可用？** 如果用来投资的这笔钱必须时刻准备好拿来应对财务吃紧情况，就需要考虑它的流动性了。这笔钱是否容易套现？货币市场基金和银行储蓄账户的流动性都很大；短期的其他投资例如存单也是如此。然而，假如你要长期投资，流动性就不是关键问题了。你关心的应该是增长性。通常普通股票以及股票共同基金属于增长性投资。
- **风险：资金是否安全？** 风险就是投资可能赚钱也可能亏损。对多数投资者来说，最大的风险就是赔钱，所以他们设法找寻自认为安全的投资方式。通常，这意味着把钱存入银行或购买国库券，因为这些投资具有保障或无违约风险。但同样重要的是，风险也包含了投资收益增长无法抵消通货膨胀的情况，即逐渐增加的生活成本。此外还有经济形势等的额外风险，但是，最大的风险是根本不投资。
- **收益：投资的期望收益是多少？** 安全的投资方式通常收益确定但有限。高风险的投资方式既有机会赚大钱也可能亏损得厉害。无论是风险还是收益都依赖于时间。一方面，随时间推移，低回报的投资方式因通货膨胀的压力风险变得更高，另一方面，高风险的投资方式收益随时间推移更稳定且更易预测，从而降低了预期风险水平。

3.6.2 如何确定期望收益

收益是通过投资获得的额外资金。收益是金融资产投资相互比较及与总体投资效益关系的一种评价基准关系。下面将介绍如何计算收益率。

基本概念

从概念上讲，任何一笔投资的实际期望收益率都是一个反映以下三者的函数：（1）无风险投资的实际收益；（2）通货膨胀系数；（3）风险报酬。

假定你打算投资股票。首先，你会因持有股票期间的资金占用希望获得补偿。

其次，你的投资收益应足够弥补投资期间货币购买力的下降；最后，因为要承担资金不能收回或贬值的风险，所以你会要求额外报酬。

例如，你打算投资1 000美元的1年期无风险国库券，预期实际收益率大约是2%。风险报酬是0。也许你会觉得2%听起来不多，然而，你还要加上通货膨胀贴水。如果预期投资期内通货膨胀率是4%，则要求收益率就是6%（2%（实际收益率）+4%（通货膨胀系数）+0（风险报酬率））。下面以表格形式表示这种情况：

实际收益率	2%
通货膨胀率（购买力下降）	4%
风险报酬率（国库券）	0
总期望收益率	6%

那风险投资的收益率情况又如何呢？以谷歌股票为例，由于你认为这是一只波动比较大的股票，所以会把风险报酬提高到20%，如下所示：

实际收益率	2%
通货膨胀率（购买力下降）	4%
风险报酬率（Google. com）	20%
总期望收益率	26%

除非你对这只股票达到26%的年增长率很有信心，否则你不会把钱投资于谷歌公司。此外，20%的风险报酬是因人而异的主观上的估值。

随时间变化的投资收益

如果投入1 000美元最终收回2 000美元，这笔资金的收益就是1 000美元，即收益率为100%。如果这笔资金收回1 500美元，收益就是500美元，收益率为50%。但是，除非把这些投资全部置于同一投资期内进行比较，否则无法确定哪种投资方式更好。为了进行一种投资方式与其他投资方式的收益比较，需要采用**年复利收益**（compound annual return），即反映每笔投资年收益额的平均百分比。例如，你花15美元/股买入某只股票，以20美元/股的价格卖出，则每股利润是5美元。如果这笔交易是在一年内完成的，那么年收益率就是33.33%。如果是在5年内完成的，年收益率（按复利计算）就近似5.92%，因为用了5年才获得这些利润。用以下等值公式可以求得i：

$$20=15(1+i)^5$$
$$i=5.92\%$$

然而，计算投资组合的收益并不总是这么简单，有以下几个原因：

1. 投资额是变化的。对于大多数投资组合来说，随着资金的投入和撤出，投资额是变化的。

2. 计算收益的方法有很多。例如，效益会有变化，按照算术平均还是复利计算，同一只股票的投资收益率的计算结果差别很大。例3—19中将会说明这种情况。

3. 投资期也会变化，何时投资或者套现对于整个收益的计算也会有很大影响。

例 3—19

平均收益与复利收益的计算

某1 000美元投资，其3年内的绩效有以下6种不同的情形。计算各种情形的平均收益与复利收益。

投资期	年投资收益率					
	情形1	情形2	情形3	情形4	情形5	情形6
1年	9%	5%	0	0	−1%	−5%
2年	9%	10%	7%	0	−1%	−8%
3年	9%	12%	20%	27%	29%	40%

解：

已知：3年内每年的投资收益数据。

求：复利收益率和平均收益率。

以情形6为例，说明1 000美元的投资收益计算过程。在第1年年末，所投资本价值跌到950美元；在第2年年末，又跌到了950×(1−0.08)=874美元；而在第3年年末涨到874×(1+0.40)=1 223.60美元。该投资情形相当于询问"初始投资额为1 000美元，年利率是多少的时候这笔资金3年后能涨到1 223.60美元?"可以用以下等式来计算该等值问题：

$$1\,223.60=1\,000(1+i)^3$$

$$i=6.96\%$$

如果要根据年平均收益率评价该投资效果，则有

$$i=\frac{-5\%-8\%+40\%}{3}=9\%$$

计算其他投资情形时，会发现虽然6种情形的平均收益率相同，但复利收益率为6.96%~9%不等。

	复利收益率和平均收益率对比					
	情形1	情形2	情形3	情形4	情形5	情形6
平均收益率	9%	9%	9%	9%	9%	9%
第3年年末余额(美元)	1 295	1 294	1 284	1 270	1 264	1 224
复利收益率	9.00%	8.96%	8.69%	8.29%	8.13%	6.96%

接着又有问题了，"它们确实是一样吗?"当然不是。情形1中赚钱最多，复利收益率也最高。年平均收益率容易计算，但它忽略了货币具有时间价值这一基本准则。也就是说，仅从年平均收益率角度评价，我们会觉得这6种情形都一样，但实际上这6种投资情形在第3年年末到手的资金总额并不相等。虽然在比较不同投资方案的年投资收益时，年平均收益率被广泛使用，但在比较整个投资期的效益时，采用年平均收益率作为评价指标并不恰当。

评注：可以以金融出版物广泛报道的标准指数和平均指数为基准来评估投资组合的效益。如果持有的是股票，可以采用道琼斯工业平均指数（DJIA）来评价，这或许是世

界上最广为人知的股市投资绩效指标之一。如果持有的是债券，可以根据持有债券类型（公司、政府或者代理债券）确定一个相应的指数。如果是现金投资，可以关注国库券、定期存款等类似投资方式的利率变化。另外，共同基金的总收益数据是定期报告的。可以通过对比这些数据评价投资效益。评估收益时另一个需要考虑的因素是当前的通货膨胀率。当然，如果想要投资有实质性的收益，收益率应高于通货膨胀率。

3.6.3 债券投资

债券是一种投资者向公司或者政府发放的贷款。如图3—22所示，借款人获得现金，而贷款人取得利息。在美国人的各种投资方式中，债券的比例高于股票、共同基金或者其他任何证券类的投资。债券之所以如此受欢迎，主要原因之一是债券定期支付一定数额的利息。这也是它们被称为固定收益证券的理由。另一个原因是发行方承诺按期足额还款。

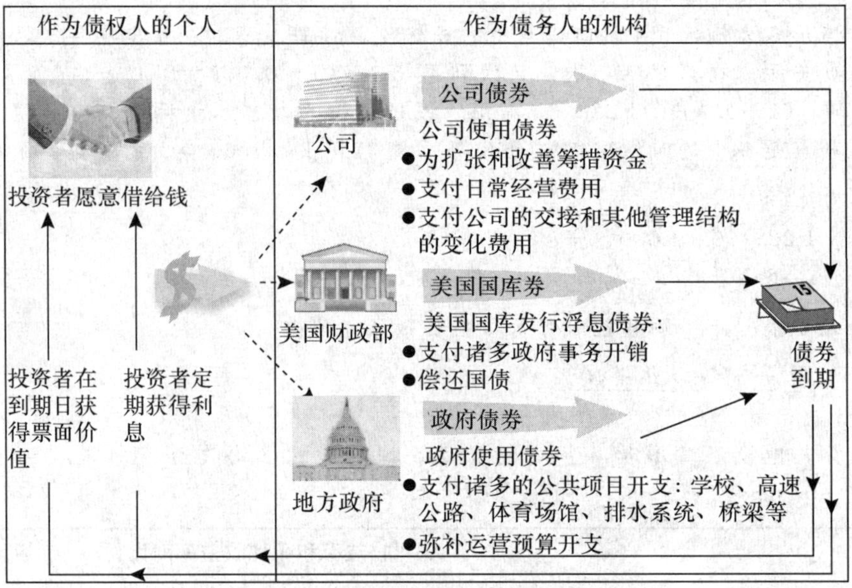

图3—22 债券的种类以及如何在金融市场发行

资料来源：Kenneth M. Morris and Alan M. Stegel，*The Wall Street Guide to Understanding Money and Investing*，© 1993 by Lightbulb Press，Inc.

债券与贷款的比较

债券与贷款是类似的。例如，假设你借出1 000美元，年利率为7%，贷款期10年。转译为债券术语就是：你不是放贷，而是购买了债券，本金1 000美元称为**票面价值**（face value），年利息称为**票息**（coupon），而10年的贷款期就叫做**债券的到期期限**（maturity）。如果以票面价值购买一只债券，并等到到期日，就能获得按票面利率计算的利息。例如，你买了一只到期期限为20年，票面价值是1 000美元的债券，票面利率为8%，那么20年里你每年能获得80美元的利息。投资的收益率是8%，同时可以赎回1 000美元本金。你也可以在发行日过后通过经纪人买卖债券。这被称为**二级市场**（secondary market）。在市场中，价格是波动的，有时候债券的价格会高于票面价格——溢价出售（溢价债券），而有时候会低于票面价值——折价出售。价格的变化与债券利率息息相关。如果债券利率高于同类债券，购买者就乐于花更多的钱以获取高利息。如果债券利率较低，出售者就以低价格来吸引购买者。然而，价格高了，收益就低了，反之亦然。

债券的种类

你可以选择适合理财需要的不同类型的债券——可以是投资助学基金，寻找免税收入，或者其他投资机会。所以，了解不同种类债券如何运作是很重要的。金融市场上有以下几种类型的债券可选。

- **公司债券**。债券是公司借款的主要来源。债券由公司的信用作担保，公司具体的资产，如不动产或设备，也可能会用做担保。

- **政府债券**。州和地方政府发行债券来为许多不能依靠税收提供资金的项目筹集资金。一般责任债券是由发行方的全部信用作担保的，收益债券由所资助的特定项目的所得作担保。

- **中长期国库券**。美国财政部门每年都会发行国库券来为一系列政府活动筹资，包括偿还国债。中期（2～10年）以及长期（10～30年）的政府债券是政府集资的主要来源。

- **短期国库券**。短期国库券是货币市场中份额最大的。它的买卖周期较短（13～52周）。投资者把短期国库券作为现金储蓄的一部分或作为过渡性存款方式。其利息是购买价格与到期金额之差。

- **零息债券**。公司和政府以较低的折现后的价格发售零息债券。投资购买者并不能获得利息，而是在到期时获得该债券的全价金额。从这种意义上讲，零息债券与过去一些储蓄债券类似，以37.5美元购买过去的储蓄债券，在7年后到期时可以获得50美元。

一些组织喜欢发放零息债券，因为它们可以不用支付利息就能连续使用贷款。投资者青睐零息债券，因为他们可以用同样多的钱购买更多的债券，然后在到期时兑现用于预期开支。

- **可赎回债券**。可赎回债券并不到期才兑付。债券发行方有权在到期日前某个特定的时间选择赎回债券。债券发行方会在利率下降的时候选择赎回，这样就能减少负债。如果他们赎回了债券，就可以再按照较低利率重新发行债券。这就和通过抵押再融资以获得较低利率从而减少每月还款额一个道理。可赎回债券对于投资者来说比不可赎回债券风险更高，因为投资者经常会面临发行方以更低的利率重新发放债券。为了保护希望长期稳定收入的债券投资者，赎回条款通常明确规定债券在一定年限内不能赎回债券，通常为5年或10年。

- **浮息债券**。这类债券承诺随市场利率变动定期调整利率，向投资者说明他们并不是把资金套牢在没有吸引力的低利率投资品种上。

根据美国宪法，任何类型的政府债券都必须包含减税优惠。因为联邦及地方政府无权干涉对方内政，地方政府债券收入免收联邦税，长期国库债券的收入免收地方税。

了解债券价格

公司债券是以1 000美元的票面价值为基本单位，以债券票面价值的百分比或者百分点的增量和1/8个百分点来报价的。每个点数价值10美元，1/8就是1.25美元。例如一个定价86 $\frac{1}{2}$的债券价格就是865美元（或票面价值的86.5%），而一个标价100 $\frac{3}{4}$的债券价格就是1 007.50美元。国库券以$\frac{1}{32}$而不是1%为一个点数。

每$\frac{1}{32}$等于 31.25 美分，在标价时通常会把小数部分省略。例如，如果一个债券报价为 100.2$\left(或 100+\frac{2}{32}\right)$，价格其实是 1 000.62 美元。

债券的安全性

债券被看作保守投资方式，但这并不意味着债券就总是安全的，持有和交易债券也存在风险，下面就列举一些风险来源：

- 首先，并不是所有的债券都会偿还的，公司、城市甚至州县都有破产的可能。只有联邦政府的债券才被认为是万无一失的。
- 其次，风险还来源于债券可能被提前赎回。当然这总比债券到期无法兑付的好。因为债券被提前赎回，迫使你去物色其他的或许收益更低的投资方式。
- 然而，买卖债券最大的风险还是来自通货膨胀率的提高。虽然获取的美元总额不会改变，但是货币的实际价值可能会因通货膨胀而下降。更糟的是，因为把钱套在债券中，在通货膨胀的经济环境下，无法再获得高利率了。现在你知道为什么债券投资者会为充分就业和经济强劲增长这类头条新闻不安了吧，因为这些典型的通货膨胀信号暗示了他们的投资利益将会受损。

价格和收益的运作方式

人们可以像买卖股票一样在市场上进行债券交易。一旦购买了债券，也许就要一直持有至到期日或在卖出之前持有一段时间。购买、出售价格取决于经济形势，而不一定等于票面价格。此外，债券价格会因利息或票面价值未付的风险、供求关系、经济前景等因素而随时变化。这些因素都影响了债券的**到期收益**（yield to maturity）或者叫做**投资回报**（return on investment）。

- **到期收益**（yield to maturity）代表了持有债券到期时可获得的实际利息。也就是说，债券到期收益率是在未来全部利息、票面价值赎回收入、债券市场价格之间建立等值关系的利率。
- **当期收益**（current yield）就是债券每年可获得的利息，用当前市场价格的百分比表示。当期收益显示了债券投资的年回报情况。为了更清楚地阐述，我们用算例做简要的说明。
- 债券的报价有一些特殊的惯例。举例来说，一张票面价格为 1 000 美元（IBM公司发行）的债券，交易时间为 2009 年 9 月 26 日。

价格：	1 264.2 美元
票面利率（%）：	8.375
到期日：	2009 年 11 月 1 日
到期收益率（%）：	5.078
当期收益率（%）：	6.624
债务评级：	A
派息频率：	半年
首个派息日：	1990 年 5 月 1 日
类型：	公司
行业：	信息/计算机

- 按照票面价值的百分比给出定价，最后一位小数采用八进制而不是十进制。以上面列举的债券为例，虽然票面价格为 1 000 美元，但卖价已经升至 1 264.2 美元（或 126.42%）。也就是说，发行时按照票面价格买进的投资者，现在卖出就能

获得 26.42%的溢价。

● 票面价格的溢价可用债券票面利率 8.375%，而当期收益率为 6.624%来解释。只要债券卖出的价格高于票面价格，当期收益率就一定比票面利率低。

● 票面利率为 8.375%，每半年付息一次，意味着每 6 个月就能收到 83.75/2=41.88 美元。

● 债券评级系统帮助投资者确定公司信用风险。可把债券评级看作公司信用等级评价的反映。蓝筹股是一种比较安全的投资，信用等级高；而风险高的公司，信用等级较低。表 3—8 是美国三个主要的评级机构穆迪（Moody's）、标普（S&P）和惠誉（Fitch）给出的不同债券信用等级。

表 3—8　　根据金融风险评定的债券评级类型

债券评级			
穆迪	标普/惠誉	级别	风险
Aaa	AAA	投资级	最高质量
Aa	AA	投资级	高质量
A	A	投资级	强
Baa	BBB	投资级	中级
Ba，B	BB，B	垃圾级	投机
Caa/Ca/C	CCC/CC/C	垃圾级	高度投机
C	D	垃圾级	不投资

● 注意，如果公司的信用评级低于一定等级，该公司就会由投资级变为垃圾级。垃圾债券名副其实——是或多或少陷入某种财务困境的公司债。正因为垃圾债券存在高风险，所以其要求收益高于其他类型债券。这表明并非所有的债券都比股票安全。有些类型的债券至少和股票风险相当，甚至风险更大。

● 如果你按照票面价格购买了一只债券，其收益率就是票面利率。然而，只要扫一眼债券报价（如前述所列）就能发现，债券一经发行，鲜有按票面价格出售的，那么这种情况下收益是多少呢？本例中，如果你以 1 264.20 美元购入债券，则需要知道两点：首先，你实际持有了一只票面利率为 8.375%的债券；其次，83.75 美元是 1 264.20 美元的 6.624%。（票面利率根据当期价格调整后，就是债券的当期收益率。）虽然你现在花了 1 264.20 美元，但是到 2019 年仍然只能按照票面价格获得 1 000 美元。

例 3—20 就说明了计算新发行债券的到期收益和当期收益时，不仅要考虑购买价格，还要考虑资本收益。

例 3—20

到期收益和当期收益

假设以市场价 996.25 美元购买了票面价值 1 000 美元的公司债券（Delta 公司），每半年付息一次，半年利率为 4.812 5%，10 年共 20 个付息期。图 3—23 给出了由此产生的现金流量。求：(a) 到期收益；(b) 当期收益。

解题思路：

● **公司债券**（debenture）：Delta 公司计划发行总计 1 亿美元的债券，以特定财产作担保，比如建筑物。

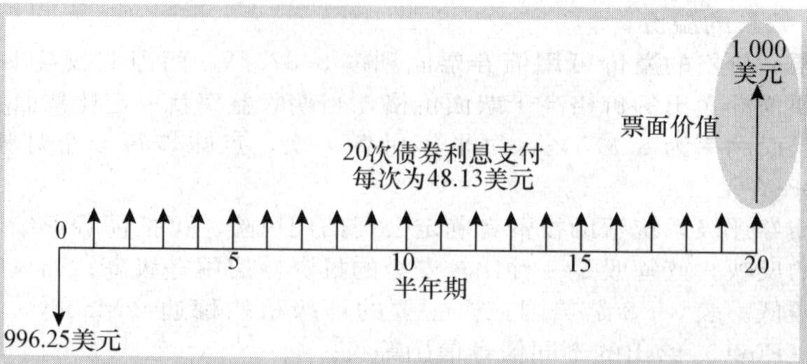

图 3—23　Delta 公司债券投资的典型现金流量图

- **票面价值**（par value）：Delta 公司债券票面价值为 1 000 美元。
- **到期日**（maturity date）：Delta 公司债券于 2006 年 1 月 30 日发售，2016 年 1 月 31 日到期。因此到期期限为 10 年。
- **票面利率**（coupon rate）：Delta 公司债券的票面利率为 2×4.812 5%=9.625%，每半年付息一次。例如，票面价值为 1 000 美元，按照单利利率 9.65%，公司每年支付 96.25 美元（或者每半年支付 48.13 美元）。
- **折价债券**（discount bond）：以原价的 99.625%出售，也就是折扣为 0.375%，Delta 公司债券出售价格低于票面价格。

解：

已知：初始购买价=996.25 美元，票面利率=9.625%/年，每半年付息一次，10 年后到期，票面价格为 1 000 美元。

求：(a) 到期收益率；(b) 当期收益率。

(a) 到期收益率。

通过确定使现值等于债券市值的利率来求到期收益率：

$$996.25=48.13(P/A,i,20)+1\,000(P/F,i,20)$$

使现值与 996.25 美元相等的利率 i 的值介于 4.5%～5%之间。我们可以用线性内插法求到期收益率，但是用 Excel 中的单变量求解函数更容易求解。如图 3—24 所示，求得 $i=4.842\,2\%$。

注意，这个 4.842 2%是每半年的到期收益率。名义（年）收益率是 2×4.842 2%=9.684 4%，每半年复利计息一次。与票面利率 $9\frac{5}{8}\%$（或 9.625%）相比，即打了 9.625 折后购买的债券获得了 0.059 4%的额外收益。则年有效利率是

$$i_a=(1+0.048\,422)^2-1=9.92\%$$

9.92%表示债券到期时的**年实际收益率**（effective annual yield）。要注意的是当你以票面价格买卖债券的时候，到期收益率等于债券的票面利率。

到目前为止，我们已经了解了因复利计算次数不同而导致的名义利率和有效利率的差别。但是在债券中，产生这种差别的原因就不一样了：债券的票面价格与出售价格不相同。通常名义利率用票面价值的百分比表示。然而，当债券折价出售时，实际投资额少于面值，但获得的利息相同，因此债券的有效利率就比名义利率高了。

(b) 当期收益率。

仍以 Delta 公司债券为例，计算当期收益率：

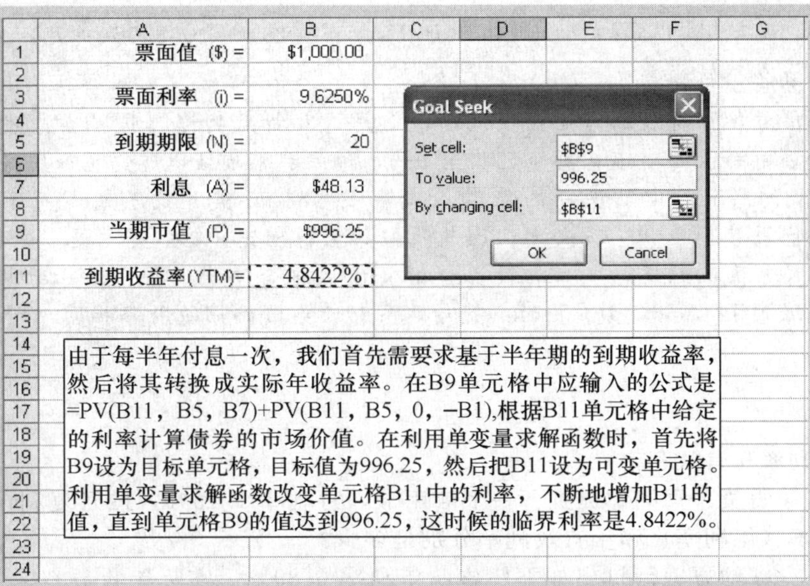

图 3—24　用 Excel 中的单变量求解函数求 Delta 公司债券的到期收益率

$\frac{48.13}{996.25}=4.83\%$/半年

$4.83\%\times 2=9.66\%$/年（名义当期收益）

$i_a=(1+0.048\,3)^2-1=9.90\%$

与刚计算过的到期收益率 9.92%相比，这个当期有效收益率低了 0.02%。如果债券折价出售，当期收益率低于到期收益率。如果债券溢价出售，当期收益率高于到期收益率。由于债券的市价会高于或低于票面价格，因此到期收益率与当期收益率可能存在显著的差异。此外，无论是当期收益率还是到期收益率都可能与票面利率差别较大。

例 3—21

随时间变化的债券价值

以例 3—20 中所举的 Delta 公司债券为例。(a) 如果到期收益率仍维持在 9.68%，那么购买债券一年后债券的价值是多少呢？(b) 如果市场利率一年后降至 9%，债券的市价是多少？

解：

已知：数据同例 3—20。

求：(a) 购买债券一年后债券的价值；(b) 市场利率一年后降至 9%时债券的市价。

(a) 我们可以按与例 3—20 同样的计算步骤求债券一年后的价格，但在这里，到期期限只有 9 年。

$$48.13(P/A,4.84\%,18)+1\,000(P/F,4.84\%,18)=996.80(\text{美元})$$

只要 9 年间到期收益率保持在 9.68%，债券的价格就保持在 996.80 美元。

(b) 假设市场利率在 Delta 公司债券发行之后降到了 9%。无论是付息还是到期价值都保持不变，但是必须以 9%来计算债券的价值。债券一年后的价值就是

$$48.13(P/A,4.5\%,18)+1\,000(P/F,4.5\%,18)=1\,038.06\text{(美元)}$$

因此债券将溢价出售。

评注： 债券价格增长的算法应很清楚，但是计算背后的逻辑是什么？我们可以对增值原因作如下解释：因为市场利率已降至9%，如果我们有1 000美元可用来做投资，我们可以以9%的票面利率购买新的债券。每年可得到90美元的利息，而不是96.25美元。当然我们更希望是96.25美元。因此我们希望付出比1 000美元更多的钱购买Delta的债券以获得更高的票息。所有的投资者都会承认这个事实。于是Delta的债券价格就会抬高，当涨到了1 038.06美元时，就与购买新债券的到期收益率相同，即9%。

习 题

* 名义利率和有效利率

3.1 一家百货公司向你提供了一张信用卡，月利率1.15%，按月复利计息。该信用卡的名义利率（年利率）和年有效利率分别是多少？

※3.2 一家地方银行打出如下广告：年利率6.89%，实际年收益率7.128%。广告中没有给出计息周期。你能给出该银行的复利计算方案吗？

3.3 A银行提供的年名义利率为7%，按日计息，B银行提供的年名义利率为6.9%，连续复利计息。如果你在两家银行各存入3 000美元，两年后两个银行账户上的差额为多少？

* 一年多次复利计息

3.4 利率为6%，连续复利计息，如果想在5年后得到5 000美元，现在应存入多少钱？

※3.5 现在投资15 000美元，年利率6%，按日复利计息，12年后的将来值是多少？

3.6 年利率为6%，分别按以下周期复利计息，几年后资金总额能够变为初始投资额的3倍？(a) 按季复利；(b) 按月复利；(c) 连续复利。

3.7 一个等额支付系列，每季度末存入1 000美元，年利率12%，按月复利，计算该支付系列第3年年末的终值，以下计算等式哪个是正确的？

(a) $F=4(1\,000)(F/A,12\%,3)$

(b) $F=1\,000(F/A,3\%,12)$

(c) $F=1\,000(F/A,1\%,12)$

(d) $F=1\,000(F/A,3.03\%,12)$

3.8 如果年利率为7.9%，连续复利计息，贷款额10 000美元，还款期5年，按季度等额还款，则每次还款额为多少？

3.9 一个为期3年的等额支付系列，按季度支付，每次支付3 500美元，年利率6.88%，连续复利，该支付系列的现值是多少？

3.10 在每天早晨去单位的路上你有喝一杯星巴克咖啡（3.5美元一杯）的习惯。如果你把这笔钱存入银行，那么30年后你将得到多少钱？假设年利率5%，按日复利计算，而且假设包括周末你每天都会喝一杯咖啡。

※3.11 米歇尔（Michelle）打算购买 辆25 000美元的汽车，如果分60个月分期付款，则每月需偿还489.15美元，该还款计划的实际利率是多少？

※3.12 一笔购车贷款金额为15 000美元，分42个月偿还，每月月末偿还409.61美元，则该还款计划的名义利率是多少？

※**3.13**　一个人计划25年后退休，他打算每季度存入固定的一笔钱，以使从退休后第一年开始连续15年每年都能够领到80 000美元退休金，年利率为6%，按季度复利计息。那么他每季度应存入多少钱？

3.14　一栋房子标价125 000美元，如果首付为25 000美元，之后每月还款1 200美元，年利率9%，按月复利计息，则需多少个月才能还完余额？

3.15　帕特里夏（Patricia）因为丈夫的死亡从保险公司获赔500 000美元。帕特里夏想要把这笔钱存入银行，年利率为5%，按月复利，然后她想要在接下来的10年每月取出一定金额，使账户余额在第10年年末为零，那么她每月应取出多少钱？

3.16　黛比（Debbie Weissinger）有一家旅行社，她买了一套旧房子用作办公室。她发现房子的天花板隔热效果很差。她估计，如果加上一层6英寸的塑料泡沫，每月将减少取暖费开支50美元，空调费开支35美元。假设6～8月份为夏季，12～2月份为冬季，春秋季不需要暖气或空调。如果她决定更新隔热材料，将在5月份完工，年利率为6%，按月复利，打算持有该栋房子5年，那么她可以花在更新隔热材料上的钱为多少？

* 连续支付，连续复利

3.17　一家生产环氧树脂的小型化学公司预计其产量按如下关系式以指数方式下降

$y_t=5e^{-0.25t}$

式中，y_t是在t时的生产率，同时预计单价以如下速率随时间线性增长：

$u_t=55(1+0.09t)$

年利率为12%，连续复利计息，那么从$t=0$到$t=20$销售额现值的表达式是什么？

* 浮动利率

3.18　现金流交易及利率变动情况如图3—25所示，计算：(a) 该现金流量系列的等值现值是多少？（即为了在第1年年末得到300美元，第2年年末得到300美元，第3年年末得到500美元，第4年年末得到500美元，现在需一次性存入多少钱？）(b) 将各年不同的年利率换算成4年内同一年有效利率。

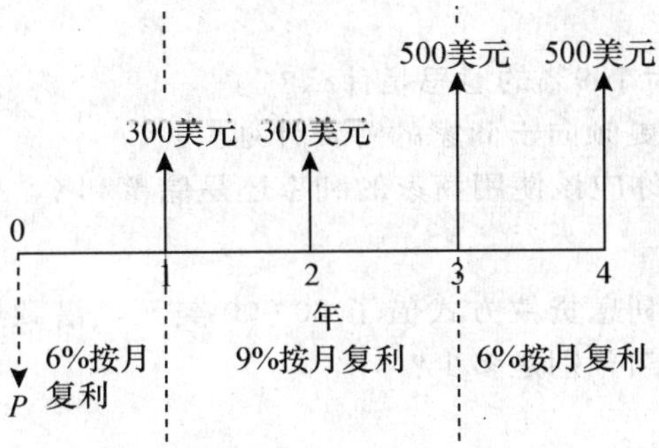

图3—25

3.19　假设现在投资1 000美元，年利率为6%，连续复利计息，第2年年利率为8%。那么两年后的资金总额为多少？

* 分期抵押贷款

※**3.20**　一笔购车贷款为25 000美元，名义利率为6%，按月复利，还款期60个月，每月月末还款483.32美元。完成表3—9中前6笔支付。

表 3—9　　单位：美元

月末	利息支付额	本金偿还额	欠款余额
1			24 641.68
2			
3		361.91	
4	119.60		
5	117.78		
6			22 823.03

※**3.21**　克雷·哈登（Clay Harden）从银行借了25 000美元，年利率9%，按月复利，分36个月等额偿还，还款期3年。在第20次还款后，他计划一次性付清剩余贷款，计算应偿还额。

3.22　房屋抵押贷款通常加点以避免利率超过法律限定，或者是为了和其他贷款人竞争。例如，一笔点数为2的贷款，贷款人每借出100美元实际只借出98美元。借方只借到98美元，却要按照借到100美元偿还本息。假设你收到130 000美元贷款，还款期30年，每个月末偿还，按月复利，年利率9%，点数为3，那么该房屋抵押贷款的实际利率是多少？

3.23　你打算在你的干洗店周围买下一块地以方便顾客停车。为了得到这块地你需要借款50 000美元。你已经和一家当地银行签订协议，还款期为5年，每年年末依次偿还本金的15%，20%，25%，30%和35%。

(a) 贷款年利率为多少？

(b) 5年应付利息总额为多少？

3.24　考虑下述两个购车方案：

方案A：以26 200美元的标价购车，分3年按月偿还，APR为1.9%。

方案B：以折扣价24 048美元购车，立即一次性付清，用于购车的钱现在可赚取年利率为5%，按月支付利息。

(a) 商家所给APR为1.9%的意思是什么？

(b) 在什么情况下你更倾向于商家的筹资计划？

(c) 比较两个方案时你应该使用商家的利率还是储蓄利率？

* 附加利息贷款

3.25　如果你以附加利息贷款方式借了20 000美元，借款期5年，利率18%，则每月应付利息和应付利息总额分别是多少？

* 变动偿还贷款

3.26　凯西·史东华尔（Kathy Stonewall）买了一辆价值15 458美元的汽车。经销商的筹资方案为从当地银行取得贷款，年利率11.5%，按月复利。经销商要求首付比例为10%，分60个月等额偿还。因为利率很高，凯西询问了信用社，得知信用社为购买新车提供的贷款的年利率为9.8%，二手车贷款年利率为10.5%。但是为了符合贷款条件，凯西必须是信用社的会员，会员期至少为6个月。她两个月前已经成为会员，所以必须再等4个月才能取得贷款资格。因此她决定先按照经销商的筹资方案取得贷款，4个月后再以10.5%的利率从信用合作社取得剩余贷款。

(a) 计算支付给经销商的月偿还额。

（b）计算支付给信用合作社的月偿还额。

（c）每种贷款的利息总额为多少？

＊浮动利率贷款

3.27　你借了120 000美元，还款期30年，APR为9%，每5年变动一次利率。

（a）最初每月偿还额为多少？

（b）如果第5年年末贷款人利率变为9.75%（APR），则每月偿还额应为多少？

＊债券投资

※**3.28**　一种债券票面价格为1 000美元，利率9.50%，每半年付息一次，以1 010美元的价格购入。如果在3年后卖出该股票，为达到10%的收益率则卖出价格应为多少？

※**3.29**　假设一种债券的票面利率为15%，票面价格1 000美元，12年到期，每半年付息一次，卖价1 298.68美元。如果你购买了该债券，则到期收益率为多少？

3.30　某电影公司的债券还有4年到期，每年付息一次，票面价值为1 000美元，票面利率8.75%。

（a）如果当期价格为1 108美元，到期收益率为多少？

（b）如果你认为市场利率为9.5%，你愿意花935美元购买它吗？

[注释]

[1] Chan S. Park and Gunter P. Sharp-Bette，*Advanced Engineering Economics*. New York：John Wiley & Sons，1990.（Reprinted by permission of John Wiley & Sons，Inc.）

第2篇
企业和项目资产的投资评价

第4章

现值分析

学习目标

通过本章学习，应该掌握以下概念：

- 公司如何筛选潜在投资机会。
- 公司如何通过考虑货币的时间价值来评估投资项目的盈利能力。
- 公司如何比较互斥投资机会。

在第 2 章和第 3 章中，本书阐述了货币时间价值的概念，并介绍了利用复利系数建立现金流量等值的方法。通过对项目可接受性进行经济评价，这些概念和方法为判断是否进行资本投资提供了依据。本章将要介绍的投资价值将使读者不仅能够判断是否应该接受或拒绝项目投资，还能够对备选方案进行比较。本章将介绍如何在同一基础上比较不同方案并选择经济上的最优方案。

基于现金流量等值的方法通常有三种：（1）现值法（equivalent present worth，PW）；（2）将来值法（equivalent future worth，FW）；（3）年值法（equivalent annual worth，AE）。现值法是根据未来现金流量的盈利机会，衡量其在“现在”时点的价值。将来值法是衡量研究期末现金流量的价值，考虑了研究期内所有现金流量的盈利机会。年值法是衡量以年度为支付周期的等额现金流量的价值。

本书将分 3 章对投资价值评价方法进行介绍。第 4 章首先介绍投资回收期，这是对项目进行初步筛选的工具，是用来评价投资项目的第一个正式方法。然后介绍两种基于现金流量等值的方法：现值分析法和将来值分析法。由于年值分析法常用于单位成本估算，本书将在第 5 章对此进行介绍。第 6 章将介绍基于收益的投资价值衡量方法，即投资收益率分析法。

必须认识到在资本预算中最重要的一步是相关现金流量的预估。但是对于本章以及第5章和第6章中所有的例子，净现金流量可以视作税前价值或者已预先计算了税金影响的税后价值。由于一些组织（比如政府和非营利组织）不需纳税，税前角度为这类项目的经济评价提供了基础。税后角度使得项目评价者可以集中精力关注其关心的主要领域：投资项目的经济评价。本书将在第9章中介绍确定税后净现金流量的方法。

4.1 描述项目现金流量

在第1章中，本书介绍了很多工程经济决策问题，但并未提出解决方案。此类问题有何共同点？答案是它们都涉及两种不同类型的资金。一种是通常在项目开始时一次支付的投资。虽然不是字面意义上的“现在”，但为了便于分析，通常将进行投资的特定时刻称作“现在”，或者时点0。另一种是收益现金流量系列，预期由投资在未来几年内产生。

4.1.1 贷款与项目现金流量

固定资产投资类似于银行通过贷款进行投资。这两类投资的基本特征都是现在投入资金并期待未来获得回报。对于银行贷款，未来收益是利息和本金的形式，即**贷款现金流量**（loan cash flow）。对于固定资产投资，未来收益是固定资产生产性运营所产生的现金的形式。如图4—1所示，将来的收益，以及资本支出和每年开支（如工资、原材料、运营成本、维修成本和所得税）构成了**项目现金流量**（project cash flow）。根据两者的相似性，可以得到一个重要结论：可以利用第2章所述的等值方法来衡量经济价值。例4—1说明了获得项目现金流量的典型步骤。

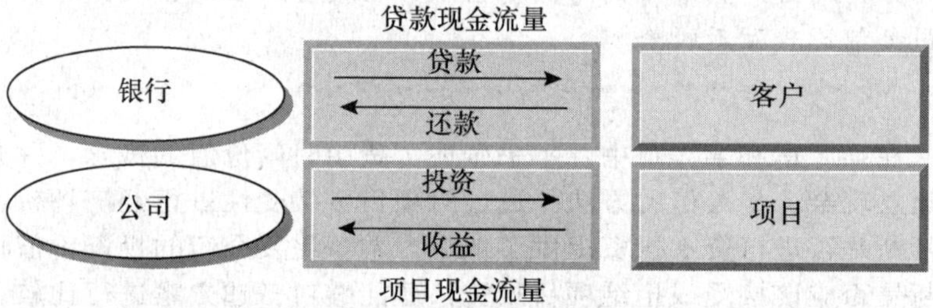

图4—1 银行贷款与投资项目

例4—1

确定项目的现金流量

XL化学公司计划在其一工厂中安装计算机过程控制系统。该厂计划利用每年40%的时间，或者3 500小时的运营时间来生产某种专用化学破乳剂。剩下的60%的时间，用来生产其他特种化学品。化学破乳剂年生产能力为30 000千克，每千克售价15美元。该计算机过程控制系统耗资65万美元，预计可为破乳剂生产提供如下效益：

● 首先，由于能够使产品具有更高的纯度，提高破乳作用，因此售价每千克提高2美元。

● 其次，由于在不增加原材料和生产时间的情况下生产效率提高，因此年产量增加4 000千克产量。

● 最后，每班可以减少一个操作员，从而每小时节省25美元。

该控制系统使得每年维护费用增加53 000美元，预计使用寿命为8年。尽管该系统在该工厂其他产品生产过程中提供类似收益，但尚未得到量化。每年净现金流量是多少？

解：

已知：生产成本和收益数据。

求：新系统寿命期内年净现金流量。

尽管我们可以假设其他产品从新系统中获得的收益与破乳剂类似，但我们只考虑破乳剂的情况并认为该系统全部初始投资和年维护费用都与该产品有关。（注意，从逻辑上说，只有40%的费用与该产品有关。）总效益是由售价和产量的提高而增加的收入，以及操作人员减少而节省的成本构成：

● 价格提高的收入为30 000千克/年×2美元/千克，即每年60 000美元。在新的价格下生产能力提高所增加的收入为4 000千克/年×17美元/千克，即每年68 000美元。

● 减少一个操作员使每年成本减少3 500小时×25美元/小时，或者每年87 500美元。

● 在这8年中每年新系统产生的净效益为总效益减去维护费用：(60 000+68 000+87 500−53 000)=162 500美元/年。

汇总各项得到现金流量表如下：

单位：美元

年份	现金流入（效益）	现金流出（费用）	净现金流量
0	0	650 000	−650 000
1	215 500	53 000	162 500
2	215 500	53 000	162 500
⋮	⋮	⋮	⋮
8	215 500	53 000	162 500

评注：如果公司现在以650 000美元购买该计算机过程控制系统，预计在未来8年每年可节省162 500美元（注意费用节省发生在每年年末）。我们同样只考虑与破乳剂生产相关的效益。我们本可以把该厂其他产品产生的效益量化。假设仅破乳剂生产的效益就能表明新系统值得购买，显然，如果将新系统为其他产品生产带来的效益考虑在内，新系统的购置投资更加值得。

如图4—2所示绘制相关现金流量表。假设节省的成本和现金流量都估计正确，那么是否应该安装新系统？如果管理层决定不购买该新系统，那么应该怎样处理这650 000美元（假设资金开始就已经到位）？公司可以用这笔资金购买国债，或者投入其他减少成本的项目中去。公司应该如何比较这些时间和金额都不同的备选方案的现金流量？这是一个非常重要的问题，因为几乎所有工程投资决策都涉及方案比较的问题。本章的目的就是解决这类问题。

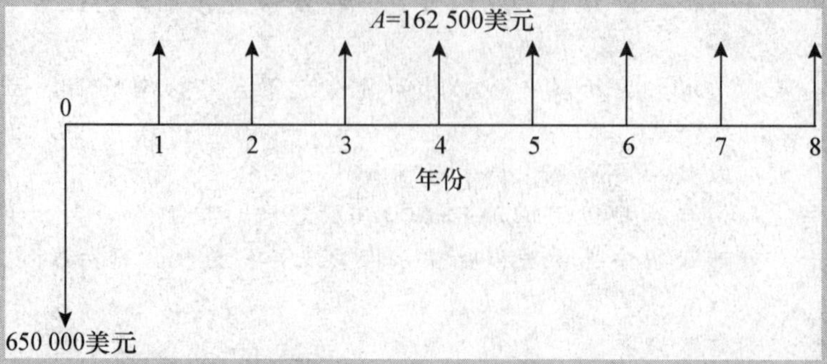

图 4—2　例 4—1 中所述计算机过程控制系统的现金流量图

4.1.2　独立投资项目和互斥投资项目

大多数公司都拥有一些并不相关的投资机会。例如，对于 XL 化学公司，除了例 4—1 中所述计算机过程控制系统，还有建新的余热回收锅炉、工程部门的 CAD 系统和建新仓库等其他项目。每个项目的经济效益都是可以衡量的，而且接受项目与否与其他项目无关。换言之，对任意一个项目的决策不影响其他项目的决策。这类项目即是**独立的**（independent）。

在 4.5 节中将看到，许多工程问题都是关于从很多备选项目中选择经济上最有吸引力的项目，而且这些备选项目都能解决相同的问题或满足相同的需求。这种情况下并不需要选择多个项目，接受其中一个就意味着拒绝其他项目。这类项目称作**互斥项目**（mutually exclusive）。

只要所有经济上可行的项目总成本不超过公司的筹资额，则所有项目都可以实施。然而，这种情况现实中非常少见。在资金有限的情况下从备选方案中选择应实施的方案是资本预算的主要任务。除了涉及资本预算的第 14 章，本书其他章节在考虑项目接受与否时不考虑资金供应的问题。

4.2　项目的初步筛选方法

假设某人所在公司需要一个新的冲床，为此他去走访设备供应商。当他正在展厅仔细查看某台冲床模具时，细心的销售人员过来告诉他："这台冲床代表了同级别中的现今顶尖的工艺水平，如果购买这种最高级的型号，虽然贵一些，但两年之内一定能收回成本。"在学习衡量项目投资吸引力的四种方法之前，先来了解一种常用于筛选资本投资的简单但不十分严谨的方法。大多数商人首先考虑的一个问题是投入项目的资金是否可以收回，以及需要多长时间才能收回。用于筛选项目的**投资回收期法**（payback method）是以计算净收益回收初始投资所需时间为基础的。该计算有两种形式：一种是忽略货币的时间价值，即**静态投资回收期法**（conventional payback method），另一种是考虑货币的时间价值，即**动态投资回收期法**（discounted payback method）。

判断是否投资于一个项目的通用标准是项目投资回收期短于某一特定期限，否则根本不值得考虑是否投资。（这一期限主要取决于公司的经营方针。例如，一家高科技公司，如电脑芯片制造商，为新投资项目设置的期限都较短，因为高科技产品更新换代很快。）如果回收期在可接受范围内，就可以进行正式的项目评价（如现值分析）。特别需要注意的是，**回收期筛选法**（payback screening）绝不是分析的完结，而是在进一步分析可接受性前剔除明显不可接受的方案。

4.2.1 投资回收期：收回投资所需时间

通过计算新生产设备收回投资所需时间来确定其相对价值是项目筛选中最常用的方法。如果一个公司仅以项目投资回收期为基准决定是否投资于某项目，它所考虑的应该只是那些回收期比最长可接受回收期短的项目。（但是，由于投资回收期筛选法具有某些缺陷，它不能用作唯一的决策判据。其缺陷将在以后的章节中讨论。）

投资回收期能说明什么？坚持选择回收期短的项目的投资者可在短期内收回初始投资，可以抓住紧接的也许是更好的投资机会。

在例4—2中，用初始投资除以年净收益来求投资回收期的方法是一种简化计算，因为每年的收益是等额的。当每年预期现金流量都不同时，必须通过逐年累计净现金流量至总和大于等于0来计算投资回收期。此过程的意义很容易解释。在现金流入与流出完全持平时，累计净现金流量为0，此时项目刚好达到投资回收点。同样，如果累计净现金流量大于0，即现金流入超过现金流出，则项目开始产生利润，因此超过了投资回收点。为了进一步阐述，请看例4—3。

例4—2

计算机过程控制系统项目的静态投资回收期

参照例4—1给出的现金流量，求该计算机过程控制系统的投资回收期。

解：

已知：初始投资＝650 000美元，年净收益＝162 500美元。

求：静态投资回收期。

给定一系列等额现金流入，只要用初始投资除以等额年净收益，便可求得投资回收期。

$$\text{投资回收期}=\frac{\text{初始投资}}{\text{等额年收益}}=\frac{650\,000}{162\,500}=4(\text{年})$$

如果公司的政策是只考虑投资回收期不超过5年的项目，则该计算机过程控制系统项目通过初步筛选。

例4—3

含有残值的静态投资回收期

Autonumerics公司以105 000美元的价格购买了一台新的轴承机床来替代旧机床，旧机床残值为20 000美元。由于生产效率提高，税后每年费用节省额将超过投资费用，如下表所示，静态投资回收期是多少？

单位：美元

年份	现金流量	累计现金流量
0	－105 000＋20 000	－85 000
1	15 000	－70 000
2	25 000	－45 000
3	35 000	－10 000
4	45 000	35 000
5	45 000	80 000
6	35 000	115 000

解：

已知：现金流量系列如图 4—3（a）所示。

求：静态投资回收期。

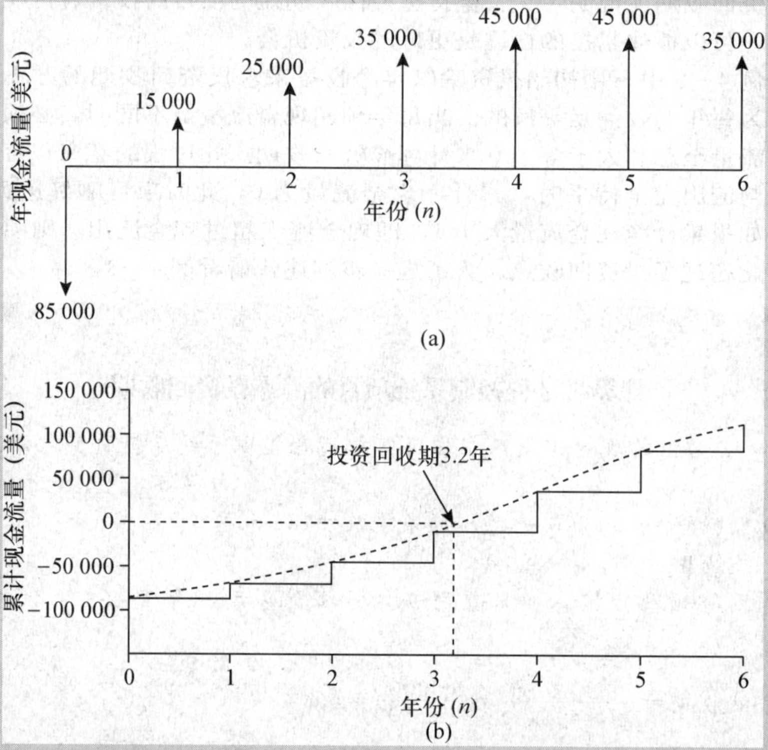

图 4—3　静态回收期（例 4—3）

旧设备的残值为大多数分析中主要考虑的因素。（本例中，由于公司已决定更新原有设备，其残值应纳入考虑范围。）计算时，应从新设备的购买价格中减去原设备的残值，这更能反映项目的实际投资成本。如图 4—3（b）所示，总投资在 4 年内收回。如果公司可接受的最长投资回收期为 3 年，则该项目不能通过初期筛选。

评注：在例 4—2 中，我们假设现金流量是离散的，仅发生在每年年末。如果现金流量在一年当中连续发生，则需要对回收期进行调整。第 4 年年初，现金流量累计为负的 10 000 美元。如果 45 000 美元的现金流量在第 4 年是连续发生的，则项目将大概在第 4 年的 2/10（10 000/45 000）时就能完成资金回收。因此，该情况下的回收期为 3.2 年。

□ 4.2.2 投资回收期筛选法的利弊

简单明了是回收期法最显著的优点。在项目筛选初期，这种方法关注于公司预期回收初始投资的时间，从而大大减少了信息搜寻量。该方法同时排除了一些备选方案，减少了用于分析的时间。但常用的设备投资回收期筛选法有很多缺点。该方法的主要缺点是不能衡量盈利能力（例如，在回收期内没有盈利产生）。只简单地计算收回初始投资所需时间对衡量项目的盈利能力贡献甚微（换句话说，如果已知用于购买钻床的资金成本是12%；投资回收期法无法表明所投入的资金产生的利息费用是多少）。此外，由于投资回收期法忽略了现金流量的时间价值，它不能区分货币的现值和将来值。例如，尽管两个项目的投资回收期相等，但早期取得收益的项目更优，因为当前可用资金比未来等额的资金更有价值。而且，由于投资回收期筛选法不考虑收回投资后的情况，因此并不利于经济寿命很长的项目。

例如，表4—1中所示两个投资项目，其初始投资都是90 000美元。项目1预计前3年每年现金流量为30 000美元，投资回收期为3年。项目2预计6年内每年现金收益是25 000美元，因此它的投资回收期为3.6年。如果公司可接受的最长回收期为3年，则项目1能通过筛选，而项目2尽管盈利能力明显更强却不能通过初步筛选。

表4—1　　两个竞争性项目的投资现金流量　　单位：美元

n	项目1	项目2
0	−90 000	−90 000
1	30 000	25 000
2	30 000	25 000
3	30 000	25 000
4	1 000	25 000
5	1 000	25 000
6	1 000	25 000
	3 000	60 000

□ 4.2.3 动态投资回收期

为了弥补静态投资回收期的一个缺点，可以调整计算步骤，将货币的时间价值，即项目投入资金的成本（利息）考虑在内。调整后的投资回收期通常称为**动态投资回收期**（discounted payback period）。换言之，可以将动态投资回收期定义为从折现现金流量中收回投资所需的时间。

例4—3中，假定公司要求收益率为15%。为了确定回收资本投资和资金成本所需时间，表4—2给出了项目寿命周期内需要回收的现金流量和资金成本。

下面以第1年的资金成本为例，说明投资回收过程：年初投资85 000美元，则第1年的利息为12 750美元（85 000×0.15）。因此，总资金占用额增至97 750美元。但由于第1年有15 000美元的现金流入，因此净资金占用额为82 750美元。第2年的资金成本为12 413美元（82 750×0.15），项目收入25 000美元，则净资金占用减至70 163美元。这一过程在项目剩余年份中不断重复，至第5年年末时累计净现金流量为正。根据我们对现金流量的假设，该项目必须持续4.2年（现金流量连续发生）或5年（现金流量发生在每年年末）才能保证公司能够支付资金成本并收回投资。图4—4描述了这一关系。

考虑了货币时间价值所产生的影响后，使得本例中项目的投资回收期增加了一年。当然，这一调整后的方法只是某种程度上的改进，仍不能全面反映项目的盈利能力。

表4—2　考虑了资金成本的投资回收期的计算（例4—3）

	A	B	C	D
1				
2	期	现金流量	资金成本	期末
3	(*n*)	A_n	15%	现金余额
4				
5	0	-$85,000.00		-$85,000.00
6	1	$15,000.00	-$12,750.00	-$82,750.00
7	2	$25,000.00	-$12,412.50	-$70,162.50
8	3	$35,000.00	-$10,524.38	-$45,686.88
9	4	$45,000.00	-$6,853.03	-$7,539.91
10	5	$45,000.00	-$1,130.99	$36,329.11
11	6	$35,000.00	$5,449.37	$76,778.47
12				
13	资金成本＝上一期期末现金余额×0.15			

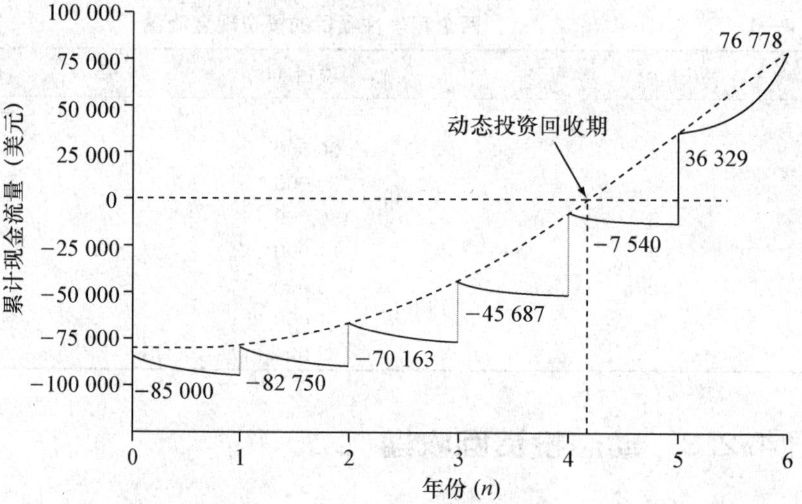

图4—4　动态投资回收期图示

□ 4.2.4　回收期方法用途

回收期具有以上缺点，是否应放弃呢？答案是当然不应该放弃。但如果采用投资回收期筛选来分析资本投资项目，也是不全面的，也许会因此遗漏一些通过其他方法可以获得的重要信息。因此，简单地将投资回收期法归为好方法或坏方法是不合逻辑的。显然，它不能用来衡量盈利能力，但作为对其他方法的补充，它能够提供有用信息。例如，当公司需要估量现金回收速度，面临现金流量问题，研发一个短期产品或者已知公司计划购买的设备市场寿命很短时，投资回收期法将大有用处。

4.3　折现现金流量分析

直到 20 世纪 50 年代，投资回收期法才广泛用于投资决策。但是，随着此方法的缺陷不断凸显，投资者开始寻找新方法来提高项目评价水平。其结果是促进了**折现现金流量法**（discounted cash flow techniques，DCF）的发展，该方法将项目全寿命周期内货币的时间价值考虑在内。DCF 的其中一种方法是净现值法。资本投资问题本质上是确定拟议项目的预期现金流量是否足以吸引投资者对其进行投资的问题。在制定决策判据时，我们将会用到第 2 章讨论的现金流量等值的概念。

据观察，时点 0 是计算等值最方便的时间点。根据 DCF 分析法，与投资项目有关的所有现金流入的现值要与现金流出的现值进行比较。两者之间的差额称为**净现值**（net present worth，NPW），该值决定了项目是否值得投资。当有两个或两个以上备选项目时，还能通过比较净现值来确定最优方案。

4.3.1　净现值判据

典型投资项目采用净现值判据的基本步骤如下：

- 确定公司的期望投资收益率。该利率表明公司以此比率将资金注入**投资池**（investment pool）中。通常把该收益率称为**必要收益率**（required rate of return）或者**最低吸引力收益率**（minimum attractive rate of return，MARR）。通常，MARR 的数值由管理层决定。如 3.4 节所示，MARR 的值可能在项目的整个寿命周期中发生变化，但目前在计算 NPW 时采用固定利率。
- 估计项目寿命期。
- 估计寿命期内各期的现金流入。
- 估计寿命期内各期的现金流出。
- 求净现金流量（净现金流量＝现金流入－现金流出）。
- 求利率为 MARR 条件下各期净现金流量的现值。所有现值相加之和称为项目的 NPW，如下式：

$$
\begin{aligned}
\mathrm{PW}(i) &= \frac{A_0}{(1+i)^0} + \frac{A_1}{(1+i)^1} + \cdots + \frac{A_N}{(1+i)^N} \\
&= \sum_{n=0}^{N} \frac{A_n}{(1+i)^n} \\
&= \sum_{n=0}^{N} A_n(P/F, i, n) \qquad (4.1)
\end{aligned}
$$

式中：A_n——第 n 期期末的净现金流量；

i——MARR（或资本成本）；

N——项目寿命期。

如果对应时点有净现金流入，则 A_n 为正，反之为负。

单方案项目评价

在这种情况下，NPW 为正意味着现金流入的等值大于现金流出的等值，所以项目是盈利的。因此，如果单个项目的 PW(i) 为正，该项目可以接受；如果 PW(i) 为负，应拒绝该项目。[1]决策规则如下：

如果 PW(i)>0，接受投资
如果 PW(i)=0，保持中立
如果 PW(i)<0，拒绝投资

多方案项目比较

计算每个备选方案的 PW(i)，选择 PW(i) 值最大的方案。在 4.5 节中已经了解到，当对收益相同的互斥方案进行比较时，只需比较它们的成本。这种情况下（为了使成本最小化，而不是收益最大化），应该接受 NPW 负值最小的方案。

例 4—4

净现值：等额现金流量

考虑例 4—1 中计算机过程控制系统项目的相关投资现金流量。假设公司的 MARR 为 15%，计算项目的 NPW。是否接受该项目？

解：

已知：现金流量如图 4—2 所示，MARR=15%/年。

求：NPW。

由于计算机过程控制系统项目在 $n=0$ 时的初始投资为 650 000 美元，并在其后 8 年每年节省费用 162 000 美元，易求得 NPW 如下：

$$PW(15\%)_{现金流出}=650\,000 \text{ 美元}$$

$$PW(15\%)_{现金流入}=162\,500(P/A,15\%,8)$$
$$=729\,190(\text{美元})$$

该项目的 NPW 为：

$$PW(15\%)=PW(15\%)_{现金流入}-PW(15\%)_{现金流出}$$
$$=729\,190-650\,000$$
$$=79\,190(\text{美元})$$

或者由式（4.1），得

$$PW(15\%)=-650\,000+162\,500(P/A,15\%,8)$$
$$=79\,190(\text{美元})$$

由于 PW(15%)>0，该项目可以接受。

下面举一个在项目寿命期内现金流量不规则的示例。

例 4—5

净现值法：不规则现金流量

老虎机械公司（Tiger Machine Tool Company）正在考虑购买一台金属切割机，初始投资需要 76 000 美元，其后 4 年寿命期中预计现金收益[2]如下：

单位：美元

年份（n）	净现金流量（A_n）
0	−76 000
1	35 560
2	37 360

续前表

年份（n）	净现金流量（A_n）
3	31 850
4	34 400

假设公司总裁要求你评估此次购置金属切割机的经济价值，已知公司的 MARR 为 12%。

解：

已知：现金流量如上表所示，MARR=12%/年。

求：NPW。

计算每笔现金流量在时点 0 的等值，得

$$\begin{aligned}PW(12\%)&=-76\,000+35\,560(P/F,12\%,1)+37\,360(P/F,12\%,2)\\&\quad+31\,850(P/F,12\%,3)+34\,400(P/F,12\%,4)\\&=30\,065(\text{美元})\end{aligned}$$

由于该项目盈余 30 065 美元，故可以接受。

例 4—5 计算了固定利率为 12%时项目的 NPW。如果计算不同利率下的 NPW，所得结果参见表 4—3。绘制关于利率的 NPW 函数图，可得现值曲线，见图 4—5。（可以使用 Excel 等电子表格程序生成表 4—3 或图 4—5。）

表 4—3　　不同利率下的现值（例 4—5）

i（%）	PW(i)（美元）	i（%）	PW(i)（美元）
0	63 170	22	11 317
2	56 565	24	8 230
4	50 454	26	5 325
6	44 787	28	2 586
8	39 525	30*	0
10	34 628	32	(2 440)
12	30 065	34	(4 750)
14	25 806	36	(6 937)
16	21 824	40	(10 977)
18	18 095	42	(12 845)
20	14 599	44	(14 622)

* 临界利率（又称收益率）。

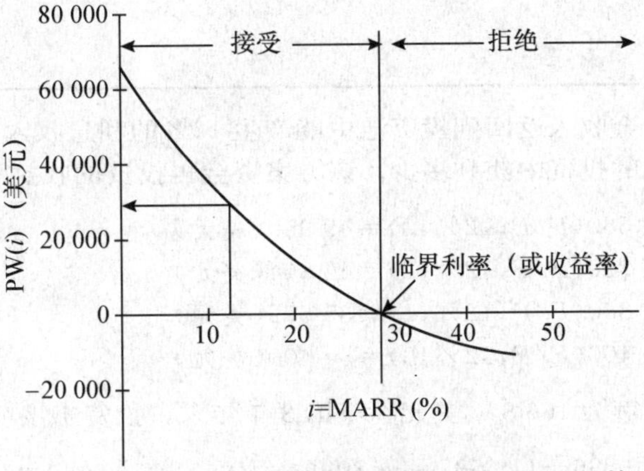

图 4—5　例 4—5 所述现值曲线——只要公司的 MARR 小于 30%，该项目都可接受

图4—5表明，当利率低于30%时，NPW为正，当利率高于30%时，NPW为负。在第6章中将会知道，该**临界利率**（break-even interest rate）称为**内部收益率**（internal rate of return）。如果公司的MARR为12%，则项目的NPW为30 065美元，可以接受。这意味着如果公司接受这个项目，相当于立即获得30 065美元的现值。与之相反，当利率 i 为35%时，PW(35%) 为−5 858美元，公司应拒绝这个项目。(需要注意的是，接受项目与否受MARR取值影响，因此准确估计MARR的值十分重要。本书将在4.3.3节中讨论这一重要问题。现在，我们假设公司的MARR估计准确性能够满足投资分析的需要。)

□ 4.3.2 净现值的含义

在现值分析中，假定公司的所有资金都能够投入到产生的收益与MARR相同的投资项目中去。可以将这些资金看作**投资池**（investment pool）。另外，如果没有可用的投资资金，我们假定公司能够以MARR的利率（或资本成本）从资本市场筹措到资金。本节将在解释MARR对计算NPW的意义的同时，检验这两种观点。

投资池的概念

投资池相当于公司的金库。所有资金交易都由公司财务总监管理和实施。公司可以从投资池中撤出资金用于其他投资，而保留在投资池中的部分资金收益率等于MARR。因此，投资分析中的净现金流量是指相对于投资池的净现金流量。为了阐述投资池的概念，回顾例4—5中需要76 000美元投资的项目。

- **方案1：不投资该项目**。如果公司没有投资该项目，而是将76 000美元留在投资池中4年，那么这笔资金会增长至：

$$76\,000(F/P,12\%,4)=119\,587(\text{美元})$$

- **方案2：投资该项目**。假设公司决定将76 000美元投入到例4—5中的项目，则公司在4年项目寿命期内的现金流入如下：

年份（n）	净现金流量（A_n）
1	35 560
2	37 360
3	31 850
4	34 400

由于资金收入返回到投资池中能产生12%的利息收入，因此有必要确定公司从76 000美元的投资中获利多少。该方案资金再投资的收益如下：

$$35\,560(F/P,12\%,3)=49\,959(\text{美元})$$
$$37\,360(F/P,12\%,2)=46\,864(\text{美元})$$
$$31\,850(F/P,12\%,1)=35\,672(\text{美元})$$
$$34\,400(F/P,12\%,0)=34\,400(\text{美元})$$

收益总额为166 896美元。至第3年年末，投资于该项目的增量现金盈余为：

$$166\,896-119\,587=47\,309(\text{美元})$$

计算时点0净现金盈余的等值现值：

$$47\ 309(P/F,12\%,4)=30\ 065(\text{美元})$$

这与根据式（4.1）计算项目的 NPW 所得数值相等。显然，从 NPW 为正的角度讲，购买新设备方案优于将资金留在投资池中仅赚取 MARR 的方案。因此，在现值分析中假定所有投资都会取得至少等于 MARR 的收益率。如果项目结束时有盈余，则 PW(MARR)>0。图 4—6 说明了涉及公司投资池时再投资的概念。

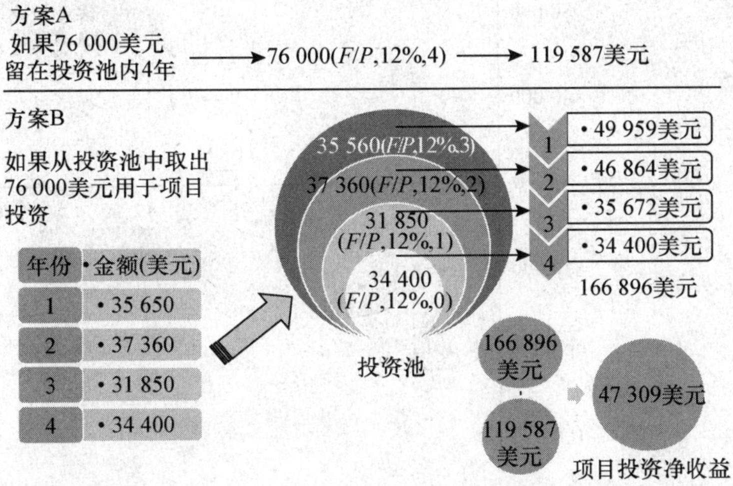

图 4—6　以项目为借款人、公司为贷款人的投资池概念图

借入资金的概念

假定开始时公司没有 76 000 美元的资金。事实上，公司并不必需一个投资池。进一步假设公司以 12%的利率从银行借入全部资金投资于该项目，用投资收益偿还贷款本金和利息。那么在项目寿命期末公司剩余资金是多少？

● $n=1$：第 1 年年末，项目的银行贷款利息 76 000×0.12=9 120 美元。因此，贷款总额增至 76 000×1.12=85 120 美元。同期项目收入 35 560 美元并全部用于偿还贷款，则余额为：

$$PB(12\%)_1=-76\ 000\times(1+0.12)+35\ 560=-49\ 560(\text{美元})$$

● $n=2$：这笔款项为第 2 年年初项目银行贷款净额，也称为**项目余额**（project balance）。第 2 年年末，银行贷款增至 49 560×1.12=55 507 美元，同时收入37 360 美元，则项目余额为：

$$PB(12\%)_2=-49\ 560\times(1+0.12)+37\ 360=-18\ 147(\text{美元})$$

● $n=3$：项目收入 31 850 美元，公司能够还清所有贷款余额并盈余 11 525 美元。第 3 年年末项目余额变为：

$$PB(12\%)_3=-18\ 147\times(1+0.12)+31\ 850=11\ 525(\text{美元})$$

● $n=4$：现在需要考虑如何处置第 3 年年末盈余的问题了。如果公司能够将这笔资金投资于收益率等于贷款利率，即 12%的项目，那么第 4 年项目余额为：

$$PB(12\%)_4=11\ 525\times(1+0.12)+34\ 400=47\ 309(\text{美元})$$

这笔最终项目余额也称为项目的**净将来值**（net future worth）。换言之，公司在第 3 年年末还清了贷款本金和利息之后盈余 11 525 美元，将其再投资后收益率为

12%。计算该笔资金时点 0 的等值现值，得

$$PW(12\%)=PB(12\%)_4(P/F,12\%,4)=30\ 065(\text{美元})$$

这一结果与我们直接计算利率为 12%时项目的 NPW（见例 4—5）相等，图 4—7 描绘了项目余额关于时间的函数图。[3]

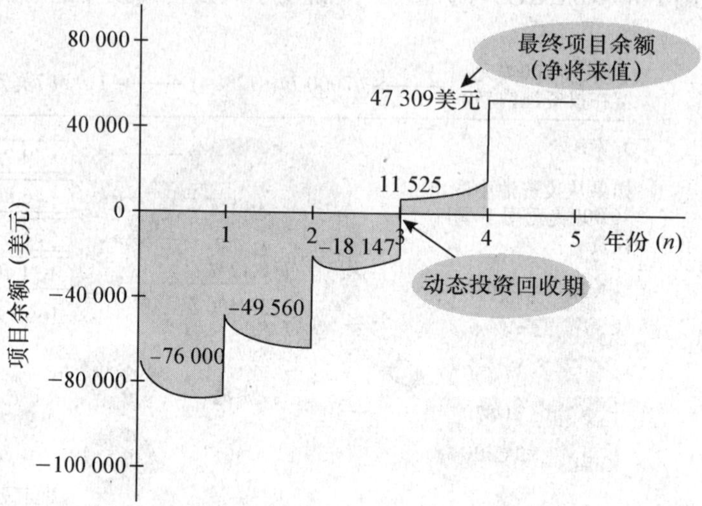

图 4—7　项目余额关于时间的函数图（项目余额为负表明投资尚未完全收回或项目提前终止的风险程度）

□ 4.3.3　选择 MARR 的依据

项目评价中确定折现率的基本原则与 3.6.2 节所讨论的投资期望收益率的概念类似。首先需要考虑的因素是**资本成本**（cost of capital），即保证投资有价值的要求收益率。资本成本包括债务成本（贷款利率）和权益成本（公司股东要求的收益率）。债务成本和权益成本都反映了通货膨胀的存在。资本成本决定了公司筹措资金的方式（发行股票、贷款或两者兼用）。因此，如果公司进行其他风险相当的投资，资本成本是能为公司所接受的最低收益率。

第二个需要考虑的因素是与项目相关的额外风险。如果项目属于正常风险范畴，资本成本可能已经反映了风险溢价。不过，对于一个高风险项目来说，还应把额外风险溢价算入资金成本。如图 4—8 所示，用于项目评价的折现率（MARR）

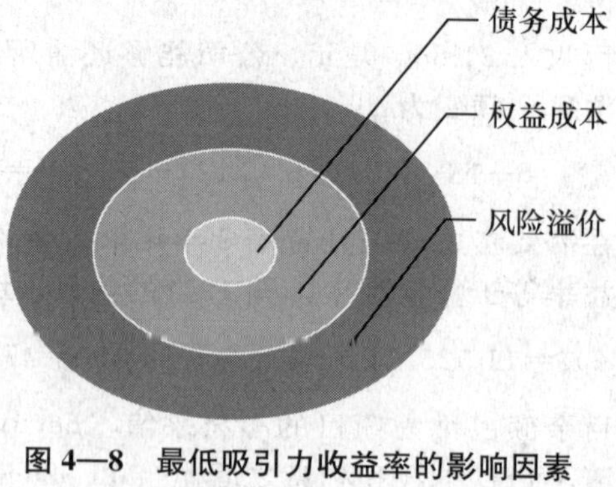

图 4—8　最低吸引力收益率的影响因素

等于公司普通风险项目的资本成本，而高风险项目的资本成本会高很多。第 14 章将详述确定这一折现率的分析过程。现在，假设折现率已知，只关注投资项目评价。

4.4　现值分析的变体

现在来考察衡量投资价值的另外两个指标，它们是现值分析的变体：**将来值分析**（future-worth analysis）和**资本化等值分析**（capitalized equivalent-worth analysis）。（年值分析是现值分析的另一个变体，本书将在第 5 章进行阐述。）将来值分析需要计算投资额的将来值。资本化等值分析法需要计算具有永久寿命项目的现值。

4.4.1　将来值分析

净现值指标计算的是投资项目在时点 0 的盈余。**净将来值**（net future worth，NFW）指标计算的是项目在其他非 0 时点的盈余。当需要计算项目在投资期期末而不是期初的等值时，将来值分析法尤为有效。例如由于工程设计复杂，并且为保障公共安全必须采取一系列费时的监管措施，建造一个核电站需要 7～10 年的时间。在这种情况下，通常计算项目商业化时的价值（即在项目投资期期末进行经济分析）。

净将来值判据及计算

假设一个典型投资项目的投资期共 N 年，A_n 代表第 n 年的现金流量，$n=0$，1，2，…，N，则第 N 期期末净将来值的表达式为：

$$\begin{aligned}\text{FW}(i) &= A_0(1+i)^N + A_1(1+i)^{N-1} + A_2(1+i)^{N-1} + \cdots + A_N \\ &= \sum_{n=0}^{N} A_n(1+i)^{N-n} \\ &= \sum_{n=0}^{N} A_n(F/P,i,N-n)\end{aligned} \tag{4.2}$$

对于单方案项目评价，NFW 与 NPW 指标的判据相同。

如果 FW(i)>0，接受该项目
如果 FW(i)=0，保持中立
如果 FW<0，拒绝该项目

例 4—6

在某一中间时点的将来值

希金斯公司（Higgins Corporation，HC）是一个总部位于底特律的机器人制造公司。该公司开发了一个新的高科技机器人助手，其中集成了视觉系统、触觉传感和语音识别等先进技术。这些功能使得该机器人可以不按预定轨道在医院或办公楼里行走而不与其他物体发生碰撞。HC 的营销部门计划将机器人销往各大医院，这些机器人可以完成给病人送药、送饭等简单任务，从而减轻护士的工作负担。

● 公司需要一个新工厂来制造机器人，该工厂需在两年内建成并投产。工厂需要30英亩土地，花费150万美元。工程在第1年年初开始建设并持续至第2年。该工程预计花费1 000万美元，其中第1年年末向施工方支付400万美元，第2年年末支付600万美元。

● 第2年下半年将安装必要的生产设备，并在第2年年末支付该款项。这些设备连同运输和安装费用共需1 300万美元。项目结束时，估计土地税后市值为200万美元，厂房税后市值为300万美元，设备税后市值为300万美元。

出于资本预算的考虑，假设现金流量发生在每年年末。由于工厂会在第3年年初投产，第一笔经营现金流量发生在第3年年末。预计该工厂的经济寿命期为建成后6年，每年税后经营现金流量如表4—4所示。

表4—4　　机器人助手制造项目的现金流量　　单位：百万美元

日历年份	2010	2011	2012	2013	2014	2015	2016	2017	2018
项目年份	0	1	2	3	4	5	6	7	8
税后现金流量									
A. 营业收入				6	8	13	18	14	8
B. 投资									
土地	−1.5								+2
厂房		−4	−6						+3
设备			−13						+3
净现金流量	−1.5	−4	−19	6	8	13	18	14	16

计算该项投资运营期初的等值。假定HC的MARR为15%。

解：

已知：现金流量，MARR＝15%/年。

求：项目第2年年末的等值。

一种易于理解的方法是先计算项目的现值，再转化为在第2年年末的等值。首先，计算项目在时点0的PW(15%)：

$$\begin{aligned}PW(15\%)=&-1.5-4(P/F,15\%,1)-19(P/F,15\%,2)+6(P/F,15\%,3)\\&+8(P/F,15\%,4)+13(P/F,15\%,5)+18(P/F,15\%,6)\\&+14(P/F,15\%,7)+16(P/F,15\%,8)\\=&13.91(\text{百万美元})\end{aligned}$$

则项目运营期初的将来值为：

$$FW(15\%)=PW(15\%)(F/P,15\%,2)=18.40(\text{百万美元})$$

第二种方法是将第2年之前的现金流量和之后的现金流量都等值转化到第2年这一时点。早期投资在项目开始运营时的等值为：

$$-1.5(F/P,15\%,2)-4(F/P,15\%,1)-19=-25.58(\text{百万美元})$$

产生的等值现金流量如图4—9所示。将未来的现金流量折算到项目运营期初，计算得

$$\begin{aligned}FW(15\%)=&-25.58+6(P/F,15\%,1)+8(P/F,15\%,2)+\cdots+16(P/F,15\%,6)\\=&18.40(\text{百万美元})\end{aligned}$$

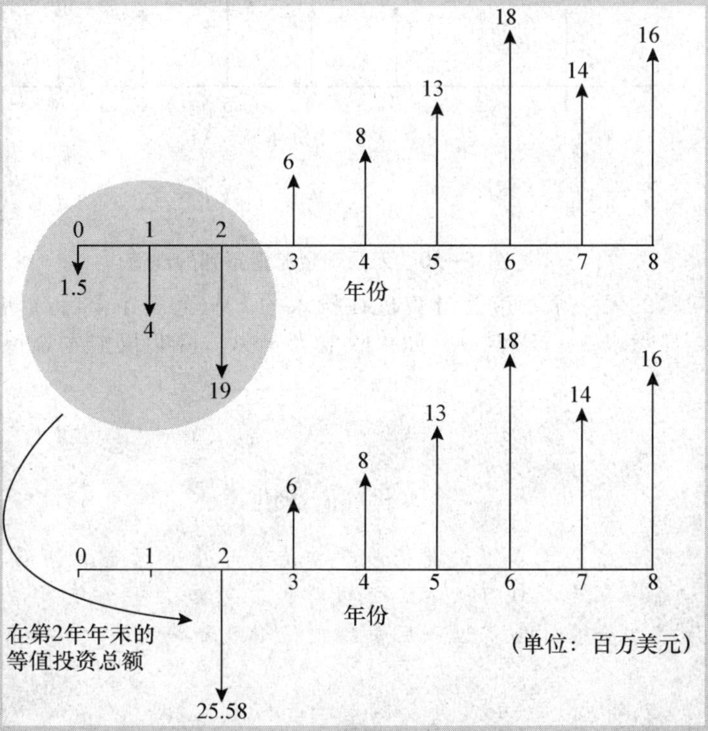

图 4—9　机器人助手项目的现金流量图（例 4—6）

评注：如果在工厂建成后有其他公司想要立即买下工厂和机器人制造权，HC 公司对工厂和机器人制造权的定价至少为 43.98 百万美元（18.40+25.58）。

□ 4.4.2　资本化等值法

当项目的寿命期是**永久的**（perpetual）或者规划周期特别长（比如 40 年或更长）时，PW 法的另一特例就十分有用。许多项目，如桥梁、航道结构、灌溉系统和水电大坝等，都是计划在相当长的时期内（或者永久）产生效益的。此种情况下可采用**资本化等值**（capitalized equivalent，CE(i)）法来评价这些项目。

永久使用寿命

考察图 4—10 所示现金流量。如何确定无限（或接近无限）等额现金流量系列或者反复循环现金流量系列的 PW 呢？计算这种无限系列的费用现值过程称为项目费用的资本化。资本化费用，表示为了在今后每期期末永远获得收益 A 而需要在今天投入的资金额，假定利率为 i。当 N 趋于无穷大时，等额支付系列现值系数的极限为：

$$\lim_{N\to\infty}(P/A,i,N)=\lim_{N\to\infty}\left[\frac{(1+i)^N-1}{i(1+i)^N}\right]=\frac{1}{i}$$

因此

$$PW(i)=A(P/A,i,N\to\infty)=\frac{A}{i} \tag{4.3}$$

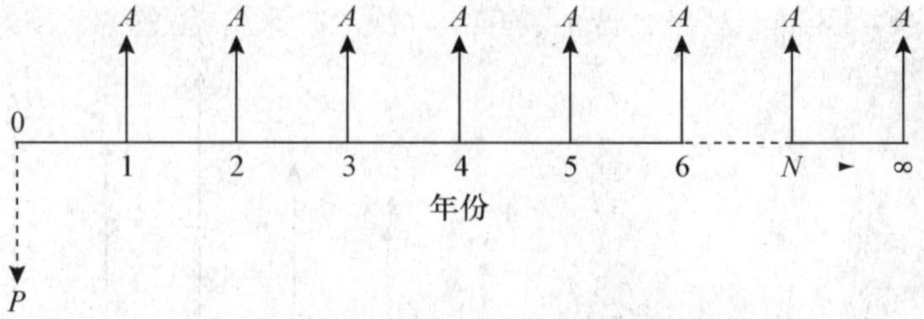

图 4—10　无限现金流量系列的现值

同一问题的另一个角度是计算现在投入的 PW 金额在今后每期能创造多少固定现金流入。显然，$A=i\text{PW}(i)$。如果收益大于 A，说明投资本金逐渐回收，最终完全收回。

例 4—7

资本化等值费用

一所工程学校发起了一项号召校友捐款建立优秀学生奖学金的活动，以吸引高质量的生源。每年奖学金总额为 500 万美元。假设学校能够建立一个年收益率为 4%的信托基金，现在需投入多少资金才能保证以后每年支付 500 万美元的奖学金？

解：

已知：$A=500$ 万美元，$i=4\%/$年，N 趋于无穷大。

求：CE（4%）。

资本化等值费用公式为：

$$\text{CE}(i)=\frac{A}{i}$$

则
$$\text{CE}(4\%)=\frac{5\,000\,000}{0.04}=125\,000\,000(\text{美元})$$

评注：显而易见，这笔款项足以永久地为学校支付奖学金。假设学校以 4%的年利率将 1.25 亿美元存入银行，那么在第 1 年年末能获得 500 万美元的利息。如果取出利息，本金 1.25 亿美元仍保留在账户中。第 2 年年末将再获得 500 万美元的利息。每年都将利息取出，则奖学金基金将会始终维持在 1.25 亿美元。

项目寿命特别长的情况

典型的土木工程项目，如桥梁和公路建设，其收益虽不是永久的，但可以持续很多年。本节将探究根据 CE(i) 判据估算寿命期很长的工程项目的 NPW。

例 4—8

较长寿命期和无限寿命期项目的现值比较

盖纳·L·布雷斯韦尔（Gaynor L. Bracewell）在过去 30 年依靠在佛罗里达州和佐治亚州开发房地产积累了一小笔财富。他卖掉 700 多英亩树林和耕地，筹集了 800 000 美元修建了一座小型水电站，名为高浅滩水电站（High Shoals Hydro）。水电站耗时 10 年建成。布雷斯韦尔先生利用其在军队里受到的土木工程师的军事训练，设计了简易的水电站。在较高的大坝上炸开一个 22 英尺深的河道，大量河水沿着河道涌向 1 000 英尺远的“拦污栅”，树叶和其他杂物在此被拦住。一条 6 英尺宽的能容纳 300 万磅水的管道以每秒 7.5 英尺的速度将水注入电站，从而对涡轮产生 33 000 磅的推力。根据 1978 年颁布的旨在鼓励替代能源的联邦法律，佐治亚供电公司（Georgia Power Company）必须购买布雷斯韦尔先生的发电站所能提供的全部电力。水电站年发电量估计可达 600 万千瓦时。

假设除去所得税和经营费用后，布雷斯韦尔的水电站年收入 120 000 美元。在正常维护的情况下，水电站预计可以工作 50 年。图 4—11 给出了过去 10 年间布雷斯韦尔支出 800 000 美元的时间和数额（未考虑货币的时间价值）。布雷斯韦尔的这次投资是否明智？他需要多久才能收回初始投资，能否从中盈利？接下来通过计算不同利率下项目的价值来解决上述问题。

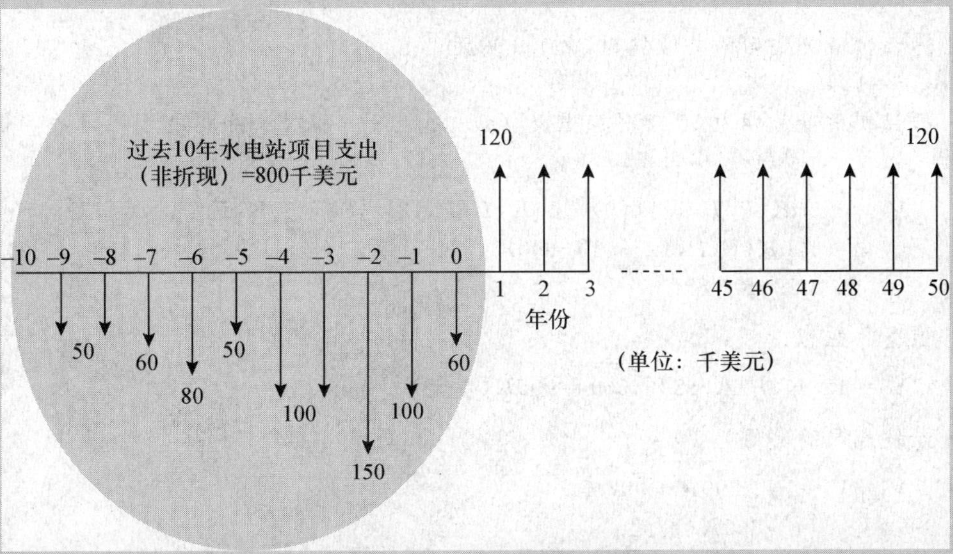

图 4—11　布雷斯韦尔的水电站项目的净现金流量图（例 4—8）

（a）如果利率为 8%，分别计算使用寿命期为 50 年和永久情况下项目的净现值（见图 4—11 中的时点 0）。

（b）利率为 12%时，重新计算（a）中的问题。

解：

已知：现金流量如图 4—11 所示（寿命期为 50 年或趋于无穷大）；利率 i 分别为 8%和 12%。

求：时点 0 的 NPW。

关键问题之一是布雷斯韦尔的水电站能否盈利。现在来计算投资总额和未来收益在开始发电时点（即时点 0）的等值。

（a）$i=8\%$。

● 项目寿命期为 50 年时：可以利用一次支付复利系数计算投资现金流量在开始发电时的等值投资总额，K 表示 1 000，得

$$\begin{aligned}V_1 &= -50K(F/P,8\%,9)-50K(F/P,8\%,8)-60K(F/P,8\%,7)-\cdots \\ &\quad -100K(F/P,8\%,1)-60K \\ &= -1\,101K(\text{美元})\end{aligned}$$

在开始发电时的等值总收益为：

$$V_2 = 120K(P/A,8\%,50) = 1\,468K(\text{美元})$$

两者相加，可得开始发电时的等值为：

$$V_1 + V_2 = -1\,101K + 1\,468K$$
$$= 367K(\text{美元})$$

● 项目寿命期为无限时：其净等值也称为资本化等值。两种投资在时点 0 之前的部分是相等的，则资本化等值为：

$$CE(8\%) = -1\,101K + 120K/0.08$$
$$= 399K(\text{美元})$$

上述两种情况之间的差值仅为 32 000 美元。

(b) $i=12\%$。

● 项目使用寿命期为 50 年时：重复（a）的步骤，可以求得发电开始时的等值投资总额为：

$$V_1 = -50K(F/P,12\%,9) - 50K(F/P,12\%,8) - 60K(F/P,12\%,7) - \cdots$$
$$-100K(F/P,12\%,1) - 60K$$
$$= -1\,299K(\text{美元})$$

等值总收益为：

$$V_2 = 120K(P/A,12\%,50) = 997K(\text{美元})$$

开始发电时的等值为：

$$V_1 + V_2 = -1\,299K + 997K$$
$$= -302K(\text{美元})$$

● 项目使用寿命期为无限时：开始发电时的资本化等值为：

$$CE(12\%) = -1\,299K + 120K/0.12$$
$$= -299K(\text{美元})$$

两者差值仅为 3 000 美元，由此证明可以通过资本化现值来估算寿命期很长（比如 50 年或更长）的项目现金流量的现值。估算精度随利率的提高或寿命期的延长而提高。

评注： 当利率为 12%时，布雷斯韦尔的投资并不明智，但利率为 8%时便是明智的。这一结果表明了进行投资分析时选择适当利率 i 的重要性。本书第 14 章中将会再次阐述如何确定适当的利率 i。

4.5 互斥方案的比较

到目前为止，我们研究的都是单个项目或互相独立的多个项目。在这两种情况下都是根据 PW 或 FW 判据判断是否符合 MARR 的要求来决定是否接受项目。

但是在工程实践中，为了实现商业目标，通常会面临多个并非相互独立的项目。（即使只有一个备选项目时，“无项目”也应作为方案之一纳入决策过程。）本节将探究互斥方案的评价方法。本书将在第 14 章中讨论项目之间的其他关系。

之前本书所讨论的同一决策问题中的所有备选方案的寿命期都是相等的。但是通常情况下，不同项目的寿命期并不相同或者与期望的研究期并不相符。针对这种差别必须进行一些调整。本节将阐释在多方案决策中需要重点考虑的两个因素：一是研究期概念；二是如何处理项目寿命期不同的问题。

□ 4.5.1 互斥方案和“无项目”方案的含义

正如 4.1.2 节中所提到的，存在多个备选方案时，如果其中任何一个能够满足某一需求，选择任一方案便意味着排除了其余方案，它们便是**互斥**（mutually exclusive）关系。例如，在买车和租车之间，选择一个，另一个便被排除。**方案**（alternative）和**项目**（project）的含义在作为选择对象时是一致的，本书将交叉使用。

“无项目”方案也是备选方案

当考虑一项投资时，通常面临以下两种情况之一：更新原有资产或系统，或者是新建项目。无论哪种情况，都存在无项目方案。一方面，如果原有设备或系统仍然满足经营目标，则我们应该确定哪种更新方案是经济的。如果都不可行，则可以不投资，即选择“无项目”方案。另一方面，如果原有系统已经不可用，则必须从备选方案中选择其一（即无项目不能作为备选方案之一）。

新建项目是零收益、零成本的“无项目”方案（即目前不存在）的替代方案。对于大多数新建项目来说，只有确定某方案是经济的才会实施，所以“无项目”确实也是备选方案之一。实际上，即使是单个项目评价也是两个互斥方案比较，即暗含与无项目方案比较。有时，必须花钱建设新项目，即“无项目”方案不在考虑范围，此时的目标就是选择最经济的方案。

当保留原有系统或设备的方案可行时，有两种方法将它们纳入新项目的评价体系。一种是将无项目方案看作一个特殊的备选方案，本书第 13 章介绍了专门针对更新分析的方法，其中将重点介绍这种方法。本章主要使用第二种方法：建立与无项目方案相比较的新方案的现金流量。即相对于“无项目”方案的每个新方案的**增量成本**（incremental costs）（如果可能还包括增量费用节省或收益）。对于更新类问题，是通过从各新的备选方案中减去“无项目”方案的现金流量得到这些成本的。对于新建项目，由于无项目方案的收支均为零，因此增量现金流量和每个备选方案的绝对现金流量是相同的。

本章的主要目的是说明如何在互斥方案中做出选择，所以大多数问题是结构化的，必须从备选方案中做出选择。因此，如果无特别说明，一般假设“无项目”方案不是备选方案，且成本和收入可以看作“无项目”方案基础上的增量。

服务项目与营利项目

当进行互斥方案比较时，需要区分投资项目是服务性的还是营利性的。

- **服务项目**（service projects）的收入不依赖于项目的选择，甚至这类项目的产出（或收益）相同。这种情况下人们当然希望选择投入（或成本）最少的项目。例如，假设某供电公司考虑建造一个新发电厂以满足酷暑或寒冬时用电高峰的需求。两个备选服务项目均能满足上述要求：燃气轮机发电厂或者燃料电池发电厂。无论选择哪个项目，电力公司向用户收取的电费相同。唯一的区别是发电成本。比较这两个服务项目时，人们关心的是哪个发电厂的发电成本更低。此外，如果想要采用 NPW 判据比较备选方案以使费用最小化，那么应该选择在整个服务寿命期内生产成本**现值较低**（lower present-value）的方案。

● **营利项目**（revenue projects）与服务项目相反，营利项目的收入取决于方案的选择。营利项目不限定项目的投入额和产出额。它需要选择的是有最大净收益（产出一投入）的项目。例如，一家电视机制造商计划销售两种高清显示器。但由于产能的限制，公司目前只能生产其中的一种。两种产品不同的生产流程导致生产成本存在很大差异。由于不同的市场价格和潜在销售量，两种产品带来的收入也不相同。这种情况下，如果采用 NPW 判据，应该选择能带来更高净现值的产品。

总量投资法

对各个互斥方案单独进行评价，然后通过比较各个结果做出决策的方法称为**总量投资法**（total-investment approach）。4.3 节已介绍过，计算每个方案的 PW，然后选择 PW 最高的方案。需要注意的是，这一方法只有在采用 PW，FW 及 AE 判据时才有效。

增量投资法

如本书 1.6 节所讲，原则上经济决策应以备选方案间的差异为基础。在第 6 章和第 15 章中将会讲到总量投资法并不适用于以收益率或费用效益比为基础的任何决策判据，此时应用增量投资法，它同样也适用于 PW，FW 及 AE 判据。本书将在第 6 章详细讨论增量投资法。图 4—12 描述了互斥方案的比较程序。

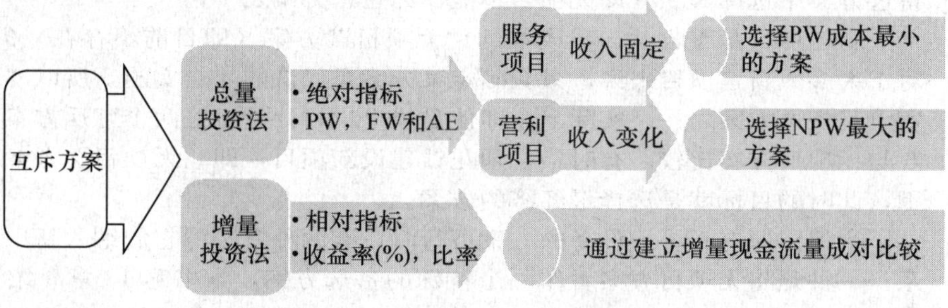

图 4—12　互斥方案决策过程图

投资规模

通常情况下，互斥方案需要不同水平的投资。将一个需要小规模投资的项目与需要大规模投资的项目进行比较似乎是不公平的。然而，对互斥方案进行比较时并不需要关注投资规模的差异，因为我们假设未投入项目的资金将会继续取得 MARR 的收益率。本书将同时探讨服务项目和营利项目的需要不同投资规模的互斥方案。

● **服务项目**：通常情况下，此时需要做的是判断初始投资较高的项目未来能否通过更多的费用节省来弥补。高效率的机器往往需要更多的早期投资，但是其运营成本低，因此可以产生更多的费用节省。

● **营利项目**：如果某营利项目的两个互斥方案需要不同的投资规模，未来收入现金流量也不同，一旦决定选择投资规模较小的项目，那么需要面对的问题就是如何处理投资资金的差异。

以图 4—13 所示营利项目的两个互斥方案为例，我们需要在 MARR 为 10%的条件下比较这两个方案。假设某人有 4 000 美元可以用于投资，如果选择项目 B，他将没有任何资金剩余。但是如果选择项目 A，则有 3 000 美元闲置资金。假定这些闲置资金的收益率仍为 MARR。那么在项目期末，即 3 年后，闲置资金将以每年 10%的利率增至 3 993 美元。因此，选择项目 A 等同于选择了如图 4—13 所示的调整项目现金流量。

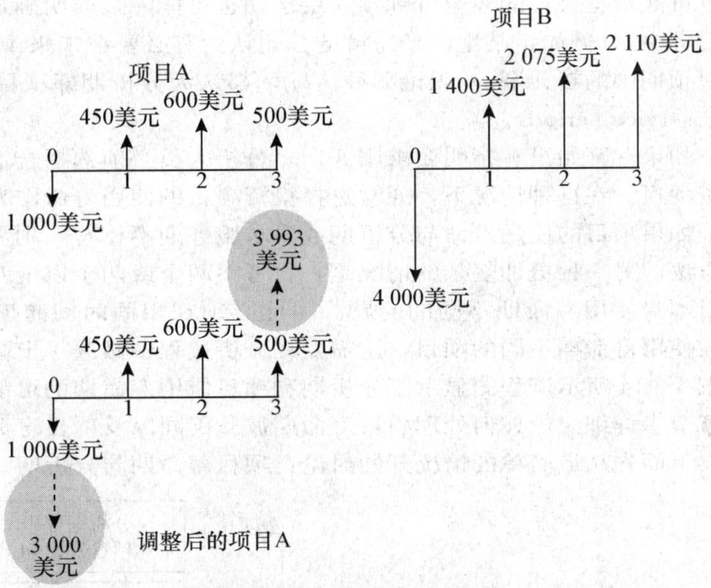

图 4—13　需要不同规模投资的营利项目的互斥方案比较

下面计算利率为 10%时每个方案的净现值：

- 项目 A：

$$
\begin{aligned}
PW(10\%)_A &= -1\,000 + 450(P/F,10\%,1) + 600(P/F,10\%,2) \\
&\quad + 500(P/F,10\%,3) \\
&= 283(\text{美元})
\end{aligned}
$$

- 项目 B：

$$
\begin{aligned}
PW(10\%)_B &= -4\,000 + 1\,400(P/F,10\%,1) + 2\,075(P/F,10\%,2) \\
&\quad + 2\,110(P/F,10\%,3) \\
&= 579(\text{美元})
\end{aligned}
$$

显然，项目 B 是更优的选择。但调整后的项目 A 又如何呢？计算调整后的项目 A 的现值，得：

- 调整后的项目 A：

$$
\begin{aligned}
PW(10\%)_A &= -4\,000 + 450(P/F,10\%,1) + 600(P/F,10\%,2) \\
&\quad + 4\,493(P/F,10\%,3) \\
&= 283(\text{美元})
\end{aligned}
$$

这与不包含闲置资金投资效果的净现值相同。出现这一结果并不意外，因为剩余资金的投资收益率也是 10%。如果以 10%的利率将资金折现，同样也不会有盈余。由此可知，对于投资规模不同的互斥方案，可以直接计算各个方案的净现值而不用考虑投资规模的差异。

□ 4.5.2　分析期

分析期（analysis period）是评价投资项目的经济效果的时间跨度，也称作研

究期（study period）或**计划期**（planning horizon）。分析期的长度由以下几方面决定：它可能根据公司的经营方针预先决定，也可能隐蔽或明确地包含在公司所要完成的目标中。（例如，某生产纸尿裤的公司认为有必要在未来10年内大幅提高产量以应对预期中的婴儿潮。）无论哪种情况，都认为分析期即项目的**要求服务期**（required service period）。

- 如果一开始没有指明要求服务期，分析人员必须选择合适的分析期来研究备选投资项目。在这种情况下，通常选择投资项目的使用寿命作为分析期。
- 如果项目的使用寿命与分析期或要求服务期不相符，则需要在分析中引进不同的方法。另一种更加复杂的情况是，在考察两个或两个以上互斥项目时，可能存在项目本身使用寿命期不同的问题。因此必须在**相同时间跨度**（equal time span）内比较使用寿命期不同的项目，这需要在分析过程中做进一步调整。

图4—14所示流程图显示了分析期和项目使用寿命期的可能组合。本书将在后面的章节中详细讨论如何处理项目寿命期彼此不同以及项目寿命期与分析期不同的情况。下面先从最简单的情况开始讨论：项目寿命期与分析期一致。

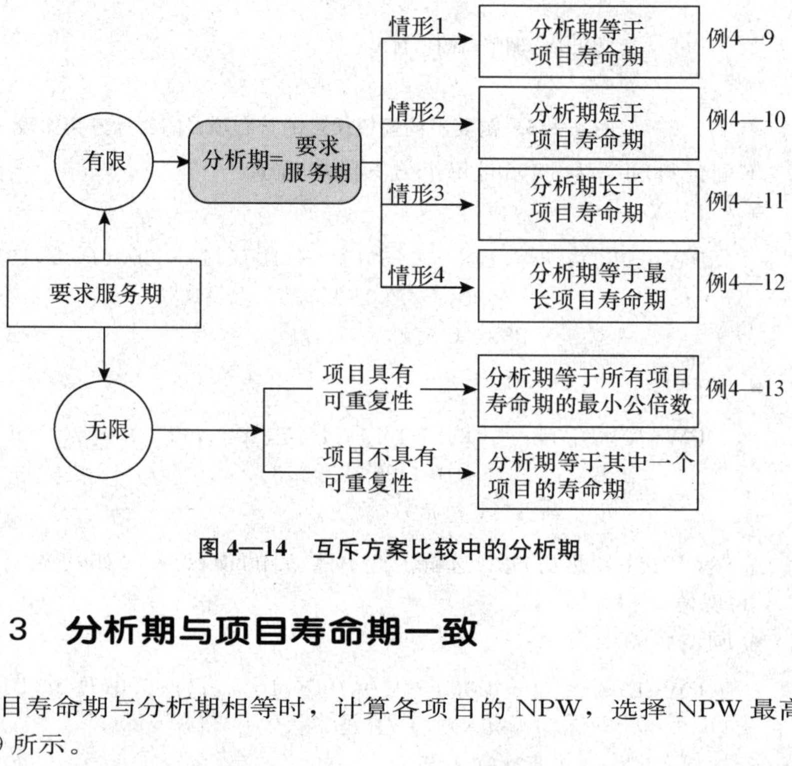

图4—14 互斥方案比较中的分析期

4.5.3 分析期与项目寿命期一致

当项目寿命期与分析期相等时，计算各项目的NPW，选择NPW最高的项目，如例4—9所示。

例4—9

三个备选方案的现值比较：具有相同寿命期的营利项目

布拉德公司（Bullard Company，BC）计划通过制造机床工作台、鞍座、机底座等其他类似部件来扩大其机械产品范围。几种新设备和人员的搭配都能满足这一要求。

- 方案1（M1）：配备有3个操作工的新加工中心；
- 方案2（M2）：配备有自动交换工作台和3个操作工的新加工中心；

● 方案 3（M3）：配备有自动交换工作台和 2 个任务共享的操作工的新加工中心。

这些方案的成本和收益各不相同。自动交换工作台省去了拆装零件的时间。当然，购买、安装和配备工器具的成本也比较高，但由于该设备效率高且用途广泛，可以产生更高的收益。而任务共享的操作工尽管节约了劳务成本，但培训时间长，且最初工作效率较低。不过随着操作人员彼此熟悉且工作经验得到逐步积累，预计年收益在 5 年研究期内每年增长 13%。BC 公司所预计的投资费用和增量收益如表 4—5 所示。

表 4—5　　三个加工中心设计方案的财务数据汇总　　单位：美元

	加工中心设计方案		
	M1	**M2**	**M3**
投资：			
购买机床	121 000	121 000	121 000
购买自动交换工作台	—	66 600	66 600
安装费	30 000	42 000	42 000
购买工器具	58 000	65 000	65 000
总投资	209 000	294 600	294 600
年收益：第 1 年			
增量收益	55 000	69 300	36 000
直接人工节省	—	—	17 300
间接费用节省	—	4 700	4 700
第 1 年：净收益	55 000	74 000	58 000
第 2～5 年：净收益	保持不变	保持不变	$g=13\%$/年
第 5 年设备残值	80 000	120 000	120 000

所有现金流量都考虑了税费的影响。因为如果以上方案都不具有经济上的可行性，BC 公司将不会扩大生产，所以“无项目”方案显然也是备选方案之一，如果有方案被选中，BC 公司预计新的加工中心运营期为 5 年。如果采用 PW 指标，$i=12\%$时应该选择哪个方案？

解：

已知：三个营利项目的现金流量，$i=12\%$/年。

求：每个项目的 NPW 并选择最优项目。

$i=12\%$时，计算三个营利项目的 NPW，得

● M1：

$$\begin{aligned}PW(12\%)_{M1}&=-209\,000+55\,000(P/A,12\%,5)+80\,000(P/F,12\%,5)\\&=34\,657(\text{美元})\end{aligned}$$

● M2：

$$\begin{aligned}PW(12\%)_{M2}&=-294\,600+74\,000(P/A,12\%,5)+120\,000(P/F,12\%,5)\\&=40\,245(\text{美元})\end{aligned}$$

● M3：

$$PW(12\%)_{M3}=-294\,600+58\,000(P/A_1,13\%,12\%,5)+120\,000(P/F,12\%,5)$$
$$=37\,085(美元)$$

显然，M2 方案经济效益最好。考虑到 BC 公司的情况和市场需求，管理层决定采用自动交换工作台，但不使用任务共享的操作工。表 4—6 说明了如何利用 Excel 工作表比较互斥方案。

表 4—6　利用 Excel 工作表计算每个方案的 NPW

	A	B	C	D	E	F	G	H
1								
2	方案 1		0	1	2	3	4	5
3								
4		收益：						
5		增量收益		$55,000	$55,000	$55,000	$55,000	$55,000
6		投资：						
7		机床	-$121,000					
8		自动交换工作台						
9		安装	-$30,000					
10		工器具	-$58,000					
11		残值						$80,000
12								
13		净现金流量	-$209,000	$55,000	$55,000	$55,000	$55,000	$135,000
14		NPW	$34,657					
15	方案 2							
16								
17		收益：						
18		增量收益		$69,300	$69,300	$69,300	$69,300	$69,300
19		间接费用节省		$4,700	$4,700	$4,700	$4,700	$4,700
20		投资：						
21		机床	-$121,000					
22		自动交换工作台	-$66,600					
23		安装	-$42,000					
24		工器具	-$65,000					
25		残值						$120,000
26								
27		净现金流量	-$294,600	$74,000	$74,000	$74,000	$74,000	$194,000
28		NPW	$40,245					
29	方案 3							
30								
31		收益：						
32		增量收益		$36,000	$40,680	$45,968	$51,944	$58,697
33		直接人工节省		$17,300	$19,549	$22,090	$24,962	$28,207
34		间接费用节省		$4,700	$5,311	$6,001	$6,782	$7,663
35		投资：						
36		机床	-$121,000					
37		自动交换工作台	-$66,600					
38		安装	-$42,000					
39		工器具	-$65,000					
40		残值						$120,000
41								
42		净现金流量	-$294,600	$58,000	$65,540	$74,060	$83,688	$214,567
43		NPW	$37,085					
44								

4.5.4　分析期与项目寿命期不一致

例 4—9 假设了分析互斥项目时最简单的情况：各项目使用寿命期均相同，而且与要求服务期相同。这种情况在实践中很少出现。通常项目寿命期与分析期不同，或者项目之间寿命期不同（或两者兼有）。例如，两台设备功能相同，但其中一台使用寿命长于另一台，且都比分析期长。本书将在本节及以后的例子中介绍处理这种复杂情况的方法。

项目寿命期长于分析期

项目寿命期很少与公司预设的分析期不谋而合，不是过长就是过短。项目寿命期特别长的情况比较容易解决。

假设某公司计划实施一个为期 5 年的生产项目。而备选设备使用寿命都是 7 年。此时可以按照要求服务期来进行分析（本例为 5 年），然后分析期末设备仍有未被使用的（本例为两年的使用价值），可将其归入残值。**残值**（salvage value）是设备为项目完成服务功能之后尚能卖出的价格。或者，残值是以货币衡量的设备的剩余价值。

项目寿命期长于分析期的例子常见于建筑行业：项目完工时间相对较短，而施工所用设备的使用寿命相对较长。

例 4—10

现值比较：项目寿命期长于分析期

废弃物管理公司（Waste Management Company，WMC）赢得了一份合同，合同要求该公司将某公共区域中的放射性材料移除并转移到指定垃圾堆积区。这项任务需要一个特制的推土机将材料挖掘出来并装载到运输车上。大约有 400 000 吨的废弃物需要在两年内完成移除。

- 购买 A 型机器每台需花费 150 000 美元，工作 6 000 小时后需要大修。两年内将废弃物全部移除需要两台 A 型机器，每台每年工作 2 000 小时，运行成本为 40 000 美元。按照这个使用率，机器可以运行 3 年，3 年后每台机器的残值预计为 25 000 美元。
- 购买效率更高的 B 型机器每台需花费 240 000 美元，可工作 12 000 小时且不需要大修。该机器每年工作 2 000 小时，运行成本为 22 500 美元，两年内可以完成任务。预计 B 型机器第 6 年年末的残值为 3 000 美元。同样，两年内将废弃物全部移除需要两台 B 型机器。

由于两种机器的寿命期都超过了项目要求服务期（见图 4—15），WMC 必须估计项目期末设备的剩余价值。WMC 的工程师预计两年后二手 A 型机器售价为每台 45 000 美元，B 型机器售价为每台 125 000 美元。考虑税费因素后，每个方案的现金流量如下表所示（单位：千美元）：

年份	A 型机器	B 型机器
0	−300	−480
1	−80	−45
2	−80 [+90]	−45 [+250]
3	−80 +50	−45
4		−45
5		−45
6		−45 +60

方框中数据为分析期期末（第2年年末）设备的预计残值。假设公司的MARR为15%，应该接受哪种方案？

解：

已知：两种方案的现金流量如图4—15所示，$i=15\%/$年。

求：每个方案的NPW，并判断哪个方案更优。

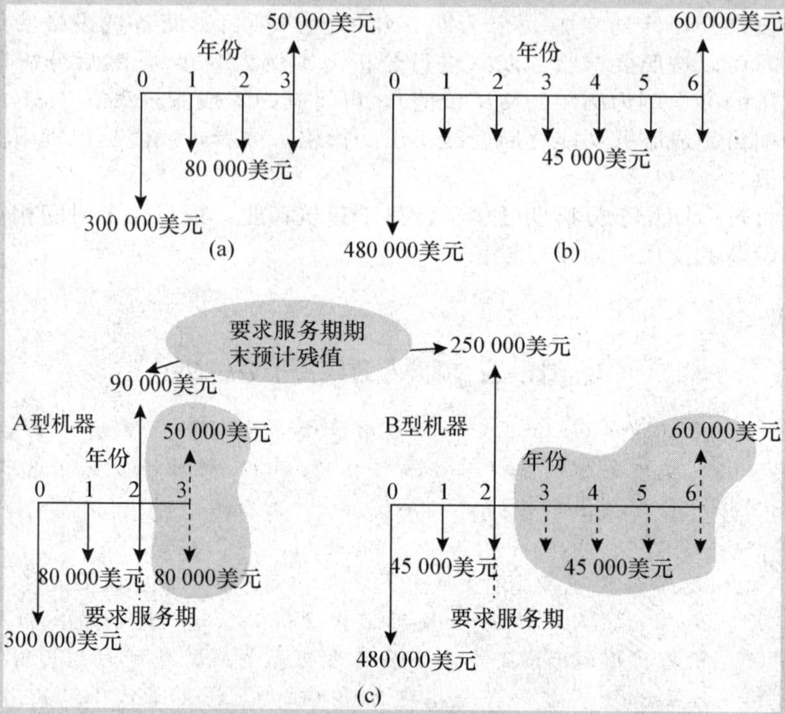

图4—15 (a) A型机器的现金流量；(b) B型机器的现金流量；(c) 要求服务期短于寿命期时不同寿命期的服务项目的比较（例4—10）

首先，由于两者都是服务项目，可以假设从两个方案中得到的收益是相同的。因为公司估计了分析期期末（两年后）设备的市值，所以可以直接比较两种型号的机器。由于清理废弃物的收益相等，因此主要比较项目的费用：

$$PW(15\%)_A=-300-80(P/A,15\%,2)+90(P/F,15\%,2)$$
$$=-362(\text{美元})$$
$$PW(15\%)_B=-480-45(P/A,15\%,2)+250(P/F,15\%,2)$$
$$=-364(\text{美元})$$

A型机器的费用现值较低，故为最优方案。

项目寿命期短于分析期

当项目寿命比要求服务期短时，必须考虑在项目达到寿命期限后，如何满足要求服务期的剩余部分。在这种情况下替代项目（在初始项目达到使用寿命期限后实施的附加项目）是必需的。必须对足够数量的符合或超过要求服务期的替代项目加以分析。

为了简化分析，可以假设替代项目与初始项目完全相同，具有相同的成本和收益。然而，这种假设并不是必需的。例如，根据预测，我们认为另一种技术（如设备、材料或工艺）是更好的替代方案。无论选择完全一样的方案还是全新的技术作为替代项目，与项目寿命期长于分析期的情况一样，最终很可能有未完全使用的设备需要考虑其残值。当然，我们可以租赁必要的设备或者分包分析期内剩余的工作。这样就能与分析期吻合而不用考虑残值的问题。

任何情况下都必须在分析期期初对分析方法做一些初步猜测。然后，当初始项目接近寿命期期限时，可以针对不同的替代项目调整分析方法。这是唯一合理的做法，因为经济分析是贯穿公司或项目始终的动态活动，应该始终使用所能获得的最新最可靠的数据。

例 4—11

现值比较：项目寿命期短于分析期

Smith Novelty 公司是一家邮购公司，它打算安装一个自动邮寄系统来邮寄产品通知和发票。公司有两种机器可以选择。两种机器的设计不同，但具有相同的功能且能够胜任完全相同的工作。半自动的A型机器售价12 500美元，可用3年；全自动的B型机器售价15 000美元，可用4年。两种机器的预计现金流量如下，其中包含了维护费、残值和税费的影响：

单位：美元

n	A型机器	B型机器
0	−12 500	−15 000
1	−5 000	−4 000
2	−5 000	−4 000
3	−5 000+2 000	−4 000
4		−4 000+1 500
[5] 分析期		

随着业务增长到一定程度，至第5年年末两种型号的机器可能都已不能完成日益扩大的业务量。如果出现这种情况，则需要安装一个完全计算机化的邮购系统来处理增加的业务量。当 MARR=15%，公司应该选择上述哪种型号的机器？

解：

已知：两种方案的现金流量，分析期为5年，$i=15\%$。

求：每种方案的 NPW，并判断应该选择哪种方案。

由于两种型号的机器的寿命期都短于5年的要求服务期，因此必须做出如何满足服务要求的假设。假设公司计划在剩余要求服务期内租赁与A型机器相当的设备，租金每年为6 000美元（税后），年运营成本为5 000美元。这种情况下，现金流量如图4—16所示。

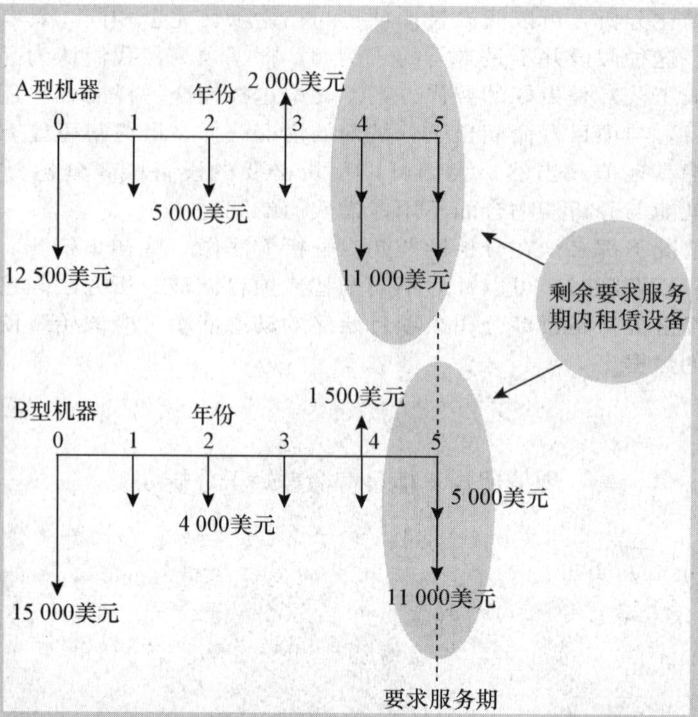

图 4—16　要求服务期长于项目寿命期时不同寿命期的服务项目的比较（例 4—11）

n	A 型机器	B 型机器
0	−12 500	−15 000
1	−5 000	−4 000
2	−5 000	−4 000
3	−5 000＋2 000	−4 000
4	−5 000−[6 000]	−4 000＋1 500
5	−5 000−[6 000]	−5 000−[6 000]

上表中方框内的数据代表每年的租赁费用。（每年租赁费为 6 000 美元，运营成本为 5 000 美元，其他维修费用由租赁公司承担。）需要注意的是，现在两种方案的要求服务期都是 5 年。因此，可以用 NPW 法分析：

$$\begin{aligned}PW(15\%)_A &= -12\,500-5\,000(P/A,15\%,2)-3\,000(P/F,15\%,3)\\&\quad -11\,000(P/A,15\%,2)(P/F,15\%,3)\\&= -34\,359(\text{美元})\end{aligned}$$

$$\begin{aligned}PW(15\%)_B &= -15\,000-4\,000(P/A,15\%,3)-2\,500(P/F,15\%,4)\\&\quad -11\,000(P/F,15\%,5)\\&= -31\,031(\text{美元})\end{aligned}$$

由于是服务项目，B 型机器是更优选择。

分析期与最长的项目寿命期一致

如前面例子中所提到的，要使替代方案具有可比性通常必须使其具有相等的未来期间。然而，在某些情况下，如果由于公司的任务或需求是一次性的，因此营利项目只需要一次性投资，那么即使它们的项目寿命期不同也可进行比较。例如开采具有固定数量的自然资源，如石油或者煤。

考虑两个互斥方案：其中一个方案需要 10 年才能开采完一定量的煤炭，另一个只需要 8 年。如果采用寿命期较短的方案且煤炭已经采罄的话，项目就没有继续进行的必要。此例中，两种方案应以 10 年为分析期（两者中较长的寿命期）进行比较，且假设寿命期较短的方案 8 年后便不再产生现金流量。由于货币具有时间价值，即使煤炭价格不变，收益也必须纳入分析范畴。即使两个方案的总收益（未折现）相同，寿命期短的项目的现值更大。因此，可以通过计算各自寿命期内的 NPW 比较两个方案。需要注意的是，这种情况下分析期需与最长的项目寿命期一致。（这里仍然假设分析期为 10 年。）

例 4—12

现值比较：分析期与互斥方案中最长项目寿命期一致的情况

山麓牧场家族公司（Foothills Ranching Company，FRC）拥有用做种粮和放牧的土地的开采权。最近，此处发现了石油。该家族决定开采石油，然后卖掉土地撤出。公司可以租赁必要的设备自己开采石油并销售，也可以将土地出租给石油公司：

- **开采方案**：如果公司选择自己开采，前期需要 300 000 美元的租赁费，但自正式开采后 5 年内每年年末税后净现金流量为 600 000 美元。5 年后石油采罄，公司能够以 1 000 000美元的价格卖出土地。
- **出租方案**：如果公司选择出租土地，石油公司只能开采 3 年，到时候 FRC 能以 800 000 美元的价格卖出土地。（土地转让价格不同是由于土地升值幅度不断提高。）土地出租 3 年期间 FRC 每年年初得到 630 000 美元的租金。

两方案相关的成本和收益如图 4—17 所示。$i=15\%$时，应选择哪个方案？

解：

已知：现金流量如图 4—17 所示，$i=15\%$/年。

求：每个方案的 NPW，并判断应该选择哪个方案。

如图 4—17 所示，石油采罄后项目将终止。计算每个方案的现值，得

$$\begin{aligned}\mathrm{PW}(15\%)_{\text{开采}} &= -300\,000+600\,000(P/A,15\%,4)+1\,600\,000(P/F,15\%,5)\\ &=2\,208\,470(\text{美元})\\ \mathrm{PW}(15\%)_{\text{出租}} &= 630\,000+630\,000(P/A,15\%,2)+800\,000(P/F,15\%,3)\\ &=2\,180\,210(\text{美元})\end{aligned}$$

由于是营利项目，自行开采的方案相对更优。

评注：两个方案之间 NPW 的微小差异（28 260 美元）表明实际选择哪种方案可能由非经济因素决定。即使自行开采的方案经济上有微弱优势，公司仍可能放弃较少的增量收益选择租赁方案，而不是承担全新的商业风险去自行开采。能够影响决策的另一个关键因素是每个方案的土地售价。较长时间后的未来土地价值往往难以预测，公司可能会对预测的准确度感到一定程度的不确定。本书将在第 11 章讨论敏感性分析，可以利用该方法将项目现金流量准确度的不确定性纳入分析范畴。

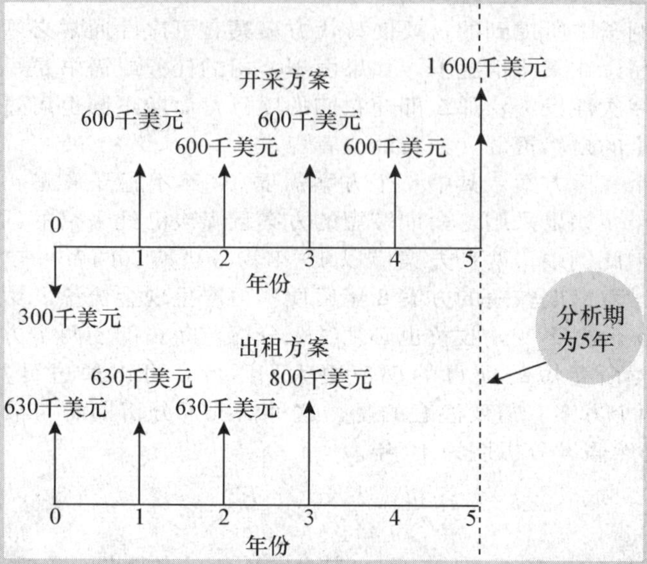

图 4—17　分析期与互斥方案中最长项目寿命期一致时寿命不等营利项目的比较（例 4—12）

说明：本例中分析期为 5 年，且假设出租方案在第 4、5 年没有产生现金流量。

□ 4.5.5　分析期不明确的情况

到目前为止，我们研究的重点是分析期已明确的情况。当分析期不明确时，则由分析者根据公司政策、实际情况或者投资项目的寿命期做适当选择。这种情况下最简便的做法是基于方案的使用寿命期进行分析。当各方案寿命期相同时，做出选择会非常容易。当各方案的寿命期不同时，必须选择合适的分析期，从而能够在一个相同的期间比较各方案，这个期间叫做**共同服务期**（common service period）。

项目寿命期的最小公倍数

如果预期投资项目可以在无限周期中保持基本生产水平，则可以假设要求服务期无穷大。尽管分析过程将会复杂而烦琐，但在数学上这种假设是可行的。因此，当假设投资项目可以无限期持续下去时，通常会选择项目寿命期的**最小公倍数**（lowest common multiple）作为分析期。例如，A 方案使用寿命期为 3 年，B 方案使用寿命期为 4 年，则可以选择 12 年作为分析期或共同服务期。然后把方案 A 看作 4 个寿命周期循环，把方案 B 看作 3 个寿命周期循环，每种情况下备选方案都能完整地实施。该方法的结果一般认为可以良好地预测在可预见的未来哪种方案在经济学上最为明智。例 4—13 就是一个以项目寿命期的最小公倍数为分析期的例子。

例 4—13

现值比较：项目寿命期不同时采用最小公倍数法

回顾例 4—11，假设 A，B 型机器都可以处理未来增长的业务量，且在第 5 年年末系统不会被淘汰。相反，预计系统会按现有模式一直运营下去。假设两类机器在价格和运营成本方面也没有明显变化，MARR=15%，则应该选择哪种型号的机器？

已知：两种方案的现金流量如图 4—18 所示，$i=15\%$/年，分析期没有明确。

求：各方案的 NPW，并判断应该选择哪个方案。

已知上述两个互斥方案寿命期不同，但年收益相同。在这种情况下，只要两个方案具有相同的分析期，就可以忽略相同的收益而只基于成本做出决策。

为了使两个项目具有可比性，假设无论 3 年或者 4 年后，系统都利用原机器更新，且所需的成本不变。3 和 4 的最小公倍数为 12，所以以 12 年为共同分析期。注意两种方案现金流量上的所有差异都将会在第一个 12 年里表现出来，之后每 12 年重复一次，更新周期和现金流量如图 4—18 所示，分析如下：

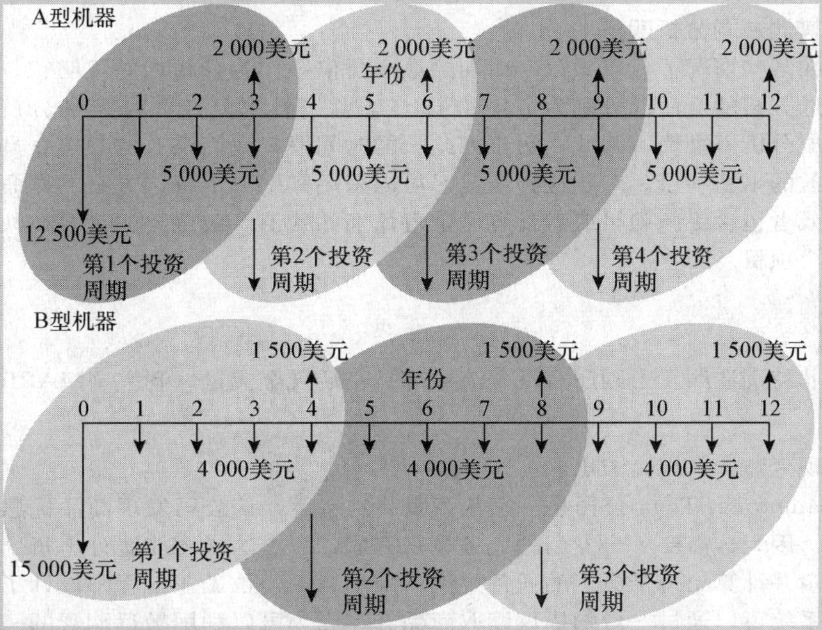

图 4—18　要求服务期趋于无穷大时寿命不等的项目比较（项目可以无限次重复，运营和维护成本不变）（例 4—13）

- A 型机器。12 年间包含 4 个投资周期，第 1 个投资周期的 PW 是：

$$PW(15\%) = -12\,500 - 5\,000(P/A,15\%,3) + 2\,000(P/F,15\%,3) = -22\,601(\text{美元})$$

经过 4 次循环，PW 总和为：

$$PW(15\%) = -22\,601[1 + (P/F,15\%,3) + (P/F,15\%,6) + (P/F,15\%,9)] = -53\,657(\text{美元})$$

- B 型机器。12 年间包含 3 个投资周期，第 1 个投资周期的 PW 是：

$$PW(15\%) = -15\,000 - 4\,000(P/A,15\%,4) + 1\,500(P/F,15\%,4) = -25\,562(\text{美元})$$

经过 3 次循环，PW 总和为：

$$PW(15\%) = -25\,562[1 + (P/F,15\%,4) + (P/F,15\%,8)] = -48\,534(\text{美元})$$

显然，与之前结论一样，B方案更优。

评注：在例4—13中，分析期为12年是合理的。各系统实际再投资的次数取决于系统未来的技术发展情况，因此可能真的需要4次循环（A方案）或3次循环（B方案），也可能不需要。分析的有效性同时也依赖于系统成本和劳动力成本是否能够保持不变。如果假设**币值不变**（constant-dollar prices）（参见第10章），这种分析法能够提供可靠的结果。（从例5—3中可以看出，年值法解决此类问题在数学上更方便。）如果在未来更新过程中不能假设币值不变，则需要对分析期每次更新的成本进行估算。这将使问题变得相当复杂。

其他共同分析期

在某些情况下，以项目寿命期的最小公倍数作为分析期并不明智。例如，有两个备选方案的寿命期分别为7年和12年。除了计算复杂，84年的分析期太长，也会造成分析不准确。因此，对于如此长的时间段，我们没有信心建立具有相同成本和收益的更新项目。对于这种情况，可以采用其中一个备选方案的寿命期作为分析期，或者包含更新项目或者计算剩余寿命期的残值。最重要的是要在共同期间内比较两个项目。

习 题

注：除非特别注明，否则所有现金流量都是税后现金流量，利率（MARR）也是税后利率。

* 估计现金流入和现金流出

4.1 Camptown Togs公司是一家儿童服装制造商，该公司发现商品优惠券的处理工作成本很高，因为这需要一个专门的业务员来完成，只有这样才能统计出每个员工所收到的商品券数量并计算出每个员工的任务类型。前不久，一位工业工程师设计了一个半自动化系统，该系统可以通过一台扫描仪读取商品券。因为可以利用最近购置的一批个人电脑系统，管理层对该系统很感兴趣。预计这个新的自动化系统每年可节约人工成本45 000美元。该系统的购置及测试费用共计30 000美元。预计每年的运营成本和所得税共计5 000美元。系统寿命期为5年。预计净残值为3 000美元。

(a) 计算项目寿命期内的现金流入。

(b) 计算项目寿命期内的现金流出。

(c) 求项目寿命期内的净现金流量。

* 投资回收期

注：除非特别注明，题目中的“投资回收期”都是指静态投资回收期。

4.2 接习题4.1，求：

(a) 收回投资所需时间。

(b) 公司的税后利率为15%时，项目的动态投资回收期。

※**4.3** 已知项目成本120 000美元，预计年收入如表4—7所示。

表4—7

年份	现金流量（美元）
1	18 500
2	25 500

续前表

年份	现金流量（美元）
3	27 980
4	32 660
5	40 230

求：

（a）项目的投资回收期。

（b）当利率为 15%时，项目的动态投资回收期。

* 净现值判据

4.4　某项目初始投资 100 000 美元，未来 5 年每年收入为 30 000 美元，利率为 12%，求项目的净现值。

4.5　四个项目的现金流量如表 4—8 所示，求：

（a）利率 $i=10\%$时，每个项目的现值。

（b）画出项目 B 的现值关于利率的函数图（利率取值为 0～30%）。

表 4—8

n	项目的现金流量（美元）			
	A	B	C	D
0	−3 500	−6 500	−2 800	−4 300
1	0	1 600	−1 800	−1 000
2	0	1 800	−900	1 900
3	0	1 500	2 500	2 300
4	4 200	2 200	3 500	1 500

4.6　某人计划购买一台新的注模机器。预计服务寿命期为 10 年，税后残值可忽略不计。税后年净现金流入 60 000 美元。预计投资收益率为 15%，那么注模机器购置费最高不能超过多少美元？

* 将来值和项目余额

4.7　四个项目的现金流量如表 4—9 所示，求：

（a）利率 $i=15\%$时，每个项目的净现值。

（b）利率 $i=15\%$时，每个项目的净将来值。

表 4—9

n	项目的现金流量（美元）			
	A	B	C	D
0	−12 500	−11 000	12 500	−13 000
1	5 400	−3 000	−7 000	5 500
2	14 400	21 000	−2 000	5 500
3	7 200	13 000	4 000	8 500

哪个或哪几个项目可接受？

4.8　一典型投资项目的使用寿命期为 5 年，表 4—10 为其项目投资余额图。

（a）根据项目投资余额图建立项目原始现金流量图。

（b）求项目的静态投资回收期。

表 4—10 **投资项目余额** 单位：美元

n	A_n	项目余额
0	−3 000	−3 000
1	ⓐ	−2 700
2	1 470	−1 500
3	ⓑ	0
4	ⓒ	−300
5	600	ⓓ

4.9 根据表 4—11 所给信息求：

（a）每个项目寿命期末的将来值，$i=12\%$。

（b）每个项目的可接受性。

表 4—11 单位：美元

n	项目的现金流量				
	A	B	C	D	E
0	−2 200	−4 500	−3 200	−5 400	−7 200
1	−500	1 500	1 200	1 500	2 500
2	900	−4 000	0	1 000	2 800
3	1 500	5 000	4 000	3 000	3 500
4	3 200	6 000	7 000	3 000	—
5	−700	3 000	2 000	2 400	—

4.10 各独立投资项目如表 4—12 所示。假设 MARR＝12％，回答下列问题：

（a）计算各项目的净现值，并判断是否可接受。

（b）计算各项目在项目期期末的将来值，并判断是否可接受。

（c）计算在 MARR 可变的条件下（$n=0$～$n=3$ 为 10％，$n=4$～$n=6$ 为 15％），各项目在第 6 年年末的将来值。

表 4—12 单位：美元

n	项目现金流量		
	A	B	C
0	−800	−500	200
1	150	150	−40
2	150	150	−60
3	350	150	−140
4	−200	100	—
5	500	100	—
6	400	—	—

4.11 备选项目的投资余额如表 4—13 所示，余额数值为四舍五入后的取值。

（a）计算各投资项目的净现值。

（b）如果 A_2 为 500 美元，求项目 C 在 $n=2$ 末期的余额。

（c）求各项目的现金流量。

（d）求各项目的净将来值。

表 4—13 单位：美元

n	项目现金流量		
	A	**B**	**C**
0	−1 000	−1 000	−1 000
1	−800	−680	−530
2	−600	−302	X
3	−400	−57	−211
4	−200	233	−89
5	0	575	0
利率	0%	18%	12%

＊资本化等值

4.12 Geo-Star 制造公司计划购买一台打孔机，将花费 100 000 美元，年维护费 10 000美元，每 4 年额外大修一次，花费 20 000 美元。假设设备可以在上述条件下无限期使用，当利率为 10%时，该项投资的资本化等值是多少？

4.13 有一群人成立了一个信托基金，利率为 5%，按月复利，计划每年支出 80 000 美元用于保护某历史建筑。求建筑保护费的资本化等值。

＊互斥方案

※**4.14** 两竞争性投资项目的现金流量数据如表 4—14 所示，利率 $i=12\%$，判断哪个项目更优？

表 4—14

n	现金流量数据（千美元）	
	项目 A	**项目 B**
0	−1 000	−2 800
1	−1 300	−660
2	−435	820
3	875	820
4	875	1 180
5	1 475	1 880
6	1 775	1 600
7	675	880
8	675	780
9	375	380
10	660	840

4.15 现有两种型号的机器可用于某制造工艺。

● A 机器。初始成本 75 200 美元，预计第 6 年年末的残值为 21 000 美元，运营成本每年 6 800 美元，增量所得税为每年 2 400 美元。

● B 机器。初始成本 44 000 美元，第 6 年年末的残值可忽略不计，运营成本每年 11 500 美元。

当利率 $i=13\%$ 时比较两互斥方案的现值。

4.16 两互斥项目如表 4—15 所示。

残值代表在每年年末资产处置所得收入。项目 B1 和 B2 可无限期再投资，且成本和残值保持不变。

（a）假设规划期为无穷，MARR=12%，哪个项目更优？

（b）如果规划期为 10 年，MARR=12%，哪个项目更优？

表 4—15 单位：美元

n	B1		B2	
	现金流量	残值	现金流量	残值
0	−20 000	—	−17 000	—
1	−2 000	10 000	−2 500	9 000
2	−2 000	8 000	−2 500	6 000
3	−2 000	5 000	−2 500	3 000
4	−2 000	3 000	—	—
5	−2 000	2 000	—	—

4.17 一发电厂计划为一微波塔招标，包括购置、安装和运行费用。两投标方案的详细情况如表 4—16 所示。如果利率为 11%，20 年后两方案的微波塔都无残值。哪个投标方案经济上更优？利用 NPW 比较两互斥方案。

表 4—16 单位：美元

	单个微波塔的成本	
	投标价 A	投标价 B
设备购置费	112 000	98 000
安装费	25 000	30 000
年检修费	2 000	2 500
年增量所得税	—	800
寿命期	40 年	35 年
残值	0	0

4.18 有一个两层购物中心正在建设中，虽然最终设计要求安装 16 台自动扶梯，但计划开始只安装 9 台。问题在于是否提供必要的设施（楼梯支架、配线管道、电机基础等）。现有两个备选方案，其中一个方案是现在就提供所有必要设施，允许将来安装其余电梯，但必须一次性支付所有购置及安装费用。另一方案是推迟投资，直到必须安装其余电梯时再提供其必要的设施。

- 方案 1：现在就提供所有必要设施，需要 300 000 美元。
- 方案 2：推迟为尚未安装的电梯提供必要的设施，2 年后安装 2 台自动扶梯，为提供必要设施花费 140 000 美元，5 年后再安装 3 台，为提供必要设施花费 16 000 美元，8 年后再安装其余 2 台，为提供必要设施花费 180 000 美元。

每台扶梯的必要设施每年需要 7 000 美元的额外费用，假设该费用在安装必要设施后的第 2 年产生，年利率 12%，比较 8 年间两方案的净现值。

4.19 一大型炼油—石化总厂计划生产氢氧化钠，每天将用水 10 000 加仑。有两种备选给水储存装置，使用寿命期都是 40 年。

- 方案 1。在塔顶修建一个容量 20 000 加仑的水箱。水箱和塔的安装成本预计为 164 000美元，残值可忽略不计。

- 方案 2。在距炼油厂 150 码的山顶上修建一个容量 20 000 加仑的水箱，水箱安装费为 120 000 美元，残值可忽略不计。由于水箱坐落在山顶上，需要 12 000 美元的额外投资用于购买抽水设备。抽水设备的使用寿命期为 20 年，期末残值 1 000 美元，年运营及维修成本（税后）预计为 1 000 美元。

假设公司的 MARR 为 12%，利用现值判据判断哪个方案更优。

[注释]

[1] 某些项目（比如污染控制设备的安装）不可避免，此时即使 NPW≤0 也要接受该项目。

[2] 如本章开头所讲，净现金流量被视作税前价值或者已预先计算了税金影响的税后价值。现金流量的估算，需要了解所得税和折旧的作用，第 8 章再作讨论。

[3] 注意在第 3 年项目余额由正变为负的标志。项目余额变为零的时间称为**动态投资回收期**（discounted payback period）。

第5章 年度等值分析

学习目标

通过本章学习，应该掌握以下概念：

- 确定已知项目年度等值（费用）的方法。
- 年度等值方法便于不同服务年限问题比较的原因。
- 购置资产时确定资本投资费用的方法。
- 确定单位成本或单位收益的方法。
- 如何进行寿命周期成本分析。
- 工程设计中设计参数最优化方法。

5.1 年度等值判据

本节根据综合考虑了项目收入和成本流量的年度等值，设立基本决策准则。如果收入流量不相关，则仅以成本为基础进行决策。由此引出一个常用的决策工具“寿命周期成本分析”，5.4节中将对此进行详细讨论。

5.1.1 基本决策准则

年度等值（annual equivalent worth，AE）判据通过计算年度的等额支付系列，成为衡量投资价值的基础。由于一次支付的现金流量可以转换为等额支付系列，我们可以先计算出原现金流量系列的净现值（NPW），再乘以资金恢复系数：

$$AE(i)=PW(i)(A/P,i,N) \tag{5.1}$$

- 单项目评价：对单一收入项目的决策准则如下：

  AE(i)>0，接受投资项目
  AE(i)=0，对投资决策保持中立
  AE(i)<0，拒绝投资项目

式（5.1）中的系数（A/P，i，N）在$-100\%<i<\infty$时为正，这意味着，当且仅当PW(i)为正时，AE(i)为正。也就是说，接受AE(i)为正的项目就是接受PW(i)为正的项目。因此，AE判据与NPW判据是一致的。

- 互斥项目的比较：与现值分析相同，当对收入相同的互斥项目进行比较时，应仅以费用为基础。此时，应选择具有最低年度等值费用（AEC）或最小负年度等值的项目。

例5—1阐释了某节能项目年度等值的确定方法，例中首先计算项目的净现值，再将净现值转化为年度等值。

例5—1

年度等值：单项目评价

为提高效率减少燃料成本，某公共事业公司考虑为现有系统增加第二个供水加热器。可以适用150百万瓦系统的供水加热器成本为1 650 000美元，服务寿命25年，残值忽略不计。加热器安装后，系统的使用效率将从55%提升至56%。供水的燃料成本为0.55美元/千瓦时。系统的负荷系数为85%，也就是说全年的85%时间系统都在运行。

(a) 确定增加供水加热器的年度等值，假设年利率为12%。

(b) 如果第1年后，燃料成本每年增长4%，确定增加第2个供水加热器的年度等值，假设年利率为12%。

解题思路： 当对不同效率的机器设备进行比较时，需要确定运行设备的电力投入。由于效率百分比等于电力产出和投入的比率，我们可以用产出除以效率百分比，确定电力投入。

$$\text{电力投入}=\frac{\text{电力产出}}{\text{效率百分比}}$$

例如，效率为90%的30马力的马达，需要的电力投入为：

$$\text{电力投入}=\frac{30\text{马力}\times 0.746\text{千瓦/马力}}{0.90}=24.87\text{千瓦}$$

安装第二个供水加热器前后的燃料消耗计算如下：

$$\text{安装前，}\frac{150\,000\text{千瓦}}{0.55}=272\,727\text{千瓦}$$

$$\text{安装后，}\frac{150\,000\text{千瓦}}{0.56}=267\,657\text{千瓦}$$

因此燃料消耗减少4 870千瓦。由于系统仅运行全年的85%，年运行时数为：

$$\text{年运行时数}=365\times 24\times 0.85=7\,446(\text{小时/年})$$

解：

已知：I=1 650 000美元，N=25年，S=0，年燃料节省额，i=12%/年。

求：效率提高的燃料节省额的 AE。

（a）假设在供水加热器的服务年限内燃料成本保持不变。

$A_{燃料节省}$＝燃料需求减少量×燃料成本×年运行时数
＝4 870×0.05×7 446
＝1 813 101（美元/年）

PW(12%)＝－1 650 000＋1 813 101(P/A,12%,25)＝12 570 403（美元）
AE(12%)＝12 570 403(A/P,12%,25)＝1 602 726（美元）

（b）假设燃料成本每年增长4%，将（a）部分计算的第1年燃料节省额设为 A_1，采用几何梯度系列现值系数（P/A_1，g，i，N）计算：

A_1＝1 813 101 美元
PW(12%)＝－1 650 000＋1 813 101(P/A_1,4%,12%,25)＝17 459 783（美元）
AE(12%)＝17 459 783(A/P,12%,25)＝2 226 122（美元）

显然，两种情况下，节省的燃料成本都可以证明应当增加第二个供水加热器。图5—1显示了加热器服务的25年中，所需投资以及产生的燃料节省成本的现金流量系列。

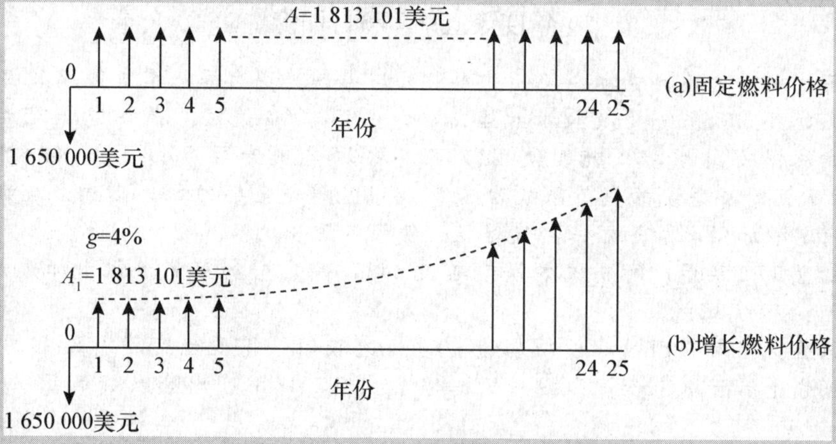

图5—1 现金流量示意图（例5—1）

5.1.2 循环现金流量的年值计算

某些情况下，项目会出现**循环的现金流量形式**（cyclic cash flow pattern）。例5—1中，首先计算全部现金流量的 NPW，再计算 AE。与例5—1不同，计算循环现金流量可以先计算第一个现金流量循环的 AE。即首先计算第一个现金流量循环的 NPW，再计算其 AE。这种简化的方法与计算全部项目的 NPW 可以得出相同的结论，AE 也可通过 NPW 计算。

例5—2

年度等值：循环现金流量

SOLEX 公司使用太阳能电池板发电，将电能卖给当地的公共事业公司。SOLEX 决定使用非晶硅电池以降低初始成本，但该种电池会随时间衰减，导致转换效率和电力产出较低。电池需每4年更换一次，从而产生如图5—2所示的循环现金流量。求该现金流量系列在 $i=12\%$ 时的年度等值。

解：

已知：如图5—2所示的现金流量，$i=12\%$/年。

求：年度等值。

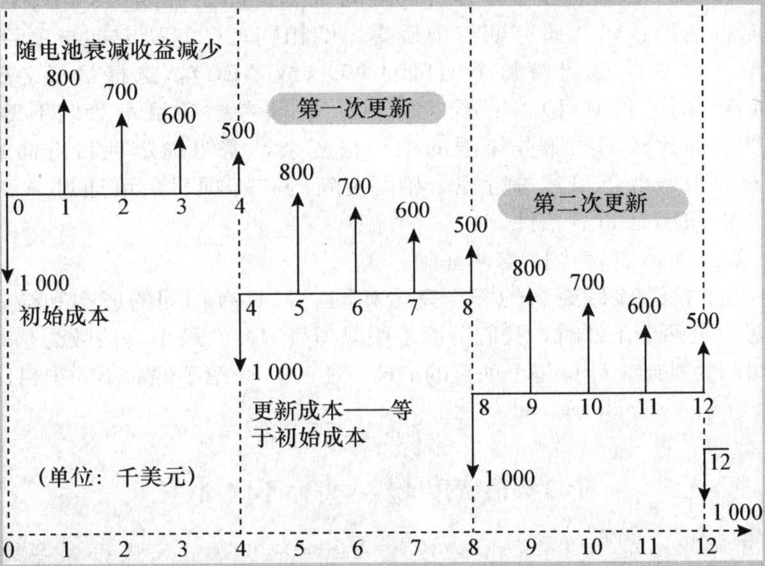

图5—2　循环现金流量转化为年度等额支付

为计算AE，仅需考虑一个4年更换电池的周期。首先计算第一个循环的NPW，$i=12\%$：

$$\begin{aligned}PW(12\%)&=-1\,000\,000+[800\,000-100\,000(A/G,12\%,4)](P/A,12\%,4)\\&=-1\,000\,000+2\,017\,150\\&=1\,017\,150(\text{美元})\end{aligned}$$

计算4年循环期的AE：

$$AE(12\%)=1\,017\,150(A/P,12\%,4)=334\,880(\text{美元})$$

两个现金流量系列是等值的：

单位：美元

原始现金流量		年度等值现金流量	
n	A_n	***n***	A_n
0	−1 000 000	0	0
1	800 000	1	334 880
2	700 000	2	334 880
3	600 000	3	334 880
4	500 000	4	334 880

上述等值计算可扩展到余下的现金流量循环中。理由是每个相同的五次现金流量（一个流出值和四个流入值）系列与4年收到334 800美元等值。换言之，100万美元的太阳能项目投资可以回收4年循环的全部投资并产生年度等值节省额334 880美元。

5.1.3 互斥项目比较

本节将探讨在年度等值基础上，如何进行两个或两个以上互斥项目的比较。4.5节讨论了具有不同服务年限的互斥项目比较的一般原则。在以年度等值为基础进行互斥项目的比较时，需应用相同的原则：必须在相同时间跨度上对互斥项目进行比较。因此，必须细心考虑分析的期间范围，即**研究期**（analysis period）。我们将探讨两种情形：（1）研究期与项目寿命期相同；（2）研究期与项目寿命期不同。

情形（1）中，需计算每个项目的AE（或AEC），选择最低AEC的服务项目（或最高AE的盈利项目）。情形（2）中，必须考虑项目寿命期不等的问题。正如第4章所述，比较不同服务年限的项目很复杂，需要确定项目寿命的最小公倍数。对于具有无限服务年限且进行完全相同更新的特殊项目，可通过AE分析避免复杂的计算，但须满足如下条件。

1. 备选项目需满足持续性基础。
2. 每个备选项目更新的资产完全相同，且具有相同的成本和绩效。

满足以上两个条件时，我们可以不用以项目寿命的最小公倍数为基础，而是以初始的服务时间为基础，计算每个项目的AE。例5—3介绍了寿命不同项目比选的过程。

例5—3

年度等值费用比较：寿命不同项目

例4—13中比较了不同服务年限的两种设备。现在我们应用年度等值费用（AEC）方法选择最具经济性的设备。

解：

已知：图5—3中的成本型现金流量，$i=15\%/$年。

求：年度等值费用以及最佳备选方案。

例4—13的另一种解法是计算出A型机器每3年的年度等值费用12 500美元，计算出B型机器每4年的年度等值费用15 000美元。每12年的现金流量的年度等值费用与相应的每3或4年的现金流量是一致的（见图5—3）。根据例4—13，计算如下。

- A型机器：3年寿命期内有

$$PW(15\%)=-22\,601 \text{ 美元}$$
$$AEC(15\%)=22\,601(A/P,15\%,3)=9\,899(\text{美元})$$

12年（完整研究期）内有

$$PW(15\%)=-53\,657 \text{ 美元}$$
$$AEC(15\%)=53\,657(A/P,15\%,12)=9\,899(\text{美元})$$

- B型机器：4年寿命期内有

$$PW(15\%)=-25\,562(\text{美元})$$
$$AEC(15\%)=25\,562(A/P,15\%,4)=8\,954(\text{美元})$$

12年（完整研究期）内有

$$PW(15\%)=-48\,534(\text{美元})$$
$$AEC(15\%)=48\,534(A/P,15\%,12)=8\,954(\text{美元})$$

根据共同服务期限计算的年度等值费用，与根据初始服务期限计算的结果相同。因此，对于服务寿命期不同的方案，根据项目重复实施的共同服务期限计算 NPW，与根据初始服务期限计算 AE 的比选结果相同。

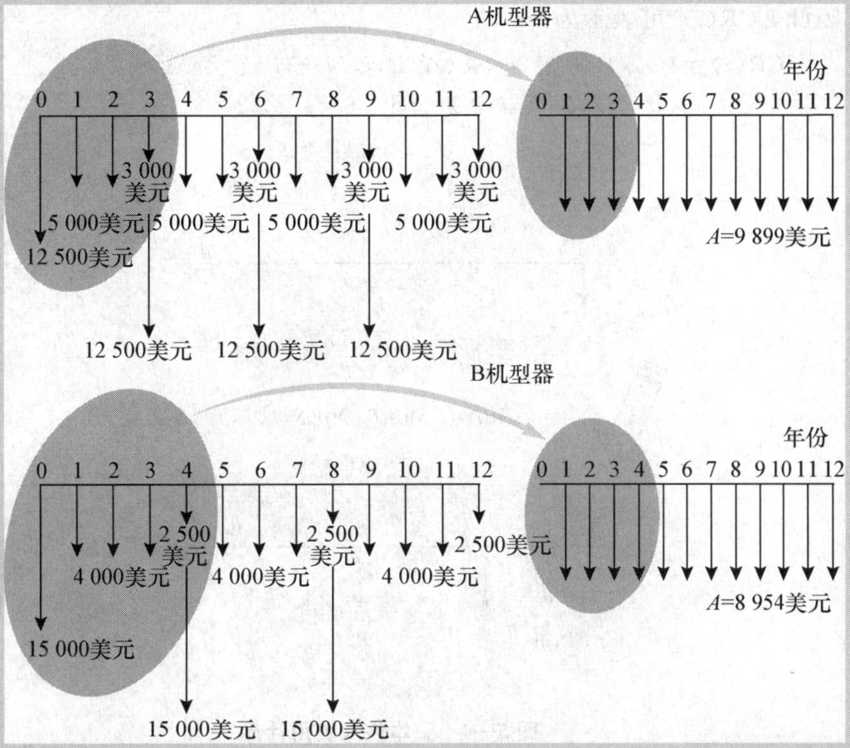

图 5—3　寿命不同项目的比较以及利用年度等值判据进行无限期项目分析（例 5—3）

5.2　资本投资费用与经营成本

如前文所述，当只涉及成本时，AE 方法也可称为**年度等值费用**（annual equivalent cost，AEC）方法。在这种情况下，收入必须覆盖两类成本：经营成本和资本投资费用。

- **经营成本**（operating costs）是提供服务的工厂或设备运营产生的成本，例如人工成本、材料成本。
- **资本投资费用**（capital costs/capital recovery cost）是购置资产以供生产或服务使用而产生的成本。一般而言，投资不会再次出现（也就是说是一次性的），而经营成本会在拥有资产的期间内重复出现。

由于经营成本会在整个项目期间反复出现，我们倾向于以每年为基础计算经营成本，因此在进行年度等值费用分析时无须再次计算经营成本。然而，由于投资费用是一次性成本，在进行年度等值费用分析时，需要将这笔一次性成本转化为项目期间的年度等值。资本投资费用的年度等值称为**资本恢复费用**（capital recovery cost），表示为 $CR(i)$。

如图 5—4 所示，两项一般的货币交易涉及资本资产的购置和最终处置：初始投资费用（I）和残值（S）。两项加总，资本恢复费用为：

$$CR(i)=I(A/P,i,N)-S(A/F,i,N) \tag{5.2}$$

回顾表 2—6 中的代数关系，系数（A/F，i，N）可表示为：

$$(A/F,i,N)=(A/P,i,N)-i$$

因此，$CR(i)$ 可表示为：

$$\begin{aligned}CR(i)&=I(A/P,i,N)-S[(A/P,i,N)-i]\\&=(I-S)(A/P,i,N)+iS\end{aligned} \tag{5.3}$$

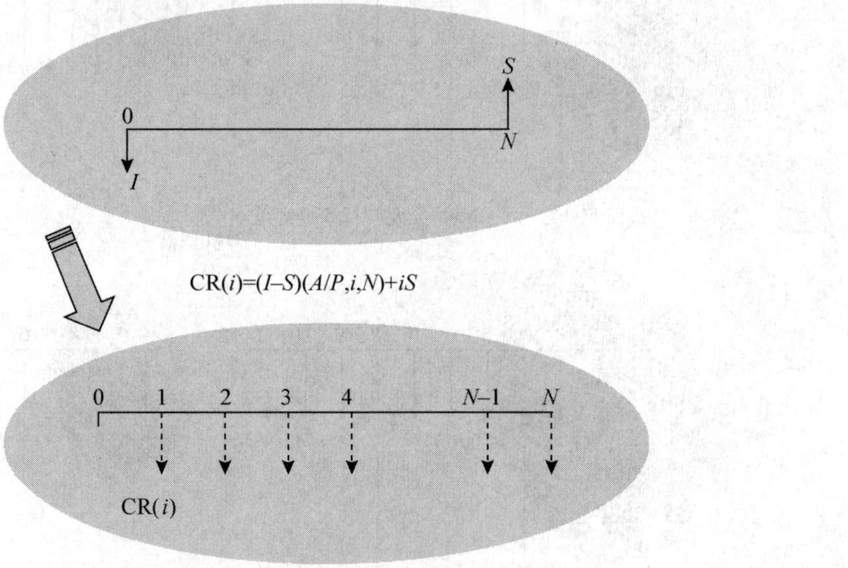

图 5—4　资本恢复费用计算

在计算年度等值费用时，式（5.3）中费用项目为正值，残值为负值。对该公式解释如下：某人为购买机器，借了 I 美元，在第 N 年末返还 S 美元，公式的第一项（$I-S$)(A/P，i，N）表示余额（$I-S$）会在 N 年中以利率 i 分期等额偿还。第二项意味着 iS 直到返还 S 前需以单利支付占用资金 S 的利息额 iS。因此，贷款金额为 $I-S(P/F$，i，$N)$，N 年中分期还款额为：

$$\begin{aligned}AEC(i)&=[I-S(P/F,i,N)](A/P,i,N)\\&=I(A/P,i,N)-S(P/F,i,N)(A/P,i,N)\\&=[I(A/P,i,N)-S(A/F,i,N)]\\&=CR(i)\end{aligned} \tag{5.4}$$

因此 $CR(i)$ 表示每年向银行的还款额。许多汽车租赁以这种方式还款，因为大多数银行要求为 S 的残值提供担保。从行业的角度看，$CR(i)$ 是公司拥有该资产的年成本。

根据这些信息，就可确定弥补项目相关的投资和经营成本的年费用节省额。具体参见例 5—4。

例 5—4

资本恢复费用

某设备的成本为 20 000 美元，使用寿命为 5 年，5 年后该设备经纳税调整后的出售价格为 4 000 美元，年运行维护成本（O&M）为 500 美元。如果该机器可为公司带来每年 5 000 美元的税后收入，在 10%的利率水平下，是否应当购买该机器。（上述数据已包含所有与设备相关的收益和成本。）

解：

已知：I=20 000 美元，S=4 000 美元，O&M=500 美元，A=5 000 美元，N=5 年，i=10%/年。

求：AE，并确定是否应购买该设备。

首先是将与购置和处置资产相关的现金流量与经营现金流量区分开来。由于经营现金流量已经以年度等值的形式给出，即每年 5 000 美元的收入，因此只需将购置和处置资产相关的现金流量（见图 5—5）利用式（5.3）转换为年度等值即可。

$$\begin{aligned}CR(i)&=(I-S)(A/P,i,N)+iS=(20\,000-4\,000)(A/P,10\%,5)+0.10\times4\,000\\&=4\,620.76(\text{美元})\end{aligned}$$

$$O\&M(i)=500\ \text{美元}$$

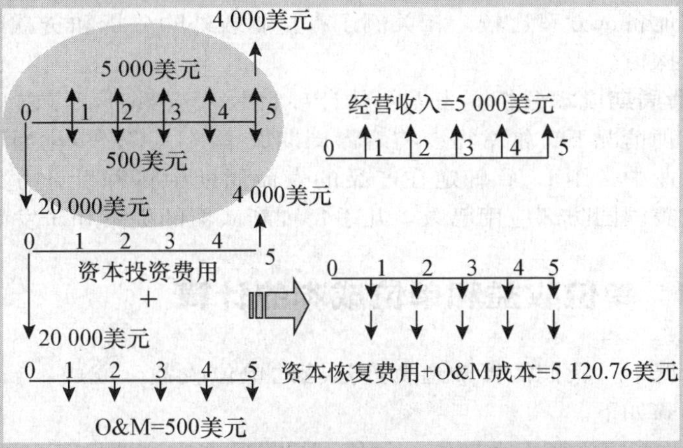

图 5—5　将资本投资费用和经营成本与收入分开，收入大于年度等值费用的项目可接受

$$AEC(10\%)=CR(10\%)+O\&M(10\%)=4\,620.76+500=5\,120.76(\text{美元})$$

$$AE(10\%)=5\,000-5\,120.76=-120.76(\text{美元})$$

AE 为负值，表明该机器产生的收益不足以弥补原始投资，因此需拒绝该项目。事实上，该机器寿命期内每年会造成 120.76 美元的损失。

评注：根据年度等值费用的计算可以推论，年经营收入至少为 5 120.76 美元，才能弥补资产购置和经营的成本。与 NPW 方法不同，AE 方法可以给出使项目接受的明确目标。

5.3　年值分析的应用

一般而言，大部分工程经济分析问题可应用第 4 章介绍的现值方法解决。然而，对一些经济分析问题而言，年度等值分析方法更为有效。本节将介绍需要该方法的若干应用实例。

5.3.1 年度等值分析的优势

例5—1的情形似乎在第2章碰到过，即先将一组混合现金流量转换为现值，然后再转换为一系列等值现金流量。对于例5—1你也许会困惑，通过NPW分析已知项目可接受，为何还要将NPW转化为AE进行分析呢？事实上，该例的目的是帮助你熟悉AE的计算。

然而，在现实中，一些情形应用AE分析比应用NPW分析更有优势（甚至是必需的）。例如公司要公布年报和编制年度预算，为此，公司提高项目的年成本和收益数据比总成本和收益数据更为有用。AE分析更为适用的其他情形如下。

1. **报告形式的一致性**。无论对内还是对外的报告中，财务经理通常处理的都是年成本而不是总成本。考虑到一致性，工程经理通常被要求以每年为基础进行项目分析，以便于其他公司和股东使用。

2. **单位成本或收益的需要**。许多时候，项目需按单位成本或收益区分开来，以便于与其他备选方案比较。相关例子有自制或外购分析和贷款偿还分析，本章将会对此进行探讨。

3. **寿命周期成本分析**。当无须估计项目收入流量时，可以只考虑项目的成本流量。在这种情况下，常常需要将寿命周期成本（LCC）转化为年度等值费用以便于比较。工业中常用LCC确定在产品的寿命周期中哪种设计方案成本最低。LCC分析方法在美国国防部应用已久，几乎每种新武器的提案和研发都会应用此方法。

5.3.2 单位收益和单位成本的计算

许多情况下，我们需要知道资产运营的单位收益（或成本），单位收益（或成本）计算步骤如下。

步骤1：确定资产寿命期内，每年可提供的产品（或服务）的数量。

步骤2：确定资产寿命期内，与产品或服务相关的现金流量系列。

步骤3：计算在给定利率水平下，项目现金流量系列的净现值，再确定年度等值。

步骤4：用年度等值除以每年的产品或服务数量。如果每年的产品数量不同，需要转化为等值的年度数量。

下面举例说明上述步骤。例5—5使用年度等值的概念，估算设备购置方案中，每机器小时节省的费用。

例5—5

年运行时数相同时每机器小时的单位收益

例4—5中金属切割机投资4年，产生的NPW为30 065美元。假设机器每年运行3 000小时，计算每机器小时的等值节省额，$i=12\%$。

解：

已知：NPW＝30 065美元，$N=4$年，$i=12\%$/年，每年运行3 000机器小时。

求：每机器小时等值节省额。

首先计算使用机器节省的年度等值费用，现在已知 NPW，则可利用公式求 AE：

$$AE(12\%)=30\,065(A/P,12\%,4)=9\,898(\text{美元})$$

每年使用 3 000 小时，则每机器小时等值节省额为：

$$\text{每机器小时节省额}=\frac{9\,898}{3\,000}=3.3(\text{美元/小时})$$

评注：计算时不能简单地使用 NPW（30 065 美元）除以 4 年的总机器时数（12 000 小时）得到 2.51 美元/小时。2.51 代表每小时使用机器现值节省额，并没有考虑节省额发生的时间。一旦我们知道了年度等值且复利计息期为一年，就可以用年度等值除以时间单位。如果复利计息期短于一年，则等值需以计息期为基础计算。

例 5—6

年运行时数不同时每机器小时的单位收益

假设例 5—5 中，金属切割机每年的运行时间不同，第 1 年 3 500 小时，第 2 年 4 000 小时，第 3 年 1 700 小时，第 4 年 2 800 小时，4 年总运行时数依然是 12 000 小时。计算每机器小时的等值节省额，$i=12\%$。

解：

已知：NPW＝30 065 美元，$N=4$ 年，$i=12\%/$年，运行时间第 1 年为 3 500 小时，第 2 年 4 000 小时，第 3 年 1 700 小时，第 4 年 2 800 小时。

求：每机器小时的等值节省额。

在例 5—5 中计算出年度节省额为 9 898 美元，以 C 表示所求的每机器小时等值节省额。在每年机器运行时间不同的情况下，可建立包含未知数 C 的年度节省额公式：

$$\begin{aligned}\text{年度节省额}&=[C(3\,500)(P/F,12\%,1)+C(4\,000)(P/F,12\%,2)\\&\quad+C(1\,700)(P/F,12\%,3)+C(2\,800)(P/F,12\%,4)](A/P,12\%,4)\\&=3\,062.95C\end{aligned}$$

当已知年度节省额为 9 898 美元时，可求出 C：

$$C=\frac{9\,898}{3\,062.05}=3.23(\text{美元/小时})$$

结果比例 5—5 中的计算结果 3.3 美元少 7 美分。

□ 5.3.3　自制或外购决策——外包决策

自制或外购的问题是商业决策中最常见的问题。在任何时间，公司都可能面对是购买还是生产一样物品。与第 7 章将探讨的自制或外购决策问题不同，如果自制或外购的选择都涉及购置机器或设备，这个问题就变成了投资决策问题。外界提供的服务（“外购”方案）的成本通常以单价计量，那么如果“自制”方案的成本也以单位成本表示的话，比较两个方案就很容易。这种单位成本的比较需要使用年值分析，过程如下。

步骤 1：确定所需零件（或产品）使用的时间跨度（计划使用时间）。

步骤 2：确定该零件（或产品）的年需求数量。

步骤3：获取从外部购买该零件（或产品）的单位价格。
步骤4：确定自产该零件（或产品）所需的设备、人工以及所有其他资源。
步骤5：估计在计划使用时间内，自制决策所产生的相关净现金流量。
步骤6：计算自制决策产生的年度等值费用。
步骤7：通过年度等值费用除以年需求量确定生产该零件（或产品）的单位成本。
步骤8：选择单位成本最小的方案。

例5—7

等值：磁带盒和磁带生产的外包

Ampex公司近期生产商用磁带盒和磁带。预期磁带的需求会增长，Ampex在考虑是增加空磁带盒和磁带的生产量还是从外部供应商购买空磁带盒。如果Ampex选择外购磁带盒，它还需要购置一台特殊的磁带加载机，因为公司目前的加载机不能加载供应商提供的磁带盒。磁带盒的生产率为每周79 815个，每年生产48周，生产计划年限为7年。会计部门将两种方案相关的成本列示如下。

● 自制方案（年成本）：

人工	1 445 633美元
原材料	2 048 511美元
增量制造费用	1 088 110美元
年成本合计	4 582 254美元

● 外购方案：

资本支出	
购置新加载机	405 000美元
7年后的残值	45 000美元
年经营成本	
人工	251 956美元
采购空磁带盒（0.85美元/个）	3 256 452美元
增量制造费用	822 719美元
年经营成本合计	4 331 127美元

（注意：依惯例假设离散现金流量发生在每年年末，见图5—6。）假设Ampex的MARR为14%，计算各方案的单位成本。

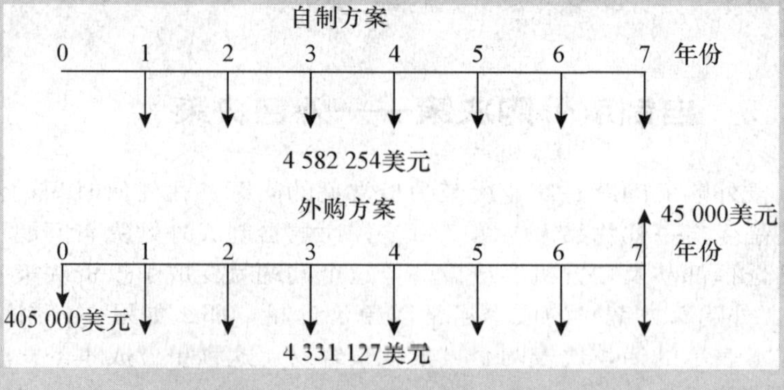

图5—6 自制或外购决策分析

解：

已知：两种方案的现金流量，$i=14\%$。

求：各方案的单位成本，并确定哪个方案更好。

产品的年产量为：

$$79\,815\times48=3\,831\,120(\text{个/年})$$

现在计算每种方案的年度等值费用。

- 自制决策：自制方案的相关数据以年度基础给出，因此年度等值费用为：

$$\text{AEC}(14\%)_{\text{自制}}=4\,582\,254\text{ 美元}$$

- 外购决策：年度等值费用由资本恢复费用和经营成本两部分组成。

资本恢复费用：

$$\begin{aligned}\text{CR}(14\%)&=(405\,000-45\,000)(A/P,14\%,7)+0.14\times45\,000\\&=90\,249(\text{美元})\end{aligned}$$

经营成本：

$$\text{O\&M}(14\%)=4\,331\,127\text{ 美元}$$

年度等值费用合计为：

$$\text{AEC}(14\%)_{\text{外购}}=\text{CR}(14\%)+\text{O\&M}(14\%)=4\,421\,376(\text{美元})$$

显然，通过年度等值计算可知外购磁带盒对 Ampex 更有利。然而，Ampex 需要知道单位成本以确定产品售价，此时，我们需要计算各个方案盒装磁带的单位成本，可以通过各个方案的年度等值费用除以年产量求得。

- 自制方案：

$$\text{单位成本}=\frac{4\,582\,254}{3\,831\,120}=1.20(\text{美元/个})$$

- 外购方案：

$$\text{单位成本}=\frac{4\,421\,376}{3\,831\,120}=1.15(\text{美元/个})$$

外购空磁带盒并自行加工可以帮助 Ampex 生产的磁带盒每个节省 5 美分的税前成本。

评注： 两个重要的非经济因素也应考虑。第一，外购产品的质量是优于、等同于还是劣于公司目前的自制产品。第二，供应商的可靠性，供应商可否保证在一定时间内提供足够数量的产品。质量和可靠性的降低都会排除外购方案。

5.3.4 为使用资产定价

公司常常需要计算设备使用的单位成本。例如，若你拥有某项资产，比如一栋楼宇，你会想知道持有和经营该资产的每平方英尺的成本。这个信息将成为确定资产租金的基础。一个相似的例子是员工为公司事务使用私车的可报销费用的确定，如果员工的工作需要使用私车代步，那么以员工每公里行程的成本为基础报销似乎比较合理。

例 5—8

确定公寓租金

Sunbelt 公司是一家投资公司，计划在美国亚利桑那州图森市兴建有 50 个单元的公寓楼。由于该地区的长期增长潜力看好，预计公寓每年可达到 85%的入住率。假设如下财务数据合理准确，确定公寓的最低月租金。要求收益率为 15%。

- 土地投资费用＝1 000 000 美元
- 建筑投资费用＝2 500 000 美元
- 年保养成本＝150 000 美元
- 财产税和保险＝总初始投资的 5%
- 研究期＝25 年
- 残值＝只有土地成本可以原价回收

解：

已知：上述财务数据，研究期为 25 年，$i=15\%$。

求：最低月租金。

首先确定资产购置的资本投资费用：

总投资＝土地费用＋建筑费用＝3 500 000 美元

第 25 年末的残值＝1 000 000 美元

$$\begin{aligned}CR(15\%)&=(3\,500\,000-1\,000\,000)(A/P,15\%,25)+1\,000\,000\times 0.15\\&=536\,749(\text{美元})\end{aligned}$$

年经营成本包括两部分：(1) 财产税和保险；(2) 年保养成本。因此，有

$$O\&M\text{ 费用}=0.05\times 3\,500\,000+150\,000=325\,000(\text{美元})$$

所以年度等值费用合计为：

$$AEC(15\%)=536\,749+325\,000=861\,749(\text{美元})$$

最低年租金需满足 15%的收益率，因此基于年复利，月租金为：

$$\text{最低月租金}=\frac{861\,749}{(12\times 50)\times 0.85}=1\,690(\text{美元})$$

评注：租金刚好等于该建筑的投资及运营成本的点称为**临界点**（break-even point），或确保的 15%投资收益率。

5.4 寿命周期成本分析

由于系统 80%的寿命周期成本发生在系统的服务期中，系统购置和维护的长期投资决策需建立在对系统的购置、运行、维护成本的全面掌握基础上（见图 5—7）。**寿命周期成本分析**（life-cycle cost analysis，LCCA）确保分析师在选择设计方案时，不是单纯基于初始成本，而是要考虑项目使用期间全部的未来成本。LCCA 的一些特性如下：

- LCCA 只适用于在正常经营期间有相同表现或效益的项目方案的选择。如果备选设计方案的效益水平不同，那么备选方案不能仅仅通过成本的比较做出选择。

此时，分析师需要应用同时考虑寿命期内的费用和效益的货币价值的分析方法，即现值分析或**费用—效益分析**（benefit-cost analysis，BCA），BCA 会在 15 章中讨论。

● LCCA 用来找出最节约成本的解决方案，它不能确保得到特定结果，但可帮助设计者或管理者在数据有限情况下，对备选方案做出合理比较。

● 为进行公平的比较，设计者或管理者需要考虑比较时使用的量度。例如，产出量需要一致，如果比较的两个项目产出量不同，则需要转换成以单位产出成本（例如美元/吨，欧元/千克）来表示，因此需要计算年度等值。该类计算以年产出为基础。

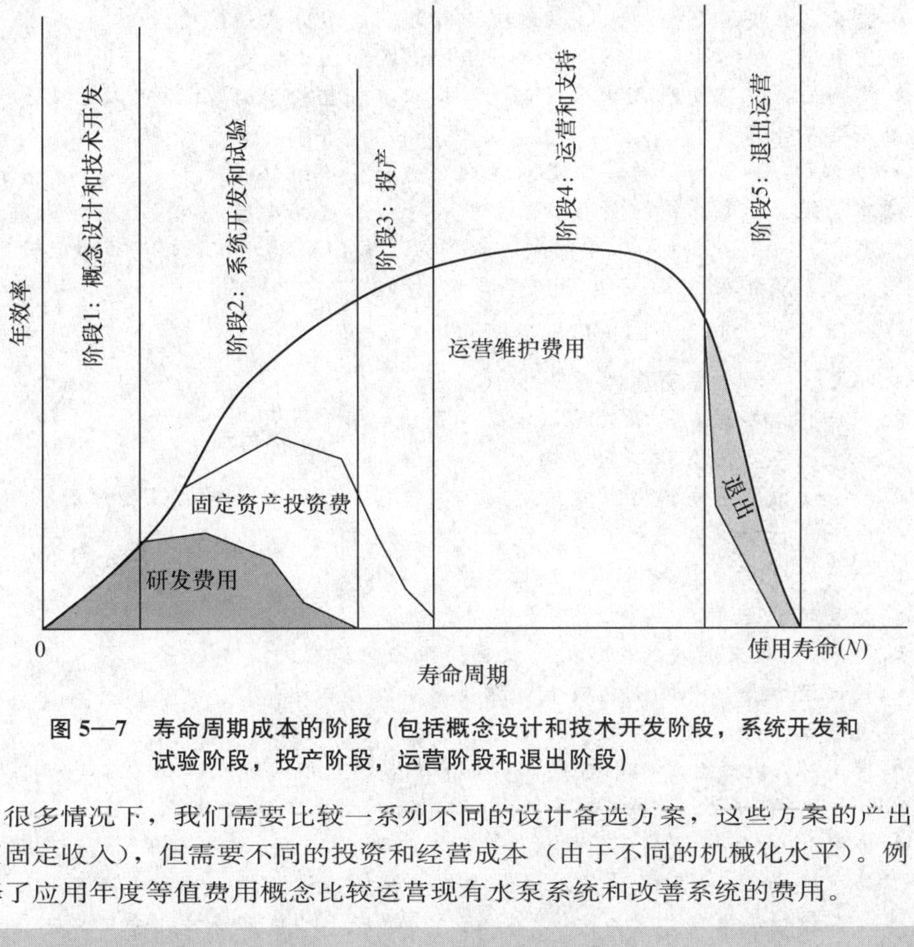

图 5—7　寿命周期成本的阶段（包括概念设计和技术开发阶段，系统开发和试验阶段，投产阶段，运营阶段和退出阶段）

很多情况下，我们需要比较一系列不同的设计备选方案，这些方案的产出量相同（固定收入），但需要不同的投资和经营成本（由于不同的机械化水平）。例 5—9 阐释了应用年度等值费用概念比较运营现有水泵系统和改善系统的费用。

例 5—9

带有问题阀门的水泵系统[1]

假设有一个单泵循环，它将包含固体的压缩液体从储存池输送到施压池。一个热力交换机加热液体，一个控制阀将液体流速控制在 80 立方米/小时，或 350 加仑/分钟（gpm）。

目前负责该系统的工程师需要解决液体控制阀（FCV）的故障问题，该故障是由空化作用腐蚀引起的。控制阀每隔 10～12 个月就会出现一次故障，故障维修成本为 4 000 美元。该工程师现在研究更换控制阀方案，考虑将现有控制阀更换为可防止空化作用的控制阀。在控制阀再次维修前，该工程师打算研究各种解决方案，并实施方案的 LCCA 分析。

工程解决方案：首先，确定系统目前运行方式以及控制阀发生故障的原因，之后工程师可以知道为解决该问题可采取哪些措施。目前控制阀有15%～20%程度的张开，产生巨大的空洞噪音。控制阀的大小与其应用处不吻合。查看原始设计计算后发现，水泵超标，由80立方米/小时（350gpm）变为110立方米/小时（485gpm）。这导致控制阀受压过大。

由于运行流速造成的过大压力，且控制阀定期出现空化腐蚀现象，工程师确定控制阀已不适合该运行过程，提出如下四种方案。

- 方案A：安装新控制阀，以适应目前较高的液体流速压力。
- 方案B：修剪水泵叶轮，使水泵给控制阀的压力减小。
- 方案C：安装变频驱动器（VFD）撤换流速控制阀，VFD可以改变水泵流速，使之达到需要的水平。
- 方案D：不改变系统，每年对控制阀进行一次维修。

成本总结：水泵系统的使用年限通常为15～20年。有些成本会在初始时发生，有些成本因方案的不同发生的时间也不同。因此需要计算LCC的现值以准确衡量不同解决方案。

与水泵系统相关的LCC等于以下要素的加总。

$$LCC=C_{ic}+C_{in}+C_{e}+C_{o}+C_{m}+C_{s}+C_{env}+C_{d}$$

式中：LCC——寿命周期成本；

C_{ic}——初始费用，购置价格（水泵、系统、管道及附属设备）；

C_{in}——安装和指导费（包括培训费）；

C_{e}——动力费（系统运行的预期成本，包括水泵驱动、控制及附属设备运转）；

C_{o}——运行费（监测系统正常运行的人力成本）；

C_{m}——维护费（日常维护和预计大修理成本）；

C_{s}——故障停工成本（生产损失成本）；

C_{env}——环境成本（水泵和附属设备产生污染造成的成本）；

C_{d}——清理费（环境恢复成本和附属设备处置成本）。

各个备选方案的成本要素识别如下。

- 方案A。大小合适的新控制阀成本为5 000美元。系统以80立方米/小时的流度运行6 000小时/年。动力费为0.08美元/千瓦时，运行效率为90%。
- 方案B。修剪叶轮至375毫米，泵头减小到42.0米（138英尺），流速80立方米/小时。这样可减小10米（33英尺）的压力，与原始设计相近。由此每年的动力费为6 720美元。修剪叶轮的费用为2 250美元，包括机器成本和拆卸安装水泵的成本。
- 方案C。30千瓦VFD的购置费为20 000美元，安装费为1 500美元。VFD每年的维护费为500美元。在项目的8年寿命期中无须维修。
- 方案D。保持原有系统现状需每年花费4 000美元修理控制阀。

表5—1总结了备选方案相关的财务和技术数据。

表5—1　问题控制阀系统处理方案A～D的成本比较

成本	更换控制阀(A)	修剪叶轮(B)	安装VFD(C)	修理控制阀(D)
水泵成本数据				
叶轮直径（毫米）	430	375	430	430
泵头（米）	71.7（235英尺）	42.0（138英尺）	34.5（113英尺）	71.7（235英尺）
水泵效率（%）	75.1	72.1	77	75.1

续前表

成本	更换控制阀 (A)	修剪叶轮 (B)	安装 VFD (C)	修理控制阀 (D)
流速（立方米/小时）	80 (350gpm)	80 (350gpm)	80 (350gpm)	80 (350gpm)
动力消耗（千瓦）	23.1	14.0	11.6	23.1
动力费（美元/年）	11 088	6 720	5 568	11 088
新控制阀价值（美元）	5 000	0	0	0
调整叶轮（美元）	0	2 250	0	0
VFD（美元）	0	0	20 000	0
安装 VFD（美元）	0	0	1 500	
修理控制阀（美元/年）	0	0	0	4 000
VFD 维护费（美元）	0	0	500	0

解：

已知：财务数据见表 5—1。

求：选择哪种设计方案？

假设：

- 目前动力价格为 0.08 美元/千瓦时。
- 系统运行 6 000 小时/年。
- 水泵每年的维护费为 500 美元，每两年的维修费为 2 500 美元。
- 项目没有清理或环境清理成本。
- 项目期限为 8 年。
- 新资本项目利率为 8%，通货膨胀率为 4%。

表 5—2 总结了四个设计方案的寿命周期成本。

表 5—2　　方案 A～D 的 LCC 比较

	更换控制阀 (A)	修剪叶轮 (B)	安装 VFD (C)	修理控制阀 (D)
投入				
初始投资费用（美元）	5 000	2 250	21 500	0
动力价格（目前）（美元/千瓦时）	0.080	0.080	0.080	0.080
设备的加权平均电力消耗（千瓦）	23.1	14.0	11.6	23.1
每年平均运行时数	6 000	6 000	6 000	6 000
年动力费＝动力价格×加权平均电力消耗×年平均运行时数	11 088	6 720	5 568	11 088
维护费（年日常维护费）（美元）	500	500	1 000	500
每两年维修费（美元）	2 500	2 500	2 500	2 500
其他年成本（美元）	0	0	0	4 000
年停工成本（美元）	0	0	0	0
环境成本（美元）	0	0	0	0
清理费用（美元）	0	0	0	0
服务年限（美元）	8	8	8	8
利率（%）	8.0	8.0	8.0	8.0
通货膨胀率（%）	4.0	4.0	4.0	4.0
产出				
LCC 现值（美元）	91 827	59 731	74 313	113 930
单位运营小时成本（美元）	2.66	1.73	2.16	3.30

以方案 A 为例介绍 LCC 的计算方法，见表 5—3。注意动力费和其他成本数据以每年 4%增长。例如当前动力费为 11 088 美元，用 11 088 美元乘以（1+0.04）得到第 1 年末的成本 11 532 美元，再乘以（1+0.04）得到第 2 年的成本 11 993 美元。计算出 LCC 的现值（91 827 美元）后，则可得到在 8%利率水平下的年度等值费用（15 979 美元）。最后，为计算每小时的成本，用 15 979 美元除以 6 000 小时，得到 2.66 美元。其他方案的单位成本可用类似方法求出。

表 5—3　　方案 A 的 LCC 计算

	A	B	C	D	E	F	G	H	I	J
1										
2	LCC 计算表：方案 A									
3										
4	年末	0	1	2	3	4	5	6	7	8
5										
6	初始投资费用：	$5,000								
7	安装指导费：	$0								
8										
9	年动力费		$11,532	$11,993	$12,472	$12,971	$13,490	$14,030	$14,591	$15,175
10	日常维护费		$520	$541	$562	$585	$608	$633	$658	$684
11	每两年维修费			$2,704		$2,925		$3,163		$3,421
12	经营成本		$0	$0	$0	$0	$0	$0	$0	$0
13	其他成本		$0	$0	$0	$0	$0	$0	$0	$0
14										
15	停工成本		$0	$0	$0	$0	$0	$0	$0	$0
16										
17	清理费用									$0
18	环境处置成本									$0
19										
20	总成本	$5,000	$12,052	$15,238	$13,035	$16,481	$14,099	$17,826	$15,249	$19,280
21										
22	成本现值	$5,000	$11,159	$13,064	$10,348	$12,114	$9,595	$11,233	$8,898	$10,417
23	动力费现值		$10,677	$10,282	$9,901	$9,534	$9,181	$8,841	$8,514	$8,198
24	日常维护费现值		$481	$464	$446	$430	$414	$399	$384	$370
25										
26	总成本现值	**$91,827**								
27	总动力费现值	$75,129								
28	总日常维护费现值	$3,388								
29	年度等值费用（8%）	$15,979								
30	每小时成本	**$2.66**								
31										

方案 B，修剪叶轮的方案拥有最低的寿命周期成本（1.73 美元/小时），是本例的最优方案。

5.5　设计经济学

工程师常常需要进行设计决策，以最低的成本达到功能质量的需求。AE 分析方法的另一个有价值的扩展是最小成本分析，最小成本分析可用来确定最优工程设计方案。当同一个设计元素，对两个或两个以上成本要素造成不同的影响时（即对于一个设计变量的变动，有些成本增长，有些成本下降），AE 分析方法非常有用。当设计变量的年度等值费用是增长或降低的成本因子的函数时，可以通过公式确定使设计成本最小化的最优值。

$$\text{AEC}(i)=a+bx+\frac{c}{x} \tag{5.5}$$

式中，x 为共同设计变量；a，b，c 为常数。

为找到使 AEC(*i*) 最小的共同设计变量，首先需要求出一阶导数，使一阶导数等于0，解出 x：

$$\frac{\mathrm{d}AEC(i)}{\mathrm{d}x}=b-\frac{c}{x^2}=0$$

$$x=x^*=\sqrt{\frac{c}{b}} \tag{5.6}$$

（工程实践中通常将最优方案用星号标记。）

这里一阶条件的逻辑是，一项活动必须能达到**边际产出**（marginal yield）dAEC（*i*）/d*x* 为0的点。然而，为了保证找到使边际产出为0的点是最大或最小值，还必须检验**二阶条件**（second-order conditions）。二阶导数为负可得到最大值，二阶导数为正可得到最小值。即

$$\frac{\mathrm{d}^2AEC(i)}{\mathrm{d}x^2}=\frac{2C}{x^3}$$

只要 $C>0$，二阶导数为正，x^* 就为设计方案最小成本点。下面将用两个例子解释最优化概念，第一个例子关于设计导线的最佳横截面面积，第二个例子关于管道的最佳型号选取。

例 5—10

最佳横截面面积

一年365日、每日24小时持续从电厂将5 000安培的电流输送到相距1 000英尺的变电站。可安装造价为8.25美元/磅的铜导线，导线的寿命为25年，残值为0.75美元/磅。导线的电能损耗与导线的横截面积 A 成反比。

已知导线每平方英寸横截面积的电阻为 $0.814\,5\times10^{-5}$ 欧姆/平方英寸。电力成本为0.05美元/千瓦时，利率为9%，铜的密度为555磅/立方英尺。根据已知数据，计算导线的最佳横截面积 A。

解题思路：导线电阻是输电线造成电能损耗的最主要因素。根据下述公式，导线电阻与导线长度成正比，与横截面积成反比。

$$R=\rho\left(\frac{L}{A}\right) \tag{5.7}$$

式中，R 为导线电阻；L 为导线长度；A 为导线横截面积；ρ 为导线材料电阻率。

公式中可以使用任何一组相一致的单位。在美国，L 通常使用英尺作为单位，A 使用圆密尔（cmil），ρ 使用欧姆-圆密尔/英尺。

圆密尔是指直径为1密尔（1×10^{-3}英寸）的圆的面积。导线横截面积中1平方英寸等于1圆密尔乘以 $0.785\,4\times10^{-6}$。更确切地说，它们的关系如下。

1线性密尔＝0.001英寸＝0.025 4毫米

1圆密尔＝直径为1线性密尔的圆面积＝$(0.5)^2\pi$ 平方密尔

＝$0.785\,4\times10^{-6}$平方英寸

1平方英寸＝$1/(0.785\,4\times10^{-6})=1.273\,24\times10^{6}$ 圆密尔

在国际单位制中，L 用米为单位，A 采用平方米，ρ 采用欧姆-米。采用国际单位制，铜导体的 ρ 值为 $1.724\,1\times10^{-8}$ 欧姆-米。我们可以很容易将式（5.7）的 ρ 转换为欧姆-平方英寸/英尺。

$$\rho = RA/L = 1.7241 \times 10^{-8} \text{欧姆-平方米/米}$$
$$= 1.7241 \times 10^{-8} \text{欧姆-}(39.37\text{英寸})^2/3.2808\text{英尺}$$
$$= 0.8145421 \times 10^{-5} \text{欧姆-平方英寸/英尺}$$

电流通过电路，需要能量克服阻力。电力工作的单位为千瓦时，它等于千瓦计量的电能乘以工作小时。如果电流平稳，则 T 时间通过电流的电量等于转化为热能的电量（即电能损耗）。公式如下：

$$\text{电量} = I^2 \frac{RT}{1000} \tag{5.8}$$

式中，I 为电流，单位为安培；R 为电阻，单位为欧姆；T 为工作时间，单位为小时。

解：

已知：以横截面积（A）为变量的成本要素函数，$N=25$ 年，$i=9\%$/年。

求：A 的最佳值。

步骤1。电导线横截面积设计是一个典型的最小成本例子，包含增加和减少成本要素的问题。由于电阻与导线横截面积成反比，电能损耗会随着导线规格的增加而减小。更确切地说，由于电阻导致导线每年电能损耗为：

$$\text{电能损耗} = \frac{I^2R}{1000A}T = \frac{5000^2 \times 0.008145}{1000A}(24 \times 365) = \frac{1783755}{A}(\text{千瓦时})$$

步骤2。同样，由于电阻与导线横截面积成反比，某种特定导体材料用货币衡量的年总电能损耗为：

$$\text{电能损耗成本} = \frac{1783755}{A}(\phi) = \frac{1783755}{A}(0.05) = \frac{89188}{A}(\text{美元})$$

式中，ϕ 为以货币计量的每千瓦时的电能损耗。

步骤3。随着导线规格的增加，建设成本也在增加。首先，我们需要计算以磅计算的导线材料的总量。横截面积以平方英寸的方式给出，在计算材料总重时需将以英尺计算的长度转化为英寸。

$$\text{材料总重} = \frac{1000 \times 12 \times 555A}{12^3} = 3854(A)$$

$$\text{总材料成本} = 3854(A)(8.25) = 31797(A)\text{美元}$$

这里需要找到安装成本和能量损失成本的折中点。

步骤4。25年后铜材料将有0.75美元/磅的残值，可以计算资本恢复费用为：

$$\text{CR}(9\%) = [31797A - 0.75(3854A)](A/P, 9\%, 25) + 0.75(3854A)(0.09)$$
$$= 2943A + 260A = 3203A$$

步骤5。利用式（5.5），将总年度等值费用表示为变量 A 的函数：

$$\text{AEC}(9\%) = \overbrace{3203A}^{\text{资本恢复费用}} + \underbrace{\frac{89188}{A}}_{\text{经营成本}}$$

为找到最小费用，使用式（5.6）计算：

$$\frac{d\text{AEC}(9\%)}{dA} = 3203 - \frac{89188}{A^2} = 0$$

$$A^{*}=\sqrt{\frac{89\ 188}{3\ 203}}=5.277(\text{平方英寸})$$

最小年度等值费用为：

$$\text{AEC}(9\%)=3\ 203\times5.277+\frac{89\ 188}{5.277}=33\ 804(\text{美元})$$

图 5—8 解释了这种折中设计问题的特性。

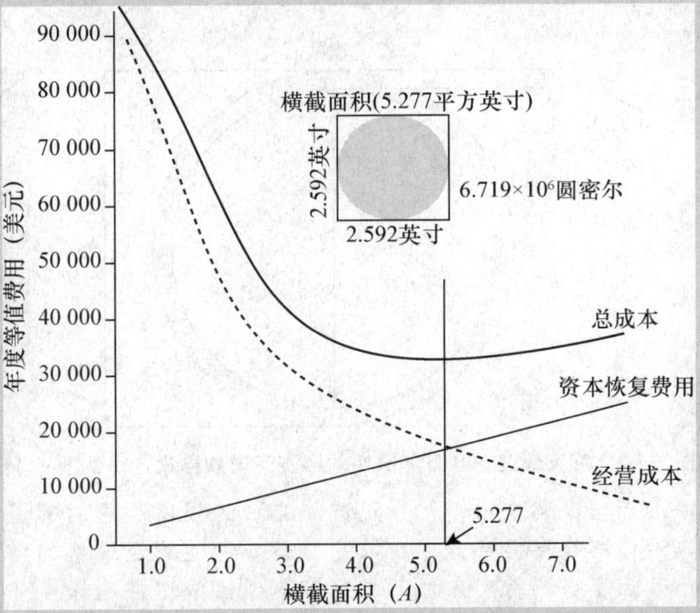

图 5—8 铜导线的最佳横截面积（例 5—10）

说明：图中的最低点约为资本恢复费用和经营成本的交点。事实上并不总是这样，由于成本要素有很多种形式，最小值不一定总出现在交点。

例 5—11

经济管道规格

为满足前所未有的石油增长需求，科威特正研究在红海的阿拉伯半岛安装钢管道的可行性。设计的管道在最佳状态下可以输送 300 万桶原油。管道长 600 米。根据以下数据计算可以使用 20 年的管道最佳直径，$i=10\%$。

$$\text{泵功率}=\frac{1.333Q\Delta P}{1\ 980\ 000}\text{马力}$$

Q＝流速，立方英尺/小时

$\Delta P=\frac{128Q\mu L}{g\pi D^4}$，压降，磅/平方英尺

L＝管道长度，英尺

D＝管道内直径，英尺

$t=0.01D$，管道壁厚度，英尺

μ=8 500 磅/小时-英尺，石油黏度

g=32.2×12 960 000 英尺/小时^2

动力成本，0.015 美元/马力-小时

管道成本，每磅钢 1.00 美元

水泵和电机成本，195 美元/马力

由于清理成本抵消了钢的残余收益，20 年后钢的净残值设为 0。（图 5—9 显示了 D 与 t 的关系。）

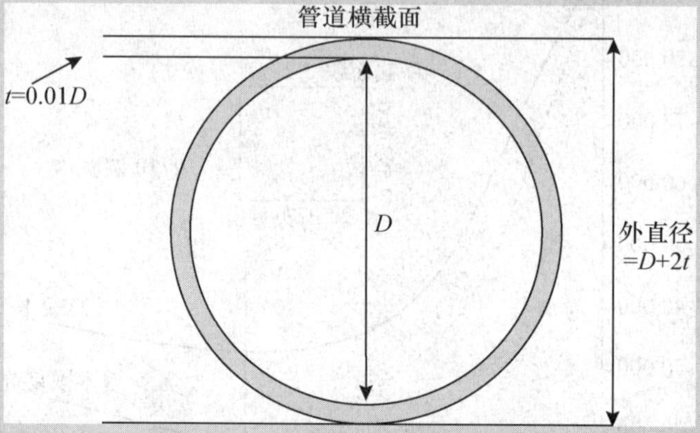

图 5—9　每天处理 300 万桶原油的经济管道规格设计（例 5—11）

解题思路：一般而言，用来输送按一定流速流动的液体流量的管道，随着管道规格的逐步增大，输送液体所需要的耗能逐步减小。然而，随管道规格的增大，管道的建设成本增加。实务中，为了得到特定条件下最佳管道规模，通常选择一个合理的但相对小的初始规格。计算通过该类管道输送液体的能耗和建设成本，然后比较能耗差额和建设成本差额。当节省的能耗大于增量建设成本时，应当逐步增大管道规格直到增量建设成本超过能耗节省。一旦达到该临界点，就可以确定最佳管道规格。这个研究过程可以通过式（5.5）和式（5.6）的最小成本概念简化。

解：

已知：管道直径（D）的成本要素函数，N=20 年，i=10%。

求：最佳管道规格（D）。

步骤 1。题目中使用了多种单位，为统一单位，需进行如下换算。

1 英里=5 280 英尺

600 英里=600 英里×5 280 英尺/英里=3 168 000 英尺

1 桶=42 美式加仑

1 桶=42 加仑×231 立方英寸/加仑=9 702 立方英寸

1 桶=9 702 立方英寸/12^3=5.614 6 立方英尺

钢密度=490.75 磅/立方英尺

步骤 2。原油输送动力需求：众所周知，在一定的运营环境下，如石油等不可分解的液体流过固定直径的管道，管道直径越小，液体的流速和对管道的压降越高。这就需要提供输送压力的泵机和大能耗的马达。为确定增压所需动力，需确定流量和压降数。然后可确定输送原油的动力成本。

● 每小时流量：

$$Q = 3\,000\,000 \text{ 桶/天} \times 5.614\,6 \text{ 立方英尺/桶} = 16\,843\,800 \text{ 立方英尺/天}$$
$$= 701\,825 \text{ 立方英尺/小时}$$

- 压降：

$$\Delta P = \frac{128Q\mu L}{g\pi D^4} = \frac{128 \times 701\,825 \times 8\,500 \times 3\,168\,000}{32.2 \times 12\,960\,000 \times 3.141\,59D^4} = \frac{1\,845\,153\,595}{D^4} \text{（磅/平方英尺）}$$

- 增压所需泵机动力：

$$\text{动力} = \frac{1.333Q\Delta P}{1\,980\,000} = \frac{1.333 \times 701\,825 \times \frac{1\,845\,153\,595}{D^4}}{1\,980\,000} = \frac{871\,818\,975}{D^4} \text{（马力）}$$

- 输送原油的动力成本：

$$\text{动力成本} = \frac{871\,818\,975}{D^4} \text{马力} \times 0.015 \text{ 美元/马力-小时} \times 24 \text{ 小时/天} \times 365 \text{ 天/年}$$
$$= \frac{114\,557\,013\,315}{D^4} \text{美元/年}$$

步骤3。计算水泵和发动机成本：确定所需的动力后，可以求出水泵和发动机的成本。由于水泵和发动机的功率与所需动力成正比，因此：

$$\text{水泵和发动机成本} = \frac{871\,818\,975}{D^4} \times 195 = \frac{170\,004\,700\,125}{D^4} \text{（美元）}$$

步骤4。钢的需求量和成本：动力成本可以通过小管道、阀门和配件的低成本弥补。如果管道直径增大，液体流速和动力成本会明显降低，相应地，管道阀门和配件的成本会增大。对于给定横截面积的管道，可以确定其体积和重量，重量确定后，可以很容易地确定所需投资费用。计算过程如下。

$$\text{横截面积} = 3.141\,59[(0.51D^2 - 0.50D^2)] = 0.032D^2 \text{（平方英尺）}$$
$$\text{管道体积} = 0.032D^2 \text{ 平方英尺} \times 3\,168\,000 \text{ 英尺} = 101\,376D^2 \text{ 立方英尺}$$
$$\text{管道重量} = 101\,376D^2 \text{ 立方英尺} \times 490.75 \text{ 磅/立方英尺} = 49\,750\,272D^2 \text{ 磅}$$
$$\text{总管道成本} = 1.00 \text{ 美元/磅} \times 49\,750\,272D^2 \text{ 磅} = 49\,750\,272D^2 \text{（美元）}$$

步骤5。年度等值费用计算：已知总管道成本和20年后的净残值，可以通过资本恢复系数确定年度等值的资本恢复费用。

$$\text{资本恢复费用} = \left(49\,750\,272D^2 + \frac{170\,004\,700\,125}{D^4}\right)(A/P, 10\%, 20)$$
$$= 5\,843\,648D^2 + \frac{19\,968\,752\,076}{D^4}$$

$$\text{年动力成本} = \frac{114\,557\,013\,315}{D^4}$$

步骤6。经济管道规格：既然已知年水泵和发动机动力成本、资本恢复费用，可将总的年度等值费用用 D 表示为：

$$\text{AEC}(10\%) = 5\,843\,648D^2 + \frac{19\,968\,752\,076}{D^4} + \frac{114\,557\,013\,315}{D^4}$$

为找到使年度等值费用最小的最佳管道规格（D），求 AEC(10%) 关于 D 的一阶导数，令其等于0，求出 D：

$$\frac{dAEC(10\%)}{dD}=11\,687\,297D-\frac{538\,103\,061\,567}{D^5}=0$$

$$11\,687\,297D^6=538\,103\,061\,567$$

$$D^6=46\,041.70$$

$$D^*=5.986\,8(\text{英尺})$$

理想情况下，由于管道摩擦，管道中液体流速不会超过约 10 英尺/秒。为检验前面的答案是否合理，可以计算：

Q=流速×管道内面积

$$701\,825\ \text{立方英尺/小时}\times\frac{1}{3\,600}\text{小时/秒}=V\,\frac{3.141\,58(5.986\,8)^2}{4}$$

V=6.93 英尺/秒

结果小于 10 英尺/秒。因此，上述计算结果合理。

步骤 7。最佳管道规格的年度等值费用：

$$\text{资本恢复费用}=\left[49\,750\,272(5.986\,8)^2+\frac{170\,004\,700\,125}{5.986\,8^4}\right](A/P,10\%,20)$$

$$=5\,843\,648(5.986\,8)^2+\frac{19\,968\,752\,076}{5.986\,8^4}$$

$$=224\,991\,039(\text{美元})$$

$$\text{年动力成本}=\frac{114\,557\,013\,315}{5.986\,8^4}=89\,174\,911(\text{美元})$$

总年度费用＝224 991 039＋89 174 911＝314 165 950（美元）

步骤 8。总年度石油收入：

年度石油收入＝50 美元/桶×3 000 000 桶/天×365 天/年＝54 750 000 000 美元/年

可见，有足够的收入弥补资本投资费用和运营成本。

评注：在选择输送某种液体的最佳管道规格时还存在其他一些标准，比如，当存在腐蚀时需考虑低流速，输送泥浆时需要高流速。选择管道规格时易于建造也是一个重要因素。另外，小型管道可能不能有效地与龙头和流量匹配；最后，空间大小也会限制管道规模。

习 题

注：除非特别注明，否则所有现金流量都是税后现金流量。

＊年度等值计算

5.1 根据表 5—4 计算年度等值，$i=10\%$。

表 5—4 单位：美元

n	A_n	
	投资	收入
0	−10 000	0
1	0	3 000
2	0	3 000
3	0	4 000
4	0	4 000
5	0	2 000
6	3 000	1 500

∗**5.2**　根据图 5—10 中付款计划计算年度等值，$i=10\%$。

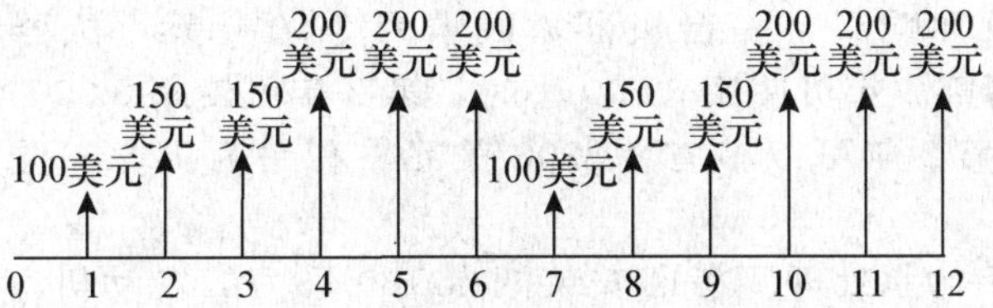

图 5—10

∗**5.3**　根据所附现金流量图 5—11 计算年度等值，$i=12\%$。

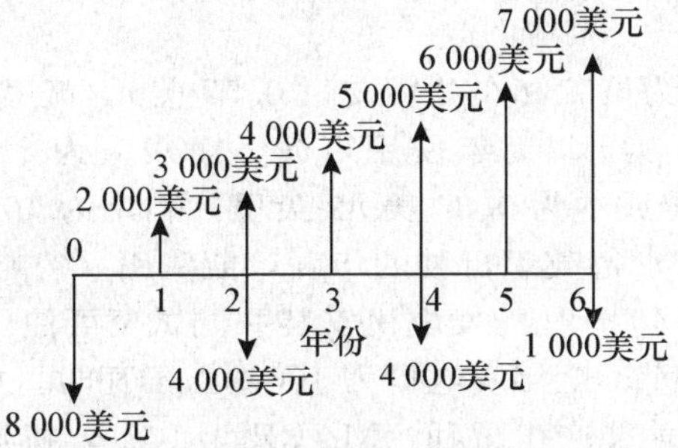

图 5—11

5.4　根据表 5—5 的若干投资项目，计算每个项目的年度等值，$i=12\%$，并确定项目的可接受性。

表 5—5　　　　单位：美元

n	项目现金流量			
	A	***B***	***C***	***D***
0	−6 300	−3 400	−2 800	−5 200
1	0	1 200	3 000	3 800
2	0	1 800	2 000	3 800
3	16 500	2 400	1 000	3 800

∗资本恢复费用/年度等值费用

5.5　K. T. Labs 以 25 000 美元购买了一把基因枪，会计部假设该机器每年的资本恢复费用为 3 880 美元，使用寿命为 10 年。$i=10\%$。计算资本恢复费用时假设的残值为多少？

5.6　一辆叉车的初始购置费用为 65 000 美元，年运营成本为 13 500 美元，6 年后残值为 23 000 美元，年利率为 6%，求该叉车的年度等值费用。

※**5.7**　Geo-Star 制造公司在考虑投资一个冲床机，该冲床机的购置费用为 100 000 美元，年维护费为 10 000 美元，每 4 年进行一次大修，大修费用为 20 000 美元，假设该机器具有无限的使用年限，在利率为 10%时，求投资的资本恢复费用。

5.8　一个工业公司购买一台特殊设备，可能要 70 000 美元，其中 5 000 美元为首付款，剩下金额可以 9%的年利率在 5 年内每年年末等额支付。另外一种付款方式是一次性现金付款 66 000 美元。如果公司的 MARR 为 10%，利用年度等值方法确定应选择哪种付款方式。

* 单位成本、单位收益计算

※5.9 假设你购买了一台机器，成本为 30 000 元，机器可以使用 2 年，残值为 18 000美元。机器第 1 年可使用 6 000 小时，第 2 年可使用 8 000 小时。预计第 1 年可以节省 35 000 美元，第 2 年可以节省 42 000 美元。利率为 12%，求每机器小时的等值净节省值。

※5.10 城市污水处理厂考虑安装两台 180 马力的发动机。第一台花费 5 800 美元，运行效率为 83%。第二台花费 4 600 美元，运行效率为 80%。两台发动机的服务时间均为 10 年，净残值为 0。如果保险费等所有年度等值费用为发动机购置费用的 15%，电费为 5 美分/千瓦时，如果购买费用更高的发动机，需每年至少全负荷运行多少小时？（1 马力＝746 瓦＝0.746 千瓦）

5.11 某公司目前为员工私车公用支付 0.55 美元/英里。公司目前考虑为员工购买公车。车的成本为 25 000 美元，3 年使用寿命，净残值为 8 000 美元，税费和保险费每年 1 200 美元，运营和维修成本为 0.30 美元/英里。利率为 10%，公司预期一个员工的年行驶里程为 30 000 英里，求每英里行驶的年度等值费用（忽略所得税）。

※5.12 假设一台 40 千瓦的发电机安装并调试至可使用状态的总成本为 32 000 美元，年度维护费用为 800 美元。全年发电量为 100 000 千瓦时。如果电价为 0.09 美元/千瓦时，该机器至少需要多少年才能产生盈利？MARR 为 10%，机器净残值 2 000 美元，使用寿命 5 年。

* 利用 AE 方法对互斥项目进行选择

5.13 根据表 5—6 中的投资项目现金流量（MARR＝15%）求解：

（a）假设项目 A 与项目 B 是互斥项目，根据 AE 判据，应当选择哪个项目。

（b）假设项目 B 与项目 C 是互斥项目，根据 AE 判据，应当选择哪个项目。

表 5—6 单位：美元

n	项目现金流量		
	A	*B*	*C*
0	−3 500	−4 000	−6 000
1	1 500	1 600	2 000
2	1 800	1 500	2 000
3	1 000	1 500	2 500
4	600	1 500	2 500

5.14 公司需要购买一台机器，打算未来使用 7 年，目前有两个选择（i＝15%）。

- 机器 A：购置费 100 000 美元，年经营成本 47 000 美元，使用寿命 7 年，残值 15 000 美元。
- 机器 B：购置费 150 000 美元，年经营成本 30 000 美元，使用寿命 5 年，无残值。然而通过一笔投资，机器 B 可以延长两年使用寿命。如果 B 的寿命延长，年经营成本仍为 30 000 美元，依然无残值。

如果延长两年 B 的寿命，在第 5 年年末需要投资多少钱？

5.15 X 公司每年向 Y 公司支付每台机器 40 000 美元的大修费用。X 公司假设，如果建设一个维修设备，则每天 X 可利用该设备，以每年每台机器 30 000 美元的成本进行大修，该设备成本 500 000 美元，使用寿命 15 年，残值 100 000 美元。X 公司至少应该有多少台机器，才能使修建维修设备的方案经济上可行？（假定年利率 i＝10%）

＊寿命周期成本分析

5.16　Mustang 汽车零件公司考虑从两个叉车中选择一个进行购置。叉车 A 花费 15 000 美元，运行费用 3 000 美元/年，3 年服务寿命，净残值 5 000 美元。叉车 B 花费 20 000 美元，需要 2 000 美元/年的运行费用，服务寿命 4 年，净残值 8 000 美元。公司的 MARR 为 12%。假设需要使用叉车 12 年，每个叉车未来的价格和功能无重大变化。以 AE 分析为基础，选择最经济的叉车。

5.17　一个小型加工公司，考虑购置一个新设备更新目前的生产线。市场上有两种可供选择的设备，分别为寿命 4 年的设备 A，寿命 6 年的设备 B，但公司需要使用设备的时间不超过 5 年。表 5—7 给出了设备的预期收支情况。

公司还有另外一种选择方案：以 3 000 美元每年租一台设备，维修成本由租赁公司支付。4 年后，设备 B 的残值为 1 000 美元。

(a) 这里有几种备选方案？

(b) 哪种方案为最优方案（$i=10\%$）？

表 5—7　　单位：美元

项目	设备 A	设备 B
初始费用	6 500	8 500
服务寿命（年）	4	6
预计残值	600	1 000
年运行维护费用	800	520
每隔一年滤油器更新费用	100	无
发动机大修费用	200（每隔 3 年）	280（每隔 4 年）

＊最小成本分析

※5.18　需要将 2 000 安培的持续电流从发电机传输到距离 200 英尺的变压器。可安装 6 美元/磅的铜导线，导线使用寿命 25 年，残值为 1 美元/磅。电能损耗与导线横截面积成反比，即 6.516/A 千瓦，A 的单位为平方英寸。电费为 0.082 5 美元/千瓦时，利率为 11%，铜的密度为 555 磅/立方英尺。

(a) 计算导线的最佳横截面积。

(b) 根据 (a) 的结果，计算总的年度等值费用。

(c) 画图表示两种成本要素（资本恢复成本和电能损耗成本）和以横截面积 A 表示的总成本函数。讨论在 (a) 的结果下电费增加的影响。

[注释]

[1] *Pump Life Cycle Costs: A Guide to LCC Analysis for Pumping Systems*. DOE/GO-102001-1190 December 2000, Office of Industrial Technologies, U. S. Department of Energy and Hydraulic Institute.

第 6 章

收益率分析

学习目标

通过本章学习，应该掌握以下概念：

- 收益率的基本概念。
- 收益率的计算方法。
- 如何根据收益率进行接受与否决策。
- 如何解决多个收益率问题。
- 如何根据收益率进行增量分析。

Mr. Clean 干的是洗车的活[1]

现在，宝洁公司将为您提供洗车服务。这家生产包括帮宝适（Pampers）纸尿裤、佳洁士（Crest）牙膏和吉列（Gillette）剃须刀等产品在内的大型家庭用品制造商正在尝试一种新的商业模式：洗车特许经营。为了启动这一全美连锁的 Mr. Clean 洗车特许加盟计划，宝洁在 12 月份收购了总部位于亚特兰大的汽车清洗连锁公司 Carnett's 的资产（Carnett's 当时拥有 14 个门店）。

宝洁技术总监布鲁斯·布朗（Bruce Brown）表示："我们希望找到新的成长机会，一些不受我们现有商业模式限制的机会。"

宝洁公司迫切需要寻找新的收入增长源，尤其是因为越来越多资金拮据的顾客，对购买高价产品感到犹豫。在其常规产品销售增长缓慢和严峻的经济形势下，华尔街现在很怀疑这个大型企业能否继续产生足够的利润。

在竭尽全力地测试了各种新想法之后，宝洁公司近年来悄悄尝试进入服务业。从 2007 年开始，在辛辛那提总部运作了两家

Mr. Clean洗车店。去年更是在堪萨斯城揭幕了3家汰渍干洗店。同样在2007年，宝洁买下了位于佛罗里达州波卡拉顿的会员制医疗服务公司MDVIP的一小部分股权。

根据宝洁公司预测，专业洗车行业，在全美年销售额为350亿美元，因此成为公司第一个推出的主要特许经营业务。布朗表示："我们想建立一个全国性的洗车服务网络。"

洗车业务有很多竞争优势，负责新事业的宝洁公司未来产品部副主席内森·埃斯特鲁斯（Nathan Estruth）解释道，该行业目前缺乏占优势地位的全国性连锁公司，因为步入老年的"婴儿潮"一代并不情愿自己洗车，而且那些缺水的社区，将更愿意让专业洗车服务公司来为它们服务。

他继续解释建立特许经营体系，而不是拥有门店，表示我们无须在这个业务上投入大量的资金。

宝洁公司收购Carnett's公司主要是为了获得这家公司的所有者布鲁斯·阿内特（Bruce Arnett Sr.）和他的儿子小布鲁斯·阿内特（Bruce Arnett Jr.）的专业经验支持。他们拥有超过50年的洗车专业经验，将分别担任Mr. Clean公司的首席执行官和首席运营官。

阿内特谈到，目前公司正在招募特许加盟商，初期投资为50万美元。

与其他特许业务在初期需要大量营销投资不同，Mr. Clean洗车服务已经和一个拥有51年历史的知名品牌结合在一起，宝洁公司希望这可以为它吸引更多的潜在加盟商。

宝洁公司清楚，民众会在经济萧条期削减洗车的开支。但是特许经营的宗师级人物詹姆斯·阿莫斯（James Amos）解释道：特许经营业务的典型特征就是在经济衰退期，业务量反而会有所上升。随着更多的人失业，我们将会拥有大量的候选受许人。

假设你有兴趣以宝洁公司特许经营商名义开展洗车业务，根据洗车行业的调查数据，每个洗车台的月营业额为6 800美元，平均月洗车量为1 250辆，转换为月平均利润是3 800美元。如果特许权使用费平均为50万美元，那么此项投资的收益率大约是9.5%。

9.5%的收益率对于加盟店来说意味着什么？我们如何从预测的洗车收入数据中计算收益水平？计算后，又如何运用这些数据去评估将要进行的投资项目（在本案例中，是指洗车特许经营项目）？本章所探讨的"收益率"将解决上述问题。

本章之前介绍了净现值和年度等值准则，第三个主要的投资价值分析方法就是收益率。在第4章，我们了解到，净现值法是易于计算和应用的。然而，很多工程师和财务经理更偏向于进行收益率分析，因为他们觉得百分率形式的收益率比货币形式的净现值的投资分析更具有直观的感受。我们可以看看下面的关于投资盈利的两种陈述方法：

这个项目将带来15%的投资收益率。

这个项目将带来1万美元的净现值。

两种陈述方式都没有具体说明投资项目的内容。然而，收益率某种程度上更易于理解，因为它和我们熟悉的存贷款利率很像，实际上存贷款利率就是收益率。

本章将从以下四个方面对投资收益率进行探讨：（1）投资收益的基本概念；（2）如何计算投资收益率；（3）内部收益率判据；（4）如何通过收益率进行互斥项目比选。

6.1 收益率

收益率（rate of return）可以用许多不同的概念或指标来代表，包括**报酬率**

（yield）（即到期收益率，通常被用作债券定价）、**内部收益率**（internal rate of return）和**资本边际效益**（marginal efficiency of capital）等。首先我们来回顾一下收益率的三种常见的定义，然后主要应用内部收益率的概念来衡量单个投资项目的经济盈利性。

□ 6.1.1 投资收益

定义投资收益率这一概念的方法很多。第一种方法是基于典型的贷款业务，第二种方法是基于现值函数的数学模型，第三种方法主要基于项目的现金流量系列。

定义 1 对于分期偿还的贷款，其未支付余额所能获得的利率即为收益率。

假设银行借出 10 000 美元贷款，每年末等额偿还 4 021 美元，3 年还清。你如何确定银行在这笔交易上要求的利率？正如我们第 2 章中所学到的，你可以列出如下等式：

$$10\,000=4\,021(P/A,\ i,\ 3)$$

求解 i。i 的计算结果是 10%，也就是说，银行可以从 10 000 美元的投资中获得 10%的回报。银行计算的未偿还贷款年末余额如表 6—1 所示。

表 6—1 年末未偿还贷款余额

	A	B	C	D	E
1					
2		年初	余额		年末
3		贷款	占用	贷款	贷款
4	*n*	余额	收益（10%）	偿还	余额
5					
6	0	$0	$0	-$10,000	-$10,000
7	1	-$10,000	-$1,000	$4,021	-$6,979
8	2	-$6,979	-$698	$4,021	-$3,656
9	3	-$3,656	-$365	$4,021	$0
10					

表中负的金额表示未还贷款余额，即客户尚欠银行款额。

很明显，如上表所示，10%的利息只按照每年未偿还贷款余额计算。在这种情况下，每年支付的 4 021 美元中，只有一部分表示利息；剩余的部分用来偿还本金。因此，这 3 年等额支付的还款既包括了贷款本身也额外提供了每年贷款余额 10%的回报。

需要注意，当支付了最后一年的还款后，未还贷款额最终减少为 0。[2] 我们用收益率 10%来计算这笔贷款交易的净现值。

$$\text{PW}(10\%)=-10\,000+4\,021(P/A,10\%,3)=0(\text{美元})$$

上式表明，当利率为 10%时，银行盈亏平衡。也就是说，收益率即为使得未来现金还款额现值等于贷款总额的利率。这一结论可以引出收益率的第二个定义。

定义 2 使得项目现金流出现值等于项目现金流入现值时的临界利率 i^* 即为收益率。

$$\text{PW}(i^*)=\text{PW}_{\text{现金流入}}-\text{PW}_{\text{现金流出}}=0$$

上式也可表示为：

$$\text{PW}(i^*)=\frac{A_0}{(1+i^*)^0}+\frac{A_1}{(1+i^*)^1}+\cdots+\frac{A_N}{(1+i^*)^N}=0 \tag{6.1}$$

我们已知每期的现金流量 A_n，求解未知数 i^*。（对于 N 次方程，不可避免，我们要求得 N 个 i^* 的值。）大多数情况下，可以求出满足式（6.1）的唯一正解；但是也存在一些现金流量无法求得大于－100%的唯一解。根据式（6.1）净现值函数的性质，在某些现金流量情况下我们可能求得多个收益率。而对于另一些现金流量，可能无法求得满足条件的收益率。[3]

这里需要指出的是，式（6.1）仅仅是当 $PW(i)=0$ 时，求解特定利率（i^*）的净现值方程。将式（6.1）两边同乘以 $(1+i^*)^N$，我们可以得

$$PW(i^*)(1+i^*)^N=FW(i^*)=0$$

如果将等式两边同时乘以资金恢复系数（A/P，i^*，N），我们可以得到 $AE(i^*)=0$。

因此项目的 i^* 也可以定义为使得项目整个现金流量系列的现值、将来值和年度等值都等于零的利率。

$$PW(i^*)=FW(i^*)=PB(i^*)_N=AE(i^*)=0 \tag{6.2}$$

□ 6.1.2 资本收益率

投资项目也可以看作与银行贷款相类似。下面将介绍基于投资项目资本回报的一种收益率的概念。一个项目的收益率通常指内部收益率（IRR）或者**投资项目**（investment project）在**有用寿命**（useful life）内的预期报酬率。

定义 3　内部收益率是指公司投资项目的未回收余额所能获得的利率水平。当项目终结时，未回收项目余额为零。

假设一家公司花 10 000 美元投资电脑设备，有用寿命为 3 年。每年等额人力费用节约 4 021 美元。这里，我们可以把公司看成是贷款人，把这个项目看成是借款人。它们之间的现金流量交易与我们在定义 1 中所讨论的分期偿还的贷款交易是相同的。

从项目余额计算中（见表 6—2）可以看到，第 1 年项目投资 10 000 美元赚取（或支付）10%的收益（或成本），第 2 年 6 979 美元获利 10%，第 3 年 3 656 美元获利 10%。这就表明公司从项目内部投资的资金中获得了 10%的收益。因为这一收益是项目内含的，所以我们称它为**内部收益率**（internal rate of return，IRR）。这也就意味着，我们所关注的计算机项目要在 3 年内赚得足够的收益来支付各种成本，同时还要提供给公司 10%的资本回报。或者也可以理解为，电脑项目借了一笔资金，年资本成本为 10%。这一投资的全部收益正好用来偿还本金和 3 年借用资金应支付的利息。

表 6—2　　年末未回收项目余额

	A	B	C	D	E
1					
2		年初	资本		年末
3		项目	投资	现金	项目
4	*n*	余额	收益	支付	余额
5					
6	0	\$0	\$0	-\$10,000	-\$10,000
7	1	-\$10,000	-\$1,000	\$4,021	-\$6,979
8	2	-\$6,979	-\$698	\$4,021	-\$3,656
9	3	-\$3,656	-\$365	\$4,021	\$0
10					

只有一个现金流出发生在时点0，它的现值即为10 000美元。后3年每年等额现金流入4 021美元，现值为4 021(P/A,10%,3)=10 000美元。

$$NPW=PW_{现金流入}-PW_{现金流出}=10\,000-10\,000=0(美元)$$

10%也满足定义2中的收益率。尽管我们所举的这个例子表明i^*恰好等于IRR，但是只有定义1和定义3可以准确地描述内部收益率的含义。正如我们后面将要讨论的，如果现金支出不是在投资项目的期初发生，那就会有多个满足式(6.1)的临界利率（i^*）存在。但项目的内部收益率不一定存在。

6.2 收益率的计算方法

收益率i^*的确定有许多方法，每一种方法都有它的优缺点。为了简化投资项目收益率的求解过程，我们首先把各种不同的投资现金流量进行分类。

6.2.1 常规投资与非常规投资

通过计算净现金流量序列中符号变化的次数我们可以把投资项目分类。无论是从“+”变为“-”还是从“-”变为“+”都算做一次符号变化（忽略零现金流量)。那么：

- **常规投资**（simple investment）是指期初现金流量为负，且其余的净现金流量序列只有一次符号变化发生的投资。如果期初投资为正，且之后的净现金流量也只有一次符号变化，那么我们称之为**常规借入**（simple borrowing）现金流量。
- **非常规投资**（nonsimple investment）是指项目净现金流量序列的符号变化超过一次以上的投资。

我们将在后面提到，多个收益率（i^*）情况只发生在非常规投资中。例6—1列举了三种类型的投资特征。

例6—1

投资分类

考虑如下三种现金流量序列，并将它们分类为常规投资或非常规投资。

期限 n	净现金流量（美元）		
	项目A	项目B	项目C
0	-1 000	-1 000	1 000
1	-500	3 900	-450
2	800	-5 030	-450
3	1 500	2 145	-450
4	2 000	0	0

解：

已知：各项目的现金流量序列。

求：将投资分类为常规投资或非常规投资。

● 项目 A 代表许多常见的常规投资，即许多投资项目先是一系列现金流出随后是一系列现金流入。这种情况下的净现值曲线如图 6—1（a）所示。曲线与利率横轴只有一个交点。

● 项目 B 代表非常规投资。该投资的净现值曲线如图 6—1（b）所示。与 i 轴相交于 10%，30%和 50%。

● 项目 C 代表的既不是常规投资也不是非常规投资，尽管在现金流量序列中只有一次符号变化。因为初始现金流量是正的，所以这是常规借入现金流量，而不是投资现金流量。图 6—1（c）描述了这类投资的净现值曲线。

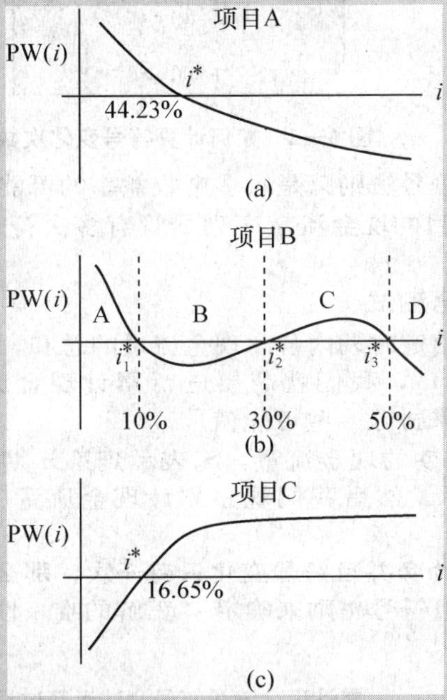

图 6—1　现值曲线：(a) 常规投资；(b) 多个收益率的非常规投资；(c) 常规借入现金流量

评注： 并非所有的非常规投资的净现值曲线都与横轴有多个交点。在分析项目现金流量时，我们要首先判断是否存在多个收益率的情况。最快捷的判断方法是通过计算机生成净现值变化曲线图，判断图形是否穿过利率横轴多于一次。在下文中，我们将说明如何通过审视现金流量类型来判断多个交点的情况。

□ 6.2.2　预测多个 i^* 值

如例 6—1 所示，对于整个项目的现金流量序列，可能存在多个 i^* 值满足式 (6.1)。通过对现金流量分析和分类，我们可以事先预期多个收益率情况以调整我们的分析方法。本部分将主要讨论，通过观察现金流量形式，是否能够预测满足项目本身的唯一 i^* 值。有两条符号变化的法则可供使用：（1）净现金流量的符号变化；（2）累计净现金流量的符号变化。

净现金流量符号法则

应用此符号法则，能够有效地预测现金流量序列所产生的正的收益率 i^* 的数量上限的方法：

对于一个 N 期的项目，其 i^* 值的正实数解的个数不会超过项目净现金流量序列 A_n 的正负号变化的次数，忽略零现金流量。

在如图 6—2 所示的例子中，整个现金流量序列发生了三次符号变化，所以至多存在三个 i^* 的正实数解。

期	A_n（美元）	符号变化
0	−100	
1	−20	
2	+50	1
3	0	
4	+60	
5	−30	1
6	+100	1

图 6—2　如何计算符号变化次数

必须强调的是，符号法则只是对多个收益率的可能性进行估计，预测最多存在多少个 i^* 值。许多项目的现金流量序列尽管有多次符号变化，但其 i^* 值仍然只存在唯一正实数解。

累计现金流量符号测试

累计现金流量是给定时期内各净现金流量的总和。如果现金流量符号法则表明可能存在多个收益率 i^*，我们就需要进行**累计现金流量符号测试**（accumulated cash-flow sign test）来排除一些可能值。

假设 A_n 表示第 n 期的现金流量，S_n 表示到第 n 期的累计现金流量（加总额），数据如表 6—3 中所示。然后我们观察累计现金流量序列（S_0，S_1，S_2，S_3，…，S_N）的符号变化次数。

如果 S_n 序列开始为负并且符号变化只有一次，那么 i^* 存在唯一正实数解。

通过累计现金流量符号法则来确定 i^* 正解的唯一性，比之前描述的方法鉴别度更高。

表 6—3　　累计现金流量符号测试运算过程

期（n）	现金流量（A_n）	累计现金流量（S_n）
0	A_0	$S_0=A_0$
1	A_1	$S_1=S_0+A_1$
2	A_2	$S_2=S_1+A_2$
⋮	⋮	⋮
N	A_N	$S_N=S_{N-1}+A_N$

例 6—2

预测 i^* 的个数

推测以下现金流量系列收益率正实数解的个数。

单位：美元

期	A	B	C	D
0	−100	−100	0	−100
1	200	+50	−50	+50
2	+200	−100	+115	0
3	+200	+60	−66	+200
4	+200	−100	0	−50

解：

已知：4个现金流量序列。

求：每个现金流量序列可能得到的 i^* 正实数解的个数上限。

由现金流量符号法则我们得到 i^* 正实数解的可能个数，如下表所示：

项目	净现金流量符号变化次数	正值 i^* 的可能个数
A	1	1或者0
B	4	4，3，2，1，或者0
C	2	2，1，或者0
D	2	2，1，或者0

对于现金流量B，C和D，我们用更精确的累计现金流量符号测试法看看是否能够得到更少的 i^* 正实数解的可能个数。如下表所示：

单位：美元

n	项目B		项目C		项目D	
	A_n	S_n	A_n	S_n	A_n	S_n
0	−100	−100	0	0	−100	−100
1	+50	−50	−50	−50	+50	−50
2	−100	−150	+115	+65	0	−50
3	+60	−90	−66	−1	+200	+150
4	−100	−190	0	0	−50	+100

根据符号变化法则，如果累计现金流量序列以负值开始，然后只改变一次符号，那就有且只有一个正值 i^*：

- 只有项目D初始现金流量为负而且通过了测试，因此我们可以推测项目D具有唯一正的 i^* 值，而不是根据之前方法的推算，拥有2，1或者0个。

  （$i_1^*=-75.16\%$ 和 $i_2^*=35.05\%$）

- 项目B没有收益率，它的累计现金流量序列没有发生符号变化。
- 项目C没有通过测试，我们无法消除其有多个正收益率的可能性。

  （$i_1^*=10\%$ 和 $i_2^*=20\%$）

□ 6.2.3　计算方法

一旦我们确定了投资现金流量的种类，接下来就可以通过各种方法来计算收益率的值。应用最多的几种方法包括：

- 直接求解法。
- 试错法。
- 计算机求解法。

直接求解法

对于只有两次现金流量交易（初始投资和未来一次性收益）或者项目服务寿命为两年的特殊项目，我们可以用直接数学方法来计算其收益率，参见例6—3。

例 6—3

直接法求解 i^*：两个现金流量和两个时期

两个投资项目的现金流量序列如下表所示：

单位：美元

n	项目 1	项目 2
0	−2 000	−2 000
1	0	1 300
2	0	1 500
3	0	—
4	3 500	—

计算每个项目的收益率。

解：

已知：两个项目的现金流量。

求：每个项目的收益率 i^*。

● 项目 1：计算 i^* 时，求解方程 $PW(i^*)=0$ 和求解方程 $FW(i^*)=0$ 的结果是一样的，因为 FW 等于 PW 乘以一个常数。两种方法在这里都适用。我们先用 $FW(i^*)=0$ 来运算，后一题再运用另一种方法。

运用一次支付复利系数，可得

$$FW(i^*)=-2\,000(F/P,i^*,4)+3\,500=0\text{（美元）}$$

$$3\,500=2\,000(F/P,i^*,4)=2\,000\,(1+i^*)^4$$

$$1.75=(1+i^*)^4$$

求解 i^*，得

$$i^*=\sqrt[4]{1.75}-1=0.150\,2 \text{ 或 } 15.02\%$$

● 项目 2：项目净现值表达式为：

$$PW(i)=-2\,000+\frac{1\,300}{1+i}+\frac{1\,500}{(1+i)^2}=0$$

设 $X=1/(1+i)$。$PW(i)$ 可以表示成 X 的函数，则

$$PW(X)=-2\,000+1\,300X+1\,500X^2=0$$

该一元二次方程的解为[4]：

$$X=\frac{-1\,300\pm\sqrt{1\,300^2-4\times1\,500\times(-2\,000)}}{2\times1\,500}=\frac{-1\,300\pm3\,700}{3\,000}=0.8 \text{ 或 } -1.667$$

由 X 和 i 的关系式，得

$$0.8=\frac{1}{1+i}\rightarrow i=25\%$$

$$-1.667=\frac{1}{1+i}\rightarrow i=-160\%$$

因为利率小于−100%没有经济意义，所以这个项目的收益率 i^* 求解结果为 25%。

评注：这两个项目的净现金流量序列中只发生了一次符号变化，因此我们可以推测项目有且仅有一个 i^*。当然这些项目具有非常简单的现金流量。当现金流量比较复杂时，通常会用试错法或者计算机计算 i^*。

试错法

首先是对 i^* 给出一个合理的**推测值**[5]（guess）。对于一个常规投资项目，用这个推测的利率来计算净现金流量的现值并观察其结果为正、负还是零。先假设 PW(i) 为负。

计算目标是找到使 PW(i)=0 的 i 值，所以必须提高现金流量的现值。要做到这点，我们需要降低利率并重复前面的步骤。如果 PW(i) 为正，就要再提高利率来降低 PW(i)。反复计算直到 PW(i) 接近于零。一旦出现确定 PW(i) 的值在某正负值范围之内，则采用**线性插值法**（linear interpolation）来近似确定 i^* 的值。这个过程是相对单调和低效率的。（试错法不能用来计算非常规投资的内部收益率。因为非常规投资的净现值函数，一般来说，不是关于利率的单调递减函数。）

例 6—4

试错法求解 i^*

帝国化学工业公司（The Imperial Chemical Company）正考虑购买一台化学分析设备，价值 13 000 美元，虽然该设备的购置并不能带来任何销售收入的增长，但它能够降低劳动力成本。为了让设备运转正常，每年还必须对设备进行校正。预计分析设备的使用寿命为 6 年，期末没有残值。寿命期 6 年内，每年所节省的劳动力成本和年校正维护费用总结见下表。

单位：美元

年份（n）	费用	节省	净现金流量
0	13 000	0	−13 000
1	2 300	6 000	3 700
2	2 300	7 000	4 700
3	2 300	9 000	6 700
4	2 300	9 000	6 700
5	2 300	9 000	6 700
6	2 300	9 000	6 700

求此项目的收益率。

解：

已知：6 年的现金流量表，见图 6—3。

求：i^*。

我们首先推测利率为 25%。那么现金流量的现值为：

$$\begin{aligned}PW(25\%) &= -13\,000+3\,700(P/F,25\%,1)+4\,700(P/F,25\%,2)\\&\quad +6\,700(P/A,25\%,4)(P/F,25\%,2)\\&=3\,095(\text{美元})\end{aligned}$$

现值结果为正值，所以我们要提高利率，最终目的是使 PW 趋于零。假设利率为 35%时，可得

$$\begin{aligned}PW(35\%) &= -13\,000+3\,700(P/F,35\%,1)+4\,700(P/F,35\%,2)\\&\quad +6\,700(P/A,35\%,4)(P/F,35\%,2)\\&=-339(\text{美元})\end{aligned}$$

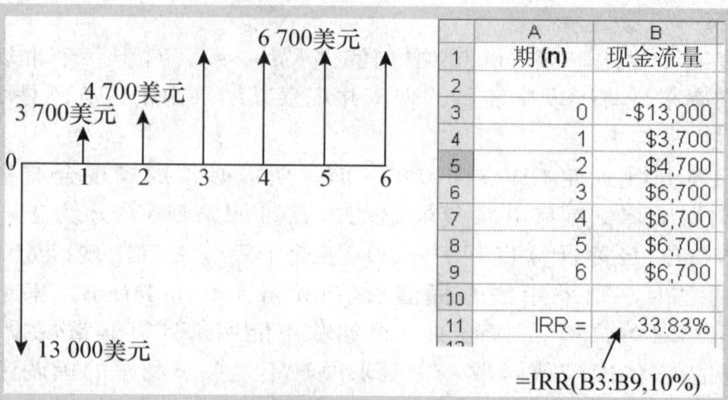

图6—3　常规投资的现金流量图（例6—4）

通过这种方法，找到了所求值的有界区间。当 i 的取值在 25%～35%之间某一点，能够使得 $PW(i)=0$。采用直线内插法，可得

$$i^* \approx 25\% + (35\% - 25\%)\left[\frac{3\,095-0}{3\,095-(-339)}\right]$$
$$= 25\% + 10\% \times 0.901\,3 = 34.01\%$$

现在我们来看看这个近似值的精确度。如果我们用这个利率近似值来计算现值，可得

$$\begin{aligned} PW(34\%) &= -13\,000 + 3\,700(P/F, 34\%, 1) + 4\,700(P/F, 34\%, 2) \\ &\quad + 6\,700(P/A, 34\%, 4)(P/F, 34\%, 2) \\ &= -50.58(\text{美元}) \end{aligned}$$

因为结果不为零，可以再试试低一点的利率，比如说 33%：

$$\begin{aligned} PW(33\%) &= -13\,000 + 3\,700(P/F, 33\%, 1) + 4\,700(P/F, 33\%, 2) \\ &\quad + 6\,700(P/A, 33\%, 4)(P/F, 33\%, 2) \\ &= 248.56(\text{美元}) \end{aligned}$$

再一次通过直线内插法，我们得到更精确的近似值：

$$i^* \approx 33\% + (34\% - 33\%)\left[\frac{248.56-0}{248.56-(-50.58)}\right] = 33\% + 1\% \times 0.830\,9$$
$$= 33.83\%$$

根据此利率计算的现值：

$$\begin{aligned} PW(33.83\%) &= -13\,000 + 3\,700(P/F, 33.83\%, 1) + 4\,700(P/F, 33.83\%, 2) \\ &\quad + 6\,700(P/A, 33.83\%, 4)(P/F, 33.83\%, 2) \\ &= -0.49(\text{美元}) \end{aligned}$$

结果基本等于零，可停止继续计算。实际上由于计算所依赖的基础数据通常是大致估算，因此没有必要追求插值结果的完全精确。

评注：Excel 中，我们可以通过命令语句“=IRR（range，guess）”计算项目的内部收益率（IRR）。“range”参量代表现金流量所在单元格区域范围（如 B3：B9），“guess”代表初始时所设定的收益率（如 10%）。同样，Excel 中的 i^* 计算结果是 33.828 3%。如果采用利息系数计算，可用表格方式表示计算过程，见表 6—4。

表 6—4 制表法确定 IRR

年份	现金流量（美元）	内部收益率			
		折现率（25%）		折现率（35%）	
		系数	现值（美元）	系数	现值（美元）
0	−13 000	1.000 0	−13 000	1.000 0	−13 000
1	3 700	0.800 0	2 960	0.740 7	2 741
2	4 700	0.640 0	3 008	0.548 7	2 579
3	6 700	0.512 0	3 430	0.406 4	2 723
4	6 700	0.409 6	2 744	0.301 1	2 017
5	6 700	0.327 7	2 196	0.223 0	1 494
6	6 700	0.262 1	1 756	0.165 2	1 107
合计	+22 200	NPW=+3 094		NPW=−339	
		IRR≈34%			

图示法

其实我们并不需要通过费劲的手工计算来确定 i^*。许多财务计算器已经内设了计算 i^* 的函数。另外，许多网上在线财务计算器或电子表格软件包也都加载 i^* 函数，能够快速求解式（6.1）。[6]用户只需要通过电脑键盘输入现金流量或者通过读取现金流量数据文件即可。（例如，Excel 就有一个 IRR 财务函数来分析投资现金流量，如图 6—3 所示。）

最简洁易懂的求解 i^* 的图示法就是通过电脑来生成**净现值曲线**（NPW profile）。在图形中，横轴表示利率，纵轴表示净现值。对于一个给定的项目现金流量，分别计算当利率为零（计算截距）或其他值时 NPW 的值。将各点标示并连接成曲线。因为 i^* 是当 $PW(i^*)=0$ 时的利率，所以曲线穿过横轴时的点就近似等于 i^*。图示法既可以用来计算常规投资，也可以用来计算非常规投资。

例 6—5

图示法估测 i^*

对图 6—4 所示的现金流量序列，通过使用计算机画出净现值曲线，预测其收益率。

解：

已知：图 6—4 所示现金流量序列。

求：(a) 绘制净现值曲线图计算 i^*；(b) 用 Excel 计算 i^*。

(a) 项目现金流量序列的现值函数为：

$$PW(i)=-10\,000+20\,000(P/A,i,2)-25\,000(P/F,i,3)$$

首先将 $i=0$ 代入等式，得到 NPW=5 000 美元，即为纵轴上的截距。然后我们代入其他的利率值——10%，20%，…，140%——画出它们对应的 PW(i) 值。结果见图 6—4，图中显示曲线与横轴的交点在大约 140%。这一结果通过其他方法也可以得到验证。净现值曲线求收益率的方法除了能够得到 NPW=0 成立的收益率，还可以观察到净现值落到哪里为正，哪里为负，给我们提供一个大体的概念，哪些收益率下项目可接受，哪些不可接受。（即便是试错法也会出现一些难以分析的情况：比如你将收益率从 0 增加到 20%，净现值 NPW 同样在递增，而非递减。）尽管本项目是非常规投资，但是净现值曲线只经过横轴一次。如同我们之前所提到过的，大多数非常规投资存在不止一个 i^* 值满足 NPW=0，在这些情况中，净现值曲线穿过横轴当然也不止一次。[7]

	A	B
1	期	现金流量
2		
3	0	-10000
4	1	20000
5	2	20000
6	3	-25000
7		
8	IRR =	140%
9		
10	利率(%)	NPW
11	0	\$5,000
12	10	\$5,928
13	20	\$6,088
14	30	\$5,840
15	40	\$5,379
16	50	\$4,815
17	60	\$4,209
18	70	\$3,597
19	80	\$2,997
20	90	\$2,422
21	100	\$1,875
22	110	\$1,359
23	120	\$875
24	130	\$422
25	140	(\$3)
26	150	(\$400)
27	160	(\$772)
28	170	(\$1,119)
29	180	(\$1,445)
30	190	(\$1,750)
31	200	(\$2,037)
32		

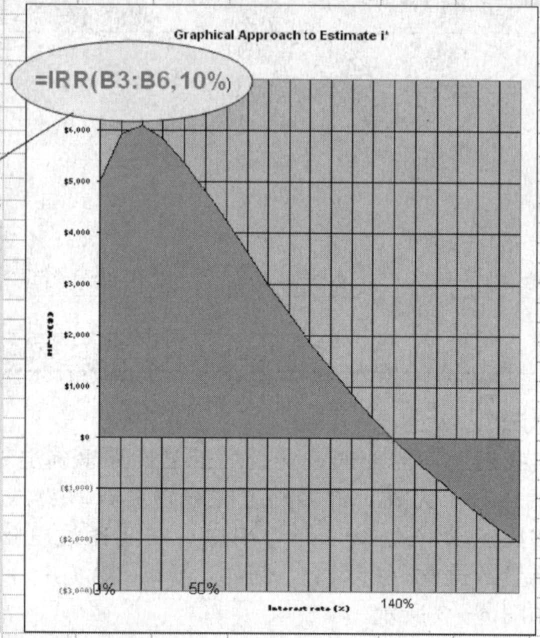

图 6—4　图示法求非常规投资收益率（例 6—5）

说明：事实上，此项目 i^* 有两个解——$i_1^*=-15.95\%$ 和 $i_2^*=140\%$。

（b）运用 Excel，我们可以通过函数"=IRR(range，guess)"来计算项目的内部收益率 IRR。确定函数中的现金流量所在单元格区域和初始的推测收益率，比如说 10%。当然 Excel 自带的 IRR 函数也有缺陷，当项目具有多个收益率时，只能求得最接近推测收益率的那个值。因此，运用图示法来描绘可能的 i^* 值个数，然后以接近于这些交点的收益率为初始推测值，运用 Excel 函数来得到各个准确的收益率值。

6.3　内部收益率判据

在对投资项目进行了分类，并且了解确定项目现金流量 i^* 值的方法的基础上，本节将探讨取得同净现值分析一致结果的以收益率指标作为判据的决策准则。

6.3.1　与现值分析的联系

正如我们在第 4 章中所讨论的，净现值分析主要依赖于用来计算净现值的利率。不同的利率可能会改变项目的决策结果从接受变为拒绝，或是改变多个项目之间的排序。

- 考虑图 6—1（a）常规投资项目的净现值曲线。当利率小于 i^* 时，因为 NPW>0，该项目应该被接受。当利率大于 i^* 时，项目应该被拒绝。

● 相反，对于非常规投资项目，净现值如图 6—1（b）所示。根据 NPW 分析，我们应该在 A 和 C 区域接受该项目，在 B 和 D 区域拒绝项目。这一结果违背了直觉判断，即随着利率的提高，本来不可接受的项目不可能变为可接受的。图 6—1（b）中描绘的情形是定义 2 中提到的多个收益率的一种情况。

因此，对于图 6—1（a）所示的常规投资的情况，i^* 可以作为一个合适的指标来判断项目是否被接受或拒绝。但是，对于图 6—1（b）的非常规投资，并不能确定哪个 i^* 可以作为判据指标进行决策。因此，对于存在多个收益率的项目，i^* 的值不能有效地衡量投资项目的盈利性。

6.3.2 净投资测试：纯投资与混合投资

为了得到与 NPW 一致的决策准则，将项目分为纯投资项目和混合投资项目。

● **净投资**（net investment）是指项目期初现金流量为负（$A_0<0$），以项目的 i^* 值计算的投资期内各年项目余额 $PB(i^*)_n$ 都小于等于零，这类投资称为净投资，因为在其任何时点公司没有额外透支收益，也就是说项目是没有负债（外债）的。这种类型的项目就称为**纯投资**（pure investment）。相反，**纯借入**（pure borrowing）是指项目期初现金流量 $A_0>0$，整个借款期内各期项目余额 $PB(i^*)_n\geqslant 0$ 的情况。常规投资都是纯投资。

● 如果有以 i^* 值计算的项目余额为正的情况出现，那么这个项目就不是纯投资。正的项目余额表明在项目期内的某一时点，公司作为项目的借入方（$PB(i^*)_n>0$）而不是项目的投资方（$PB(i^*)_n<0$）。这类投资称为**混合投资**（mixed investment）。

例 6—6

纯投资与混合投资

考虑以下 4 个投资项目以及它们的 i^* 值。

n	项目现金流量（美元）			
	A	B	C	D
0	−1 000	−1 000	−1 000	−1 000
1	−1 000	1 600	500	3 900
2	2 000	−300	−500	−5 030
3	1 500	−200	2 000	2 145
i^*	33.64%	21.95%	29.95%	10%，30%，50%

确定哪些项目属于纯投资。

解：

已知：项目现金流量和收益率 i^*。

求：哪些项目属于纯投资？

首先用项目各自的收益率 i^* 计算各时点的项目余额。如果存在多个收益率，选用数值最大的正值 i^*。[8]

● 项目 A：

$$PB(33.64\%)_0=-1\,000 \text{ 美元}$$

$$PB(33.64\%)_1=-1\,000(1+0.336\,4)+(-1\,000)=-2\,336.40(\text{美元})$$

$PB(33.64\%)_2 = -2\ 336.40(1+0.336\ 4)+2\ 000=-1\ 122.36$（美元）

$PB(33.64\%)_3 = -1\ 122.36(1+0.336\ 4)+1\ 500=0$（美元）

（—，—，—，0）通过净投资测试（属于纯投资）。

- 项目 B：

$PB(21.95\%)_0 = -1\ 000$ 美元

$PB(21.95\%)_1 = -1\ 000(1+0.219\ 5)+1\ 600=380.50$（美元）

$PB(21.95\%)_2 = +380.50(1+0.219\ 5)-300=164.02$（美元）

$PB(21.95\%)_3 = +164.02(1+0.219\ 5)-200=0$（美元）

（—，+，+，0）未通过净投资测试（属于混合投资）。

- 项目 C：

$PB(29.95\%)_0 = -1\ 000$ 美元

$PB(29.95\%)_1 = -1\ 000(1+0.299\ 5)+500=-799.50$（美元）

$PB(29.95\%)_2 = -799.50(1+0.299\ 5)-500=-1\ 538.95$（美元）

$PB(29.95\%)_3 = -1\ 538.95(1+0.299\ 5)+2\ 000=0$（美元）

（—，—，—，0）通过净投资测试（属于纯投资）。

- 项目 D：

$PB(50\%)_0 = -1\ 000$ 美元

$PB(50\%)_1 = -1\ 000(1+0.5)+3\ 900=2\ 400$（美元）

$PB(50\%)_2 = +2\ 400(1+0.5)-5\ 030=-1\ 430$（美元）

$PB(50\%)_3 = -1\ 430(1+0.5)+2\ 145=0$（美元）

（—，+，—，0）未通过净投资测试（属于混合投资）。

评注：如图 6—5 所示，项目 A 和项目 C 是纯投资。项目 B 表明，存在唯一的收益率 i^* 是纯投资的必要条件，但非充分条件。

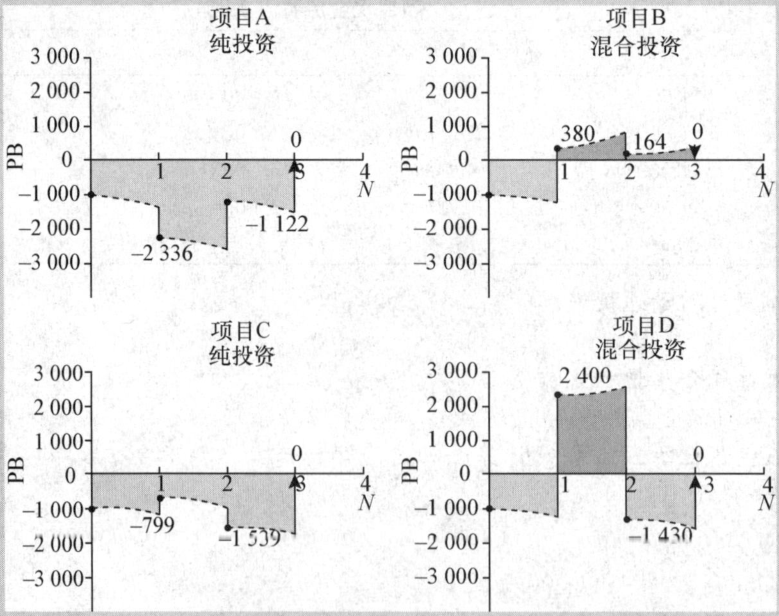

图 6—5　净投资测试（例 6—6）

□ 6.3.3　纯投资的决策准则

假设有一个纯投资项目（所有常规投资都是纯投资），我们想知道使项目费用等于收益现值的特别利率是多少。之所以对此感兴趣，原因很容易回答。回顾图 6—1（a），图中 NPW 曲线具有两个重要特征。第一，以不同的利率 i 来计算项目 PW(i)，当 $i<i^*$ 时 NPW 是正的。这表明取这些 i 值进行现值分析时项目是可接受的。第二，当 $i>i^*$ 时 NPW 是负的，这表明取这些 i 值时项目是不可接受的。因此，i^* 可以作为一个**基准**（benchmark）利率，知道了它的值就可以做出与 NPW 分析一致的决策。

需要注意的是，对于一个纯投资而言，i^* 实际上就是投资的内部收益率 IRR（见 6.1.2 节）。仅仅知道 i^*，我们还不能够应用这种方法。因为公司往往希望比盈亏平衡做得更好。（当 NPW＝0 时，我们对项目保持中立。）公司政策、管理层或是项目决策者会制定一个最低吸引力收益率（MARR）。如果 IRR 大于这个 MARR，说明公司的收益将会超过盈亏平衡水平。所以，IRR 是判断项目可接受性的重要指标。对于纯投资，决策准则如下：

如果 IRR＞MARR，接受项目
如果 IRR＝MARR，是否接受该项目无差异
如果 IRR＜MARR，拒绝项目

这一决策准则只适用于常规投资项目评价，在比较互斥投资项目时，需要应用**增量分析法**（incremental analysis approach），参见 6.4.2 节。

例 6—7

纯投资的投资决策

Merco 公司是肯塔基州路易斯维尔的一家机械制造商，打算投资 2 500 000 美元建立一套完整的结构钢梁制造系统。项目决策的核心问题是，引进新的钻孔系统能够增加多少产量。Merco 估算出以下数据用于计算产量。

- 增加的结构钢产量：2 000 吨/年
- 结构钢的平均销售价格：2 566.50 美元/吨
- 劳动力工资：15.50 美元/小时
- 年钢产量：15 000 吨
- 每吨原料钢成本（2 205 磅）：1 950 美元/吨
- 装配、钻孔等工种工人数量：17 人
- 额外维护成本：128 500 美元/年

原料钢成本为 1 950 美元/吨，直接劳力成本 10 美分/磅，结构钢生产成本为 2 170.50 美元/吨。一吨结构钢的销售价格是 2 566.50 美元，因此每吨钢的利润为 396 美元。假设 Merco 通过买入这套新系统，可以每年提高 2 000 吨的钢产量，工程师们估算出此项目给公司带来的增量收益为 2 000×396＝792 000 美元。

既然新的钻孔系统可以完成结构钢制造的所有工序，两名工人就可以操作这套系统：一名负责锯加工，一名负责钻加工。同时需要第三个人负责操纵装卸钢材的起重机。Merco 公司预计只需三位工人就可以替代传统钢制造技术所需的劳动力，也就是说，平均给公司生产工序节省 14 名劳动力支出。即在劳动力成本上为公司每年节省了 434 000

美元（14×15.50美元/小时×40小时/周×50周/年）。整套系统的寿命为15年，预计税后残值为80 000美元。然而，去除公司每年的所得税226 000美元，净投资成本和节省的费用支出如下，

- 项目投资成本：1 250 000美元。
- 项目年节省费用：

$$(792\,000+434\,000)-128\,500-226\,000=871\,500(\text{美元})$$

- 项目寿命期末税后残值：80 000美元。

(a) 这一制造项目投资的内部收益率IRR是多少？

(b) 如果已知Merco公司的MARR为18%，此投资项目是否合理？

解：

已知：项目现金流量如图6—6所示，MARR=18%。

求：(a) IRR；(b) 项目是否可接受？

(a) 因为整个现金流量序列只有一次符号变化，我们可以确定，此制造项目为常规投资。也就表明此项目仅有一个内部收益率：

$$\text{PW}(i)=-2\,500\,000+871\,500(P/A,i,15)+80\,000(P/F,i,15)=0(\text{美元})$$

$$i^*=34.46\%$$

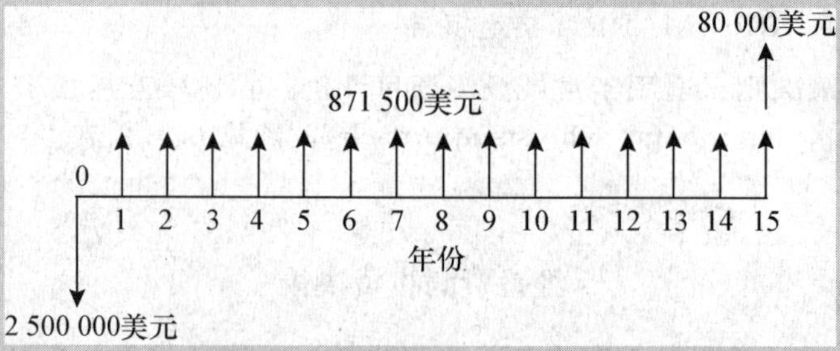

图6—6 现金流量图（例6—7）

应用Excel，同样可以得到项目投资的内部收益率为大约34.46%。

(b) 该项目内部收益率远高于Merco公司的MARR，表明此制造系统项目经济上极具吸引力。Merco公司的管理层相信，即使上述分析中可能存在一些估计值的偏差，制造系统的安装也无疑将非常显著地节省产钢成本。

6.3.4 混合投资的决策准则

在纯投资中，i^*提供了一个明确的标准来衡量项目的盈利性。但是在多个收益率的情况下，任何一个都不能准确说明项目的可接受性或盈利性。然而，当存在多个i^*时，可以用**外部收益率**（external interest rate）来提高分析的正确性。外部收益率方法要求计算一个准确的收益率。如果不想采用复杂的收益率计算过程，可先通过NPW曲线预测多个收益率的情况，进而选择一个替代的方法（如NPW法或AE分析）来判断项目的可接受性。

混合投资中外部收益率的必要性

对于混合投资，我们可以将IRR的经济含义扩展为资本投资收益率并假设投资者在项目期内获得的增量现金流量取得再投资收益。

首先，**项目余额**（project balance，PB）或投资余额从金融机构的角度可以理解为，向投资者借钱并根据项目余额支付利息。因此，一个负的项目余额表示投资者存在银行账户里的钱；一个正的项目余额表示投资者向银行借的钱。项目余额为负表示银行要支付利息给投资者；项目余额为正表示投资者要向银行支付利息。

那么，我们能否假设对于同一账户余额，银行支付的利息和从投资者处收到的利息相等呢？从现实经验来看，这种情况是不可能的。通常借款利率（投资者支付的利息）要高于存款利率（银行支付的利息）。

然而，当我们用 i^* 来计算混合投资项目余额时，值得注意的是：项目借出的资金通过外部投资其收益率被认为与内部投资的收益率相同。也就是说，我们计算现金流量来求解收益率时，直接假设项目可获得资金通过再投资可以得到与项目投资收益率相同的利率，而并没有考虑这笔资金能否有唯一正解 i^*。另外，我们应当记住，只有当 $PB(i^*)>0$ 时，存在外借资金，其额度等于项目余额。当 $PB(i^*)<0$ 时，没有资金可以借出，即使此时现金流量为正。

事实上，项目借出资金再投资收益率一般不太可能与内部投资收益率相等。相反，通常情况下，商业资本投资的收益率与其他外部投资收益率相差很大，一般前者要高于后者。因此，在计算项目的现金流量余额时，有必要引入两个收益率，一个适用于项目内部投资，另一个适用于外部投资。我们之后会看到，当将两种收益率分开计算之后，我们可以测得任何项目的内部实际收益率。

计算混合投资的资本收益

在混合投资中，用于内部投资的那部分资本的收益率被定义为混合投资**实际内部收益率**（true IRR），通常称为**资本投资收益率**（return on invested capital，RIC）。那么对于外部投资部分我们该用哪种利率来描述呢？只要项目不是净投资，一个或多个时期有资金净流出发生（即正项目余额），这笔资金以后必定还会回流用于项目投资。这些资金可以放入公司的投资资产池，直到这笔钱再次被项目所需。投资资产池的投资利率即是我们所说的项目外部投资收益率。

在净现值法中，我们假设投资池内各类基金的回报利率等于 MARR（最低吸引力收益率）。本书中把 MARR 作为一个确定的外部利率（即项目外部投资收益率）。由此，我们可以把 RIC 定义为以 MARR 为变量的函数，并计算使最终项目余额为零的 RIC 值。（即公司想要回收项目投资所有款项，而且在项目结束时还清所有借入资金。）

这种基于现金流量的计算收益率的方法，能够准确地分析项目盈利性。以下的过程概括了确定混合投资内部收益率 IRR 的步骤：

步骤 1：确定 MARR（或者外部收益率）。

步骤 2：根据准则计算 $PB(i, MARR)_n$。

$$PB(i,MARR)_0=A_0$$

$$PB(i,MARR)_1=\begin{cases}PB_0(1+i)+A_1, & PB_0<0\\ PB_0(1+MARR)+A_1, & PB_0>0\end{cases}$$

$$\vdots$$

$$PB(i,MARR)_n=\begin{cases}PB_{n-1}(1+i)+A_n, & PB_{n-1}<0\\ PB_{n-1}(1+MARR)+A_n, & PB_{n-1}>0\end{cases}$$

（如文中所定义的，A_n 代表在 n 期末的净现金流量。记住最终的项目余额必须为零。）

步骤 3：求解最终项目余额等式，确定 i 值。

$$PB(i, MARR)_N = 0$$

此利率 i 就是混合投资的资本投资收益率（或内部收益率）。

将 MARR 作为外部收益率，如果项目内部收益率高于 MARR，则我们接受此项目；反之，则拒绝此项目。图 6—7 总结了混合投资内部收益率的计算原理。

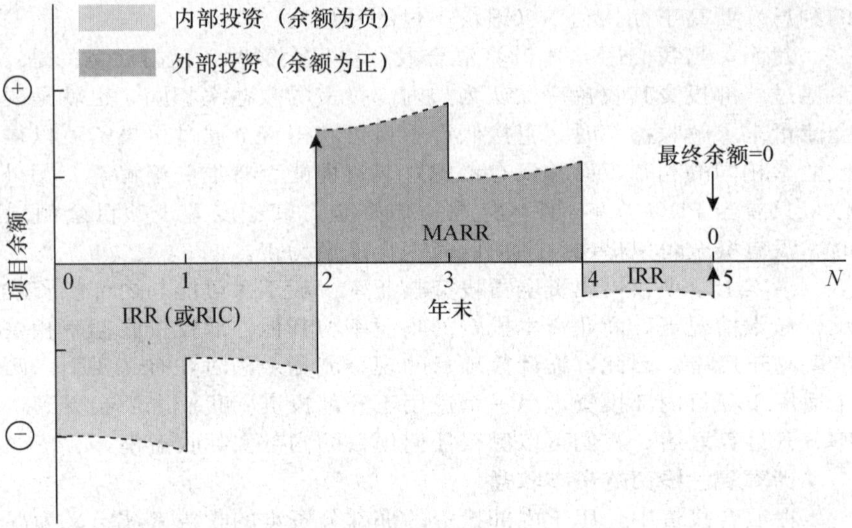

图 6—7　IRR 的计算原理（对于混合投资）

例 6—8

混合投资的内部收益率

波音公司（Boeing Company）拿到美国宇航局（NASA）的价值 4.6 亿美元的订单，为未来空间站任务制造火箭助推器。NASA 首先会在合同签订时支付 5 000 万美元，在第 1 年年末支付 3.6 亿美元，在第 2 年年末，支付最后的 5 000 万美元。制造火箭助推器预期的现金支出为，期初 1.5 亿美元，第 1 年 1 亿美元，第 2 年 2.18 亿美元。公司技术创新项目的 MARR 为 25%。该项目的现金流量如下表所示。

单位：百万美元

n	现金流出	现金流入	净现金流量
0	150	50	−100
1	100	360	260
2	218	50	−168

正常情况下，波音是不会考虑这么一个低利润的项目的。然而为了保持自身在航空探索领域的技术领导地位，管理层想出价低于竞争对手，以拿下这个项目。从财务角度分析获得这一项目的经济价值为多少？

(a) 以 25% 作为基准收益率，计算净现值。

(b) 计算此项目的 i^* 值。

(c) 基于 (b) 的结果，判断项目的可接受性。

解：

已知：项目现金流量，MARR＝25%。

求：(a) 计算净现值；(b) i^*；(c) 当 MARR 为 25%时的 RIC。同时，判定项目是否可接受。

(a) $PW(25\%)=-100+260(P/F,25\%,1)-168(P/F,25\%,2)$

$=0.48$ 百万美元（或 480 000 美元）>0

(b) 既然项目寿命只有两年，我们可以通过解一元二次方程的方法直接根据净现值等式求解：

$$-100+\frac{260}{(1+i^*)}-\frac{168}{(1+i^*)^2}=0$$

设 $X=1/(1+i^*)$，我们可以将上面的等式改写为：

$$-100+260X-168X^2=0$$

得到 X 等于 5/6 和 5/7，即 i^* 等于 20%和 40%。如图 6—8 所示，净现值曲线与横轴相交两次：一次在 20%处，一次在 40%处。显然，这不是常规投资，所以，无论是 20%还是 40%都不是此政府项目的真实内部收益率。

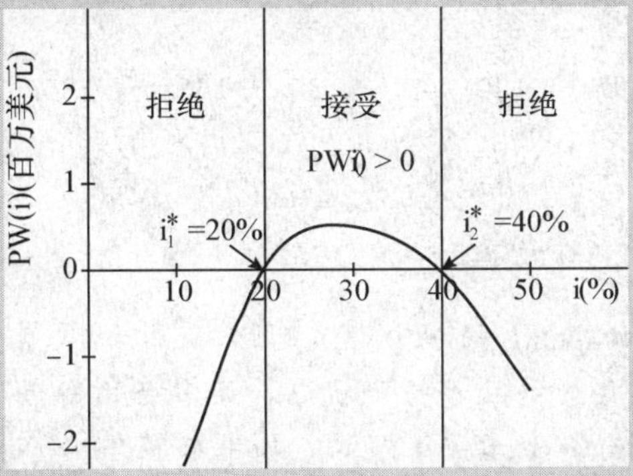

图 6—8　多个收益率的非常规投资的净现值曲线

(c) 根据 (b) 的结果，项目具有多个收益率，显然不是净投资。如表 6—5 所示。

在 $n=0$ 时，公司付出一笔净投资，项目余额表达式为：

$PB(i,25\%)_0=-100$ 美元

这笔 1 亿美元净投资作为内部投资，在下一期以收益率 i 增长。第 1 年净收入为 2.6 亿美元，则项目余额为：

$PB(i,25\%)_1=-100(1+i)+260=160-100i$

此时，我们并不知道 $PB(i,\ 25\%)$ 是正还是负；为了进行净投资测试和验证是否存在唯一的利率 i^*，需要知道项目余额的正负符号。因此我们需要分情况讨论两种情形：(1) $i<1.6$；(2) $i>1.6$。

情形 1：$i<1.6\rightarrow PB(i,\ 25\%)_1>0$。

该情形下项目余额为正，项目多余的资金可以置于公司的投资资产池中来获得 MARR 的收益，直到资金再次被项目所需要。第 2 年年末，这些投资池的资金将获得 25%的增长率，即总量达到 $(160-100i)(1+0.25)$，并且必须等于此时项目所需投资资

表 6—5　　i^* 为 20%和 40%时的净投资测试

	A	B	C	D	E
1	i^* = 20%的净投资测试				
2					
3		年初	当年未回收	当年	年末
4		项目	余额的	净现金	项目
5	n	余额	收益（20%）	流量	余额
6					
7	0	0	0	-100	-100
8	1	-100	-20	260	140
9	2	140	28	-168	0
10					
11	i^* = 40%的净投资测试				
12					
13		年初	当年未回收	当年	年末
14		项目	余额的	净现金	项目
15	n	余额	收益（40%）	流量	余额
16					
17	0	0	0	-100	-100
18	1	-100	-40	260	120
19	2	120	48	-168	0
20					

金 1.68 亿美元。所以最终余额即为：

$$PB(i,25\%)_2=(160-100i)(1+0.25)-168=-125i+32=0$$

求解 i，得

$$RIC=IRR=0.2560 \text{ 或 } 25.60\%>25\%$$

情形 2：$i>1.6 \rightarrow PB(i,\ 25\%)_1<0$。

这一情况代表波音公司始终处于投资状态，无多余的资金可用于项目外投资。因此，第 1 年年末的余额下一期将以收益率 i 增长，而非之前的 MARR。同样第 2 年年末投资所需资金为 1.68 亿美元，项目终了时净投资必须为零。则第 2 年年末的项目余额应为：

$$PB(i,25\%)_2=(160-100i)(1+i)-168=-8+60i-100i^2=0$$

求解 i，得

$$IRR=0.20 \text{ 或 } 0.40<1.6$$

上述结果违背了情形 2 的初始假设 $i>1.6$。因此，情形 1 是唯一正解。同时，因为 IRR>MARR，所以项目可接受。这与我们在（a）中运用净现值准则判断的结果一致。

评注：此例中，我们可以看到 RIC 取决于 MARR 的值 25%。由此我们可以方便地建立起 RIC 与 MARR 之间的函数关系。证明了情形 1 的正确性，我们用 MARR 变量替换 25%，得到以下关系式：

$$PB(i,25\%)_2=(160-100i)(1+MARR)-168=0$$

$$i=RIC=\frac{160MARR-8}{100(1+MARR)}$$

如图 6—9 所示，当 MARR 上升时，投资回报率 RIC 同样上升。如果我们设 MARR=i^*

（20%或者40%），我们可以得到 RIC=i^*，表明使得项目净现值等于零的利率就是真实内部收益率。从图6—9来看，如果我们画出 RIC 和 MARR 函数关系曲线，真实内部收益率 IRR 就是此曲线与45度斜线的交点。这两个交点即为公司投资的临界盈利点。也就是说，当 MARR 等于20%或40%时，项目刚好不亏。当20%<MARR<40%时，项目才会带来投资收益。你可以看到，这其实是使项目净现值为正的唯一区间，即唯一可接受区间。

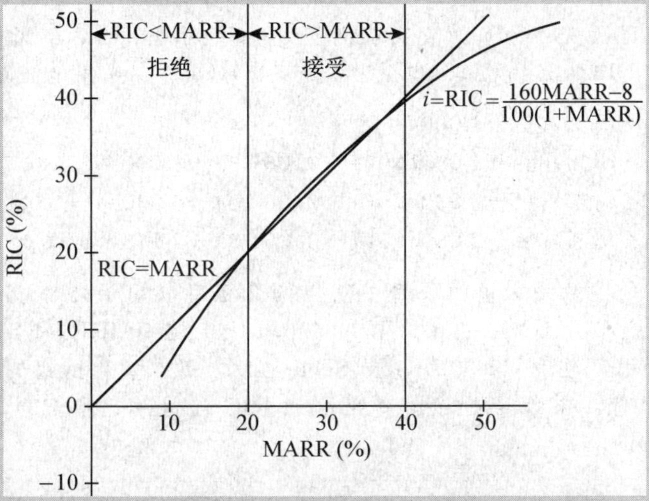

图6—9 以 MARR 为变量的资本投资收益率函数

用试错法来计算混合投资 IRR

用试错法计算混合投资的 IRR（RIC）跟之前的用于求 i^* 的试错法很相似。我们先以给定的 MARR 和推测的 IRR，来求解项目余额。（大多数情况下，开始试错时选择与 MARR 接近的 IRR 值比较适合。）因为希望项目余额趋于零，所以根据初始的计算结果，我们可以按照需要调整 IRR 的值。比如说，对于给定的两个利率值（推测的 IRR，MARR）如果最终项目余额为正，那么说明推测的 IRR 值偏小，我们需要增大 IRR 值并重新计算。以此类推反复调整 IRR 的估计值，直到项目余额等于或者接近于零。

例6—9

巧用 Excel 计算混合投资的内部收益率

思考例6—6中的项目D，该项目具有如下现金流量。

n	A_n（美元）
0	−1 000
1	3 900
2	−5 030
3	2 145

已知项目D属于混合投资，计算该项目的 IRR。假设 MARR=6%。

解：

已知：混合投资现金流量，MARR=6%。

求：IRR。

当 MARR=6%，运用试错法来计算 i，首先假定 $i=8\%$。

$$PB(8\%,6\%)_0=-1\,000 \text{ 美元}$$
$$PB(8\%,6\%)_1=-1\,000(1+0.08)+3\,900=2\,820(\text{美元})$$
$$PB(8\%,6\%)_2=+2\,820(1+0.06)-5\,030=-2\,040.80(\text{美元})$$
$$PB(8\%,6\%)_3=-2\,040.80(1+0.08)+2\,145=-59.06(\text{美元})$$

项目寿命期末净投资值为负，说明我们假设 $i=8\%$ 是错的。经过一系列试错，得到当 MARR=6%时，IRR 大约在 6.13%左右。下面验算这一结果的正确性。

$$PB(6.13\%,6\%)_0=-1\,000 \text{ 美元}$$
$$PB(6.13\%,6\%)_1=-1\,000.00(1+0.061\,3)+3\,900=2\,838.70(\text{美元})$$
$$PB(6.13\%,6\%)_2=+2\,838.70(1+0.060\,0)-5\,030=-2\,020.98(\text{美元})$$
$$PB(6.13\%,6\%)_3=-2\,020.98(1+0.061\,3)+2\,145\approx 0(\text{美元})$$

第 1 年年末正的项目余额说明项目中获得的资金可以用于外部投资。同时，项目寿命期末的净投资值为 0，证实了项目的 IRR 为 6.13%。由于 IRR>MARR，项目可接受。

如图 6—10 所示，运用 Excel 的 Goal Seek 函数，可以简化试错的过程。同样，我们的目标是确定 RIC 值，条件是通过改变推测的 RIC 值（单元格 B5），使期末项目余额（单元格 C12）为 0。

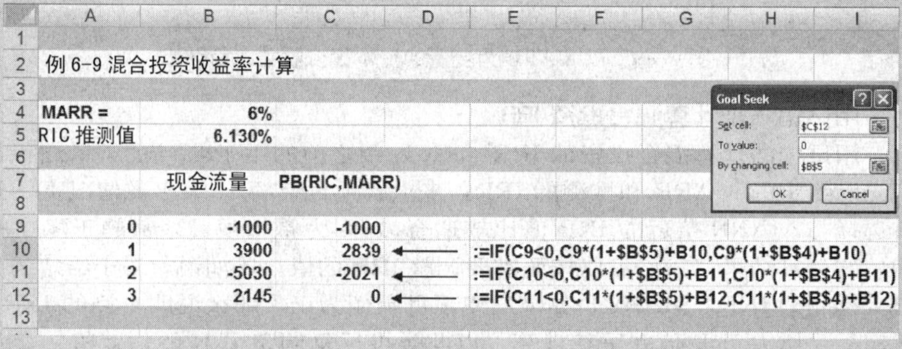

图 6—10　运用 Excel 计算 RIC（或者真实内部收益率）

评注：根据净现值准则，如果 0<MARR<10%或 30%<MARR<50%，投资项目可接受。拒绝域为 $10\%<i<30\%$ 和 $i>50\%$。图 6—1（b）可验证这一结果。值得注意的是，当 MARR=i=6%时，根据净现值分析，该项目也能够勉强接受：

$$\begin{aligned}PW(6\%)&=-1\,000+3\,900(P/F,6\%,1)-5\,030(P/F,6\%,2)\\&\quad+2\,145(P/F,6\%,3)\\&=3.55(\text{美元})>0\end{aligned}$$

图 6—11 的流程图总结了如何运用净现金流量符号法则、累计现金流量符号测试和净投资测试来计算 IRR，以及如何对单个项目进行可接受性决策判断。由于采用 IRR 分析比较备选项目较为复杂，通常我们更倾向于运用其他等值方法来达到同样目的。项目投资决策人员必须时刻保持对收益率判据评价项目倾向的警觉。不过，一旦用 NPW 和 AE 分析选择了某项目，出于对合作方利益的考虑，你也同样需要用收益率来体现此项目的价值。

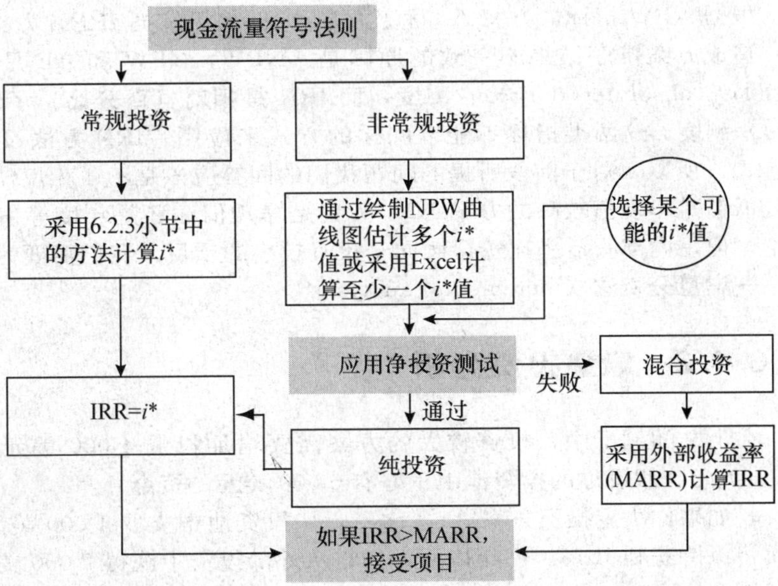

图 6—11　IRR 判据总结：如何运用净现金流量符号法则和净投资测试来计算纯投资和混合投资 IRR 的流程图

6.4　互斥方案的比选

本节将讨论运用收益率的方法对两个或多个互斥项目进行比较的决策过程。我们主要考虑两种情况：(1) 经济服务寿命相同的方案比选；(2) 服务寿命不同的方案比选。

6.4.1　IRR 方法进行项目排序的缺陷

在净现值（NPW）和年度等值（AE）分析中，我们选择互斥项目中数值最大的项目（全投资方法）。但是，在内部收益率（IRR）分析中，内部收益率值最大的项目并不一定是最佳方案。我们举个例子来说明内部收益率在互斥项目比选时的固有缺陷。假设两个互斥方案，服务寿命均为 1 年：一个方案要求投资 1 000 美元，获得收益 2 000 美元；另一个方案要求投资 5 000 美元，获得收益 7 000 美元。根据表 6—6 给出的数据，我们可以得到各方案的内部收益率，以及以 MARR＝10％计算的方案净现值。

表 6—6　用 IRR 进行项目排序的缺陷

n	方案 A1	方案 A2
0	－1 000 美元	5 000 美元
1	2 000 美元	7 000 美元
IRR	100％	40％
PW(10％)	818 美元	1 364 美元

假设你有足够的资金进行项目投资，你会因为预期内部收益率较高而选择第一个项目吗？

根据NPW指标，方案A2优于方案A1。如果依据IRR，方案A1的收益率更高。造成方案排序结果不一致的原因是：NPW，NFW和AE是投资价值的**绝对（金额）**（absolute（dollar））测度，而IRR是**相对（百分比）**（relative（percentage））测度。这两类指标不能以同样的方式来应用。IRR方法没有考虑投资**规模**（scale）。所以，对于前段所提的问题我们的回答应该是不；相反，我们会选择收益率较低但是净现值较高的方案A2。无论是净现值法还是年度等值法都会得出这一结论，但是内部收益率比选会倾向于投资较小的项目。我们需要另一种更合适的方法——**增量分析法**（incremental analysis）。

□ 6.4.2 增量投资分析

在上文的例子中，投资较大的方案需要增加投资4 000美元，获得增量收益5 000美元。假设你的投资池中正好有5 000美元的资金。

- 如果你决定投资方案A1，你需要从投资池中支取1 000美元。剩余的4 000美元将保持获利10%。一年以后，你将从外部投资中获得2 000美元，从投资池中获得4 400美元。所以，总投资5 000美元一年后获得收益6 400美元。与这一资产变化等值的现值为PW(10%)＝−5 000＋6 400(P/F，10%，1)＝818美元。
- 如果你决定投资方案A2，你需要从投资池中支取5 000美元，同时池中将没有剩余资金，但你将从外部投资中获得7 000美元。一年内你的总资产从5 000美元增加到7 000美元。相应的现值为PW(10%)＝−5 000＋7 000(P/F，10%，1)＝1 364美元。

换言之，如果你选择投资较大的方案，你当然会想知道增量投资获利是否达到最低吸引力收益率（MARR）。10%的最低吸引力收益率值表示你从其他投资渠道也可以获得该收益水平（例如，4 000美元的投资一年后为4 400美元）。但是，在第二个方案中通过追加投资4 000美元，你将获得增量收益5 000美元，也就相当于获利25%。因此，增加投资是值得的。

互斥项目比较的决策准则总结如下。两个互斥方案A和B（定义B为投资较大方案），把B改写为B＝A＋(B−A)。也就是说，B由两部分现金流量组成：(1) 与A相同的现金流量；(2) 增量部分（B−A）。因此，当增量部分（B−A）的收益率超过最低吸引力收益率时，项目B优于项目A。收益率分析法通过计算项目之间增量投资内部收益率（ΔIRR）进行。因为考察的对象是增量投资，所以在计算项目间现金流量的差额时，用投资大的项目B的现金流量减去投资小的项目A。决策准则如下：

如果 $IRR_{B-A}>MARR$，选择B
如果 $IRR_{B-A}=MARR$，选择任一项目
如果 $IRR_{B-A}<MARR$，选择A

且B−A为增量投资（负的现金流量）。如果我们把“无项目”也作为一个方案，那么初始方案（投资最少方案）必须是盈利的（它的IRR一定大于MARR）。所以首先要计算互斥方案集中每个方案的收益率，然后在应用增量分析之前剔除IRR小于MARR的方案。

你也许会对选择正确的方案竟是根据如此简单的准则感到奇怪，例6—10举例说明了增量投资决策准则的应用。

例 6—10

IRR 增量分析：两个方案比选

约翰·科温顿（John Covington）是一名大学生，想要在课余时间经营装饰生意。为了控制启动成本，他决定购买二手设备。他有两个互斥方案可选择：自己完成大部分装饰工作，但是经营范围仅限于住宅装饰（方案 B1），或者购买更多的设备并且雇用助手共同完成住宅装饰和商业装饰工作，这样预期将有更高的设备成本投入以及更高的收益（方案 B2）。在任一情况下，约翰期望维持经营 3 年直到他大学毕业。

两个互斥方案的现金流量如下表所示：

单位：美元

n	B1	B2	B2－B1
0	－3 000	－12 000	－9 000
1	1 350	4 200	2 850
2	1 800	6 225	4 425
3	1 500	6 330	4 830
IRR（%）	25	17.43	15

已知两个方案都是收益项目，那么当 MARR＝10％时，约翰会选择哪个项目呢？（在 10％的利率水平下两个项目都是盈利的。）

解：

已知：两互斥方案的增量现金流量以及 MARR＝10％。

求：(a) 增量投资内部收益率；(b) 哪个方案更优？

(a) 为了比选最优项目，首先计算增量现金流量 B2－B1。然后通过求解如下方程来计算增量投资内部收益率：

$$-9\,000+2\,850(P/F,i,1)+4\,425(P/F,i,2)+4\,830(P/F,i,3)=0$$

(b) 我们得到 $i^{*}_{B2-B1}=15\%$，如图 6—12 所示。该增量现金流量是常规投资，所以

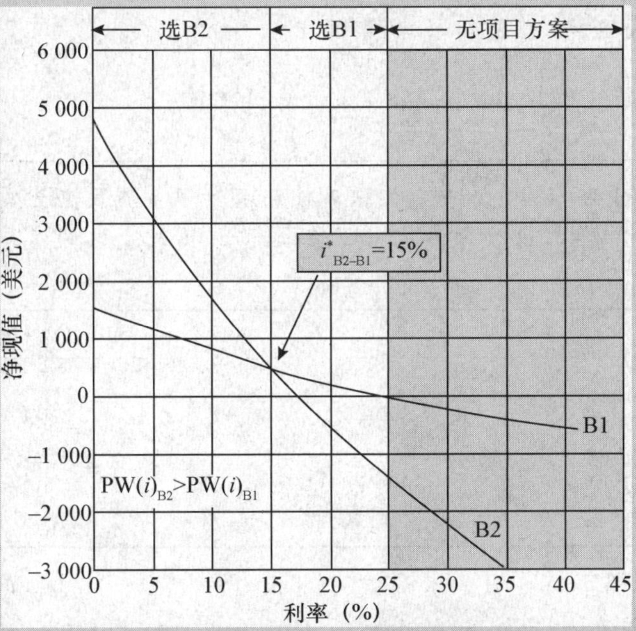

图 6—12 B1 和 B2 的净现值曲线（例 6—10）

$IRR_{B2-B1}=i^*_{B2-B1}$。又因为 $IRR_{B2-B1}>MARR$，B2是最优方案，与NPW分析结果也一致。需要注意的是，如果MARR>25%，那么两个项目都不能接受。

评注：为什么计算B2—B1的增量而不是B1—B2的增量呢？因为我们希望增量现金流量序列的初始现金流量为负（投资现金流量），这样就可以计算IRR。用初始投资大的项目减去初始投资小的，可以确保初始增量现金流量是一个投资现金流量。如果不考虑投资大小问题，那么可能导致增量现金流量包含借入现金流量，从而不存在内部收益率。B1—B2就是这种情况。（i^*_{B2-B1}仍然是15%，不是−15%，但是含义却不同：它是一个借款利率，而不是投资收益率。）如果错误地将这个i^*与MARR比较，我们可能会接受B1而不是B2。无疑这将有损我们在约翰·科温顿面前的信誉。

下一个例子说明，即使初始投资相同，项目未来现金流量的时间分布不同，也会造成NPW和IRR项目排序结果不一致的情况。

例 6—11

IRR增量分析：初始现金流量相等

考虑以下两个互斥投资项目，所需投资金额相同。

假设MARR=12%，基于增量投资收益率你会选择哪个项目？（在10%水平下两个项目都是盈利的）。

解：

已知：两个互斥方案的现金流量（如下表所示），MARR=12%。

求：(a) 增量投资的内部收益率（IRR）；(b) 哪个方案最优？

n	方案C1（美元）	方案C2（美元）
0	−9 000	−9 000
1	480	5 800
2	3 700	3 250
3	6 550	2 000
4	3 780	1 561
IRR（%）	18	20

(a) 由于期初投资相等，因此我们需要按序观察现金流量直至发现首个差额，计算其差额，确保首个非零现金流量为负（即是投资）。因此，我们以C1−C2来设定增量投资。

n	C1−C2（美元）
0	0
1	−5 320
2	450
3	4 550
4	2 219

令PW表达式等于0：

$$-5\,320+450(P/F,i,1)+4\,550(P/F,i,2)+2\,219(P/F,i,3)=0$$

(b) 求解 i，得 $i^*=14.7\%$，即内部收益率，因为增量部分是常规投资。又因为 $IRR_{C1-C2}=14.7\%>MARR$，所以我们选择 C1。如果应用 NPW 分析，得到 $PW(12\%)_{C1}=1\,443$ 和 $PW(12\%)_{C2}=1\,185$ 美元，结果也表明 C1 优于 C2。

当存在两个以上互斥方案时，我们可以将项目按顺序两两比较。例 6—12 举例说明了如何比选三个互斥方案。（第 14 章中，我们还将在资本预算的内容中讨论多个方案比选问题。）

例 6—12

IRR 增量分析：三个方案比选

考虑以下三个互斥方案。假设 MARR=15%，基于增量投资收益率你会选择哪个方案？

单位：美元

n	方案 D1	方案 D2	方案 D3
0	−2 000	−1 000	−3 000
1	1 500	800	1 500
2	1 000	500	2 000
3	800	500	1 000
IRR (%)	34.37	40.76	24.81

解：

已知：三个方案的现金流量，MARR=15%。

求：增量投资内部收益率为多少？哪个方案最优？

步骤 1：考察每个方案的内部收益率，首先剔除收益率小于 MARR 的项目。本例中，所有方案的收益率都超过 MARR。

步骤 2：比较 D1 和 D2。[9] 因为 D2 初始投资较小，为形成增量投资，计算 D1−D2 的增量，并求其收益率。

n	D1−D2（美元）
0	−1 000
1	700
2	500
3	300

增量现金流量表示为常规投资。我们由以下等式确定增量收益率：

$$-1\,000+700(P/F,i,1)+500(P/F,i,2)+300(P/F,i,3)=0$$

解得 $i^*_{D1-D2}=27.61\%>MARR$，因此 D1 优于 D2。那么在进一步分析中，就可以排除 D2 了。

步骤 3：比较 D1 和 D3。同上，D1 初始投资较小。计算增量（D3−D1）：

n	D3－D1（美元）
0	－1 000
1	0
2	1 000
3	200

其增量现金流量也为常规投资，增量（D3－D1）收益率只有8.8%，不能接受。因此，D1优于D3。根据计算结果，我们最终得出D1为最优方案。

例6—13

增量分析：成本型方案

福尔克公司（Falk Corporation）正在评价两种制造系统，以决策6年内选择哪种方案来生产联轴器：(1) 单元制造系统（CMS）；(2) 柔性制造系统（FMS）。这两个系统的平均产量为544 000件/年。两个方案预计产生的经营成本、初始投资和残值如表6—7所示。

表6—7　　CMS和FMS财务数据汇总表　　单位：美元

项目	CMS方案	FMS方案
年运营维护成本		
劳动力成本	1 169 600	707 200
原材料成本	832 320	598 400
管理费用	3 150 000	1 950 000
工具成本	470 000	300 000
库存成本	141 000	31 500
所得税	1 650 000	1 917 000
总成本	7 412 920	5 504 100
投资	4 500 000	12 500 000
净残值	500 000	1 000 000

图6—13列举了各方案的现金流量情况。公司的MARR＝15%。基于IRR判据，哪个方案更优？

解题思路： 假设分析期内两种制造系统能够得到相同水平的收益，那么我们只需要比较两个方案的成本。（这些项目都属于服务型项目。）尽管收益金额未知我们无法计算各方案的IRR，但仍然可以计算增量现金流量的IRR（见表6—8）。因为FMS初始投资高于CMS，所以增量现金流量即为（FMS－CMS）的差额。

解：

已知：现金流量如图6—13所示，$i=15\%$。

求：增量现金流量，基于IRR判据选择最优方案。

首先，根据已知条件：

$$PW(i)_{FMS-CMS}=-8\,000\,000+1\,908\,820(P/F,i,5)+2\,408\,820(P/F,i,6)=0$$

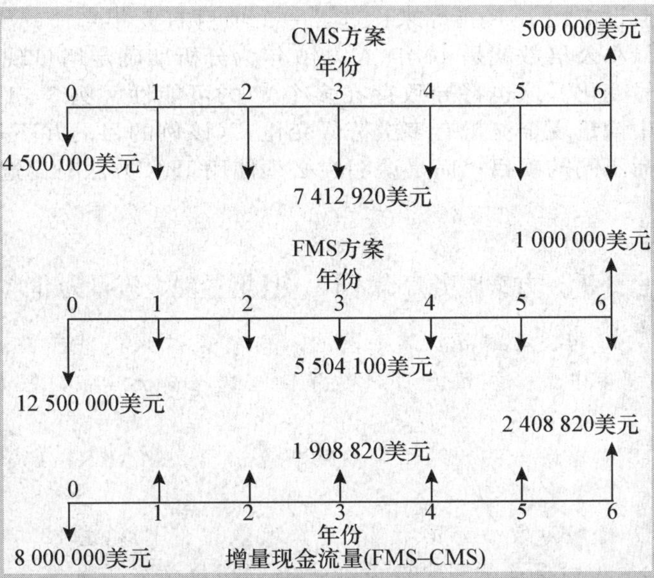

图 6—13 成本型互斥方案的比较

表 6—8 **增量现金流量（FMS-CMS）** 单位：美元

n	CMS 方案	FMS 方案	增量（FMS-CMS）
0	−4 500 000	−12 500 000	−8 000 000
1	−7 412 920	−5 504 100	1 908 820
2	−7 412 920	−5 504 100	1 908 820
3	−7 412 920	−5 504 100	1 908 820
4	−7 412 920	−5 504 100	1 908 820
5	−7 412 920	−5 504 100	1 908 820
6	−7 412 920	−5 504 100	1 908 820
	+500 000	+1 000 000	2 408 820

通过试错法求得 $i=12.43\%$。由 $IRR_{FMS-CMS}=12.43\%<15\%$，我们选择 CMS。尽管 FMS 的经营成本每年比 CMS 节省 1 908 820 美元，但是这部分节省的花费不足以证明追加投资 8 000 000 美元的经济性。

评注：需要指出的是，CMS 方案很少优于 FMS 方案。只考虑容易量化的对于 FMS 各投入因素的费用节省（如人力、能源和物资），而不考虑 FMS 先进的制造工艺带来的难以量化的效益，可能导致决策判断错误。优化的产品质量、提高的制造柔性（对客户需求的快速反应）、减少的存货成本和产品创新能力的提高，这些因素因为难以量化收益而经常被忽略。如果这些无形收益也都考虑在内，那么 FMS 方案可能会优于 CMS 方案。

□ 6.4.3 服务寿命不等的方案比选

在第 4 章和第 5 章中，我们讨论过应用 NPW 和 AE 判据比较寿命不同项目的问题。只要能够确定共同分析期，IRR 指标也可以用来比较寿命不同的项目。其决策步骤和寿命相同项目完全一致，但是会存在多个收益率问题，导致计算量比较大。例如，假设应用 IRR 指标来比选，一个项目有 5 年寿命，另一个有 8 年寿命，那么它们的最小公倍数就是 40 年。以 40 年为分析期确定增量现金流量时，必然观察到多次符号变化。这也将导致存在多个 i^* 的可能性。例 6—14 运用 i^* 来比较互斥项目，其中增量现金流量有多次符号变化。（该例的目的并不是鼓励你用 IRR 方法来比较寿命不同的项目；而是说明在必须使用 IRR 方法时比选的正确方式。）

例 6—14

IRR 增量分析：方案服务寿命不同，且增量现金流量为非常规投资

在例 4—13 中，邮购公司想要安装一套自动邮寄系统来处理产品通告和发票。公司需要在两种不同的设备中选择。根据 IRR 决策判据选择最优设备，假设 MARR＝15%。

解：

已知：例 4—13 中寿命不同的两个项目的现金流量，MARR＝15%。

求：最优方案。

由已知条件，分析期为最小公倍数 12 年，所以我们计算这 12 年的增量现金流量。如图 6—14 所示，将 A 型机器的现金流量减去 B 型机器形成增量投资（要求初始现金流量差额为负）。然后我们就可以计算增量现金流量的 IRR 了。

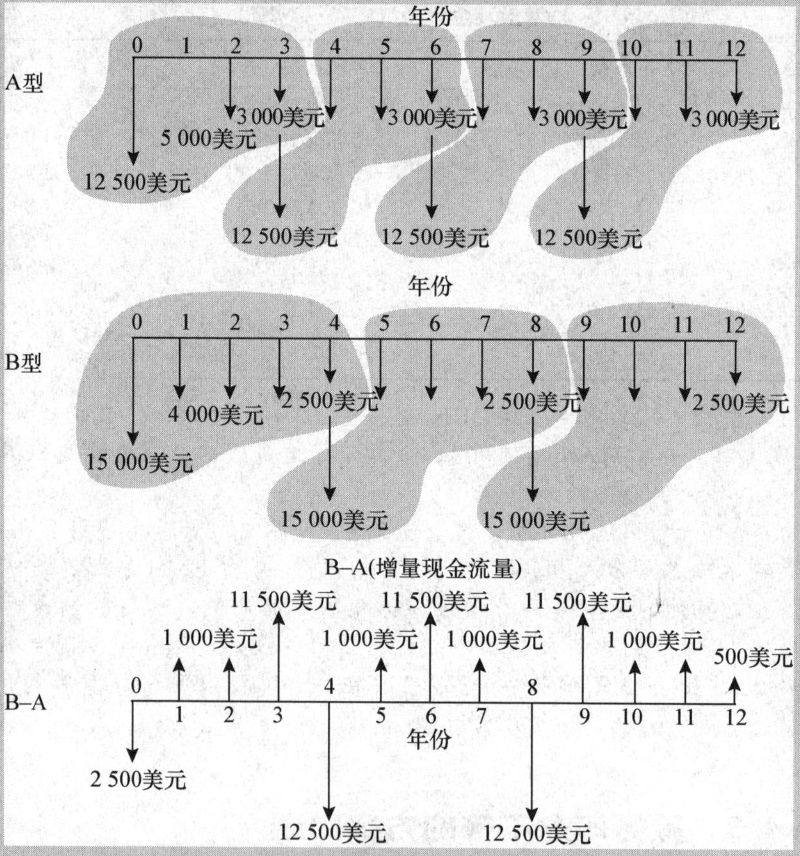

图 6—14　寿命不等的项目比较（例 6—14）

由表 6—9 所示，增量现金流量序列发生了 5 次符号变化，表明该增量现金流量为非常规投资。

表 6—9　　　　增量现金流量（B–A）　　　　单位：美元

n	A型		B型		B–A
0	−12 500		−15 000		−2 500
1		−5 000		−4 000	1 000
2		−5 000		−4 000	1 000
3	−12 500	−3 000		−4 000	11 500
4		−5 000	−15 000	−2 500	−12 500
5		−5 000		−4 000	1 000
6	−12 500	−3 000		−4 000	11 500
7		−5 000		−4 000	1 000
8		−5 000	−15 000	−2 500	−12 500
9	−12 500	−3 000		−4 000	11 500
10		−5 000		−4 000	1 000
11		−5 000		−4 000	1 000
12		−3 000		−2 500	500
	3个更换周期		3个更换周期		增量现金流量

尽管现金流量符号变化5次，但是该题中 i^* 只有一个正解：63.32%。然而，该投资不是纯投资。我们必须使用外部收益率来计算IRR以确保做出正确决策。假设公司的MARR=15%，使用试错法来计算。设 $i=20\%$。

$$PB(20\%,15\%)_0=-2\,500(美元)$$
$$PB(20\%,15\%)_1=-2\,500\times1.20+1\,000=-2\,000(美元)$$
$$PB(20\%,15\%)_2=-2\,000\times1.20+1\,000=-1\,400(美元)$$
$$PB(20\%,15\%)_3=-1\,400\times1.20+11\,500=9\,820(美元)$$
$$PB(20\%,15\%)_4=9\,820\times1.15-12\,500=-1\,207(美元)$$
$$PB(20\%,15\%)_5=-1\,207\times1.20+1\,000=-448.40(美元)$$
$$PB(20\%,15\%)_6=-448.40\times1.20+11\,500=10\,961.92(美元)$$
$$PB(20\%,15\%)_7=10\,961.92\times1.15+1\,000=13\,606.21(美元)$$
$$PB(20\%,15\%)_8=13\,606.21\times1.15-12\,500=3\,147.14(美元)$$
$$PB(20\%,15\%)_9=3\,147.14\times1.15+11\,500=15\,119.21(美元)$$
$$PB(20\%,15\%)_{10}=15\,119.21\times1.15+1\,000=18\,387.09(美元)$$
$$PB(20\%,15\%)_{11}=18\,387.09\times1.15+1\,000=22\,145.16(美元)$$
$$PB(20\%,15\%)_{12}=22\,145.16\times1.15+500=25\,966.93(美元)$$

因为 $PB(20\%,15\%)_{12}>0$，推测的"20%"不是RIC。那么增加 i 值，并重复计算。经过多次试错计算后，我们得到RIC=50.68%。[10]又因为 $IRR_{B-A}>MARR$，所以选择B型，与NPW分析结果也一致。也就是说，通过增加投资模B型设备可以达到满意的收益水平。事实上，我们可以应用Excel中的单变量求解函数（Goal Seek）来求解RIC，参见图6—15。

评注：由于比选项目方案的IRR增量分析固有的复杂性，最好是应用某一等值方法达到同样的目的。作为一个工程经理，应当对偏好收益率的本能倾向保持警觉。当应用NPW分析和AE分析对某一项目做了最优选择时，出于合作方利益考虑你可能也希望用收益率来表示该项目的价值。

	A	B	C	D	E	F	G
1							
2						MARR =	15%
3						RIC 推测值=	51%
4							
5	*n*	A型		B型		B型 – A型	PB(*I*,MARR)
6							
7	0	-$12,500		-$15,000		-$2,500	-$2,500.00
8	1		-$5,000		-$4,000	$1,000	-$2,767.00
9	2		-$5,000		-$4,000	$1,000	-$3,169.32
10	3	-$12,500	-$3,000		-$4,000	$11,500	$6,724.47
11	4		-$5,000	-$15,000	-$2,500	-$12,500	-$4,766.86
12	5		-$5,000		-$4,000	$1,000	-$6,182.71
13	6	-$12,500	-$3,000		-$4,000	$11,500	$2,183.89
14	7		-$5,000		-$4,000	$1,000	$3,511.47
15	8		-$5,000	-$15,000	-$2,500	-$12,500	-$8,461.80
16	9	-$12,500	-$3,000		-$4,000	$11,500	-$1,250.25
17	10		-$5,000		-$4,000	$1,000	-$883.88
18	11		-$5,000		-$4,000	$1,000	-$331.83
19	12		-$3,000		-$2,500	$500	$0.00
20							

=IF(G17<0,G17*(1+$G$3)+F18,G17*(1+$G$2)+F18)

图 6—15　用 Excel 自带 Goal Seek 函数比较服务寿命不等的互斥项目

习　题

注：符号 i^* 表示项目净现值等于零时的利率。符号 IRR 表示投资的内部收益率。对非常规投资而言，i^* 通常不等于 IRR。

* 收益率的基本概念

6.1　假设你花 1 000 美元进行股票投资。一年后该项投资的价值为 1 245 美元。那么你的投资收益率是多少？

※**6.2**　假设你投资 50 000 美元经营餐馆生意。一年后，你作价 100 000 美元把一半的股权卖给合伙人。又过了一年，生意亏损，你不得不支付 40 000 美元关闭餐厅。那么你经营餐厅的投资收益率为多少？

* 投资分类和计算

6.3　考虑表 6—10 所示投资项目：

(a) 判别各项目为常规投资还是非常规投资。

(b) 应用一元二次方程计算项目 A 的 i^*。

(c) 绘制项目净现值关于利率的函数曲线图，求解项目收益率。

表 6—10

n	项目现金流量（美元）				
	A	B	C	D	E
0	−150	−200	−300	−70	−60
1	60	80	200	120	−120
2	150	80	10	40	−50

续前表

n	项目现金流量（美元）				
	A	B	C	D	E
3	—	60	50	40	0
4	—	60	−180	−200	160
5	—	—	60	40	150
6	—	—	50	30	140
7	—	—	500	—	130

6.4 考虑表 6—11 所示的投资项目：

(a) 应用符号法则预测各项目 i^* 的可能个数。

(b) 绘制 NPW 关于 i 的函数曲线图，范围 $0<i<200\%$。

(c) 计算各项目的 i^* 值。

表 6—11

n	项目现金流量（美元）					
	A	B	C	D	E	F
0	−150	−100	−200	−180	−100	−100
1	200	470	−100	0	300	300
2	0	720	200	0	250	−100
3	400	−360	250	500	−40	400

6.5 考虑表 6—12 所示的投资项目现金流量：

(a) 求投资内部收益率。

(b) 画出现金流量现值关于 i 的函数图。

(c) 基于 IRR 判据，当 MARR＝15%时，是否应该接受此项目？

表 6—12

n	净现金流量（美元）
0	−220 000
1	94 000
2	144 000
3	72 000

* 混合投资

6.6 考虑表 6—13 所示投资项目：

(a) 应用一元二次方程计算 A 的 i^* 值。

(b) 区分各项目为常规投资还是非常规投资。

(c) 应用现金流量符号法则确定 i^* 正数解的个数。证明所有项目都有唯一 i^* 值。

(d) 假设 MARR＝12%，计算 B 到 E 的内部收益率。

(e) 对每个项目进行净投资测试。

表 6—13

n	项目现金流量（美元）				
	A	B	C	D	E
0	−150	−150	−150	−100	200
1	150	40	30	60	100
2	36	40	90	0	−500
3	—	70	−120	40	−500
4	—	70	—	30	200
5	—	—	—	20	600

6.7 你加入了一项投资基金，期初投入为 5 000 美元。第 1 年年末你又追加了 5 000 美元投资。第 2 年年末基金价值（含利息）为 11 500 美元。求投资基金的内部收益率。

6.8 考虑表 6—14 给出的项目现金流量。项目 i^* 值经计算为 10%和 100%，MARR=8%。

（a）为什么该项目净投资测试失败？

（b）计算内部收益率，判断项目是否可接受。

表 6—14

n	净现金流量（美元）
0	−150 000
1	465 000
2	−330 000

* IRR 分析

6.9 假设一项投资，期初投资为 2 000 美元。预计该项目有用寿命为 3 年。你对于该项目前两年的收益很有自信，而对于第 3 年的收益并不能保证。假设你期望的投资收益率至少为 10%，根据表 6—15，第 3 年的最小收益为多少？

表 6—15

年份	现金流量（美元）
0	−2 000
1	1 000
2	1 200
3	X

6.10 考虑表 6—16 给定的项目现金流量。如果项目内部收益率为 10%：

（a）求 X 的值。

（b）如果 MARR=8%，该项目是否可接受？

表 6—16

n	净现金流量（美元）
0	−2 500
1	700
2	900
3	X

6.11 一台机器价值 35 000 美元，运营成本每年 4 000 美元。运行该机器可在 6 年内节省包装的人工成本。预期 6 年后的机器残值为 5 000 美元。为了获得 12%的投资收益

率，要求节省的年人工成本至少为多少？

6.12 新技术的革新使得智能贩售机可以根据顾客需求来研磨咖啡进行冲泡。计算机智能同样使复杂的功能变为可能，兑换零钱、追溯某一物品的年份、控制存货先进先出，因此减少损失。该智能贩售机的单位售价为 4 500 美元，预计 6 年有用寿命内可获得数百万美元的现金流入，包括期初投资等的现金流量详见表 6—17。

(a) 基于内部收益率判据，如果 MARR＝18%，该产品是否值得推向市场？

(b) 如果期初投资不变，未来现金流量都比原始估计增长 10%，那么内部收益率会增长多少？

(c) 如果期初投资由 30 000 000 美元变为 35 000 000 美元，未来现金流量比原始估计下降 10%，内部收益率将会下降多少？

表 6—17

n	净现金流量（百万美元）
0	−30
1	9
2	18
3	20
4	18
5	10
6	5

* 方案比选

6.13 如表 6—18 所示两个互斥方案：

(a) 计算增量投资 2 000 美元的内部收益率。

(b) 如果公司的 MARR＝10%，哪个方案更优？

表 6—18

n	净现金流量（美元）	
	方案 A1	方案 A2
0	−11 000	−13 000
1	5 000	6 200
2	5 000	6 200
3	5 000	6 200

6.14 如表 6—19 所示两个互斥方案：

(a) 计算增量投资 5 000 美元的内部收益率（假设 MARR＝10%）

(b) 如果公司的 MARR＝10%，哪个方案更优？

表 6—19

n	净现金流量（美元）	
	方案 A1	方案 A2
0	−15 000	−20 000
1	7 500	8 000
2	7 500	15 000
3	7 500	5 000
i^*	23.5%	20%

※**6.15** 如表 6—20 所示两个互斥方案，假设 MARR=15%：

(a) 根据内部收益率准则，哪个方案更优？

(b) 简要描绘关于增量投资（B—A）的 PW(i) 函数图形。

表 6—20

n	净现金流量（美元）	
	方案 A	方案 B
0	−300	−800
1	0	1 150
2	690	40
i^*	51.66%	46.31%

※**6.16** 一位设备工程师正在考虑两种太阳能加热系统，如表 6—21 所示：

表 6—21

	A 型	B 型
期初成本（美元）	8 000	12 000
年节省开支（美元）	900	1 100
年维护成本（美元）	150	100
预期寿命（年）	20	20
残值（美元）	500	600

公司的 MARR=12%。基于内部收益率准则，哪个系统更优？包括（全部投资）选项。

6.17 弗尔顿国家医院（Fulton National Hospital）想要削减储备医疗设备的成本。有两种新系统可以降低医院的运作成本。医院设备工程师计算了每个系统的相关财务数据，如表 6—22 所示：

表 6—22

单位：百万美元

	现行实践	及时制系统	零库存系统
开发成本	0	3	6
年储备成本	6	1.8	0.4
年运营成本	3	2	1.5
系统寿命	8 年	8 年	8 年

系统寿命 8 年代表与设备供应商的合同有效期。如果医院的 MARR=10%，哪个系统更经济？

6.18 已知 4 个互斥项目的相关信息如表 6—23 所示。4 个项目的服务寿命相等，且投资支出只发生在第 0 年。那么，根据以下项目间增量投资收益率的附加信息，你会选择哪个项目？（基于收益率准则，MARR=29%）

IRR(B—A)=85%　IRR(D—C)=25%

IRR(B—C)=30%　IRR(A—D)=50%

表 6—23

项目	第 0 年期初投资（美元）	IRR
A	1 000	56%
B	1 200	67%
C	1 500	43%
D	2 500	49%

6.19 一个电路板制造商正在为他的印刷电路板生产设备考虑6个互斥成本削减方案。所有设备的寿命都为10年且没有残值。各方案的期初投资以及每年税后节省开支如表6—24a所示，增量投资收益率如表6—24b所示。

表6—24a

建议方案 A_j	税后（美元）		收益率（%）
	投资	节省开支	
A_1	60 000	22 000	34.8
A_2	100 000	28 200	25.2
A_3	110 000	32 600	26.9
A_4	120 000	33 600	25.0
A_5	140 000	38 400	24.3
A_6	150 000	42 200	25.1

表6—24b

增量投资	增量收益率（%）
A_2-A_1	8.9
A_3-A_2	42.7
A_4-A_3	0.0
A_5-A_4	20.2
A_6-A_5	36.3

如果MARR＝15%，基于增量投资收益率你会选择哪个方案？

*服务寿命不等

6.20 考虑如表6—25所示两个互斥方案：

表6—25

n	净现金流量（美元）	
	方案A1	方案A2
0	−10 000	−15 000
1	5 000	20 000
2	5 000	—
3	5 000	—

(a) 应用内部收益率准则来比选一系列向服务寿命不同的互斥方案时，一个重要的前提假设是什么？

(b) 根据(a)中的假设前提，当MARR取值在什么范围内我们应当选择方案A1？

[注释]

[1] "Mr. Clean Takes Car-Wash Gig—Proctor & Gamble Expands Into Franchising in Its Pursuit of New Areas for Growth," by Ellen Byron, Running a Business, *The Wall Street Journal*, February 5, 2009.

[2] 4.3.2节中曾提到，投资最终余额等于将来值。如果投资将来值为0，那么净现值NPW也为0。

[3] 对于多个收益率情况，首先需要判断它们是实根还是虚根。如果是实根，那么它们是否落在（−100%，∞）区间？一个**负的收益率**（negative rate of return）让你无法全额收回期初投资。

[4] 一元二次方程的解：$aX^2+bX+c=0\Rightarrow X=\frac{-b\pm\sqrt{b^2-4ac}}{2a}$。

[5] 本章后面将提到，求解 i^* 的最终目的是与 MARR 进行比较。因此，我们可以把 MARR 作为初始推测值。

[6] 另一种求解 i^* 的方法是运用计算机辅助经济分析程序。现金流分析器（CFA）通过指定利率上下限，根据已知现金流序列生成 NPW 曲线来图求解 i^*。除了节省计算时间，计算机生成图像的最大好处是保证计算结果的精确性。CFA 可在本书所附网址上找到。

[7] 6.2.2 节讨论了如何通过观察现金流量来预测 i^* 值的个数。但是，通过 NPW 曲线来观察多个 i^* 情况的方法更实用，也传达了更多的信息。

[8] 事实上，选取哪个利率来进行净投资测试并不重要。因为如果一个值通过了测试，那么所有的值都能通过。如果一个值未通过测试，那么它们都不会通过。

[9] 面对多个方案时，你可以根据初始投资的增加对这些方案进行排序。这并不是一个必要步骤，但有利于进行方案的两两比较。

[10] 用计算器试错计算这类问题的过程十分枯燥乏味，我们可以通过现金流分析器（详见本书所附网址①）快速解决此类计算问题。

① 指英文原著所附网址，在本书序言中有提及。——译者注

第3篇 项目现金流量分析

第 7 章

决策相关的成本概念

学习目标

通过本章学习，应该掌握以下概念：

- 会计和工程经济研究中各类常用的成本术语。
- 成本项目对生产水平或业务量变化的反应。
- 方案比选决策中所需成本数据类型。
- 现行制造业和商业活动中，工程师经常进行的经济研究类型。
- 如何进行经营活动的生产预算。

7.1 常用成本术语

在工程经济学中，**成本**（cost）被定义成许多不同形式。成本类型多样，并且根据管理中的不同需求而分成不同种类。比如说，工程师需要成本数据来准备外部报告、计划预算，或决策。同时，成本数据的用途不同，那么对成本的分类和定义也不同。比如，为了准备外部财务报告需要使用历史成本数据，而做决策分析则需要现时成本数据或预计的未来成本数据。

本章首先将着重讨论制造企业，因为它们的基本活动（如获取原材料、生产成品、市场营销等）具有普遍性。因此，理解制造企业运营中的各类成本有助于我们理解其他商业组织模式下的成本。

7.1.1 生产制造相关成本

图 7—1 中列举了典型的制造业生产经营过程中产生的不同类型的生产成本。

在将原材料转化成产成品的制造过程会产生各种企业经营的费用。通常制造企业将这些生产成本分成三个大类：直接原材料费用、直接人工费用和制造费用。

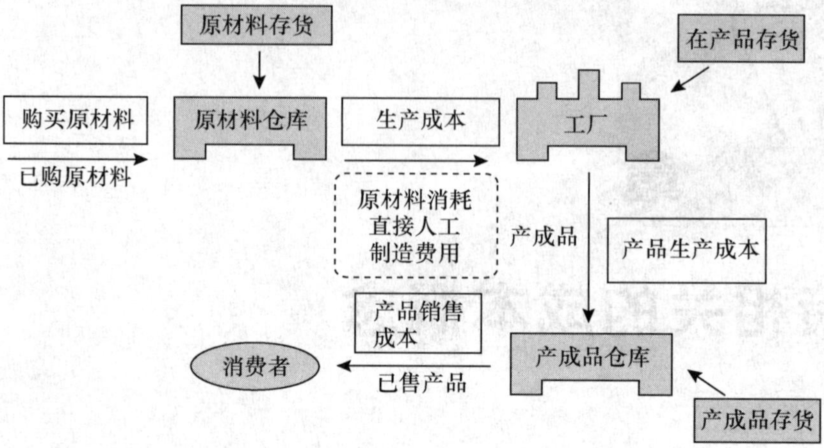

图7—1　一个制造企业所产生的各类生产成本

直接原材料费用

直接原材料是指所有用于生产最终产成品的材料，易于追踪计量。比如说，家具制造业所用的木材，桥梁建筑中所用的钢材，印刷企业所用的纸张，服装制造业所用的布料。同时我们需要指出，很多时候一家公司的产成品会成为另一家公司的原材料。例如，英特尔公司（Intel）生产的电脑芯片，被戴尔公司（Dell）用作个人电脑产品的原材料。

直接人工费用

如同直接原材料费用一样，直接人工费用主要发生在产品生产过程中。比如说，流水线上的装配工人、金属加工行业的焊接工、住宅建筑行业的木匠和瓦匠以及各类制造业中机器操作人员的劳动力成本，都可以归为直接人工费用。

制造费用

制造费用是生产成本的第三个基本类型，包括制造过程中除直接人工和直接材料的所有其他费用，如间接材料、间接人工、生产设备的维护维修、照明和取暖费、财产税、折旧费用以及生产设施的保险费用、加班费用。最值得一提的是，与直接材料费用和直接人工费用不同，制造费用难以与产量直接挂钩。此外，许多制造费用并不随产量变化而变化，只要产量不超过工厂产能。比方说，工厂建筑物折旧费在任何时期都不会因为产量的变化而受影响。然而，如果为了增加产量而新建厂房，制造费用自然就随之增长了。

● 有时，那些对最终成品并不重要的材料，并不值得单独计算该材料成本。比如，计算机电路板回路中器件的焊接剂和黏合练习本的胶水。类似黏合剂和胶水这些材料，我们称为间接材料，属于制造费用范畴。

● 有时，我们可能无法将某些劳动力成本归结到所生产产品中。我们把这些劳动成本作为制造费用，和间接材料一样。间接劳动力包括门卫、夜间保安、监督员、材料经销人员的工资。虽然这些工人的努力是生产进行的重要因素，但是将其成本归结到特定产品单位中是不太实际也不太可能的。因此，我们把这些称为间接人工费用。

7.1.2 非生产成本

另外两项支持生产运营的费用是：（1）销售费用；（2）管理费用。销售费用包括所有那些为确保客户订单和提供客户成品或服务的必需费用。将这些费用数据罗列出来，便于控制销售和管理工作，正如将生产成本罗列出来便于控制生产制造活动。例如，公司会产生以下费用：

- **日常管理费用**：照明取暖费、财产税、折旧费等与公司销售、管理有关的费用项目。
- **销售费用**：广告费、运费、差旅费、销售佣金、销售人员工资。销售费用包括所有与销售活动相关的实施、组织、办公费用等。
- **行政管理费用**：经理人员报酬、会计审计费用、公关费用，以及与管理组织工作相关的文秘费用。

7.2 基于财务报表的费用分类

为了准备财务报表，我们必须将费用分为期间费用和生产成本。为搞清它们之间的不同，我们必须引入**配比原则**（matching principle）：产生一定收入所导致的费用必须在收入确认的同一会计期间也确认为费用。配比原则是区分期间费用与生产成本的关键。某些费用与会计期间相匹配，并且在实际发生时进行确认。而某些费用与产品匹配，直到产品卖出实现收入时再进行确认，这时可能已经进入下一个会计期间了。

7.2.1 期间费用

期间费用（period costs）是某一会计期间内发生的费用。它的潜在假设是某会计期间的收益必须与该期间的耗费相匹配。管理费用、销售费用、保险和税收支出是典型的期间费用科目，广告费、高管薪酬、销售佣金、公关费用和其他非制造费用也都是期间费用。这些费用与产品生产、制造流程无关，但是必须体现在利润表中，从销售收入里扣除。换句话说，期间费用在利润表中列支为某一段时间内发生的费用，它是期间数值。

7.2.2 生产成本

一些费用更适合与产品相对应而不是与其发生的时间相对应。这类费用称为**生产成本**（product costs），主要包括产品购买和生产引起的各类支出，在产品生产情况下，生产成本包括直接原材料费用、直接人工费用和制造费用。生产成本不视为费用，而是库存产生的成本。所以，生产成本先被认定为资产，直到与之关联的产品被卖掉，这些成本才从存货转化成费用（通常称为销售成本），与销售收入相配比。因为生产成本归属于存货，所以它们也称为存货成本。理论上，生产成本包括所有制造相关成本，即与生产过程相关的所有花费。如图 7—2 所示，生产成本只有在存货（或者产成品）被售出时才记入财务报表，而不是在产品产出时确认。

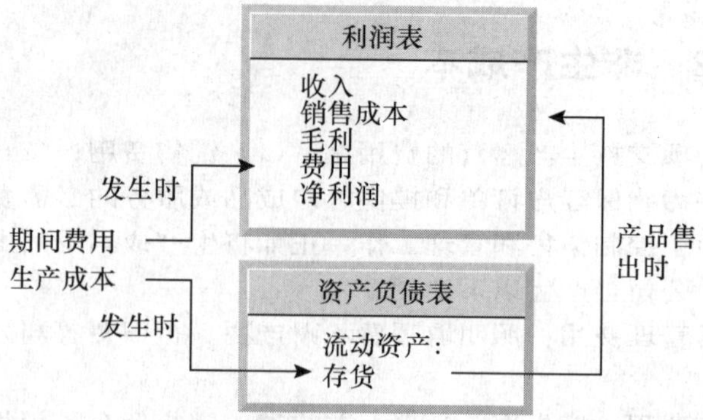

图 7—2　期间费用和生产成本在财务报表上从生产到销售的流程

为了更好地理解生产成本，让我们简要了解一下一个制造企业的费用流程。通过了解，我们就可以知道，在制造过程和产品销售过程中，生产成本是如何出现在各类会计账户中并且影响资产负债表和利润表。财务报表中期间费用和生产成本的流程见图 7—3。所有的生产成本在资产负债表中都作为存货成本。一旦产品被售出，存货成本就被转到利润表中作为“销售成本”。

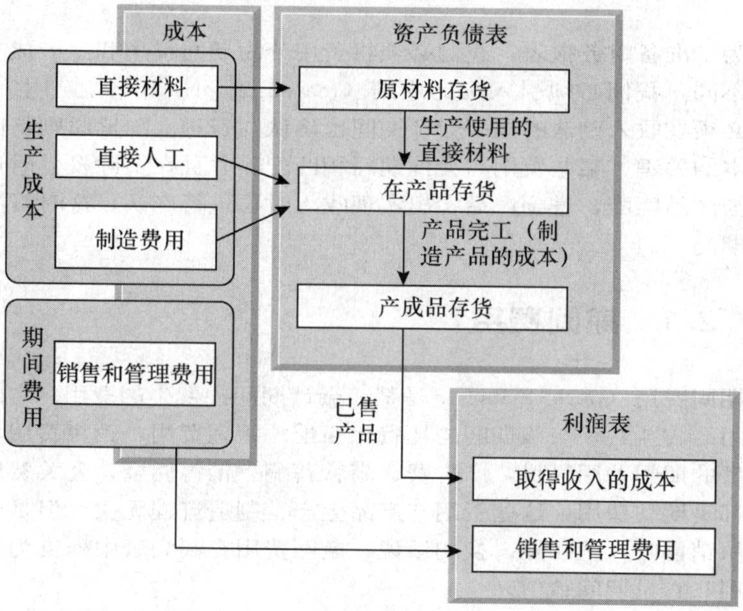

图 7—3　制造企业中的成本流动和分类

- **原材料存货**。资产负债表中的这个科目代表了会计期末库存的未使用原材料。
- **在产品存货**。这一报表科目包括了年末车间的部分完工产品。当原材料已经用于生产，它们就被作为直接原材料记入在产品存货账户。注意，直接人工和制造费用也被直接记入在产品账户，因为在制造工厂的流水线上，工人在原地就位工作，所生产的产品在生产线之间移动成形。
- **产成品存货**。该科目体现的是年末待售产成品的成本。产品完成后，会计将这部分成本从在产品账户下转到产成品账户下。在这一步，产品处于待售状态。当产品被售出后，它们的相关成本又从产成品账户转移到销售成本账户。最终，所有与制造已售产品相关的各类材料、人工和制造费用被记入利润表。

例7—1举例说明了财务报表中的成本分类情况。

例 7—1

冰激凌店的成本分类

从下述数据可知为什么华盛顿市一个典型的冰激凌店里，冰激凌蛋筒一个卖2.50美元。每年冰激凌蛋筒的销售量是185 000个，销售收入462 500美元。相当于一周营业7天，每天卖出500个。表7—1列出了冰激凌蛋筒的单价和产品生产的各项费用。如果要将经营成本分成生产成本和期间费用，你会如何做呢？

表7—1 单位成本科目分类

科目	总成本（美元）	单位价格*（美元）	占总成本的百分比（%）
冰激凌（奶油、糖、牛奶等）	120 250	0.65	26
蛋筒	9 250	0.05	2
租金	112 850	0.61	24
工资	46 250	0.25	10
工资税	9 250	0.05	2
销售税	42 550	0.23	9
营业税	14 800	0.08	3
债务利息	42 550	0.23	9
物料	16 650	0.09	4
公用事业费用	14 800	0.08	3
其他费用（保险、广告费、照明和暖气）	9 250	0.05	2
利润	24 050	0.13	5
总计	462 500	2.50	100

* 基于年产185 000个冰激凌蛋筒。

解：

已知：表7—1中的财务数据。

求：将各项成本要素分类为生产成本和期间费用。

- **生产成本：**当产品被售出实现毛利时，与同期销售收入相匹配的成本。

单位：美元

原材料	
冰激凌（每个0.65美元）	120 250
蛋筒（每个0.05美元）	9 250
人工	
工资（每个0.25美元）	46 250
制造费用	
物料（每个0.09美元）	16 650
公用事业（每个0.08美元）	14 800
生产成本合计	207 200

- **期间费用**：在给定会计期间内，与销售收入相匹配的费用。

单位：美元

营业税	
工资税（每个0.05美元）	9 250
销售税（每个0.23美元）	42 550
营业税（每个0.08美元）	14 800
经营费用	
租金（每个0.61美元）	112 850
债务利息（每个0.23美元）	42 550
其他（每个0.05美元）	9 250
期间费用合计	231 250

7.3 成本习性预测中的成本分类

在工程经济学中，我们需要预测成本如何根据生产经营活动变化而变化。比如说，在决定是否要改变产量前，经理需要预测产量提高5%时，对公司整体薪酬变化的影响。**成本习性**（cost behavior）描述了成本对于经营活动变化时的反应特征。

7.3.1 量化指数

总体上，任何企业的经营成本在本身生产经营数量变化时都会做出一定的反应。研究成本习性，我们需要决定一些可测度的量或者活动，它们对于成本都有着重要的影响。确定某一数量的度量单位我们称为**量化指数**（volume index）。量化指数可能是基于生产投入，例如生产中投入的煤吨数，直接人工时数，或是机器运行时数；它也可能是基于生产产出，例如发电千瓦时数等。对于一辆汽车而言，年行驶英里数就可以用来作为量化指数。一旦量化指数被确定，我们就试图从这些指数的变化来观察成本的变化。

7.3.2 成本习性

会计系统一般会记录每笔所需物料的成本，并记录其随后的用途。固定成本和变动成本是两个最常见的成本习性模式。还有一种称为"混合成本"，其成本包括两部分：一部分是固定的成本，另一部分是随产量变化而变化的成本。

固定成本

用于提供一个公司最基本的经营能力的成本称为**固定成本**（fixed cost）或**能力成本**（capacity cost）。作为一个固定的成本项目，它必须在一个相对较长的时间跨度内保持恒定。这个跨度我们称为**相关范围**（relevant range）。换句话说，固定成本在一个给定的时期内不论业务量如何变化都保持不变。比如一辆汽车，每年的保险金、财产税和牌照费用都是固定的，因为这些费用和年行驶里程数无关。其他一些典型的例子，如建筑物租金，房屋、机械、设备的折旧费用，行政管理人员和生产管理人员的薪金。在之前提到的冰激凌店的例子中，我们可以把开销中诸如租金、营业税、债务利息以及其他费用（保险、广告、专业人员聘请费）作为固定成本（产能一定的条件下，这些成本在给定时期内是不变的。）

变动成本

与固定经营成本不同，**变动经营成本**（variable operating costs）与业务量关系密切。比如说，如果业务量增加了 10%，那么总变动成本也会相应增加 10%左右。汽油费就是一个很好的汽车花销中变动成本的例子，因为耗油量与行驶里程数直接相关。同样，轮胎的替换费用也会随着行驶距离的增加而增加。

在一个典型的制造业企业中，直接人工和原材料成本是主要的变动成本。在冰激凌店的例子中，变动成本包括冰激凌和蛋筒的成本（直接材料）、工资、工资税、销售税和物料费。工资税和销售税都与销售量有关。换句话说，生意越火，就需要越多的服务生，这样工资和工资税都会增加。

混合成本

有些成本并不能明确地划分为变动成本或是固定成本，它们具有两重性，我们称为混合成本（或者**半变动成本**（semivariable costs））。在之前汽车的例子中，车子的**折旧**（depreciation）（价值的损失）就是一个混合成本。一方面，一些折旧只是基于时间的，与行驶里程数无关，这部分折旧费用属于固定成本。另一方面，汽车行驶的公里数越多，它的市场价值也就损失得越快，这部分折旧费就属于变动成本。在制造业企业中，电费是一个典型的混合费用。有些电力消耗，比如照明，与业务量无关，而其他部分（例如设备运行时数）将直接与业务量同步变化。在冰激凌店的例子中，公用事业费用属于混合费用：一些照明和加热的费用可能保持不变，但是电动搅拌器产生的费用与销售量有比例关系。

平均单位成本

之前关于固定、变动和混合成本的描述是基于给定时间内就总量而言的。我们也经常用**平均成本**（average cost）来描述生产经营活动中的每个单位成本。单位成本与总量成本有着明显的不同：

- 单位变动成本是常数。
- 单位固定成本随着业务量变化而变化：业务量越大，单位固定成本越小。
- 单位混合成本也会随着业务量的变化而变化，但是变化程度相对固定成本小。

为了更好地解释固定、变动、混合和平均成本与业务量之间的关系，我们来看一个中型轿车的案例。我们套用美国汽车协会（AAA）所概括的步骤计算该交通工具的运营成本，如表 7—2 所示。

表 7—2　　计算持有和使用一辆新车的平均成本

费用项目	费用基础
燃料	来自美国汽车协会的《原油测量报告》（*Fuel Gauge Report*）中的美国无铅汽油价格，权重包括 60%的城市行驶和 40%的高速公路行驶。
维修	零部件成本和常规维修的人工成本，根据具体汽车制造商提供的数据。
轮胎	成本基于与所属车型同一种质量、大小和等级的置换轮胎的价格。
保险	对于一个已婚的拥有良好的驾驶记录的 47 岁男性，住在一个小城市并且每天开车 3～10 英里上班实行完全承保政策。
牌照、登记和税收	所有的政府税收和在购买时应付的费用，以及每一年为保持车辆登记和保持牌照所需要的费用。
折旧	基于新车购买价格和 5 年后预计折价价值的差额。
财务	首付 10%，利率 6%的 5 年车贷。

资料来源：American Automobile Association (AAA).

基于表7—2的假设，使用和持有一辆典型的中型车辆的成本（年行驶里程为15 000英里）估算值如表7—3所示。

表7—3　　中型四门轿车的行驶成本

使用成本	
汽油	12.34美分
维修	4.67美分
轮胎	0.85美分
每英里成本	17.86美分
持有成本	
综合保险	907.00美元
牌照，登记和税收	562.00美元
折旧（每年15 000英里）	3 355.00美元
财务支出	770美元
年成本	5 594.00美元
日成本	15.33美元
每英里总成本（每年15 000英里）	
每英里成本×15 000英里	2 679.00美元
每天成本×365天	5 594.00美元
每年总成本	8 273.00美元
每英里总成本	55.2美分

资料来源：*Your Driving Costs*，2008 Edition，AAA.

现在如果你每年行驶20 000英里或者12 000英里，而不是15 000英里，你或许会想知道：平均每英里的成本会如何变化？例7—2说明了如何用以里程为变量的函数来确定平均成本。

例7—2

用以里程为变量的函数计算每英里的平均行驶成本

表7—4列出了一辆轿车的使用和持有成本，分别以固定、变动和混合成本分项。注意，与表7—3相比，唯一变化的就是折旧费用。根据已知数据，制作一个本—量关系表格并计算关于年英里数的每英里平均成本函数。

表7—4　　持有和使用一辆轿车的成本分类

分类	成本
变动成本（每英里）	
汽油	0.123 4美元
维修	0.046 7美元
轮胎	0.008 5美元
总变动成本	0.178 6美元
固定成本	
保险（综合）	907美元
牌照，登记和税收	562美元
财务支出	770美元
总固定成本	2 239美元
混合成本	
年固定成本（15 000英里）	3 355.00美元
每英里变动成本（15 000英里以上）	0.203 0美元

解题思路： 首先我们来考察在 15 000 英里的基础上，额外多开 1 000 英里的影响。由于多开了 1 000 英里而使轿车自身价值的损失增加 203 美元，重新计算年总成本和每英里平均成本（基于 16 000 英里的年行驶里程）如下：

- 增量折旧费用：203 美元。
- 增量使用成本：1 000 英里×17.86 美分/英里＝179 美元。
- 年总成本：8 273＋203＋179＝8 655（美元）。
- 每英里平均成本（8 655 美元/16 000 英里）：54.09 美分。

注意，平均成本随着行驶里程数变大而变小，同时汽车持有成本也随之减小。

解：

已知：相关财务数据。

求：年行驶里程数从 15 000～20 000 英里的每英里平均成本。

表 7—5 中，我们总结了该汽车行驶里程从 15 000～20 000 英里的年持有和使用成本。只要某一特定行驶里程的总成本数可得，我们就可以把总成本金额转化为平均单位成本来计算里程数对单位（每英里）成本的影响。

表 7—5　　以里程为变量的使用成本函数

	A	B	C	D	E	F	G
1							
2	量化指标（英里数）	15,000	16,000	17,000	18,000	19,000	20,000
3							
4	变动成本(17.86¢)	$2,679	$2,858	$3,036	$3,215	$3,393	$3,572
5							
6	固定成本	$2,239	$2,239	$2,239	$2,239	$2,239	$2,239
7							
8	混合成本：						
9	可动部分	$0	$203	$406	$609	$812	$1,015
10	固定部分	$3,355	$3,355	$3,355	$3,355	$3,355	$3,355
11							
12	总变动成本	$2,679	$3,061	$3,442	$3,824	$4,205	$4,587
13							
14	总固定成本	$5,594	$5,594	$5,594	$5,594	$5,594	$5,594
15							
16	总成本	$8,273	$8,655	$9,036	$9,418	$9,799	$10,181
17							
18	每英里成本	$0.5515	$0.5409	$0.5315	$0.5232	$0.5158	$0.5091
19							

为了估计任何假定里程下的年成本，我们构造了一个**本—量图**（cost-volume diagram），如图 7—4（a）所示。并且，我们分别展示了数量（每年行驶的英里数）和三类成本的关系，如图 7—4（b）、图 7—4（c）和 7—4（d）所示。我们可以用这些本—量图估计任一行驶里程单独的和加总的成本。例如，一位车主预计某年行驶 16 500 英里，那么他就可以通过图估计到，总成本为 8 845.40 美元（或者 53.61 美分/英里）。在图 7—4 中，除了那些在零里程时就必须产生的费用外都为变动成本。因为年固定成本为 5 594 美元，剩余 3 251.40 美元即为变动成本。将这些固定成本和变动成本元素加总，就可以简要地认为，这一年持有和使用一辆车的成本除 5 594 美元外，每英里还需 19.71 美分的费用。

图 7—5 描述了驾驶一辆车的平均单位成本。中间的那条曲线，即平均单位固定成本，随着行驶里程数的加大而逐步减小。当行驶里程数低时，平均单位成本就高，因为总固定成本被相对小的里程数所分担。换句话说，总固定成本保持恒定，与行驶英里数无关，但是平均固定成本随着行驶里程数的增加而逐步减小。

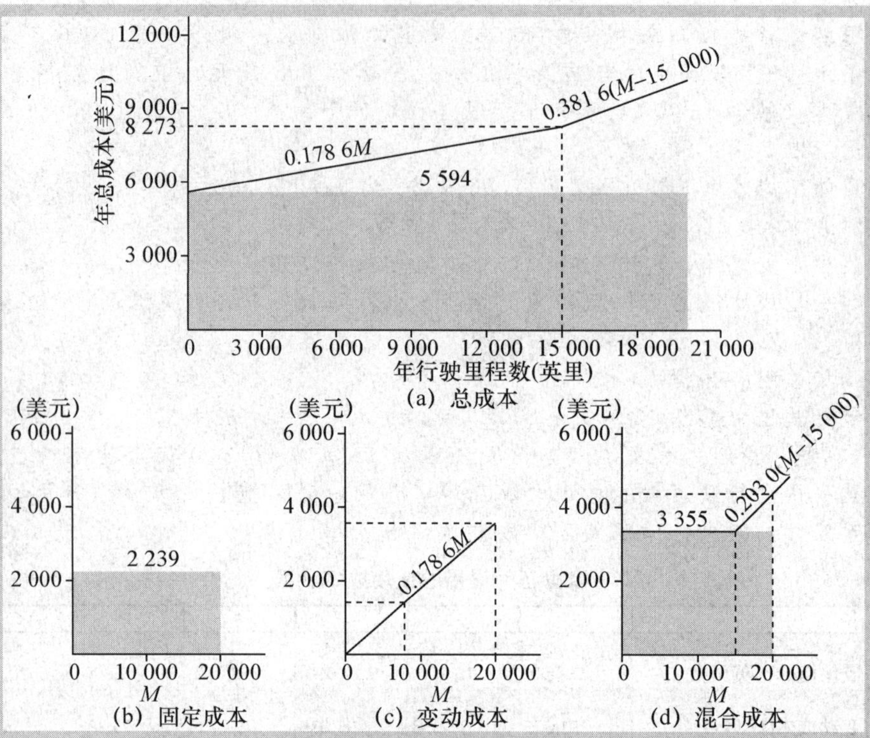

图7—4 每年车辆成本的本—量关系图（例7—2）

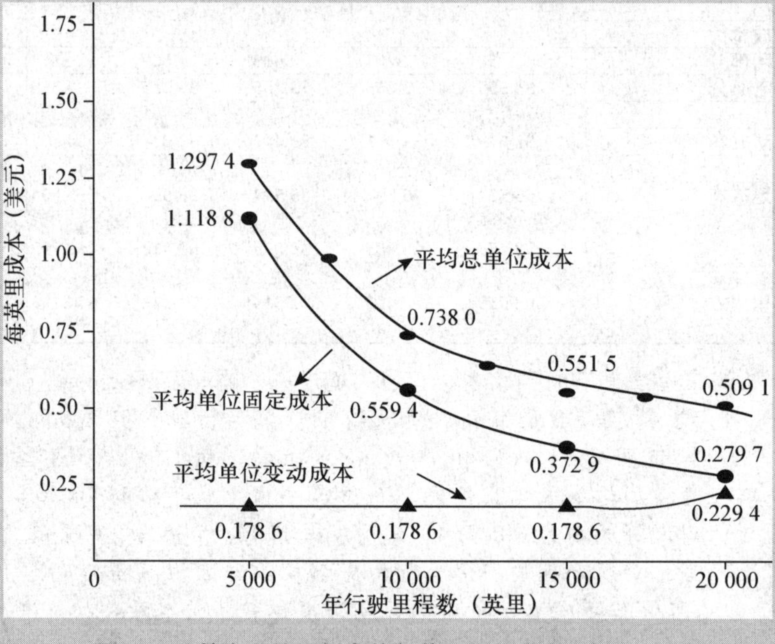

图7—5 持有和使用轿车的每英里平均成本（例7—2）

7.3.3 本量利分析

我们可以在本—量分析的基础上引入与数量成函数关系变化的利润。各类本量利决策的基本假设是公司至少在短期内具有固定的资源。管理人员所面对的决策问题是确定最有效率的与产能和产出组合相关的资源利用方式。

原则上，为了实现短期内公司利润最大化，只要有增加的单位产出带来的边际收益超过生产和销售这些产品的边际成本，管理层应当扩大其产量。通过以下求导的方式我们可以找到使利润最大化的产量，即设利润函数对于产量的一阶导数为 0，求出相应的产量。

举例来说，假设公司总收益（TR）和总成本（TC）为 1 000 单位产量的倍数（x）的非线性函数：

$$\mathrm{TR}(x)=330x-6x^2$$

$$\mathrm{TC}(x)=300+20x-5x^2+\frac{1}{2}x^3$$

由此可得利润函数（Φ）：

$$\Phi=\mathrm{TR}(x)-\mathrm{TC}(x)=330x-6x^2-300-20x+5x^2-\frac{1}{2}x^3$$

$$=-300+310x-x^2-\frac{1}{2}x^3$$

为了实现利润 Φ 最大化，对函数 Φ 求关于 x 的一阶导数：

$$\frac{\mathrm{d}\Phi}{\mathrm{d}x}=310-2x-\frac{3}{2}x^2=0$$

$$x^*=13.72$$

得到最优产量为 $x=13\,720$ 单位。从图 7—6 可见，整个利润接近点 $x=14$（或 14 000 单位产量）时上升到最大值，此点之后随着产量的增加利润减小。这是一个很简单的短期内利润最大化的例子（公司生产能力保持不变）。

单位：美元

x	TR	TC	利润
0	—	300	(300)
1	324	316	9
2	636	324	312
3	936	329	608
4	1 224	332	892
5	1 500	338	1 163
6	1 764	348	1 416
7	2 016	367	1 650
8	2 256	396	1 860
9	2 484	440	2 045
10	2 700	500	2 200
11	2 904	581	2 324
12	3 096	684	2 412
13	3 276	814	2 463
14	3 444	972	2 472
15	3 600	1 163	2 438
16	3 744	1 388	2 356
17	3 876	1 652	2 225

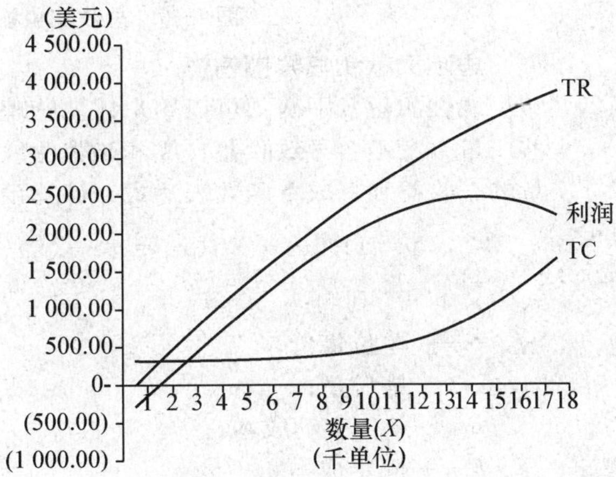

图 7—6　本量利曲线——利润最大化

线性函数的用法

构建图 7—6 的关键假设是，公司正常经营状况下，管理者对于企业产量变化范围内的收益与成本函数习性有一个合理的认知，这是生产决策的基础。我们可以额外加上一个简单但很实际的假设，即假定成本和收益曲线是线性函数。只要我们在一个很小的增量范围中去研究这些曲线的行为，用直线近似图 7—7 中的总成本曲线是合理、准确的。或者说，总成本对于产量的变化可以近似认为是线性的。这种性质同样适用于总收益曲线。例如在图 7—6 中，当产量从 2 000 单位增加到 4 000单位时，总成本的变化为 332 000－324 000＝8 000 美元。每单位 4 美元的平均变化较好地衡量了产量增加时成本的边际变化。同样的产量范围下，总收益的变化是：1 224 000－636 000＝588 000 美元，收益曲线的斜率为 294 美元/单位。但是，我们必须记住，图 7—7 中的线性近似通常必须限制在产量水平的一个极小的增量区间内才是较为准确的。

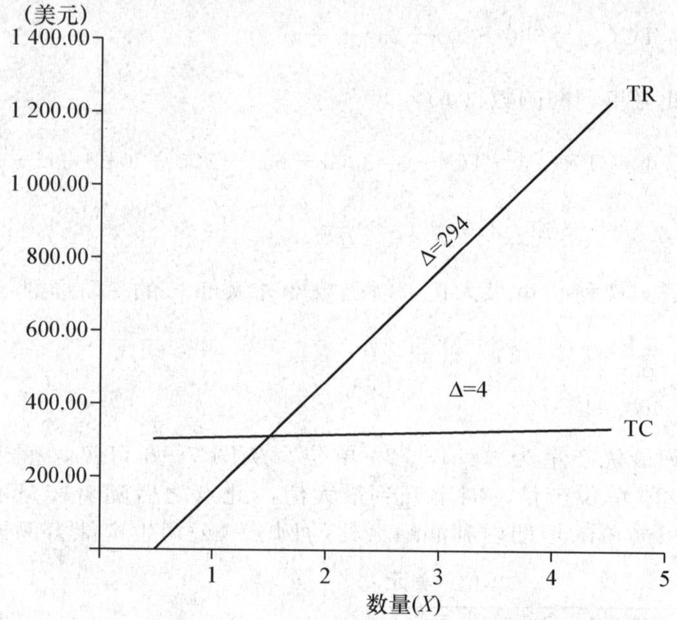

图 7—7　总收益和总成本的近似线性曲线

边际贡献和临界销售额

线性的盈亏平衡图可以用来评估管理层最初的各产量方案的决策效果，假设这些产量方案不会导致收益、成本函数曲线在形态上有重大的变化。我们用关于销售量的总收益和总成本函数表达式，计算预期利润为：

$$\Phi = TR(x) - TC(x) = px - (vx + F) \tag{7.1}$$

式中：Φ——利润；

p——单位售价；

x——销售量；

v——单位变动成本；

F——固定成本。

根据定义，当 $\Phi=0$ 时公司达到盈亏平衡临界点，即总销售收入等于总成本（包括固定成本和变动成本）。销售价格与变动成本之间的差额（$p-v$）称为**边际贡献**（contribution margin，marginal contribution）。基本上，这是每个产品单位贡献的，价值可抵消的固定成本并实现利润。因此单一产品的盈亏平衡临界产量可以用如下公式来表示：

$$\text{临界产量} = x_b = \frac{F}{p-v} \tag{7.2}$$

计算每种产品的盈亏平衡临界点对一个生产许多种类产品的公司来说意义并不大。因此，以总销售额来计算盈亏平衡临界点更有意义。因此我们将式（7.2）两边先同时乘以销售价格 p，再在最后的分数等式上下同时除以销售价格 p。

$$\text{临界销售额} = px_b = \frac{pF}{p-v} = \frac{F}{1-\dfrac{v}{p}} \tag{7.3}$$

式中，$\left(1-\dfrac{v}{p}\right)$项为边际贡献率。因此，边际贡献率可视为每个产品销售所得中可以用来覆盖固定成本并实现利润的百分率。

7.4 经营决策的未来成本

之前的章节，我们将重点放在了成本分类数据上，帮助管理层控制和评估公司的经营。然而，这些数据都是历史数据，也许并不能适用于未来经营计划的管理。我们不是说历史数据对于未来的经营决策没有益处，实际上，这些历史数据是最基本的用来预测未来不确定性的第一步。但是，管理者所需的用来决策不同行动方案的成本数据类型与历史成本数据是不同的。

7.4.1 增量成本和收入

如同我们在全书中看到的，决策过程包括对许多备选方案的选择。在经营决策中，每个方案都涉及一定的成本和收入，并与其他备选方案进行比较。任意两个备选方案之间的成本差额我们称为**差量成本**（differential cost）。类似地，两个备选方案之间的收益差额称为**差量收入**（differential revenue）。差量成本也称为增量成本，虽然技术上讲，增量成本指的是一个方案相对于另一个方案成本的增加。

基于增量成本的本—量关系可以在很多工程应用中找到。特别是用于各种短期经营决策。许多短期问题具有如下特征。

- 我们将现状作为基本方案（现行经营或现存方式），提议一个备选方案与基本方案比较。如果我们发现备选方案与基本方案相比，成本更低，就选用备选方案，假定不可计量因素不能抵消此方案的成本优势。**增量成本**（incremental cost）是因选择一个方案而放弃另一个所导致的成本差额。如果有不止一个备选方案，那么选择与基本方案相比成本节省最大的方案。这类问题通常称为权衡问题，因为一种成本与另一种成本相比较。
- 无新增实物资产投资。
- 研究期限相对较短（一周或者一个月，当然应少于一年）。
- 因管理决策而改变的成本项相对少。

一些常见的短期问题的例子是方式改变、经营计划和自制—外购决策。

方式改变

通常，我们可以从历史成本数据的分析中得到关于未来成本的最好信息。假设提议的备选方案是考虑一种新的方式、方法来执行活动。那么，如同例 7—3 所示，如果所提议的新方法所产生的增量成本明显低于现有方法，我们就接受新方法。

例 7—3

采用一个新生产方式的增量成本

某汽车零部件制造厂的工程部门推荐，现有的模具（基本方案）应该被更高质量的模具（更新方案）所替代，这样可以较大地节省生产某一产品的成本。机器运行时间缩短和电能消耗减少产生的费用节省可以抵消甚至大于原材料的高额成本。如果这两个方案预测的月成本如表 7—6 所示，运用更好模具的增量成本是多少？

表 7—6　运用更好模具的增量成本　单位：美元

	现行模具	更好模具	增量成本
变动成本			
原材料	150 000	170 000	+20 000
机械人工	85 000	64 000	−21 000
电力	73 000	66 000	−7 000
固定成本			
管理	25 000	25 000	0
税	16 000	16 000	0
折旧	40 000	43 000	+3 000
总计	389 000	384 000	−5 000

解：

已知：相关财务数据。

求：较优的生产方式。

本题中，增量成本是 5 000 美元/月。如果增量成本为负值，代表总成本上的节省，而不是增加。这里值得一提的是，增量成本通常仅包括变动成本，固定成本只有在决策中涉及超越相关范围的情况发生时才会受影响。尽管在我们的例子中产量保持不变，但折旧费用还是有小幅增加，主要是由于新机器工具（模具）的购置。其他固定成本项目保持在相关范围内。

经营计划

在一个典型的制造业企业中，当需求很高时，管理者关心运用一班制及加班生产经营方式还是两班制生产经营方式。当需求低时，管理者同样也可能探究是暂时降低产量经营还是暂时关闭经营直到恢复经济的正常产量。在一个化学工厂，存在多条路径来安排产品计划。问题是哪条路径成本最低。例 7—4 说明了工程师如何在一个典型的经营分析中应用本—量关系。

例 7—4

产量临界值分析

Sandstone 公司的一个制造工厂经营方式为一班每周五天工作制。工厂在不延时不加班的情况下，最大生产能力为每周产出 24 000 单位。一班制经营的固定成本为 90 000 美元/周。一周内达到最大产能的前提下，每个产品的平均变动成本为 30 美元。公司接到一个每周比目前一班制的最大生产能力多生产 4 000 个产品的订单。有以下两种选择可以完成新的订单：

- 方案 1。通过平时加班、周六加班或者两者同时实行的方式，增加产量至 36 000/周。固定成本不变，但是变动成本增加至每个产品 36 美元。
- 方案 2。实行双班制。第二班制的最大产能是每周 21 000 个产品。第二班制的变动成本为每个产品 31.50 美元，并且第二班制的运营将增加固定成本 13 500 美元。

确定使方案 2 更优的产量范围。

解：

已知：相关财务数据。

求：使两种方案无差别的产量临界值。

本例中，无论使用哪种经营方式，与一班制相关的经营成本均保持不变。因此，这些成本与此决策不相关，在分析中可以不予考虑。相应地，我们只需要考察两种方案下，由于产量增加而导致的总成本的增加。（这称为增量分析。）设 Q 代表新增产量。那么有：

- 方案 1。加时和周六加班：$36Q$ 美元。
- 方案 2。双班制：$13\,500+31.50Q$ 美元。

通过以下增量成本函数方程求解 Q 确定临界产量（Q_b）：

$$36Q=13\,500+31.5Q$$
$$4.5Q=13\,500$$
$$Q_b=3\,000 \text{ 单位}$$

如果新增产量超过 3 000 单位，那么两班制经营将比加时或者周六加班更有效率。根据已知数据得到的临界（本—量）分析图如图 7—8 所示。横轴代表每周新增产量。方案 1 新增产量上限为 12 000 单位，而方案 2 的新增产量上限为 21 000 单位。纵轴是成本。任意产量下，预计节省额都可以从本—量图中获得。比如说，临界点（零节省）为每周生产 3 000 单位产品。在此例中，每周新增产量超过 3 000 单位时，方案 2 更好。

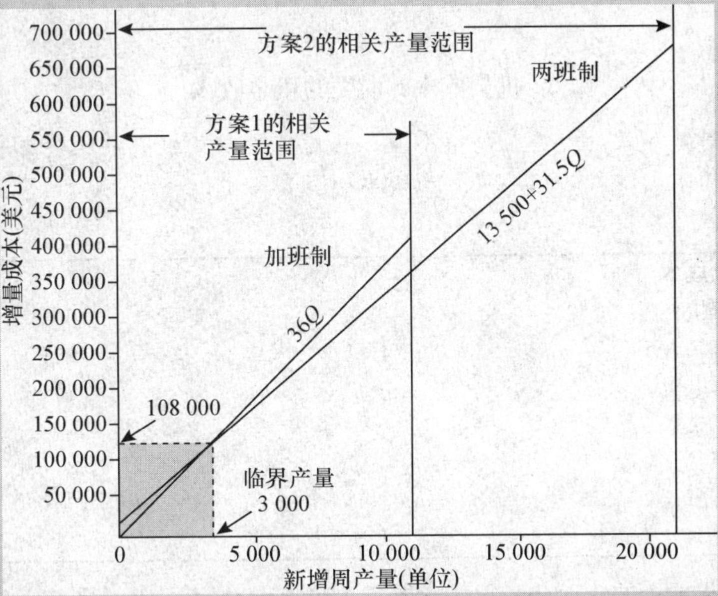

图 7—8 加班经营方式和两班制经营方式的本—量关系对比（例 7—4）

自制—外购决策

在经营活动中，自制或是外购的决策问题很常见。许多企业利用自身资源从事某些生产活动，同时付钱给其他企业替它们从事另外的生产活动。企业需要经常考虑是否应该通过外购来代替自主生产经营或者反之这样的问题，持续探索这两类方式之间的权衡比较，将是一个很有意义的决策。自制—外购决策通常建立在机会成本这一概念的基础上。

7.4.2 机会成本

机会成本可以定义为当你选择一个方案时所放弃的潜在利益。实际上，每个备选方案都有一些与之相关的机会成本存在。比如说，假设你在大学求学期间打了个周薪200美元的零工。但在春假期间，你很想去海滩度假，而且你的雇主同意给你一周的休假。那利用这段时间去海滩度假的机会成本是多少呢？损失的200美元薪金就是机会成本。

从经济学意义上讲，机会成本表示没有最优利用资源而放弃的收益贡献。或者视机会成本为公司已有资产所能产生的现金流，但同时这一现金流将无法在备选方案中实现。通常，会计上无须在报表中记录某一活动的机会成本。然而，这一成本必须在每次决策中给予明确的考虑。

- 当一个项目使用了公司已付钱的资源时，机会成本就产生了。
- 当公司已有资源被考虑用于一个项目中时，这一资源必须在其次优用途的基础上定价，这些次优用途可能有以下几种情况：

1. 售出资产，这样机会成本就是预期销售金额减去所得税后的收益。
2. 出租资产，那么机会成本就是未来租赁税后收入的期望现值。
3. 其他的商业用途，那么机会成本就是这一资源的重置成本。
4. 如果这一资产被报废，或者不再使用，那么机会成本为零。

例7—5

机会成本：损失的租金收入

Benson公司是一家农用设备制造企业，目前用于割草机生产的气体过滤器产量为每年20 000只。气体过滤器的预期年生产成本如下表所示：

单位：美元

变动成本	
直接材料	100 000
直接人工	190 000
水电费	35 000
固定成本	
照明、取暖	20 000
折旧	100 000
总成本	445 000

Tompkins公司想向Benson公司出售20 000只气体过滤器，单位价格17.00美元。

如果Benson公司接受这笔交易，目前用于制造过滤器的设备就可以出租给第三方，每年获得租金收入35 000美元。Benson公司应该接受这一交易吗？为什么？

解：

已知：相关财务数据，产量20 000只。

求：Benson公司是否应该外包气体过滤器？

这个问题并不寻常，因为购买气体过滤器的同时，公司同样可以获得35 000美元的租金。换句话说，如果Benson公司购买了Tompkins公司的气体滤波器，就可以将制造滤波器的设备出租。为了比较这两个备选方案，需要考察每个方案的成本，见表7—7。

表7—7　成本项目细分　单位：美元

	自制	外购	增量成本（自制一外购）
变动成本			
直接材料	100 000		100 000
直接人工	190 000		190 000
水电费	35 000		35 000
气体过滤器		340 000	−340 000
固定成本			
照明取暖	20 000	20 000	0
折旧	100 000	100 000	0
租金收入损失	35 000		35 000
总成本	480 000	460 000	20 000
单位成本	24.00	23.00	1.00

外购方案的产品单位成本低，且每只气体滤波器节省1美元。如果租金收入损失（机会成本）不予考虑的话，公司将肯定倾向于自制。

□ 7.4.3　沉没成本

沉没成本是在过去的经营活动中已经发生的成本。沉没成本与决策无关，因为无论决策是现在制定还是将来制定都无法改变沉没成本。只有随着备选方案的选择而改变的成本才是与决策有关的成本。例如，假设你有一辆旧的轿车需要经常维修，你打算卖掉它，并且你估计目前它的市场价值至多1 200美元。在车打出广告销售期间，你发现车的水泵漏水。你决定花200美元维修。你的朋友有兴趣买你的车并且愿意出1 300美元购买它。你会接受其出价吗？或者你会拒绝，因为此价格无法补偿你的车辆维修费用？在这个例子中，200美元的维修费用就是沉没成本。无论你卖或者不卖你的车，你都无法改变这一维修经费。既然你朋友提供的价格比市场最高价高100美元，所以你最好还是接受这笔交易。

□ 7.4.4　边际成本

我们每天都在做决定，无论是企业家、专业人士、管理人员、投资者和消费者，还是其他什么身份的人，我们很少会考虑决策动机到底从何而来或是逻辑假设如何来符合一些特定的学术规则。正如你所看到的，在本书里，工程经济学的很多决策方法都来自英国经济学家阿尔弗雷德·马歇尔（Alfred Marshall，1842—1924）以及他提出的**边际**（marginalism）概念。在我们每天对物质的需求中，很少应用微观经济学和边际效用的概念，然而马歇尔思想仍然是指导经济决策的一些最有用的核心原则。

成本和收入

另一种在本—量分析中很有用的成本类型就是边际成本。我们定义**边际成本**（marginal cost）为产出每增加一个单位所需要增加的成本。会计学中的增量成本可以与经济学中的边际成本概念相对应。当我们谈论关于成本和收入的变化时，经济学家会使用边际成本与边际收入。每多卖出一个产品所获得的收入即为**边际收入**（marginal revenue），每多生产一单位产品所投入的成本称为**边际成本**（marginal cost）。例7—6展示了如何计算一个典型的电能消耗的边际成本。

例 7—6

边际成本与平均成本

考虑一个公司拥有37马力的电力负荷，电力购买价格如下：

每月用电量（千瓦时）	价格（美元/千瓦时）	平均成本（美元/千瓦时）
首个1 500	0.050	0.050
下一个1 250	0.035	$\frac{75+0.035\ (X-1\ 500)}{X}$
再下个3 000	0.020	$\frac{118.75+0.020\ (X-2\ 750)}{X}$
5 750以上	0.010	$\frac{178.75+0.010\ (X-5\ 750)}{X}$

根据这个阶梯电价表，每个电价分段的单位变动成本代表了每千瓦时的边际成本。或者，我们可以在第三栏中确定平均成本，通过累积的总成本除以其总千瓦时数（X）。假设目前月电力平均消耗为3 200千瓦时。请基于以上阶梯电价表，求解每增加1千瓦时所需的边际成本和平均成本，已知用电量为3 200千瓦时。

解答：

已知：电力边际成本表，用电量=3 200千瓦时。

求解：每千瓦时边际成本和平均成本。

增加每千瓦时电力的边际成本是0.020美元。每千瓦时平均变动成本计算如下：

用电量（千瓦时）	电价（美元/千瓦时）	成本（美元）
首个1 500	0.050	75.00
下一个1 250	0.035	43.75
剩余450	0.020	9.00
总计		127.75

每千瓦时平均变动成本为127.75美元/3 200千瓦时=0.039 9美元/千瓦时。或者可以通过电价表第三列的公式计算如下：

$$\frac{118.75+0.020(3\ 200-2\ 750)}{3\ 200}=\frac{127.75\ \text{美元}}{3\ 200\ \text{千瓦时}}=0.039\ 9\ \text{美元/千瓦时}$$

单位平均变动成本的变化来自边际成本的变化。如图7—9所示，平均变动成本持续下降，因为整个过程中，边际成本始终低于平均变动成本。

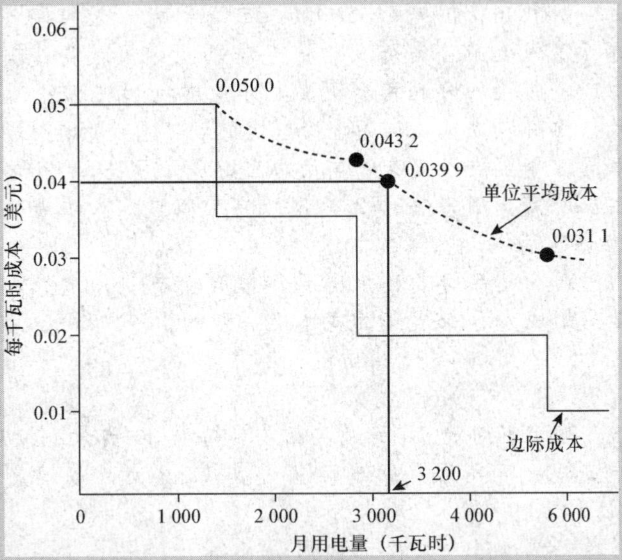

图7—9　每千瓦时边际成本与平均成本（例7—6）

边际分析方法

边际思维最基本的理念就是关键是现在，过去的都无关紧要（这意味着应该忽略沉没成本）。重点是你是否想发展下去，只要收入大于成本你就会这么做，即使利润比以前少。你会继续生产产品或提供服务，直到成本和获得的收入基本相等。微观经济学认为，企业和消费者并不是跳跃式发展而是逐步发展。如果边际收益超过边际成本，理性人会重新评估战略然后采取新的行动，如果有多于一个的方案可以选择，那么当然选择边际收益最大的方案。

正如我们所提到的，经济学家的边际成本概念和会计学上的增量成本概念是一样的。对于一个以利润最大化为目的的商业问题，经济学家非常重视边际分析的重要性：理性个体和机构应该首先进行成本最有效的经营活动。特别是：

- 当你考察边际成本时，你首先想使用最不花钱的方法，最后采用最昂贵的。
- 同样，当你考察边际收入（或需求）时，最能提高收入的应该先采用，收入提高最少的最后采用。
- 如果我们需要同时考虑收入和成本，总收入等于总成本时的产量称为临界点，我们可以使用式（7.2）来计算。例7—7举例说明了上述内容要点。

例7—7

利润最大化问题：边际分析[1]

假设你是一家小型制药公司的首席执行官，公司主要制造普类阿司匹林。你想最大化公司的利润。以现行市场价格，生产多少你就可以销售多少。约束条件是你只有一个制造工厂。工厂从周一到周六以最大产能投入运行，但在周日休息，因为周日工作你必须付给员工加班费，这样不值得。从周一到周六生产的边际成本是不变的。边际成本在周日更高，因为人工成本更高。

现在你得到一个提供阿司匹林品牌药的长期合同。生产普类药品或者品牌药的成本是一样的。实际上，从生产普类药转到生产品牌药不需要额外的成本和时间。制造阿司匹林品牌药会创造更多的利润，但是需求有限。每周中有一天时间你可以安排制造品牌药，来完成合同。你可以既生产普类药又生产品牌药。比较获得此合同前后的情况，如果你在周日也继续生产，所得的利润将会更高，即使支付加班薪酬。

- 普类药。每天，你可以完成1 000盒的普类阿司匹林。你可以以每盒10美元的价格全部销售出去。每周你需要支付5 000美元的固定成本（土地税和保险）。不管你生产了多少盒，材料和供应所需费用为每盒2美元；除了周日，人工费用是每盒5美元（周日的人工费用为每盒10美元）。
- 品牌药。你的阿司匹林品牌药订单需要你每周生产1 000盒，你可以以每盒30美元的价格售出。品牌药的成本和普类药的成本是一样的。

你该怎么做？

解：

已知：销售价格：普类药每盒10美元，品牌药每盒30美元；每周固定成本5 000美元；变动成本：工作日每盒7美元，周日运营每盒12美元；每周产量：普类阿司匹林6 000盒，品牌阿司匹林1 000盒。

求：(a) 最佳生产配置；(b) 临界产量。

(a) 最佳生产配置：制造阿司匹林品牌药的边际成本从周一到周六是不变的；只有在周日有明显提高，并超过了制造普类阿司匹林的边际收入。换句话说，企业应该首先生产阿司匹林品牌药。当你开始生产阿司匹林品牌药的第一天，边际收入是“最高的”。之后边际收入下降，但在之后的日子里保持不变。直到第7天，即周日，生产所得边际收益降至边际成本之下。你应该一周内用一天制造阿司匹林品牌药，其余5天生产普类阿司匹林。周日，关闭工厂。

- 周日生产的边际收入是10 000美元（1 000盒×10美元/盒）。
- 周日生产的边际成本是12 000美元（1 000盒×12美元/盒（10美元人工+2美元原材料））。
- 总利润会减少2 000美元，如果工厂在周日继续运作。

(b) 临界产量：如图7—10所示，总收入和成本函数可以表示为：

$$\text{总收入函数：}\begin{cases}30Q, & 0\leqslant Q\leqslant 1\,000\\ 30\,000+10(Q-1\,000), & 1\,000<Q\leqslant 7\,000\end{cases}$$

$$\text{总成本函数：}\begin{cases}5\,000+7Q, & 0\leqslant Q\leqslant 6\,000\\ 47\,000+12(Q-6\,000), & 6\,000<Q\leqslant 7\,000\end{cases}$$

表7—8罗列了生产品牌药和普类药包括的各种可变参数。

- 如果你首先生产阿司匹林品牌药，那么盈亏平衡临界产量就是：

$$30Q-7Q-5\,000=0$$
$$Q_b=217.39$$

- 如果你先生产普类阿司匹林，那么盈亏平衡临界点就在：

$$10Q-7Q-5\,000=0$$
$$Q_b=1\,666.67$$

显然，一开始就生产阿司匹林品牌药是比较好的方案，只需售出217.39盒品牌药就可以回收5 000美元的固定成本。同时，周日加班运营并不经济，因为边际成本超过边际

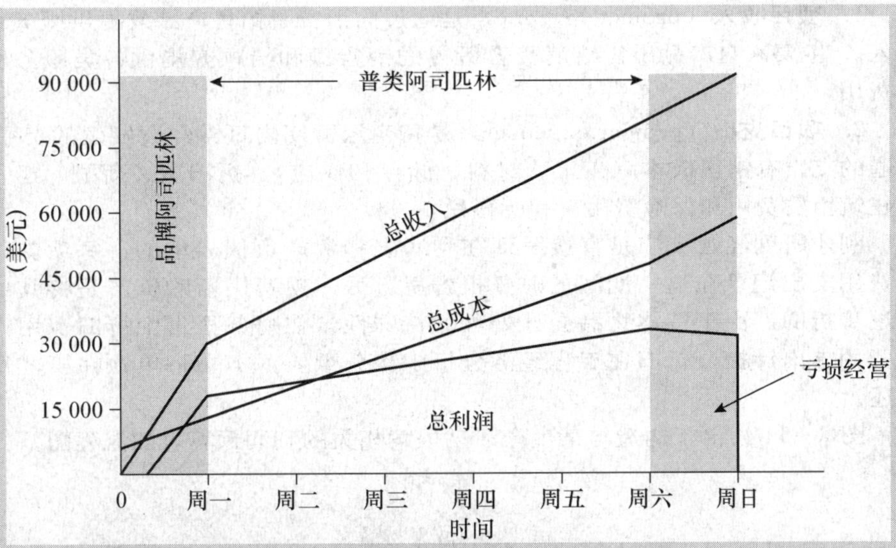

图 7—10　每周关于时间的利润函数。周末的经营是不盈利的，因为周日运营的边际收益保持在 10 美元，而边际成本却增加到 12 美元（例 7—7）

表 7—8　　**关于产量的净利润函数计算**

	A	B	C	D	E	F	G	H	I	J
1										
2–4	日期	每日产能	累计产量 (Q)	产品种类	收入	总收入	变动成本	固定成本	总成本	净利润
5										
6		-	-					$5,000	$5,000	-$5,000
7	周一	1,000	1,000	Brand	$30,000	$30,000	$7,000	$0	$12,000	$18,000
8	周二	1,000	2,000	Generic	$10,000	$40,000	$7,000	$0	$19,000	$21,000
9	周三	1,000	3,000	Generic	$10,000	$50,000	$7,000	$0	$26,000	$24,000
10	周四	1,000	4,000	Generic	$10,000	$60,000	$7,000	$0	$33,000	$27,000
11	周五	1,000	5,000	Generic	$10,000	$70,000	$7,000	$0	$40,000	$30,000
12	周六	1,000	6,000	Generic	$10,000	$80,000	$7,000	$0	$47,000	$33,000
13	周日	1,000	7,000	Generic	$10,000	$90,000	$12,000	$0	$59,000	$31,000
14										

收入 2 000 美元。

7.5　从生产中估算利润

到此为止，本章定义了各种不同的成本要素和它们在制造环境下的特性。我们的最终目的是形成项目的现金流量；本书会在第 9 章讨论这个问题，首先我们需要学会制定与产品生产和销售有关的预算，目前本章讨论的利润表将是形成项目现金流量的关键。

7.5.1　计算经营收益

会计上计算特定经营期限内的净利润时，是将这一时期内的收入减去支出。这些细项可以定义为：

1. **项目收入**（project revenue）是通过向消费者销售产品或提供服务而获得的收入。[2] 主要来自产品出售给消费者所得的销售额和给顾客提供各类服务所得的服务费用。

2. **项目支出**（project expenses）是特定经营期内日常经营发生的费用。[3] 比较普遍的支出有销售成本（人工、材料、储存和供应）、折旧费、薪酬、运营费（比如建筑租赁费用和保险费用）和所得税。

刚才所列经营支出是直接罗列在利润表和资产负债表里的：每项支付都会作为费用支出记录在这一期间的财务报告里。另一项费用新购资产是将其成本随时间逐步折旧。由于资本物品会计处理的特殊性，在财务报告中折旧费用作为独立的费用支出计提。折旧在工程经济分析中十分重要，本书将单独在第 8 章中加以阐述。

图 7—11 给出了构造与某生产活动提案相关的利润预算表的流程图。

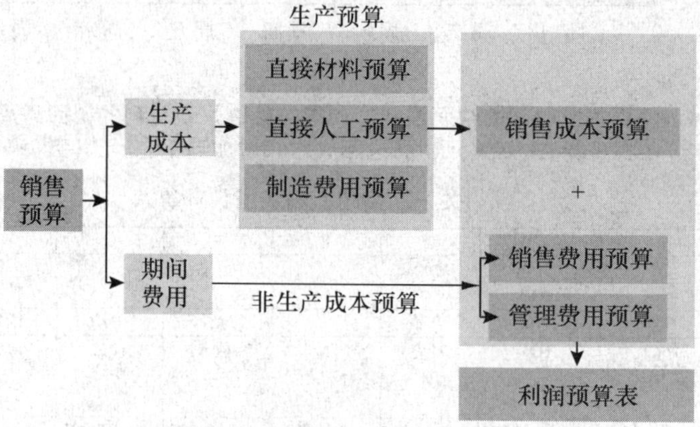

图 7—11　构造主营生产业务预算的流程图

7.5.2　构造生产经营活动的销售预算

构造生产经营活动销售预算的第一步就是预测其销售额，这是整个过程的关键。这一预算通常用销售金额和产品销售数量来表示。使用预计销售价格，我们可以很容易地从销售数量推得销售收入。通常，首先由销售人员或者管理人员预测在预算期内他们所属业务部分的销售额。当然，总体销售预算也会受到经济状况、价格决策、商业竞争、营销计划等因素的影响。为了便于说明，假设你想做季度销售预算。预计销售量第一季度为 1 000 单位，第二季度为 1 200 单位，第三季度为 1 300单位，第四季度为 1 500 单位。预计销售价格是 15 美元/单位。那么销售预算如表 7—9 所示。

表 7—9　　销售预算表（2010 年）——产品 X

	第一季度	第二季度	第三季度	第四季度	本年总计
预计销售量（单位）	1 000	1 200	1 300	1 500	5 000
销售价格（美元）	15	15	15	15	15
估计销售额（美元）	15 000	18 000	19 500	22 500	75 000

□ 7.5.3 准备生产预算

一旦销售预算已知，我们就可以开始准备生产活动了。根据销售预算中的所需产品数量，我们可以估计在预算期内所需生产数量。需要说明的是，生产预算是生产成本预算的基础，本节之后将进行讨论。我们通过以下步骤来完成生产预算：

步骤 1：通过销售预算，记录预期销售产品数量。

步骤 2：决定每季度期末库存数量。通常用下季度市场需求量的百分比表示该数字。在我们的例子里，每个季度末库存量需要是下一季度预算需求产量的 20%。

步骤 3：加上预计销售产品数量就是本期所需总产品数量。

步骤 4：决定季度期初库存量。这一数字就是上一季度末库存量。本例中，第一季度的初期库存量是 100 单位。

步骤 5：相减后就可以得到本期预计生产数量。

一个典型的生产预算如表 7—10 所示。

表 7—10　　生产预算表（2010 年）——产品 X

	第一季度	第二季度	第三季度	第四季度	年总计
预计销售量	1 000	1 200	1 300	1 500	5 000
期末库存	200	240	260	300	1 000
要求生产数量	1 200	1 440	1 560	1 800	6 000
减去期初库存	100	200	240	260	800
生产数量	1 100	1 240	1 320	1 540	5 200

原材料预算

一旦知道需要生产多少产品，我们就可以进行直接原材料预算。我们按照如下步骤。

步骤 1：从生产预算中得到预期生产数量。

步骤 2：乘以单位产品所需原材料数量计算总原材料需求。本例假设每个单位产品需要消耗 4 美元的原材料。

步骤 3：计算所需期末存货金额（期末所需存货数×4 美元）。

步骤 4：两项加总计算所需原材料总额。

步骤 5：减去期初存货金额（等于上一季度期末存货金额），计算需要购买的原材料金额。

步骤 6：计算原材料净成本。

表 7—11 是一个典型的直接原材料预算表。

表 7—11　　直接原材料预算表（2010 年）——产品 X

	第一季度	第二季度	第三季度	第四季度	年总计
生产数量（单位）	1 100	1 240	1 320	1 540	5 200
单位产品原材料成本（美元）	4	4	4	4	
产品所需原材料总成本（美元）	4 400	4 960	5 280	6 160	20 800
加上期末原材料库存成本（美元）	800	960	1 040	1 200	4 000
所需原材料的总成本（美元）	5 200	5 920	6 320	7 360	24 800
减去期初原材料库存成本（美元）	400	800	960	1 040	3 200
所需购买原材料成本（美元）	4 800	5 120	5 360	6 320	21 600

直接人工预算

与原材料成本预算类似，一旦生产预算完成，准备人工成本预算就很容易。这个预算帮助公司提前估计人工需求量——包括劳动力工时和金额。人工预算的步骤如下。

步骤 1：从生产预算中，得到预期生产数量。

步骤 2：乘以每单位产品直接人工费用，就可以计算出直接人工成本总额。本例假设单位直接人工费用第一季度为 1.27 美元，第二季度为 1.30 美元，第三季度为 1.32 美元，第四季度为 1.35 美元。

由此直接人工费用预算见表 7—12。

表 7—12　　直接人工预算表（2010 年）——产品 X

	第一季度	第二季度	第三季度	第四季度	年总计
生产数量（单位）	1 100	1 240	1 320	1 540	5 200
×单位产品直接人工费用（美元）	1.27	1.30	1.32	1.35	
直接人工成本总额（美元）	1 379	1 612	1 742	2 079	5 244

制造费用预算

制造费用预算提供了除直接原材料和直接人工之外的所有生产成本。通常，制造费用预算主要由预设的制造费用分摊率来表达。做制造费用预算，可按照下列步骤进行。

步骤 1：从生产预算中，得到预期生产数量。

步骤 2：乘以变动制造费用分摊率，计算预计变动制造费用。本例中，我们假设变动制造费用分摊率是每单位产品 1.5 美元。有许多方法可以得到制造费用分摊率。一个最常见的方法（传统标准成本制）是将预期总制造费用除以预算的直接人工时数（或单位数）。另一种途径是采用**作业成本制**（activity-based costing）概念，使制造费用归属于所属业务。我们这里就不回顾这一会计方法了，但这个方法的确比传统标准成本制能更准确地反映间接成本的改善。

步骤 3：加上预算的固定制造费用，得到预算的总制造费用。在这个例子里，固定制造费用为每季度 230 美元。

表 7—13 是一个典型的制造费用预算表。

表 7—13　　制造费用预算表（2010 年）——产品 X

	第一季度	第二季度	第三季度	第四季度	年总计
生产数量（单位）	1 100	1 240	1 320	1 540	5 200
单位产品变动制造费用分摊率（1.5 美元）（美元）	1 650	1 860	1 980	2 310	7 800
固定制造费用（美元）	230	230	230	230	920
总制造费用（美元）	1 880	2 090	2 210	2 540	8 720

7.5.4 准备销售成本预算

上节介绍的生产预算提供了生产所需产品数量的成本。注意，生产数量包括预期产品销售量和库存产品数量。

销售预算与生产预算不同，因为销售成本中不考虑库存成本。因此我们在准备预算时要获得与销售相关的成本信息，而不是库存产品。主要有以下几个步骤。

步骤 1：从销售预算中，不是生产预算，得到预算销售产品数量。

步骤 2：乘以单位直接原材料费用，估算出直接原材料所需金额。

步骤 3：乘以单位直接人工费用，估算出直接人工费用。

步骤 4：乘以单位制造费用，估算出制造费用。

表 7—14 是一典型的销售成本预算表。

表 7—14　　销售成本预算表（2010 年）——产品 X　　单位：美元

	第一季度	第二季度	第三季度	第四季度	年总计
预算销售产品数量（单位）	1 000	1 200	1 300	1 500	5 000
直接原材料（每单位 4 美元）	4 000	4 800	5 200	6 000	20 000
直接人工	1 270	1 570	1 720	2 020	6 580
制造费用：					
变动（每单位 1.50 美元）	1 500	1 800	1 950	2 250	7 500
固定	230	230	230	230	920
销售成本	8 730	10 430	11 280	12 980	43 420

7.5.5　非生产成本预算

为了完成整个生产预算，我们还需加上另外两项与生产相关的费用：销售费用和管理费用。

销售费用预算

既然我们已经知道销售数量，就可以通过计算产品营销各项支出进行销售费用预算。这一预算包括变动费用项（运输、装卸、销售代理）和固定费用项（如广告费用、销售人员薪酬等）。销售费用的预算步骤如下。

步骤 1：从销售预算中，取得预期产品销售数量。

步骤 2：列出变动销售费用，比如销售代理费用。本例中，我们假设销售代理费用占销售额的 5%。

步骤 3：列出固定销售费用，典型的有租金、折旧费用、广告费和其他办公费用。本例假设每季度租金 500 美元，广告费 300 美元，办公费 200 美元。

步骤 4：加总得到预算的总销售费用。

典型销售费用预算见表 7—15。

表 7—15　　销售费用预算表（2010 年）——产品 X　　单位：美元

	第一季度	第二季度	第三季度	第四季度	年总计
销售预算总金额	15 000	18 000	19 500	22 500	75 000
变动费用：					
代理费	750	900	975	1 125	3 750
固定费用：					
租金	500	500	500	500	2 000
广告费	300	300	300	300	1 200
办公费	200	200	200	200	800
总销售费用	1 750	1 900	1 975	2 125	7 750

管理费用预算

另一项非生产费用是管理费用，这一项包含了几乎大部分的固定成本项，比如管理人员薪金以及办公楼和办公设备的折旧费。进行管理费用预算，我们需要做好下面几步。

步骤1：列出变动管理费用（如有）。

步骤2：列出固定管理费用，包括薪金、保险费、办公费和公用事业费。本例假设每季度的费用支出为：薪金1 400美元，保险费135美元，办公费300美元，公用事业费150美元。

步骤3：相加得到总管理费用。

典型管理费用预算参见表7—16。

表7—16　　管理费用预算表（2010年）——产品X　　单位：美元

	第一季度	第二季度	第三季度	第四季度	年总计
变动费用：					
固定费用：					
薪金	1 400	1 400	1 400	1 400	5 600
保险费	135	135	135	135	540
办公费	300	300	300	300	1 200
公用事业费（电话费、电费、水费等）	500	500	500	500	2 000
其他办公费用	150	150	150	150	600
总管理费用	2 485	2 485	2 485	2 485	9 940

7.5.6　将所有内容汇总在一起：利润表预算

我们现在可以汇总所有的预算结果，即公司预期销售收入、成本费用和净利润。计算净利润，还要包括其他一些经营费用项目，如利息费用和租金。根据应税收入，我们就可以计算纳税额。过程如下。

步骤1：从销售预算中获取净销售额。

步骤2：获取销售成本。

步骤3：获取销售和管理费用。

步骤4：毛利＝销售收入－销售成本。

步骤5：营业利润＝销售收入－(销售成本＋期间费用)。

步骤6：确定预算期内的利息费用。

步骤7：根据应税收入的百分比计征所得税。本例中以35％的税率计算。

步骤8：净利润＝营业利润－所得税，它是基于预算销售量的预期利润。

预算利润表如表7—17所示。一旦你进行利润表预算，就可以通过预算，考察生产经营状况的盈利性。有三个比率数字用于评估企业经营的盈利性：毛利率、营利率和净利率。

表7—17　　预算利润表（2010年）——产品X　　单位：美元

	第一季度	第二季度	第三季度	第四季度	年总计
销售收入	15 000	18 000	19 500	22 500	75 000
销售成本	8 730	10 430	11 280	12 980	43 420
毛利	6 270	7 570	8 220	9 520	31 580

续前表

	第一季度	第二季度	第三季度	第四季度	年总计
经营费用：					
销售费用	1 750	1 900	1 975	2 125	7 750
管理费用	2 485	2 485	2 485	2 485	9 940
营业利润	2 035	3 185	3 760	4 910	13 890
利息支出	—	—	—	—	—
税前利润	2 035	3 185	3 760	4 910	13 890
所得税（35%）	712	1 115	1 316	1 719	4 862
净利润	1 323	2 070	2 444	3 192	9 029

毛利率

毛利率指考虑产品生产成本的情况下，公司获利多少。换句话说，毛利率等于毛利除以净销售收入，以百分比表示：

$$毛利率=\frac{毛利}{净销售收入} \tag{7.4}$$

本例中，毛利率≐31 580 美元/75 000 美元=42.11%。毛利润代表一个企业最基本的盈利性。高毛利率公司将有更多的资金用于其他经营活动，比如研发和市场拓展。

营利率

营利率指某一时期内，营业利润除以这一时期内的销售收入：

$$营利率=\frac{营业利润}{净销售收入} \tag{7.5}$$

本例中，营利率=13 890 美元/75 000 美元=18.52%。营利率代表了公司在日常经营中，成本和费用控制的有效性。

净利率

净利率等于净利润除以净销售收入，通常也用百分比表示：

$$净利率=\frac{净利润}{净销售收入} \tag{7.6}$$

这个数字显示了公司成本控制的有效程度。净利率越高，公司将销售收入转变成实际利润的效率越高。本例中，净利润率=9 029 美元/75 000 美元=12.04%。净利润率是一个很好的参数，可以用于比较同行业内的公司经营状况，这是因为同行业公司的商业运作条件都比较类似。

7.5.7 展望

本章描述的经营决策问题一般适用于项目周期较短的情况（每周或者每月）。也就是说，这些决策不适用于企业相对长期的生产经营活动。如果经营决策问题显著影响了企业必需的投资额，固定成本就会增加。例 7—7 中，如果每日阿司匹林产量增加至 10 000 盒，超出目前产能，公司就必须对厂房和设备追加投资。由于扩大生产在以后时期持续产生效益，我们就必须考虑固定成本的经济效应。并且，尚需讨论如何计算与生产相关联的折旧费用或者生产经营必须支付的所得税。因此，我们必须了解**资本投资**（capital investment）、**折旧**（depreciation）和**所得税**（income taxes）等概念，本书会在下一章进一步讨论。

习　题

* 成本分类

7.1　Intelligent 公司专业从事个人电脑零部件的制造。公司管理层确定每天生产这些部件的累计成本函数如下：

$$C(x)=0.000\,1x^3-0.08x^2+40x+5\,000$$

式中，x 为所生产零部件个数。

（a）生产第 301 个零部件的实际成本是多少？

（b）生产第 200 个零部件的边际成本是多少？说明边际成本函数的特性（递增函数还是递减函数）。

（c）生产 300 个零部件的平均单位成本是多少？

7.2　Harris 公司生产单一的产品。2001 年生产 1 000 单位和 2 000 单位产品的成本见表 7—18。

表 7—18　　单位：美元

生产数量（单位）	1 000	2 000
直接人工	30 000	60 000
直接材料	20 000	40 000
制造费用：		
变动制造费用	12 000	24 000
固定制造费用	36 000	36 000
销售和管理费用：		
变动部分	5 000	10 000
固定部分	22 000	22 000

对于这两个产量，分别计算以下数据。

（a）总生产成本；

（b）单位生产成本；

（c）总变动成本；

（d）单位变动成本；

（e）公司可产生盈利的所需回收成本。

* 本量利关系

7.3　Bragg & Stratton 公司生产一种链锯用的专业马达。该公司希望在 2010 年制造并销售 30 000 个马达。它可以在原有设备的前提下，多生产额外的 10 000 个马达。Bragg & Stratton 公司生产 30 000 个马达的预计总成本见表 7—19。

表 7—19　　单位：美元

直接材料	150 000
直接人工	300 000
制造费用：	
变动制造费用	100 000
固定制造费用	80 000
销售和管理费用：	
变动部分	180 000
固定部分	70 000

马达的单位销售价格是80美元。

（a）制造30 000个马达的单位生产成本是多少？

（b）制造40 000个马达的单位生产成本是多少？

（c）生产马达的临界价格是多少？

7.4 J&J公司有A，B和C三条产品线，边际贡献分别为3美元、2美元和1美元。总经理预测在下个时期销量将达到200 000单位，其中有20 000来自A生产线，100 000单位来自B生产线，剩下80 000单位来自C生产线。公司这一时期固定成本是255 000美元。

（a）求公司的生产临界点，假设销售组合保持不变。

（b）销售组合不变的情况下，销售200 000单位的总边际贡献是多少？营业利润是多少？

（c）计算营业利润，如果销售组合变成A产品20 000单位，B产品80 000单位，C产品100 000单位。求下期此销售组合下新的临界点。

*决策相关的成本概念

7.5 Pearson公司制造各类手机中的印刷电路板（PCB）。目前有一个外部供应商向它提供一种电子焊接产品用于公司的摩托罗拉生产线（Z-7 PCB）。这批产品的单位价值为4.80美元。Pearson有意买下这些焊接产品，因为电路板的电焊操作在该公司一直处于满负荷状态。

● 外部采购方案：公司预计如果接受这批产品，那么它生产Z-7电路板的直接人工费用和变动制造费用将减少15%，直接材料成本会降低20%。

● 内部自产方案：按照目前经营运作，PCB全都由公司自己制造。Z-7系列产品销售价格为每单位20美元。用于Z-7生产的固定制造费用共计20 000美元。生产成本如下表所示：

单位：美元

直接原材料费用	7.50
直接人工费用	5.00
制造费用	4.00
总计费用	16.50

当年产量在100 000单位时，制造费用共计每单位4.00美元（包括变动部分和固定部分）。

（a）Pearson公司应该接受外部供应商的供货吗？

（b）Person公司为此产品支付给外部供应商的最大单位价格是多少？

[注释]

[1] "Profit Maximization Problem," by David Hemenway and Elon Kohlberg, *Economic Inquiry*, October 1, 1997, Page 862. Copyright 1997, Western Economic Association International.

[2] 不同会计期间获得的现金。

[3] 不同会计期间支付的现金。

第8章

折旧和公司税

学习目标

通过本章学习，应该掌握以下概念：

- 如何解释资产价值的损失。
- 折旧的意义和类型。
- 账面折旧和税务折旧的区别。
- 折旧对净利润计算的影响。
- 美国公司税收体系。
- 确定普通利得和资本利得的方法。
- 项目分析中确定合适税率的方法。
- 净利润和净现金流量的关系。

8.1 资产折旧

固定资产（fixed assets），例如机器设备和不动产，是可以提供未来现金流量的经济资源。一般而言，**折旧**（depreciation）可以定义为随着使用和时间消耗，固定资产功用的逐渐减小。虽然这个一般定义并没有体现出折旧概念的精髓，但它提供了本章将讨论的各种原理和实践方法的起始点。图8—1为折旧类型的分类图。

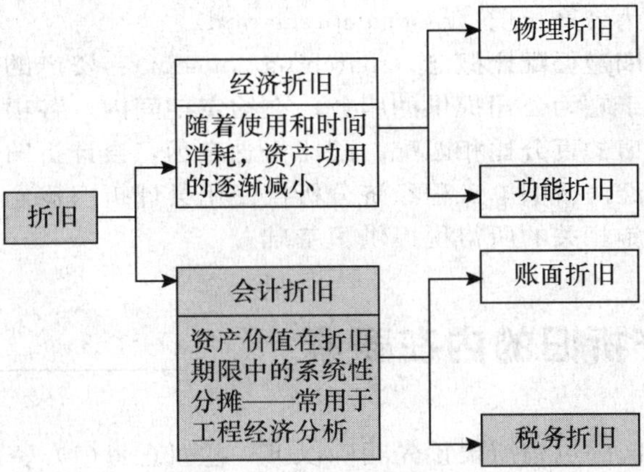

图 8—1 折旧类型

8.1.1 经济折旧

本章主要讨论会计折旧，会计折旧为组织衡量其财务状况提供信息。然而，简单地讨论会计折旧的基础，也就是经济折旧，是很有用的。下面将给出经济折旧的准确定义，以区别于其他折旧概念。经济折旧可分为物理折旧和功能折旧。

物理折旧（physical depreciation）是指由于有形消耗，资产发挥其潜在服务能力的减弱化。任何固定资产都会以两种形式发生物理折旧：(1) 由于环境作用造成的退化，如化学上的腐蚀、腐化和其他化学变化。(2) 使用造成的磨损。物理折旧导致性能下降和较高的维护成本。

功能折旧（functional depreciation）是由于组织和技术的改变，导致对某资产的需求减少或消失。例如由于技术进步造成的资产淘汰，对某资产服务功能需求的减少，导致某资产不能满足增长的数量或质量要求。

如果你拥有一辆汽车，你对折旧的概念可能很熟悉，折旧就是用来描述汽车价值的减少。由于汽车的可靠性和外观通常会随时间变差，汽车的价值也就逐渐降低。可以用购买汽车时支付的价格减去汽车目前的市场价值，得到经济折旧。因此**经济折旧**（economic depreciation）可定义为：

经济折旧＝购买价格－市场价值

经济折旧分为物理折旧和功能折旧。对经济折旧的计量不需要将资产出售，资产的市场价值可以近似估计，而不需要市场的准确估值。会计过程中，需要精确的方法记录资产价值的持续减少，这就要求组织探索如何对折旧进行会计处理。

8.1.2 会计折旧

无论组织是初创还是购置新资产以保持竞争力，固定资产的购置都是商业组织的重要活动。与其他开支相同，在公司的资产负债表和利润表中需要将固定资产支出记录为费用。然而，与维护成本、材料成本、人工成本等不同，固定资产支出不能简单地确定为购置当年的费用，这些资产是资本支出，也就是说，资产购置费用需分期从总收入中扣除。系统地将资产初始投资费用分摊到资产折旧寿命期间，就是所谓的**会计折旧**（accounting depreciation）。会计折旧是业界的标准说法，我们有时将它称为**资产折旧**（asset depreciation）。

会计折旧遵循**配比概念**（matching concept）：资产的一部分成本记为各会计期间费用取决于它为公司提供的服务。在给定期间内，各项支出占总成本百分比应当与其实现价值的百分比相匹配。配比概念表示，会计折旧至少在某种程度上反映了资产的真实经济折旧。工程经济分析仅使用会计折旧概念，这是由于会计折旧为确定与项目实施相关的所得税提供了基础。

8.2 资产折旧的内在要素

资产折旧的过程需要预先明确以下一些概念：（1）资产原值；（2）资产使用期末价值；（3）资产折旧期限；（4）折旧方法。本节将对此进行逐一探讨。

8.2.1 可折旧资产

首先，确定折旧资产的组成很重要。也就是说，公司哪些资产可计提折旧来抵减收入。根据美国税法，可折旧资产具有以下三个特征。

1. 资产必须用于经营用途或能带来收入的生产中。
2. 资产必须具有明确的服务期限且大于一年。
3. 资产会出现磨损、腐蚀、消耗、过时，或由于自然原因导致的价值损失。

可折旧资产包括建筑物、机器、设备、车辆。存货不是可折旧资产，因为持有存货的首要目的是在日常经营中将存货销售给顾客。如果资产没有确定的服务期限，也不能进行折旧。例如，不能为土地折旧。[1]

此外，尽管我们讨论的主要是企业折旧，但个人也可以为其资产计提折旧，只要资产符合前述条件。例如，如果个人汽车只用于商务用途，那么个人也可以为汽车计提折旧。

8.2.2 原值

资产的原值表示资产作为寿命期内的费用扣除的总成本（即年折旧费用的总和）。原值通常包括资产的实际成本和附加费用支出，例如运费、场地准备费、安装费。作为折旧基础、在资产使用期中记为费用的是总成本，而不只是资产本身的成本支出。

除了作为折旧计算的数据，资产原值还用于计算资产出售或报废时的损益。（8.8 节将具体讨论。）

例 8—1

不含以旧换新折价补贴的资产原值

Lanier 公司购买了价格 62 500 美元的自动打孔机，销售发票上包含 3 263 美元的销售税。公司为机器支付运费 725 美元，安装人工成本 2 150 美元。此外，Lanier 公司需要为安装设备准备场地支出 3 500 美元。确定该新机器折旧的原值。

解：

已知：购买价格＝62 500 美元，运费＝725 美元，安装费＝2 150 美元，场地准备费＝3 500 美元。

求：原值。

可用于折旧的机器原值计算如下表所示：

单位：美元

新打孔机成本	62 500
运费	725
安装人工费	2 150
场地准备费	3 500
机器成本（原值）	68 875

评注：计算机器原值时为何要包括所有的购置机器附属费用？为何不将这些附属费用作为机器使用期间的费用？成本和收入的配比原则是基本会计原则，因此，机器作为一项资产，其总成本分摊应当与机器产生的未来收入相对应。所有与购置机器相关的成本，都是使用机器所提供的服务的成本。

如果通过以旧换新购置新资产，那么需要考虑账面价值（原值减去总累计折旧）与以旧换新折价补贴的差异，来确定新资产的原值。如果以旧换新折价补贴超过账面价值，这个差异（称为**未确认利得**（unrecognized gain））需要从新资产的原值中扣除。如果是相反的情况（称为**未确认损失**（unrecognized loss）），需要将这个差异加入新资产的原值。

例 8—2

含以旧换新折价补贴的原值

在例 8—1 中，假设 Lanier 公司通过以旧换新方式购买同类打孔机，以旧换新折价补贴为 5 000 美元，用于以旧换新的机器账面价值为 4 000 美元，确定新打孔机的原值。

解：

已知：例 8—1 的会计数据，折价补贴＝5 000 美元。

求：原值。

单位：美元

旧打孔机账面价值	4 000
减：折价补贴	5 000
未确认利得	1 000
新打孔机成本	62 500
减：未确认利得	(1 000)
运费	725
安装人工费	2 150
场地准备费	3 500
机器成本（原值）	67 875

评注：如果折价补贴是 3 000 美元而不是 5 000 美元，那么会产生未确认损失 1 000 美元，新机器的原值变为 69 875 美元。

□ 8.2.3 使用期限和残值

一项资产服务的使用期限是多久？法律允许的资产使用期限是什么？这些是确定资产折旧期限（即资产计提多少年折旧）的核心问题。

历史上，折旧需要在资产服务期限的基础上选择折旧期限。然而，确定资产的服务期限是很困难的，而且这种估计的不确定性经常导致纳税人和美国国税局（IRS）的严重分歧。为缓解这个问题，IRS 公布了不同类别资产的服务期限指引，称为**资产折旧期限范围**（asset depreciation ranges，ADR）。它以历史数据为基础，明确了不同类别资产寿命的变动范围，纳税人可以在这个范围内，自由地为资产选择折旧期限。表 8—1 给出了 ADR 中规定的一些资产折旧期限范围的例子。

表 8—1　　资产折旧：部分资产折旧期限指引

资产	资产折旧期限范围（年）		
	下限	中值	上限
办公家具、设施和设备	8	10	12
信息系统（电脑）	5	6	7
飞机	5	6	7
汽车、出租车	2.5	3	3.5
公共汽车	7	9	11
轻型卡车	3	4	5
重型卡车（混凝土车）	5	6	7
火车车厢和机车	12	15	18
牵引机车	5	6	7
轮船、驳船、拖船及水路运输系统	14.5	18	21.5
工业蒸汽、发电和输送系统	17.5	22	26.5
电力和非电力机器制造设备	8	10	12
电子元件、产品、系统制造设备	5	6	7
汽车制造设备	9.5	12	14.5
电话输送设施	28	35	42

资料来源：IRS Publication 534，*Depreciation*，Washington，D. C.：U. S. Government Printing Office，2009.

残值（salvage value）是资产在使用期限结束时的估计价值，是通过出售、以旧换新、报废等最终回收的数额。建立资产折旧计划时必须估计资产残值。如果该估计不准确，还需进行后续调整。8.6 节将做讨论。

□ 8.2.4 折旧方法：账面折旧和税务折旧

大部分公司通过两种方式计算折旧，依据计算的目的区分：

1. 资产负债表或利润表等财务报告编制目的（账面折旧方法）。
2. 国税局（IRS）征税目的（税务折旧方法）。

在美国以及其他许多国家，这种区分在 IRS 的规定下是完全合法的。为财务报告和纳税目的分别计算折旧有如下好处。

- 使公司依配比原则向股东和其他重要利益相关者报告折旧，因此合理反映资产价值的损失。

● 与配比概念相比，税务折旧方法使公司更快地获得资产折旧带来的避税好处。许多例子中，税务折旧使公司递延支付所得税。这并不意味着公司可以少缴税，因为两种方法下总的折旧费用是相同的。然而，由于税务折旧方法通常允许早期的折旧额高于账面折旧方法，因此可以提早享受避税好处，公司在项目初期通常可以支付较低的税金。典型情况下，这可以使项目在最初几年具有较好的现金状况，并且由于资金的时间价值，增加的现金可以带来更大的未来价值。

随着本章内容的展开，将越来越多地用到两种折旧方法的差异。既然已对账面折旧和税务折旧的背景做了说明，下面将对两种方法做进一步明确探讨。

8.3 账面折旧方法

计算会计期间折旧额可以使用三种方法：(1) 直线折旧法；(2) 加速折旧法；(3) 工作量法。在工程经济分析中，主要考虑折旧对所得税计算的影响，然而，一些原因使账面折旧方法很有用。第一，税务折旧方法很大程度上建立在与账面折旧方法相同的原则上。第二，公司使用账面折旧方法编制财务报告，提供给股东和外部使用者。第三，美国许多州仍然使用账面折旧方法计算所得税，且联邦政府对1981年以前投入使用的资产也使用账面折旧方法计算所得税。最后，8.5节讨论的折耗以三种账面折旧法之一为基础计算。

8.3.1 直线折旧法

直线法（straight-line (SL) method）折旧将固定资产解释为以均衡方式提供服务的资产。资产在使用期限内每年提供等量的服务。

直线法将资产净成本划分为相等部分，每年将一等份记做费用。可用下式表示：

$$D_n=\frac{(I-S)}{N} \tag{8.1}$$

式中：D_n——第 n 年的折旧额；

I——资产原值，包括安装费；

S——资产寿命期末的残值；

N——使用期限。

资产在 n 年年末的账面价值为：

某一年的账面价值＝原值－累计折旧

即

$$B_n=I-(D_1+D_2+D_3+\cdots+D_n) \tag{8.2}$$

例 8—3

直线法折旧

某汽车的有关数据如下：

资产原值 I＝10 000 美元

使用期限 $N=5$ 年

残值 $S=2\,000$ 美元

使用直线法计算年折旧额及账面价值。

解：

已知：$I=10\,000$ 美元，$S=2\,000$ 美元，$N=5$ 年。

求：D_n，B_n，$n=1, 2, \cdots, 5$。

直线折旧率为 1/5 或 20%。因此年折旧额为：

$$D_n=0.20\times(10\,000-2\,000)=1\,600(\text{美元})$$

资产使用期限中的账面价值如下：

单位：美元

n	B_{n-1}	D_n	B_n
1	10 000	1 600	8 400
2	8 400	1 600	6 800
3	6 800	1 600	5 200
4	5 200	1 600	3 600
5	3 600	1 600	2 000

这里 B_{n-1} 表示第 n 年折旧前资产的账面价值，图 8—2 对本例进行了解释。

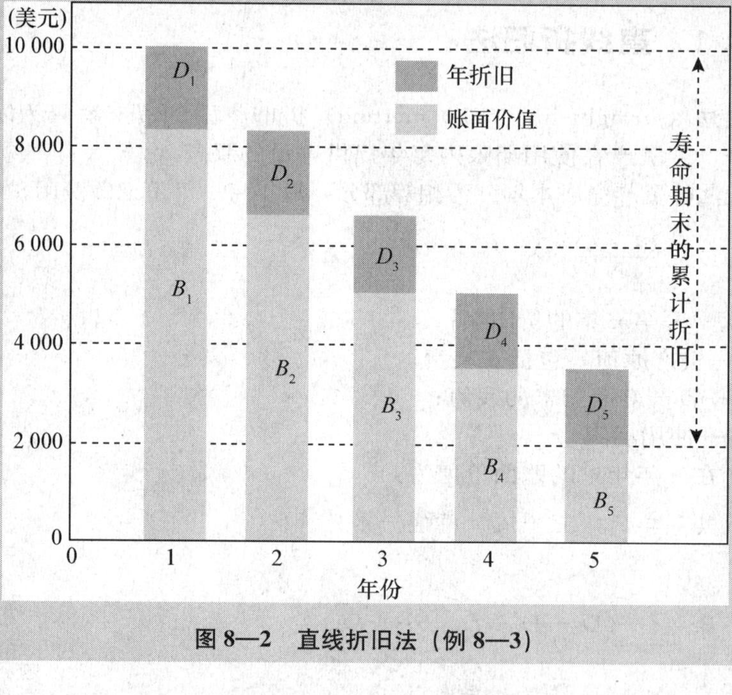

图 8—2　直线折旧法（例 8—3）

8.3.2　加速折旧法

折旧的第二种概念认为，固定资产提供的服务会逐年减少。换言之，在资产服务期限的第一年提供的服务最多，而最后一年所能提供的服务最少。出现这种情况可能是由于机械的效率会逐年降低，或维修成本会逐年上升，或出现更好的设备使原来的设备过时。上述种种原因导致这种在早期比后期计提更多的折旧费用的方法出现。这种方法称为**加速折旧法**（accelerated method），最常用的加速折旧法为**双倍余额递减法**（double-declining-balance method）。

余额递减法

余额递减法（declining-balance（DB）method）是按照资产每年的初始余额的固定比例计提折旧的方法。比例 α 表示为：

$$\alpha=\left(\frac{1}{N}\right)(\text{乘数}) \tag{8.3}$$

在美国最常用的乘数是 1.5（称为 150%DB）和 2.0（称为 200%或**双倍余额递减**（double-declining balance，DDB））。随着 N 增加，α 减小，从而使折旧在第一年最高，之后随着折旧期限逐渐减小。

该比例可以用来确定给定年份的折旧费 D_n，方法如下：

$$D_1=\alpha I$$
$$D_2=\alpha(I-D_1)=\alpha I(1-\alpha)$$
$$D_3=\alpha(I-D_1-D_2)=\alpha I(1-\alpha)^2$$

因此，第 n 年折旧额为：

$$D_n=\alpha I(1-\alpha)^{n-1} \tag{8.4}$$

还可计算出第 n 年年末累计折旧额（TDB）：

$$\begin{aligned}\text{TDB}&=D_1+D_2+\cdots+D_n\\&=\alpha I+\alpha I(1-\alpha)+\alpha I(1-\alpha)^2+\cdots+\alpha I(1-\alpha)^{n-1}\\&=\alpha I[1+(1-\alpha)+(1-\alpha)^2+\cdots+(1-\alpha)^{n-1}]\\&=I[1-(1-\alpha)^n]\end{aligned} \tag{8.5}$$

n 年年末的账面价值 B_n 为资产成本 I 减去 n 年年末累计折旧额：

$$B_n=I-\text{TDB}=I-I[1-(1-\alpha)^n]$$
$$B_n=I(1-\alpha)^n \tag{8.6}$$

在折旧分析开始时必须先估计资产的残值（S）。考虑关于最终账面价值（B_N）的三种情况：若 $B_N=S$，可以简单地用式（8.5）计算年折旧；$B_N\neq S$，需要对折旧方法进行调整。下面分别讨论三种情形。

情形 1：$B_N=S$

在例 8—4 中，最终账面价值（B_N）等于净残值，这种情况在现实中很少发生。

例 8—4

双倍余额递减法（$B_N=S$）

以下是关于一个电脑系统的会计数据：

资产原值 I=10 000 美元

使用期限 N=5 年

残值 S=778 美元

使用双倍余额递减法计算年折旧额及账面价值。

解：

已知：I=10 000 美元，S=778 美元，N=5 年。

求：D_n和B_n，$n=1, 2, \cdots, 5$。

图8—3以账面价值的形式介绍了这种余额递减的形式。第1年年初的账面价值为10 000美元，余额递减率α为$(1/5)(2)=40\%$。则第1年的折旧额为4 000美元（40%×10 000）。为了计算第2年的折旧额，必须首先根据第1年的折旧额调整资产的账面价值。从初始账面价值中减去第1年的折旧额（10 000－4 000＝6 000美元），然后乘以折旧率（6 000×40%＝2 400美元）。以此类推得出如下结果。

单位：美元

n	B_{n-1}	D_n	B_n
1	10 000	4 000	6 000
2	6 000	2 400	3 600
3	3 600	1 440	2 160
4	2 160	864	1 296
5	1 296	518	778

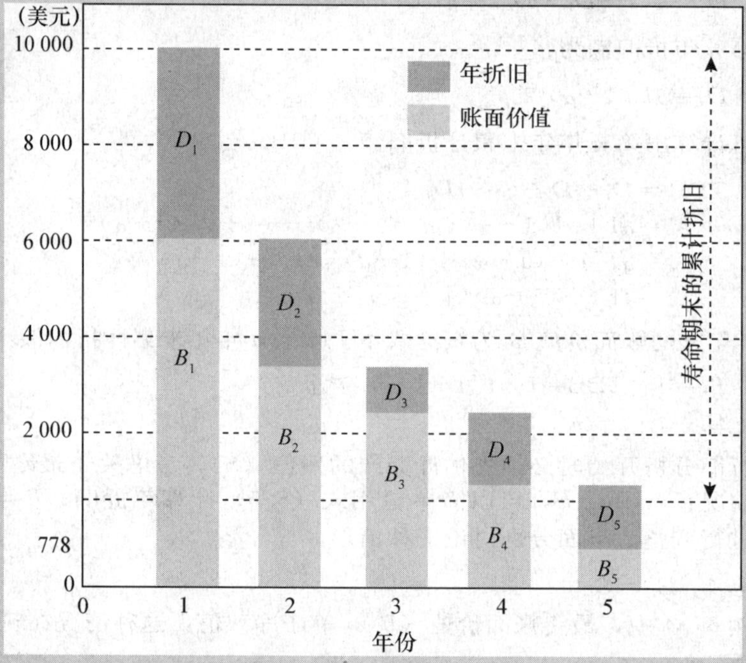

图8—3　双倍余额递减法（例8—4）

情形2：$B_N>S$

当$B_N>S$时，意味着没有将资产的成本全部计提折旧，因此没有充分利用折旧延迟交税的好处。如果希望将资产的账面价值尽可能快地减小到残值，可以将余额递减方法调整为直线法，只要用直线折旧法比余额递减法计提更多的折旧额，账面价值就会减小得更快。从余额递减向直线方法的转换可以在任意年份中进行，但要选择最佳的转换时间。转换的准则如下：如果某年中余额递减的折旧额小于或等于采用直线法可产生的折旧额，则应当在项目折旧期限的剩余年份中转换并使用直线折旧法。某n年直线折旧额计算如下：

$$D_n=\frac{\text{第 } n \text{ 年的初始账面价值}-\text{残值}}{\text{第 } n \text{ 年开始的剩余使用年数}} \tag{8.7}$$

例 8—5

转换为直线法的余额递减法（$B_N>S$）

假设例 8—4 中的资产残值为 0，而不是 778 美元，于是：

资产原值 $I=10\,000$ 美元

使用期限 $N=5$ 年

残值 $S=0$

$\alpha=(1/5)(2)=40\%$

确定从余额递减法转换为直线法的最佳时间及相应的折旧额。

解：

已知：$I=10\,000$ 美元，$S=0$，$N=5$ 年，$\alpha=40\%$。

求：最佳转换时间，D_n和 B_n，$n=1$，2，…，5。

首先计算每年的双倍余额递减折旧额如下表所示：

单位：美元

年份（n）	D_n	B_n
1	4 000	6 000
2	2 400	3 600
3	1 440	2 160
4	864	1 296
5	518	778

使用式（8.7）计算直线法下每年的折旧额。将直线法与双倍余额递减折旧对比，利用前文讲述的决策准则选择最佳转换时间。

转换为直线法的年份	直线法折旧	双倍余额递减折旧	转换决策
2	(6 000－0)/4＝1 500 美元	＜2 400 美元	不转换
3	(3 600－0)/3＝1 200 美元	＜1 440 美元	不转换
4	(2 160－0)/2＝1 080 美元	＞864 美元	转换为直线法

最佳转换时间（第 4 年）与图 8—4（a）中的 n'对应，折旧计划结果如下：

单位：美元

年份（n）	转换为直线法的双倍余额递减	年末账面价值
1	4 000	6 000
2	2 400	3 600
3	1 440	2 160
4	1 080	1 080
5	1 080	0
	10 000	

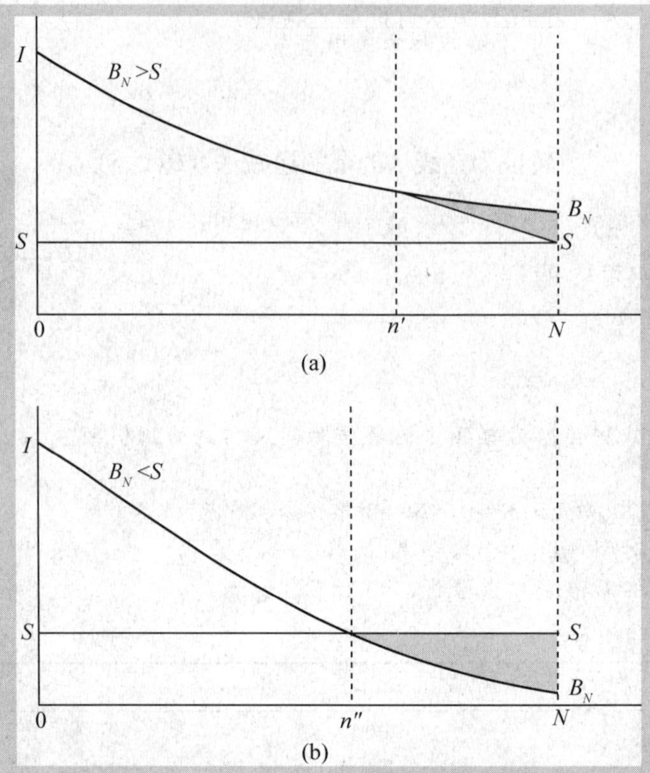

图8—4 调整的余额递减法：（a）在n'年后将余额递减法转换为直线法；（b）在n''年后不再计提折旧（例8—5和例8—6）

情形3：$B_N<S$

如果残值较高，那么很可能资产最终的账面价值低于残值。当出现$B_N<S$时必须进行调整，因为税法不允许账面价值低于残值，为了避免扣除的折旧额使账面价值低于残值，当$B_N=S$时，应当停止计提折旧。也就是说，当出现账面价值低于S时，应调整计提的折旧额，使$B_N=S$。例8—6解释了这种情况。

例8—6

余额递减法（$B_N<S$）

利用例8—5的数据采用双倍余额递减法计算折旧额，假设资产的残值为2 000美元。

资产原值$I=10\,000$美元

使用期限$N=5$年

残值$S=2\,000$美元

$\alpha=(1/5)(2)=40\%$

解：

已知：$I=10\,000$美元，$S=2\,000$美元，$N=5$年，$\alpha=40\%$。

求：D_n和B_n，$n=1,2,\cdots,5$。

根据已知数据得出下表：

单位：美元

n	D_n	B_n
1	0.4×10 000=4 000	10 000−4 000=6 000
2	0.4×6 000=2 400	6 000−2 400=3 600
3	0.4×3 600=1 440	3 600−1 440=2 160
4	0.4×2 160=864>160	2 160−160=2 000
5	0	2 000−0=2 000
	总计=8 000	

在 B_4 中，如果完全扣除 864 美元的折旧额，则会出现 B_4 小于残值 S=2 000 美元的情况。因此，调整 D_4 至 160 美元，使 B_4=2 000 美元。D_5 为 0，B_5 保持为 2 000 美元。第 4 年对应图 8—4（b）中的 n''。

8.3.3 工作量法

只有机器每年的工作时间相等时，直线法才是准确的。如果一个压孔机第 1 年运转 1 670 小时，第 2 年运转 780 小时或一些产出转由新的机器提供，该如何处理呢？这就要求我们考虑另一种折旧方法，这种方法将资产看做工作量的总和。与直线法和加速折旧法不同，该方法没有假设工作量会按时间阶段模式消耗，而是认为单位工作量的成本为资产总成本除以总的工作量。每个时期的折旧与那个时期消耗的工作量相关。这就是**工作量法**（units-of-production method)，该方法下每年的折旧额为：

$$D_n=\frac{\text{第 }n\text{ 年消耗的工作量}}{\text{总工作量}}(I-S) \tag{8.8}$$

使用工作量法时，折旧额和实际产出与总预期产出的比率成正比。通常这个比率以机器小时表示。使用工作量法的优势在于折旧额随产出变化而变化，可更为准确地显示机器使用情况。该方法的缺陷是关于机器使用数据的收集较为费时。

工作量法对于开采自然资源的可折旧设备非常适用，因为自然资源可能在设备损坏前耗尽。但对于可折旧工业设备，该方法不适用。

例 8—7

工作量法折旧

一辆采煤卡车的成本为 55 000 美元，预期可提供 50 000 英里的服务，残值为 5 000 美元。计算卡车使用 30 000 英里的折旧额。

解：

已知：I=55 000 美元，S=5 000 美元，总工作量=250 000 英里，当年工作量=30 000 英里。

求：当年折旧额。

某年卡车行驶 30 000 英里的折旧额为：

$$\frac{30\,000}{250\,000}(55\,000-5\,000)=\frac{3}{25}\times 50\,000=6\,000(\text{美元})$$

8.4 税务折旧法

在1981年《经济恢复税务法案》（Economic Recovery Tax Act）之前，纳税人在以纳税为目的计提折旧时，可以从多种折旧方法中进行选择。最广泛使用的折旧方法为直线法和加速折旧法。后来实施的加速成本回收制（ACRS）和修正加速成本回收制（MACRS）替代了这些税务折旧方法。

8.4.1 MACRS折旧

从1954年到1981年，美国国会对税法的调整趋势由公平一致性发展到更为简单快速的折旧方法。在1954年以前，税务上要求使用直线法，但加速折旧法，如双倍余额递减法、年数总和法也允许使用。到了1981年，那些传统的加速折旧法被简单的ACRS取代。1986年，美国国会修改了ACRS，引入了MACRS，大大减少了1981年《经济恢复税务法案》中制定的折旧额。本节将介绍MACRS税务折旧的一些特征。

MACRS回收期

传统上，无论出于税务目的还是会计目的，资产的折旧期限取决于其预计使用期限，资产完全折旧的时间与使用期限几乎相同。然而，MACRS完全摒弃这种做法，它建立了一个简单的指南，将资产分成不同类别，为每个类别的资产或多或少地人为确定了折旧期限，称为**回收期**（recovery period）。（注：回收期不必与资产的预计使用期限有关。）

1981年的原始ACRS法的主要影响是缩短了资产的折旧期限，因此使公司（早期）可以扣除更多的折旧，从而可以少纳税以获得更多的可以再投资的现金流量。表8—2为以资产折旧范围（ADR）期限中值为基础，用MACRS方法重新为资产进行的分类。MACRS方法包括八种分类，寿命期分别为3，5，7，10，15，20，27.5，39年。

表8—2 **MACRS资产分类**

回收期	ADR* 分类中值	所应用资产
3年	ADR≤4	加工塑料、金属产品和汽车的专业工具
5年	4<ADR≤10	汽车+、轻型卡车、高技术设备、研发设备、电信转换系统
7年	10<ADR≤16	生产设备、办公家具，固定装置
10年	16<ADR≤20	轮船、货船、拖船、火车
15年	20<ADR≤25	污水处理设施、电话输送设施、类似公用设施
20年	25<ADR	市政下水道，电力设施
27.5年		住宅类租赁财产
39年		非住宅类不动产，包括电梯

* ADR＝资产折旧范围；IRS公布的指南。
+在ADR中汽车的中值寿命为3年，但被分类为5年期资产。

- 投资较短寿命的资产，折旧期限为3年，采用200% DB再转换为SL折旧。
- 电脑、汽车、轻型卡车，折旧期限为3年，采用200% DB再转换为SL折旧。

● 大部分生产设备折旧期限为 7 年，但某些较长寿命资产是 10 年。大多采用 200% DB 再转换为 SL 折旧，以使在投资最初几年加快折旧。

● 污水处理设施、电话输送设施折旧期限为 15 年，采用 150% DB 再转换为 SL 折旧。

● 下水管道和某些特定长期设备折旧期限为 20 年，采用 150% DB 再转换为 SL 折旧。

● 投资住宅类租赁不动产折旧期限 27.5 年，采用直线法折旧。相反，非住宅类不动产（商业建筑）用直线法折旧 39 年。

在 MACRS 方法下，资产的残值视为 0。

8.4.2 MACRS 折旧准则

在早期的折旧方法中，首先估计资产的贬值率，作为税务折旧的基础。因此不同资产根据不同的时间路径折旧。然而 MACRS 方法为每类资产规定了折旧率，称为**回收率**（recovery allowance percentages）。如表 8—3 所示，比率分别设定于 1986 年和 1993 年。年回收额（或折旧费）通过资产折旧原值乘以回收率求出。

表 8—3　　半年惯例下，使用余额递减法的个人资产 MACRS 折旧计划表

年份 (n)	类别	3	5	7	10	15	20
	折旧率	200%	200%	200%	200%	150%	150%
1		33.33	20.00	14.29	10.00	5.00	3.750
2		44.45	32.00	24.49	18.00	9.50	7.219
3		14.81*	19.20	17.49	14.40	8.55	6.677
4		7.41	11.52*	12.49	11.52	7.70	6.177
5			11.52	8.93*	9.22	6.93	5.713
6			5.76	8.92	7.37	6.23	5.285
7				8.93	6.55*	5.90*	4.888
8				4.46	6.55	5.90	4.522
9					6.56	5.91	4.462*
10					6.55	5.90	4.461
11					3.28	5.91	4.462
12						5.90	4.461
13						5.91	4.462
14						5.90	4.461
15						5.91	4.462
16						2.95	4.461
17							4.462
18							4.461
19							4.462
20							4.461
21							2.231

* 该年为余额递减法转（DB）换为直线法（SL）。

资料来源：IRS Publication 534，*Depreciation*，Washington，D. C.：U. S. Government Printing Office，December 2009.

半年惯例

表 8—3 中的 MACRS 回收率使用**半年惯例**（half-year convention），也就是说假设所有资产在年中投入使用，残值为 0。因此，资产投入使用的第 1 年只能计提半年的折旧。资产回收期第 1 年只计提半年的折旧，其余年份计提全年的折旧，回收期后的那一年计提余下的半年折旧。半年惯例对于回收期结束前的资产处置（或服务退出）也适用。

余额递减法转换为直线法

MACRS 折旧开始用 DB 方法，之后采用 SL 方法。因此，MACRS 采用例 8—5 使用的转换准则。例 8—8 说明了使用半年惯例的 MACRS 折旧率计算方法。

例 8—8

MACRS 折旧：个人资产

某纳税人想将价值 10 000 美元资产用于商业用途，该资产属于 5 年折旧类别。计算 MACRS 折旧率以及资产折旧额。

解：

已知：5 年资产，半年惯例，α=40%，S=0。

求：价值 10 000 美元资产的 MACRS 折旧率，D_n。

本题计算如下：

$$直线折旧率=\frac{1}{5}=0.2$$

$$双倍余额递减折旧率=2\times 0.20=40\%$$

$$\text{MACRS 下，残值 } S=0$$

表 8—4 中，从第 1 个纳税年度开始，到第 6 年结束，计算了各年的 MACRS 折旧率。

表 8—4　　MACRS 折旧率的计算过程

年份（n）	计算（%）	MACRS 折旧率
1	$\frac{1}{2}$年 DDB 折旧=0.5(0.40)(100%)	=**20%**
2	DDB 折旧=(0.40)(100%−20%)	=**32%**
	SL 折旧=(1/4.5)(100%−20%)	=17.78%
3	DDB 折旧=(0.40)(100%−52%)	=**19.20%**
	SL 折旧=(1/3.5)(100%−52%)	=13.71%
4	DDB 折旧=(0.40)(100%−71.20%)	=11.52%
	SL 折旧=(1/2.5)(100%−71.20%)	=**11.52%**
5	SL 折旧=(1/1.5)(100%−82.72%)	=**11.52%**
6	$\frac{1}{2}$年 DDB 折旧=0.5(11.52%)	=**5.76%**

第 2 年 SL 折旧计算如下：由于还有 4.5 年可计提折旧，SL 折旧=(1/4.5)(100%−20%)=17.78%。DDB 折旧大于 SL 折旧，因此继续使用 DDB 折旧。在第 4 年时，SL 折旧大于 DDB 折旧，此时转换为 SL 折旧。

折旧额可根据刚刚确定的折旧率进行计算。在实际工作中，可以直接使用 IRS 提供的，也就是表 8—3 中的折旧率。计算结果如图 8—5 所示。

年份（n）	MACRS 折旧率（100%）		折旧原值（美元）		折旧额（D_n）（美元）
1	20	×	10 000	=	2 000
2	32	×	10 000	=	3 200
3	19.20	×	10 000	=	1 920
4	11.52	×	10 000	=	1 152
5	11.52	×	10 000	=	1 152
6	5.76	×	10 000	=	576

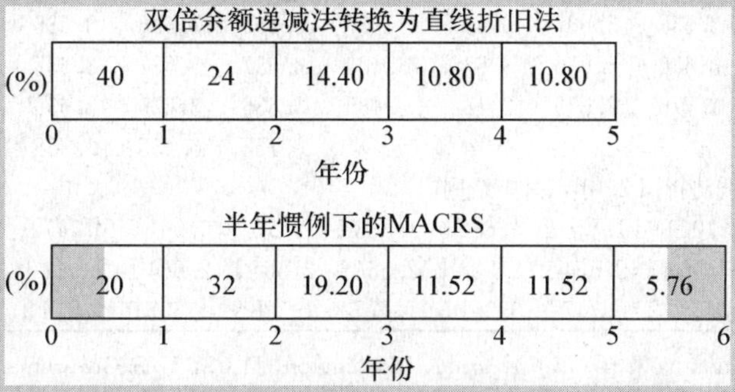

图 8—5　5 年回收期的 MACRS（例 8—8）

如果资产在回收期满之前被处置，只允许计提半年折旧。例如，如果 10 000 美元的资产在第 2 年被处置，那年的 MACRS 折旧额为 1 600 美元。

不动产的月中惯例

表 8—5 列示了不动产的使用期限和折旧率。在对这类资产折旧时，使用直线法和月中惯例。例如，一项资产 3 月投入使用，那么第 1 年的折旧期为 $9\frac{1}{2}$ 月。如果在回收期前资产被处置，那么必须考虑资产在处置当年的服务月数。表 8—5 考虑了这些情况。

表 8—5　　不动产的 MACRS 折旧率（%）

年份	资产投入使用的月份											
(n)	1	2	3	4	5	6	7	8	9	10	11	12
(a) 住宅类租赁不动产：直线法折旧 $27\frac{1}{2}$年，月中惯例												
1	3.485	3.182	2.879	2.576	2.273	1.970	1.667	1.364	1.061	0.758	0.455	0.152
2～9	3.636	3.636	3.636	3.636	3.636	3.636	3.636	3.636	3.636	3.636	3.636	3.636
10	3.637	3.637	3.637	3.637	3.637	3.637	3.636	3.636	3.636	3.636	3.636	3.636
11	3.636	3.636	3.636	3.636	3.636	3.636	3.637	3.637	3.637	3.637	3.637	3.637
12	3.637	3.637	3.637	3.637	3.637	3.637	3.636	3.636	3.636	3.636	3.636	3.636
13	3.636	3.636	3.636	3.636	3.636	3.636	3.637	3.637	3.637	3.637	3.637	3.637
14	3.637	3.637	3.637	3.637	3.637	3.637	3.636	3.636	3.636	3.636	3.636	3.636
15	3.636	3.636	3.636	3.636	3.636	3.636	3.637	3.637	3.637	3.637	3.637	3.637
16	3.637	3.637	3.637	3.637	3.637	3.637	3.636	3.636	3.636	3.636	3.636	3.636
17	3.636	3.636	3.636	3.636	3.636	3.636	3.637	3.637	3.637	3.637	3.637	3.637
18	3.637	3.637	3.637	3.637	3.637	3.637	3.636	3.636	3.636	3.636	3.636	3.636
19	3.636	3.636	3.636	3.636	3.636	3.636	3.637	3.637	3.637	3.637	3.637	3.637

续前表

年份 (n)	资产投入使用的月份											
	1	2	3	4	5	6	7	8	9	10	11	12
20	3.637	3.637	3.637	3.637	3.637	3.637	3.636	3.636	3.636	3.636	3.636	3.636
21	3.636	3.636	3.636	3.636	3.636	3.636	3.637	3.637	3.637	3.637	3.637	3.637
22	3.637	3.637	3.637	3.637	3.637	3.637	3.636	3.636	3.636	3.636	3.636	3.636
23	3.636	3.636	3.636	3.636	3.636	3.636	3.637	3.637	3.637	3.637	3.637	3.637
24	3.637	3.637	3.637	3.637	3.637	3.637	3.636	3.636	3.636	3.636	3.636	3.636
25	3.636	3.636	3.636	3.636	3.636	3.636	3.637	3.637	3.637	3.637	3.637	3.637
26	3.637	3.637	3.637	3.637	3.637	3.637	3.636	3.636	3.636	3.636	3.636	3.636
27	3.636	3.636	3.636	3.636	3.636	3.636	3.637	3.637	3.637	3.637	3.637	3.637
28	1.97	2.273	2.576	2.879	3.182	3.485	3.636	3.636	3.636	3.636	3.636	3.636
29							0.152	0.455	0.758	1.061	1.364	1.667
(b) 非住宅类不动产：直线法折旧39年，月中惯例												
1	2.4573	2.2436	2.0299	1.8162	1.6026	1.3889	1.1752	0.9615	0.7479	0.5342	0.3205	0.1068
2～39	2.5641	2.5641	2.5641	2.5641	2.5641	2.5641	2.5641	2.5641	2.5641	2.5641	2.5641	2.5641
40	0.1068	0.3205	0.5342	0.7479	0.9615	1.1752	1.3889	1.6026	1.8162	2.0299	2.2436	2.4573

资料来源：IRS Publication No. 534，*Depreciation*，Washington，D. C.：U. S. Government Printing Office，2009.

例 8—9

不动产的 MACRS

5 月 1 日，杰克·科斯坦萨（Jack Costanza）支付 100 000 美元购置了一个住宅类租赁不动产。购价包括 80 000 美元的建筑成本和 20 000 美元的土地成本。3 年零 5 个月后，也就是当年的 10 月 1 日，他以 130 000 美元出售了该资产。计算杰克拥有该资产 4 年间，每年的 MACRS 折旧额。

解：

已知：住宅类不动产，原值＝80 000 美元，5 月 1 日投入使用。

求：该资产 4 年间每年的 MACRS 折旧额。

本例中，根据月中惯例，资产在 5 月 15 日投入使用，那么第 1 年的折旧期为 $7\frac{1}{2}$ 个月。注意，这里只有建筑物可以折旧，土地不能折旧。采用直线法计算资产 $27\frac{1}{2}$ 年的折旧：

年份	计算式		D_n（美元）	折旧率（%）
1	$\left(\frac{7.5}{12}\right)\frac{80\,000-0}{27.5}$	=	1 818	2.273
2	$\frac{80\,000-0}{27.5}$	=	2 909	3.636
3	$\frac{80\,000-0}{27.5}$	=	2 909	3.636
4	$\left(\frac{9.5}{12}\right)\frac{80\,000-0}{27.5}$	=	2 303	2.879

月中惯例也适用于资产处置年。可以将该百分比与表 8—5 进行对比。对于个人不动产通常也采用上表计算的折旧率。

8.5 折 耗

如果拥有诸如油气、地热井、木材等矿产资源（不同于个人资产和实物资产），则可以申请资源折耗扣除。自然资源的投资需要通过资源的转移和出售得到回报。会计上摊销自然资源成本的过程叫做折耗。折耗的目的与折旧相同，即通过系统的方法在资产使用期限中摊销资产的成本。

折耗计提有两种方法：**成本折耗**（cost depletion）和**百分比折耗**（percentage depletion）。这两种折耗方法账面上和税务上都适用。在大多数情况下，需要分别计算两种方法下的折耗，选择数值较高的作为当年折耗。对于木材、大多数石油和汽油，仅允许使用成本折耗方法。

8.5.1 成本折耗

成本折耗方法与工作量法的基本原理相同。为了确定成本折耗额，需要用调整的矿产资产原值除以可回收总储量，所得到的结果再乘以销售量。

$$\text{成本折耗}=\frac{\text{调整的矿产资产原值}}{\text{可回收总储量}}\times\text{销售量} \tag{8.9}$$

调整原值（adjusted basis）代表所有可计提的折耗额（或者是资产的允许成本）减去资产的残值。估计自然资源矿藏的可回收储量是一个工程学问题。

例 8—10

林区的成本折耗

假设以 200 000 美元购买了一个林区，其中土地价值 80 000 美元，因此木材的原值为 120 000 美元。估计林区有 1.5 百万板英尺（MBF）。如果砍伐了 0.5MBF 的木材，确定计提的折耗。

解：

已知：原值＝120 000 美元，总回收量＝1.5MBF，当年出售量＝0.5MBF。

求：当年计提的折耗。

木材折耗只能使用成本折耗法计算，百分比折耗法不适用。而且折耗原值不能包括土地成本。当木材被砍伐时才会发生折耗，因此，只需在木材被砍伐后且砍伐的数量可准确衡量时计提折耗。计算如下：

每 MBF 计提折耗＝120 000/1.5＝80 000(美元/MBF)

当年计提折耗＝0.5×80 000＝40 000(美元)

8.5.2 百分比折耗

百分比折耗法是计提矿产资产折耗的另一种方法。对于给定的矿产，折耗以纳税年度矿产收入的一定百分比为基础计算。注意折旧和折耗的区别：**折旧**（depreciation）是对使用期限中成本的分摊，而**百分比折耗**（percentage depletion）是对矿产总收入计提一定百分比的折耗。

由于百分比折耗的计提基础为资产的收入（而不是成本），资产的总折耗有可能超过成本。为了避免这种情况的发生，每年允许计提的折耗不能超过资产应税所得（未扣除折耗的数据）的50%。表8—6为部分矿产资产允许使用的折耗百分比。

表8—6 矿产资产的百分比折耗

矿藏	允许的百分比（%）
油气井（仅为国内生产）	15
硫和铀；美国的石棉、铅、锌、镍、云母及一些其他的矿石或矿藏	22
美国的金、银、铜、铁矿，以及石油页岩	15
煤、褐煤、氯化钠	10
黏土及页岩（用于下水管道或砖）	7.5
黏土（用于屋瓦瓷砖）、砾石、沙石	5
大部分其他矿物，包括油井和矿石产生的二氧化碳	14

例8—11

百分比折耗和成本折耗

一个储量为120 000盎司的金矿原值为3 000万美元（扣除土地成本）。通过出售18 000盎司黄金，获得收入16 425 000美元（单价为每盎司912.50美元）。当年折耗前的采掘费用为12 250 000美元。根据百分比折耗计算折耗额，采用成本折耗法比百分比折耗法更有优势吗？

解：

已知：原值＝3 000万美元，可回收总储量＝120 000盎司，当年出售量＝18 000盎司，总收入＝16 425 000美元，当年折耗前的费用＝12 250 000美元。

求：最大折耗额（成本或百分比法）。

百分比折耗：表8—6表明黄金的折耗百分比为15%。总收入的百分比折耗计算如下：

出售45 000盎司的总收入	16 425 000美元
折耗百分比	×15%
百分比计算折耗额	2 463 750美元

接下来需要计算应税所得，计提的折耗应当为计算的折耗额和应税所得的50%中金额较小者。

出售18 000盎司黄金的总收入	16 425 000美元
减：采矿费用	12 250 000美元
应税所得	4 175 000美元
扣除限额	×50%
最大折耗	2 087 500美元

由于最大折耗额（2 087 500 美元）小于百分比折耗计算额（2 463 750 美元），允许计提的百分比折耗扣除额为 2 087 500 美元。

成本折耗：利用成本折耗法计算的折耗如下：

$$成本折耗=\frac{30\,000\,000}{120\,000}\times 18\,000=4\,500\,000(美元)$$

百分比折耗额少于成本折耗额。由于法律允许纳税人采取任意一种金额较大的折耗方法，在本例中，使用成本折耗方法更有利。图 8—6 展示了在成本折耗法和百分比折耗法中如何选择最优折耗的步骤。

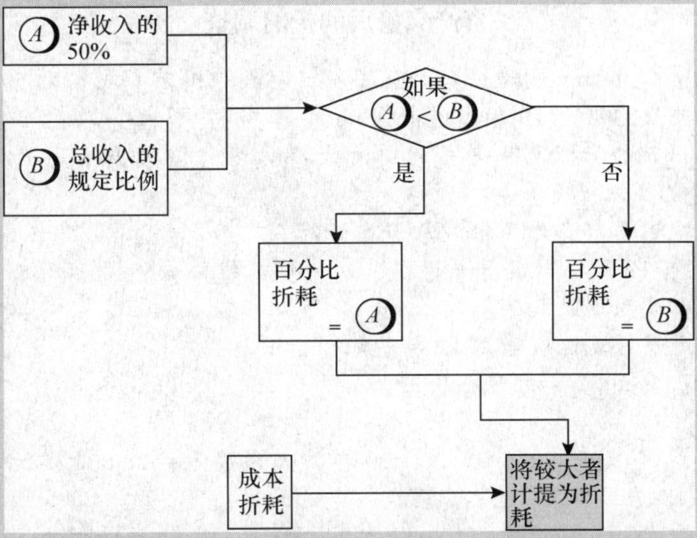

图 8—6　以纳税为目的的折耗计提计算

8.6　可折旧资产的维修和改造

对于资产使用期中进行的任何主要维修（例如大修）和改造，需要确定该工作是否可以延长资产的使用寿命，或增加资产的残值。如果产生了上述情况，需要重新确定资产的使用期限，并相应地调整期间折旧费用。本节将探讨维修和改造对账面折旧和税务折旧的影响。

8.6.1　账面折旧调整

账面折旧率是以资产使用期限的假设为基础确定的，这个假设常常是不准确的，因此，资产使用了几年后，可能发现使用期限长于或短于原先的假设。此时，以使用期限为基础的年折旧额可能会过多或不足。（如果维修或改造没能延长使用期限或增加资产残值，这笔成本可视为当年的维修费用。）调整账面折旧的过程是修改当前的账面价值，并在剩余的资产使用期限中分配这笔成本。

8.6.2 税务折旧调整

在税务上，资产的维修和改造被视作不同的资产项目。资产维修和改造的回收期从维修或改造的资产投入使用的时间算起。如果原资产与维修或改造同时投入使用，那么维修或改造的回收期类别与原资产相同。例 8—12 解释了因资产折旧期间的维修或改造，而更正折旧计划的过程。

例 8—12

资产大修后的折旧调整

2007 年 1 月，Ogletree 制造公司购置了一台新数控机床，成本为 60 000 美元。购买时，机器预期的使用期限为 10 年，残值为 0。

账面折旧中，该资产 10 年使用期中无大修计划。该机器采用直线法折旧（每年 6 000 美元），残值为 0。

在税务上，该机器归类为 7 年 MACRS 资产。

然而，2009 年 12 月，该机器进行了一次大修，维修成本为 15 000 美元。预计此次大修可以延长机器使用期限 5 年。

(a) 根据直线法计算该机器 2012 年的账面折旧。

(b) 计算该机器 2012 年的税务折旧。

解：

已知：I=60 000 美元，S=0，N=10 年，大修成本=15 000 美元，延长后的使用期限=购入时起 15 年。

求：账面折旧 D_6 和税务折旧 D_6。

(a) 大修是在 2009 年年末进行的，则当时的资产账面价值为原始账面价值加上增加的成本。首先，2009 年年末原始账面价值计算如下：

$$B_3(\text{大修前})=60\,000-3\times 6\,000=42\,000(\text{美元})$$

增加 15 000 美元大修成本后，账面价值为：

$$B_3(\text{大修后})=42\,000+15\,000=57\,000(\text{美元})$$

为了计算大修 3 年后的 2012 年的账面折旧，需要计算在延长的使用期限下每年的直线折旧额。大修前的使用期限为 7 年，大修后的使用期限为 12 年。因此大修后的年折旧额为 57 000/12=4 750 美元。使用直线折旧法计算的 2012 年折旧额为：

$$D_6=4\,750\text{ 美元}$$

(b) 在税务折旧上，资产改造部分被视为与原资产有相同回收期的另一个资产。因此，我们需要分别计算原资产和新资产的税务折旧。对于 7 年 MACRS 资产，第 6 年的折旧额为 60 000 美元的 8.92%（5 352 美元）。改进资产的第 3 年折旧为 15 000 美元的 17.49%（2 624 美元）。因此，2012 年总的税务折旧为：

$$D_6=5\,352+2\,624=7\,976(\text{美元})$$

图 8—7 解释了账面和税务分别如何处理资产改造。

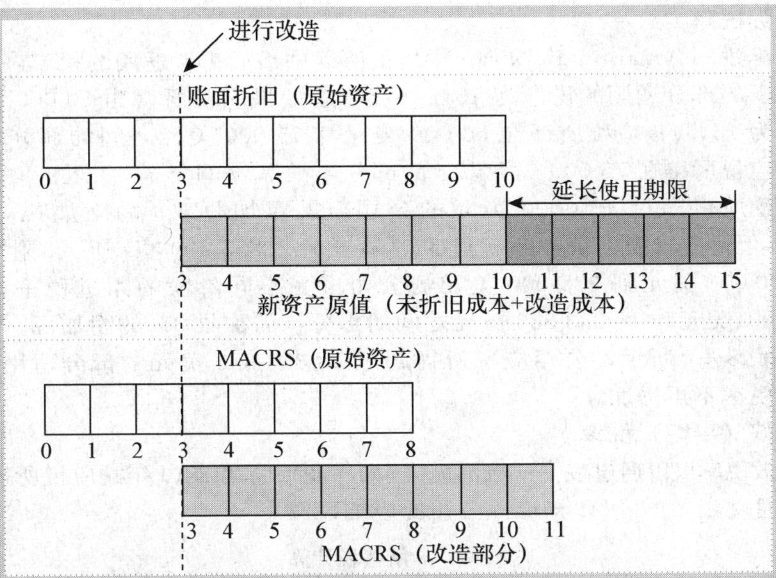

图 8—7　描述的资产改造的折旧处理（例 8—12）

8.7　公司税

在了解了应税所得的构成要素后，本节开始探讨所得税的计算过程。**公司税率**（corporate tax rate）适用于公司的应税所得。应税所得的可抵减部分包括销售成本、工资薪酬、租金、利息、广告费、折旧费、摊销费[2]、折耗费，以及除所得税外支付的其他税费。

8.7.1　所得税

举例来说，2010 年的所得税税率结构相对简单。如表 8—7 所示，根据不同的应税所得，美国税率逐步提升，其中包括四个基本税率（15%，25%，34%，35%）和两个附加税率（5%，3%）。也就是说，低应税所得公司享受比高应税所得公司较低的税率。

表 8—7　　2010 年公司税结构

应税所得（X）（美元）	税率	税额计算公式
0～50 000	15%	$0+0.15X$
50 001～75 000	25%	$7\,500+0.25(X-50\,000)$
75 001～100 000	34%	$13\,750+0.34(X-75\,000)$
100 001～335 000	34%+5%	$22\,250+0.39(X-100\,000)$
335 001～10 000 000	34%	$113\,900+0.34(X-335\,000)$
10 000 001～15 000 000	35%	$3\,400\,000+0.35(X-10\,000\,000)$
15 000 001～18 333 333	35%+3%	$5\,150\,000+0.38(X-15\,000\,000)$
18 333 334 及以上	35%	$6\,416\,666+0.35(X-18\,333\,333)$

边际税率

边际税率（marginal tax rate）是指所得中最后1元适用的税率。所得在50 000美元以下的部分适用的税率为15%（意味着如果应税所得为50 000美元以下，边际税率为15%）；应税所得在50 000美元与75 000美元之间的部分，适用税率为25%；应税所得在75 000美元以上的部分，税率为34%。

应税所得超过100 000美元的公司，需要加收5%的附加税（导致税率为39%），但是附加税的征收不超过11 750美元（235 000×0.05）。附加税使应税所得在100 000美元到335 000美元的公司享受不同阶段的累进税率。应税所得在15 000 001美元和18 333 333美元之间的部分，需加收3%的附加税。

如表8—7所示，公司应税所得超过18 333 333美元的部分适用税率为35%，之后的税率不再增加。

有效（平均）税率

有效税率可以通过表8—7计算。例如，如果公司2010年的应税所得为16 000 000美元，通过表8—8可以知道该公司的应纳税额。

表8—8　　所得税计算

应税所得	税率（%）	税额（美元）	累计税额（美元）
第一笔50 000美元	15	7 500	7 500
下一笔25 000美元	25	6 250	13 750
下一笔25 000美元	34	8 500	22 250
下一笔235 000美元	39	91 650	113 900
下一笔9 665 000美元	34	3 286 100	3 400 000
下一笔5 000 000美元	35	1 750 000	5 150 000
剩余的1 000 000美元	38	380 000	5 530 000

也可以通过表8—7的公式计算：

$$5\,150\,000+0.38(16\,000\,000-15\,000\,000)=5\,530\,000(\text{美元})$$

有效（平均）税率为：

$$\frac{5\,530\,000}{16\,000\,000}=0.345\,6 \text{ 或 } 34.56\%$$

与边际税率38%不同，公司在会计期间平均为应税所得支付34.56%的所得税。

例8—13

公司所得税

某电脑邮购公司销售个人电脑和相关产品。公司每天的展示厅和库房租赁费为20 000美元，公司安装了一台价值290 000美元的存货检验和包装设备。在5年MACRS折旧法下，这笔资本性支出（290 000美元）每年的折旧费为58 000美元。公司从1月1日开始运营。年度总营业收入为1 250 000美元。经营费用（除了租赁费）如下表所示：

单位：美元

销售成本	600 000
员工工资和福利	150 000
其他费用	90 000
	840 000

计算公司的应税所得和应纳税额。

解：

已知：收入、成本、折旧数据。

求：应税所得和应纳税额。

首先应税所得计算如下：

单位：美元

总收入	1 250 000
费用	−840 000
租赁费	−20 000
折旧	−58 000
应税所得	332 000

注意，资本性支出是不可抵减的费用。因此，公司使用的边际税率为39%，可以使用表8—7的公式，即22 250+0.39(X−100 000）计算税额。因此得

$$所得税=22\,250+0.39(332\,000-100\,000)=112\,730(美元)$$

公司的边际税率为39%，但平均税率为：

$$\frac{112\,730}{332\,000}=33.95\%$$

评注：除了使用表8—7的公式，也可以通过以下方法计算所得税：

单位：美元

第一个50 000美元（15%）	7 500
下一笔25 000美元（25%）	6 250
下一笔25 000美元（34%）	8 500
下一笔232 000美元（39%）	90 480
所得税	112 730

8.8 折旧资产利得的税务处理

在进行资产处置时，出售（或交换）折旧资产常常会产生利得或损失。为了计算利得或损失，需要首先确定折旧资产在处置时的账面价值。

8.8.1 MACRS资产的处置

MACRS资产处置时需要考虑的一个重要问题是资产处置的时间是否在特定的资产回收期内。此外，MACRS折旧方法要求使用半年惯例，因此，如果资产处置出现在回收期内，需要在当年计提半年的资产折旧额。

例8—14

资产处置当年的账面价值

一个5年MACRS资产购买时的成本为10 000美元。由于半年惯例，5年的MACRS

资产需要 6 年时间计提折旧。表 8—3 列示的适用折旧率为 20%，32%，19.2%，11.52%，11.52%，5.76%。计算资产分别在：(a) 第 3 年；(b) 第 5 年；(c) 第 6 年处置时允许计提的折旧额和资产账面价值。

解：

已知：5 年 MACRS 资产，原值＝10 000 美元。

求：如果资产在第 3，5，6 年出售的累计折旧额和账面价值。

(a) 如果在第 3 年处置资产（或者在第 3 年年末），累计折旧和账面价值为：

累计折旧额＝10 000(0.2＋0.32＋0.192/2)＝6 160(美元)

账面价值＝10 000－6 160＝3 840(美元)

(b) 如果在第 5 年处置资产[3]，累计折旧和账面价值为：

累计折旧额＝10 000(0.2＋0.32＋0.192＋0.115 2＋0.115 2/2)＝8 848(美元)

账面价值＝10 000－8 848＝1 152(美元)

(c) 如果资产在回收期后处置，将不会产生提前处置的损失。因此资产完全折旧。

累计折旧额＝10 000 美元

账面价值＝0

MACRS 资产的处置及对折旧额的影响见图 8—8。

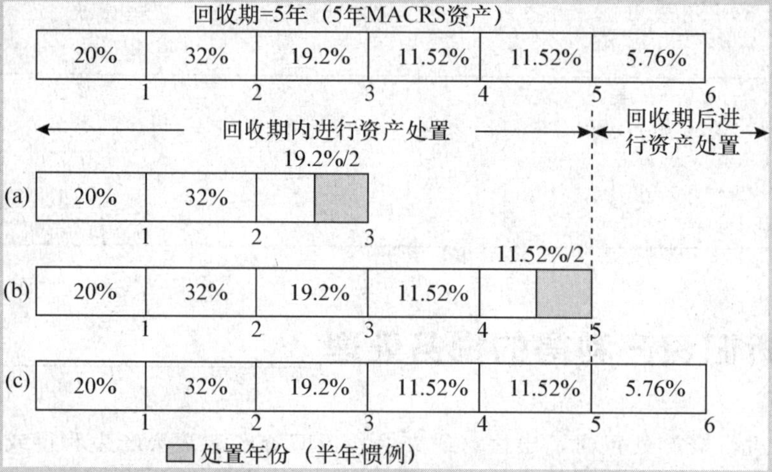

图 8—8　MACRS 资产的处置及对折旧额的影响（例 8—14）

8.8.2　计算 MACRS 资产的利得和损失

当某折旧资产以不同于账面价值的价格出售时，产生的利得或损失会对所得税产生重要影响。利得或损失通过下面的方法求出。

情况 1：残值＜原值

如果资产残值小于原值，那么

利得(损失)＝残值－账面价值

残值代表了出售资产的收入（即售价）减去出售费用或清理成本的所得款项。这些利得，也就是通常所说的资产**折旧回抵**（depreciation recapture）在现行税法下按一般所得纳税。

情况 2：残值>原值

一种不常发生的情况是，资产出售价格高于原值，此时的利得（残值－账面价值）以纳税为目的被分为两个部分：

$$\text{利得}=\text{残值}-\text{账面价值}=\underbrace{(\text{残值}-\text{原值})}_{\text{资本利得}}+\underbrace{(\text{原值}-\text{账面价值})}_{\text{普通利得}} \tag{8.10}$$

回顾 8.2.2 节，原值是购买资产的成本加上运费和安装费等附加成本。如图 8—9 所示。

资本利得＝残值－原值

普通利得＝原值－账面价值

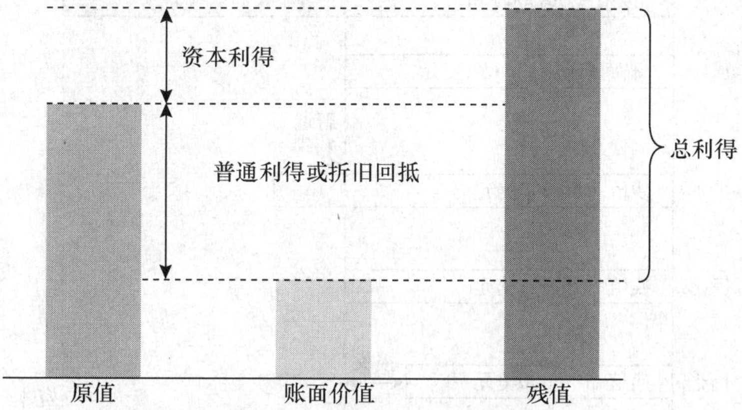

图 8—9　残值超过原值时的资本利得和普通利得（折旧回抵）

只有资本利得需要按资本利得税率缴税，而普通利得（或折旧回抵）按一般所得税率缴税时，才需要做这种区分。目前的税法没有为资本利得确定特殊的税率，资本利得与普通利得被以相同的方式对待，最大的税率为 35%。然而，税法上还是保留了区分资本利得和普通利得的结构。这种方法为美国国会未来区分对待资本利得预留了空间。

例 8—15

折旧资产的利得和损失

公司在第 0 年购入钻床，成本为 230 000 美元，根据 MACRS 方法，钻床被归为 7 年折旧资产。如果钻床在第 3 年年末出售，计算如下残值时的利得（或损失）：(a) 150 000 美元；(b) 120 693 美元；(c) 100 000 美元；(d) 250 000 美元。假设资本利得和普通利得的税率都为 34%。

解：

已知：7 年 MACRS 资产，原值＝230 000 美元，资产在购买后 3 年被出售。

求：资产分别以 150 000 美元、120 693 美元、100 000 美元、250 000 美元出售时的利得或损失、税务影响、净收益。

本例中，首先计算机器目前的账面价值。通过表 8—3 的 MACRS 折旧计划表，7 年 MACRS 资产的前 3 年折旧率为 14.29%，24.49%，17.49%。由于资产先于回收期满而被处置，因此第 3 年的折旧额减半。总折旧额和最终的账面价值为：

$$总折旧=230\ 000\left(0.142\ 9+0.244\ 9+\frac{0.174\ 9}{2}\right)=109\ 308(美元)$$

$$账面价值=230\ 000-109\ 308=120\ 692(美元)$$

（a）情形1：账面价值＜残值＜原值。此时无资本利得，所有利得均为普通利得。因此，有

普通利得＝残值－账面价值＝150 000－120 692＝29 308(美元)

所得税(34%)＝0.34×29 308＝9 965(美元)

出售资产净收益＝残值－所得税＝150 000－9 965＝140 035(美元)

这种情况（资产残值超过账面价值）如图8—10中的情形1所示。

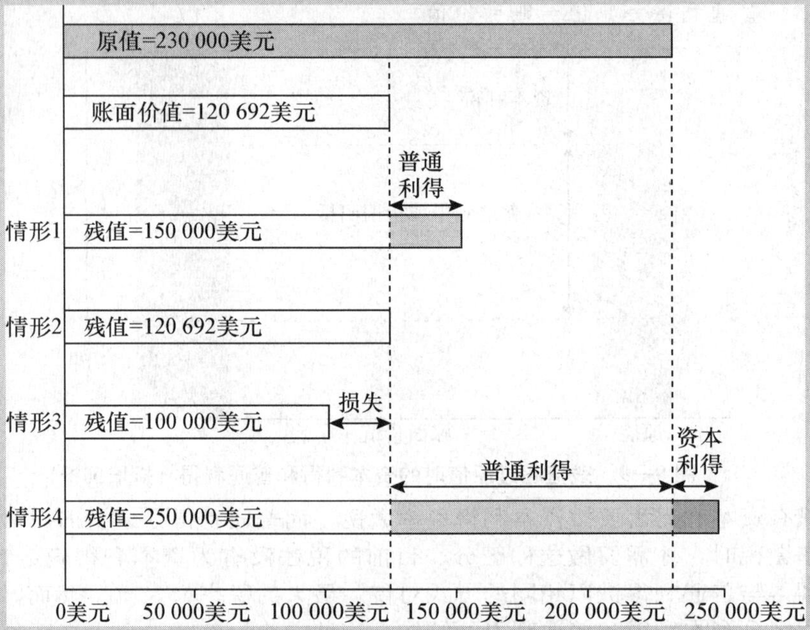

图8—10　计算MACRS资产的利得和损失（例8—15）

（b）情形2：残值＝账面价值。账面价值依然为120 692美元。如果钻床的残值等于120 692美元，则无须缴纳税费。因此，净收益等于残值。

（c）情形3：残值＜账面价值。当残值（100 000美元）小于账面价值时会产生损失。计算的税后净残值为：

利得(损失)＝残值－账面价值＝100 000－120 692＝－20 692(美元)

税额抵减＝0.34×20 692＝7 035(美元)

净收益＝100 000＋7 035＝107 035(美元)

（d）情形4：残值＞原值。对于大多数资产，这种情形很少发生（除了不动产）。但只有这种情形下既会产生资本利得，又会产生普通利得。对于这种利得的税务处理如下：

资本利得＝残值－原值＝250 000－230 000＝20 000(美元)

资本利得税＝20 000×0.34＝6 800(美元)

普通利得＝230 000－120 692＝109 308(美元)

所得税＝109 308×0.34＝37 165(美元)

净收益＝250 000－(6 800＋37 165)＝206 035(美元)

评注： 在（c）中，由于损失造成的税务抵减，事实上会增加净收益。如果增量税率（本题中的34%）为正，即公司依然在付税但所付金额小于没有出售受损资产时的金额，这种情况现实中是可能发生的。8.9节会讨论增量税率的问题。

8.9 经济分析中使用的所得税税率

正如前文所述，公司的平均所得税税率依应税所得的水平从0～35%变化。假设公司现在的营业所得水平适用的所得税税率为25%，它正在考虑一项可获利的投资，那么计算投资项目所得的税负应采用何税率呢？

8.9.1 增量所得税税率

公司所得税税率的选择取决于投资对公司应税所得的增量影响。换言之，在经济分析中使用的税率，应当是适用于增量应税所得的税率。

为了更好地加以说明，假设ABC公司当前纳税年度的预期应税所得为70 000美元，ABC公司的管理层希望衡量该纳税年度中实施一个项目的税务影响，项目前后的收入、费用、应税所得假设如下：

单位：美元

	项目前	项目后	增量
总收入	200 000	240 000	40 000
固定工资	100 000	110 000	10 000
计时工资	30 000	40 000	10 000
应税所得	70 000	90 000	20 000

由于所得税率是累进的，考虑项目的税务影响不能与公司总体的纳税义务分离。不实施项目时，ABC公司的应税所得为70 000美元，实施项目后，ABC公司的应税所得增加到90 000美元。通过表8—7的税务计算公式，可以分别得到在有无项目实施时公司应缴纳的所得税。

$$\text{无项目时的所得税}=7\,500+0.25(70\,000-50\,000)=12\,500(\text{美元})$$

$$\text{有项目时的所得税}=13\,750+0.34(90\,000-75\,000)=18\,850(\text{美元})$$

因此，增加的所得税为18 850－12 250＝6 350美元。该数额（以增加的20 000美元应税收入为基础）的税率计算依据为31.75%，这就是增量税率。此税率就是我们排除ABC公司的其他业务，单独评价项目时所使用的税率。如图8—11所示，31.75%的数据不是任意确定的数据，而是两个边际税率的加权平均。由于新项目使ABC公司达到了更高的纳税标准，它产生的第一笔5 000美元所得的税率为25%，剩下的15 000美元税率为34%，因此可通过公式计算增量税率：

$$0.25\left(\frac{5\,000}{20\,000}\right)+0.34\left(\frac{15\,000}{20\,000}\right)=31.75\%$$

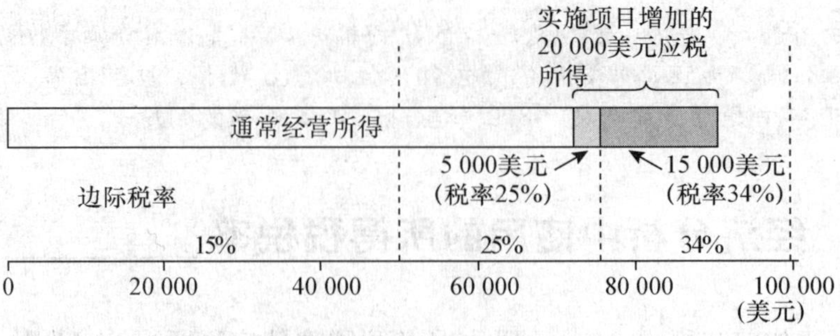

图 8—11　增量税率解释

考虑项目实施前后的平均税率如下：

	项目前	项目后	增量
应税所得（美元）	70 000	90 000	20 000
所得税（美元）	12 500	18 850	6 350
平均税率	17.86%	20.94%	
增量税率			31.75%

注意，17.86%和20.94%都不是评价项目时应当使用的税率。

如果公司的经营所得保持在较高的税率级距内，它的边际税率和平均税率都是35%，当然，这类公司增量投资项目的税率为35%。但对于处在较低的税率级距内的公司，或者在盈利和损失间波动的公司，它们的边际和平均税率往往不同。对于这类公司，确定投资项目的增量税率很困难。这时唯一的解决办法可能就是使用情境分析，即考察由于项目实施给所得税造成的波动为多大。（换言之，就是计算每种可能情况的总税额和增量税率。）情境分析参见例8—16。

例 8—16

小型公司的情境分析

EverGreen除草公司预期未来两年，每年从普通除草业务中获得的应税所得为320 000美元。同时公司刚刚获得了一个新的高尔夫球场除草业务合同，该业务需要购买一个成本为50 000美元的设备。设备属于5年MACRS资产，在6年中的折旧率分别为20%，32%，19.2%，11.52%，11.52%和5.76%。合同期满后，设备将留作他用（而不是被出售），也就是说没有相关的利得、损失和残值现金流量。项目可以增加150 000美元的年收入，同时带来90 000美元的年经营费用。计算第1年和第2年项目经营利润适用的增量税率。

解：

已知：基本应税所得=320 000美元/年，增量收入、费用、折旧额如题。

求：项目第1年和第2年的增量税率。

首先计算高尔夫球场项目在这两年的增量应税所得，如下表所示。

单位：美元

	第1年	第2年
总收入	150 000	150 000
费用	90 000	90 000
折旧	10 000	16 000
应税所得	50 000	44 000

接下来计算所得税，这需要确定适用的边际税率。但是由于公司所得税采用累进税率，因此项目不能和公司的整体经营相分离。

为有效解决该问题，可以使用本节开头讨论的增量税率概念。由于高尔夫球场项目使 EverGreen 公司的税率从 39%级距内推到了 34%级距内，这就需要知道第 1 年增加的 50 000 美元中，有多少比例需按 39%纳税，多少比例需按 34%纳税。如果没有该项目，公司的应税所得为 320 000 美元，边际税率为 39%。增加了 50 000 美元应税所得，EverGreen的税率标准转回到了 34%，因为它的总应税所得从 320 000 美元变为 370 000 美元。由于税率变化的所得额是 335 000 美元，增加的 50 000 美元中，第一个 15 000 美元的适用税率依然是 39%，而剩余的 35 000 美元适用税率为 34%。在第 2 年中，增加的 44 000 美元应税所得也可以用同样的方法拆分。因此可将公司的增量税率计算如下：

$$0.39\left(\frac{15\,000}{50\,000}\right)+0.34\left(\frac{35\,000}{50\,000}\right)=0.355\,0$$

$$0.39\left(\frac{15\,000}{44\,000}\right)+0.34\left(\frac{29\,000}{44\,000}\right)=0.357\,0$$

注意增量税率在各年中会发生轻微变化，如果公司的应税所得与原先基本的经营所得相比发生较大波动，那么增量税率也会有较大变动。

8.9.2 州所得税的考量

对于大公司而言，最高的联邦边际税率为 35%。而除了联邦所得税率，大多数州还征收州所得税。在计算联邦所得税时可将州所得税抵减。在经济分析中，有两种方法可以清晰地说明州所得税的影响。

第一种方法是计算联邦所得税前，精确地估计州所得税金额，然后用联邦应税所得额减去应缴纳的州所得税，再应用边际税率计算联邦所得税。总税额等于联邦所得税与州所得税之和。

第二种方法是计算一个能同时反映州和联邦所得税的单一税率。然后利用该税率和不减去州所得税的联邦应税所得额计算所得税。这种方式计算的税额是总税额。考虑到州所得税的边际税率有可能大于 35%，由于州所得税可以在计算联邦所得税时作为费用抵减，结合联邦和州所得税的综合边际税率可用下式计算：

$$t_m=t_f+t_s-t_f t_s \qquad (8.11)$$

式中：t_m——综合边际税率；

t_f——联邦边际税率；

t_s——州边际税率。

在已知增量税率的经济分析中，第二种方法更为方便和有效。因此，除特殊情况外，增量税率可以用综合边际税率表示。（对于大公司，税率通常约为 40%，但州与州会有所差异。）

例 8—17

州与联邦综合所得税

一家公司的税前收入和费用如下：

总收入	1 000 000 美元
总费用	400 000 美元

如果联邦边际税率为35%，州边际税率为7%，用前述两种方法计算州和联邦的综合所得税。

解：

已知：总收入=1 000 000 美元，可扣除费用=400 000 美元，t_f=35%，t_s=7%。

求：综合所得税率 t_m。

(a) 计算州所得税：

用FT表示联邦所得税，ST表示州所得税。

州应税所得=1 000 000−400 000=600 000(美元)

ST=0.07×600 000=42 000(美元)

联邦应税所得=1 000 000−400 000−ST=558 000(美元)

FT=0.35×558 000=195 300(美元)

因此，综合所得税=FT+ST=237 300（美元）

(b) 以综合税率为基础计算所得税：

利用公式直接计算综合税率：

综合税率(t_m)=0.35+0.07−0.35×0.07=39.55%

综合所得税=600 000×0.395 5=237 300(美元)

用两种方法可以得到完全相同的结果。

8.10 工程经济分析中对现金流量的需求

传统会计将净利润作为衡量公司盈利水平的主要方式，而在项目评价中，现金流量却更为合适。净利润是在配比原则下的会计衡量方式，成本与相应的收入匹配时，成本便记为费用，而忽略了现金的实际流入流出。

8.10.1 净利润与净现金流量

在一家公司的整个生命期中，净利润和净现金流入一般是相同的。然而，利润和现金流入实现的时间分布往往有很大不同。由于货币的时间价值，现在收到现金要比以后好。（净利润是不能用来投资的。）例如，表8—9中列示了两家公司在两年的利润和现金流量。

表8—9　现金流量和利润确认的时间分布　单位：美元

		A公司	B公司
第1年	净利润	1 000 000	1 000 000
	现金流量	1 000 000	0
第2年	净利润	1 000 000	1 000 000
	现金流量	1 000 000	2 000 000

两家公司在这两年中的净利润和现金总数是相同的，然后公司A每年收到100万元现金，而B公司在第2年年末收到200万元现金。A公司在第1年年末收到100万元现金，可以用来投资，例如可以投资10%收益率的项目。而公司B只能在

第 2 年年末收到 200 万元，公司 A 却可以总共收到 210 万元。

□ 8.10.2 非现金费用的处理

除了货币时间价值的概念，有些费用不会导致现金流出。折旧和摊销是这类费用的最好例子。虽然折旧（或摊销）要从收入中扣除，但无须向任何人支付现金。

从例 8—13 中可知，年折旧对应税所得和净利润都有影响。然而，虽然折旧对净利润有直接影响，它却不是现金流出，因此区分考虑了折旧的年利润与年现金流量很重要。

例 8—13 描述的情况很好地说明了将折旧额作为费用与购买设备产生的现金流量的区别。在该例中，第 0 年花费了 290 000 美元的现金，而第 1 年的 58 000 美元折旧额却不是现金流出。图 8—12 总结了其中的区别。

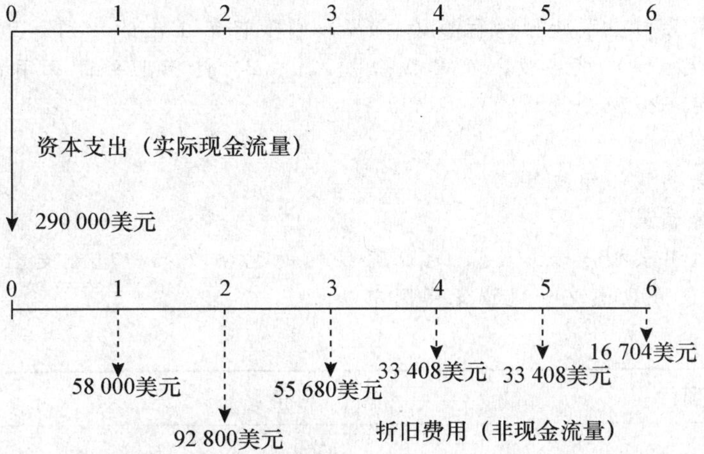

图 8—12　第 0 年投入使用的原值为 290 000 美元的资产现金流量与折旧

净利润（**会计利润**（accounting profit））对于会计目的很重要，而**现金流量**（cash flows）对于项目评价更重要。然而，净利润可以成为估算项目现金流量的起点。

表 8—10 是计算（税后）净现金流量的过程，与通过减去折旧费获得净利润的过程一致，净现金流量不涉及折旧（折旧只需要用来计算所得税）。假设收入和支出用现金支付，则可以通过净利润加上非现金费用（折旧）来计算现金流量。

例 8—18 解释了这种关系。

表 8—10　　**经营活动净现金流量估算**

项目
总收入
成本：
销售成本
折旧
运营费用
应税所得
所得税
净利润
净现金流量＝净利润＋折旧

例 8—18

现金流量与净利润

某公司购买了一台成本为 28 000 美元（第 0 年）的数控（NC）设备，准备使用 5 年，然后报废。第 1 年的折旧额为 4 000 美元，设备属于 7 年 MACRS 折旧资产（第 1 年的折旧率为 14.29%）。数控设备所产产品的成本包括机器的折旧费用。公司第 1 年的收入、费用、折旧预计如下：

总收入＝50 000 美元
销售成本＝20 000 美元
数控设备折旧＝4 000 美元
运营费用＝6 000 美元

(a) 如果公司应税所得的税率为 40%，则项目第 1 年的净利润是多少？

(b) 假设：(1) 销售收入都是现金收入；(2) 除折旧外的费用都在第 1 年中支付。经营将会产生多少现金流量？

解：

已知：净利润的组成要素。

求：现金流量。

可以通过考察利润表中各项是否确实表示现金收入和现金支出来得到现金流量表（问题中的一些假设使这个过程变得简单）。

单位：美元

项目	利润	现金流量
总收入	50 000	50 000
成本：		
销售成本	20 000	−20 000
折旧	4 000	
运营费用	6 000	−6 000
应税所得	20 000	
所得税（40%）	8 000	−8 000
净利润	12 000	
净现金流量		16 000

第 2 列表示利润，第 3 列表示现金流量。50 000 美元的销售收入都为现金收入。除折旧外的总成本为 26 000 美元，用现金支付，剩余 24 000 美元折旧不是现金流量：公司不为 4 000 美元的折旧支付现金。然而所得税是用现金支付的，因此 8 000 美元的所得税需要从 24 000 美元中扣除，剩余经营活动的现金流量为 16 000 美元。如图 8—13 所示，这 16 000 美元完全等于净利润加折旧，即 12 000＋4 000＝16 000 美元。

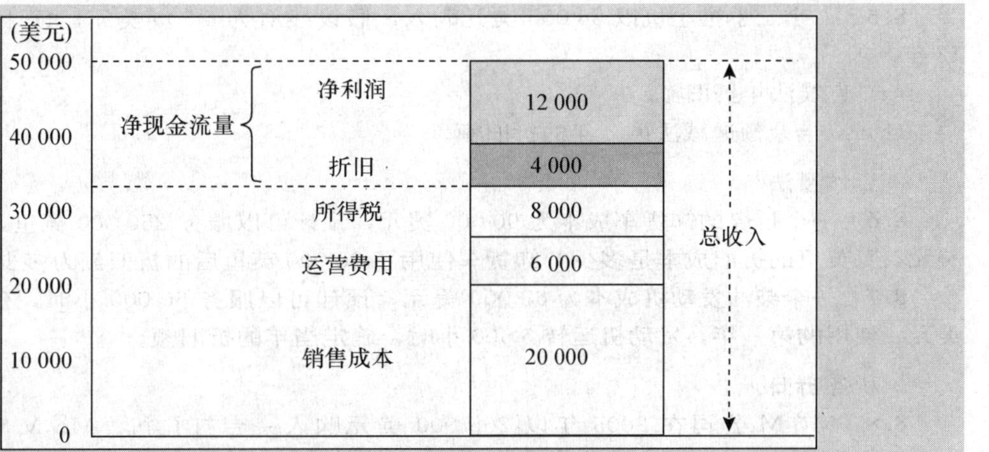

图 8—13 净利润与净现金流量（例 8—18）

说明：原值为 28 000 美元的资产的现金流量与折旧费，资产在第 0 年投入使用。

由于折旧作为会计费用具有抵减所得税的作用，折旧对现金流量有重要影响。（尽管折旧不是现金流量，但对企业的税后现金流量有正影响。）当然，在资产购入当年，为购入资产所支付的费用会产生很大的负现金流量，然后在资产的折旧年限中，折旧费影响所得税的支付和现金流量。

如例 8—18 所示，折旧通过对所得税的影响，在项目现金流量分析中发挥关键作用，在第 9 章中会进一步对此加以讨论。

习 题

注：除非特别指定，否则公司所得税来用现行税率。可查询相关网站获得公司所得税的现行税率数据。

* 经济折旧

8.1 假设以 14 000 美元出售一辆汽车。该汽车 3 年前以 20 000 美元购入。汽车属于 5 年 MACRS 折旧资产，账面价值为 5 760 美元。经济折旧额为多少？

* 原值

8.2 采用以旧换新方式以 148 000 美元购入一个新钻床，旧钻床账面价值为 46 220 美元，补贴为 40 000 美元，因此需为购置新资产现金支付 108 000 美元。该资产的折旧原值是多少？

* 账面折旧方法

8.3 公司正在考虑是否继续保留某建筑设备一年。公司采用双倍余额递减法计提折旧，该设备的购入成本为 125 000 美元，现在是公司拥有设备的第 4 年。设备的寿命为 8 年。第 3 年的折旧额是多少？

※8.4 根据双倍余额递减法计算如下资产的折旧额：

资产成本 I	246 000 美元
使用寿命 N	8 年
残值 S	36 000 美元

8.5 一个二手推土机以56 000美元购入，假设残值为6 500美元，预计使用年限为12年。求：

（a）直线法年折旧额。

（b）双倍余额递减法第3年的折旧额。

＊工作量法

8.6 一个拉煤的卸货车成本为90 000美元，预计可以服务250 000英里，残值5 000美元，每英里的折旧成本是多少？卸货车使用了30 000英里后的折旧额为多少？

8.7 一个柴油发动机成本为68 000美元，预计可以服务50 000小时，残值为7 500美元。使用的第一年，发动机运转5 500小时，确定当年的折旧额。

＊税务折旧

8.8 M&M公司在2005年以265 000美元购入一台打孔机。M&M同时支付了46 000美元的安装费。打孔机预计使用寿命为12年，属于7年MACRS折旧资产。

（a）打孔机的折旧原值是多少？

（b）7年间每年的折旧额是多少？

8.9 某机器属于7年MACRS资产。计算第3年年末税务目的的资产账面价值。原值为185 000美元。

8.10 一台机器的购置成本为92 000美元，残值为12 000美元，预计使用寿命为5年。它在当前会计年度的5月1日投入使用，该会计年度的结束日期为12月31日。资产属于7年MACRS折旧资产。确定资产使用年限中的折旧额。

8.11 4月1日，李奥·史密斯（Leo Smith）为一个住宅类租赁不动产支付了310 000美元。购买价格包括250 000美元的房屋和60 000美元的土地。5年后，在11月1日，他以400 000美元出售了资产。计算李奥在拥有该资产的5年中每年的MACRS折旧额。

＊折耗

8.12 假设以850 000美元购入一个原木林区，其中土地价值250 000美元。林中原木有6.8MBF。如果当前会计年度砍伐了1.5MBF原木，确定该年的折耗额。

＊折旧率的修正

8.13 Dow Ceramic公司在2005年1月以180 000美元购入一台除草机。公司假设除草机使用年限为10年，无残值，采用直线法计提折旧。税务目的下，机器属于7年MACRS折旧资产。在2008年年初，公司花费45 000美元对设备进行了大修，因此机器的使用寿命比原预期延长了5年。

（a）计算2010年的账面折旧。

（b）计算2010年的税务折旧。

＊公司税务系统

8.14 在第1个纳税年度中，一个电子包装公司总收入为35 000 000美元，固定工资为6 000 000美元，计时工资7 000 000美元，折旧费800 000美元，贷款本金偿还200 000美元，贷款利息支付150 000美元。确定公司该年的净利润。

＊利得或损失

8.15 J公司以200 000美元购入一台设备，设备的使用年限为10年，残值40 000美元。该设备属于7年MACRS折旧资产。在第4年年末，公司以120 000美元出售了设备。所得税税率为40%。出售该资产的净收益（税后）为多少？

8.16 一个设备以80 000美元购入，属于5年MACRS资产。（由于半年惯例，5年

MACRS 折旧资产将在 6 年中计提折旧。第 3 年的残值为 40 000 美元，第 5 年的残值为 30 000 美元，第 6 年的残值为 10 000 美元。）计算在以下年份中出售资产产生的利得或损失。

（a）第 3 年；

（b）第 5 年；

（c）第 6 年。

* 项目评价中的边际税率

8.17 Florida Citrus 公司预计下一年度的应税所得为 2 500 000 美元。公司考虑扩大生产线，在下年中引进菠萝橙汁生产线。市场的反应可能是好、一般或差。根据不同的市场反应，增加的应税所得分别是：（1）市场反应好：2 000 000 美元；（2）市场反应一般：500 000 美元；（3）市场反应差：损失 100 000 美元。

（a）确定每种情况适用的边际税率。

（b）确定每种情况的平均税率。

* 综合边际所得税率

8.18 公司购入锻造机来生产飞机涡轮发动机的磁盘。机器的成本为 3 500 000 美元，属于 7 年 MACRS 折旧资产。公司每年需支付资产初始账面价值 1.2%的财产税给当地政府。

（a）确定资产的初始账面价值。

（b）确定设备整个折旧期内的财产税额。

[注释]

[1] 这也意味着你不能对清理、平整、种植物、景致折旧，所有上述四项支出都是土地费用的一部分。

[2] **摊销费**（amortization expense）是针对无形资产的一种特殊折旧形式，包括专利权、商誉和特许经营权。准确地说，摊销是在无形资产经济使用期限内，对无形资产成本的系统性计提。通常使用直线法计提摊销。

[3] 注意，即使回收期末资产被处置，仍需遵守半年惯例。

第 9 章

建立项目现金流量

学习目标

通过本章学习，应该掌握以下概念：

- 项目现金流量的构成要素。
- 利用利润表法建立项目现金流量。
- 在项目现金流量表中如何处理与资产处置相关的损益。
- 如何确定营运资本需求及其对项目现金流量的影响。
- 在编制项目现金流量表过程中如何处理与融资相关的成本。
- 如何建立广义现金流量模型。
- 如何基于税后现金流量在租赁或购买中做出选择。

9.1 工程项目的费用效益估算

在对工程项目进行经济评价之前，需要估算项目的各项成本与收入。工程项目的范围很广，既可能简单至购买一台新铣床，也可能复杂至建设一个数十亿美元的项目。

本书涉及的工程项目都已包括了必要的预估成本和收入。制定适当的估算方法很重要也非常费时。尽管成本估算方法不是本书的重点，但介绍一些所采取的具体方法仍是有必要的。有些方法应用于一些简单的项目中，很少或根本不涉及工程设计；另外一些应用于比较大且涉及数千小时工程设计的复杂项目。当然有些项目介于这两类情况之间，此时这些方法也可以组合使用。

□ 9.1.1　简单项目

此类项目通常涉及单个现成的要素或一系列简单组合的元素。购买新铣床就是具有代表性的实例。

安装总成本包括商品目录或者供应商报价单中的设备价格、运费和装卸费，以及建筑物和公用设施需求修改费用。后者可能需要一些设计来界定工作范围，这是承包商报价的基础。

项目效益的表现形式为新产生的收入或节约的成本。估算新产生的收入需要确定产品数量和单位产品售价。产量与市场供求有关。在高度竞争的产品市场中，成熟的营销研究往往需要建立量价关系。这一研究是确定项目适度规模的第一步。

预估设备的运行和维护成本有不同的等级和精度。熟悉类似设备的量—本关系使工程师能够据此建立一个约略估计的成本。这些信息可与其他方面更为详尽的估算配合使用。例如，维修成本可按安装成本的一定百分比估计。所占比例由历史数据确定，通常由设备供应商提供。其他成本，如人力和燃料动力成本，可能需要更详尽的估算以反映当地的特殊性。最复杂也最费时的估算类型是一系列与项目相关的各类成本的详细估算。

□ 9.1.2　复杂项目

对复杂项目的估算包括同样适用于简单项目估算的一般考虑因素。但是复杂项目通常涉及不是现成的而是需要依据详细的工程图纸制造的专用设备。对于某些项目，图纸只有在达成项目协议后才可得。一个项目可以分为以下几个典型的阶段：

- 开发；
- 概念设计；
- 初步设计；
- 详细设计。

根据项目的具体情况，某些阶段可以合并。在各个阶段均要考虑项目的经济性，以确定项目的吸引力和继续项目的理由。估算类型和估算技术是项目阶段的函数。

当项目涉及替换全部或部分现存设施时，其收益通常较明确，主要体现在量价关系或降低成本的可能性上。但是对于涉及自然资源的项目，如石油、天然气和矿物，其价格预测具有很大的不确定性。

在开发阶段，主要工作是确定所需工艺及其技术可行性。安装和运营成本的估算是以对现存类似设施或其零部件的成本估计为基础的。

概念设计阶段需要确定项目的规模和备选工艺方案。同样，该阶段的估算很大程度上也是以其他地方正在运行的采用类似设施或工艺流程的项目为基础的。

初步设计阶段需要从概念设计阶段的备选方案中选择最合适的方案，并细化实际设备和相关基础设施的具体规模和布局。这一阶段的估算通常以其他地方正在运行的类似设备为基础。

对于非常大的项目，由于细化工程设计的成本很高，除非项目确定实施，否则不可提前进行。在这一阶段，详细的构造和施工图纸是供应商提供实际报价的基础。

各阶段估算的精度随着项目细节的完善而提高。通常情况下，各阶段对安装总成本的估算包含了或有事项预备费。开发阶段的预备费可达实际估算总成本的

50%～100%，经过初步设计阶段，可减少到10%。

从有关项目管理和工程造价的参考书中可以了解更多关于成本估算方法的信息。在某些领域，特定行业标准手册也可用于成本估算。因为这些成本是标准化的定额，如每平方英尺的建筑成本，每吨矿石的开采成本等。这种情况下，可依据建筑或矿山类型对数据进行分类。工程设计公司拥有包含大量成本计算基准的数据库。

9.2 增量现金流量

当一家企业需要购买设备等固定资产时，称为投资。企业现在投入资金是为了将来从中获得收益。此类投资与银行贷款类似。对银行贷款而言，未来现金流量包括利息和本金。对固定资产而言，未来收益是资产利用所产生的现金流量。估计资本投入时，只考虑由投资直接产生的现金流量。此类现金流量称为**差异现金流量**（differential cash flows）或**增量现金流量**（incremental cash flows），表示由投资直接导致的企业总现金流量所发生的变化。本节将分析大多数投资中常见的现金流量要素。

9.2.1 现金流出的要素

投资项目实施时现金的潜在用途如下。

- **购买新设备**。一个典型项目通常包括对设备的初始投资所形成的现金流出。相关投资费用增量包括资产成本、运输和安装成本以及培训员工使用新设备的成本等。如果购入新的资产导致原有资产被出售，则应从增量投资中减去出售所得净收入。换言之，增量投资表示投资于某项目所必须增加的资金总额。当售出现有设备后，交易造成会计收益还是亏损取决于交易价格大于还是小于设备的账面价值。无论是哪种情况，当处置现有资产时，从新的投资中减去的相关金额包括考虑纳税影响后的出售收益。
- **营运资本投资**。一些项目需要对不计提折旧的资产进行投资。例如，如果一个项目可以增加公司的收入，则需要投入更多的资金来维持更大的运营规模。对不计提折旧的资产的投资通常称为**营运资本投资**（investment in working capital）。在会计核算中，营运资本包括现金、应收账款以及满足日常经营所需的存货。例如，由于项目实施产生了更大的业务量，则需要增加营运资本。部分营运资本的增加可由增加的应付账款弥补，但其余部分来自长期资本。这些增加的营运资本同设备一样是初始投资的一部分（本书将在9.3.2节中详细阐述典型投资项目所需的营运资本）。
- **制造、运营和维护成本**。生产一种新产品需要确定其相关成本。典型的制造成本包括人工费、材料费和间接费用，其中间接费用包括水电费和间接人工费。对固定资产的投资通常需要定期维修和保养，以及额外的营运成本支出，所有这些在投资分析中都需要充分考虑。
- **租赁费用**。当商用设备或建筑通过租赁（而非购买）获得时，租赁费用成为现金流出。许多公司都会租赁电脑、汽车、工业设备及其他更新换代较快的物品。
- **偿还本金和利息**。当通过借款来为项目融资时，需要偿还利息和本金。无论是短期借款（银行贷款）还是长期借款（债券）都视为现金流入，偿还借款（利息和本金）视为现金流出。
- **所得税和税收抵免**。出于资本预算的目的，任何由经营利润所产生的所得税都应视为现金流出。如本书第 8 章所述，对可计提折旧的资产进行投资时，折旧额可以抵消部分应税所得。这一策略称为**税盾**（tax shield）或**节税**（tax savings），在计算所得税时必须充分考虑这一点。如果允许投资**税收抵免**（tax credit），则可以直接减少所得税，导致现金流入。

9.2.2　现金流入的要素

以下为整个项目寿命期中现金流入的潜在来源：

- **借款**。如果通过借款为项目融资，则借入资金在借入时点为项目的现金流入。这些资金可用于购买新设备或其他投资。
- **营业收入**。如果实施项目最初的目的是提高生产或服务能力以满足不断增长的市场需求，则新项目会带来额外收入。
- **成本节约（或成本降低）**。如果实施新项目是为了降低经营成本，则出于资本预算的目的，所节约的金额应视为现金流入。降低成本等同于增加收入，尽管实际销售收入可能保持不变。
- **残值**。在很多情况下，资产的预估残值非常低，而且发生在很久以后，因此对项目决策不能产生显著影响。此外，有些残值被拆除清理费用抵消。在某些情况下，预估残值很大，在处置资产时应将其净残值视作现金流入。现有资产的**净残值**（net salvage value）即资产售价减去销售、拆除和清理费用，受纳税损益的影响。
- **营运资本回收**。当项目接近结束时，要售出全部库存，收回应收账款。即在项目结束时，对各项成本进行清算，企业获得与项目开始时净营运资本投入等额的现金流入。回收的营运资本不需缴纳所得税，因为这仅是企业所投资金的回收。

图 9—1 总结了工程投资项目中常见的各种现金流量类型。

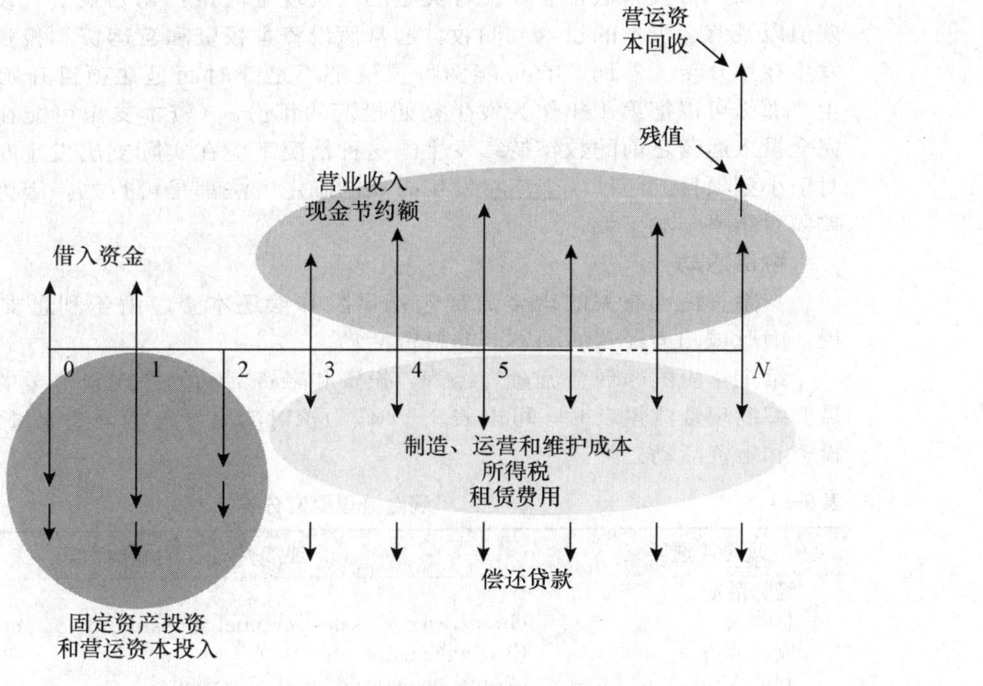

图 9—1　用于项目分析的现金流量要素的类型

9.2.3 现金流量要素的分类

一旦确定了现金流量的要素（包括流入和流出），可以把它们分为三类：(1) 与营运有关的现金流量要素；(2) 与投资活动（资本支出）有关的现金流量要素；(3) 与项目融资（如借款）有关的现金流量要素。如此进行分类的目的是为项目营运、投资和融资活动提供信息。

经营活动

经营活动相关现金流量一般包括目前的销售收入、销售成本、经营费用和所得税。与经营活动有关的现金流量一般可以反映现金对净利润计算的影响。贷款偿还的利息部分在确定净利润时应予以扣除，且应包含在经营活动中。由于我们通常只关注年度现金流量，所以以年为基础描述现金流量是合乎逻辑的。

如第8章中所述，可以根据在单独计算所得税时所求得的净利润或者现金流量来求经营活动的净现金流量。当以净利润作为确定现金流量的起点时，应再加上非现金费用（主要是折旧和摊销）来估算与经营相关的净现金流量。折旧（或摊销）不是现金流量，但同经营费用和租赁费用一并从总收入中扣除以确定应税所得和税款。会计核算中从应税所得中减去所得税来计算净利润，但折旧不是现金流量，并且在计算应税所得时已经从总收入中扣除了，因此如果我们要利用净利润来计算税后现金流量，则需要在净利润的基础上再加上折旧和摊销。数学上可以证明这两种方法是等效的。因此，有

经营现金流量＝净利润＋折旧或摊销

投资活动

购买一台设备通常涉及三种类型的投资现金流量：初始投资、设备寿命期末的残值以及营运资本的投入或回收。通常假设资本投资和营运资本投资的现金流出都发生在第0年。然而，有可能两种投资都不是瞬时而是在项目开始后持续数月发生。那么可以把第1年作为发生初始投资的年份。（资本支出可能在大的投资项目完全投入运营之前的数年持续发生。这种情况下应在实际支出发生时点进行计算。）对于小型项目，两种现金流量发生时点的确定方法都是可行的，因为彼此间数值的差异对结果影响不大。

融资活动

与融资活动有关的现金流量包括借款和偿还本金。由于利息支付可扣减所得税，因此被归为经营活动，而非融资活动。

给定年份的净现金流量为经营、投资和融资活动的净现金流量的简单加总。当需要编制现金流量表时，可以表9—1作为核对清单，它将现金流量要素分为经营、投资和融资活动三类。

表9—1　　现金流量要素分类

现金流量要素	业务中使用的其他术语
经营活动：	
总收入	Gross revenue, sales revenue, gross profit, operating revenue
成本节约	Cost reduction
制造成本	Cost of goods sold, cost of revenue
运营及维护成本	Operating expenses

续前表

现金流量要素	业务中使用的其他术语
营业利润	Operating profit，operating margin
利息支付	Interest payments，debt cost，cost of financing
所得税	Income taxes owed
投资活动：	
资本投资	Purchase of new equipment，capital expenditure
残值	Net selling price，disposal value，resale value
营运资本投资	Working-capital requirement
营运资本回收	Working-capital recovery
资本利得税	Capital gains taxes，ordinary gains taxes
融资活动：	
借入资金	Borrowed amounts，loan amount
本金偿还	Loan repayment，debt repayment

9.3　编制现金流量表

本节将通过一系列案例来说明如何为编制项目现金流量表做准备，其通用版本如图 9—2 所示，从中可以确定经营净利润，然后加上其他非现金支出（主要是折旧或者摊销）进行调整。同时还会专门对项目在一个经营年度内应税所得为负的情况进行讨论。

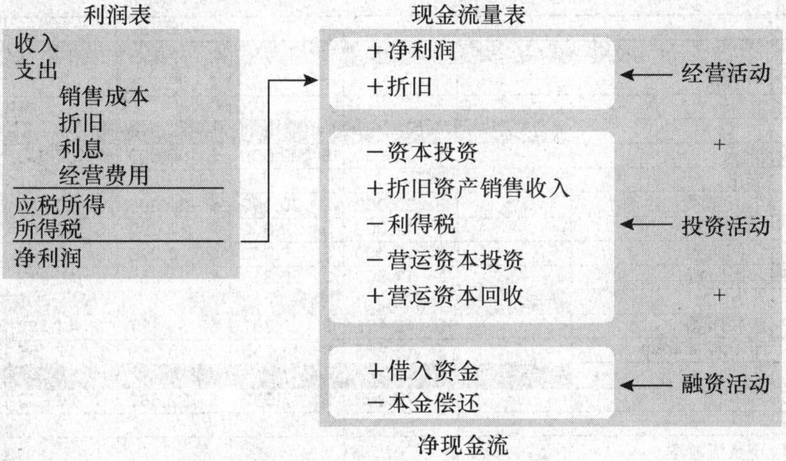

图 9—2　现金流量表编制的通用格式

9.3.1　项目只需要经营和投资活动的情况

本节将从建立只涉及经营和投资活动的项目的税后现金流量入手，而在后面的章节中，我们将会进一步考虑涉及营运资本投资（9.3.2 节）和借贷活动（9.3.3 节）的情况。

例 9—1

现金流量表：扩建工程的经营和投资活动

一家小型工具制造企业计划安装一个自动化加工中心系统。如果新系统花费 125 000 美元，年收入 100 000 美元，且每年人工成本为 20 000 美元，原材料成本为 12 000 美元，制造费用（电费和公用事业费）为 8 000 美元。该自动化设施折旧年限为 7 年，采用 MACRS。

公司计划 5 年后淘汰该设备，彼时其售价为 50 000 美元。当边际税率为净利润的 40%时，求项目每年的税后净现金流量，以及求企业 MARR 为 15%时项目的税后净现值。

解题思路：可以利用图 9—2 所示模式分两步来解决这一问题，首先编制利润表，然后编制现金流量表。今后对已知项和未知项列表都将采用这一模式。在第 0 年（即现在），对设备的投资为 125 000 美元，在第 1～5 年对设备计提折旧。[1] 收入和支出在第 1～5 年都是等额现金流量。可见，一旦确定了每年的折旧额，就可以很容易地计算出第 1～4 年的现金流量，因为这 4 年的收入和支出都是固定的，只有折旧是变化的。在第 5 年，要将残值和处置设备所产生的利得税纳入现金流量的确定。

本书将遵循编制利润表时不做正负标记的商业惯例，应税所得为负或节税的情况除外。在这种情况下，本书将用括号来表示该条目为负。但是，在编制现金流量表时要明确标注正负符号：正号表示现金流入，负号或者括号表示现金流出。

解：

已知：上述现金流量信息。

求：税后现金流量。

在编制现金流量表之前，需要先进行一些初步计算。下面对表 9—2 中的基本条目进行解释：

表 9—2　　自动化加工中心项目的现金流量表

	A	B	C	D	E	F	G
1							
2	利润表						
3	年末	0	1	2	3	4	5
4							
5	收入		$ 100,000	$ 100,000	$ 100,000	$ 100,000	$ 100,000
6	支出：						
7	人工费		$ 20,000	$ 20,000	$ 20,000	$ 20,000	$ 20,000
8	材料费		$ 12,000	$ 12,000	$ 12,000	$ 12,000	$ 12,000
9	间接费		$ 8,000	$ 8,000	$ 8,000	$ 8,000	$ 8,000
10	折旧费		$ 17,863	$ 30,613	$ 21,863	$ 15,613	$ 5,581
11							
12	应税所得		$ 42,137	$ 29,387	$ 38,137	$ 44,387	$ 54,419
13	所得税（40%）		$ 16,855	$ 11,755	$ 15,255	$ 17,755	$ 21,768
14							
15	净利润		$ 25,282	$ 17,632	$ 22,882	$ 26,632	$ 32,651
16							
17	现金流量表						
18	经营活动：						
19	净利润		$ 25,282	$ 17,632	$ 22,882	$ 26,632	$ 32,651
20	折旧		$ 17,863	$ 30,613	$ 21,863	$ 15,613	$ 5,581
21	投资活动：						
22	购买设备	$(125,000)					
23	残值			=-(G23-(-B22-SUM(C10:G10)))*0.4			$ 50,000
24	利得税						$ (6,613)
25	营运资本						
26							
27	净现金流量	$(125,000)	$ 43,145	$ 48,245	$ 44,745	$ 42,245	$ 81,619
28							
29							
30		PW(15%)=	$ 43,152	=NPV(15%,C27:G27)+B27			
31		IRR =	27.62%				
32				=IRR(B27:G27,15%)			
33							
34							

● 计算折旧：

1. 如果与预期不同，该设备可以使用 8 年，则按 7 年资产折旧，每年的折旧率分别为 14.29%，24.49%，17.49%，12.49%，8.93%，8.92%，8.93% 和 4.46%（如表 8—3 所示）。

2. 如果在第 5 年年末售出该资产（在回收期内），则每年折旧额分别为 17 863 美元，30 613 美元，21 863 美元，15 613 美元和 5 581 美元。最后一年的折旧应该为 11 163 美元，但由于在第 5 年售出该设备，根据半年惯例，该年折旧额减半。

● 残值和利得税：在第 5 年需要处理资产的两个方面：残值和利得[2]（既包括普通利得也包括资本利得）。预计残值为正现金流量，计算应税利得额如下：

1. 第 1～5 年累计折旧总额为：

17 863＋30 613＋21 863＋15 613＋5 581＝91 533(美元)

2. 原值减去累计折旧额得第 5 年年末的账面价值：

125 000－91 533＝33 467(美元)

3. 残值减去账面价值得变卖资产的利得：

50 000－33 467＝16 533(美元)

（残值小于原值，则收益为普通利得。）

4. 普通利得应交税额为 16 533×40%＝6 613 美元，填入表中“利得税”一栏。

● 投资分析：如果已知项目税后净现金流量，可以求得企业规定利率下的等值现值。图 9—3 给出了由现金流量表所得到的税后现金流量系列。由于该系列不具备任何可以简化计算的特征，只能逐一计算每笔支付的净现值。当 $i=15\%$，计算得

$$\begin{aligned}PW(15\%)=&-125\,000+43\,145(P/F,15\%,1)+48\,245(P/F,15\%,2)\\&+44\,745(P/F,15\%,3)+42\,245(P/F,15\%,4)\\&+81\,619(P/F,15\%,5)\\=&\,43\,152(\text{美元})\end{aligned}$$

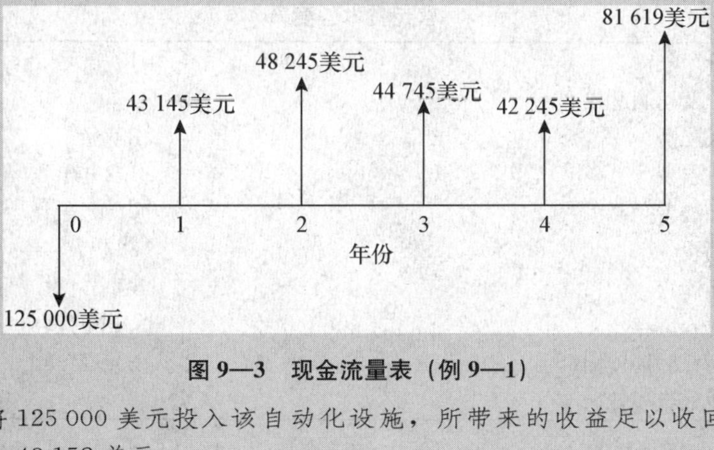

图 9—3　现金流量表（例 9—1）

这意味着将 125 000 美元投入该自动化设施，所带来的收益足以回收初始投资和资金成本，并盈余 43 152 美元。

9.3.2　项目需要营运资本投资的情况

很多情况下，通过更换旧设备或引进新的生产线来改进生产工艺会对现金盈

余、应收账款、库存和应付账款产生影响。例如，如果一家企业计划向市场推出新产品，则需要更多的产品库存和原材料库存，应收账款将会增加，而由于产量提高，管理者可能会持有更多现金。这种对营运资本的投资与折旧资产类似，但对纳税没有影响：在项目的整个寿命期中，现金流量之和为零，但是现金流入和现金流出随时间变化，因而对净现值有影响。

假设一家企业正在规划一条新的生产线。新产品的原材料需要两个月的供应量，成本为 40 000 美元。企业可以直接支付 40 000 美元的现金购买原材料，也可以赊购 30 000 美元的原材料，计入应付账款（付款期为 60 天），其余 10 000 美元则是必须投入的净营运资本。

营运资本需求（working-capital requirements）随投资项目性质的不同而不同。例如，与小型项目相比，大型项目需要的平均库存投资和应收账款更多。涉及购买改进设备的项目需要考虑的又有所不同。如果新设备与原设备相比可提高生产效率，利用新设备能够更快地完成订单，则企业可适当降低平均库存。采用先进的制造系统（如柔性制造系统）的主要优势之一便是能够通过更快地满足市场需求来减少库存。因此，设备投资也可能致使营运资本投资减少。如果从项目开始时库存便开始减少，则可以将减少的数额看作现金流入，因为减少的库存资金可作其他用途（参见例 9—5）。

以下两个例子说明了营运资本对项目现金流量的影响。例 9—2 说明了计算净营运资本需求的方法，例 9—3 分析营运资本对例 9—1 所讨论的自动化加工中心项目的影响。

例 9—2

营运资本需求

假设例 9—1 中的工具制造公司 100 000 美元的年收入是以年销量 1 万台（或者月销量 833 台）为基础估计，会计信息如表 9—3 所示。

表 9—3　营运资本的要素

单价	10 美元
单位变动制造成本	
人工费	2 美元
材料费	1.20 美元
间接费	0.80 美元
月销量	833 台
成品库存	两个月供应量
原材料库存	一个月供应量
应付账款周转期	30 天
应收账款周转期	60 天

60 天应收账款周转期是指当月销售收入实际将在两个月后获得。同样，30 天应付账款周转期是指自收到原材料约一个月后实际支付货款。求该案例的营运资本需求。

解：

已知：上述信息。

求：营运资本需求。

图 9—4 所示为第 1 年的营运资本需求。应收账款（两个月的销售额）为 16 667 美元，这意味着第 1 年企业的现金流入为 83 333 美元，少于预期的 100 000 美元的销售额（833×12）。在第 2～5 年，每年现金流入为 100 000 美元，与预期销售额相等，因为期初和期末的应收账款均为 16 667 美元。最后一笔 16 667 美元的应收账款应该发生在第 6 年的前两个月，但可以归于第 5 年的收入以简化计算。最重要的是第 1 年滞后流入的 16 667 美元现金。

第1年

	报销的收入/支出（美元）	实际现金收入/支出（美元）	差额（美元）
销售额	100 000 (10 000 台)	83 333	−16 667
费用	40 000 (10 000 台)	46 667 (11 667 台)	+6 667
所得税	16 855	16 855	0
净额	43 145	19 812	−23 333

这个差额是年初必须投入的营运资本额。

图 9—4　营运资本需求图示（例 9—2）

假设该企业计划在第 1 年内建立具备两个月供应量的存货，则必须比当年销售量多生产 833×2＝1 667 台。这些货物在第 1 年的额外成本为 6 667 美元（共额外生产 1 667 台，每台变动成本为 4 美元）。成品存货 6 667 美元是比第 1 年销售量多生产 1 666 台所产生的额外成本。在第 2～4 年，该企业每年生产并销售 10 000 台产品，同时保持 1 667 台成品存货。在营运期的最后一年，企业只生产 8 334 台（10 个月）产品，并清空库存产品。由于在最后一年（确切地说是第 6 年的前两个月）清空了 1 667 台成品存货，所以将收回营运资本 6 667 美元。加上最后的应收账款回收 16 667 美元，当项目结束时总共收回营运资本 23 333 美元。营运资本需求计算如表 9—4 所示。

表 9—4　　营运资本变动净额　　单位：美元

应收账款 (833×2×10)	16 667
成品存货 (833×2×4)	6 667
原材料存货 (833×1×1.2)	1 000
应付账款（购买原材料） (833×1×1.2)	(1 000)
营运资本变动净额	23 333

评注：在第 1 年，该企业生产 11 667 台产品以保持具备两个月供应量的成品存货，但只出售 10 000 台。那么企业在第 1 年计算净利润的基准是什么（是 10 000 台还是 11 667 台）？任何存货成本的增加都会减少应税所得；因此，应以 10 000 台为计算基准。因为计算净利润应遵循会计核算中的**收支配比原则**（matching concept）。当应该取得收益时记为收入（不论实际是否已经收到），应当负担的费用记为支出（无论实际是否已经支付）时，所依据的是权责发生制的会计准则。根据税法规定，当交易涉及库存时，必须采用这种方法进行计算。因此，多数制造和销售业务在记录收入和支出时采用权责发生制。任何没有纳入净利润计算的现金存货成本都将反映在营运资本变动额中。

例 9—3

包含营运资本的现金流量表

通过在第 0 年加入营运资本需求 23 333 美元，在第 5 年年末全部收回营运资本，重新计算例 9—1 中自动化加工中心项目的税后现金流量。

解：

已知：现金流量如例 9—1 所示，营运资本需求为 23 333 美元。

求：包含营运资本需求的税后净现金流量及其现值。

单位：美元

	第 0 年	第 1 年	第 2 年	第 3 年	第 4 年	第 5 年
投资	−23 333	−23 333	−23 333	−23 333	−23 333	0
回收	0	23 333	23 333	23 333	23 333	23 333
净现金流量	−23 333	0	0	0	0	23 333

采用例 9—2 所述步骤，将自动化加工中心项目的税后净现金流量分类，如表 9—5 所示。对营运资本的投资在发生时视为现金流出，在回收时视为现金流入。本例中，假设在时点 0 发生的营运资本投资会在项目寿命期末收回（参见图 9—5）。[3] 同时假设初始营运资本能够全部收回。然而，大多数情况下，对营运资本的投资并不能完全收回（例如，存货可能贬值或者被淘汰）。计算包含营运资本的税后现金流量的等值净现值如下：

表 9—5　包含营运资本需求的自动化加工中心项目的现金流量表

	A	B	C	D	E	F	G
1							
2	利润表						
3	年末	0	1	2	3	4	5
4							
5	收入		$ 100,000	$ 100,000	$ 100,000	$ 100,000	$ 100,000
6	支出：						
7	人工费		$ 20,000	$ 20,000	$ 20,000	$ 20,000	$ 20,000
8	材料费		$ 12,000	$ 12,000	$ 12,000	$ 12,000	$ 12,000
9	间接费		$ 8,000	$ 8,000	$ 8,000	$ 8,000	$ 8,000
10	折旧		$ 17,863	$ 30,613	$ 21,863	$ 15,613	$ 5,581
11							
12	应税所得		$ 42,137	$ 29,387	$ 38,137	$ 44,387	$ 54,419
13	所得税（40%）		$ 16,855	$ 11,755	$ 15,255	$ 17,755	$ 21,768
14							
15	净利润		$ 25,282	$ 17,632	$ 22,882	$ 26,632	$ 32,651
16							
17	现金流量表						
18	经营活动：						
19	净利润		$ 25,282	$ 17,632	$ 22,882	$ 26,632	$ 32,651
20	折旧		$ 17,863	$ 30,613	$ 21,863	$ 15,613	$ 5,581
21	投资活动：						
22	购买设备	$(125,000)					
23	残值						$ 50,000
24	利得税						$ (6,613)
25	营运资本	$ (23,331)					$ 23,331
26							
27	净现金流量	$(148,331)	$ 43,145	$ 48,245	$ 44,745	$ 42,245	$ 104,950
28							
29							
30		PW(15%)=	$ 31,420				
31		IRR =	22.55%				
32							
33							
34							

=-(G23-(-B22-SUM(C10:G10)))*0.4 （→ G24）

=NPV(15%,C27:G27)+B27 （→ C30）

=IRR(B27:G27,15%) （→ C31）

$$PW(15\%)=-148\,333+43\,145(P/F, 15\%, 1)+\cdots+104\,952(P/F, 15\%, 5)$$
$$=31\,420(\text{美元})$$

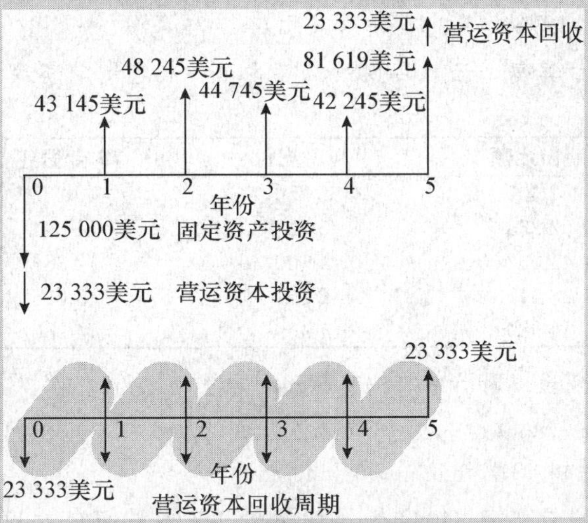

图 9—5　现金流量图（例 9—3）

所得净现值比不包含营运资本需求的情况（见例 9—1）少 11 732 美元，说明营运资本需求在项目价值评估中发挥了关键作用。

评注： 净现值中所减少的 11 732 美元，正是利率为 15%时由一系列由营运资本产生的年利息的现值，相当于项目在时点 0 借入资金，在第 5 年年末偿还资金。

$$23\,333(15\%)(P/A, 15\%, 5)=11\,732(\text{美元})$$

涉及营运资本的投资导致盈利减少。

□ 9.3.3　项目通过借贷融资的情况

许多企业通过债务和权益资本融资来建造厂房，购买设备。负债总额与资产总额的比率，一般称作**负债比率**（debt ratio），表明了借款在初始总投资中所占的比例。例如，负债比率为 0.3 说明最初投资的 30%来自借款，其余部分来自公司盈余（又称为**权益资本**（equity））。

由于利息是免税费用，因此高赋税的企业可以通过债务融资来降低税后融资成本。（由于借贷对纳税有影响，不同还款方式会对纳税额产生不同影响。本书将在第 14 章详细讨论项目融资的问题。）

例 9—4

与借贷融资相关的现金流量表

回顾例 9—3，假设所投资的 125 000 美元的投资中有 62 500 美元是债务融资（负债比率为 0.5）。贷款利率为 10%，分 5 年等额偿还。另外 62 500 美元为权益资本（如来自保留盈余）。

解：

已知：与例 9—3 相同，但其中 62 500 美元是借款，并分 5 年等额偿还，利率为 10%。

求：每年税后净现金流量。

首先，计算年还款额：

$$62\,500(A/P,10\%,5)=16\,487(\text{美元})$$

然后，通过逐年计算每个还款年度的应付本金和利息制定还款计划：

单位：美元

年份	期初余额	利息支付	本金偿还	期末余额
1	62 500	6 250	10 237	52 263
2	52 263	5 226	11 261	41 002
3	41 002	4 100	12 387	28 615
4	28 615	2 861	13 626	14 989
5	14 989	1 499	14 988	0

由此产生的税后现金流量如表 9—6 所示，其净现值为：

$$\begin{aligned}PW(15\%)&=-85\,333+29\,158(P/F,15\%,1)+89\,065(P/F,15\%,5)\\&=44\,439(\text{美元})\end{aligned}$$

将该结果与没有借款（31 240 美元）的情况相比较，可以发现通过债务融资反而使净现值增加了 13 018 美元。造成这一结果的主要原因是企业贷款利率（10%）低于其 15%的 MARR（机会成本）。但是仔细分析这一结果还会发现：在某种程度上，企业通常确实能够获得低于 MARR 的贷款利率，然而，贷款利率是决定 MARR 的因素之一，企业如能以相当低的利率贷款，也会影响 MARR 值。因此，借款与否造成净现值出现显著差异的情况在实际中并不常见。本书将在 14 章中详细讨论这一问题。

表 9—6　　与债务融资相关的自动化加工中心项目的现金流量表（例 9—4）

	A	B	C	D	E	F	G	H	I	J
1										
2	利润表									
3	年末	0	1	2	3	4	5			
4										
5	收入		$ 100,000	$ 100,000	$ 100,000	$ 100,000	$ 100,000			
6	支出：									
7	人工费		$ 20,000	$ 20,000	$ 20,000	$ 20,000	$ 20,000			
8	材料费		$ 12,000	$ 12,000	$ 12,000	$ 12,000	$ 12,000	=IPMT(10%,5,5,-62500)		
9	间接费		$ 8,000	$ 8,000	$ 8,000	$ 8,000	$ 8,000			
10	贷款利息		$ 6,250	$ 5,226	$ 4,100	$ 2,861	$ 1,499			
11	折旧		$ 17,863	$ 30,613	$ 21,863	$ 15,613	$ 5,581			
12										
13	应税所得		$ 35,887	$ 24,161	$ 34,037	$ 41,526	$ 52,920	=G5-SUM(G7:G11)		
14	所得税（40%）		$ 14,355	$ 9,664	$ 13,615	$ 16,610	$ 21,168			
15								=G13*0.4		
16	净利润		$ 21,532	$ 14,497	$ 20,422	$ 24,916	$ 31,752			
17										
18	现金流量表									
19	经营活动：									
20	净利润		$ 21,532	$ 14,497	$ 20,422	$ 24,916	$ 31,752	=G13-G14		
21	折旧		$ 17,863	$ 30,613	$ 21,863	$ 15,613	$ 5,581			
22	投资活动：									
23	购买设备	$(125,000)								
24	残值						$ 50,000			
25	利得税						$ (6,613)	=-(G24-(-B23-SUM(C11:G11)))*0.4		
26	营运资本	$ (23,333)					$ 23,333			
27	融资活动：									
28	借入资金	$ 62,500								
29	本金偿还		$ (10,237)	$ (11,261)	$ (12,387)	$ (13,626)	$ (14,988)	=PPMT(10%,5,5,-62500)		
30										
31	净现金流量	$ (85,833)	$ 29,158	$ 33,849	$ 29,898	$ 26,903	$ 89,065			
32										
33										
34	PW(15%)=	$ 44,439	=NPV(15%,C31:G31)+B31							
35	IRR =	31.88%			=G20+G21+G24+G25+G26+G29					
36										
37										
38			=IRR(B31:G31,15%)							
39										

9.3.4 项目导致应税所得为负的情况

在一个典型的项目年度中，收益可能不足以抵付开支，从而产生营业亏损。应税所得为负并不意味着企业不需要缴纳所得税。但是亏损数额可以用来减少从其他经营活动所产生的应税所得。[4]因此，应税所得为负可以**节税**（tax savings）。当采用增量税率对项目进行评估时，假设企业可以从其他经营活动中得到足够的应税所得，因此评估项目的变化不会影响增量税率。

当对只考虑**成本**（cost only）的互斥项目（服务项目）进行比较时，在现金流量分析中不考虑收入。这种情况下通常假设收入为零，但仍按前面所述步骤编制税后现金流量表。由于没有与支付相匹配的收入，所以应税所得为负，造成节税。例9—5阐述了如何针对这类项目编制税后现金流量表。

例 9—5

只考虑成本的项目的现金流量

美国铝业集团公司（Alcoa Aluminum）的 McCook 工厂生产铝线圈、铝片和铝板，年产量可达 4 亿磅。为了改善工厂目前的生产系统，一个由分区副总带队的工程师团队赴日本考察铝和钢铁企业的生产系统和工艺。日本企业用于减少线圈冷却时间的大型风机引起了访问团的注意。用这种风机冷却经过热处理的线圈预计可以有效减少等待队列或用于冷却的在制品（work-in-process，WIP）存货。这一方法还能缩短交货时间，提高交货绩效。团队成员，特别是副总，对缩短生产周期进而减少在制品库存的可能性非常感兴趣。考察结束后，工厂工程师尼尔·唐纳森（Neal Donaldson）被要求评价在 McCook 工厂安装冷却风机的经济可行性。尼尔的工作是在一周内说明工厂购买冷却风机是否明智。从本质上讲，他只知道风机的数量、位置和工程造价，其余数据需要尼尔自己调查计算。假设他编制的财务数据如下：

- 项目现在需要对冷却风机投资 536 000 美元。
- 冷却风机可以运行 16 年，考虑拆除费用后无残值。
- 从热轧到下一道工序的时间预计将从 5 天缩短至 2 天。冷轧传送时间也将从 2 天缩短至 1 天。这将使在制品存货减少 2 121 000 美元。考虑到风机安装及原有在制品存货消耗所需的时间，回收营运资本将发生在风机安装一年后。
- 冷却风机将按照 MACRS 法计提 7 年折旧。
- 每年电力成本预计将增加 86 000 美元。
- 对于此类旨在降低成本的项目，企业税后要求收益率为 20%。

建立冷却风机使用寿命期内的项目现金流量，并判断利率为 20%，边际税率为 40% 时，投资该项目是否明智。

解：

已知：投资额 536 000 美元；使用寿命期 16 年；残值为 0；冷却风机按照 7 年 MACRS 计提折旧；一年后收回营运资本 2 121 000 美元；每年运营成本（电费）为 86 000 美元。边际税率 40%，MARR 为 20%。

求：(a) 年税后现金流量；(b) 根据 NPW 进行投资决策；(c) 根据 IRR 进行投资决策。

（a）由于假设安装冷却风机前后的年收入保持不变，可以将这部分未知收入看作零。表9—7汇总了冷却风机项目的现金流量表。由于没有收入与支出相抵，应税所得为负，实现节税。需要注意的是，营运资本的回收发生在第1年（与常规项目在第1年投入营运资本相反）。另外需要注意的是，由于冷却风机完全折旧，残值为0，因此没有利得税。

表9—7　只考虑成本的冷却风机项目的现金流量表（例9—5）

	A	B	C	D	E	F	G	H	I	J	K	R
1												
2	利润表	0	1	2	3	4	5	6	7	8	9 - 15	16
3	年末											
4	收入											
5	支出：											
6	折旧		$ 76,594	$ 131,266	$ 93,746	$ 66,946	$ 47,865	$ 47,811	$ 47,865	$ 23,906		
7	电费		86,000	86,000	86,000	86,000	86,000	86,000	86,000	86,000	86,000	86,000
8	应税所得		(162,594)	(217,266)	(179,746)	(152,946)	(133,865)	(133,811)	(133,865)	(109,906)	(86,000)	(86,000)
9	所得税		(65,038)	(86,906)	(71,898)	(61,178)	(53,546)	(53,524)	(53,546)	(43,962)	(34,400)	(34,400)
10												
11	净利润		$ (97,556)	$ (130,360)	$ (107,848)	$ (91,768)	$ (80,319)	$ (80,287)	$ (80,319)	$ (65,944)	$ (51,600)	$ (51,600)
12												
13	现金流量表											
14	经营活动：											
15	净利润		(97,556)	(130,360)	(107,848)	(91,768)	(80,319)	(80,287)	(80,319)	(65,944)	(51,600)	(51,600)
16	折旧		76,594	131,266	93,746	66,946	47,865	47,811	47,865	23,906	-	-
17	投资活动：											
18	冷却风机	(536,000)										
19	残值											
20	利得税											
21	营运资本		2,121,000									(2,121,000)
22												
23	净现金流量	$ (536,000)	$ 2,100,038	$ 906	$ (14,102)	$ (24,822)	$ (32,454)	$ (32,476)	$ (32,454)	$ (42,038)	$ (51,600)	$ (2,172,600)
24												

注：由于在制品存货减少导致的营运资本回收发生在第1年年末。

（b）$i=20\%$时，该投资的NPW如下：

$$\begin{aligned}\mathrm{PW}(20\%)&=-536\,000+2\,100\,038(P/F,20\%,1)\\&\quad+906(P/F,20\%,2)+\cdots-2\,172\,600(P/F,20\%,16)\\&=991\,008(\text{美元})\end{aligned}$$

即使在制品存货只是一时减少，该项目也具备经济可行性。

（c）如果要基于内部收益率来证明项目的可行性，应首先确定项目是否是常规投资。由于现金流量系列发生了不止一次的显著变化，说明该项目不是常规投资，可能包含几个收益率。事实上，如图9—6所示，该项目有两个收益率，分别为4.24%和291.56%。由6.3.2节可知，两个都不是实际收益率，因此我们可以放弃收益率法而采用NPW。如果想要确定项目的实际收益率，可按照6.3.4节所列出的步骤求解。当MARR为20%时，实际收益率（或资本投资收益率）为241.87%，远大于MAAR，表明项目可接受。注意这与（b）所得结论一致。

评注：当冷却风机达到使用年限时，假设企业此后重新采用没有冷却风机的原系统，因此需要在第16年年末追加营运资本2 120 000美元。

如果新系统被证实能够提高效率，工厂将沿用这一系统，则需要在第16年年末再次投资购买一台新的冷却风机。这一新的投资将会导致收回2 120 000美元的营运资本。然而，该投资只能为项目的第二个周期带来收益，因此应将其归入第二个周期的现金流量，而非第一个周期。

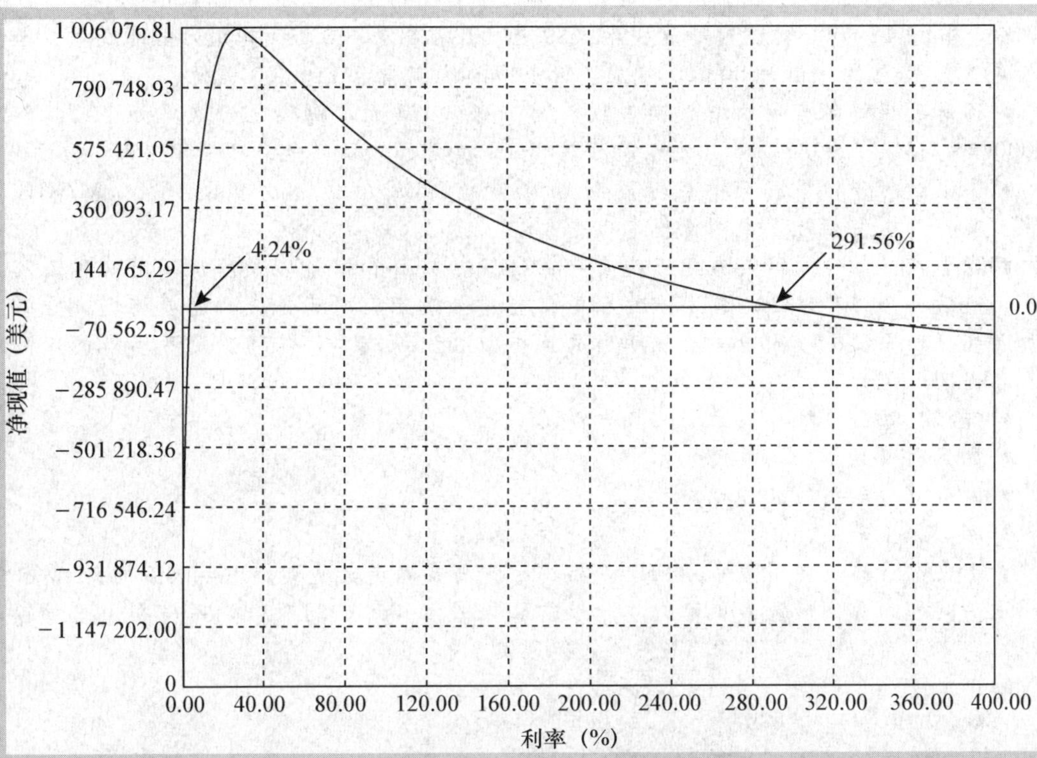

图 9—6　冷却风机项目的 NPW 曲线图（例 9—5）

9.3.5　项目需要多种资产的情况

至此，本书所列举的项目仅限于只涉及一种资产的情况。然而，在很多情况下，一个项目往往需要涉及不同类型的多种资产。例如，一个典型的工程项目，可能不仅需要购买设备，也需要建造厂房来开展生产加工业务。而且不同资产投入使用的时间可能也不同。这就需要根据各资产配置逐个安排确定投资时点和资产折旧额。例 9—6 阐述了如何确定涉及多种资产的项目现金流量。

例 9—6

需要多种资产的项目

Langley 制造公司（LMC）是一家金属制品生产商，计划购买一台新的自动化控制铣床用于生产客户订购的金属制品。项目相关的财务数据汇总如下：

● 机器售价 90 000 美元。安装、场地准备和架线费用预计共需 10 000 美元。该机器还需要专用夹具和模具，将花费 12 000 美元。铣床的使用寿命预计为 10 年，夹具和模具预计为 5 年。铣床在使用寿命期期末残值为 10 000 美元，专用夹具和模具在任何时间的价值只能以废金属计，价值 1 000 美元。铣床属于 7 年 MACRS 资产，夹具和模具为 3 年 MACRS 资产。

● LMC 需要一个 8 000 平方英尺的库房来存放产品，公司已经决定以 160 000 美元的价格在厂房附近购买一间仓库。出于计算折旧的目的，将购买仓库的 160 000 美元分为两部分，其中 120 000 美元为建筑成本（39 年的不动产），40 000 美元为土地成本。至第 10 年年末，房屋的残值为 80 000 美元，但土地的价值增至 110 000 美元。

- 预计项目每年产生的增量销售收入为 150 000 美元，增量生产成本如下：材料费 22 000 美元；人工费 32 000 美元；能源费 3 500 美元；以及其他杂项费用 2 500 美元。
- 为了进行分析，假设项目寿命期为 10 年，LMC 的边际税率为 40%，MARR 为 18%。项目没有贷款，资本利得税率也是 40%。[5]

解题思路：本题中需要考虑三类资产：铣床、夹具和模具以及库房。前两种资产为动产，最后一个为不动产。各资产的原值需要单独确定。对于铣床，需要将场地准备成本加入到资产原值中，同时需要从库房成本中减去土地成本，从而确定不动产的实际原值。各资产原值如下：

- 铣床：90 000+10 000=100 000 美元
- 夹具和模具：12 000 美元
- 库房（房屋）：120 000 美元
- 库房（土地）：40 000 美元

由于夹具和模具使用寿命期只有 5 年，因此需要确定其达到使用年限后的更新成本。对于这一问题，我们假设其更新成本与最初购置成本相等，同时假设库房在 1 月份投入使用，即第 1 年的折旧率为 2.457 3%（参见表 8—5）。

解：

已知：上述现金流量要素，t_m=40%，MARR=18%。

求：税后净现金流量以及 NPW。

表 9—8 和图 9—7 归纳了与多种资产投资相关的税后净现金流量。由表可知，铣床、

表 9—8　需要多种资产的 LMC 加工中心项目的现金流量表

	A	B	C	D	E	F	G	H	I	J	K	L
1	利润表											
2	年末	0	1	2	3	4	5	6	7	8	9	10
3												
4	收入		$ 150,000	$ 150,000	$ 150,000	$ 150,000	$ 150,000	$ 150,000	$ 150,000	$ 150,000	$ 150,000	$ 150,000
5	支出：											
6	材料费		22,000	22,000	22,000	22,000	22,000	22,000	22,000	22,000	22,000	22,000
7	人工费		32,000	32,000	32,000	32,000	32,000	32,000	32,000	32,000	32,000	32,000
8	燃料费		3,500	3,500	3,500	3,500	3,500	3,500	3,500	3,500	3,500	3,500
9	其他		2,500	2,500	2,500	2,500	2,500	2,500	2,500	2,500	2,500	2,500
10	折旧：											
11	建筑物		2,949	3,077	3,077	3,077	3,077	3,077	3,077	3,077	3,077	2,949
12	设备		14,290	24,490	17,490	12,490	8,930	8,920	8,930	4,460		
13	工器具		4,000	5,333	1,778	889		4,000	5,333	1,778	889	
14	应税所得		68,761	57,100	67,655	73,544	77,993	74,003	72,660	80,685	86,034	87,051
15	所得税		27,504	22,840	27,062	29,418	31,197	29,601	29,064	32,274	34,414	34,820
16												
17	净利润		$ 41,257	$ 34,260	$ 40,593	$ 44,126	$ 46,796	$ 44,402	$ 43,596	$ 48,411	$ 51,620	$ 52,231
18	现金流量表											
19	经营活动：											
20	净利润		41,257	34,260	40,593	44,126	46,796	44,402	43,596	48,411	51,620	52,231
21	折旧		21,239	32,900	22,345	16,456	12,007	15,997	17,340	9,315	3,966	2,949
22	投资活动：											
23	土地	(40,000)										110,000
24	建筑物	(120,000)										80,000
25	设备	(100,000)										10,000
26	工器具（第一期）	(12,000)					1,000					
27	工器具（第二期）						(12,000)					1,000
28	利得税：											
29	土地											(28,000)
30	建筑物											3,794
31	设备											(4,000)
32	工器具						(400)					(400)
33												
34	净现金流量	$ (272,000)	$ 62,496	$ 67,160	$ 62,938	$ 60,582	$ 47,403	$ 60,399	$ 60,936	$ 57,726	$ 55,586	$ 227,574
35												
36		PW(18%) =	$32,343		IRR =	21%						

注：在第 5 年年末需要重新进行工器具（夹具和模具）投资，其成本等于初始购置成本。

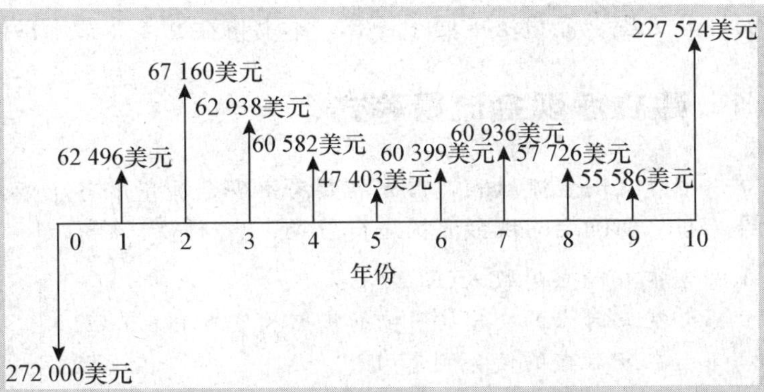

图 9—7　现金流量图（例 9—6）

夹具和模具在使用寿命期内已提足折旧，但是库房并没有提足折旧，需要计算库房在项目寿命期期末的账面价值。假设在第 10 年的 12 月 31 日处置库房，因此月中惯例也适用于账面价值的计算：

$$B_{10}=120\,000-(2\,949+3\,077\times 8+2\,949)=89\,486(\text{美元})$$

则利得为：

$$\text{残值}-\text{账面价值}=80\,000-89\,486=-9\,486(\text{美元})$$

计算与各类资产处置相关的利得如下：

单位：美元

资产	原值	残值	账面价值	利得	利得税
土地	40 000	110 000	40 000	70 000	28 000
库房	120 000	80 000	89 486	(9 486)	(3 794)
铣床	100 000	10 000	0	10 000	4 000
夹具和模具	12 000	1 000	0	1 000	400

项目的 NPW 为：

$$\begin{aligned}PW(18\%)&=-272\,000+62\,496(P/F,18\%,1)+67\,160(P/F,18\%,2)\\&\quad+\cdots+227\,574(P/F,18\%,10)\\&=32\,343(\text{美元})>0\end{aligned}$$

投资的 IRR 约为 21%，超过了 MARR。因此项目是可接受的。

评注： 上表中的利得（亏损）可分为两类：普通利得（亏损）和资本利得。只有土地的 7 000 美元溢价为资本利得，其余均为普通利得（亏损）。

9.4　广义现金流量法

如果对始终在最高税率下经营的公司进行项目现金流量分析，可以假设无论项目接受与否，公司的边际税率保持不变。这种情况下，可以对每项应税条目都采用最高边际税率（目前为 35%），从而获得税后现金流量。通过整合各个条目获得该项目的净现金流量。这种方法称为**广义现金流量法**（generalized cash flow approach）。在本书后面的章节将会了解到，该方法具有一些分析优势。尤其是在对服务性项目进行比较时，广义现金流量法更便于计算，本书将在9.4.3节中举例说明。

9.4.1 建立净现金流量等式

要建立一个广义现金流量表，首先需要考察现金流量的各个要素，然后可以按照如下步骤，对之前确定的现金流量进行分类：

$$
\begin{aligned}
A_n = & +\text{在 } n \text{ 时点的收入}(R_n) \\
& -\text{在 } n \text{ 时点的支出（不包括折旧和债务利息）}(E_n) \\
& -\text{在 } n \text{ 时点的债务利息}(\mathrm{IP}_n) \\
& -\text{在 } n \text{ 时点的所得税}(T_n)
\end{aligned}
\Bigg\} \text{经营活动}
$$

$$
\begin{aligned}
& -\text{在 } n \text{ 时点的投资额}(I_n) \\
& +\text{在 } n \text{ 时点的资产处置净收入}(S_n - G_n) \\
& -\text{在 } n \text{ 时点的营运资本投资}(W_n)
\end{aligned}
\Bigg\} \text{投资活动}
$$

$$
\begin{aligned}
& +\text{借款额}(B_n) \\
& -\text{本金偿还额}(\mathrm{PP}_n)
\end{aligned}
\Big\} \text{融资活动}
$$

式中，A_n为第 n 期期末的税后净现金流量。

折旧（D_n）不是现金流量，因此要从 E_n中减去（尽管在计算所得税时需要考虑折旧）。注意（S_n-G_n）表示经利得税或亏损税收抵免（G_n）调整后的资产处置净收入。不是所有条目都与每年现金流量的计算相关，例如，（S_n-G_n）只在资产处置时出现。

A_n可以表示为：

$$
\begin{aligned}
A_n = & R_n - E_n - \mathrm{IP}_n - T_n & \leftarrow \text{经营活动} \\
& -I_n + (S_n - G_n) - W_n & \leftarrow \text{投资活动} \\
& +B_n - \mathrm{PP}_n & \leftarrow \text{融资活动}
\end{aligned}
\qquad (9.1)
$$

如果用 T_n表示在时点 n 应缴所得税总额，t_m表示边际税率，则该项目的所得税总额为：

$$
\begin{aligned}
T_n &= \text{应税所得} \times \text{边际税率} \\
&= (R_n - E_n - \mathrm{IP}_n - D_n)t_m \\
&= (R_n - E_n)t_m - \underbrace{(\mathrm{IP}_n + D_n)t_m}_{\text{税盾（节税额）}}
\end{aligned}
\qquad (9.2)
$$

（IP_n+D_n）t_m即是由融资和资产折旧所产生的税盾（或节税额）。将式（9.2）代入式（9.1），得

$$
\begin{aligned}
A_n = & (R_n - E_n - \mathrm{IP}_n)(1 - t_m) + \overbrace{t_m D_n}^{\text{折旧税盾}} \\
& -I_n + (S_n - G_n) - W_n \\
& +B_n - \mathrm{PP}_n
\end{aligned}
\qquad (9.3)
$$

9.4.2 以紧凑型表格形式描述现金流量

整个项目寿命的税后现金流量可依以下紧凑型表格所列活动类型进行分组，见表9—9。

表 9—9　　广义现金流量法的紧凑表格形式

现金流量要素	期末				
	0	1	2	…	N
投资活动：					
$-I_n$					
$+S_n-G_n$					
$-W_n$					
经营活动：					
$+(1-t_m)(R_n)$					
$-(1-t_m)(E_n)$					
$-(1-t_m)(\mathrm{IP}_n)$					
$+t_mD_n$					
融资活动：					
$+B_n$					
$-\mathrm{PP}_n$					
净现金流量：					
A_n					

然而，在编制税后现金流量表时，公司一般采用前面章节所述的利润表法，因为它们想在编制现金流量表的同时，了解会计利润信息。

例 9—7

广义现金流法

参照例 9—4，根据广义现金流量法求税后现金流量。

解：

已知：

资本支出（I_0）＝125 000 美元

营运资本投资（W_n）＝23 333 美元

年收入（R_n）＝100 000 美元

扣除折旧及债务利息的其他年支出额（E_n）＝40 000 美元

第 1～5 年的债务利息（IP_n）分别为 6 250 美元，5 226 美元，4 100 美元，2 861 美元，1 499 美元

第 1～5 年本金偿还额（PP_n）分别为 10 237 美元，11 261 美元，12 387 美元，13 626 美元，14 988 美元

第 1～5 年的折旧额（D_n）分别为 17 863 美元，30 613 美元，21 863 美元，15 613美元，5 581 美元

边际税率（t_m）＝40％

残值（S_n）＝50 000 美元

求：税后年现金流量（A_n）。

步骤 1：求第 0 年的现金流量。

(a) 对可折旧资产的投资额（I_0）＝125 000 美元。

(b) 对营运资本的投资额（W_0）=23 333 美元。

(c) 借款额（B_0）=62 500 美元。

(d) 净现金流量（A_0）=−125 000−23 333+62 500=−85 833 美元。

步骤 2：求第 1～4 年的现金流量。

$$A_n=(R_n-E_n-\mathrm{IP}_n)(1-t_m)+t_mD_n-\mathrm{PP}_n$$

n	经营净现金流量（美元）
1	(100 000−40 000−6 250)×0.60+17 863×0.40−10 237=29 158
2	(100 000−40 000−5 226)×0.60+30 613×0.40−11 261=33 849
3	(100 000−40 000−4 100)×0.60+21 863×0.40−12 387=29 898
4	(100 000−40 000−2 861)×0.60+15 613×0.40−13 626=26 903

步骤 3：求第 5 年的现金流量。

(a) 经营活动现金流量：

(100 000−40 000−1 499)×0.60+5 581×0.40−14 988=22 345(美元)

(b) 净残值（计算方法如例 9—1 所示）=50 000−6 613=43 387 美元。

(c) 回收营运资本 W_5=23 333 美元。

(d) 第 5 年的净现金流量 A_5=22 345+43 387+23 333=89 065 美元。

表 9—10 总结了所有计算过程和结果，请与表 9—6 的结果进行比较检验。

表 9—10　基于广义现金流量法的现金流量表（例 9—7）

	A	B	C	D	E	F	G
1							
2	广义现金流量法						
3	年末	0	1	2	3	4	5
4							
5	经营活动：						
6	+（1-0.40）× 收入		$ 60,000	$ 60,000	$ 60,000	$ 60,000	$ 60,000
7	-（1-0.40）× 支出		(24,000)	(24,000)	(24,000)	(24,000)	(24,000)
8	-（1-0.40）× 利息		(3,750)	(3,136)	(2,460)	(1,717)	(899)
9	+ 0.40× 折旧		7,145	12,246	8,745	6,246	2,232
10	投资活动：						
11	- 资本支出	(125,000)					
12	+ 资产处置净收入						43,387
13	- 营运资本投资	(23,333)					
14	+ 营运资本回收						23,333
15	融资活动：						
16	+ 借入资金	62,500					
17	- 本金偿还		(10,237)	(11,261)	(12,387)	(13,626)	(14,988)
18							
19	净现金流量	$ (85,833)	$ 29,158	$ 33,849	$ 29,898	$ 26,903	$ 89,065
20							

9.4.3 租赁或购买决策

只有在公司决定必须引进新设备时才需要进行租赁或购买决策。做出决定后，公司将面临以下几种选择，现金购买、贷款购买或租赁。

租赁设备的优缺点

租赁设备时需要考虑以下几个方面：

- **所有权**。谁拥有设备的所有权？租赁最突出的劣势是租赁结束后不能享有设备的所有权。当然这同时也许是租赁的优势所在，尤其是对于计算机这类更新换代很快的设备来说。

- **现金流量**。是否需要为其他业务保留一定的现金？这是租赁最主要的优势。它避免了一次性大规模投资所导致的现金流缺失，从而能够为其他日常需求提供资金。

- **纳税**。租赁方案和购买方案在纳税方面的区别是什么？租赁费用能够作为经营开支扣除。而在购买设备的当年可把该设备的成本作为纳税开支扣除，扣除额最高可达 250 000 美元[6]，剩余部分逐年计提折旧。因此，在税率为 40%的条件下，本例中设备的“实际成本”只有 6 000 美元。

- **技术需求**。如果选择购买设备，是否担心设备技术过时？大多数高新技术设备更新换代很快。如果购买了一台计算机或其他高科技设备，几年后设备过时，残值几乎为 0。而租赁设备则能够通过不断更新系统，更换新设备保持技术领先。不过，如果公司有“部门间转手”政策（即将某部门淘汰的设备转给其他部门继续使用），也许购买方案会更加划算。

购买和租赁的经济性比较

贷款购买方案的净现值表达式与现金购买方案类似，但是贷款购买方案还包括贷款偿还额和利息的税盾。承租人评价租赁成本的唯一方法是与所估算的最低购买成本进行比较。

为了给更广泛的分析奠定基础，首先介绍如何针对使用寿命期为 N 年的，只涉及一种固定资产的项目进行租赁或购买决策。由于两个方案的税后净收入相同，因此只需考虑购买和租赁的增量成本。

- **完全依靠贷款购买**。根据广义现金流量法，通过贷款购买资产的增量成本为：

$$\begin{aligned}PW(i)_{\text{购买}} = &+\text{本金偿还额的现值}+\text{包括利息的税后运营维护成本的现值}\\&-\text{通过折旧抵税的现值}-\text{资产处置净收入的现值} \qquad (9.4)\end{aligned}$$

需要注意的是，时点 0 的资产购买（投资）成本由相同数额的借款抵消，因此只需考虑贷款偿还现金流量系列。

- **租赁**。假设企业每年的租赁费保持不变，则租赁的增量成本为：

$$PW(i)_{\text{租赁}} = \text{税后租赁费用的现值}$$

如果出租方不负责租赁设备的维护，则由承租人承担。此时购买方案增量成本计算时应从式（9.4）中去掉维护成本这一项。

- **决策规则**。通过比较 $PW(i)_{\text{购买}}$ 和 $PW(i)_{\text{租赁}}$ 来决定租赁还是购买设备。如果贷款偿还系列和税后运营维护的成本的现值之和减去通过折旧抵税现值和资产处置净收入的现值后所得数值小于租赁净成本的现值，则购买方案更优。

例 9—8

租赁或购买决策

Dallas 电子公司正在考虑更换容量 1 000 磅的旧叉车。这辆叉车主要用于将产品从厂房运送入库。该公司接近满负荷运转，一周工作 6 天且实行两班制。公司管理层正在考虑租赁或者购买一台新叉车。该厂工程师为管理层提供的参考数据如下：

● 燃油动力叉车的初始投资为20 000美元。新车耗油量约为8加仑（以每班8小时计），每加仑汽油售价约为2.35美元。如果叉车每天工作16小时，其使用寿命预计为4年，且第2年年末发动机需要大修，费用约为1 500美元。

● Austin工业车辆公司是旧叉车的服务商，Dallas将通过Austin购买新叉车，Austin将为用户提供一份服务协议。按照协议规定，Austin每月都会派经验丰富的工程师来对叉车进行养护，月费用为120美元。叉车的保险和财产税为每年650美元。

● 叉车类别为5年MACRS资产。根据税法第179条，设备购置成本20 000美元可从公司总收入中全部扣除。Dallas的边际税率为40%；预计第4年年末转售叉车可得原值的15%。

● Austin也可以为Dallas提供叉车租赁服务。Austin负责设备维护工作，并保证叉车始终处于可用状态。当发生重大故障时，Austin负责免费替换叉车。该计划的租赁费用为每月850美元。合同时间至少为3年，取消合同需提前30天通知。

● 根据最近的经验，公司预计该投资项目的税后收益率至少为12%。

(a) 求购买叉车的成本。

(b) 求租赁叉车的成本

解题思路： 计算两班制的燃料成本，得

$$8\text{加仑/班}\times 2\text{班/天}\times 2.35\text{美元/加仑}=37.60\text{美元/天}$$

叉车每年运行300天，则每年的燃料成本为11 280美元。但是，两种方案都需要公司自己承担燃料成本，所以燃料成本与决策无关。因此，在计算中可以不考虑共有成本。

解：

已知：上述成本信息，MARR=12%，边际税率为40%。

求：租赁和购买叉车的增量成本。

(a) 购买叉车的增量成本：

为了比较购买方案和租赁方案的增量成本，作如下估计和假设：

步骤1：购车方案的养护合同将会采用，每月成本120美元（或年成本1 440美元）。再加上每年650美元的保险和财产税，税后营运及维护成本的等值现值为：

$$P_1=(1\,440+650)(1-0.04)(P/A,12\%,4)=3\,809(\text{美元})$$

步骤2：发动机大修不会增加残值或者叉车的使用寿命期限。因此，大修成本（1 500美元）将作为一次性支出，不作资本化处理。税后大修成本的等值净现值为：

$$P_2=1\,500(1-0.40)(P/F,12\%,2)=717(\text{美元})$$

步骤3：如果Dallas公司决定通过债务融资购买叉车，则融资成本首先要制定分期还款计划。假设购车总额20 000美元全部贷款，贷款利率为10%，则年偿还额为：

$$A=20\,000(A/P,10\%,4)=6\,309(\text{美元})$$

每年应付利息和应还本金计算如下：

单位：美元

年份	期初余额	应付利息	应还本金	期末余额
1	20 000	2 000	4 309	15 691
2	15 691	1 569	4 740	10 951
3	10 951	1 095	5 214	5 737
4	5 737	573	5 736	0

应还本金系列的等值现值为：

$$P_3=4\,309(P/F,12\%,1)+4\,740(P/F,12\%,2)+5\,214(P/F,12\%,3)+5\,736(P/F,12\%,4)=14\,983(\text{美元})$$

税后应付利息系列的等值现值为：

$$P_4=(1-0.04)[2\,000(P/F,12\%,1)+1\,569(P/F,12\%,2)+1\,095(P/F,12\%,3)+573(P/F,12\%,4)]=2\,508(\text{美元})$$

步骤 4：按照 5 年 MACRS 折旧，计算折旧抵税额如下：

单位：美元

n	D_n	节税额（t_mD_n）
1	4 000	4 000×0.40=1 600
2	6 400	6 400×0.40=2 560
3	3 840	3 840×0.40=1 536
4	1 152	1 152×0.40=461

因此，折旧抵税总额的等值现值为：

$$P_5=1\,600(P/F,12\%,1)+2\,560(P/F,12\%,2)+1\,536(P/F,12\%,3)+461(P/F,12\%,4)=4\,856(\text{美元})$$

步骤 5：预计残值为初始投资额的 15%（3 000 美元），已知 5 年 MACRS 折旧计划（折旧总额为 15 392 美元），计算第 4 年年末出售叉车所得净收入如下：

账面价值=20 000－15 392=4 608(美元)
利得=3 000－4 608=(1 608)(美元)
节税=0.40×1 608=643(美元)
资产处置净收入=3 000+643=3 643(美元)

净残值的等值现值为：

$$P_6=3\,643(P/F,12\%,4)=2\,315(\text{美元})$$

步骤 6：因此完全依靠贷款购买叉车的净增量成本为：

$$\begin{aligned}PW(12\%)_{\text{购买}}&=P_1+P_2+P_3+P_4-P_5-P_6\\&=3\,809+717+14\,983+2\,508-4\,856-2\,315\\&=14\,846(\text{美元})\end{aligned}$$

(b) 租赁叉车的增量成本：如何比较租赁叉车和购买叉车的成本？

步骤 1：租赁费用也是可扣税支出，需要在税后的基础上计算租赁净成本。计算租赁叉车的年增量成本如下：

年租赁费(12 个月)=10 200 美元
减去 40%的税款=4 080 美元
年税后净成本=6 120 美元

步骤 2：租赁叉车的增量成本的等值现值为：

$$PW(12\%)_{租赁}=6\ 120(P/A,12\%,4)=18\ 589(美元)$$

步骤3：此时假设租金支付发生在每期期末，但是，很多租赁合同要求期初支付租金。在后一种情况下，可以通过调整租赁成本现值的表达式来反映此时的现金流量：

$$PW(12\%)_{租赁}=6\ 120+6\ 120(P/A,12\%,3)=20\ 819(美元)$$

Dallas公司通过债务融资购买叉车可节省成本的现值为3 743美元或5 973美元，具体哪个数字取决于租金的支付时点。表9—11说明了如何利用Excel进行租赁或购买决策。

表9—11　　基于广义现金流量法的购买与租赁方案比较

	A	B	C	D	E	F
1						
2	购买方案					
3	年末	0	1	2	3	4
4						
5	经营活动：					
6	维护费：					
7	-(1-0.40)× 维护费		(864)	(864)	(864)	(864)
8	-(1-0.40)× 财产税		(390)	(390)	(390)	(390)
9	-(1-0.40)× 发动机大修费			(900)		
10	-(1-0.40)× 利息		(1,200)	(941)	(657)	(344)
11	税盾					
12	+0.40× 折旧		1,600	2,560	1,536	461
13	投资活动：					
14	－资本支出	(20,000)				
15	＋资产处置净收入					3,643
16	融资活动：					
17	＋借入资金	20,000				
18	－本金偿还		(4,309)	(4,740)	(5,214)	(5,736)
19						
20	净现金流量	$ -	$ (5,163)	$ (5,275)	$ (5,589)	$ (3,230)
21						
22	租赁方案					
23						
24	-(1-0.40)× 租赁费		$ (6,120)	$ (6,120)	$ (6,120)	$ (6,120)
25						
26	净现金流量		$ (6,120)	$ (6,120)	$ (6,120)	$ (6,120)
27						
28						
29	购买方案的NPW	$ (14,846)				
30	租赁方案的NPW	$ (18,589)				
31						

评注：设想如果Dallas公司参照税法第179条一次性抵扣收入而非将购置投资资本化，则会有如下情况：已知购买叉车方案的资本化购置成本是14 846美元。如果按照第179条规定一次性抵扣收入，则不会产生折旧抵税，从而全部残值都应计入应税利得。这样叉车的购置成本变为：

$$P_5=20\ 000(1-0.4)(P/F,12\%,1)=7\ 143(美元)$$

$$P_6=3\ 000(1-0.4)(P/F,12\%,4)=1\ 144(美元)$$

$$PW(12\%)_{购买}=3\ 809+717+14\ 983+2\ 508-7\ 143-1\ 144=13\ 730(美元)$$

显然，对于购买方案，利用税法第179条比资产投资资本化更划算。但是并不能由此得出租赁总是比购买更贵的结论。很多情况下，租赁是更优的方案。利率、残值、租金支付时间以及债务融资都对决策有重要影响。

习 题

*产生净现金流量

9.1 一家公司计划购买一台售价 65 000 美元的机器，使用寿命为 6 年，预计期末残值为 0。引进该机器每年可节约人工成本 35 000 美元，增加运营及维护成本 12 000 美元。对机器采用 5 年 MACRS 计提折旧。公司税率为 40%，税后 MARR 为 15%。判断是否需要购买该机器？

9.2 一家公路承包商计划购买一台新的壕坑挖掘机，将耗资 250 000 美元。该挖掘机能够以每小时 16 英尺的速度挖掘一个 3 英尺宽的沟槽。如果机器维护得当，可以在前 1 200 小时运行时间内保持该生产效率，此后运行时间每增加 400 小时，每小时挖掘里程减少 2 英尺。预计年平均运行时间为 400 小时，运行及维护成本每小时 50 美元。承包商对该挖掘机采用 5 年 MACRS 计提折旧。在第 5 年年末可以 60 000 美元的价格转售该挖掘机。假设承包商的边际税率为 35%，求年税后现金流量。

9.3 一家公司每年付给一家打印店 18 500 美元用于打印公司的每月业务通讯。与打印店的协议现已过期，但可以再延长 5 年。新的转包费预计要比以前的合同价格高出 12%。公司正在考虑引进配有由计算机驱动的高品质激光打印机的桌面出版系统。利用适当的文字和图形处理软件，可以生成接近正规排版格式的通讯。另外需要一个专用设备打印通讯中的图片。以下是一家计算机供应商的报价：

个人计算机	4 500 美元
彩色激光打印机	6 500 美元
图片扫描仪	5 000 美元
软件	2 500 美元
原值总额	18 500 美元
年运营及维护成本	15 000 美元

预计在第 5 年年末每台设备的残值为初始成本的 10%。公司的边际税率是 40%，对桌面出版系统采用 5 年 MACRS 计提折旧。

(a) 求该项投资的预期税后净现金流量。

(b) 计算项目的 IRR。

(c) 如果公司的 MARR=12%，判断项目是否可行。

9.4 一位设备工程师计划投资一项能源管理系统（EMS），投资额为 55 000 美元。预计该系统每年将节约 14 000 美元的水电费，共 N 年。N 年后 EMS 的残值为 0。假设对系统采用 3 年 MACRS 计提折旧，税率为 35%，N 取何值时投资收益率可达 12%？

*营运资本投资

9.5 一位工业工程师建议为公司的仓库和纺织车间购置射频识别固定资产追踪系统，工程师认为该系统可以通过记录货箱位置、在计算机中存储数据信息提高固定资产和仓库货物管理水平。预计投资额、年运营及维护成本和可节约成本如下：

- 设备购置及安装成本：85 500 美元；
- 项目寿命期：6 年；
- 预计残值：5 000 美元；
- 营运资本投资：15 000 美元；
- 预计每年可节约人工和材料成本：65 800 美元；
- 预计年度支出：9 150 美元；

● 折旧方法：5 年 MACRS。

公司的边际税率为 35%。

（a）求项目寿命期内的税后净现金流量。

（b）计算投资的 IRR。

（c）当公司的 MARR=18%时，项目是否可接受？

9.6 Delaware 化工公司计划投资一种新型复合材料。研发工程师正在研制由金属—陶瓷或陶瓷—陶瓷复合而成的特殊耐高温材料，在新一代喷气式战斗机的发动机中可能会用到这些材料。在这些材料用于商业产品之前，预计研发期为 3 年。以下是提交管理层评审的财务资料：

● 研发成本：3 年共计 500 万美元：第 1 年年初 50 万美元，第 2 年年初 250 万美元，第 3 年年初 200 万美元。出于纳税的目的，这些研发费用归为支出而非摊销。

● 资本投资：第 4 年年初投入 500 万美元，其中包括厂房投资 200 万美元，设备投资 300 万美元。公司之前已经拥有建设用地。

● 折旧方法：厂房为 39 年不动产，1 月份投入使用，设备按照 7 年 MACRS 计提折旧。

● 项目寿命期：经过 3 年研发期后的项目寿命为 10 年。

● 残值：在项目寿命期末，设备残值为初始资本投资的 10%，厂房残值为初始投资的 50%。

● 总销售收入：第 4 年年末为 5 000 万美元，接下来 5 年（第 5～9 年）销售收入每年增长 10%，之后每年销售收入减少 10%。

● 零星开支：年销售收入的 80%。

● 营运资本：年销售收入的 10%（在运营期每年年初投入资金，在项目寿命期期末全部收回）。

● 边际税率：40%。

（a）求项目寿命期内的税后净现金流量。

（b）求投资的 IRR。

（c）当公司的 MARR 为 20%时，求投资的等值年值。

＊贷款的影响

9.7 一套专用机器工具的售价为 20 000 美元，其中 10 000 美元可从银行贷款，贷款利率 10%，按复利计算，分两年等额偿还。预计使用该工具每年可节约材料费 30 000 美元，采用 3 年 MACRS 计提折旧。该工具的年运营及维护成本为 5 000 美元。在第 2 年年末预计其残值为 8 000 美元。假设边际税率为 40%，MARR 为 15%，则项目的净现值为多少？可以利用表 9—12 进行计算。

表 9—12 单位：美元

现金流量表	0	1	2
经营活动			
净利润		10 400	12 019
折旧		6 666	4 445
投资活动			
投资额	−20 000		
残值			8 000

续前表

现金流量表	0	1	2
利得税（40%）			
融资活动			
贷款额	10 000		
本金偿还额	0		
净现金流量	−10 000		

9.8　贷款45 000美元购置了一台全自动投币售酒机，贷款期6年，每年年末等额偿还，贷款利率12%，按复利计算。预计该售酒机的年销售收入为13 000美元，采用7年MACRS对其计提折旧。至第6年年末预计残值为4 000美元。假设边际税率为35%，MARR为15%。

（a）求6年间由该资产产生的税后现金流量。

（b）根据IRR准则判断项目是否可接受。

* 广义现金流量法

9.9　假设对某资产的初始投资为8 000美元，资产使用年限为5年，第5年年末的残值为2 000美元，税前年净收入为2 500美元。公司的边际税率为35%，对资产采用3年MACRS计提折旧。

（a）根据广义现金流量法求税后现金流量。

（b）假设投资全部来自银行贷款，利率为9%，求（a）。

（c）比较（a）和（b）哪种方案更优，并给出计算过程。

* 互斥方案的比较

9.10　一家国际食品制造商每年耗电5 000万千瓦时，最大功率为10 000千瓦，当地每千瓦时电力的价格为0.08美元，在同行业中属于较高水平。由于公司的耗电量相当大，它的工程师正在考虑建设一个10 000千瓦的汽轮机发电厂。有三种备选方案，参见表9—13：

表9—13　　单位：千美元

	电厂A	电厂B	电厂C
平均热耗率（BTU/千瓦时）	16 500	14 500	13 000
总投资额（锅炉/汽轮机/电力工程/构筑物）	8 530	9 498	10 546
年经营成本			
燃料费	1 128	930	828
人工费	616	616	616
运营及维护成本	150	126	114
物料费	60	60	60
保险及财产税	10	12	14

各发电厂的寿命期均为20年，对厂房投资采用20年MACRS计提折旧。在寿命期末预计厂房的残值为初始投资的10%，公司的MARR为12%，公司的边际所得税税率为39%。

（a）求每个发电厂的单位发电成本（单位：美元/千瓦时）。

（b）哪个方案的发电成本最低？

9.11 比较以下两个方案：

● 贷款购买方案。

1. Jensen 制造公司计划购买一批工业专用工具，工具的使用寿命为 4 年，运输和安装成本共计 200 000 美元。采用 3 年 MACRS 对工具计提折旧。

2. Jensen 公司能够从银行取得 200 000 美元贷款，贷款利率 10%，贷款期 4 年。每年年末应偿还贷款额为 200 000(A/P, 10%, 4)=63 094 美元。每年应还本金额和应付利息额如下：

年份	利息（美元）	本金（美元）
1	20 000	43 094
2	15 961	47 403
3	10 950	52 144
4	5 736	57 358

3. 在第 4 年年末工具的预计残值为 20 000 美元。

4. 如果 Jensen 公司贷款购买工具，则自行承担维护费用，按照与工具制造商的合同规定，每年维护费用为 10 000 美元。

● 租赁方案。

1. Jensen 公司租赁该工具，每年年末支付租金 70 000 美元。

2. 按照租赁合同规定，由出租方免费提供维护服务。Jensen 的所得税税率为 40%，利得税税率也为 40%。

（a）Jensen 公司租赁方案的税后现金流量的现值是多少？(i=15%)

（b）Jensen 公司贷款购买方案的税后现金流量的现值是多少？(i=15%)

9.12 企业资本租赁公司（Enterprise Capital Leasing Company）为建筑公司提供牵引车租赁服务。公司购买该牵引车需要花费 53 000 美元，对牵引车采用 5 年 MACRS 计提折旧，预计设备在第 3 年年末的残值为 22 000 美元。租赁公司要求承租人交纳 1 500 美元保证金，在租赁合同到期后全额返还给承租人。如果租赁公司的边际税率为 35%，税后收益率为 10%，请确定租金支付计划。

[注释]

[1] 假设在第 1 年年初（或第 0 年年末）购买设备并投入使用，且第 1 年的折旧发生在第 1 年年末。

[2] 虽然资产处置所得收益对计算所得税有影响，但是不能将其看作普通的营业收入。因此在编制利润表时，不包含资本支出及相关条目，如利得税和残值。尽管如此，由于这些条目代表了当年实际发生的现金流量，因此必须体现在现金流量表中。

[3] 事实上，可以假设在第一个营运周期末（比如第 1 年）收回营运资本投资。但是在第 2 年年初又要为第二个营运周期投入等额的营运资本，这个过程会一直重复至项目结束。因此可以把初始营运资本投资看作在项目寿命期末收回的。

[4] 虽然该企业当年没有其他能够用于抵免的应纳税所得额，但是该年营业亏损额可以移前扣减 3 年和移后结转 15 年来冲减这些年份的收入，抵免应纳税所得额。

[5] 企业资本利得税最高税率为 35%，但是资本利得也应缴纳州税，因此综合税率约为 40%。

[6] 此规定即联邦税法第 179 条抵扣条款。根据 2008 年颁发的《经济刺激法案》(Economics Stimulus Act)，联邦税法第 179 条允许企业在购置符合相关规定的设备时扣除当年全部购置价款，但有抵扣限额。根据 2009 年的最新规定，最高扣除限额为 25 000 美元，并且当年所购设备价值总额不能超过 800 000 美元。每年相关限额都可能变化，可以访问美国国税局官方网站查询有关第 179 条的最新规定。

第4篇
风险与不确定性处理

第10章 通货膨胀对现金流量的影响

学习目标

通过本章学习，应该掌握以下概念：

- 通货膨胀的衡量方法。
- 从时价到不变价的转换或逆向的转换。
- 对于在不同时点上收到的货币金额的比较。
- 经济分析中使用的通货膨胀率。
- 经济分析中利率的确定（市场利率与不含通胀利率）。
- 项目分析中多重通货膨胀率的处理。
- 受通货膨胀影响的营运资本需求变化与借贷成本。
- 通货膨胀影响下如何进行收益率分析。

10.1 通货膨胀的意义与衡量

从历史上看，经济一般与**通货膨胀**（inflation）以相同的方式波动，通货膨胀就是货币的购买力随时间的下降。通货膨胀意味着一个物品的成本会随时间增长，或者说是相同金额的货币可以购买的物品数减少了。**通货紧缩**（deflation）与通货膨胀相反，价格通常随时间降低，因此，特定金额的货币的购买力增强。现实世界中，通货膨胀比通货紧缩更常见，因此本章仅对通货膨胀影响下的经济分析进行讨论。

□ 10.1.1 通货膨胀的衡量

在将通货膨胀引入工程经济问题之前，需要采用一定的手段来分离出通货膨胀的影响并加以衡量。消费者对购买力的下降通常有一个相对的可能不准确的感觉。这种感觉来自他们长期消费食品、服装、交通和住房的经验。经济学家确定了一个衡量标准叫做**消费价格指数**（Consumer Price Index，CPI），它以一个包含普通消费者需要的产品和服务的典型**市场篮子**（market basket）为基础。这个市场篮子通常包括八类主要商品：（1）食品和酒精饮料；（2）住房；（3）服装；（4）交通；（5）医疗保健；（6）娱乐；（7）个人护理；（8）其他产品或服务。

指数计算

CPI将典型市场篮子中产品和服务的当前成本与1个月前、1年前或10年前比较。与当前价格进行比较的过去时点称作**基期**（base period）。基期的指数设定为100。美国劳工部劳工统计局（BLS）使用的CPI指数基期为1967年。例如，我们可以说，在1967年这个设定好的市场篮子可以用100美元购买，而到了2009年相同的物品和服务组合成本为639美元。[1]于是可以计算2009年的CPI，用当前的价格除以基期的价格再乘以100。本例中，价格指数就是（639/100）100＝639，它表示2009年市场篮子中的物品价格是基期的639%。

购物篮子的更新

1987年BLS引入的修正的CPI包括针对两类人群的CPI指数：城镇从事工作的人员（CPI-W），所有城镇消费者（CPI-U）。由于修正的结果，CPI-W和CPI-U都应用了更新的支出权重，这个权重以1982年、1983年和1984年的消费者支出调查以及一些技术改进为基础。然而这个衡量通货膨胀的方法并不能表示消费者每年实际购买的产品或服务。消费者倾向于根据变动的相对价格调整购买行为，替换掉价格大幅提升的商品。CPI并没有考虑到消费者的这种行为，因为CPI是根据相同比例的相同商品组成的固定的市场篮子来预测的。因此，CPI称为**价格指数**（price index）而不是**生活成本指数**（cost-of-live index），尽管公众一般把它作为生活成本指数的参考。

工业品的价格指数

消费者价格指数是消费品价格增长的很好衡量指标，但它却不能很好地衡量工业品的价格增长。在进行工程经济分析时，必须选择合适的价格指数来估计原材料、产成品和经营成本的价格增长。BLS每月出版的《**商业调查**》（*Survey of Current Business*）为各种工业品提供了**生产价格指数**（Producer Price Index，PPI）。[2]

年度CPI的计算

表10—1列示了若干年份中整体经济的CPI以及一些商品的CPI数据。从表中可以很容易地计算出汽油2008—2009年的通货膨胀率：

$$\frac{175.3-277.6}{277.6}=-0.3685=-36.85\%$$

表10—1 价格指数

年份	新CPI（基期：1982—1984年）	旧CPI（基期：1967年）	无铅汽油	糖	新车	航空票价
2000	172.2	515.8	127.3	154.0	139.6	239.4
2001	177.1	530.4	122.6	155.7	138.9	239.4

续前表

年份	新 CPI（基期：1982—1984 年）	旧 CPI（基期：1967 年）	无铅汽油	糖	新车	航空票价
2002	179.9	538.8	114.4	159.0	137.3	231.6
2003	184.0	551.1	134.0	162.0	134.7	231.3
2004	188.9	565.8	158.9	163.2	133.9	227.2
2005	195.3	585.0	194.4	165.2	135.2	236.6
2006	201.6	603.9	220.0	171.5	136.4	247.3
2007	207.3	621.1	238.2	176.8	135.9	251.7
2008	215.3	644.9	277.6	186.6	135.4	282.0
2009	213.2	638.8	175.3	196.4	135.8	248.9

注：2009 年的数据为 4 月数据，非全年平均。

由于通货膨胀率是负值，可知 2008 年汽油的价格降低了 36.85%，这是汽油价格近年来最大幅度的降低。

平均通货膨胀率（f）

为了综合考虑一段时期内不同的通货膨胀率的影响，可以计算一个单一指数代表平均通货膨胀率。由于每一年的通货膨胀率都是以上一年为基础的，所有这些指数会产生复合影响。例如，现在需要计算两年的平均通货膨胀率：第 1 年的通货膨胀率为 4%，第 2 年为 8%，都以 100 美元为基准价格。

步骤 1：利用复合计算方法，求出第 2 年年末的价格：

$$\underbrace{\overbrace{100(1+0.04)}^{\text{第1年}}(1+0.08)}_{\text{第2年}}=112.32(\text{美元})$$

步骤 2：求出平均（复合）通货膨胀率 f，建立如下等值公式：

$$100\,(1+f)^2=112.32 \text{ 或 } 100(F/P,f,2)=112.32$$

解出 f：

$$f=5.98\%$$

可以说在过去两年内的价格增长，相当于平均每年增长 5.98%。注意这里的平均数是一段时期内的几何平均数（不是算术平均数）。采用这个单一的平均通货膨胀率可以使计算简化，而不用为每年的现金流量使用不同的比率。

例 10—1

平均通货膨胀率

考察表 10—1 中每种物品的价格增长。确定每种物品 9 年间的平均通货膨胀率。

解：

以第一种商品无铅汽油为例计算。已知 2000—2009 年的价格指数，可以使用合适的等值公式计算（如一次支付复利系数或增长公式）。解题过程如下所示。

已知：$P=127.3$，$F=175.3$，$N=2009-2000=9$。

求：f。

应用式 $F=P\,(1+f)^N$，有

$$175.3=127.3(1+f)^9$$

$$f=\left(\frac{175.3}{127.3}\right)^{1/9}-1=3.62\%$$

采用相同的方法，可以获得其他几个物品的平均通货膨胀率，计算结果如下。

项目	2009年价格指数	2000年价格指数	平均通货膨胀率
新CPI	213.2	172.2	2.40%
旧CPI	638.8	515.8	2.40%
汽油	175.3	127.3	3.62%
糖	196.4	154.0	2.74%
新车	135.8	139.6	−0.31%
航空票价	248.9	239.4	0.43%

在上表的物品中，无铅汽油的成本增长的最多，而新车在这段期间内表现为通货紧缩。

一般通货膨胀率 $\bar{f}$ 与特定通货膨胀率 f_j

当使用CPI为基础衡量平均通货膨胀率时，得到的是**一般通货膨胀率**（general inflation rate）。我们需要仔细区分一般通货膨胀率和针对特定物品的平均通货膨胀率。

- **一般通货膨胀率 $\bar{f}$**：该平均通货膨胀率的计算以市场篮子中全部商品的CPI为基础。市场利率预期根据一般通货膨胀率做出反应。
- **特定通货膨胀率 f_j**：该比率以经济中某特定部门 j 的指数（或CPI）为基础。例如，我们常常需要估计特定物品（如劳动力、原材料、房屋和汽油）的未来成本。当平均通货膨胀率仅针对一个特定物品项时，我们常常省略下角标 j。

对于CPI，定义一般通货膨胀率如下：

$$\text{CPI}_n=\text{CPI}_0(1+\bar{f})^n \tag{10.1}$$

$$\bar{f}=\left[\frac{\text{CPI}_n}{\text{CPI}_0}\right]^{1/n}-1 \tag{10.2}$$

式中：$\bar{f}$——一般通货膨胀率；

CPI_n——第 n 年年末的消费价格指数；

CPI_0——基期的消费价格指数。

事实上，例10—1中计算的新CPI得到的平均通货膨胀率2.40%代表的就是9年间的一般通货膨胀率。

知道连续两年的CPI，可以计算年一般通货膨胀率：

$$\bar{f}_n=\frac{\text{CPI}_n-\text{CPI}_{n-1}}{\text{CPI}_{n-1}} \tag{10.3}$$

式中，$\bar{f}_n$ 为第 n 期的一般通货膨胀率。

举例来说，可以计算2009年的一般通货膨胀率，设 $\text{CPI}_{2008}=215.3$，$\text{CPI}_{2009}=213.2$，可得

$$\frac{213.2-215.3}{215.3}=-0.98\%$$

与过去42年来4.51%[3]的平均通货膨胀率比较，这对于美国来说是一个不常

见的好指数。

例 10—2

年通货膨胀率和平均通货膨胀率

下表显示了一家公用事业公司为一个新建住宅提供固定数量电力的成本。

年	成本（美元）
0	504 000
1	538 400
2	577 000
3	629 500

指数是针对公用事业行业的。假设以第 0 年为基期，确定各年的通货膨胀率。然后计算表中 3 年的平均通货膨胀率。

解：

已知：提供固定数量电力的年成本。

求：年通货膨胀率（f_n）和平均通货膨胀率（$\overline{f}$）。

第 1 年的通货膨胀率（f_1）为：

$$\frac{538\,400-504\,000}{504\,000}=6.83\%$$

第 2 年的通货膨胀率（f_2）为：

$$\frac{577\,000-538\,400}{538\,400}=7.17\%$$

第 3 年的通货膨胀率（f_3）为：

$$\frac{629\,500-577\,000}{577\,000}=9.10\%$$

3 年的平均通货膨胀率为：

$$f=\left(\frac{629\,500}{504\,000}\right)^{1/3}-1=0.076\,9=7.69\%$$

注意，虽然这段时期的总体平均通货膨胀率为 7.69%[4]，但并没有某一个特定年份的通货膨胀率为该值。

□ 10.1.2　时价与不变价

为了将通货膨胀的影响引入经济分析，对一些与通货膨胀相关的术语定义如下[5]：

- **时价**（A_n）：指购买产品或服务时实际支付的货币值。时价考虑了通货膨胀或通货紧缩影响下未来现金流量的变动，通常根据基期数额应用通货膨胀率来确定。
- **不变价**（A'_n）：指一些基年使用的用于调整通货膨胀影响的基年货币值。不变价代表独立于时间因素的不变购买力。在估计现金流量时如果考虑了通货膨胀因素，可以利用一些已知的**一般通货膨胀率**（general inflation rate）将其转换为不变价（基年价格）。如无特殊说明，假设基年为第 0 年。

不变价到时价的转换

由于不变价代表基年一定购买力的货币量，那么可以在公式中利用一般通货膨胀率 $\bar{f}$ 计算第 n 年的等效币值：

$$A_n = A'_n(1+\bar{f})^n = A'_n(F/P, \bar{f}, n) \tag{10.4}$$

式中：A'_n——第 n 年年末现金流量的不变价表达式；

A_n——第 n 年年末现金流量的时价表达式。

如果某特定现金流量元素（j）的未来价格预期与一般通货膨胀率不一致，则需使用合适的平均通货膨胀率 f_j 替代 $\bar{f}$ 来计算转换现金流量。转换过程如图 10—1 所示。

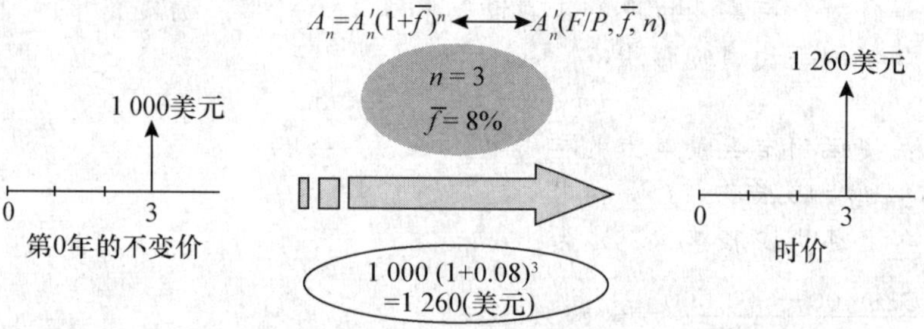

图 10—1　将以第 0 年不变价估计的第 3 年 1 000 美元现金流量，转换为同期等值的时价金额，假设通货膨胀率为 8%

例 10—3

不变价转换为时价

杰克·尼克劳斯（Jack Nicklaus）1963 年获得他的第一个高尔夫大师杯冠军（Masters Golf Championship）时，奖金额为 20 000 美元。安格·卡布雷拉（Angel Cabrera）在 2009 年第一次获得大师杯，奖金为 1 305 000 美元。看起来安格·卡布雷拉的奖金高了很多。从购买力的角度比较这两笔奖金，哪个购买力更强？

解：

已知：1963 年和 2009 年的两笔奖金。

求：从 2009 年货币购买力的角度比较这两笔奖金。

两笔奖金都是所获时点的时价金额，因此如果想根据 2009 年的购买力来比较这两笔奖金，需要知道 1963 年和 2009 年两年的消费价格指数。

使用旧 CPI 可知，1963 年的 CPI 为 91.7，2009 年的 CPI 为 638.8。两个时期间的平均年通货膨胀率为 4.31%。尼克劳斯 20 000 美元奖金在 2009 年的购买力，可以简单地使用下式计算：

$$20\,000(1+0.043\,1)^{46} = 139\,323(\text{美元})$$

考虑通货膨胀和币值的变化，1963 年的 20 000 美元的购买力等值于 2009 年的 139 323 美元。这明显低于安格 2009 年获得的奖金额，但尼克劳斯有 46 年可以用奖金来投资。

时价到不变价的转换

如图 10—2 所示，这个转换过程是不变价到时价转换的逆向过程。使用折现公式而不是复利公式（一次支付现值系数），得

$$A'_n=\frac{A_n}{(1+\bar{f})^n}=A_n(P/F,\bar{f},n) \tag{10.5}$$

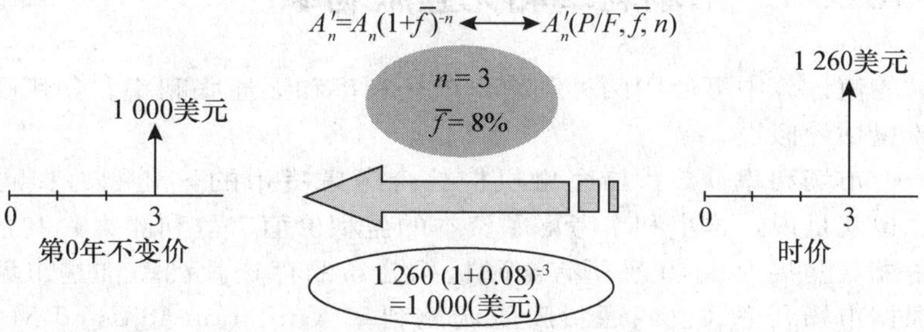

图 10—2　时价到不变价的转换。它表示从现在开始三年后的 1 260 美元可以有基期 1 000 美元的购买力

同样，如果预期未来价格不跟随一般通货膨胀率上涨，可以用 f_j 代替 $\bar{f}$。

例 10—4

时价向不变价的转换

Jagura Creek 渔业公司是一家水产养殖企业，目前公司正在考虑未来 5 年租 20 公顷土地用作鱼塘。租赁年成本为 20 000 美元，连续 5 年每年年初支付租金。一般通货膨胀率 $\bar{f}$ 为 5%。求该期间内用不变价表示的等值成本。

解题思路：尽管每年支付 20 000 美元是固定的，但它不是用不变价表示的。除非合同中明确注明了通货膨胀，合同中列示的金额都是指时价。

解：

已知：时价金额和 $\bar{f}=5\%$。

求：不变价金额。

使用式（10.5）可以确定不变价租金额，见表 10—2。

表 10—2　时价向不变价的转换

期末	时价现金流量（美元）	以 $\bar{f}$ 转换	不变价现金流量（美元）	购买力损失（%）
0	20 000	$(1+0.05)^{0}$	20 000	0
1	20 000	$(1+0.05)^{-1}$	19 048	4.76
2	20 000	$(1+0.05)^{-2}$	18 141	9.30
3	20 000	$(1+0.05)^{-3}$	17 277	13.62
4	20 000	$(1+0.05)^{-4}$	16 454	17.73

注意，在通货膨胀的环境下，出租人第 5 年收到的租金仅是第 1 年的 82.27%。

10.2　通货膨胀下的等值计算

在以前的章节中所做的等值分析，在考虑货币**购买力**（purchasing power）变

化时暗含给出的现金流量均为时价的假设。为了准确描述购买力的变化，也就是通货膨胀，可采用以下任意一种方法：（1）不变价分析；（2）时价分析。两种方法可以得到相同的结论，但需要使用不同的利率和过程。在讲述利率与通货膨胀结合的两种方法前，需要对两种利率给出准确定义。

10.2.1 市场利率和无通胀利率

等值计算中可使用两种利率：市场利率和无通胀利率。使用哪种利率取决于现金流量估计假设。

- **市场利率**（i）：指金融机构综合考虑货币的盈利能力和购买力而给出的利率。也就是说，这个利率考虑了资本的盈利价值（盈利能力）和预期通货膨胀或通货紧缩（购买力）。几乎所有金融机构公布的存贷款利率都是市场利率。大部分公司根据市场利率（也叫**通货膨胀调整利率**（inflation-adjusted MARR））来评价投资项目。
- **无通胀利率**（i'）：该利率表示货币去除通货膨胀影响后的真实盈利能力。通常称为**实际利率**（real interest rate）。可通过市场利率和通货膨胀率计算。在本章后面内容中你将看到，在没有通货膨胀时，市场利率和无通胀利率相同。

在计算现金流量等值问题时，需要确定项目现金流量的属性。常见情况有如下三种：

情形 1：所有现金流量要素都用不变价估计。

情形 2：所有现金流量要素都用时价估计。

情形 3：一些现金流量要素用不变价估计，一些用时价估计。

对于情形 3，可以将所有现金流量要素转换为一种形式：或是不变价估计，或是时价估计。然后应用情形 1 或情形 2 的分析过程进行分析。

10.2.2 不变价分析

假设所有现金流量以不变价给出，现在需要计算第 n 年不变价（A'_n）的等值现值。没有通货膨胀影响时，用 i' 代表货币的盈利能力。在 i' 时不变价的等值现值计算公式如下。

$$P_n=\frac{A'_n}{(1+i')^n} \qquad (10.6)$$

不变价分析通常用于长期公共项目评价，因为政府无须支付所得税。一般来说所得税征收额以时价表示的应税所得为基础计算。

例 10—5

以不变价表示的现金流量的等值计算

Transco 公司考虑为亚利桑那州生产并提供电脑控制交通信号转换灯。该公司通过考察新建道路数据以及现有设施退化和更新数据，估计了信号转换灯的市场需求。目前该产品的单价为 550 美元；税前生产成本为 450 美元。初始投资成本为 250 000 美元。用不变价表示的预期销售收入和税前净现金流量如下表所示：

期间	单位销售收入	不变价净现金流量（美元）
0		−250 000
1	1 000	100 000
2	1 100	110 000
3	1 200	120 000
4	1 300	130 000
5	1 200	120 000

如果公司管理层希望所有投资都能获得 12%的税前无通胀收益率（i'），该项目的现值是多少？

解：

已知：不变价表示的现金流量系列，$i'=12\%$。

求：现金流量系列的现值。

由于已知现金流量均以不变价表示，因此可以使用无通胀利率计算。这里采用 12%的利率对现金流量折现，得：

$$\begin{aligned}PW(12\%)&=-250\,000+100\,000(P/A,12\%,5)+10\,000(P/G,12\%,4)\\&\quad+20\,000(P/F,12\%,5)\\&=163\,099(\text{美元})(\text{第 0 年价格水平})\end{aligned}$$

由于等值净收入多于投资，在不考虑税收影响的情况下该项目可接受。

10.2.3　时价分析

现在假设所有的现金流量要素都用时价表示。为了求得第 n 年时价金额（A_n）的等值现值，可以使用**通胀剔除法**（deflation method）或**调整折现方法**（adjusted-discount method）。

通胀剔除法

采用通胀剔除法将时价转换为等值现值需要两步。首先利用一般通货膨胀率作为折现率将时价转换为等值不变价，以去除通货膨胀影响。然后利用 i' 求出等值现值。

例 10—6

以时价表示现金流量时的等值计算：通胀剔除法

应用仪器公司（Applied Instrumentation）是一家小型客户定制电子产品制造商。公司目前正考虑为一家水果干燥公司投资生产传感器和控制系统。该项目的实施基于一份 5 年有效期的专利合同。项目预期产生如下用时价表示的现金流量：

n	时价表示的净现金流量（美元）
0	−75 000
1	32 000
2	35 700
3	32 800
4	29 000
5	58 000

（a）如果一般通货膨胀率（$\bar{f}$）是每年5%，计算第0年的等值币值（不变价）。

（b）计算现金流量的现值，用不变价表示，$i'=10\%$。

解：

已知：时价表示的现金流量系列，$\bar{f}=5\%$，$i'=10\%$。

求：（a）将现金流量系列转换为不变价；（b）计算现金流量系列的现值。

可通过通胀剔除法将时价表示的现金流量转换为不变价，通缩因子为5%。然后计算转换的现金流量 i' 水平下的 NPW。

（a）时价转换为不变价过程见表10—3。

表10—3　时价转换为不变价

n	时价现金流量（美元）	×	通缩因子	=	不变价现金流量（美元）
0	−75 000		1		−75 000
1	32 000		$(1+0.05)^{-1}$		30 476
2	35 700		$(1+0.05)^{-2}$		32 381
3	32 800		$(1+0.05)^{-3}$		28 334
4	29 000		$(1+0.05)^{-4}$		23 858
5	58 000		$(1+0.05)^{-5}$		45 445

（b）现金流量在 $i'=10\%$ 时的 NPW 计算过程见表10—4。

表10—4　计算等值现值

n	不变价现金流量（美元）	×	折现系数	=	等值现值（美元）
0	−75 000		1		−75 000
1	30 476		$(1+0.10)^{-1}$		27 706
2	32 381		$(1+0.10)^{-2}$		26 761
3	28 334		$(1+0.10)^{-3}$		21 288
4	23 858		$(1+0.10)^{-4}$		16 296
5	45 445		$(1+0.10)^{-5}$		28 217
					45 268

调整折现法

例10—6介绍的两步计算过程可通过**调整折现法**（adjusted-discount method）大大简化，该方法将去通胀和折现化为一个步骤。在数学上，可将两个步骤合并到一个公式里：

$$P_n=\frac{\dfrac{A_n}{(1+\bar{f})^n}}{(1+i')^n}=\frac{A_n}{(1+\bar{f})^n(1+i')^n}=\frac{A_n}{[(1+\bar{f})(1+i')]^n} \tag{10.7}$$

由于市场利率（i）既能反映盈利能力，也能反映购买力，因此：

$$P_n=\frac{A_n}{(1+i)^n} \tag{10.8}$$

式（10.7）和式（10.8）中第0年的等值现值必须相等，因此：

$$\frac{A_n}{(1+i)^n}=\frac{A_n}{[(1+\bar{f})(1+i')]^n}$$

由此可得到 $\bar{f}$，i' 和 i 三者的关系：

$$1+i=(1+\bar{f})(1+i')$$

化简可得：

$$i=i'+\bar{f}+i'\bar{f} \tag{10.9}$$

式（10.9）说明市场利率是 i' 和 $\bar{f}$ 的函数。如果没有通货膨胀影响，两种利率是相同的：$\bar{f}=0\rightarrow i=i'$。$i'$ 或 $\bar{f}$ 增加，i 也会增加。例如可以很容易观察到，当因通货膨胀物价上涨后，债权人（即货币市场、债券、储蓄权证的投资者）会要求更高的回报避免货币贬值的损失，因此债券利率也会上涨。如果通货膨胀率保持 3%，那么 7% 的债券利率也许是令人满意的，它的回报率高于通货膨胀率的影响。如果通货膨胀率在 10%，人们不会购买 7% 的债券，会要求投资的回报率至少为 14%。相反，如果物价下降或至少是平稳运行，债权人不必担心贷款购买力的损失，因此乐意以较低利率贷款。

实践中，经常用通货膨胀率（$\bar{f}$）加上实际利率（i'）的方法简单估算市场利率（i），而忽略它们的乘积（$i'\bar{f}$）。只要 i' 或 $\bar{f}$ 相对小，这种方法就是合理的。在连续复利的情况下，i，i' 和 $\bar{f}$ 的关系可精确描述为：

$$i'=i-\bar{f} \tag{10.10}$$

因此，如果假设连续复利下名义 APR（市场利率）为每年 6%，连续复利通货膨胀率为每年 4%，那么连续复利无通胀利率精确地等于每年 2%。

例 10—7

时价现金流量的等值计算：调整折现法

考虑例 10—6 中的时价现金流量，使用调整折现法计算现金流量的等值现值。

解：

已知：时价现金流量系列，$\bar{f}=5\%$，$i'=10\%$。

求：等值现值。

首先需要确定市场利率 i。当 $\bar{f}-5\%$，$i'-10\%$，可得

$$i=i'+\bar{f}+i'\bar{f}=0.10+0.05+0.10\times0.05=15.5\%$$

表 10—5 列示了通过调整折现法求出的等值现值（$i=15.5\%$），与例 10—6 的结果完全相同。

表 10—5　利用 i 计算等值现值

n	时价现金流量（美元）	×	=	等值现值（美元）
0	−75 000	1		−75 000
1	32 000	$(1+0.155)^{-1}$		27 706
2	35 700	$(1+0.155)^{-2}$		26 761
3	32 800	$(1+0.155)^{-3}$		21 288
4	29 000	$(1+0.155)^{-4}$		16 296
5	58 000	$(1+0.155)^{-5}$		28 217
				45 268

10.2.4 混合货币价格分析

考虑另一种情况，一部分现金流量用不变价表示，而一部分用时价表示。这种情况下，可以将所有现金流量转换为相同的货币单位（不变价或时价）。如果将现金流量转换为时价，需要使用市场利率（i）计算等值。如果将现金流量转换为不变价，需要用无通胀利率（i'）进行计算。

10.3 通货膨胀对项目现金流量的影响

现在将通货膨胀的概念引入投资项目中。我们重点关注项目现金流量中的两个要素：折旧费用和利息费用。这两个要素本质上是不受通货膨胀影响的，因为它们总是用时价表示。我们还会考虑利用多种价格指数估计各种项目现金流量的复杂过程。

由于折旧费用是以资产购入时的金额为基础计算的，它们不随通货膨胀而增长。因此，通货膨胀导致价格水平上涨，折旧资产避税价值会降低，从而应税所得增加。类似地，折旧资产的售价会随通货膨胀而上涨，同时资产清理时的利得需要纳税，因此企业的税收增加。例 10—8 阐释了通货膨胀环境下项目盈利性的变化情况。

例 10—8

通货膨胀对含折旧资产项目的影响

回顾例 9—1 描述的自动化加工中心项目。没有考虑通货膨胀影响的财务状况汇总数据如表 10—6 所示。

表 10—6 自动化加工中心项目的财务数据

科目	描述或数据
项目	自动化加工中心
所需投资	125 000 美元
项目寿命	5 年
残值	50 000 美元
折旧方法	7 年 MACRS
年收入	100 000 美元
年费用	
人工	20 000 美元
原材料	12 000 美元
间接费	8 000 美元
边际税率	40%
无通胀利率（i'）	15%

表 9—2 给出了自动化加工中心项目的税后现金流量，在不考虑通货膨胀的前提下，计算得出的项目净现值为 43 152 美元。

如果预期未来 5 年的一般通货膨胀率为每年 5%，对项目会有怎样的影响呢？销售收入和经营成本会相应增长。折旧不会变，但税收、利润现金流量会增加。公司的无通胀利率（i'）为 15%。

(a) 使用调整折现法确定项目的 NPW。

(b) 将 NPW 与无通胀情形的 NPW 进行比较。

解题思路： 除了折旧费用的所有现金流量要素都假设以不变价表示。由于所得税是以实际应税所得计算的，因此我们采用时价分析，要求所有的现金流量要素用时价表示。

为便于解释，通货膨胀相关计算都在年末进行。

现金流量要素（如销售收入、人工费、原材料费、间接费和资产售价）按照一般通货膨胀率[6]上涨。例如，预计销售收入为 100 000 美元，在通货膨胀的环境下第 1 年会增长 5%（为 105 000 美元），第 2 年会增长 10.25%。以此类推。

表 10—7 给出了项目 5 年寿命期中各年销售收入从不变价向时价的转换。

表 10—7　　不变价向时价的转换

期间	不变价销售收入（美元）	转换 $\bar{f}$	时价销售收入（美元）
1	100 000	$(1+0.05)^1$	105 000
2	100 000	$(1+0.05)^2$	110 250
3	100 000	$(1+0.05)^3$	115 763
4	100 000	$(1+0.05)^4$	121 551
5	100 000	$(1+0.05)^5$	127 628

其他要素未来现金流量的时价也可以用相似方法获得。注意：

- 第 0 年的投资与折旧费用没有改变，因为它们不受预期通货膨胀率影响。
- 资产的售价预计以一般通货膨胀率增长，因此，时价表示的残值为：

$$50\,000(1+0.05)^5=63\,814(\text{美元})$$

由于资产的账面价值不改变，残值的增长会导致应税利得的增加。

解：

已知：不变价的财务数据，$\bar{f}=5\%$，$i'=15\%$。

求：NPW。

表 10—8 是时价表示的税后现金流量。使用调整折现法可以确定市场利率为 $i=0.15+0.05+0.15\times0.05=20.75\%$。然后将表中给出的时价净现金流量折现求得 NPW。由于 NPW=38 898 美元>0，投资在经济上具有吸引力。

评注： 例 9—1 中不考虑通货膨胀的 NPW 为 43 152 美元。在考虑通货膨胀时，NPW 减少的 4 254 美元（称为通货膨胀损失）完全是由于所得税的影响。折旧费用可以减少应税所得，从而减少所得税支出，因此投资项目增加了相当于所节省税额的现金流量。然而现有税法下折旧是按照历史成本计提，因此，随时间推移，可以抵扣应税所得的折旧费用的购买力在降低，因此，资产的“真实”成本并没有完全反映在折旧费用中。所以，折旧费用被低估，而应税所得被高估，从而所得税较高。在“真实”条件下，多承担的所得税为 4 254 美元，可称其为**通货膨胀税**（inflation tax）。一般情况下，任何（有纳税的）投资项目都会随时间（而不是立刻）支付通货膨胀税。

表 10—8　　考虑通货膨胀的自动化加工中心项目的现金流量表（例 10—8）

	A	B	C	D	E	F	G	H
1								
2	利润表							
3	年末	通货膨胀率	0	1	2	3	4	5
4								
5	收入	5%		$ 105,000	$ 110,250	$ 115,763	$ 121,551	$ 127,628
6	支出：							
7	人工费	5%		$ 21,000	$ 22,050	$ 23,153	$ 24,310	$ 25,526
8	材料费	5%		$ 12,600	$ 13,230	$ 13,892	$ 14,586	$ 15,315
9	间接费	5%		$ 8,400	$ 8,820	$ 9,261	$ 9,724	$ 10,210
10	折旧			$ 17,863	$ 30,613	$ 21,863	$ 15,613	$ 5,581
11								
12	应税所得			$ 45,137	$ 35,537	$ 47,595	$ 57,317	$ 70,996
13	所得税（40%）			$ 18,055	$ 14,215	$ 19,038	$ 22,927	$ 28,398
14								
15	净利润			$ 27,082	$ 21,322	$ 28,557	$ 34,390	$ 42,598
16								
17	现金流量表							
18	经营活动：							
19	净利润			$ 27,082	$ 21,322	$ 28,557	$ 34,390	$ 42,598
20	折旧			$ 17,863	$ 30,613	$ 21,863	$ 15,613	$ 5,581
21	投资活动：							
22	投资		$(125,000)					
23	残值	5%			=-(H23-(-C23-SUM(D10:H10)))*0.4			$ 63,814
24	利得税							$ (12,139)
25								
26	净现金流量（时价）		$(125,000)	$ 44,945	$ 51,935	$ 50,420	$ 50,003	$ 99,854
27								
28								
29			PW(20.75%) =	$ 38,898	=NPV(20.75%,D26:H26)+C26			
30			IRR =	32.83%				
31								
32					=IRR(C26:H26,15%)			
33								

10.3.1　多重通货膨胀率

如前所述，通货膨胀率 f_j 代表适用于经济中特定部门 j 的通货膨胀率。例如，如果要估计一台机器的未来成本，就需要使用适用于该机器的通胀率。此外，在进行分析时，对不同的成本和收入可能需要使用多个不同的比率。下例介绍了多重通货膨胀率的计算。

例 10—9

特定通货膨胀率的应用

例 10—8 中对现金流量要素的价格使用了不同的年指数（不同的通货膨胀率）。假设预期未来 5 年一般通货膨胀率平均在 6%。同时，预期设备的售价每年增长 3%，工资和间接费用每年增长 5%，材料成本每年增长 4%。预期销售收入与一般通货膨胀率同比增长。为简化计算，假设所有现金流量和通货膨胀的影响都在年末出现。采用调整折现方法确定投资项目的净现值。

解：

已知：例 10—8 中的财务数据和多重通货膨胀率。

求：调整折现方法计算 NPW。

表 10—9 列示了时价表示的税后现金流量。为了使用时价衡量净现值，必须调整原来 15%的折现率，因为该折现率是无通胀利率 i'。此时应使用的利率是市场利率[7]：

$$i=i'+\bar{f}+i'\bar{f}=0.15+0.06+0.15\times0.06=21.90\%$$

等值现值为：

$$\begin{aligned}PW(21.90\%)=&-125\,000+45\,617(P/F,21.90\%,1)\\&+53\,352(P/F,21.90\%,2)+\cdots+100\,490(P/F,21.90\%,5)\\=&38\,801(\text{美元})\end{aligned}$$

表 10—9　　多重价格指数下自动化设备中心项目的现金流量表

	A	B	C	D	E	F	G	H
1								
2	利润表							
3	年末	通货膨胀率	0	1	2	3	4	5
4								
5	收入	6%		$ 106,000	$ 112,360	$ 119,102	$ 126,248	$ 133,823
6	支出：							
7	人工费	5%		$ 21,000	$ 22,050	$ 23,153	$ 24,310	$ 25,526
8	材料费	4%		$ 12,480	$ 12,979	$ 13,498	$ 14,038	$ 14,600
9	间接费	5%		$ 8,400	$ 8,820	$ 9,261	$ 9,724	$ 10,210
10	折旧			$ 17,863	$ 30,613	$ 21,863	$ 15,613	$ 5,581
11								
12	应税所得			$ 46,257	$ 37,898	$ 51,327	$ 62,562	$ 77,906
13	所得税（40%）			$ 18,503	$ 15,159	$ 20,531	$ 25,025	$ 31,162
14								
15	净利润			$ 27,754	$ 22,739	$ 30,796	$ 37,537	$ 46,744
16								
17	现金流量表							
18	经营活动：							
19	净利润			$ 27,754	$ 22,739	$ 30,796	$ 37,537	$ 46,744
20	折旧			$ 17,863	$ 30,613	$ 21,863	$ 15,613	$ 5,581
21	投资活动：							
22	投资		$(125,000)					
23	残值	3%			=-(H23-(-C22-SUM(D10:H10)))*0.4			$ 57,964
24	利得税							$ (9,799)
25								
20	净现金流量（时价）		$(125,000)	$ 45,617	$ 53,352	$ 52,659	$ 53,150	$ 100,490
27								
28								
29			PW(21.90%)=	$ 38,801		=NPV(21.90%,D26:H26)+C26		
30			IRR =	34.15%				
31								
32						=IRR(C26:H26,15%)		
33								

□ 10.3.2　通货膨胀对借入资金的影响

借款的偿还依据过去签订的合同，在固定利率下，还款金额不随通货膨胀改变。然而，通货膨胀对这些基于第 0 年价格计算的未来支付金额的价值有很大影响。利息费用通常在合同中以时价列示，并且无须调整。由于通货膨胀的影响，利息和本金偿还的不变价成本降低了。例 10—10 解释了通货膨胀对项目借款支付的影响。

例 10—10

通货膨胀对项目借款支付的影响

假设例 10—8 中负债权益比率为 0.5，其中初始投资的借款部分年利率为 15.5%。为简化计算，假设项目产生的所有收入和成本（除折旧和贷款偿还）以及设备残值均受 5%的一般通货膨胀率影响。确定该笔投资的 NPW。（注意，在通货膨胀环境下，15.5%的借款利率反映了负债融资的高成本。）

解：

已知：例 10—8 中的现金流量数据，负债权益比率＝0.5，借款利率＝15.5%，$\bar{f}$＝5%，i'＝15%。

求：NPW。

对于未来的等额支付，融资活动的时价现金流量在图 10—3 中的圆中表示。如果出现通货膨胀，现金流量（从第 0 年记起）用有阴影圆中的数据表示。表 10—10 总结了该情况下的税后现金流量。为简化计算，假设现金流量和通货膨胀的影响在年末出现。为了使用时价衡量净现值，必须调整原来的折现率（MARR）15%，因为该折现率是无通胀利率 i'。此时应使用的利率是市场利率：

$$i=i'+\bar{f}+i'\bar{f}=0.15+0.05+0.15\times 0.05=20.75\%$$

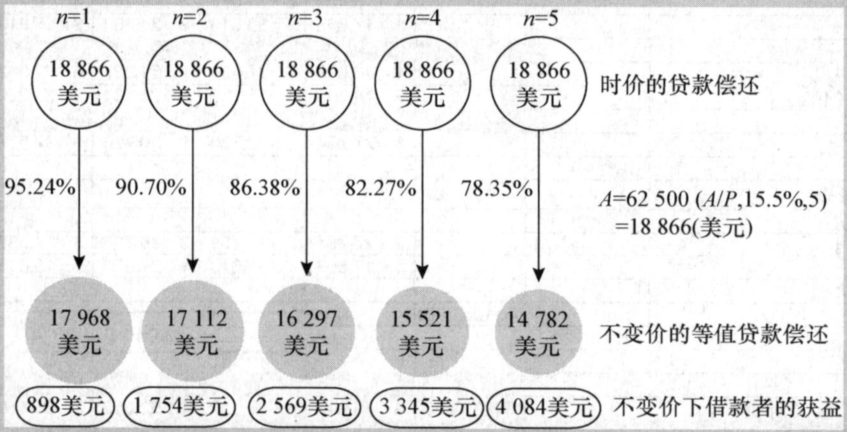

图 10—3　基年价格度量的等值贷款偿还现金流量与贷款期间借款人的获益（例 10—10）

通过表 10—10 计算税后现金流量的等值现值为：

$$\begin{aligned}PW(20.75\%)&=-62\,500+29\,953(P/F,20.75\%,1)+\cdots\\&\quad+82\,001(P/F,20.75\%,5)\\&=54\,159(\text{美元})\end{aligned}$$

评注：例 10—8 中，在没有负债融资时，项目的净现值为 38 898 美元。与后来的计算结果 54 159 美元相比，因为负债融资净现值增加了 15 261 美元。通货膨胀的趋势使得未来货币购买力下降，所以有利于长期借款者，因其偿还的贷款是购买力降低了的货币额。也就是说，在通货膨胀情况下，负债融资的成本在降低。此时，通货膨胀下融资的得益弥补了折旧和残值导致的通货膨胀税的影响。获益的金额由于贷款利率的不同而不同：因其是市场决定的利率，在通货膨胀时期贷款利率通常较高。

表 10—10　　考虑受通货膨胀影响的借款资金时自动化设备中心项目的现金流量表

	A	B	C	D	E	F	G	H
1								
2	利润表							
3	年末	通货膨胀率	0	1	2	3	4	5
4								
5	收入	5%		$ 105,000	$ 110,250	$ 115,763	$ 121,551	$ 127,628
6	支出：							
7	人工费	5%		$ 21,000	$ 22,050	$ 23,153	$ 24,310	$ 25,526
8	材料费	5%		$ 12,600	$ 13,230	$ 13,892	$ 14,586	$ 15,315
9	间接费	5%		$ 8,400	$ 8,820	$ 9,261	$ 9,724	$ 10,210
10	利息			$ 9,688	$ 8,265	$ 6,622	$ 4,724	$ 2,532
11	折旧			$ 17,863	$ 30,613	$ 21,863	$ 15,613	$ 5,581
12								
13	应税所得			$ 35,449	$ 27,272	$ 40,973	$ 52,593	$ 68,464
14	所得税（40%）			$ 14,180	$ 10,909	$ 16,389	$ 21,037	$ 27,386
15								
16	净利润			$ 21,269	$ 16,363	$ 24,584	$ 31,556	$ 41,078
17								
18	现金流量表							
19	经营活动：							
20	净利润			$ 21,269	$ 16,363	$ 24,584	$ 31,556	$ 41,078
21	折旧			$ 17,863	$ 30,613	$ 21,863	$ 15,613	$ 5,581
22	投资活动：							
23	投资		$ (125,000)					
24	残值	5%			=-(H24-(-C23-SUM(D11:H11)))*0.4			$ 63,814
25	利得税							$ (12,139)
26	融资活动：							
27	借入资金		$ 62,500					
28	本金偿还			$ (9,179)	$ (10,601)	$ (12,244)	$ (14,142)	$ (16,334)
29								
30	净现金流量（时价）		$ (62,500)	$ 29,953	$ 36,375	$ 34,203	$ 33,027	$ 82,001
31								
32								
33			PW(20.75%)=	$ 54,159	=NPV(20.75%,D30:H30)+C30			
34			IRR =	51.02%				
35								
36					=IRR(C30:H30,15%)			
37								

10.4　通货膨胀下的收益率分析

除了对项目利润表的一些科目产生影响，通货膨胀对项目收益率还有更深远的影响，甚至可以影响投资项目的可接受性。本节将讨论通货膨胀对投资项目收益率的影响，并给出一些例子。

10.4.1　通货膨胀对投资收益的影响

通货膨胀对投资收益率的影响取决于未来收入对通货膨胀的反应。通货膨胀下，公司通常通过提高售价来弥补原材料和劳动力价格上涨的影响。然而，即使收入随通货膨胀增长，允许计提折旧（如前所述）也不会增长。这样导致的结果就是应税所得的增加和所得税支出的提高。然后不变价税后收益减少，无通胀税后收益率（IRR′）降低。下例有助于理解这种情形。

例 10—11

通货膨胀下的 IRR 分析

Hartsfield 公司是一家汽车零件制造商，正在考虑购入一套成本为 30 000 美元的机械工具。预期该笔投资在未来 4 年可以每年增加 24 500 美元的销售收入，同时每年增加 10 000 美元的经营成本。增加的利润以 40%的税率征税。该资产属于 3 年 MACRS 资产。项目寿命为 4 年，无残值。（所有货币数据均以不变价表示。）

（a） 内部收益率预计为多少？

（b） 如果未来 4 年的一般通货膨胀率为 10%，IRR′预计为多少？

（c） 如果公司要求的无通胀 MARR（或 MARR′）为 20%，公司应当进行该项投资吗？

解：

已知：不变价表示的财务数据，$t_m=40\%$，$N=4$ 年。

求：（a） IRR；（b） IRR′($\bar{f}=10\%$)；（c） MARR′=20%时是否接受该项目？

（a） 无通胀下收益率分析：首先利用利润表法计算税后现金流量，如表 10—11 所示。表中的第一部分显示了增量销售收入、经营成本、折旧和所得税的计算。资产折旧年限为 4 年，无残值。正如第 9 章所讲，尽管折旧可以影响应税所得，从而间接影响现金流量，但折旧不是现金支出，因此，需要用净利润加上折旧来确定净现金流量。如果投资项目实施，预期年增加现金流量为：12 700 美元，14 033 美元，10 478 美元和 9 589 美元。该项目为常规投资，IRR 的计算如下：

表 10—11　　无通胀下收益率分析

	A	B	C	D	E	F
1						
2	利润表					
3	年末	0	1	2	3	4
4						
5	收入		$ 24,500	$ 24,500	$ 24,500	$ 24,500
6	支出：					
7	运营维护费		10,000	10,000	10,000	10,000
8	折旧		10,000	13,333	4,445	2,222
9	应税所得		4,500	1,167	10,055	12,278
10	所得税（40%）		1,800	467	4,022	4,911
11						
12	净利润		$ 2,700	$ 700	$ 6,033	$ 7,367
13						
14	现金流量表					
15	经营活动：					
16	净利润		2,700	700	6,033	7,367
17	折旧		10,000	13,333	4,445	2,222
18	投资活动：					
19	机械工具	$ (30,000)				
20	营运资本					
21	残值					
22	利得税					
23						
24	净现金流量	$ (30,000)	$ 12,700	$ 14,033	$ 10,478	$ 9,589
25						
26		PW(20%) =	$ 1,016			
27		IRR′ =	21.88%			
28						

$$
\begin{aligned}
PW(i') &= -30\,000 + 12\,700(P/F, i', 1) + 14\,033(P/F, i', 2) \\
&\quad + 10\,478(P/F, i', 3) + 9\,589(P/F, i', 4) \\
&= 0
\end{aligned}
$$

求 i'，得

$$
IRR' = i'^{*} = 21.88\%
$$

项目的无通胀收益率为 21.88%，也就是说公司可以收回初始投资（30 000 美元），并每年再投资可得到 21.88%的净回报。由于 IRR'>MARR'，公司应该购买设备。

(b) 通货膨胀下的收益率分析：由于通货膨胀的作用，假设销售收入、经营成本和资产的未来售价都会增长。折旧不变，但所得税、利润和现金流量都会增加。我们也许会认为更高的现金流量意味着更高的收益率。但事实并非如此。要认识到的一点是每年用时价表示的现金流量的购买力在降低。当税后净现金流量转换为与原始投资相同购买力水平的币值时，收益率会降低。各项计算参见表 10—12（假设销售收入和经营成本的通货膨胀率为 10%，意味着货币购买力每年降低 10%）。例如，每年增量销售收入为 24 500 美元，而在通货膨胀环境下，第 1 年增长了 10%（26 950 美元），第 2 年增长 21%，以此类推。投资和折旧费用因不受通货膨胀影响没有改变。现在可通过通胀剔除法，将税后现金流量（时价）用基年购买力水平表示（不变价），假设年通缩为 10%。然后用不变价现金流量确定实际收益率。

表 10—12　　通货膨胀下的收益率计算

利润表					
年末	0	1	2	3	4
收入		$ 26,950	$ 29,645	$ 32,610	$ 35,870
支出：					
运营维护费		11,000	12,100	13,310	14,641
折旧		10,000	13,333	4,445	2,222
应税所得		5,950	4,212	14,855	19,007
所得税		2,380	1,685	5,942	7,603
净利润		$ 3,570	$ 2,527	$ 8,913	$ 11,404
现金流量表					
经营活动：					
净利润		3,570	2,527	8,913	11,404
折旧		10,000	13,333	4,445	2,222
投资活动：					
机械工具	$ (30,000)				
营运资本					
残值					
利得税					
净现金流量（时价）	$ (30,000)	$ 13,570	$ 15,860	$ 13,358	$ 13,626
净现金流量（不变价）	$ (30,000)	$ 12,336	$ 13,108	$ 10,036	$ 9,307
	PW(32%)=	$ (321)		PW(20%) =	$ (321)
	IRR =	31.34%		IRR' =	19.40%

首先，有

$$PW(i')=-30\,000+12\,336(P/F,i',1)+13\,108(P/F,i',2)$$
$$+10\,036(P/F,i',3)+9\,307(P/F,i',4)$$
$$=0$$

解 i'，得

$$i'^*=19.40\%$$

用不变价表示的项目现金流量的收益率为 19.40%，低于无通胀情况下的 21.88%。由于 IRR′<MARR′，投资不可接受。

评注：通过确定时价现金流量第 0 年的 PW 也可以计算收益率。此时 IRR=31.34%，但这是通货膨胀调整的收益率。可通过剔除通货膨胀影响的数额将其转换为 IRR′：

$$i'=\frac{1+i}{1+\bar{f}}-1=\frac{1+0.313\,4}{1+0.10}-1=19.40\%$$

这种方法可以得到相同结果，IRR′=19.40%。

□ 10.4.2 通货膨胀对营运资本的影响

折旧避税作用的降低并不是通货膨胀扭曲投资收益率的唯一方式。此外还有对营运资本的影响。由于通货膨胀，项目需要更多的营运资本来满足物价上涨的影响。例如，如果存货成本增加，就需要更多的现金流出来保证合适的存货水平。对于应收款也会产生同样的现象。这种对更多营运资本的需求会大大降低项目的收益率，如下例所示。

例 10—12

通货膨胀对营运资本的影响

假设在例 10—11 中，预期需要 1 000 美元的营运资本，所有的营运资本将在项目 4 年寿命期结束时回收。确定投资项目的收益率。

解：

已知：例 10—11 的财务数据，营运资本=1 000 美元。

求：IRR。

利用表 10—13 上半部分的数据，可以算得不考虑通货膨胀时，IRR′=IRR=20.88%，PW(20%)=499 美元。表格的下半部分对投资的分析考虑了通货膨胀影响。如图 10—4 所示，只有注入更多的现金，才能保持营运资本的水平。在表 10—13 的下半部分，营运资本增加现象也出现了。例如，假设营运资本回收期为 1 年期，在第 0 年 1 000美元营运资本的投资，那么第 1 年年末可以收回。然而，如果存在 10%的通货膨胀，那么第 2 年需要的营运资本就长到了 1 100 美元。除了原来的 1 000 美元，还需要多投资 100 美元。这 1 100 美元可以在第 2 年年末收回。然而项目在第 3 年依然需要增加 10%（或 1 210 美元）营运资本的投资，以此类推。

表 10—13　　通货膨胀对营运资本和税后现金流量的影响

	A	B	C	D	E	F
1	情形 1：无通货膨胀					
2	利润表	0	1	2	3	4
3						
4	收入		$ 24,500	$ 24,500	$ 24,500	$ 24,500
5	支出：					
6	运营维护费		10,000	10,000	10,000	10,000
7	折旧		10,000	13,333	4,445	2,222
8	应税所得		4,500	1,167	10,055	12,278
9	所得税（40%）		1,800	467	4,022	4,911
10						
11	净利润		$ 2,700	$ 700	$ 6,033	$ 7,367
12	现金流量表					
13	经营活动：					
14	净利润		2,700	700	6,033	7,367
15	折旧		10,000	13,333	4,445	2,222
16	投资活动：					
17	机械工具	$ (30,000)				
18	营运资本	(1,000)				1,000
19						
20	净现金流量	$ (31,000)	$ 12,700	$ 14,033	$ 10,478	$ 10,589
21						
22		PW(20%) =	$ 499	IRR' =	20.88%	
23	情形 2：有通货膨胀					
24	利润表	0	1	2	3	4
25						
26	收入		$ 26,950	$ 29,645	$ 32,610	$ 35,870
27	支出：					
28	运营维护费		11,000	12,100	13,310	14,641
29	折旧		10,000	13,333	4,445	2,222
30	应税所得		5,950	4,212	14,855	19,007
31	所得税（40%）		2,380	1,685	5,942	7,603
32						
33	净利润		$ 3,570	$ 2,527	$ 8,913	$ 11,404
34	现金流量表					
35	经营活动：					
36	净利润		3,570	2,527	8,913	11,404
37	折旧		10,000	13,333	4,445	2,222
38	投资活动：					
39	机械工具	$ (30,000)				
40	营运资本	(1,000)	(100)	(110)	(121)	1,331
41						
42	净现金流量（时价）	$ (31,000)	$ 13,470	$ 15,750	$ 13,237	$ 14,957
43	净现金流量（不变价）	$ (31,000)	$ 12,245	$ 13,017	$ 9,945	$ 10,216
44						
45		PW(20%) =	$ (1,074)	IRR' =	18.08%	
46						

如表 10—13 所示，折旧和营运资本的共同影响是显著的。考虑通货膨胀和营运资本时，项目的 IRR′下降到了 18.08%，净现值 PW（20%）降为—1 074 美元。使用 IRR 或 NPW 分析都可以得到相同的结论（肯定如此）：备选方案在不考虑通货膨胀时可以接受，考虑通货膨胀时却不一定可以接受。

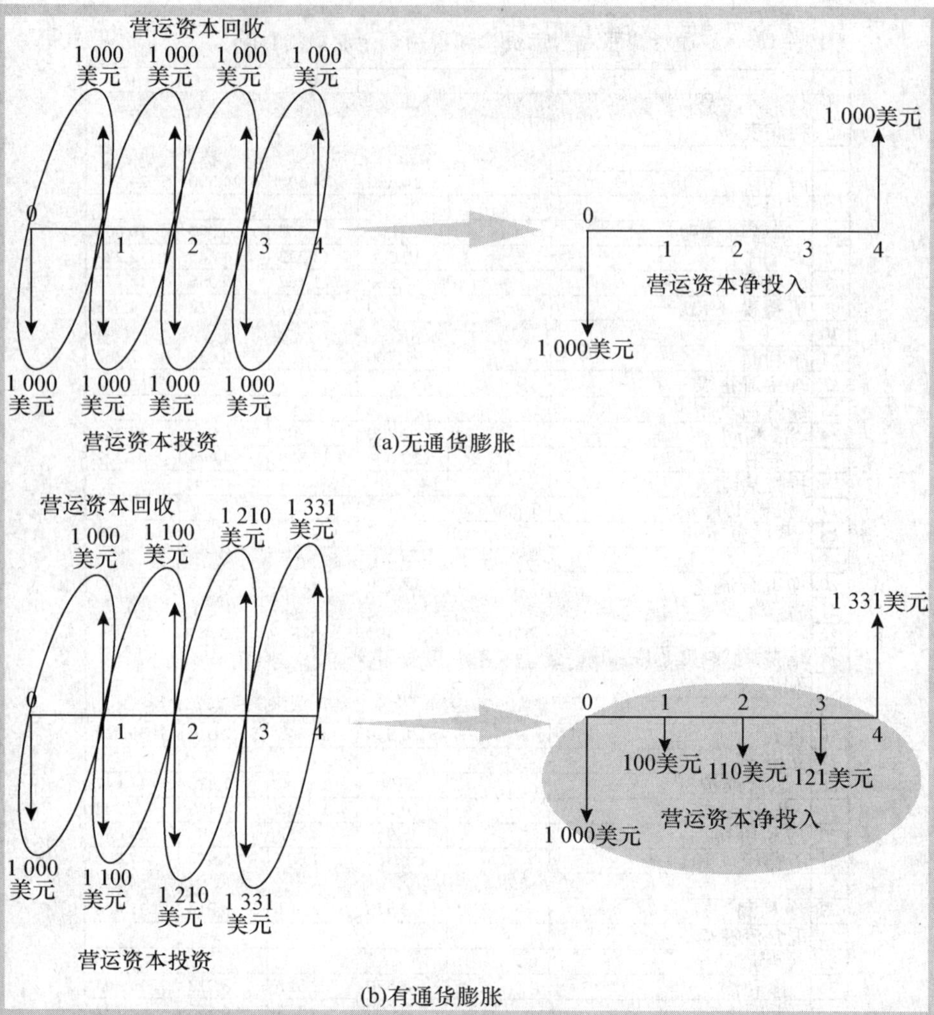

图 10—4　通货膨胀下营运资本的需求：(a) 无通货膨胀时的需求；(b) 有通货膨胀时的需求，假设1年回收期

习　题

注：下列问题中，术语“市场利率”表示项目评价的“通货膨胀调整的 MARR”，或金融机构商业贷款名义利率。

* 通货膨胀的衡量

10.1　目前汽油的价格为每加仑 2.5 美元，预期以后 3 年分别增长 8%，10%，12%。求石油价格在未来 3 年的平均通货膨胀率。

10.2　某物品价格的增长幅度为第 1 年 5%，第 2 年 8%，确定未来两年的平均通货膨胀率。

* 时价与不变价

10.3　某企业年金是连续 10 年，每年年末支付 6 500 美元。预计平均通货膨胀率为每年 5%，市场利率为每年 11%。以现时货币表示的年值是多少？

10.4　购买一辆车需要 25 000 美元的贷款，以 9%的月复利每月分期付款偿还，4 年还完。一般通货膨胀率为 4%的月复利，求第 20 笔付款的时价和不变价。

*通货膨胀下的等值计算

10.5　如果通货膨胀率为每年 5%，市场利率为每年 13%，那么在通货膨胀环境下的真实利率（无通胀利率）为多少？

10.6　5 笔不变价（或时价）表示的系列支付（第 1 年年末的支付为 5 000 美元）以每年 7%增长。假设一般通货膨胀率为 5%，市场利率为 12%。该现金流量系列的等值现值为多少？

10.7　一位父亲想为他 8 岁的儿子存款以支付读大学的费用。他的儿子将在 10 年后上大学。以现在的不变价表示，大学 4 年的费用为每年 40 000 美元。假设需要在每学年年初付款。估计未来一般通货膨胀率为每年 6%，储蓄账户的平均市场利率为 8%。根据以上条件求：

(a) 儿子大一的学费用时价表示为多少？

(b) 负担这些大学费用的现在一次性存款为多少？

(c) 用时价表示，这位父亲需要每年等额存款多少钱直到儿子上大学？

*通货膨胀对项目现金流量的影响

10.8　考虑项目的如下税后现金流量和项目期间预期的一般通货膨胀率。

	预期	
年末	现金流量（时价）（美元）	一般通货膨胀率（%）
0	−45 000	
1	32 000	3.5
2	32 000	4.2
3	32 000	5.5

(a) 确定项目期间的平均一般通货膨胀率。

(b) 将时价表示的现金流量转换为等值的基年不变价。

(c) 如果每年的无通胀利率为 5%，现金流量的净现值为多少？项目是否可以接受？

*考虑通货膨胀的收益率分析

10.9　假设有 10 000 美元的现金可以用来投资。通常可以将钱存入储蓄账户，每年的利率为 6%。现在考虑投资一个债券的可能性。有两种债券可供选择，一个是免税的政府债率，利率为 9%，一个是需要缴税的公司债券，利率为 12%。普通所得和资本利得的边际税率均为 30%。预期投资期间的一般通货膨胀率为 3%。现在可以购买一种高等级的政府债券，成本为 10 000 美元，利率为每年 9%（900 美元），利息不缴税。或者，可以购买与政府债券安全等级相同的公司债券，利率为每年 12%（1 200 美元），利息需按一般所得纳税。两种债券的期限都为 5 年。

(a) 确定两种债券的实际（无通胀）收益率。

(b) 在不知道 MARR 的情况下，是否可以在两种债券间进行选择？

10.10　某土地开发公司考虑购买一台推土机。推土机的成本为 100 000 美元，预期第 6 年年末的净残值为 30 000 美元。6 年间，该资产可产生的税前收入为 80 000 美元。该资产属于 5 年 MACRS 资产。边际税率为 40%，公司的市场利率为 18%。所有的货币金额数据都以第 0 年的不变价表示，并受一般通货膨胀率 $\bar{f}$ 的影响。

(a) 如果 $\bar{f}=6\%$，计算时价表示的税后现金流量。

(b) 确定项目的税后实际收益率。

（c）假设项目的初始投资是通过一家当地银行进行融资的，利率为 12%，6 年间每年偿还 24 323 美元。加入这些条件后回答（a）的问题。

（d）在（a）中，确定由于通货膨胀造成的净现值损失。

（e）在（c）中，确定项目还需要产生多少税后年收入，以弥补通货膨胀带来的损失，用时价表示。

[注释]

[1] 2009 年 4 月。

[2] 所有 CPI 和 PPI 数据可在 http://stats.bls.gov 网站的 BLS 主页获得。

[3] 从基期（1967 年）到 2009 年的平均一般通胀率如下：$\bar{f}=\left(\frac{638.8}{100}\right)^{1/42}-1=4.51\%$。

[4] 因为我们是根据公用事业行业成本取得这一平均比率，该比率不是一般通货膨胀率，而是公用事业特定的通货膨胀率。

[5] The definitions presented are based on the ANSI Z94 Standards Committee on Industrial Engineering Terminology，*The Engineering Economist*. 1988；33（2）：145-171.

[6] 此处是简单假设。实际上，这些要素的价格指数可能不同于 CPI。例 10—9 将讨论不同的价格指数处理。

[7] 实践中，市场利率通常已知。当知晓过去若干年的一般通胀率或能预测其未来数据时，可计算无通胀利率。本例考虑的情形正好相反。

第11章

项目风险和不确定性

学习目标

通过本章学习，应该掌握以下概念：

- 如何描述项目风险的本质。
- 如何进行关键输入变量的敏感性分析。
- 如何进行临界分析。
- 如何建立净现值概率分布。
- 如何比较互斥风险方案。
- 如何建立一个风险仿真模型。
- 如何根据决策树做出投资序列决策。

11.1 项目风险的来源

做出重大资本投资（比如引进一款新产品）的决策需要关于项目周期现金流量方面的信息。投资盈利性评估依赖于通常不确定的现金流量估算。我们需要估计以下因素：该产品的市场需求量；公司能够达到的市场占有率；市场销量的增长幅度；产品的生产成本，包括劳动力和原材料费用；销售价格；产品的寿命期限；生产设备的成本和使用寿命；有效税率。其中的许多因素都在很大程度上存在不确定性。通常的做法是给每个不确定因素一个最佳估计，然后计算盈利性指标，比如项目的净现值或者收益率。但是，这种方法存在两个不足之处：

1. 无法保证最佳估计与实际价值相匹配。

2. 没有衡量投资风险或者项目风险。特别是，管理者无法确定一个项目亏损的概率或者产生大量利润的概率。

由于现金流量如此难以准确估计，项目经理常常会考虑现金流量要素的可能值范围。如果项目各个现金流量的价值范围是可能的，那么其净现值的价值范围也是可能的。显然，分析师将会测算个别现金流量的可能性、可靠性以及整个项目价值的确定性程度。

11.2 描述项目风险的方法

首先通过测算项目现金流量的内在不确定性，来分析项目风险。分析的方法是多种多样的，从做出非正式的主观判断到计算复杂的经济统计数据。本节将介绍三种描述项目风险的方法：（1）敏感性分析；（2）临界分析；（3）情境分析。每种方法都会以波士顿金属公司（Boston Metal Company）为例说明。

11.2.1 敏感性分析

进行敏感性分析是获取投资产生的各种可能结果的一种方法。这种分析测算了用于估计税后现金流量的输入变量变化（如收入、经营成本、残值）对于净现值产生的影响。**敏感性分析**（sensitivity analysis）揭示了在给定一个输入变量变化量的情况下，净现值的相应变化量。在计算现金流量的过程中，某些变量对最终结果产生的影响要大于其他变量。在某些问题中，很容易就可以确定最重要的变量。例如，销售量的估计常常是一个问题中的一个主要因素，这是因为需要设计销售量不同的备选方案。在另一些问题中，我们也许想要找出那些对最终结果产生重要影响的变量，以便对它们进行详细的检查。

敏感性分析有时也称作假设分析，因为它回答诸如此类的问题："如果新增销售量仅有1 000单位，而不是2 000单位，那么净现值将会是多少?"敏感性分析以基本情况为开端，即计算每个输入变量最有可能的价值。然后，在保持其他一些变量恒定的情况下，对所关心的变量在最可能值基础上，增加或减少若干特定的百分点。接着，对每一个所得值计算新的净现值。绘制敏感性图是呈现敏感性分析结果的一种方便有用的方法。直线斜率反映了净现值对于输入变量变化的敏感程度：线条越陡峭，则净现值对一个特定变量的变化就越敏感。通过**敏感性图**（sensitivity graphs）可以确定那些对最终结果最有影响力的重要变量。例11—1解释了敏感性分析的概念。

例11—1

敏感性分析

波士顿金属公司是多种金属零部件制造商，它必须决定是否加入海湾电力公司（Gulf Electric）变速箱壳体的供应商竞争。海湾电力公司是一家利用自有设备生产壳体的企业，目前已经达到最大产量。因此，该公司正在寻找一家外部供应商。为了提高竞争力，波士顿金属公司必须为生产过程设计新的装备，其中需要购买一台新的锻造设备。有关设备购置的数据信息如下：

● 新的锻造设备将花费 125 000 美元，其中包括生产变速箱壳体的改装费用。

● 如果波士顿金属公司拿到了订单，它每年也许能够向海湾电力公司销售多达 2 000 单位的产品，单价为 50 美元，每件产品包括直接人工和原材料动变动成本[1]为 15 美元。除去折旧费，固定成本[2]每年的增长将达到 10 000 美元。

● 该公司预计变速箱壳体项目有 5 年寿命期。同时估计海湾公司后面 4 年的订货数量会达到第 1 年的订货数量。（由于生产合同的性质，当合同签订以后，产品每年的需求以及单价保持一致。）

● 原始投资能够根据 7 年 MACRS 进行折旧并且边际所得税率预计为 40%。在第 5 年年末，锻造设备市场价值预计达到初始投资价值的 32%（40 000 美元）。

● 根据上述信息，波士顿金属公司预测了项目的现金流量，如表 11—1 所示。按 MARR 等于 15%折现，净现值是正值（40 169 美元），因此该项目是值得投资的。

表 11—1　　波士顿金属公司变速箱壳体项目现金流量表（基本情况）

	A	B	C	D	E	F	G
1							
2	输入数据（基值）			敏感性分析			
3							
4	单价（美元）	50		种类		变化量（%）	
5	需求量	2,000		单价		0%	
6	变动成本（美元 / 单位）	15		需求量		0%	
7	固定成本（美元）	10,000		变动成本（单位）		0%	
8	残值（美元）	40,000		固定成本		0%	
9	税率（%）	40%		残值		0%	
10	MARR (%)	15%					
11				输出（NPW）		$40,169	
12							
13		0	1	2	3	4	5
14	利润表						
15	收入：						
16	单价		$ 50	$ 50	$ 50	$ 50	$ 50
17	需求量		2,000	2,000	2,000	2,000	2,000
18	销售收入		$ 100,000	$ 100,000	$ 100,000	$ 100,000	$ 100,000
19	支出：						
20	单位变动成本		$ 15	$ 15	$ 15	$ 15	$ 15
21	变动成本		30,000	30,000	30,000	30,000	30,000
22	固定成本		10,000	10,000	10,000	10,000	10,000
23	折旧		17,863	30,613	21,863	15,613	5,581
24							
25	应税所得		$ 42,137	$ 29,387	$ 38,137	$ 44,387	$ 54,419
26	所得税（40%）		16,855	11,755	15,255	17,755	21,768
27							
28	净利润		$ 25,282	$ 17,632	$ 22,882	$ 26,632	$ 32,651
29							
30	现金流量表						
31	经营活动：						
32	净利润		25,282	17,632	22,882	26,632	32,651
33	折旧		17,863	30,613	21,863	15,613	5,581
34	投资活动：						
35	投资	(125,000)					
36	残值						40,000
37	利得税						(2,613)
38							
39	净现金流量	$ (125,000)	$ 43,145	$ 48,245	$ 44,745	$ 42,245	$ 75,619
40							

令波士顿金属公司管理层忧虑的问题：波士顿金属公司管理层对这个项目感到不安，因为在分析中有太多的不确定因素没有考虑进去。

● 如果波士顿金属公司决定实施该项目，那么作为竞标过程的一部分，公司不得不投资锻造设备以给海湾电力公司提供样品。但是，如果海湾电力公司不满意波士顿金属公司的样品，那么波士顿金属公司就得承担投资锻造设备的全部损失。

● 如果海湾电力公司满意波士顿金属公司的样品，但假设样品的价格过高，波士顿金属公司就会在压力之下把价格降到与其他竞争公司相同的水平。由于海湾电力公司可能加班生产一些产品，外购订单比原先估计要少的可能性也必须考虑在内。最后，波士顿金属公司不能准确预测变动成本和固定成本。

考虑到上述不确定性，在做出最后决定之前，管理层想要评估未来各种可能出现的结果。假设你是波士顿金属公司高管，你会如何说明该项目中的不确定性？请通过对每一个变量进行敏感性分析并且绘制敏感性图来完成。

解题思路： 表11—1列出了波士顿金属公司预期的现金流量，但是这并不一定会发生。特别是，波士顿金属公司对于收入预测没有太大把握。管理层认为，如果其他公司参与竞标，由于无法提高竞标价格，那么公司将会损失预测收入中的一大部分。在实施项目之前，公司需要辨别出对成败产生决定性影响的关键变量。市场营销部门估计的收入如下：

$$
\begin{aligned}
\text{年收入} &= \text{产品需求量} \times \text{单价} \\
&= 2\,000 \times 50 = 100\,000(\text{美元})
\end{aligned}
$$

工程部估算出人工和原材料等变动成本大约为每单位15美元。由于预测的总销量是每年2 000单位，因此总变动成本是30 000美元。

在定义了产品销量、产品价格、变动成本、固定成本以及残值之后，我们可以对关键输入变量进行敏感性分析。通过变动每个估计一定百分比和每个变量对最终结果产生的影响程度，对项目进行敏感性分析。如果有比较大的影响，那么结果对这个变量就是敏感的。

解：

已知：根据最可能估计得出的税后现金流量表。

求：净现值对哪个变量最敏感？

敏感性分析：以每个输入变量的最可能估计为基础，我们开始进行敏感性分析。在表11—2中，我们以基值的5%为增减幅度在20%范围内改变某个给定变量，同时保持其他变量不变，并且计算出新的净现值。在收入和成本都是基值情况下，净现值为40 169美元。现在我们提出一系列的假设性问题：如果销售量低于预期水平的20%，结果会怎样？如果产品的单价从50美元下降到45美元，结果会怎样？表11—2总结了关键输入变量变化之后的结果。

表11—2　五个关键输入变量的敏感性分析（例11—1）

	A	B	C	D	E	F	G	H	I	J
1										
2	关键	偏离基值的百分比（%）								
3	输入									
4	变量	-20%	-15%	-10%	-5%	0%	5%	10%	15%	20%
5										
6	单价	-$57	$9,999	$20,055	$30,111	$40,169	$50,225	$60,281	$70,337	$80,393
7	需求量	$12,010	$19,049	$26,088	$33,130	$40,169	$47,208	$54,247	$61,286	$68,325
8	变动成本	$52,236	$49,219	$46,202	$43,186	$40,169	$37,152	$34,135	$31,118	$28,101
9	固定成本	$44,191	$43,185	$42,179	$41,175	$40,169	$39,163	$38,157	$37,151	$36,145
10	残值	$37,782	$38,378	$38,974	$39,573	$40,169	$40,765	$41,361	$41,957	$42,553
11										

敏感性图：接下来，为变速箱项目的五个关键输入变量构造一个敏感性图（见图11—1）。将基本情况净现值的图形绘制在横坐标上的值为1.0（或0偏差）处。然后我

们把产品的需求量减少到原先的 95%并且保持其他变量不变，重新计算净现值。通过增加或减少基值的一个固定比率，重复以上过程，可得产品单价、变动成本、固定成本以及残值的图形。在图 11—1 中，我们发现该项目的净现值具有以下特点：(1) 对产品需求量和产品售价的变化非常敏感；(2) 对变动成本的变化相当敏感；(3) 对固定成本和残值的变化相对不敏感。

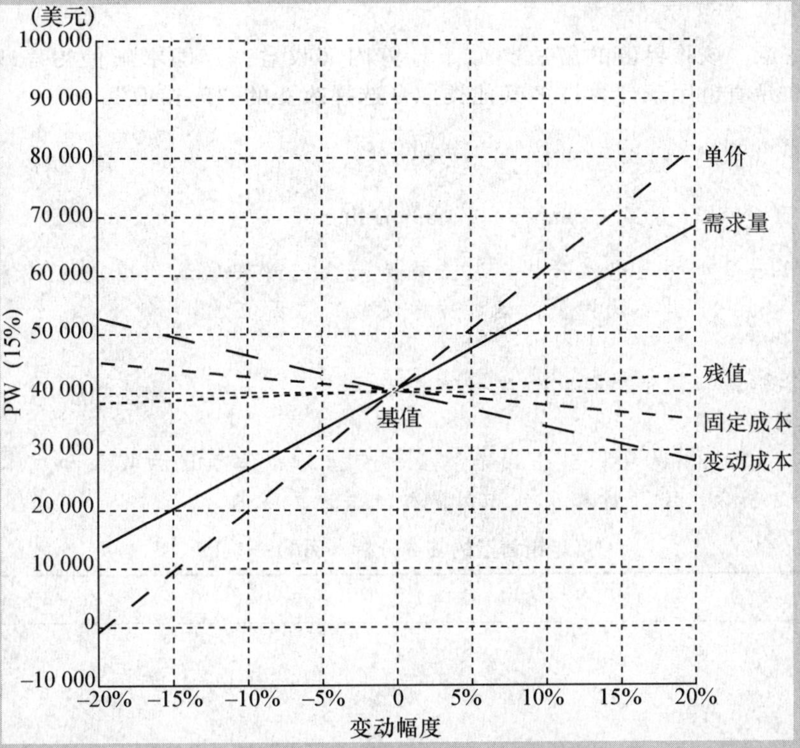

图 11—1 波士顿金属公司变速箱壳体项目的敏感性图（例 11—1）

绘图显示（见图 11—1）也是辨别不同变量相对于净现值敏感性程度的一种有用方法。然而，敏感性图并没有解释变量之间的相互内在关系或者说明从基值到某一偏离的实现概率。当然，我们也可以设想，一个结果也许对两个变量中的任何一个的变化不敏感，但是对两个变量同时变化却非常敏感。

□ 11.2.2 临界分析

当对某个项目进行敏感性分析时，我们将考虑较低的收入或者较高的成本会对项目的盈利能力产生多大的影响。不同的是，在某些时候企业更倾向于了解项目开始亏损之前销售量能比预期下降多少。这种类型的分析就是临界分析。换言之，临界分析是一种研究产出变量对公司净现值（或者其他衡量指标）产生影响的技术。下面介绍一种基于项目的现金流量临界分析的方法。

为了说明以净现值为基础的临界分析步骤，我们使用 9.4 节中讨论过的广义现金流量方法。作为一个未知变量（比如 x，可能是年销售量）的函数，我们计算现金流入量的现值。例如：

现金流入量的现值$=f(x)_1$

然后，计算作为x的函数的现金流出量的现值：

现金流出量的现值$=f(x)_2$

当然，净现值是上述两个现值的差。相应地，求临界值x，使

$$f(x)_1=f(x)_2$$

注意，该临界值的解法类似于计算内部收益率，即求解使得净现值为零的利率。临界值也用于计算许多其他类似令选择改变的“门槛值”。

例 11—2

临界分析

通过例11—2中的敏感性分析，波士顿金属公司管理层认为净现值对年销售量的变化是非常敏感的。求以年销售量为函数的净现值的临界值。

解：

已知：根据最可能估计得出的现金流量表。

求：临界销售量。

分析见表11—3。表中，波士顿金属公司变速箱壳体项目的收入和成本已经表示成年销售量X的函数。下面计算现金流入量和流出量的现值。

表11—3　（年销售量的临界分析（例11—2））　单位：美元

	0	1	2	3	4	5
现金流入量：						
净残值						37 389
收入：						
$X(1-0.4)$（50美元）		$30X$	$30X$	$30X$	$30X$	$30X$
折旧抵税						
0.4×折旧		7 145	12 245	8 745	6 245	2 230
现金流出量：						
投资	−125 000					
变动成本：$-X(1-0.4)$（15美元）		$-9X$	$-9X$	$-9X$	$-9X$	$-9X$
固定成本：						
$-(1-0.4)$（10 000美元）		−6 000	−6 000	−6 000	−6 000	−6 000
净现金流量	−125 000	$21X+1\,145$	$21X+6\,245$	$21X+2\,745$	$21X+245$	$21X+33\,617$

- 现金流入量的现值：

$$
\begin{aligned}
PW(15\%)_{\text{流入}} &= \text{税后净收入现值}+\text{净残值现值}+\text{折旧节税现值}\\
&=30X(P/A,15\%,5)+37\,387(P/F,15\%,5)\\
&\quad+7\,145(P/F,15\%,1)+12\,245(P/F,15\%,2)\\
&\quad+8\,745(P/F,15\%,3)+6\,245(P/F,15\%,4)\\
&\quad+2\,230(P/F,15\%,5)\\
&=30X(P/A,15\%,5)+44\,490\\
&=100.565\,0X+44\,490
\end{aligned}
$$

- 现金流出量的现值：

$$PW(15\%)_{流出}=资本支出的现值+税后支出的现值$$
$$=125\,000+(9X+6\,000)(P/A,15\%,5)$$
$$=30.169\,4X+145\,113$$

所以，波士顿金属公司现金流量的净现值是：

$$PW(15\%)=100.565\,0X+44\,490-(30.169\,4X+145\,113)$$
$$=70.395\,6X-100\,623$$

表 11—4 计算了需求量（X）为函数流入量的现值和流出量的现值。

表 11—4　　根据项目净现值确定的临界销售量（例 11—2）　　单位：美元

需求量 (X)	现金流入的现值 ($100.565\,0X+44\,490$)	现金流出的现值 ($30.169\,4X+145\,113$)	净现值 ($70.395\,6X-100\,623$)
0	44 490	145 113	(100 623)
500	94 773	160 198	(65 425)
1 000	145 055	175 282	(30 227)
1 429	188 197	188 225	(28)
1 430	188 298	188 255	43
1 500	195 338	190 367	4 970
2 000	245 620	205 452	40 168
2 500	295 903	220 537	75 366

临界销售量=1 430 单位

如果公司销售了 1 430 单位的产品，那么净现值只比零大一点点。精确计算得出的净现值等于零时的销售量（临界值）是 1 429.43 单位：

$$PW(15\%)=70.395\,6X-100\,623$$
$$=0$$
$$X_b=1\,430\text{ 单位}$$

图 11—2 中，在关于年销售量的诸多假设之下，我们绘制了现金流入量和流出量现值的图形。当销量为 1 430 单位时，两条线相交，同时该点处的净现值为 0。我们再次观察图形可得，只要销售量大于 1 430 单位，该项目的净现值是正的。

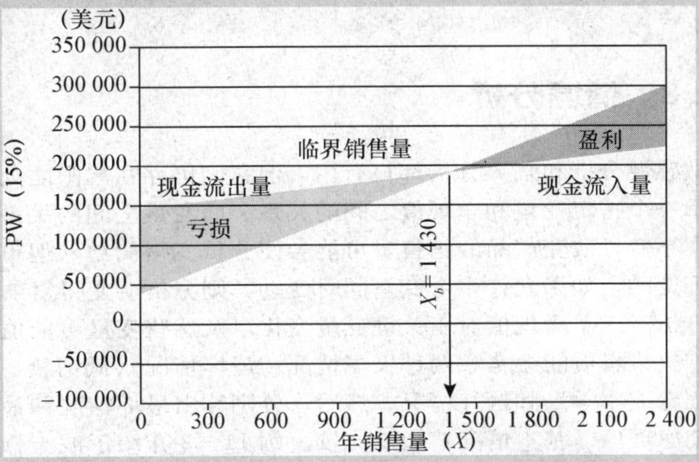

图 11—2　基于净现金流量的临界分析（例 11—2）

评论：除使用上述分析方法，我们还可以利用 Excel 中的单变量求解（Goal Seek）函数。通过简单设定流出量（NPW）目标值（单元格$F$11）为 0，变化销售量变动幅度（单元格$F$11）就可得到结果。如图 11—3 所示，临界销售量比基值低 28.55%（或为 1 429 单位）。

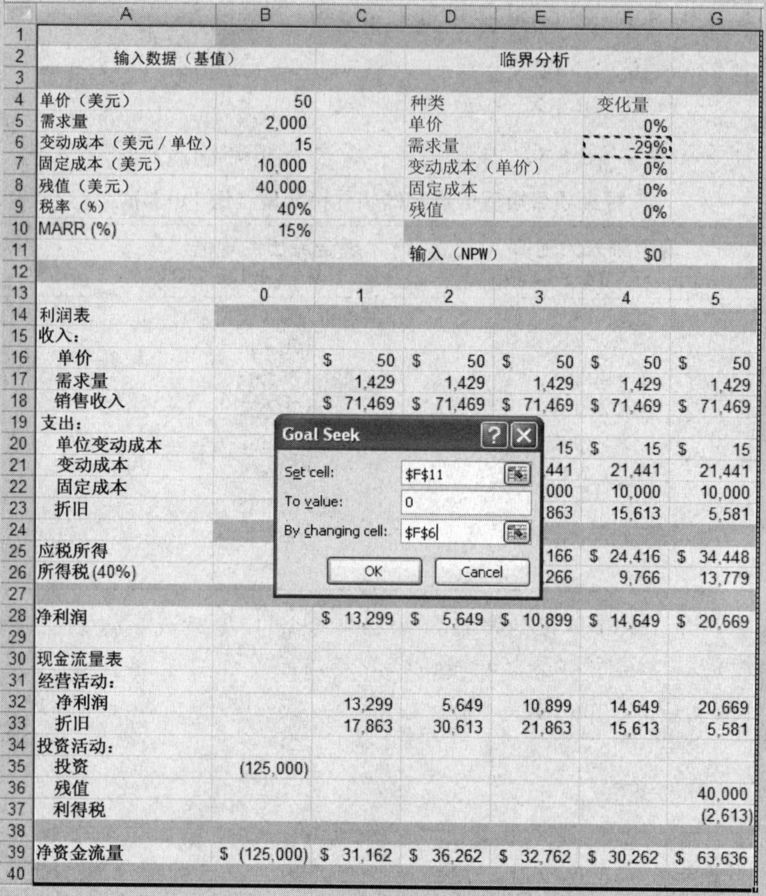

	A	B	C	D	E	F	G
1							
2	输入数据（基值）			临界分析			
3							
4	单价（美元）	50		种类		变化量	
5	需求量	2,000		单价		0%	
6	变动成本（美元/单位）	15		需求量		-29%	
7	固定成本（美元）	10,000		变动成本（单价）		0%	
8	残值（美元）	40,000		固定成本		0%	
9	税率（%）	40%		残值		0%	
10	MARR (%)	15%					
11				输入（NPW）		$0	
12							
13		0	1	2	3	4	5
14	利润表						
15	收入：						
16	单价		$ 50	$ 50	$ 50	$ 50	$ 50
17	需求量		1,429	1,429	1,429	1,429	1,429
18	销售收入		$ 71,469	$ 71,469	$ 71,469	$ 71,469	$ 71,469
19	支出：						
20	单位变动成本				15	$ 15	$ 15
21	变动成本				441	21,441	21,441
22	固定成本				000	10,000	10,000
23	折旧				863	15,613	5,581
24							
25	应税所得				166	$ 24,416	$ 34,448
26	所得税(40%)				266	9,766	13,779
27							
28	净利润		$ 13,299	$ 5,649	$ 10,899	$ 14,649	$ 20,669
29							
30	现金流量表						
31	经营活动：						
32	净利润		13,299	5,649	10,899	14,649	20,669
33	折旧		17,863	30,613	21,863	15,613	5,581
34	投资活动：						
35	投资	(125,000)					
36	残值						40,000
37	利得税						(2,613)
38							
39	净资金流量	$ (125,000)	$ 31,162	$ 36,262	$ 32,762	$ 30,262	$ 63,636
40							

图 11—3 利用 Excel 的单变量求解（Goal Seek）函数进行临界分析

11.2.3 情境分析

尽管敏感性分析和临界分析都很有用，但它们仍存在局限之处。通常我们都很难准确表示一个特定变量和净现值之间的关系。而变量之间的关系则更为复杂。保持经营成本不变，改变产品的销售量可能会使分析变得简单，但事实上，经营成本是不可能不变的。如果允许多个变量同时变动，则分析会变得复杂很多。

情境分析考虑了净现值对于关键变量变化以及这些变量可能值范围变化的敏感性。例如，决策者可能会考察两种极端情况：最坏情况（低销量、低价格、高变动成本、高固定成本等）和最好情况。然后，分别算出最坏情况和最好情况下的净现值并与预期净现值（基本情况）加以比较。例 11—3 介绍了波士顿金属公司变速箱壳体项目一种比较合理的情境分析。

例 11—3

情境分析

仍以例 11—1 中的波士顿金属公司变速箱壳体项目为例。假设该公司的管理层必须对每个关键输入变量作出范围估计，如最基本的三种估计：最坏情况、最可能情况以及最好情况。如果销售量降到 1 600 以下或者上升到 2 400 以上被视为不可能出现的极端情况。因此，年销售量下降 400 单位为下限（最坏情况），然而年销售量上升 400 单位为上限（最好情况）。（记住最有可能的年销售量为 2 000 单位。）假设 5 年的销售量是相等的，讨论最坏和最好的情形。

解题思路： 为了进行情境分析，市场营销部和工程部被要求给出关键变量的乐观估计（最好情况）和悲观估计（最坏情况）。然后，我们用最坏情况中的变量求出相对应的净现值，用最好情况中的变量求出对应的净现值。最后，我们利用表 11—1 形成的 Excel 电子表格计算各种情况中变量给定情况下的净现值。

解：

已知：三种合理情境下各自假设的关键输入变量的一组数值。

求：每个情境的净现值。

分析的结果如下表所示：

考虑的变量	最坏情况	最可能情况	最好情况
需求量	1 600	2 000	2 400
单价（美元）	48	50	53
变动成本（美元）	17	15	12
固定成本（美元）	11 000	10 000	8 000
残值（美元）	30 000	40 000	50 000
PW(15%)	−5 856	40 169	104 295

结果发现，最可能情况下的净现值是正的，最坏情况下的净现值是负的，最好情况下的净现值是一个很大的正数。通过观察表中的结果，我们并不能简单地解释情境分析或者做出决定。例如，我们会说该项目可能会造成亏损，但我们并不知道亏损的可能性是多少。显而易见，我们需要知道最坏情况、最好情况、最可能情况以及其他所有可能情况发生的概率。

估计概率需要进行以下步骤：建立概率分布（或者，问题中的变量为某个确定值的概率）。如果我们能预计变量对净现值的影响，那么为什么不确定每个变量可能结果的概率分布并且结合这些分布计算出净现值的概率分布？以下两节将对该问题进行探讨。

11.3 投资决策中的概率概念

在本节中，我们假设通过先前类似项目的经验或者市场调查，分析师已经知道了未来项目的可能性。概率信息的利用能为管理层提供各个方案可能结果的范围以及达到不同目标的可能性。

□ 11.3.1 概率估计

首先对概率相关的一些术语进行定义，例如随机变量、概率分布以及累积概率分布。风险的定量描述是数值概率或者事件发生的似然性。概率区间为0～1.0。一个事件或者结果若确定发生，则概率为1.0。如果一个事件的概率接近0，则该事件几乎就不可能发生。研究一个投资项目各项结果的概率分布通常称为**风险分析**（risk analysis）。

随机变量

随机变量（random variable）是一个有多个可能值（当然不是同时）的参数或者变量。任何时候，一个随机变量的值在事件发生前都是未知的，但是随机变量可能值的概率是预先知道的。换句话说，与随机变量每个可能值相关联的是事件的发生概率。例如，当你的大学足球队进行比赛时，比赛可能产生的结果只有两种：输或赢。该结果是一个随机变量，并且在很大程度上取决于对手的水平。

为了表示随机变量，我们采用传统的大写字母（如 X）。斜体小写字母（如 x）表示某一情况下的随机变量的特定值。随机变量有离散和连续两种形式：

- 取值是可数的随机变量是**离散随机变量**（discrete random variables）。
- 能够在某一个特定区间任意取值为**连续随机变量**（continuous random variables）。

例如，比赛的结果应该是一个离散随机变量。相比之下，在比赛当日，假设你对饮料的销售量非常感兴趣，饮料销售量的数量将会与天气情况、参加比赛的人数以及其他因素相关。在这种情况下，饮料的销售量是一个连续随机变量，该变量可以是一系列连续的数值。

概率分布

对于一个离散随机变量，任一可能发生的随机事件的概率都是需要计算的。对于一个连续随机变量，在事件发生的区间，需要定义概率函数。对于上述任意一种情况，每个可能结果的概率是存在的。这些概率便构成了一个**概率分布**（probability distribution）。

如果具有过去特征延续到未来的趋势，那么可以根据过去的观察结果或者历史数据进行概率估计。天气预报或者在许多专业运动项目中预测某场比赛的结果，都是在许多统计数据的基础上进行的。任何根据客观数据进行的概率估计称作**客观概率**（objective probabilities）。然而，在许多实际投资情形中，并不存在可以利用的客观数据。在这种情况下，我们使用适合状态性质的**主观概率**（subjective probabilities）。只要对可能事件的想法与行动一致，我们就有可能在盈利分析中合理解释许多事件的经济结果。

通常需要确定连续随机变量取值区间，即**最小值**（L）（minimum value）和**最大值**（H）（maximum value）。下一步要确定在此区间，是否某些取值发生的可能性大于其他取值；换句话说，该概率分布是否存在一个**众数**（M_0）（mode）或发生可能性最大的值？

- 如果该变量的概率分布存在一个发生可能性最大的取值，那么我们可以用**三角分布**（triangular distribution）来表示变量，如图11—4所示。
- 如果没有理由认为某个取值发生的概率大于其他取值，最好用**均匀分布**（uniform distribution）来描述该变量，如图11—5所示。

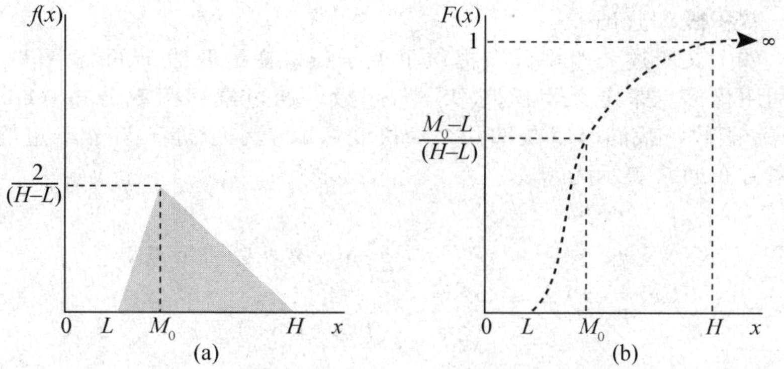

图 11—4　三角概率分布：（a）概率函数；（b）累积概率分布

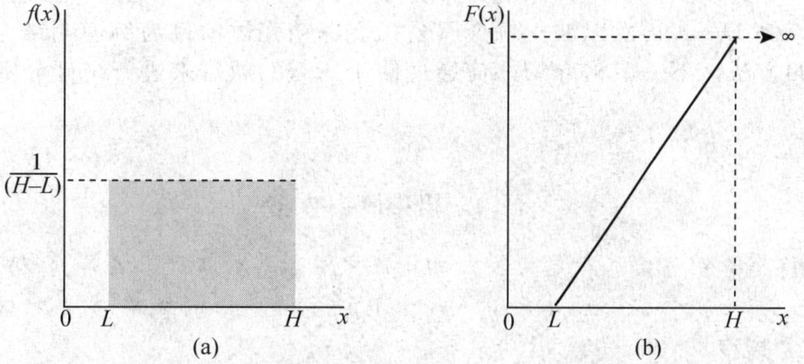

图 11—5　均匀概率分布：（a）概率函数；（b）累积概率分布

当仅已知随机变量的最小值、最大值以及最可能值是否存在，此时上述两种分布就常常用来描述随机变量的变化。例如，假设分析师对于每天销售收入的最佳估计是 2 000～5 000 美元，并且其中任意取值是等可能发生的。对于销售收入随机性的判断便可以用均匀分布来描述。

对于波士顿金属公司变速箱壳体项目，产品需求量（X）和产品价格（Y）可视为离散随机变量，因为在决策时，它们的值是无法确定的。在表 11—5 中，我们假设了 X 和 Y 的概率分布，从中发现概率最大的产品需求量是 2 000 单位，概率最大的产品售价是 50 美元。因此，这些就是最可能的取值。同样可以发现其他产品需求量不是 2 000 单位的取值可能性也很大。因此，当在经济分析中仅仅采用最可能值时，事实上我们正在忽略许多其他的结果。

表 11—5　　波士顿金属公司项目的产品需求量（X）和单价（Y）的概率分布*

产品需求量（X）		销售价格（Y）	
数量（x）	概率 $P(X=x)$	单价（y）(美元)	概率 $P(Y=y)$
1 600	0.20	48	0.30
2 000	0.60	50	0.50
2 400	0.20	53	0.20

* X 和 Y 是独立随机变量。

累积概率分布

如上文所述，概率分布提供了关于随机变量取值 x 的概率信息。因此，我们可以利用该信息来定义累积概率分布函数。通过**累积概率分布**（cumulative distribution）函数，我们可以获知一个随机变量取值小于等于某个给定值 x 的概率。累积概率分布通常表示为：

$$F(x)=P(X\leqslant x)=\begin{cases}\sum_{j=1}^{j}p_j\text{，离散随机变量}\\ \int_L^x f(x)\mathrm{d}x\text{，连续随机变量}\end{cases}$$

式中，p_j 表示离散随机变量取值 x_j 时的概率；$f(x)$ 是连续变量的概率函数。对于一个连续随机变量，累积概率分布是以平滑（而非阶梯）形式连续上升的。

例 11—4 再次以波士顿金属公司变速箱壳体项目为例说明结合概率信息进行分析的方法。下一节将介绍如何通过使用所有的数据来进行统计分析。

例 11—4

累积概率分布

假设仅每年销售给海湾电力公司的产品数量（X）以及产品单价（Y）不确定。根据市场经验，波士顿金属公司计算出了每个变量不同取值的概率，如表 11—5 所示。求出这些随机变量的累积概率分布。

解：

已知：离散随机变量 X 和 Y 的概率分布。

求：X 和 Y 的累积概率分布。

估计波士顿金属公司变速箱壳体项目中产品需求量（X）的概率分布：

产品需求量（*X*）	概率 *P*(*X*=*x*)
1 600	0.2
2 000	0.6
2 400	0.2

如果想得知需求量小于等于某个特定值的概率，我们可以使用以下的累积概率函数：

$$F(x)=P(X\leqslant x)=\begin{cases}0, & x<1\,600\\ 0.2, & 1\,600\leqslant x<2\,000\\ 0.8, & 1\,600\leqslant x<2\,400\\ 1.0, & 2\,400\leqslant x\end{cases}$$

例如，如果想知道需求量小于等于 2 000 的概率，只需令 x 等于 2 000，即得该概率为 0.8。

可以通过类似的方式计算 Y 的累积概率分布。图 11—6 和图 11—7 分别说明了 X 和 Y 的概率以及累积概率分布。

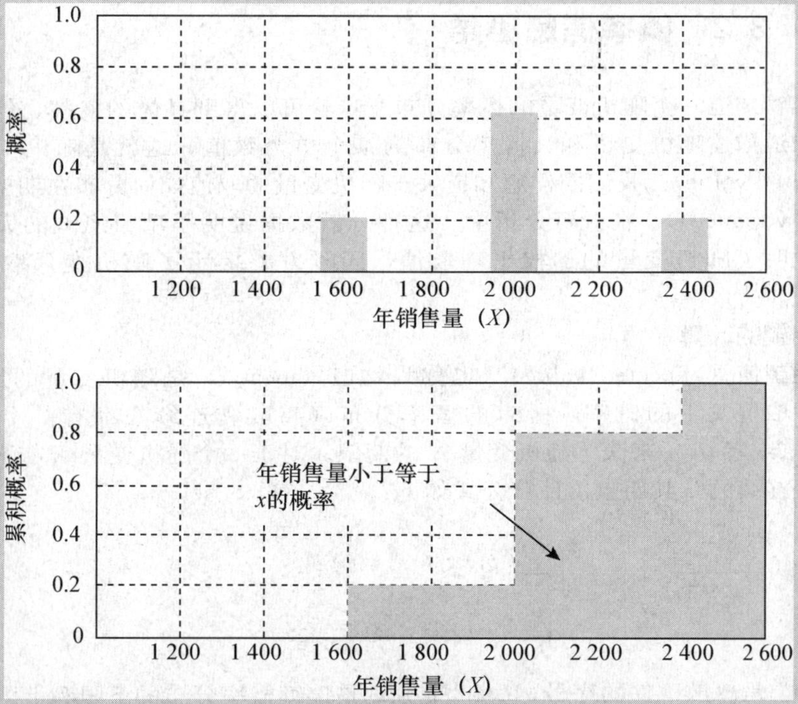

图 11—6　随机变量 X（年销售量）的概率分布以及累积概率分布

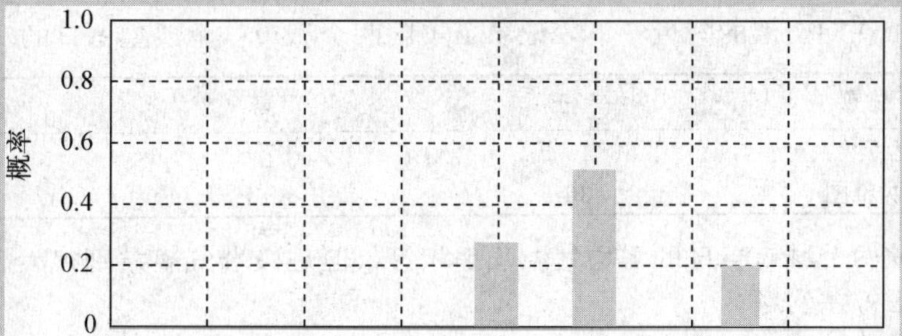

图 11—7　表 11—5 中随机变量 Y 的概率分布以及累积概率分布

11.3.2 概率信息小结

尽管知道一个随机变量的概率分布意味着可以得到具体的概率，但是我们仍然希望知道描述随机变量和其概率分布的某个单个数值。这就是随机变量的**期望值**（expected value）。我们同样想知道关于随机变量的取值如何分布在期望值附近（如**方差**（variance））。在投资分析中，这种分散数据说明了项目风险的大小程度。期望值说明了随机变量的加权平均取值，同时方差揭示了随机变量取值的波动性大小。

期望的计算

期望值（expected value）（也称为**均值**（mean））是随机变量的加权平均值，权数即取值发生的概率。所有的概率分布（离散和连续）都有一个期望值。用 $E[X]$（或者 μ_X）来表示随机变量 X 的期望。对于一个随机变量 X，无论其是离散的还是连续的，其期望值计算公式如下：

$$E[X]=\mu_X=\begin{cases}\sum_{j=1}^{J}(p_j)x_j，离散变量\\ \int_L^H xf(x)\mathrm{d}x，连续变量\end{cases} \tag{11.1}$$

式中，J 是离散事件的序号；L 和 H 分别是连续概率分布的下限和上限。

概率分布的期望说明关于随机变量平均值的重要信息，如净现值，但是并不反映期望值两侧的差异性。随机变量可能取值区间的范围是否会很小，所有的取值是否都集中在期望值的附近？下表记录了美国两个城市一个典型冬日的气温。

位置	低	高	平均
亚特兰大	15°F	67°F	41°F
西雅图	36°F	48°F	42°F

即使两个城市当日的平均气温几乎相等，但是极端气温差别很大。接下来，我们将考虑方差问题。

方差的计算

概率分析中另一种需要进行的度量是估计由于结果的差异产生的风险大小。统计分析中数量集合差异性的度量方法有**区间**（range）、**方差**（variance）和**标准差**（standard deviation）。方差和标准差在财务风险分析中最常用。随机变量 X 的方差用 $\mathrm{Var}[X]$ 或 σ_X^2 表示，标准差用 σ_X 表示（如果分析中仅有一个随机变量，通常将下标省略）。

方差说明均值两侧的概率分布离散程度。当方差增大，离散程度提高；方差越小，与期望值的偏离越小。

为了计算方差，首先要算出每一个可能取值 x_j 与期望值之差 $(x_j-\mu)$。然后把该结果平方并乘以 x_j 发生的概率 p_j，最后把所有结果相加。对于一个离散随机变量，计算方差的等式是[3]：

$$\mathrm{Var}[X]=\sigma_X^2=\sum_{j=1}^{J}(x_j-u)^2(p_j) \tag{11.2}$$

式中，p_j 是随机变量（X）的第 j 个取值（x_j）发生的概率；μ 已经在等式（11.1）

中定义。最为重要的是，任何风险的衡量都应该有一个确定的取值（单位）。**标准差**（standard deviation）即是这样的一种度量手段，我们可以对 Var[X] 取正平方根得到与 X 同一量纲的标准差：

$$\sigma_X = \sqrt{\text{Var}[X]} \tag{11.3}$$

标准差是概率加权离差（更准确地说，离差平方和的平方根）。所以，标准差说明实际值大于或小于期望值的程度。对于绝大多数的概率分布，实际值一般分布在 $\pm 3\sigma$ 区间内。

实际上，如果使用以下公式，方差的计算会变得容易一些。

$$\text{Var}[X] = \sum p_j x_j^2 - \left(\sum p_j x_j\right)^2 = E[X^2] - (E[X])^2 \tag{11.4}$$

式中，$E[X^2]$ 表示随机变量 X 的平方的均值；$(E[X])^2$ 表示随机变量期望的平方。例 11—5 说明了如何求解方差。

例 11—5

期望和方差的计算

仍以波士顿金属公司变速箱壳体项目为例，产品需求量 X 和单位售价 Y 的估计如表 11—5 所示。请计算随机变量 X 和 Y 的期望值、方差和标准差。

解：

已知：X 和 Y 的概率分布。

求解：计算每个分布的期望值和方差。

对于产品需求变量（X），有：

x_j	p_j	$x_j(p_j)$	$(x_j-E[X])^2$	$(x_j-E[X])^2(p_j)$
1 600	0.20	320	$(-400)^2$	32 000
2 000	0.60	1 200	0	0
2 400	0.20	480	$(400)^2$	32 000
		$E[X]$=2 000		Var[X]=64 000
				σ_X=252.98

对于产品售价变量（Y），有：

y_j(美元)	p_j	$y_j(p_j)$(美元)	$(y_j-E[Y])^2$	$(y_j-E[Y])^2(p_j)$
48	0.30	14.40	$(-2)^2$	1.20
50	0.50	25.00	$(0)^2$	0
53	0.20	10.60	$(3)^2$	1.80
		$E[Y]$=50.00		Var[Y]=3.00
				σ_Y=1.73

□ 11.3.3　联合概率和条件概率

到目前为止，我们并没有发现某些变量的取值会影响到其他变量。然而，某些变量的取值会依赖于其他变量，这是完全可能的。通常我们用条件概率来表示这种影响。一个例子就是，产品的需求量会受到产品价格的影响。

联合概率分布（joint probability）定义为：

$$P(x,y)=P(X=x|Y=y)P(Y=y) \tag{11.5}$$

式中，$P(X=x \mid Y=y)$ 是给定 $Y=y$ 时 X 的**条件概率分布**（conditional probability），并且 $P(Y=y)$ 是 $Y=y$ 的**边际概率**（marginal probability）。当然，某些情况下 X 和 Y 的概率是不相互影响的。即如果 X 和 Y 是**独立**（independent）的，那么联合概率简化为：

$$P(x,y)=P(x)P(y) \tag{11.6}$$

联合分布、边际分布和条件分布的概念可以通过数学例子加以解释。

假设波士顿金属公司估计，当产品价格定为48美元时，公司能卖出1 600单位产品的条件概率是0.10。联合分布的概率（需求量是1 600，单价为48美元）是：

$$\begin{aligned}P(x,y)&=P(1\,600,48)\\&=P(x=1\,600|y=48)P(y=48)\\&=0.10\times0.30\\&=0.03\end{aligned}$$

通过类似的方法可算出其他联合分布的概率，如表11—6所示。

表11—6　　条件概率和联合概率估计

产品价格 Y（美元）	概率	需求量 X	条件概率	联合概率
48	0.30	1 600	0.10	0.03
		2 000	0.40	0.12
		2 400	0.50	0.15
50	0.50	1 600	0.10	0.05
		2 000	0.64	0.32
		2 400	0.26	0.13
53	0.20	1 600	0.50	0.10
		2 000	0.40	0.08
		2 400	0.10	0.02

表11—6中，产品需求量（X）从1 600单位到2 400单位，产品单价（Y）从48美元到53美元，共有9种可能发生的联合事件。其联合概率总和为1，见表11—7。

表11—7　　联合概论

联合事件（xy）	$P(x,y)$
(1 600，48)	0.03
(2 000，48)	0.12
(2 400，48)	0.15
(1 600，50)	0.05
(2 000，50)	0.32
(2 400，50)	0.13
(1 600，53)	0.10
(2 000，53)	0.08
(2 400，53)	0.02
	总计＝1.00

通过加总所有 x 固定，y 变化的联合概率，可以得到 x 的边际概率分布，如表 11—8 所示。

表 11—8　　边际概率分布

x_j	$P(x_j)=\sum_y P(x,y)$
1 600	P(1 600，48)＋P(1 600，50)＋P(1 600，53)＝0.18
2 000	P(2 000，48)＋P(2 000，50)＋P(2 000，53)＝0.52
2 400	P(2 400，48)＋P(2 400，50)＋P(2 400，53)＝0.30

从 x 的边际概率分布可知，预计产品需求量为 2 000 单位的可能性为 52%，预计需求量为 1 600 单位和 2 400 单位的可能性分别是 18%和 30%。

□ 11.3.4　协方差和相关系数

当两个随机变量不是独立的时候，我们需要衡量它们之间的关系程度。协方差 Cov(X，Y) 是表示两个变量（X，Y）之间相关程度的一个参数，表示为 σ_{XY}，数学上，协方差定义为：

$$\begin{aligned}\text{Cov}(X,Y)&=\sigma_{XY}\\&=E\{(X-E[X])(Y-E[Y])\}\\&=E(XY)-E(X)E(Y)\\&=\rho_{XY}\sigma_X\sigma_Y\end{aligned}\tag{11.7}$$

式中，ρ_{XY} 是 X 和 Y 之间的相关系数。显而易见，如果 X 取值大于其期望值，Y 取值大于其期望值，则 Cov(X，Y) 是正的。如果 X 取值小于其期望值，Y 取值大于其期望值，则 Cov(X，Y) 是负的。Cov(X，Y) 的正负表明了 X 和 Y 变化的方向是相同的或者相反的。从等式（11.7）得 ρ_{XY} 的表达式：

$$\rho_{XY}=\frac{\text{Cov}(X,Y)}{\sigma_X\sigma_Y}\tag{11.8}$$

ρ_{XY} 的值域是 $-1\sim+1$，当 $\rho_{XY}=0$ 时，表示两个随机变量之间没有关联性，即是相互独立的。如表 11—9 所示，产品需求量（X）和产品单价（Y）的相关系数是负的，即 $\rho_{XY}=-0.439$，这意味着如果公司降低产品价格，就可以增加产品销量。

表 11—9　　计算随机变量 X 和 Y 的相关系数

(x，y)	($x-E[X]$)	($y-E[Y]$)	$p(x, y)$	($x-E[X]$)($y-E[Y]$)	$p(x, y)\times(x-E[X])(y-E[Y])$
(1 600，48)	(1 600－2 000)	(48－50)	0.03	800	24
(2 000，48)	(2 000－2 000)	(48－50)	0.12	0	0
(2 400，48)	(2 400－2 000)	(48－50)	0.15	－800	－120
(1 600，50)	(1 600－2 000)	(50－50)	0.05	0	0
(2 000，50)	(2 000－2 000)	(50－50)	0.32	0	0
(2 400，50)	(2 400－2 000)	(50－50)	0.13	0	0
(1 600，53)	(1 600－2 000)	(53－50)	0.10	－1 200	－120

续前表

(x, y)	$(x-E[X])$	$(y-E[Y])$	$p(x, y)$	$(x-E[X])(y-E[Y])$	$p(x, y)\times(x-E[X])(y-E[Y])$
(2 000, 53)	(2 000−2 000)	(53−50)	0.08	0	0
(2 400, 53)	(2 400−2 000)	(53−50)	0.02	1 200	24

$$\text{Cov}(X, Y)=-192$$

$$\rho_{XY}=\frac{\text{Cov}(X, Y)}{\sigma_X\sigma_Y}=\frac{-192}{(\sqrt{64\,000}\times\sqrt{3.00})}=-0.439$$

11.4 净现值的概率分布

当我们确定了某个项目中的随机变量，并且估计了可能性事件发生的概率，接下来要做的就是求得该项目净现值的概率分布。

11.4.1 净现值概率分布计算步骤

假设所有用于计算净现值的随机变量是相互独立的。我们将按照以下步骤求解净现值的概率分布：

步骤1：把净现值表示为未知随机变量的函数。

步骤2：确定每个随机变量的概率分布。

步骤3：确定联合事件以及它们发生的概率。

步骤4：计算各联合事件的净现值。

步骤5：按递增的顺序来排列净现值。

例11—6说明了以上各步骤。

例11—6

计算净现值概率分布的步骤

例11—1中的波士顿金属公司变速箱壳体项目，其产品需求量（X）和价格（Y）见表11—5。求该项目净现值的概率分布，然后计算净现值的期望和方差。

解：

已知：X和Y的概率分布。

求：基于广义现金流量法的净现值概率分布。

对于波士顿金属公司变速箱壳体项目，其税后现金流量计算成关于随机变量X和Y的函数形式，结果见表11—10。根据此表计算出现金流入量的现值为：

$$\begin{aligned}PW(15\%)&=0.6XY(P/A,15\%,5)+44\,490\\&=2.011\,3XY+44\,490\end{aligned}$$

现金流出量的现值计算为：

$$\begin{aligned}PW(15\%)&=125\,000+(9X+6\,000)(P/A,15\%,5)\\&=30.169\,4X+145\,113\end{aligned}$$

因此，净现值为：

$$PW(15\%)=2.011\,3X(Y-15)-100\,623$$

表 11—10　税后现金流量作为未知的产品需求量（X）和单价（Y）的函数（例 11—6）

项目	0	1	2	3	4	5
现金流入量：						
净残值						37 387
收入：$X(1-0.4)Y$		$0.6XY$	$0.6XY$	$0.6XY$	$0.6XY$	$0.6XY$
折旧抵税：						
0.4（折旧）		7 145	12 245	8 745	6 245	2 230
现金流出量：						
投资	−125 000					
变动成本：$-X(1-0.4)\times$(15 美元)		$-9X$	$-9X$	$-9X$	$-9X$	$-9X$
固定成本：$-(1-0.4)\times$(10 000 美元)		−6 000	−6 000	−6 000	−6 000	−6 000
净现金流量	−125 000	$0.6X(Y-15)+1\,145$	$0.6X(Y-15)+6\,245$	$0.6X(Y-15)+2\,745$	$0.6X(Y-15)+245$	$0.6X(Y-15)+33\,617$

如果产品需求量 X 和产品价格 Y 是相互独立的随机变量，那么 PW（15%）也是一个随机变量。确定净现值的概率分布，需要考虑可能结果的所有组合。[4] 第一种可能结果是 $X=1\,600$，$Y=48$ 美元。由于 X 和 Y 是相互独立的随机变量，该联合事件的概率为：

$$\begin{aligned}P(X=1\,600,Y=48)&=P(X=1\,600)P(Y=48)\\&=0.20\times0.30\\&=0.06\end{aligned}$$

将这些数值作为输入数据，计算净现值：

$$\begin{aligned}PW(15\%)&=2.011\,3X(Y-15)-100\,623\\&=2.011\,3\times1\,600\times(48-15)-100\,623\\&=5\,574\end{aligned}$$

此外，净现值还存在另外 8 种可能结果，这些结果和相对应的概率如表 11—11 和图 11—8 所示。

表 11—11　独立随机变量的净现值的概率分布

事件序号	x	y（美元）	$P(X=x,\ Y=y)$	累积联合概率	净现值（美元）
1	1 600	48.00	0.06	0.06	5 574
2	1 600	50.00	0.10	0.16	12 010
3	1 600	53.00	0.04	0.20	21 664
4	2 000	48.00	0.18	0.38	32 123
5	2 000	50.00	0.30	0.68	40 168
6	2 000	53.00	0.12	0.80	52 236
7	2 400	48.00	0.06	0.86	58 672
8	2 400	50.00	0.10	0.96	68 326
9	2 400	53.00	0.04	1.00	82 808

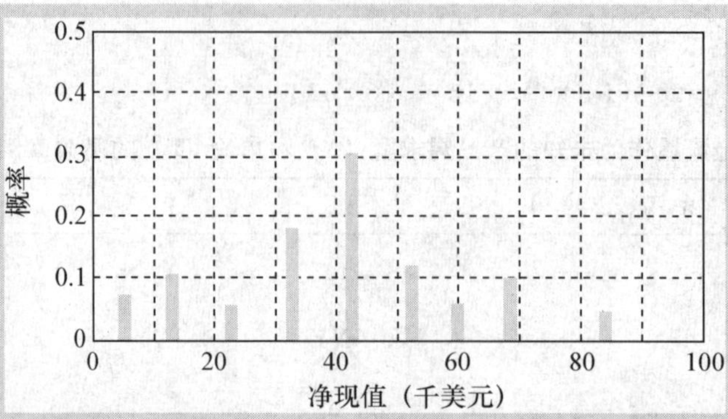

图 11—8　当 X 和 Y 是独立随机变量时的净现值概率分布（例 11—6）

表 11—11 中净现值的概率分布显示该项目净现值在 5 574 美元和 82 808 美元之间，并且在 9 种情况下都不存在亏损的可能。一方面，根据累积概率分布，该项目的净现值小于基本情况估计值（40 168 美元）的概率是 0.38。另一方面，净现值大于该值的概率是 0.32。当然，相比于 11.2.3 节中的情境分析，该概率分布提供了可能发生事件的更多信息。

通过分析随机现金流量，净现值的概率分布可以计算出来。正如观察所得，概率分布使我们得以从项目风险角度理解数据。下面进一步通过学习期望和方差，了解如何汇总概率信息。

● 对于波士顿金属公司变速箱壳体项目，我们计算净现值（NPW）概率分布的期望值，见表 11—12。该表显示期望值与概率最大的净现值是相等的。

表 11—12　净现值概率分布期望值的计算

事件序号	x	y（美元）	$P(x, y)$	累积联合概率	加权 NPW（美元）	NPW（美元）
1	1 600	48.00	0.06	0.06	5 574	334
2	1 600	50.00	0.10	0.16	12 010	1 201
3	1 600	53.00	0.04	0.20	21 664	867
4	2 000	48.00	0.18	0.38	32 123	5 782
5	2 000	50.00	0.30	0.68	40 168	12 050
6	2 000	53.00	0.12	0.80	52 236	6 268
7	2 400	48.00	0.06	0.86	58 672	3 520
8	2 400	50.00	0.10	0.96	68 326	6 833
9	2 400	53.00	0.04	1.00	82 808	3 312
						E[NPW] ＝40 168

● 假设 X 和 Y 是相互独立的，根据式（11.2），可得净现值概率分布的方差，如表 11—13 所示。利用式（11.4）更容易得到相同的结果。

表 11—13　净现值概率分布方差的计算

事件序号	x	y（美元）	$P(X=x, Y=y)$	NPW（美元）	$(\text{NPW}-E[\text{NPW}])^2$	加权 $(\text{NPW}-E[\text{NPW}])^2$
1	1 600	48.00	0.06	5 574	1 196 769 744	71 806 185
2	1 600	50.00	0.10	12 010	792 884 227	79 288 423
3	1 600	53.00	0.04	21 664	342 396 536	13 695 861

续前表

事件序号	x	y (美元)	$P(X=x, Y=y)$	NPW (美元)	$(\text{NPW}-E[\text{NPW}])^2$	加权 $(\text{NPW}-E[\text{NPW}])^2$
4	2 000	48.00	0.18	32 123	64 725 243	11 650 544
5	2 000	50.00	0.30	40 168	0	0
6	2 000	53.00	0.12	52 236	145 631 797	17 475 816
7	2 400	48.00	0.06	58 672	342 396 536	20 543 792
8	2 400	50.00	0.10	68 326	792 884 227	79 288 423
9	2 400	53.00	0.04	82 808	1 818 132 077	72 725 283
						Var[NPW]=366 474 326
						σ=19 144

评论： 我们可以利用产品随机变量的性质来求得净现值的期望和方差。设 $W=XY$，X 和 Y 为随机变量，并且已知期望和方差为（μ_X，σ_X^2），（μ_Y，σ_Y^2）。如果 X 和 Y 是相互独立的，那么

$$E(W)=E(XY)=\mu_X\mu_Y \tag{11.9}$$

$$\text{Var}(W)=\text{Var}(XY)=\mu_X^2\sigma_Y^2+\mu_Y^2\sigma_X^2+\sigma_X^2\sigma_Y^2 \tag{11.10}$$

净现值的期望值计算如下：

$$\begin{aligned}E[\text{PW}(15\%)]&=2.011\,3E(XY)-(2.011\,3)(15)E(X)-100\,623\\&=2.011\,3\times2\,000\times50-2.011\,3\times15\times2\,000-100\,623\\&=40\,168(\text{美元})\end{aligned}$$

令 $Z=Y-15$，那么 $E(Z)=E(Y)-15=\mu_Y-15=50-15=35$，$\text{Var}[Z]=\text{Var}[Y]=\sigma_Y^2=3$。所以

$$\begin{aligned}\text{Var}[\text{PW}(15\%)]&=\text{Var}[2.011\,3X(Y-15)-100\,623]\\&=\text{Var}[2.011\,3XZ]\\&=(2.011\,3)^2(\mu_X^2\sigma_Z^2+\mu_Z^2\sigma_X^2+\sigma_X^2\sigma_Z^2)\\&=(2.001\,3)^2[(2\,000)^2\times3+(35^2)\times64\,000+64\,000\times3]\\&=366\,474\,326\end{aligned}$$

上述计算所得的期望和方差与表 11—12 和表 11—13 中相同。如果 X 和 Y 相关，则式（11.10）不能使用。[5]

11.4.2 随着时间推移的风险加总

在前面的章节中，计算净现值的公式是通过不同时期的现金流量折现加总而得。估计项目风险大小的一种方法是计算每个时期的现金流量的期望和方差，然后通过项目净现值来加总整个项目周期的风险。具体有以下两种情况：

- **相互独立的随机变量。** 在这种情况下：

$$E[\text{PW}(i)]=\sum_{n=0}^{N}\frac{E(A_n)}{(1+i)^n} \tag{11.11}$$

$$\text{Var}[\text{PW}(i)]=\sum_{n=0}^{N}\frac{\text{Var}(A_n)}{(1+i)^{2n}} \tag{11.12}$$

式中：A_n——第 n 期的现金流量；

$E(A_n)$ ——第 n 期现金流量的期望值；

$\mathrm{Var}(A_n)$ ——第 n 期现金流量的方差。

在定义式（11.12）时，同样假设不同时期现金流量不相关，意指知道某个具体时期的现金流量会发生什么情况并不能预测其他时期的现金流量会发生什么。

● **相关的随机变量**。在这种情况下，不能假设现金流量具有相互独立性，我们需要计算它们之间的相关程度。这种相关性并不会影响期望值的计算，但是会改变方差的计算：

$$\mathrm{Var}[\mathrm{PW}(i)]=\sum_{n=0}^{N}\frac{\mathrm{Var}(A_n)}{(1+i)^{2n}}+2\sum_{n=0}^{N-1}\sum_{s=n+1}^{N}\frac{\rho_{ns}\sigma_n\sigma_s}{(1+i)^{n+s}} \tag{11.13}$$

式中，p_{ns}是 A_n 和 A_s 的相关系数。ρ_{ns}的取值为［－1，＋1］。$\rho_{ns}=-1$ 表示完全负相关，$\rho_{ns}=1$ 表示完全正相关，$\rho_{ns}=0$ 表示 A_n 和 A_s 之间没有相关性。如果 $\rho_{ns}>0$，A_n 和 A_s 是正相关的，即如果 A_n 的实际值大于期望值，那么也可以推出 A_s 的实际值大于期望值。如果 $\rho_{ns}<0$，就存在相反的关系。

现值的概率分布

一个重要的问题是，如果现金流量（A_n）以某种形式的随机变量出现，那么净现值的概率分布情况如何。图 11—9 所示的正态分布具有非常重要的特征，即大量独立变量之和近似服从正态分布[6]，这就是中心极限定理。由于 PW(i) 是随机现金流量（A_n）的和，在某些情况下，PW(i) 也近似服从正态分布，其期望和方差可由式（11.11）和式（11.12）计算而得。正态分布图形呈钟形，在现实世界中有许多实际的应用。如果某概率分布是正态的，则实际现金流量将在预期现金流量标准差±1σ 内的概率是 68.26％。图 11—9 描述了这一特征，并且显示了±2σ 和±3σ 的情况。例 11—7 说明了计算项目净现值期望和方差的原理。

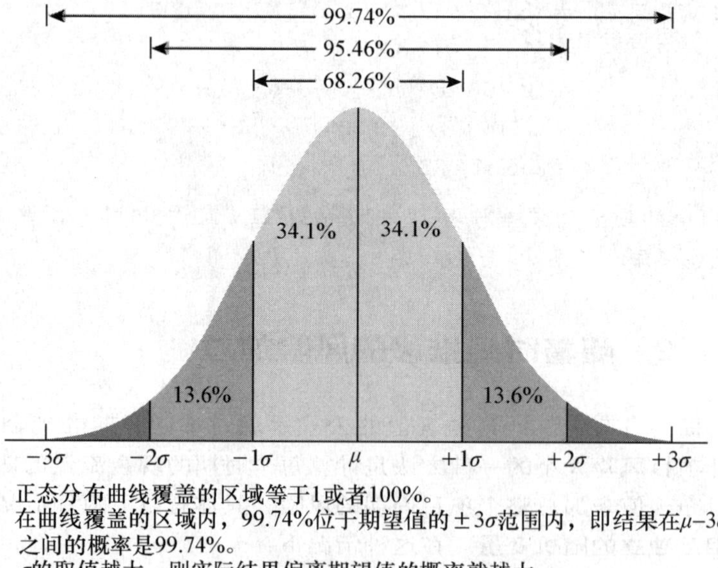

- 正态分布曲线覆盖的区域等于1或者100%。
- 在曲线覆盖的区域内，99.74%位于期望值的±3σ范围内，即结果在$\mu-3\sigma$和$\mu+3\sigma$之间的概率是99.74%。
- σ的取值越大，则实际结果偏离期望值的概率就越大。
- 求其他区间的概率可查附录B中的附表。

图 11—9　正态分布的概率区间

例 11—7

随着时间推移的风险加总

某投资项目的基本数据如下所示，各期项目经营成本是唯一的随机变量。

- 投资要求为 10 000 美元。
- 项目周期是 3 年。
- 期望的残值为 0。
- 年营业收入是 20 000 美元。
- 年经营成本是随机变量，其期望和方差如下所示：

	X_1	X_2	X_3
均值（美元）	9 000	13 000	15 000
方差	250 000	490 000	1 000 000

- 折旧方法是可选 MACRS（3 年），直线折旧，半年惯例。

n	1	2	3
D_n（美元）	1 667	3 333	1 667

- 税率为 40%。
- 折现率（或 MARR）为 12%。

请计算以下两种情况中净现值的期望和方差：

(a) X_i 是相互独立的随机变量。

(b) X_i 不是相互独立的随机变量。

解：

已知：现金流量数据和概率分布。

求：净现值的概率分布。

步骤 1：在项目结束之际，计算设备处置收益：

残值为 0

$$账面价值 = 10\,000 - \sum_{n=1}^{3} D_n = 3\,333(美元)$$

应税利得＝0－3 333＝3 333(美元)

扣税损失＝－0.4×3 333＝1 333(美元)

出售净收入＝残值＋扣税损失＝1 333(美元)

步骤 2：构造关于随机变量 X_n 的函数的广义现金流量表（见表 11—14），随机变量 X_1，X_2，X_3 的期望值和方差如下所示：

$$E[X_1]=9\,000 \quad E[X_2]=13\,000 \quad E[X_3]=15\,000$$
$$\text{Var}[X_1]=25\,000 \quad \text{Var}[X_2]=490\,000 \quad \text{Var}[X_3]=1\,000\,000$$

表 11—14　项目的税后现金流量

类型	现金流量			
	0	1	2	3
投资	−10 000			
收入×0.6		12 000	12 000	12 000
−运营维护成本×0.6		$-0.6X_1$	$-0.6X_2$	$-0.6X_3$
D_n×0.4		667	1 334	667
出售净收入				1 333
净现金流量	−10 000	12 667 $-0.6X_1$	13 334 $-0.6X_2$	14 000 $-0.6X_3$

净现值计算为：

$$\begin{aligned}\text{PW}(12\%)&=\left[-10\,000+\frac{12\,667}{1.12}+\frac{13\,334}{1.12^2}+\frac{14\,000}{1.12^3}\right]-0.6\left[\frac{X_1}{1.12}+\frac{X_2}{1.12^2}+\frac{X_3}{1.12^3}\right]\\&=21\,905-0.6\left[\frac{X_1}{1.12}+\frac{X_2}{1.12^2}+\frac{X_3}{1.12^3}\right]\end{aligned}$$

情形 1：相互独立的现金流量。根据式（11.11）和式（11.12），有

$$\begin{aligned}E[\text{PW}(12\%)]&=21\,905-0.6\left[\frac{E[X_1]}{1.12}+\frac{E[X_2]}{1.12^2}+\frac{E[X_3]}{1.12^3}\right]\\&=21\,905-17\,446\\&=4\,459(\text{美元})\end{aligned}$$

$$\begin{aligned}\text{Var}[\text{PW}(12\%)]&=\left(\frac{-0.6}{1.12}\right)^2\text{Var}[X_1]+\left(\frac{-0.6}{1.12^2}\right)^2\text{Var}[X_2]+\left(\frac{-0.6}{1.12^3}\right)^2\text{Var}[X_3]\\&=71\,747.45+112\,103.39+182\,387.20\\&=366\,240\end{aligned}$$

$$\sigma[\text{PW}(12\%)]=605.18\ \text{美元}$$

情形 2：相关的现金流量。如果随机变量 X_1，X_2，X_3 是部分相关的，相关系数分别为 $\rho_{12}=0.3$，$\rho_{13}=0.5$，$\rho_{23}=0.4$（见图 11—10），然后根据式（11.13）计算净现值的期望和方差：

$$\begin{aligned}E[\text{PW}(12\%)]&=21\,905-0.6\left(\frac{E[X_1]}{1.12}+\frac{E[X_2]}{1.12^2}+\frac{E[X_3]}{1.12^3}\right)\\&=21\,905-17\,446\\&=4\,459(\text{美元})\end{aligned}$$

$$\begin{aligned}\text{Var}[\text{PW}(12\%)]&=\text{原始方差}+\text{协方差}\\&=366\,240+2\left(\frac{-0.6}{1.12}\right)\left(\frac{-0.6}{1.12^2}\right)\rho_{12}\sigma_1\sigma_2\\&\quad+2\left(\frac{-0.6}{1.12}\right)\left(\frac{-0.6}{1.12^3}\right)\rho_{13}\sigma_1\sigma_3+2\left(\frac{-0.6}{1.12^2}\right)\left(\frac{-0.6}{1.12^3}\right)\rho_{23}\sigma_2\sigma_3\\&=366\,240+2\left(\frac{0.6^2}{1.12^3}\right)\times0.3\times500\times700\\&\quad+2\left(\frac{0.6^2}{1.12^4}\right)\times0.5\times500\times1\,000+2\left(\frac{0.6^2}{1.12^5}\right)\times0.4\times700\times1\,000\end{aligned}$$

$$=366\ 240+53\ 810.59+114\ 393.25+114\ 393.25$$
$$=648\ 837$$

$\sigma[\mathrm{PW}(12\%)]=805.50$ 美元

注意，当至少有一些随机变量是正相关的时候，方差会变大。

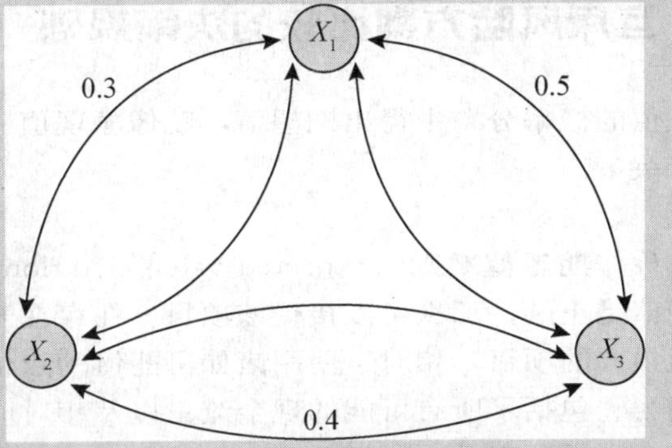

图 11—10　相关关系图

评论：如何在决策中使用上述信息？6 个标准差，即 3 个大于期望值，3 个小于期望值，几乎完全描述了绝大多数的概率分布。如图 11—11 所示，在变量相互独立的情况下，该项目的净现值几乎确定在 2 643～6 275 美元之间；在变量相关的情况下，该项目的净现值几乎确定落在 2 043～6 876 美元之间。对于以上两种情况，低于均值 3σ 的净现值仍然是正的，所以我们认为该项目是安全的。如果该数值是负的，在已知期望值和标准差的情况下，应该由决策者决定该项目是否值得投资。

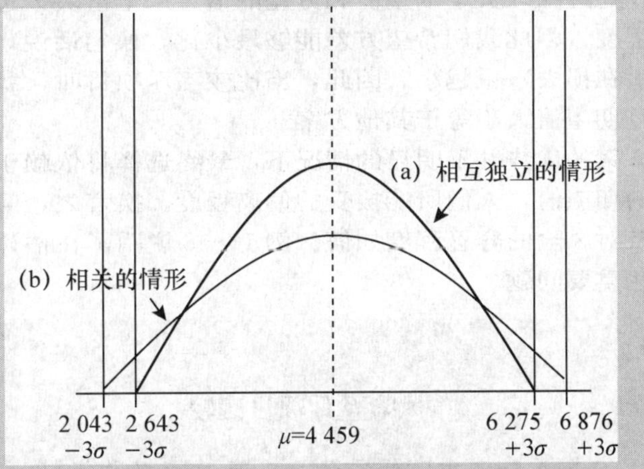

图 11—11　净现值在±3σ 内的概率分布：(a) 相互独立的情形；(b) 相关的情形

假设呈正态概率分布，在情况 1 中，该项目的净现值为负的概率是 0。

$$\Pr(X\leqslant x)=\Pr(\mathrm{PW}(12\%)\leqslant 0)$$
$$=\Phi\left(\frac{X-\mu}{\sigma}\right)=\Phi\left(\frac{0-4\ 459}{605.18}\right)=\Phi(-7.368\ 1)$$
$$=1-\Phi(7.368\ 1)$$

$=1-1$

$=0$

关于如何使用正态概率分布的步骤参见附录 B。

11.4.3 互斥风险方案比较的决策规则

一旦从净现值的概率分布中得出期望值，就像净现值一样，该期望值也可以用于项目接受与否决策。

期望值准则

决策准则亦称作**期望值准则**（expected-value criterion），根据该准则，如果某项目的期望净现值是正的，那么可以接受该项目。在存在互斥方案的情况下，我们选择期望净现值最大的项目。相对于使用诸如可能值的点估计，使用期望净现值更有优势。这是因为它包括了所有可能的现金流量以及相对应的概率。

使用期望值准则的原理是**大数法则**（law of large numbers），即如果一个试验重复多次，那么试验的结果将会趋向于期望值。由于在项目评价过程中，我们常常只分析单次非重复的“试验”（备选方案），因此期望值准则似乎并无用处。然而，如果一个企业把期望准则作为所有投资方案的决策标准，那么（长期中）大数法则预测的可接受项目会趋向于它们的期望值。单个项目可能成功或者失败，但是项目的平均值会趋向于达到公司经营成功的标准。

期望—方差标准

期望值准则是简单直接的，但是它并没有反映出一个投资结果的偏离程度。当然，我们可以通过融入关于期望值和方差的信息来丰富决策过程。由于方差代表了分布离散的程度，因此我们希望方差能够最小化。换句话说，方差越小，净现值的偏离程度（潜在损失）也越小。因此，当比较互斥项目时，我们选择的方案应该满足方差最小且期望值大于等于其他方案。

在某个方案的优势并不明显的情况下，最终选择将依赖于决策者的权衡，即为了达到更高的期望值，人们所能接受的偏离程度。换言之，问题是人们愿意接受多大的风险以及对风险的容忍程度如何。例 11—8 说明了在估计互斥风险性项目中应该考虑的一些重要问题。

例 11—8

风险互斥项目比较

在美国，随着日益增长的对于空气污染、温室效应以及依赖石油进口的担忧，绿色工程组织（Green Engineering）研发了一种转换装置，该装置允许驾驶员转换使用汽油和压缩天然气。驾驶装有转换装置的汽车与驾驶普通汽车之间并没有明显的不同。仪表板上的一个开关可以控制使用何种燃料。根据汽车的不同类型（紧凑型、中型、大型和卡车）可以使用四种不同配置的装置。在过去，虽然绿色工程组织建造了几辆使用非汽油燃料的汽车原型，但在没有足够需求信息的情况下，不愿意进行大规模生产。

总之，绿色工程组织最初打算开辟转换装置的市场。绿色工程的市场部已经在 MARR 为 10%的条件下，为四种不同配置估计了可能的净现值概率分布（见表 11—15）。

表 11—15　绿色工程组织的净现值概率分布预计

事件（NPW）（千美元）	概率			
	模型 1	模型 2	模型 3	模型 4
1 000	0.35	0.10	0.40	0.20
1 500	0	0.45	0	0.40
2 000	0.40	0	0.25	0
2 500	0	0.35	0	0.30
3 000	0.20	0	0.20	0
3 500	0	0	0	0
4 000	0.05	0	0.15	0
4 500	0	0.10	0	0.10

计算每个装置模型的期望收益和风险，并推荐应该选择哪一种模型。

解：

已知：如表 11—5 所示的离散概率分布。

求：每个模型的期望值和方差，选择最优模型。

对于模型 1，其净现值的期望值和方差如下：

$$E[\text{NPW}]_1 = 1\,000\times0.35+2\,000\times0.40+3\,000\times0.20+4\,000\times0.05 = 1\,950(\text{美元})$$

$$\text{Var}[\text{NPW}]_1 = 1\,000^2\times0.35+2\,000^2\times0.40+3\,000^2\times0.20+4\,000^2\times0.05-(1\,950)^2 = 747\,500$$

通过同样的方法，我们可以计算其他模型净现值的期望值和方差。

类型	*E*[NPW]	Var[NPW]
模型 1	1 950	747 500
模型 2	2 100	915 000
模型 3	2 100	1 190 000
模型 4	2 000	1 000 000

结果如图 11—12 所示。仅仅根据期望值做出选择，那么我们会选择模型 2 或者模型 3，因为它们的期望净现值最大。

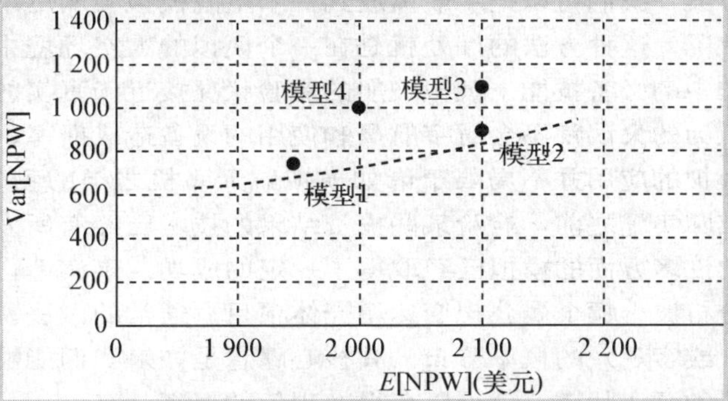

图 11—12　期望值—方差图说明了最优项目的选择——模型 2 优于模型 3 和模型 4

如果我们把方差也考虑进去，则正确的选择并不明显。首先排除那些明显处于劣势的选择：

- 模型2与模型3。模型2和模型3的期望值都是2 100美元，但是模型2的方差要小很多。换句话说，模型2优于模型3，所以模型3被排除。
- 模型2与模型4。类似地，模型2优于模型4，因为模型2有较大的期望值和较小的方差。因此排除模型4。换句话说，如果考虑净现值的方差，那么模型2优于模型3和模型4。
- 模型1与模型2。虽然利用期望值—方差准则缩小了选择的范围，只剩下模型1和模型2，但是我们无法知道最终选择。换句话说，比较模型1和模型2，我们发现净现值的期望值从1 950美元增加到2 100美元，同时方差从747 500增加到915 000。最终选择将会取决于决策者对于增加的收益（150美元）和增加的风险（167 500）之间的权衡。我们不能仅仅根据期望值和方差来选择，因此我们必须求助于其他概率信息。[7]

11.5 风险模拟

前文介绍了确定净现值概率分布以及计算其期望值和方差的分析方法。正如在11.4.1节所示，净现值的概率分布为决策者提供了概率信息的多种选择，比如净现值可能取值的概率和区间。无论何时只要我们能够通过分析方法来计算风险投资的问题，都会倾向于此种做法。然而，许多投资情况并不是我们通过分析方法就能够解决的，特别是当涉及许多随机变量的时候。在此种情形下，我们可以通过计算机模拟来求得净现值的概率分布。

11.5.1 计算机模拟

在详细分析风险模拟之前，先考虑以下情况：我们准备训练一名新的宇航员以应对未来的太空任务。有多种方法训练宇航员。一种可能（在某种程度上是不可能的）是让宇航员乘坐航天飞机并且发射到太空中。显然，这种方法成本很大，同时也是极其危险的，因为对宇航员来说，任何的人为失误都会造成灾难性的后果。作为一种替代方案，我们可以把宇航员放到一个空间模拟飞船之中，模拟真实太空中航天飞机的状况。这种方法的好处就是在一个模拟的太空环境中，宇航员可以学习所有太空操作中的必备技能。模拟飞船的实验状况接近于真实的太空状况，而且在训练中任何人为的失误都不会对宇航员和使用的设备造成损害。

计算机模拟的应用并不局限于诸如模拟航天飞机之类的物理应用。最近几年，在投资决策实际实施之前，检验某些投资结果的技术已经有所发展。总之，商业投资决策阶段的许多方面的模拟已经取得了一定的成功。事实上，我们可以通过建立仿真模型来分析波士顿金属公司变速箱壳体项目。通常的做法是给每个未知变量确定一个主观（或客观）的概率分布。其核心思想是如果我们能够在电脑上模拟所有未知投资变量的真实状态，就可以获得净现值的概率分布。

在波士顿金属公司变速箱壳体项目中产品需求量（X）是其中一个随机变量。只有在该项目实施之后，我们才能知道该随机变量（X）的准确数值。那么是否有办法在决策之前预测该变量的实际值？

模拟投资情形的计算机程序包括以下步骤：

步骤 1：确定所有影响投资价值指标的变量（如税后净现值）。

步骤 2：确定所有变量之间的相互关系。投资项目净现值的计算公式以及大量计算过程表明了利率之间的关系。这些公式构成了分析模型。

步骤 3：把变量分成两类：一类是数值确定的变量；另一类是在决策时无法知道准确值的随机变量。

步骤 4：定义所有随机变量的概率分布。

步骤 5：进行蒙特卡罗抽样（见 11.5.3 节）并且描述净现值的概率分布。

步骤 6：计算变量的概率分布并且以图形展示模拟的结果。

图 11—13 表示了模拟风险投资项目相关的步骤。相比于 11.4 节中讨论的分析方法，风险模拟过程存在两个重要的优势。

1. 有关变量数目是不受限制的，而且可以以任何类型和形状定义每个随机变量的可能取值的概率。概率分布可以基于能够利用的统计数据，或者更多的情况下，基于主观判断。

2. 该方法本身可以进行敏感性分析。通过定义对净现值具有重大影响的变量并且利用每个变量不同的概率分布（形状或区间），我们可以观察到净现值概率分布变化的程度。

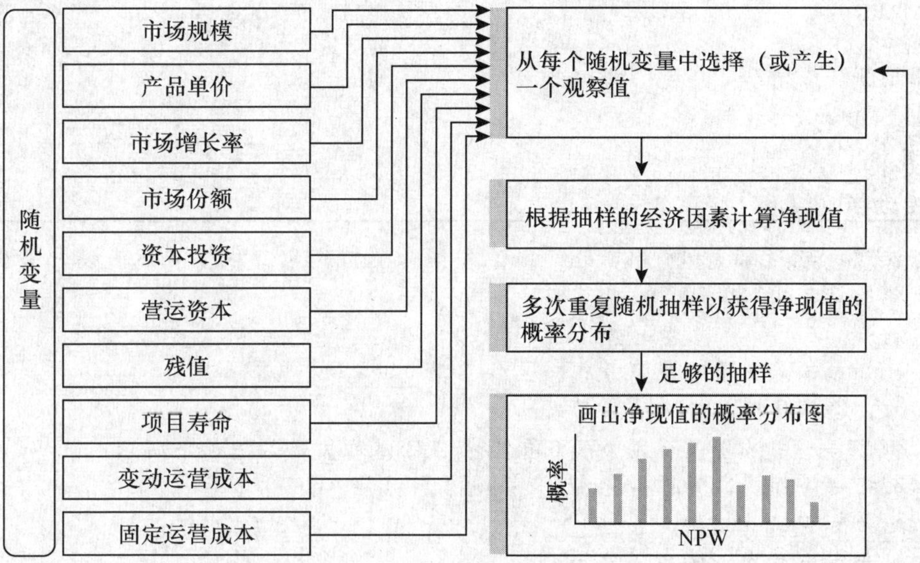

图 11—13　模拟风险投资的步骤

□ 11.5.2　建立模型

本节将对 11.5.1 节中归纳的前面三个步骤加以具体阐述。为了说明涉及的典型步骤，采用例 11—6 中提到的波士顿金属公司变速箱壳体项目的投资设定。

首先要做的是定义投资价值的衡量指标以及影响该指标的因素。为表达方便，一般将给定利率 i 下计算的税后净现值选作投资价值的衡量标准。事实上，我们可以自由选择价值的衡量指标，如年值或者将来值。其次，我们必须把步骤 1 中列出的影响净现值的变量分为两组。一组包含的变量值是已知的，另一组包含的是在分析时未知准确值的变量。步骤 3 是定义联结所有变量之间的关系。这些关系可以通过一个或者若干个等式加以确定。

例 11—9

构造仿真模型

考虑例 11—6 中的波士顿金属公司变速箱壳体项目。确定与该项目有关的输入变量并且构造一个净现值概率分布的仿真模型。

解题思路：对于波士顿金属公司的该项目，影响净现值的变量包括投资需求、产品价格、需求量、变动生产成本、固定生产成本、税率、折旧费用和公司利率。其中一些变量是已知的，如投资成本和收益率。如果我们已经购买了设备或者收到报价单，那么折旧费也是已知的。此外，假设项目处在一个稳定的经济环境之中，所得税税率大致可以确定。

所有涉及成本、未来运行费用、未来需求量以及销售价格的变量均是未知变量。我们必须估计这些随机变量的概率分布。

为明确起见，我们对波士顿金属公司变速箱壳体项目的所有输入变量进行了分类，如表 11—16 所示。

表 11—16　　输入变量的分类

已知变量	未知变量
MARR	产品单价
税率	需求量
折旧额	残值
投资额	
项目寿命	
固定生产成本	
变动生产成本	

注意，与例 11—6 不同，此处残值处理为随机变量。根据上述假设，下面建立项目净现值的计算式。

解：

已知：输入变量的概率分布。

求：净现值概率分布的数学表达式。

例 11—6 中波士顿金属公司 5 年期项目的基本投资数据如下所示：

- 投资金额＝125 000 美元。
- 边际税率＝0.40。
- 年固定成本＝10 000 美元。
- 单位产品变动成本＝15 美元。
- MARR＝15%。
- 每年折旧数额如下：

n	D_n（美元）
1	17 863
2	30 613
3	21 863
4	15 613
5	5 575

每年的税后收入为产品需求量（X）和产品价格（Y）的函数：

$$R_n=XY(1-t_m)=0.6XY$$

每年不包括折旧的税后费用为产品需求量（X）的函数：

$$\begin{aligned}E_n&=(\text{固定成本}+\text{变动成本})\times(1-t_m)\\&=(10\,000+15X)\times0.60\\&=6\,000+9X\end{aligned}$$

因此税后净收入为：

$$\begin{aligned}V_n&=R_n-E_n\\&=0.6XY-9X-6\,000\end{aligned}$$

税后净现金流入量的现值是：

$$\begin{aligned}\sum_{n=1}^{5}V_n(P/F,15\%,n)&=[0.6X(Y-15)-6\,000](P/A,15\%,5)\\&=0.6X(Y-15)\times3.352\,2-20\,113\end{aligned}$$

全部折旧抵税现值是：

$$\begin{aligned}\sum_{n=1}^{5}D_nt_m(P/F,i,n)&=0.40[17\,863(P/F,15\%,1)+30\,613(P/F,15\%,2)\\&\quad+21\,863(P/F,15\%,3)+15\,613(P/F,15\%,4)\\&\quad+5\,575(P/F,15\%,5)]\\&=25\,901(\text{美元})\end{aligned}$$

由于折旧总额是91 527美元，第5年年末的账面价值是33 473美元（125 000－91 527）。残值大于此账面价值的利得根据税率 t_m 纳税。该例中，残值视作随机变量。因此，资本利得也是一个随机变量。所以，税后净残值是：

$$\begin{aligned}S-(S-33\,473)t_m&=S(1-t_m)+33\,473t_m\\&=0.6S+13\,389\end{aligned}$$

然后税后净残值的现值是：

$$(0.6S+13\,389)(P/F,15\%,5)=(0.6S+13\,389)\times0.497\,2$$

以上加总的净现值为：

$$\begin{aligned}\text{PW}(15\%)&=-125\,000+0.6X(Y-15)\times3.352\,2-20\,113+25\,901\\&\quad+(0.6S+13\,389)\times0.497\,2\\&=-112\,555+2.011\,3X(Y-15)+0.298\,3S\end{aligned}$$

从上式可知，净现值被表示为随机变量 X，Y 和 S 的函数。

11.5.3 蒙特卡罗抽样

对于某些变量，如果决策者认为该变量将来也会继续有相同的趋势，那么我们可以依据过去收集到的客观信息估计概率分布。如果变量变化的趋势与过去不同，则可使用 11.3.1 节中讨论过的主观概率分布。随机变量的概率分布确定以后，就需从该概率分布中产生样本。**蒙特卡罗抽样**（Monte Carlo Sampling）就是一种为具体的概率分布生成随机样本结果的模拟方法，本节将讨论一个独立随机变量蒙特卡罗抽样的步骤。

随机数

抽样过程是分析的关键部分。抽样所得的一系列结果的分布必须与初始概率分布相同。为了完成这个任务，我们需要一组相互独立、概率分布相同且在 0～1 的均匀随机数。可以使用随机数表生成随机数，但大部分情况下可通过计算机程序生成等概率的介于 0～1 的随机数。设 $U(0，1)$ 表示统计上可靠的随机数发生器，U_1，U_2，U_3，…表示通过此种方式产生的均匀随机数。（在 Excel 中，RAND 函数就能够生成此类随机数。）

抽样步骤

对于任何给定的随机数，问题是“在模拟分析中如何利用随机数形成概率分布?”首先要做的是把分布转变成对应的累积频率分布。然后，随机数被设定为与其百分位的数值相同，并且作为累积频率分布图中 $F(x)$ 轴上的点。随机变量的样本值就是与累积百分率点对应的 x 值。

这种产生随机数的方法是可行的，因为在 0～1 之间选择一个随机数等同于在分布中选择一个百分率。然后该随机百分率被转化成一个特定值。这种方法是常用的，而且适用于任何累积概率分布，无论连续还是离散。

例 11—10

蒙特卡罗抽样

例 11—9 中，波士顿金属公司变速箱壳体项目的净现值公式表示为三个随机变量，即需求量（X）、价格（Y）和残值（S）的函数：

$$PW(15\%)=-112\,555+2.011\,3X(Y-15)+0.298\,3S$$

- 假设随机变量 X 与表 11—5 呈相同的离散概率分布。
- 假设随机变量 Y 为三角形概率分布，其中 $L=48$ 美元，$H=53$ 美元，$M_0=50$ 美元。
- 假设随机变量 S 为均匀分布，其中 $L=30\,000$ 美元，$H=50\,000$ 美元。

随机变量（X，Y 和 S）的分布如上所述，同时假设这些随机变量是相互独立的，那么我们需要三个随机数得出每个随机变量的样本值。在 200 次试验的基础上确定净现值的概率分布。

解题思路：如图 11—14 所示，净现值模拟分析过程需要反复多次计算。为了进行一系列重复的模拟试验，对于模型中的每个随机变量生成样本观察值，然后将其代入净现值计算式中。每次试验均要求我们用不同的随机数生成每个分布的样本值。因此，如果有三个随机变量影响净现值，那么每次试验中我们需要三个随机数。在每次试验之后，计算所得的净现值将会存储于计算机中。按照这种方法计算的每一个净现值代表了一种自然状态。试验将会一直进行下去，直到产生足够的净现值来定义净现值的概率分布。

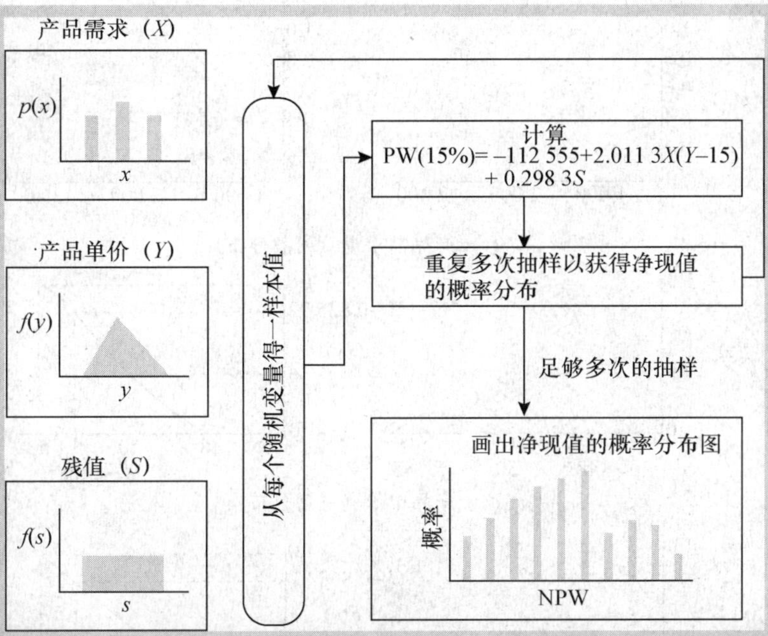

图 11—14　波士顿金属公司变速箱壳体项目净现值分布的蒙特卡罗模拟过程

解：

已知：净现值概率分布的数学表达式，需求量（X）为离散随机变量，价格（Y）服从三角分布，残值（S）服从均匀分布。

求：通过 200 次蒙特卡罗模拟确定净现值的概率分布。假设首次试验产生的随机数为：X 为 $U_1=0.121\ 35$，Y 为 $U_2=0.825\ 92$，S 为 $U_3=0.868\ 86$。

● 需求量（X）：例 11—4 已经给出了 X 的累积概率分布。为了从 X 的离散分布中产生一个样本，首先得出如图 11—15（a）所示的累积概率函数。在一个给定的试验中，假设计算机给出的随机数是 0.121 35。然后在纵轴的第 12.135 个百分点（百分位数等于随机数）的地方，横向与累积曲线相交，对应到 X 轴的位置，则相应的 X 值为 1 600，为净现值算式中 X 的代入值。在下一次试验中，通过类似的方法，获取另外一个随机数和不同的 X 样本值。

● 价格（Y）：假设产品价格能够通过三个参数来加以估计，其概率分布如图 11—15（b）所示。注意到 Y 是连续变量（不同于表 11—5 中的离散假设）。样本值估计步骤与离散情况下类似。利用随机数 $U=0.825\ 92$，通过线性插值可以估计 $y=51.38$ 美元。

● 残值（S）：残值（S）在 30 000～50 000 美元之间均匀分布，随机数 $U=0.868\ 86$，样本值是 $s=30\ 000+(50\ 000-30\ 000)0.868\ 86$ 或者 $s=47\ 377$。样本计算过程如图 11—15（c）所示。

利用上述样本值计算净现值，得

$$\begin{aligned}PW(15\%)&=-112\ 555+2.011\ 3\times 1\ 600\times(51.384\ 1-15)+0.298\ 3\times 47\ 337\\&=18\ 665(\text{美元})\end{aligned}$$

这个结果就是第一轮估算的净现值。

对于第二轮计算，我们需要另外一组随机数（假设为 0.729 76，0.798 85 和 0.418 79）。根据各变量分布中产生各自的样本值，计算得出净现值的第二个值是 44 752 美元。如果把上述过程重复 200 次，就得到了如表 11—17 所示的净现值。

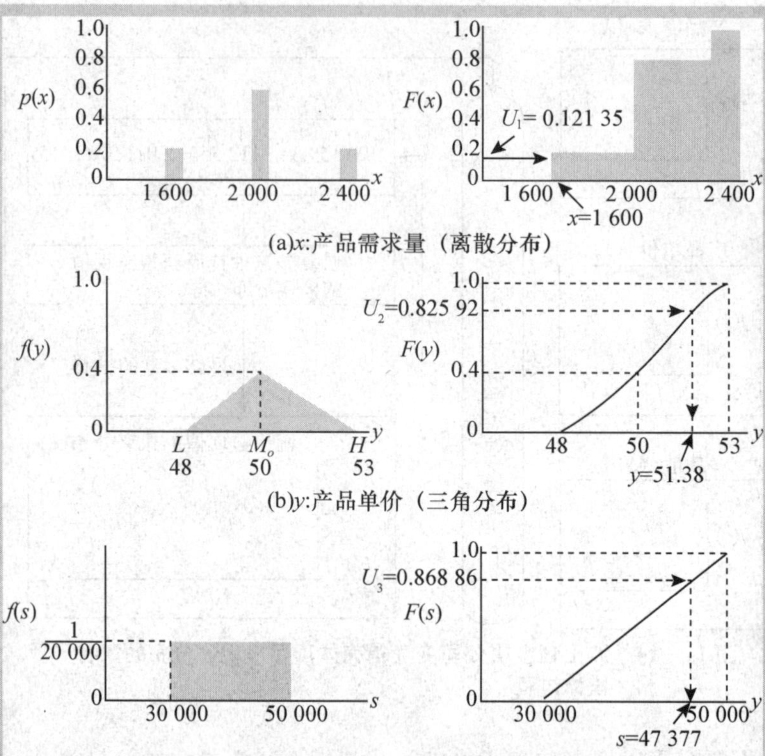

(a)x:产品需求量（离散分布）

(b)y:产品单价（三角分布）

(c)s：残值（均匀分布）

图 11—15　对于离散和连续变量的抽样过程的说明

表 11—17　　波士顿金属公司模拟项目的净现值　　单位：美元

18 665	44 752	41 756	75 804	67 508
74 177	47 664	43 106	17 394	35 841
46 400	36 237	12 686	47 947	48 411
50 365	64 287	44 856	47 970	47 988
42 071	43 421	36 991	59 551	9 788
50 147	46 010	11 777	71 202	76 259
20 937	48 250	33 837	37 378	7 188
47 875	14 891	48 362	35 894	75 360
38 726	73 987	45 346	62 508	36 738
44 849	46 076	48 374	47 287	70 702
47 168	42 348	8 213	6 689	14 415

No.	U_1	U_2	U_3	X	Y	S	NPW
1	0.121 35	0.825 92	0.868 86	1 600	51.38	47 377	18 665
2	0.729 76	0.798 85	0.418 79	2 000	51.26	38 376	44 752
⋮	⋮	⋮	⋮	⋮	⋮	⋮	⋮
200	0.573 45	0.755 53	0.612 51	2 000	51.08	42 250	45 204

41 962	45 207	46 487	77 414	67 723
79 089	51 846	76 157	49 960	17 091
15 438	37 214	49 542	45 830	46 679
36 393	15 714	44 899	48 109	76 593
34 927	42 545	45 452	48 089	43 163
78 925	39 179	38 883	80 994	45 202
18 807	74 707	44 787	5 944	6 377
45 811	44 608	42 448	34 584	48 677
10 303	35 597	37 910	62 624	62 060
44 813	36 629	75 111	15 739	43 621
34 288	49 116	76 778	46 067	62 853
9 029	42 485	51 817	44 096	35 198
36 345	75 337	14 034	18 253	41 865
48 089	64 934	81 532	74 407	57 465
32 969	46 529	19 653	10 250	31 269
33 300	47 552	19 139	48 664	46 410
33 457	44 605	35 160	51 496	34 247
46 657	37 249	44 171	34 189	36 673
47 567	62 654	65 062	34 519	45 204

根据升序对净现值进行排序并列表计算，可得净现值的频率分布，如表 11—18 所示。把全部净现值分成一系列子区间（此处是 20 个），然后计算净现值落入每个区间的个数。注意，观察到的频数总和（第 3 列）就是试验的总次数。

第 4 列说明了第 3 列的频数是试验总数的比例。这时候，我们要做的是把 200 次试验所得的净现值制成一张相对频数的表格。

表 11—18　　波士顿金属公司变速箱壳体项目的净现值频数分布模拟

序号	区间（美元）	观察到的频数	相对频数	累积频数
1	5 944≤NPW≤ 9 723	8	0.04	0.04
2	9 723<NPW≤13 502	6	0.03	0.07
3	13 502<NPW≤17 281	9	0.05	0.12
4	17 281<NPW≤21 061	10	0.05	0.17
5	21 061<NPW≤24 840	0	0.00	0.17
6	24 840<NPW≤28 620	0	0.00	0.17
7	28 620<NPW≤32 399	2	0.01	0.18
8	32 399<NPW≤36 179	20	0.10	0.28
9	36 179<NPW≤39 958	18	0.09	0.37
10	39 958<NPW≤43 738	13	0.07	0.43
11	43 378<NPW≤47 517	39	0.19	0.63
12	47 517<NPW≤51 297	28	0.14	0.77

续前表

序号	区间（美元）	观察到的频数	相对频数	累积频数
13	51 297<NPW≤55 076	3	0.02	0.78
14	55 076<NPW≤58 855	1	0.01	0.78
15	58 855<NPW≤62 635	6	0.03	0.81
16	62 635<NPW≤66 414	6	0.03	0.84
17	66 414<NPW≤70 194	4	0.02	0.86
18	70 194<NPW≤73 973	4	0.02	0.88
19	73 973<NPW≤77 752	18	0.09	0.97
20	77 752<NPW≤81 532	5	0.03	1.00

11.5.4 模拟结果分析

在进行足够多次的试验之后，该分析就接近尾声。剩下的唯一任务是把计算所得的净现值表格化，其目的是确定期望值并且做出各种图形以利于管理。

模拟结果的解释说明

一旦得到了净现值的频数分布（比如表 11—18 中所示），就必须假设表中第 4 列中的相对频数代表了净现值在每个区间的概率。也就是说，在样本中观察到的相对频数代表了所能得到的可能组合的概率。

这种抽样类似于通过民意测验来了解公众对于某位候选人的意见。如果有足够的时间和精力，我们可以与每一位选民交谈，但是更为简单的做法是采访一小群由随机抽样所得的民众。如果科学抽样中的 60%支持该候选人，那么可以可靠地认为 60%的全体选民支持该候选人。理论上，我们对于模拟的做法是相同的。只要确保进行足够次数的代表性试验，那么模拟结果就是可靠的。

当知道净现值的概率分布之后，我们面临的一个重要问题是："如何在决策中利用该概率分布？"概率分布提供了一个随机变量取某些数值 x 的概率信息。我们可以利用概率信息来定义累积概率分布，即一个随机变量小于等于某个数值 x 的概率［如 $F(x)=P(X\leqslant x)$］。因此，如果已知净现值的概率分布，就能够算出项目净现值为负的概率。我们可以利用此类概率信息来评价项目的盈利性。

在确保 200 次试验对于波士顿金属公司的项目是足够的情况下，表 11—18 中第 4 列的相对频数可看作概率。净现值的取值范围介于 5 944～81 532 美元，因此不存在亏损的情况。净现值概率分布的期望值是 44 245 美元，标准差是 18 585 美元。

创建展示图

根据表 11—18 中得到的数据（频数），我们可以用图 11—16（a）来表示概率分布。这种类型的图形告诉决策者许多信息，例如净现值的可能取值范围，亏损与盈利的相对可能性，净现值最可能的取值等。

另外一种有用的图形是把净现值的概率分布转变为累积概率分布，如图 11—16（b）所示。通常，决策者关心的是净现值至少达到某一给定水平的概率。

因此，我们构造了累积概率分布。根据图 11—16（b），决策者可以回答许多问题，比如“投资收益率至少达到 15%的概率是多少”（即“净现值大于等于零的概率是多少”）。本例中，这种概率实际上是 100%。

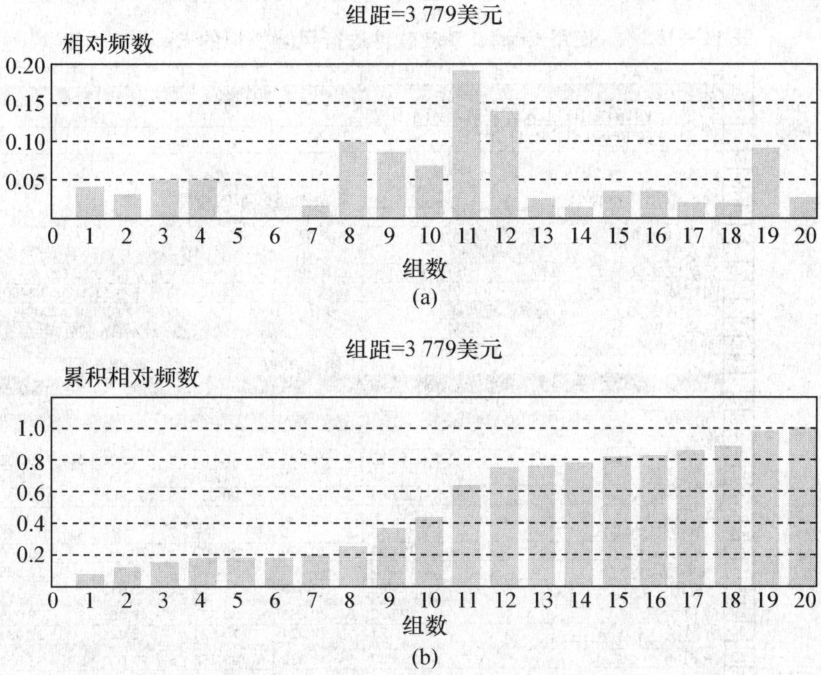

图 11—16　通过 200 次迭代所得的波士顿金属公司变速箱壳体项目的模拟结果

相关的随机变量

以上所有模拟例子中的随机变量都是相互独立的。但是影响净现值的一些随机变量可能是相关的。如果它们的确是相关的，在通过抽样模拟随机变量分布时，需要以某种方式说明这种相关性。例如，在波士顿金属公司的项目中，产品的需求量和价格均是未知的。这两个变量需要描述其概率分布，但它们有可能是负相关的。当描述这两个变量概率分布时，我们要说明这种相关性。如果模拟分析中没有考虑相关性，那么模拟结果会产生误导，因此这个问题是非常重要的。许多关于模拟的图书中都有相关随机变量抽样方法的介绍，当然也可以使用风险模拟的软件，比如 Crystal Ball 或@RISK。

□ 11.5.5　甲骨文公司的 Crystal Ball[8] 的风险模拟

进行风险分析的一种有效途径是使用基于 Excel 的 Crystal Ball 或者@RISK[9]。做法是为某项目的现金流量表制作工作表，然后确定哪个现金流量要素是随机变量，通过 Crystal Ball 软件有各种不同的概率分布可选来描述随机变量。使用与例 11—9 中相同的数据，我们来说明如何用 Crystal Ball 进行风险模拟分析。Crystal Ball 软件用蒙特卡罗模拟来显示所有可能的结果。用 Crystal Ball 进行分析涉及以下步骤。

步骤1：用 Excel 制作一个现金流量表。 Crystal Ball 是 Excel 的加载程序，嵌入 Excel 的电子表格中，用于风险分析。表 11—19 是一个 Excel 工作表，其中的现金流量是输入变量的函数。当对随机变量赋值时，我们要求的是项目的净现值。和例 11—9 一样，产品价格（Y）、需求量（X）和残值（S）为随机变量。

表 11—19　使用 Crystal Ball 软件进行风险模拟的 Excel 工作表

	A	B	C	D	E	F	G
1							
2	需求 Crystall Ball 软件正确展示工作表						
3	例 11-9 的 Crystall Ball 模拟						
4							
5							
6	输入数据（基值）：			随机变量分布的类型			
7							
8	单价（美元）	50.33		类型		分布	
9	需求量	2000					
10	变动成本（美元 / 单位）	15		单价(Y)		三角分布(48,50,53)	
11	固定成本（美元）	10000		需求量(X)		离散分布(1600,2000,2400)	
12	残值（美元）	40000		残值(S)		均匀分布(30000,50000)	
13	税率（%）	40%					
14	MARR (%)	15%					
15				输出(NPW)		$41,508	
16							
17		0	1	2	3	4	5
18	利润表						
19	收入：						
20	单价		$ 50.33	$ 50.33	$ 50.33	$ 50.33	$ 50.33
21	需求量		2000	2000	2000	2000	2000
22	销售收入		$ 100,666	$ 100,666	$ 100,666	$ 100,666	$ 100,666
23	支出：						
24	单位变动成本		$ 15	$ 15	$ 15	$ 15	$ 15
25	变动成本		30,000	30,000	30,000	30,000	30,000
26	固定成本		10,000	10,000	10,000	10,000	10,000
27	折旧		17,863	30,613	21,863	15,613	5,581
29	应税所得		$ 42,803	$ 30,053	$ 38,803	$ 45,053	$ 55,085
30	所得税（40%）		17,121	12,021	15,521	18,021	22,034
32	净利润		$ 25,682	$ 18,032	$ 23,282	$ 27,032	$ 33,051
33							
34	现金流量表						
35	经营活动：						
36	净利润		25,682	18,032	23,282	27,032	33,051
37	折旧		17,863	30,613	21,863	15,613	5,581
38	投资活动：						
39	投资	(125,000)					
40	残值						40,000
41	利得税						(2,613)
42							
43	净现金流量	$ (125,000)	$ 43,545	$ 48,645	$ 45,145	$ 42,645	$ 76,019
44							

步骤2：定义不确定性。 首先用 Crystal Ball 中的概率分布函数来替代模型中的不确定数值。做法是让光标处于所在单元格位置，然后在顶部菜单处点击 Define Assumption。该操作会列出许多分布函数。选择所需概率分布函数并且输入分布参数值，如下表所示。

随机变量	概率分布	Crystal Ball 要求的分布参数		表 11—19 中单元格位置
Y	三角分布	最小值	48.00	B8
		最可能值	50.00	
		最大值	53.00	
X	离散分布	值	概率	B9
		1 600	0.20	
		2 000	0.60	
		2 400	0.20	
S	均匀分布	最小值	30 000	B12
		最大值	50 000	

步骤 3：定义预测。选择输出单元格，即我们感兴趣的“底线”单元格数值。在例子中，这就是处于 F15 单元格的变速箱壳体项目的净现值。为把 F15 单元格设为输出单元格，将光标移到 F15 并且在工具栏中选择 Define Forecast 指令。之后 F15 单元格公式为：

=NPV(B14,C43：G43)+B43

步骤 4：模拟。模拟开始。点击“Start”按钮，然后观察。Crystal Ball 会重新计算模型中的工作表成百上千次。我们可以通过 Run Preferences 命令来指定试验次数。在模拟中可观察到不同情况的数目是没有限制的。每次，Crystal Ball 根据 Crystal Ball 函数得出随机样本数值并且记录运行结果。该结果就是可能结果的波动范围，包括它们发生的概率。几乎同时，你也可以发现应该寻求发生或者避免的情况。通过 Crystal Ball，我们能回答诸如此类的问题，“净现值超过 50 000 美元的概率是多少?”或者“该投资会亏损的可能性是多少?”

步骤 5：分析模拟结果。Crystal Ball 提供了许多种类图形来分析和呈现模拟结果。同时也给出一份完整的模拟统计报告以及所有生成数据。Create Reports 功能包括累计图、用于敏感性分析的龙卷风图、直方图和汇总统计。如图 11—17 所示，经过 5 000 次的试验之后，净现值的取值介于 3 591～85 149 美元之间，期望值为 40 995 美元，标准差为 18 730 美元。这些结果类似于例 11—9 中获得的结果。

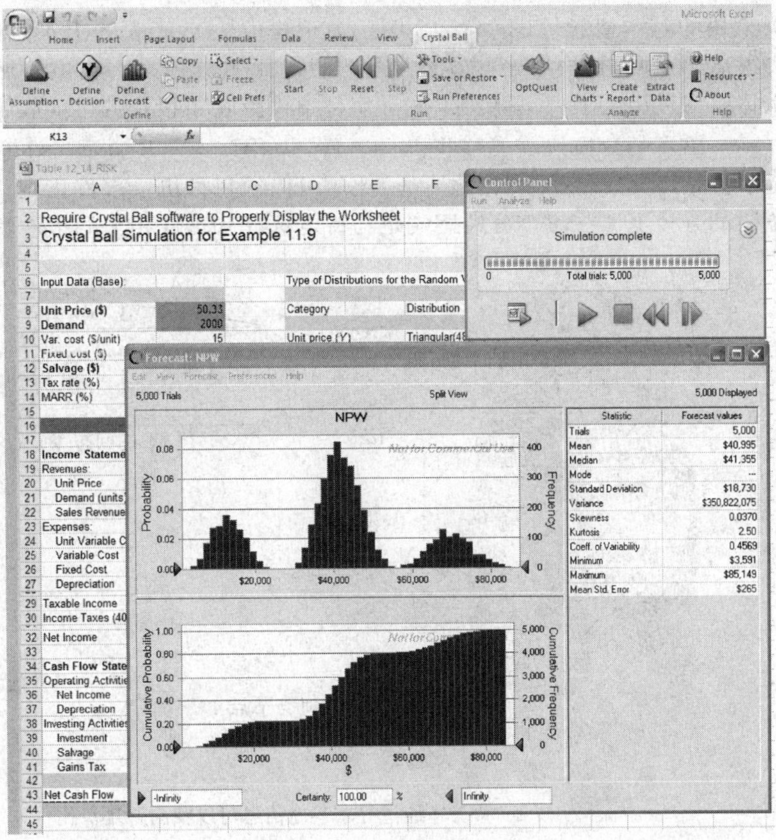

图 11—17　Crystal Ball 生成的基于 5 000 次试验的净现值概率分布

11.6 决策树和序列投资决策

迄今为止我们所讨论的绝大多数投资问题仅涉及单个项目投资决策（比如接受或拒绝一项投资），或者不同投资选择，如“自制”或“外购”等。一旦做出决策，那么之后就不会再有相机决策或者投资选择。然而，许多种类的投资决策分析不能一步到位。例如，作为一个石油开采商，你有机会去竞标一个近海油田。首先你要决策是否参与竞标。但是，如果你决定竞标并最终获得成功，你还需要决策立即开采油田还是进行更多的钻探。如果你所钻探油井无油，你要决策是去钻探另外一口油井还是放弃整个开采计划。在这种序列决策问题中，后面的行动将会依赖于先前的行动，投资方案分析是非常复杂的。当然，所有未来选择的前提是初始阶段竞标的可行性分析。本节讨论一种常用的方法来应对较为复杂的决策，并有助于构造决策问题及求出解决方案。这种方法使用了决策树，一种图形工具，描述了决策者可以采取的行动，可能发生的事件以及行动与事件之间的关系。

11.6.1 决策树图形构造

比尔（Bill）是一个投资者，打算投资金融市场，他将在一个投机性高增长股票（d_1）和一个非常安全的美国国债（d_2）之间做出选择。以他的投资行为为例说明决策树的基本概念。图11—18用正方形框（□）代表的决策点说明了这种情况。从决策点出发的分枝代表了选择方案。假设比尔选择某一方案，例如“投资股票”，那么将有三种机会事件可能发生——每种事件反映了投资的可能收益情况。从圆形节点（○）出发的分枝代表了这些机会事件，如图11—18所示。注意，分枝代表的不确定事件是不受比尔控制的。然而，比尔可以给每种机会事件指定一个概率并且标在决策树的分枝上。在每个分枝尾端是与特定选择和事件相关的条件资金交易。

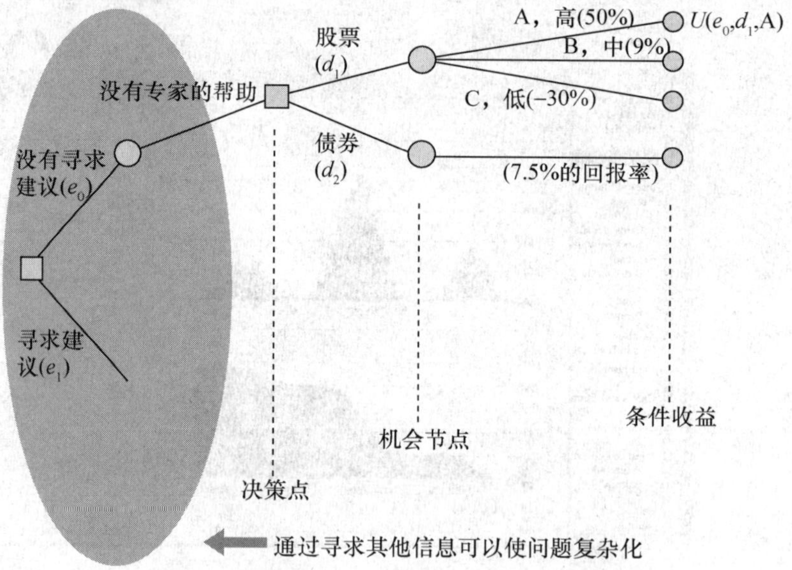

图11—18 典型决策树的结构（比尔的投资问题）

相关的税后净现金流量

一旦确定了决策树的结构，下一步就该估计与每个方案和可能出现的结果相对应的现金流量（货币值）。本书一直强调，决策必须以税后现金流量为依据。因此，相关的货币值估计必须基于此原则。由于成本和收入发生在研究时期的不同阶段，不同时期的现金流量需要转化为现值，即净现值。因此条件净现值代表了决策树从头到尾整个路径上随决策和事件而定的所有盈利。

回复程序

分析决策树时，从树的末端开始并且往回计算——**回复**（rollback）程序。换言之，开始于决策树分枝的末端处，往前向初始节点计算，计算规则如下：

1. 对每个机会点，计算期望货币值（EMV）。与某个节点出发的分枝对应的条件盈利数值乘以概率，然后加总计算，就得到该节点的期望货币值。然后我们把期望货币值标于节点处，以说明从该节点出发的所有分枝的期望值。

2. 对每一个决策节点，选择最大的期望货币值（或最小成本）的方案分枝。未被选中的方案将被排除进一步分析。在决策树图中，在不是最佳的决策分枝上画一个标记，以说明其已经被排除。

例 11—11 说明了比尔如何把投资问题转化成决策树形式。

例 11—11

比尔投资问题的决策树

假设比尔每年有 50 000 美元投资金融市场。他仅有以下两种选择。

- 方案 1：以每股 50 美元的价格购买 1 000 股某技术公司的股票并持股一年。由于这是一只首次公开发行的股票，因此并没有太多的信息可供研究。该交易的中介费是 100 美元（无论是买还是卖）。简单起见，假设该股票的收益率只有以下三种情况：50% 收益率（25 000 美元）的较高水平（A），9%收益率（4 500 美元）的中等水平，或者 30%亏损（−15 000 美元）的低水平（C）。假设这三种情况发生的概率分别是 0.25，0.40 和 0.35。对于一个增长型公司并不期望获得任何的红利。
- 方案 2：购买 50 000 美元美国国债，年利率是 7.5%（375 美元）。国债利息免税，但买卖债券的交易费用为 150 美元。

比尔的困境是该如何做出选择以使收益最大化。此时，比尔并没有打算决策前寻求专家意见。假设任何长期资本收益的税率是 20%。比尔最低可以接受的税后收益率是 5%。计算决策树各分枝末端的支付额。

解：

已知：投资股票或债券的 50 000 美元。

求：哪种投资方案更好?

图 11—19（a）显示了每个分枝由成本和收入转化而得到的现值。

方案 1：

(a) 持有一年的收益率为 50%。

- 第 0 期的净现金流量包括投资金额和中介费用，因此有

第 0 期：(−50 000−100)＝−50 100(美元)

- 出售股票需要支付另外的中介费。然而，任何投资费用（如中介费）都必须计入投资成本。需要缴税的资本收益为（+75 000−50 000−100−100)＝24 800 美元。因此，第 1 期的净现金流量为：

第 1 期：(+75 000−100)−0.20×24 800=69 940(美元)

- 该股票交易的条件净现值是：

PW(15%)=−50 100+69 940(P/F,5%,1)=16 510(美元)

16 510 美元被标于相应的分枝末端。对于每个分枝，重复以上步骤，结果如图 11—19（b）所示。

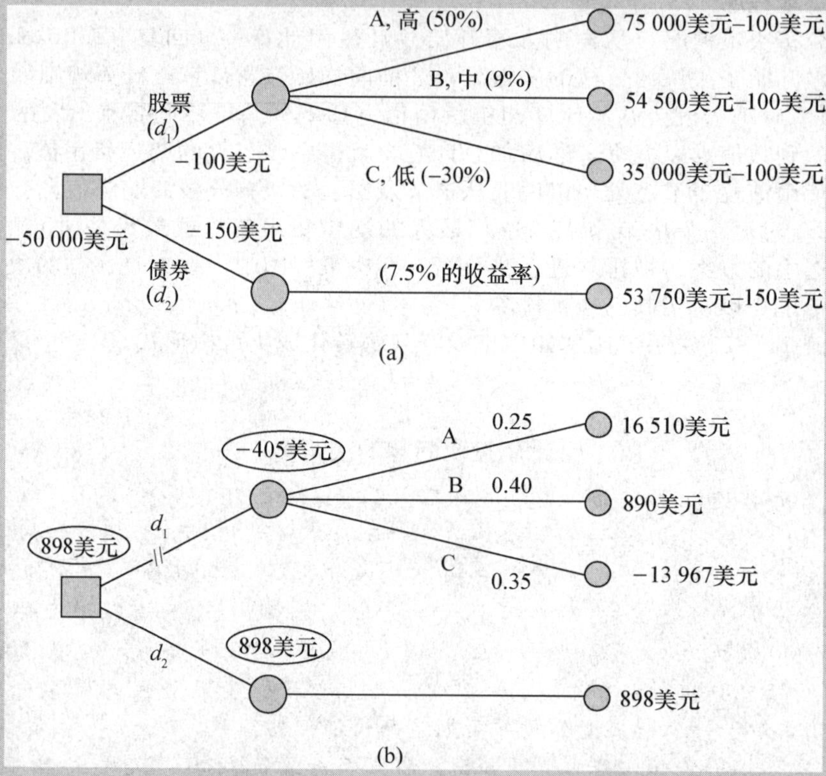

图 11—19　比尔投资问题的决策树：(a) 相关的现金流量（税前）；(b) 各概率枝的净现值

(b) 对于 9%的收益率，计算结果如下：

- 第 0 期：−50 100 美元；
- 第 1 期：−53 540 美元；
- PW(5%)=−50 100+53 540（P/F，5%，1)=890 美元。

(c) 对于 30%的损失，计算结果如下：

- 第 0 期：−50 100 美元；
- 第 1 期：37 940 美元；
- PW(5%)=−50 100+37 940（P/F，5%，1)=−13 967 美元。

方案 2：由于购买美国国债获得的利息收益不需要缴税，因此就不存在资本利得税。只考虑中介费用，相关的现金流量为：

- 第 0 期：(−50 000−150)=−50 150 美元；
- 第 1 期：(+53 750−150)=53 600 美元；
- PW(5%)=−50 150+53 600(P/F，5%，1)=898 美元。

图 11—19（b）显示了比尔投资问题的完整决策树。现在比尔可以计算每个机会点的期望货币值（EMV）。方案 1 的期望货币值为高、中、低三种收益概率与各自的盈利（或损失）乘积之和：

EMV＝16 510×0.25＋890×0.40－13 967×0.35＝－405（美元）

方案 2 的期望货币值是：

EMV＝898 美元

图 11—19 中，期望货币值标于每个事件节点处。比尔必须做出选择，结果为选择货币期望值最高的方案 2，其 EMV 为 898 美元。通过把 898 美元标于决策树始端的决策点处来表示期望值。决策树体现了前述章节中提出的最大化期望货币值的思想。此外，记号“‖”标于非最优的分枝上，表明该选择已被排除。在这个简单的例子中，使用决策树的优势并不十分明显。然而，如果决策问题变得更加复杂，那么在组织进行决策的信息方面，决策树会更加实用。特别是，如果比尔需要做出一系列的决策而不是单个决策，如下节所述，可看到决策树的妙处。

11.6.2 获得额外信息的价值

本节介绍一种通用方法来计算是否值得去收集更多的信息。某种程度上，我们获得的绝大多数信息是不完全的，即这些信息不能准确地告诉我们哪个事件将会发生。如果能够提高做出正确决策的可能性，即增加期望货币值，那么不完全信息是有价值的。问题是减少的不确定性是否足以抵消其成本。通过更加完善的信息提高决策效率，这将使增加收益成为可能。

我们使用广义上的术语“试验”。一个试验可能是对某种消费品的市场调查以预测销售量，可能是产品质量的抽样调查，或是说明石油存在的地震波测试。

完善信息的价值

以比尔所选方案即购买美国国债为起点，如何确定进一步的战略选择是否会盈利？我们可以在获取投资股票潜在收益率的额外信息上多做工作，但是这会产生成本。因此，必须权衡减少不确定性的价值和获得额外信息的成本。通常情况下，只有估计信息的可靠性，我们才能计算某个给定试验的价值。在股票投资问题中，专家关于是否应该放弃投资某股票的意见也许是有用的。然而，只有该专家能够提前预测股票的走势，其主张才是有价值的。

弄清完全消除不确定性能够增加多少盈利，是决策改进过程的最佳起点。即使不能真正完全确定，完全信息的价值也是值得计算的，这可以作为额外信息价值的上限。

完全信息的价值容易计算。首先，计算基于完善信息的最优决策而增长的收益以及在没有对投资股票收益率事先预测的情况下选择购买国债的原决策获得的收益，得到二者的差值。这种不同称为**机会损失**（opportunity loss），必须计算出各种潜在股票收益率水平的机会损失。然后，根据相应事件概率对潜在损失加权，求得**期望机会损失**（expected opportunity loss，EOL）。期望机会损失即**完全信息期望价值**（expected value of perfect information，EVPI）。换句话说，如果掌握了股票走势方面的完全信息，那么我们应该能对每种情况都做出正确的决策，并且不后悔（即没有机会损失）。例 11—12 解释了机会损失的概念并且说明了其与完全信息价值的相关性。

例 11—12

完全信息的期望价值

由于不情愿放弃从股票中获得大量利润的机会，比尔想知道在抉择之前是否需要获得更多的信息。相对于购买美国国债的决策，比尔需要数据说明投资股票方面完全信息的期望价值。根据例 11—11 和图 11—19（b）的数据，计算此完全信息的期望价值。

解：

已知：图 11—19 中的决策树。

求：完全信息期望价值。

对于股票来说，是否购买取决于未来一年股票的收益率——服从某概率分布的唯一变量，选择购买债券的机会损失如表 11—20 所示。

表 11—20　投资债券的机会损失成本

潜在收益	概率	决策方案 方案 1： 投资股票（美元）	决策方案 方案 2： 投资债券（美元）	完全信息后的 最优方案	投资债券的 机会成本（美元）
高（A）	0.25	16 510	898	股票	15 612
中（B）	0.40	890	898	债券	0
低（C）	0.35	−13 967	898	债券	0
期望值		−405	898		3 903

● 例如，高收益水平情况下股票投资的条件净现值是 16 510 美元。在比尔没有收到任何新信息的情况下，最优选择是“方案 2”，即购买债券，其期望净现值为 898 美元。

● 然而，如果我们知道股票投资是确定的胜者（产生更高的利润），那么先前“购买债券”的决定就不如“投资股票”，损失 15 612 美元（16 510−898）。但是，对于中等或较低收益水平情况来说，购买债券是没有机会损失的。无论信息是否完全，结果是相同的。利用已知的概率加权平均结果如下：

$$\text{EVPI}=0.25\times15\,612+0.40\times0+0.35\times0=3\,903(\text{美元})$$

或者计算股票投资获得的最好盈利期望值（完全信息下盈利的期望值（EPPI））与无完全信息下的盈利期望值之差，即

$$\begin{aligned}\text{EVPI}&=\text{EPPI}-\text{EMV}\\&=16\,510\times0.25+898\times0.40+898\times0.35-898\\&=3\,903(\text{美元})\end{aligned}$$

式中，EVPI 代表了具有完全信息可以获得的额外收益，也是比尔愿意为额外信息支付费用的上限。

支付专家费用之后修正条件损益

例 11—12 中相对较大的 EVPI，意味着通过获得额外信息，比尔能够获取大量潜在收益。比尔可以通过获得股票详细研究报告寻求专家意见。研究报告需要名义上的费用（假设为 200 美元），该报告揭示的结果有以下两点：

1. 结论认为经营环境有利之后，建议购买股票。

2. 结论认为经营环境不利或者公司的商业模式不符合市场之后，建议不采取任何行动或者采取中立。

比尔有两个备选方案，或者在进一步决策之前寻求专家意见或者在没有报告的情况下简单地作出自己的决策。

如果比尔在行动之前寻求专家意见，那么他可以根据股票研究报告作出决定。这个问题可以通过决策树来表示，如图 11—20 所示。决策树的上半部分显示在无专家意见情况下的决策过程。这与图 11—19 是相同的，即高、中、低三种收益情况对应的概率是 0.25，0.40 和 0.35，投资股票的期望损失是 405 美元，而购买国债的期望收益是 898 美元。

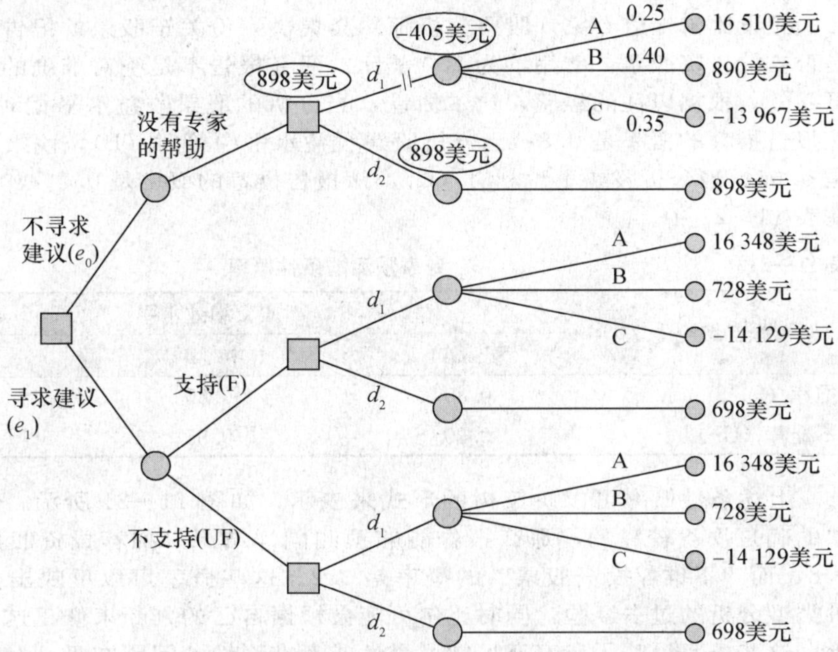

图 11—20　寻求专家意见的比尔投资问题的决策树

决策树的下半部分是“寻求专家意见”的方案分枝，显示了结果和后续决策的可能性。利用研究报告，比尔可以预期两种可能发生的事件：专家推荐和实际股票走势。在得知两种可能的报告结果之后，比尔必须决定是否投资股票。由于比尔需要支付 200 美元以获得该报告，因此必须改变各个分枝末端盈利或亏损的数额。对于投资股票的选择，如果实际收益为高水平（50%），那么现金流量将是：

第 0 期：$-50\,000-100-200=-50\,300$(美元)

第 1 期：$(75\,000-100)-0.20\times(25\,000-400)=69\,980$(美元)

$\mathrm{PW}(5\%)=-50\,300+69\,980(P/F,5\%,1)=16\,348$(美元)

由于获得报告的成本（200 美元）是投资总费用的一部分，应税资本利得也得相应调整。中等收益情况下，净现值是 729 美元。低收益情况下，将会产生 14 129 美元的净损失。

类似地，方案 2 的净收益计算如下：

第 0 期：$-50\,000-150-200=-50\,350$(美元)

第 1 期：$53\,750-150=53\,600$(美元)

$\mathrm{PW}(15\%)=-50\,350+53\,600(P/F,5\%,1)=698$(美元)

注意，从美国政府债券中获得的利息所得是免税的。

11.6.3 不完全信息下的决策

图 11—18 中，比尔在实际投资决策之前若寻求专家意见，可能改变以前关于股票绩效的概率估计。换句话说，如果专家报告影响了比尔对于股票绩效的重新评估，那么比尔必须相应改变先前的概率估计。但是，哪种类型的信息是可以利用的？如何改变先前的概率估计？

在给定股票潜在收益的情况下，专家预测的条件概率分布

假设比尔知道专家（股票分析师）会提供一份关于股票的报告，无论该报告是否支持投资股票，费用均为 200 美元。研究报告不是绝对准确的，但还是相当可靠的。根据以往的经验，比尔估计，当分析的股票收益水平相对较高时（A），该报告推荐的概率是 0.8；当分析股票收益水平中等时（B），该报告推荐的概率是 0.65；当分析股票不盈利时（C），该报告推荐的概率是 0.2。比尔的估计总结在表 11—21 中。

表 11—21　专家预测的条件概率

报告结论	股票绩效水平		
	高（A）	中（B）	低（C）
推荐（F）	0.80	0.65	0.20
不推荐（UF）	0.20	0.35	0.80

上述条件概率可以决策树的形式来表示，如图 11—21 所示。例如，如果股票的确是收益较高的，那么报告能够预测同样结果（推荐投资股票）的概率是 0.8，而“不推荐投资股票”的概率是 0.2。这些概率可以反映出分析师对于这种类型分析的过去经验，同时比尔可能会根据自己的判断来修正这些概率。事实上，这些概率反映了专家意见的可靠性或者准确性。问题在于，对于不同的股票收益实际情况，专家过去预测成功和失败的次数。根据专家预测的历史，比尔可以估算该项咨询服务的经济价值。如果没有预测历史，专家咨询的价值是不能确定的。

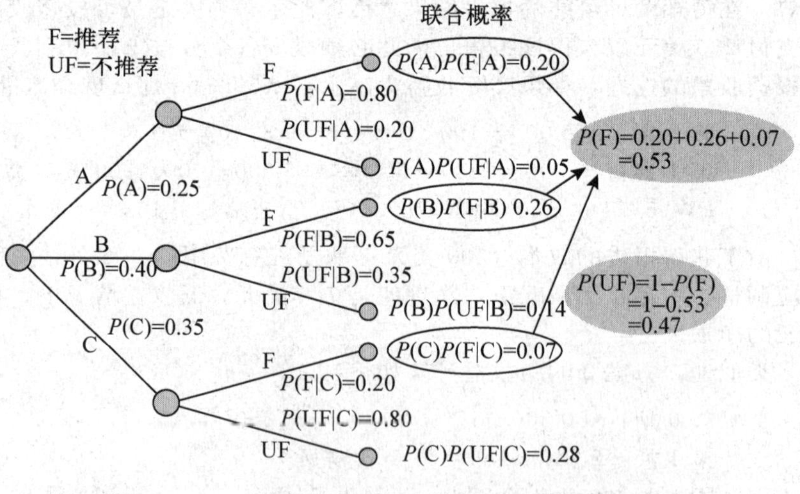

图 11—21　决策树中条件概率和联合概率的表示方式

联合概率分布和边际概率分布

假设在获得研究报告之前，比尔拥有以下一些重要信息：（1）股票三种不同收益水平的概率分布（先验概率）；（2）在给定未来股票三种不同绩效的情况下，报告推荐或者不推荐投资股票的概率。然而，如图 11—20 所示的一系列事件显示，这些概率并不是需要计算路径中不同策略的期望值的概率。我们真正需要的是报告推荐（赞成购买股票）或者不推荐（不赞成或中立态度）的概率以及在获得报告之后三种潜在收益的条件概率。换言之，表 11—21 中的概率分布对图 11—20 并不是直接有用的，“推荐”或“不推荐”的边际概率更为需要。

为了解决这种情况，必须采取一种不同形式的概率分布，即构造一个联合概率分布表。首先，在比尔获得报告之前的初始概率为：股票高、中、低收益情况相应的概率分别为 0.25，0.40，0.35。因此，在给定股票高收益的情况下（表 11—21 中的 0.8），可以计算出推荐购买股票的预测（F）和股票高收益（A）的联合分布：

$$P(\mathrm{A},\mathrm{F})=P(\mathrm{F}|\mathrm{A})P(\mathrm{A})=0.80\times0.25=0.20$$

类似地，有

$$P(\mathrm{A},\mathrm{UF})=P(\mathrm{UF}|\mathrm{A})P(\mathrm{A})=0.20\times0.25=0.05$$
$$P(\mathrm{B},\mathrm{F})=P(\mathrm{F}|\mathrm{B})P(\mathrm{B})=0.65\times0.40=0.26$$
$$P(\mathrm{B},\mathrm{UF})=P(\mathrm{UF}|\mathrm{B})P(\mathrm{B})=0.35\times0.40=0.14$$

等等。

在表 11—22 中，通过横向加总，得到了收益情况的边际概率分布。显然这些概率分别是高、中、低收益情况的初始概率，并且被指定为先验概率，因为它们是在获得研究报告信息之前的估计概率。

表 11—22　联合概率和边际概率

潜在收益水平	报告的建议 联合概率分布		先验边际概率
	推荐（F）	不推荐（UF）	
高（A）	0.20	0.05	0.25
中（B）	0.26	0.14	0.40
低（C）	0.07	0.28	0.35
边际概率	0.53	0.47	1.00

在理解表 11—22 的时候，把它看作与现在情况等同的过去 100 次情况的结果是有用的。那么这些概率代表了各种结果发生的频率。例如，100 次中有 25 次股票的实际收益率较高；在这 25 次高收益的情况中，报告持赞成态度的次数是 20（即 $P(\mathrm{A},\mathrm{F})=0.20$），持反对态度的次数是 5。

类似地，表 11—22 最后一行中预测的边际概率可以称作相对频率，即报告推荐和不推荐的情况。例如，在 100 次中，有 53 次报告是推荐的，但在这 53 次中，股票实际收益率高的次数是 20，26 次是中，7 次是低。报告意见的边际概率对于我们的分析是非常重要的，因为它们提供了与比尔在选择投资股票之前与收到的信息相关联的概率。在图 11—20 中，这些概率标于恰当的分枝处。

计算修正概率

我们仍需计算图 11—20 下半部分中代表“高收益”、“中收益”和“低收益”的分枝的概率。我们不能像树的上半部分那样，使用 0.25，0.40 和 0.35 等数值，因为这些概率是在寻求专家意见前计算出来的。在决策树的这点上，比尔会收到来自专家的咨询信息，相应的概率必须反映出这些信息。（如果即使在获取信息之后，比尔的判断仍未改变，那么概率也不会发生变化。）在给定专家意见情况下，要求的概率是股票各种收益情况下的条件概率。因此，利用表11—22中的数据，在给定专家推荐投资股票（F）的情况下，根据条件概率定义直接计算 $P(\mathrm{A}\mid \mathrm{F})$：

$$P(\mathrm{A}|\mathrm{F})=\frac{P(\mathrm{A},\mathrm{F})}{P(\mathrm{F})}=\frac{0.20}{0.53}=0.38$$

在给定专家推荐投资股票的情况下，中等收益和低收益下的条件概率分别是：

$$P(\mathrm{B}|\mathrm{F})=\frac{P(\mathrm{B},\mathrm{F})}{P(\mathrm{F})}=\frac{0.26}{0.53}=0.49$$

$$P(\mathrm{C}|\mathrm{F})=\frac{P(\mathrm{C},\mathrm{F})}{P(\mathrm{F})}=\frac{0.07}{0.53}=0.13$$

因为这些概率是在获取报告信息之后得出的，因此称作修正概率或后验概率。为了理解上述计算的意义，再次观察代表100次过去相同情况的表11—22。可见，在53次中（由于 $P(\mathrm{F})=0.53$），实际高收益情况是20次。因此，正如计算所得，高收益情况的后验概率是20/53＝0.38。

在获取专家不推荐投资股票的意见后，其他结果的后验概率以此类推计算如下：

$$P(\mathrm{A}|\mathrm{UF})=\frac{P(\mathrm{A},\mathrm{UF})}{P(\mathrm{UF})}=\frac{0.05}{0.47}=0.11$$

$$P(\mathrm{B}|\mathrm{UF})=\frac{P(\mathrm{B},\mathrm{UF})}{P(\mathrm{UF})}=\frac{0.14}{0.47}=0.30$$

$$P(\mathrm{C}|\mathrm{UF})=\frac{P(\mathrm{C},\mathrm{UF})}{P(\mathrm{UF})}=\frac{0.28}{0.47}=0.59$$

例 11—13

获得专家意见后的决策

在图11—22的基础上，计算对于比尔来说研究报告的价值。比尔是否需要寻求专家的建议（研究报告）？

解：

已知：如图11—22中所示的决策树。

求：比尔应该寻求专家意见吗？

现在，所有需要的信息是已知的，见图11—22，分析从右向左进行。期望值表示在圆圈中。例如，沿着“寻求建议（e_1）”、“推荐”和“投资股票（d_1）”的分枝，圆圈中显示的期望值4 733美元计算如下：

$$0.38\times16\,348+0.49\times729+0.13\times(-14\,129)=4\,733(\text{美元})$$

在获取研究报告的信息之后，由于比尔能从投资股票中获得4 733美元的收益，因此投资债券（698美元）就不是最优的选择。所以可以用∥标记“购买债券”的分枝，这表示其不是最优选择。

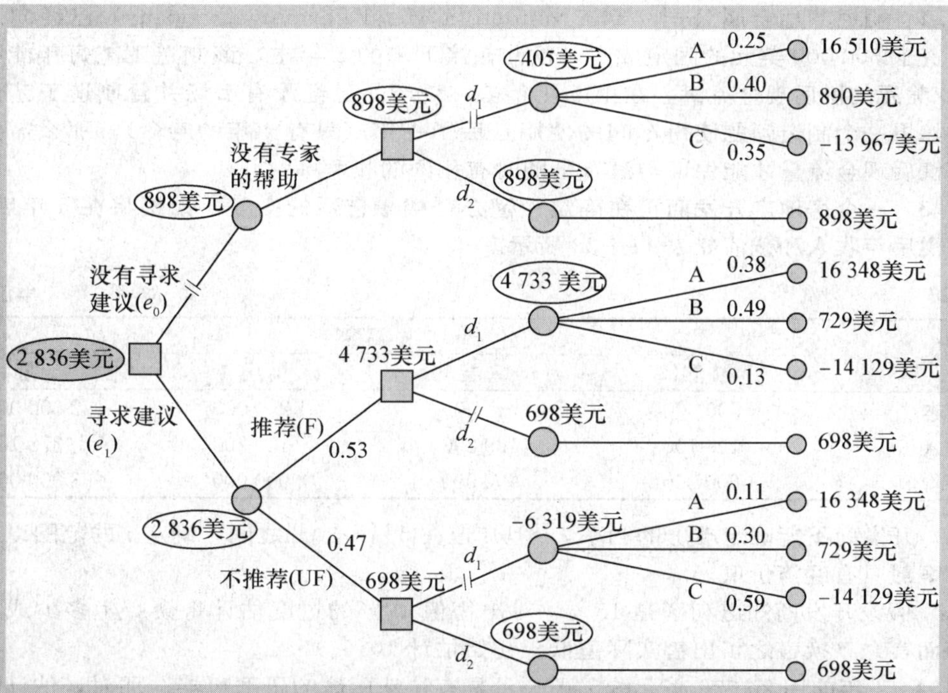

图 11—22　比尔投资问题中关于选择专家意见的决策树

如果报告结论是不推荐股票投资，但比尔仍然购买股票，则会有 6 319 美元的预期损失。在这种情况下，“购买债券”将成为一个更好的选择，同时“购买股票”的分枝则会被排除。现在，与寻求专家意见相关的决策树部分只剩下两个机会事件（盈利 4 733 美元和 698 美元），并且节点处的期望值可计算为：

$$0.53\times4\ 733+0.47\times698=2\ 836(\text{美元})$$

因此，如果比尔采纳专家的建议并且根据获取信息来作出决策，那么期望收益是 2 836 美元。由于在没有专家咨询的情况下收益为 898 美元，而 2 836 美元大于 898 美元，因此我们得出结论，花费 200 美元获取额外专家咨询信息是值得的。

总的来说，最佳决策如下：(1) 首先比尔应该寻求专业咨询；(2) 如果专家的报告推荐股票，那么应该去投资股票；(3) 如果报告持其他意见，则应该投资债券。

习　题

* 敏感性分析

11.1　莱恩建筑公司（Lane Construction Ltd.）正在考虑购买一辆新的大型拖车。

- 该车的基本价格是 80 000 美元，并且需要 20 000 美元改装以适合公司的特殊用途。
- 该车按 5 年 MACRS 折旧，并且将在 3 年后以 30 000 美元的价格出售。
- 购买该车并不会对收入产生影响，但是预计每年可为公司节约税前经营成本 45 000 美元，主要是租赁费用的节约。
- 公司的边际税率（联邦税加上州税）是 40%，最低收益率是 15%。

(a) 根据问题中给出的最可能估计，该项目可以接受吗？

(b) 假设公司的最低收益率增加到 25%。为了使该项目仍然能够盈利，租赁费用至少节约多少？

11.2 明尼苏达金属公司（The Minnesota Metal Forming Company）已经向某制造工艺投资了500 000美元的固定成本，预计在接下来的5年中，该制造工艺每年能够产生200 000美元的税后现金流量。在第5年年末，该产品已经没有市场并且制造工艺也没有残值。如果一个制造问题使得车间的使用延后了一年（只有4年的寿命），那么需要多少额外的税后现金流量才能保证与没有延期时有相同的收益率？

11.3 一个房地产开发商正在确定一幢办公楼最合适的高度，该楼将在5年后出售。相关的税后年收入和残值如表11—23所示。

表11—23 单位：美元

	高度			
	2层	3层	4层	5层
初始成本	500 000	750 000	1 250 000	2 000 000
租金收入	199 100	169 200	149 200	378 150
净出售价值	600 000	900 000	2 000 000	3 000 000

（a）开发商不能确定准确的利率 i，但知道在5%～30%之间。确定 i 的范围以使所建楼层方案最具有经济价值。

（b）假设开发商知道利率是15%，对出售值10%的过度估计将会产生多少成本（就净现值而言）？（换言之，出售实际值低于初始估计10%。）

11.4 4年前用20 000美元购买了一台具有特殊用途的研磨机器。那时，估计该机器有10年的使用寿命，1 000美元的残值，150美元的清理成本。这些估计目前仍然可信。该机器每年的经营成本是2 000美元，当前账面价值是13 000美元（根据可选MACRS直线折旧，半年惯例，零残值）。如果该机器能够运行10年，那么第5年到第10年每年的折旧是2 000美元。一台更有效率的新机器将会减少1 000美元的经营成本，但是需要12 000美元的投资。新机器的寿命是6年，残值是2 000美元，按5年MACRS折旧。旧机器可以卖6 000美元，并且购买者支付清理费用。公司的边际税率是40%，要求的最低收益率是10%。

（a）如果现在更新旧机器，那么第0年到第6年，现金流量将会增加多少？旧机器应该被替换吗？

（b）假设旧研磨机器每年的经营成本将会以5%的速度递增。在这种情况下，（a）的答案会改变吗？

（c）为了使两种方案在经济上等值，旧机器第0年的残值最小是多少？

11.5 当地一家电话公司正在考虑为新的公寓安装一条新的电话线路。有两种类型的电缆：传统的铜线和光纤维。该公司将使用5种类型的铜电缆：100对，200对，300对，600对和900对。计算电缆成本的公式如下：

$$成本=(每英尺成本+每对成本\times对数)\times长度$$

式中，22号铜线每英尺成本为1.692美元，每对成本为0.013美元。电缆每年的成本占初始成本的18.4%，使用寿命为30年。

对于光纤来说，电缆类似于丝带。每根电缆含有12根纤维，每组4根。因此，每根电缆有3组纤维。每组都有672条线路（等同于672对电线），由于每根电缆有3组，因此总共有2 016条线路。为了通过光纤传递信号，许多调制解调器和终端需要把信号从电波转化成光波。每英里光纤的成本是15 000美元。在每根电缆的末端需要三个终端，每个终端需要一组4根的纤维，并且每个终端的成本是30 000美元。每根电缆的末端需要21个调节系统，指挥室和分区每单位的成本分别是12 092美元、21 217美元。每22 000英尺需要一个连发枪来保持可测光波的密度。每年的成本包括 21 个系统的收入所得税，占到初始成本的 12.5%。电缆本身每年的成本是初始成本的 17.8%。整个系统的寿命是 30 年。(所有数据代表税后成本。)

(a) 假设公寓距离电话公司中央转换系统 5 英里，且需要 2 000 部电话。这将需要 2 000 对铜线或者是一条光纤以及相应的硬件。如果电话公司的利率是 15%，哪一种选择更加经济？

(b) 在 (a) 中，假设公寓到电话公司中央转换系统的距离为 10 英里或者 25 英里，则哪一种选择更加经济？

11.6 迈克·拉曾比 (Mike Lazenby) 是能源节约服务公司 (Energy Conservation Service) 的工程师，负责研究新的热水器温控装置的盈利性，得出净现值衡量公式为：

$$NPW=4.028V(2X-11)-77\,860$$

式中，V 代表生产和销售的产品数量；X 是单位售价。同时，迈克发现 V 的取值范围为 1 000～6 000，X 的取值范围从 20～45 美元，确定作为 V 和 X 函数的敏感性图。

11.7 美国一家当地的邮政公司正在考虑购买一台 4 000 磅的叉车，该叉车主要用于搬运包裹。叉车的燃料一般是汽油、液态丙烷或者柴油。然而，由于经济性和环保等优点，电动叉车已经在许多领域变得十分流行。因此，该邮政公司热衷于比较使用四种不同燃料的叉车 (见表 11—24)。叉车的购买费用和每年的运营维护费用由当地一家公用事业公司和工业协会支付。每年的燃料和维修费用通过工作班次来衡量，每班等于 8 个小时。

邮政服务并不能确定每年的工作班次，但预计在 200～260 之间。美国邮政服务不需要支付收入所得税，折旧和税收信息不需估计。美国政府规定此类项目的利率是 10%。绘制敏感性图以显示每种选择对于班次为变量的函数变化。

表 11—24

	电	液态丙烷	汽油	柴油
使用寿命 (年)	7	7	7	7
初始成本 (美元)	29 739	21 200	20 107	22 263
残值 (美元)	3 000	2 000	2 000	2 200
每年最大班次	260	260	260	260
每班消耗燃料	31.25 千瓦时	11 加仑	11.1 加仑	7.2 加仑
单位燃料的成本	0.10 美元/千瓦时	3.50 美元/加仑	2.24 美元/加仑	2.45 美元/加仑
每班燃料成本 (美元)	3.125	38.50	24.86	17.64
年维护费用 (固定成本) (美元)	500	1 000	1 000	1 000
每班变动成本 (美元)	4.5	7	7	7

* 临界分析

11.8 苏珊·坎贝尔 (Susan Campbell) 考虑在位于佛罗里达奥兰多的迪士尼附近经营汽车旅馆业务。建造一个汽车旅馆的成本是 2 200 000 美元。土地成本是 600 000 美元。家具和装潢费用是 400 000 美元，并且要在 8 年内回收 (7 年 MACRS 资产)，但是汽车旅馆建筑回收时间为 39 年 (39 年 MACRS 不动产类，1 月 1 日投入运营)。寿命期内土地价值年增值率为 5%，25 年后建筑的残值为 0。如果汽车旅馆的入住率为 100%，那么它每天的收入为 4 000 美元，一年 365 天。除了折旧，旅馆每年的固定经营成本为 230 000 美元。对于经营变动成本，当入住率为 100%时，为 170 000 美元；当入住率为 0 时，为 0。如果每年的利率是 10%，那么在 25 年期间为了使旅馆盈亏平衡的入住率是多少 (假设税率是31%）？

11.9 某工程师希望了解应该使用何种类型的灯泡照明仓库。现在使用的灯泡每只成本为45.90美元，寿命为14 600小时。新的灯泡（每只60美元）具有相同的亮度并且消耗相同的电量，但是它的寿命是现在使用灯泡的两倍。更换每只灯泡的人力成本是16.00美元。每天照明19小时，每年365天。如果公司要求的最低收益率为15%，为了使用新灯泡，工程师愿意支付的最高价格是多少（假设该公司的边际税率是40%）？

11.10 有解决生产问题的两种不同方法。这两种方法预计在6年后都将失效。A方法的初始成本是80 000美元，每年经营成本是22 000美元。B方法的初始成本是52 000美元，每年经营成本是17 000美元。使用A方法和B方法的残值分别为20 000美元和15 000美元。对于两种方法的投资都是5年MACRS。该公司的边际税率是40%，最低收益率是20%。为了使选择A方法与选择B方法没有差别，A方法要求的年增量收入是多少？

11.11 岩石出版公司（The Rocky Mountain Publishing Company）考虑在丹佛发行一种新的早报。早报以每份0.25美元的价格出售给零售商，其中0.05美元为零售商收入。编辑、记者、租赁、印刷、通信服务等固定成本是每月300 000美元。每份报纸的油墨和纸张等变动成本是0.10美元，但是每份报纸的广告收入是0.05美元。为了印刷早报，出版商花费600 000美元购买一台新的印刷机器。印刷机器根据7年MACRS进行折旧，使用寿命是10年，寿命期末的残值大约是100 000美元。假设每年发行300天，税率为40%，最低收益率为13%。为了盈亏平衡，每天必须以0.25美元的价格出售多少份报纸？

*概率分析

11.12 一家公司正在考虑是否购买由另一家公司为某种产品设计的专利。决定购买将意味着800万美元的投资，同时不能确定产品的需求量。如果需求量较小，公司预计3年中每年有130万美元的收入。如果需求量中等，则4年中每年的收入为250万美元。如果需求量较大，则4年中每年的收入为400万美元。估计高需求量的概率是0.4，需求量较小的概率是0.2。公司的无风险利率是12%。计算该专利的期望现值。在此基础上，该公司应该进行此项投资吗（所有数据均为税后数值）？

※**11.13** 考虑下面两年期项目的现金流量：

时期	现金流量	期望值（μ）	方差（σ^2）
0	A_0	−500	0
1	A_1	200	50^2
2	A_2	500	50^2

（a）计算以下两种情况现值的期望值和方差，$i=10\%$：

1. A_1 和 A_2 是相互独立的。

2. A_1 和 A_2 是部分相关的，相关系数为 $\rho_{12}=0.3$。

（b）如果随机变量（A_1 和 A_2）的期望值和方差如表所示，现值为负的概率是多少？

11.14 胡安·卡洛斯（Juan Carlos）正在考虑两个投资项目，其现值如下所示：

项目1：$PW(10\%)=20X+8XY$，其中 X 和 Y 是相互独立的离散随机变量，概率分布如下所示：

X（价格）		数量（Y）	
事件（美元）	概率	事件	概率
20	0.6	10	0.4
40	0.4	20	0.6

项目 2：

PW（10%）（美元）	概率
0	0.24
400	0.20
1 600	0.36
2 400	0.20

（注意：两个项目的现金流量也认为是相互独立的。）

（a）确定项目 1 净现值的概率分布。

（b）计算项目 1 净现值的期望值和方差。

（c）计算项目 2 净现值的期望和方差。

（d）假设项目 1 和项目 2 是互斥的，那么你会选择哪个项目？

11.15 某位投资者的一个投资组合价值 350 000 美元。投资组合中的债券将在下月到期，并可提供 25 000 美元进行再投资。投资的选择仅限于以下两种。

- 方案 1：投资一年期的外国债券。这需要 150 美元的手续费。为了简化起见，假设该债券在一年内能够产生的收益是 2 450 美元、2 000 美元或 1 675 美元，对应的概率分别是 0.25，0.45 和 0.30。
- 方案 2：通过储蓄借贷协会投资 25 000 美元的存款凭证。假设该凭证的有效年利率是 7.5%。

（a）为了使收益最大化，该投资者应该选择哪一个投资项目？

（b）如果投资者可以从所罗门兄弟公司（Salomon Brothers，Inc.）处获得专业投资建议，投资者愿意为此建议支付的最高价格是多少？

*风险性项目的比较

11.16 某制造企业正在考虑两个互斥项目，两个项目都有一年的经济服务期限，并且没有残值。每个项目的初始成本和年末净收入如表 11—25 所示。

（a）根据期望值最大化原则，应该选择哪个项目？

（b）如果考虑项目的方差，应该选择哪个项目？

表 11—25　　**互斥项目的比较**

初始成本	项目 1（1 000 美元）		项目 2（800 美元）	
	概率	收入（美元）	概率	收入（美元）
	0.2	2 000	0.3	1 000
净收入	0.6	3 000	0.4	2 500
	0.2	3 500	0.3	4 500

11.17 某业务主管正在考虑是否接受两份合同中的一份或者都不接受？他已经在某种程度上简化了情况，并且认为这已经足够分析合同，两份合同分析数据如表 11—26 所示。

表 11—26

合同 A		合同 B	
NPW（美元）	概率	NPW（美元）	概率
100 000	0.2	40 000	0.3
50 000	0.4	10 000	0.4
0	0.4	−10 000	0.3

（a）该主管应该接受其中的一份合同吗？如果他的目标是使净现值期望值最大，那么他会如何决策？

（b）相比于B合同，A合同产生更大收益的概率是多少？

11.18 一个减少成本的项目，有以下两种机器可供选择：

● 机器A的初始成本是60 000美元，使用寿命为6年，在第6年年末的残值（税后）为22 000美元。该机器每年税后的运营维护成本以及相应的概率如下所示：

年税后运营维护成本（美元）	概率
5 000	0.20
8 000	0.30
10 000	0.30
12 000	0.20

● 机器B的初始成本是35 000美元，使用寿命为4年，第4年年末的残值（税后）可以忽略不计。每年税后的运营维护成本以及相应的概率如下所示：

年税后运营维护成本（美元）	概率
8 000	0.10
10 000	0.30
12 000	0.40
14 000	0.20

项目的最低收益率是10%，这些机器要求的使用寿命是12年，但并不要求技术上的先进。

（a）假设两台机器是相互独立的，计算每台机器等值年度费用的期望和方差。

（b）根据（a）的结果，计算机器A年度费用超过机器B的概率。

＊决策树分析

11.19 你的公司必须决定是否引进一种新产品。产品的销量或者很高（成功）或者很低（失败）。该决策的相关信息如下所示：

决策	状态	
	高销售量（H）	低销售量（L）
引进产品	400万美元	−200万美元
不引进产品	0	0
概率	0.3	0.7

你的公司可以选择进行市场调查以更好地确定市场需求量。该调查的费用是200 000美元。调查并不能提供关于销量的完全信息，但是有三种可能的结果：（1）预测新产品成功；（2）预测新产品失败；（3）调查结果并没有得出结论。你将得到以下信息：

市场调查结果（预测）	销售量	
	高销售量（H）	低销售量（L）
调查预测高销售量（S）	0.4	0.1
调查没有得出结论（I）	0.4	0.5
调查预测低销售量（F）	0.2	0.4

根据在给定潜在销售量的情况下，调查预测的条件概率分布，分析调查的经济价值，

回答以下问题。

（a）根据期望货币值，在调查前你的决策是什么？

（b）在调查前完全信息的期望值是多少？

（c）画出调查方案完整的决策树。

（d）在采取调查之后，完全信息的期望值是多少？

（e）调查所得信息的价值是多少？

（f）最佳行动方案是什么？

11.20 作为一个公司经理，你正在考虑是否需要开设一家新尾货店，这将花费 500 000 美元。商店的成功或者失败取决于该地区的产品需求量。如果需求量较大，预计每年收入 1 000 000 美元；如果需求量较小，每年损失 80 000 美元。根据你对该地区和产品的了解，你认为销售量大或者小的概率是 0.3，销售量一般的概率是 0.4。假设公司的最低收益率为 15%，边际税率为 40%，并且认为商店第 15 年年末的残值大约是 100 000 美元，该店资产按照 39 年财产类折旧。

（a）如果新尾货店将营业 15 年，你应该开设吗？为了解完全信息你愿意支付多少？

（b）假设市场调查的费用是 1 000 美元，并有以下可靠的信息（根据过去经验所得的数据，真实需求量与调查所得的预测结果的对比）：

真实需求量	调查预测		
	低	中	高
低	0.75	0.20	0.05
中	0.20	0.60	0.20
高	0.05	0.25	0.70

在采取市场调查之后，确定使收益最大化的策略。同时，计算 EVPI。抽样调查信息的真正价值是多少？

[注释]

[1] 正如 7.3 节中所定义的一样，这些费用会随着销量或者产量的改变而改变。

[2] 这些费用不会随着销量或产量的改变而改变。例如财产税、保险费、折旧和租金，通常是固定费用。

[3] 对于连续型随机变量，计算方差的等式为：$\mathrm{Var}[X]=\int_L^H (x-\mu)^2 f(x)\mathrm{d}x$。

[4] 如果 X 和 Y 是独立随机变量，那么将使用表 11—6 中的联合概率分布。

[5] Analytical treatment for the products of random variables including the correlated case is given by Chan S. Park and Gunter Sharp-Bette, *Advanced Engineering Economics*, New York, John Wiley, 1990 (Chapter 10).

[6] 适用于相关随机变量的一些中心极限定理已经发展起来，在某些特殊情况下，近似服从正态分布也是有效的。

[7] 当进一步改进风险决策时，我们可以考虑期望效用理论或随机占优规则，这已经超出了本书讨论的范围。(See Park, C. S., and Sharp-Bette, G. P., *Advanced Engineering Economics* (New York: John Wiley, 1990), Chapters 10 and 11.)

[8] 一个由甲骨文公司研发的风险模拟软件，是适用于预测、模拟和优化方面领先的应用软件。

[9] Palisade 公司研发的风险模拟软件，Ithaca，NY，14850。

第12章

实物期权分析

学习目标

通过本章学习，应该掌握以下概念：

- 如何运用金融期权来对冲市场风险。
- 如何为金融期权定价。
- 金融期权的什么特征对控制实物资产的风险有用。
- 怎样区分各种类型的实物期权模型。
- 怎样评估各种实物期权的灵活性。

航运的未来不确定[1]

去年，在从亚洲到欧洲的这条世界上最繁忙的航线上，一大型集装箱整箱货运基础价格是2 800美元。本周，由于不断恶化的经济导致的需求下滑，这个价格已经变成了无利可图的700美元。

由于全球经济下滑和金融危机的袭击，曾经一度火热的贸易往来也急转直下，集装箱运输企业都通过缩减航线和运量来填补骤增的赤字。

疲软的全球需求和过剩的运量正在降低远洋运输率。

使它们处境更困难的是，这些集装箱运输企业在泡沫时期订购的若干售价高达5 000万美元的新货轮正在经济低谷时期陆续到货。分析师称，企业正在努力取消它们的订单或者将其改为油轮或邮轮。

集装箱运输行业1 500亿美元的损失透露出，次贷危机和全球经济下滑已经使企业意识到几年前的投资决策是错误的。

过去的10年对航运业来说是黄金时

期。中国加入了世界贸易组织并且出售了数千亿美元的物品给欧洲和美国的消费者，这些消费者享受了低利率和稳定的经济增长所带来的好处。许多工厂在亚洲市场重新部署，并且将供应链延伸到全世界。原油价格较低，货轮稀缺，并且运费高涨。

货运价格的波动十分剧烈，依赖于天气、不断变化的运量和变动的贸易量。但是分析师和货运公司的经理人员都认为最近的下滑是史无前例的。

马士基公司（Maersk），世界上最大的货运商，去年的营业额是512亿美元，直到周四才降低其货运价格至目前的低点。马士基执行总裁科尔丁（Kolding）对贸易出版公司LIoyd's List表示，他还没有看到崩溃的来临。他暗示该月下旬将发生某些“变化”。一位马士基的管理人员解释道：“那也就意味着运行更少的货轮以提升运价，或者减少亚洲到欧洲的航线。”

从欧洲驶往亚洲的运费比相反的航线下降得更多——40英尺的集装箱运费只有200美元。这些天，该航线上60%的集装箱都是空的，反映出欧洲对中国巨大的贸易赤字，这个数字在去年高达2 230亿美元。

为了从贸易高涨中大赚一笔，一些航运公司如以星（Zim）几年以前就在韩国和中国的造船厂下了大量的订单。这些船目前陆续下水。例如，以马赛为基地的CMA CGM SA集团，订单高达80艘，总价约为10亿美元，以此来补充其已经在运营的400艘货轮。以日内瓦为基地的Mediterranean远洋公司也计划在427艘货轮的基础上补充57艘。

马士基在今年上半年已经接收了15艘货轮，另外48艘将在2012年之前交货。马士基发言人克里斯蒂安·斯托加德（Christian Storgaard）表示：“考虑到目前的市场条件，我们十分幸运还不是这个行业里订单最高的企业。”

马士基官方拒绝透露其对新货轮的订购计划，驻荷兰阿克马的咨询公司Dynamar BV的分析师德克·维瑟（Dirk Visser）认为，“如果需求继续下滑，该公司几乎没有选择的余地”。他指出，“最好的办法就是将货轮改装成油轮或者邮轮，并折价售出”。

《商业周刊》[2]的一篇文章论述了企业“决策制定的实物期权革命”这一趋势。简而言之，实物期权分析认为，企业可以通过期权来获得收益。例如，假设一家公司正在决定是否投资一个研发项目，该项目既可能盈利也可能亏损。传统的决策方法是净现值法（NPW），也就是将项目未来产生的现金流量进行折现，转换成今天的货币价值，以此判断项目的可行性。但是实物期权分析将项目分解成几个阶段，并且至少能判断是否投资于项目的第一阶段。实物期权分析的灵活性使它优于现代金融决策工具之一的净现值分析。在这一章中，我们将会考察实物期权决策框架的基础，并讨论如何在不确定性条件下将这一逻辑应用于资本投资决策中。

12.1 风险管理：金融期权

让我们从最基本的“期权”开始，也就是在特定时期内根据特定价格购买或出售标的资产的机会。金融期权的两种最基本类型是看涨期权和看跌期权。看涨期权是给予投资者在特定时期内以约定的价格购买某项资产的权利。看跌期权是给予投资者在特定的时期内以约定的价格卖出某项资产的权利。

12.1.1 金融期权的特征

金融期权有以下几项重要特征：

● **契约双方**（the contracting parties）。出售权利的一方称为期权卖方。购买期权的一方称为期权买方。在期权的世界中，期权买方在该项期权中处于多头地位，而期权卖方在该项期权中处于空头地位。

● **权利或义务**（the right or obligation）。以约定的价格购买一项金融资产的期权称为该项资产的看涨期权。买方有权利购买该资产，期权的卖方有义务出售该资产。以约定的价格出售一项金融资产的期权称为该项资产的看跌期权。同样，卖方有义务购买该资产，期权的买方有权利出售该资产。

● **标的资产**（underlying asset）（S）指的是金融期权的价值。通常来说，标的资产是一项金融资产，比如股权（股票）、股权指数和商品。

● **执行或者行权价格**（strike or exercise price）（K）指的是投资者购买或出售该标的资产的价格。

● **期权的到期日**（maturity）（T）指的是投资者在该日期内可以以约定的价格购买或出售某项资产。可以提前行权的期权称为**美式期权**（American option），只能在约定日期行权的期权称为**欧式期权**（European option）。

● **期权权利金**（option premium）（C）指的是投资者为拥有期权必须支付的价格。期权的**固有价值**（intrinsic value）指的是期权立即行权时所具有的价值。对一项看涨期权而言，它的价值是 $\max\{S-K, 0\}$。对一项看跌期权而言，它的价值是 $\max\{K-S, 0\}$。期权权利金与固有价值之差就是期权的**时间价值**（time value）。

期权损益

期权损益依赖于标的资产行权日的价格（S_T）。根据目前的股票价格（S）与行权价格（K）的相关性分为三种类型：平价、价内和价外。

● 价内期权意味着对投资者而言，如果履约，将产生正的价值的期权。

● 价外期权意味着对投资者而言，如果履约，将产生负的价值的期权。

● 如果期权是价内期权，你将会履约。如果相反，你将会让期权到期，那么你的损失就仅仅是期权本身的价格。

期权头寸

在每一个期权契约中，都有两方：持有期权的一方（多头）和出售期权的一方（空头）。因此，有四种可能的持仓：买方多头、卖方多头、买方空头和卖方空头。一般来讲，看涨期权和看跌期权有以下特征：

● 行权价格和当前价格的价差越大，期权权利金就越小，因为该期权履约的可能性极小。

● 期权越是接近到期日且为价外（市场价格高于行权价格），期权的价格越便宜。

● 离到期日的时间越长，权利金就越大，因为超过行权价格的可能性越大并且持仓成本越高。

● 看涨期权和看跌期权的变化是相反的，标的资产的市场价格上升，看涨期权的价值也就上升；市场价格下降，看跌期权的价值也就上升。

现在我们来考虑两种投资者：一种投资者认为股票的价格会继续上涨（看涨期权的买方），另一种投资者认为股票的价格会下降（看跌期权的买方）。让我们来看看如果预测正确，每个投资者的盈利情况。

□ 12.1.2 当预期价格上升时买入看涨期权

一个投资者如果看多一个公司，认为该公司的股价在一段时期内——通常是 3 个月、6 个月或者 9 个月内将会上涨，那么他会购买看涨期权。为了获得该项权利，需要向期权的卖方支付一定的费用（称为“权利金”），如果在到期日时没有行权，期权买方将损失该笔费用。

例 12—1

看涨期权的得益

你买了 100 股（或者一手合约）谷歌股票的看涨期权。

- 行权价格为 500 美元。
- 到期日为 2010 年 1 月 21 日。
- 当前股价为 438.80 美元（2009 年 6 月 9 日）。
- 权利金（为了购买一股股票期权所支付的价格）为 49.40 美元。
- 初始投资（一手合约）为 100×49.40＝4 940 美元。

假设期权到期日时的股价是 560 美元，执行该项看涨期权的净收益是多少？

解：

已知：各项期权参数值如上所述。

求：执行该看涨期权的盈利。

在到期日，执行期权所产生的净收益是：

$$(560-500)\times 100-4\,940=1\,060(\text{美元})$$

如图 12—1 所示，如果股价高于 500 美元，你会执行该期权。如果相反，该期权是没有价值的，你会让期权到期并且承担 49.40 美元的每股损失。可以明确的是，投资者赌定到 2010 年 1 月股价会高于 500 美元。（否则他不会购买该看涨期权。）

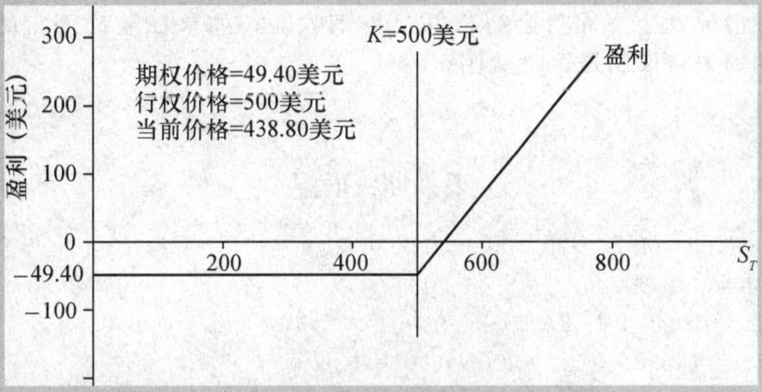

图 12—1 买入一股谷歌股票看涨期权的盈利

评注： 正如我们前面提到的那样，每一份期权合约都有两方。所以我们对空头（售出看涨期权）投资者何时盈利产生了兴趣。尽管看涨期权的卖方能够获得一部分收益（从期权买方处获得的期权费），但是未来具有潜在负债，也就是与看涨期权买方的损益相反。图 12—2 显示了期权卖方关于期权到期日股票价格的损益函数。

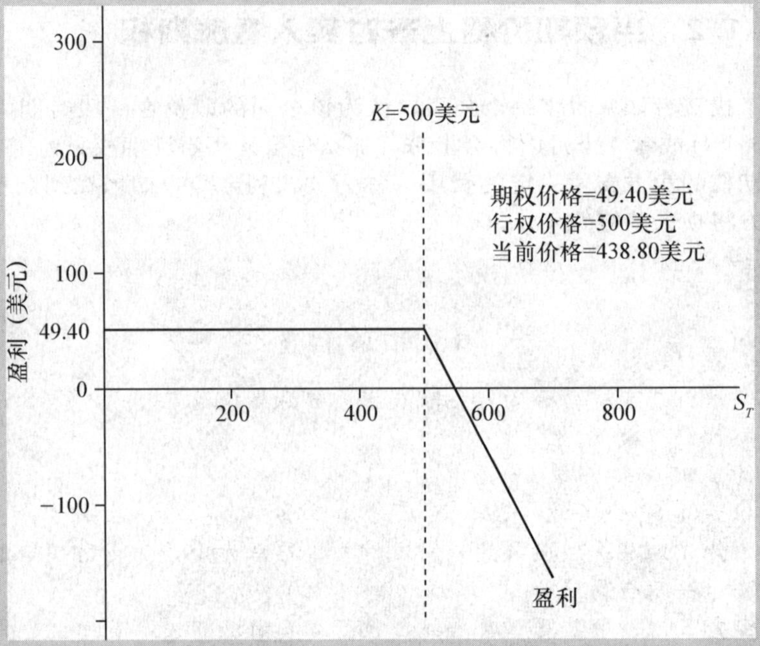

图 12—2　卖出一股谷歌股票看涨期权的盈利

12.1.3　当预期价格下降时买入看跌期权

为了抵消标的资产价值显著下滑所造成的损失风险，一种方法就是买入看跌期权。如果投资者购买看跌期权，也就是说他赌定标的资产在一段特定的时间内价格将会下降。这也就是，如果价格真的下降，其将会执行该看跌期权。购买看跌期权和购买家庭保险有些相似。你为了防止房屋被烧成灰烬而每年支付一定的保险费。如果这种情况发生，你将会行权并且得到收益；如果在契约规定的时间内没有发生，你的损失将仅仅是保险费用。

例 12—2

看跌期权损益

你买了一份售出 100 股谷歌股票的看跌期权。

- 行权价格为 440 美元。
- 到期日为 2010 年 1 月 21 日。
- 当前股价为 438.80 美元（2009 年 6 月 9 日）。
- 权利金（为了购买一股股票期权所支付的价格）为 68.50 美元。
- 初始投资（一份合约）为 100×68.50＝6 850 美元。

假设期权到期日时的股价是 350 美元，执行该项看跌期权的净收益是多少？

解：

已知：各项期权参数值如上所述。

求：执行该看跌期权的盈利。

在到期日，执行期权所产生的净收益是：

(440－350)×100－6 850＝2 150(美元)

图 12—3 显示了投资者购买看跌期权时的可能盈利情况。在行权价格是 440 美元，权利金是 68.50 美元的情况下，只有在股价低于 440 美元时投资者才会行权。在 371.50 美元时，将会盈亏平衡；在 371.50～440 美元之间，将会有少部分损失。投资者之所以会购买行权价格为 440 美元的看跌期权，原因是其认为未来的股价不会维持在现在的高位。

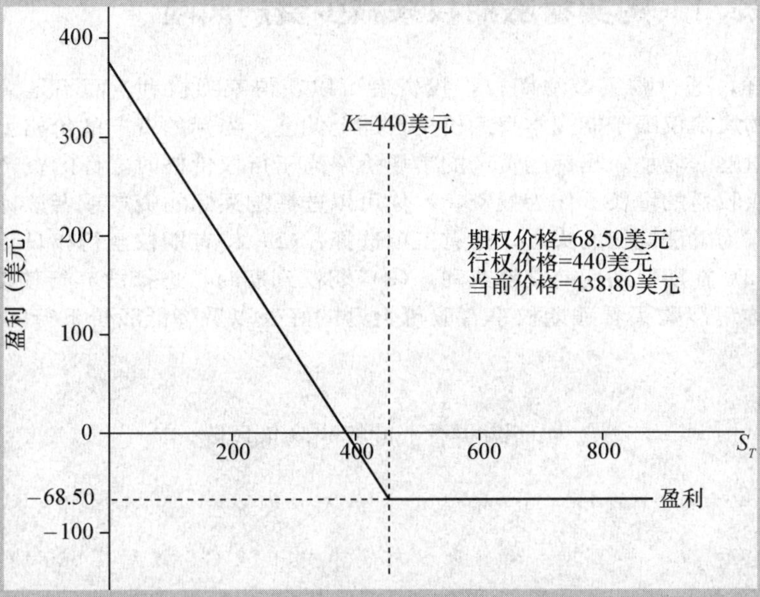

图 12—3　买入一股谷歌股票看跌期权的盈利

评注： 正如看涨期权的案例那样，期权卖方的损益与买方的损益正好相反。图 12—4 展示了期权卖方关于期权到期日股票价格的损益函数。

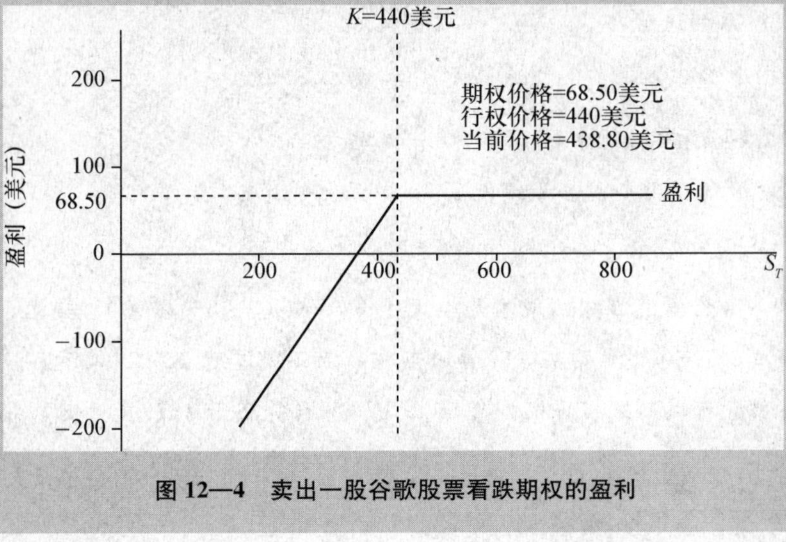

图 12—4　卖出一股谷歌股票看跌期权的盈利

12.2 期权策略

现在我们已经明白了期权的基本原理，下面将介绍一些如何运用这些期权来对冲金融风险的基本策略。第一个策略是通过购买看涨期权来减少资产风险，第二个策略是通过购买看跌期权来对冲市场风险。

12.2.1 购买看涨期权来减少资产风险

同样，通过购买看涨期权，投资者可以获得某项权利，而不是义务。看涨期权购买者的风险仅限于期权本身的价格，加上佣金。当标的资产的价格上涨时，看涨期权的价值趋于增加。当标的资产的市场价格高于行权价格时，标的资产价格的上升体现了期权收益的增长。作为投资者，你可以选择购买标的资产或者该标的资产的看涨期权。作为看涨期权的买方，你有三项选择：（1）持有期权至行权日，并按约定价格行权；（2）在期权到期前交易获利；（3）期权到期时，选择放弃行使期权。例12—3反映了你可以购买看涨期权享有股价上升的好处以及降低股价下行的风险。

例12—3

如何购买看涨期权来降低风险

Gilead科技公司（GILD）的股价是$44\frac{1}{4}$美元。投资者可以选择用$3\frac{3}{8}$美元来购买行权价格为45美元、6个月到期的看涨期权来代替支出22 125美元买500股GILD公司的股票。如购买期权，表明投资者预期在到期前，GILD的股价将会超过45美元（无论GILD股票价格涨至何价，均可以该价格购买），再加上另外的$3\frac{3}{8}$美元（购买期权的费用），也就是$48\frac{3}{8}$美元。不考虑其他佣金费用和税收，讨论以下情况下购买该期权相对于购买500股股票的风险：

- GILD的股价在到期前等于或高于$48\frac{3}{8}$美元。
- GILD的股价在到期前介于$45\sim48\frac{3}{8}$美元之间。
- GILD的股价在到期前等于或低于45美元。

解题思路： 每一份合约代表100股股票，所以5份看涨期权等于500股股票。以$3\frac{3}{8}$美元的价格购买5份看涨期权的成本是美元1 687.50（$5\times3\frac{3}{8}\times100$）美元。因此，投资者可以仅花费1 687.50美元购买5份看涨期权，而不是花费22 125美元购买股票，节省的20 437.50美元可以用来投资短期金融工具。当股价高于$48\frac{3}{8}$美元时，投资者可以有不定额的潜在收益，当股价低于$48\frac{3}{8}$美元时，投资者的损失仅仅是所支付的权利金1 687.50美元。

解：

已知：以每股 $3\frac{3}{8}$ 美元的价格购买行权价 45 美元的 5 份 GILD 6 个月看涨期权，对比方案是以每股 $44\frac{1}{4}$ 美元的价格购买 500 股 GILD 股票。

求：三种可能情况下到期时的损益。

(a) GILD 的股价在到期时等于或高于 $48\frac{3}{8}$ 美元：

● 如果 GILD 的股价在到期日是 51 美元，期权的价值就是行权价格和当前股价的差：

51 美元（当前价格）－45 美元（行权价格）＝6 美元（当前期权价值）

期权会被行权，初始投资获得 77%的盈利。即

6 美元（当前期权价值）－$3\frac{3}{8}$ 美元（期权权利金）＝$2\frac{5}{8}$ 美元（行权的收益）

● 如果以 $44\frac{1}{4}$ 美元的价格购买股票（总成本是 22 125 美元），当股价上升到 51 美元时，总价值为 25 500 美元。相对于初始投资的 22 125 美元来说价值上涨了 15.3%，但是看涨期权的购买者只需要花费 1 687.50 美元并且收益率是 77%。表 12—1 对比了这两种情况。

表 12—1　　购买股票和购买期权的对比

如果购买股票				
股价（美元）	500 股股票的初始成本（美元）	到期时的股价（美元）	到期时的股票价值（美元）*	股票价值的变化（美元）
$44\frac{1}{4}$	22 125	51	25 500	3 375
$44\frac{1}{4}$	22 125	47	23 500	1 375
$44\frac{1}{4}$	22 125	40	20 000	(2 125)
如果购买看涨期权				
合约的期权价格（美元）	5 份期权合约的初始成本（美元）	到期日合约的期权价值（美元）	期权的总价值（美元）	期权总价值的变化（美元）
$3\frac{3}{8}$	1 687.50	6	3 000	1 312.50†
$3\frac{3}{8}$	1 687.50	2	1 000	(687.50)†
$3\frac{3}{8}$	1 687.50	0	0	(1 687.50)†

* 如果有分红，则加上分红的价值。
† 加上未被使用资金的利息收入，减去权利金费用。

(b) GILD 的股价在到期时介于 45～$48\frac{3}{8}$ 美元之间。

● 在 GILD 的股价介于 45～$48\frac{3}{8}$ 美元之间时，投资者的期权仍然具有一定价值，但是不足以实现头寸的盈亏平衡。可以通过卖出期权来弥补部分损失。例如，假设 GILD 的股价在最后一个交易日（通常是在到期当月的第三个周五）的价格是 47 美元，那么该看涨期权可以在最后一个交易日售出以保护头寸。这种情况也就是 GILD 的股价的确上涨，

但是没有预期的那样大。成本 $3\frac{3}{8}$ 美元的期权此时也值 2 美元，投资者可以选择卖出期权以弥补部分损失，而不是放弃行权：

$$3\frac{3}{8}\text{美元(成本)}-2\text{美元(收入)}=1\frac{3}{8}\text{美元(不包含佣金的净损失)}$$

● 如果购买股票，当股价上升到 47 美元时，盈利为 1 375 美元，看涨期权的持有者亏损是 687.50 美元。然而，看涨期权的持有者将获得剩余 20 437.50 美元资金赚取的利息，这可抵消部分损失。

(c) GILD 的股价在到期时等于或低于 45 美元。

● 假设 GILD 的股价现在是 40 美元，则期权到期时没有任何价值，购买看涨期权的成本变成损失。然而，如果购买股票，投资者将会处于损失状态，寄望于收回成本。购买看涨期权，投资者处于风险中的资本非常有限，现在投资者仍然有大部分的钱来购买股票并且还获得了利息。因此，投资者可以做出其他的投资决策。

● 如果投资者以 $44\frac{1}{4}$ 美元的价格购买了 GILD 公司的股票，并且股票没有按照其预期的那样变动，那么投资者将会有两种选择：一是卖出股票，承担佣金费用，发生亏损；二是继续持有股票，期待长期的股价能够上涨。如果投资者购买了期权，并且判断失误，期权到期后将会变得无价值，损失也仅仅局限在权利金成本上。图 12—5 展示了两种投资策略在各种股价下的可能损益情况。

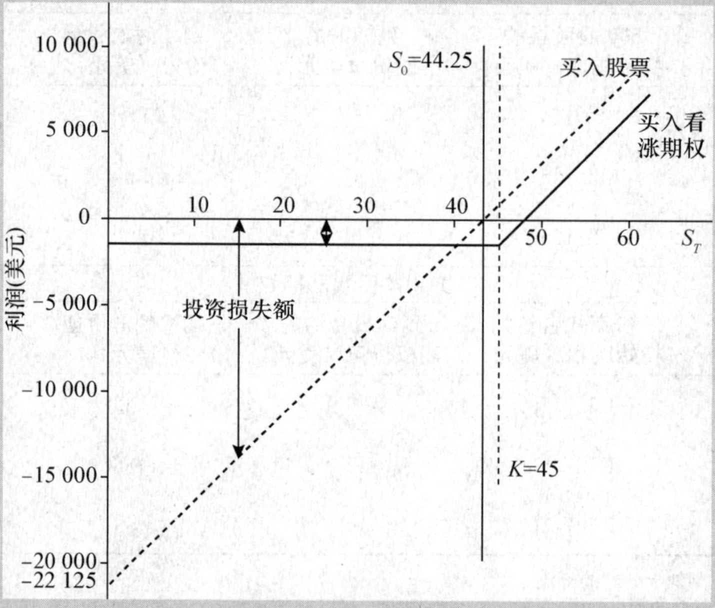

图 12—5 每项投资策略关于股价的损益函数关系

□ 12.2.2 保护性看跌期权对冲策略[3]

人们为其有价值的财产购买保险，但是大多数投资者并不知道，他们的许多股票投资也可以购买保险，这就是保护性看跌期权的作用。一般来讲，投资者只需要支付一笔很少的权利金费用（相对于股票的市场价值来讲），无论股价跌得多么厉害，投资者都可以在期权到期前的任何时刻以行权价格出售该期权。通过根据现有持仓量购买看跌期权或者同时购买股票和看跌期权，投资者可以抵御市场的不确定性。这种策略可以为个股的波动提供保护，因为在期权有效期内能确保仅存在有限的损失，但却可能有不定额的盈利。

购买保护性看跌期权包含购买一份拥有或者购买 100 股股票的合约。购买看跌期权和购买保险有些类似。投资者支付一定的权利金（看跌期权的成本）来防止持仓损失。无论股价如何波动，看跌期权的拥有者都可以在到期前的任何时候以行权价卖掉它。

例 12—4

如何运用看跌期权作为保险

假设你想投资 Qualcomm 公司（QCOM）股票，QCOM 的股价是每股 44.50 美元，QCOM 的 6 个月行权价为 45 美元的看跌期权价格是 4.30 美元。为了测算标的资产（QCOM 股票）价格上涨或下跌时保护性看跌期权的损益情况，比较以下两种情况（不考虑其他费用和税收）到期时的损益：

- 方案 1：以 44.50 美元购买 QCOM 的股票，不购买保护性看跌期权。
- 方案 2：以 44.50 美元购买 QCOM 的股票，同时购买 45 美元的保护性看跌期权。

解：

已知：(a) 方案 1 和 (b) 方案 2。

求：对比两种情况下的损益。

(a) 方案 1：以 44.50 美元购买 QCOM 的股票。

如果股价是 44.50 美元，那么只要股价低于购买价格投资者就会产生损失。44.50 美元的价格是有风险的。

- 获利空间：如果股价上升，投资者获得了全部股价上涨收益，并且未承担看跌期权的成本损失。
- 下跌风险：当只购买股票时，没有任何保险，投资者有失去所有投资的风险。

(b) 方案 2：以 44.50 美元购买 QCOM 的股票，同时购买 45 美元的保护性看跌期权。

行权价为 45 美元的 6 个月看跌期权可以以 4.30 美元或者每份合约 430 美元（4.30×100）的价格购买。因为股价是 44.50 美元，该看跌期权可以视为每股 50 美分的风险升水保障，而平价看跌期权的购买价格与行权价（45 美元）一致。如果股价下跌到 45 美元以下，该看跌期权或者保险可以弥补任何 QCOM 股票上的投资损失（扣除期权的成本）。如果股价上升到 45 美元或者以上，放弃行价权，仅损失购买期权成本。如果只购买股票，股价上升到 44.50 美元以上时，投资者可以获得所有收益；然而，投资者却不会为价值下降的风险得到任何保护。同时拥有股票和看跌期权可以使投资者承担有限的风险，除因购买期权成本增加股票盈亏平衡点的风险外，在股价上升时仍然可以获得超过盈亏平衡点的不定额收益。

	买入 QCOM 的股票（美元）	买入 QCOM 的股票同时购买 45 美元的 6 个月看跌期权（美元）
股票成本	44.50	44.50
看跌期权成本	0	4.30
总成本	44.50	48.80
风险	44.50	3.80

● 获利空间：这种策略给予投资者股价下降时的风险保护，却没有限制价格上升时超过总的持仓成本（或 48.80 美元）的获利空间。其唯一的缺点是只有当股价超过 48.80 美元时投资者才会有收益。

● 下跌风险：无论 QCOM 的股价下降得多么厉害，该项看跌期权都允许投资者以 45 美元的行权价在到期日出售 QCOM 股票。所以下跌风险只有 3.80 美元，也就是购买该期权的持仓总成本——48.80 美元扣除 45 美元（行权价）。图 12—6 显示了组合买入股票和看跌期权的收益情况。

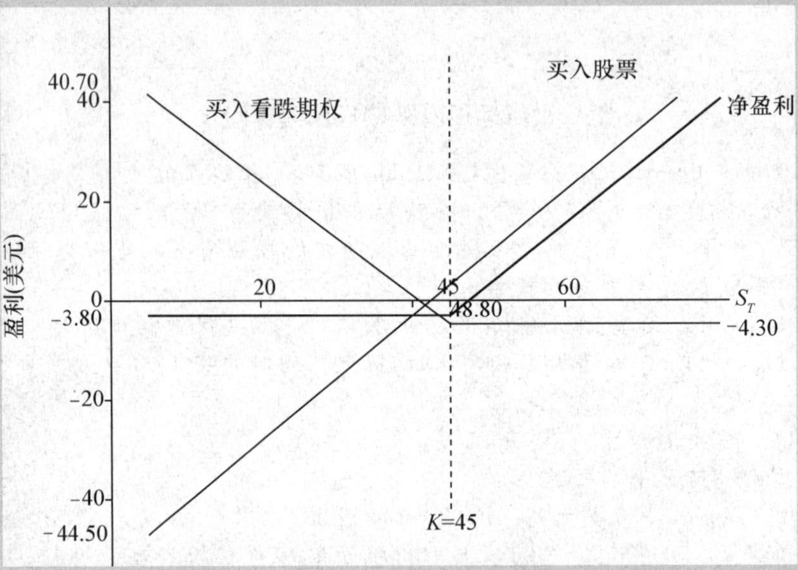

图 12—6　组合买入股票和看跌期权的关于期权到期时股价的潜在损益函数

评注： 如果你以 40 美元而不是 45 美元的价格买入 QCOM 的看跌期权，你的行为可以视为需要避免价格下跌时股票头寸损失，但乐意付出较低的保险费用。股市的波动性对投资者而言是个十分重要的问题，购买保护性看跌期权可以给投资者在购买个股时一定程度的保护，这种策略比单独购买股票更为保守。只要持有看跌期权，风险就是可控的，因为你知道该何时出售股票。该策略唯一的不足就是，除非股价超过股票和期权的组合成本，否则不可能产生盈利，并且看跌期权的期限是有限的。但是一旦股价超过买入成本，投资者将获得不定额的盈利。

12.3　期权定价

在这一部分，我们将论述期权定价的概念基础。我们可以准确地知道金融期权到期时的价值，然而，我们感兴趣的并不是期权到期时的价值，而是其“今天”的价值。这里，我们主要考察一个标的资产是没有分红股票的欧式期权定价。在这个期权定价的简化方法中，我们将会在连续的过程中选取几个节点来考察。随后，我们会评述三种不同的期权定价方法。第一种方法使用的是复制投资组合的概念，第二种方法使用的是无风险融资的概念，第三种方法使用的是风险中性的概念。所有的方法都会得出同样的结果，所以方法的选择依赖于分析师的偏好。

□ 12.3.1　看涨期权的复制投资组合法

假设今天，即第 0 天，某只股票的价格为 300 美元，假设明天该股的股价可能上涨或下跌 5%（分别是 315 美元和 285 美元），现在考虑以该股票为标的资产的一天期看涨期权。假设一天期的看涨期权行权价是 300 美元，看涨期权在到期日，也就是第一日的价值如图 12—7 所示。但是，如果你正考虑是否买进该期权，你将会对其今天的价值更感兴趣。问题是我们如何来计算其价值。首先，我们定义金融期权的一些特殊符号：

Δ——购买的标的资产的股票数量；

b——在无风险利率下借款或购买的债券数量；

R——1 加上无风险利率（$1+r$）；

S_0——今天的标的资产的价值；

uS——标的资产价值在未来某个时刻 t 的上行趋势；

dS——标的资产价值在未来某个时刻 t 的下行趋势；

K——期权的行权价；

C——看涨期权的价值；

C_u——看涨期权价值的上行趋势；

C_d——看涨期权价值的下行趋势。

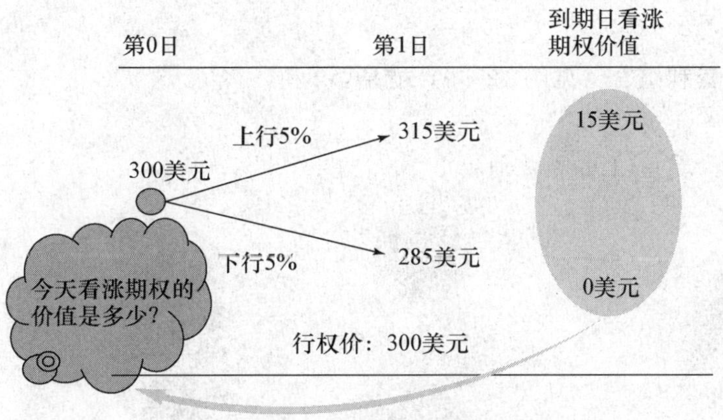

图 12—7　一天期看涨期权的简化方法

期权的价值可通过包含该期权的套利投资组合来评估。**套利（无风险）投资组合**（arbitrage（risk free）portfolio）是一种能获取固定收益的投资组合。通过两种风险资产形成一个投资组合：股票和以该股票为标的资产的看涨期权。这样一种投资组合使得一种资产的收益刚好可以抵消另一种资产的损失。正如图 12—8 所示，我们可以售出以 Δ 股的股票数量为标的物的看涨期权来形成这样一个组合。在期权的术语中，我们买入 Δ 股股票份额和卖出一天期看涨期权。（需要注意的是，在第 0 天，你（期权卖方）已经被支付了权利金费用，所以在第 1 天，你只需要考虑期权购买者对其头寸的作为。）

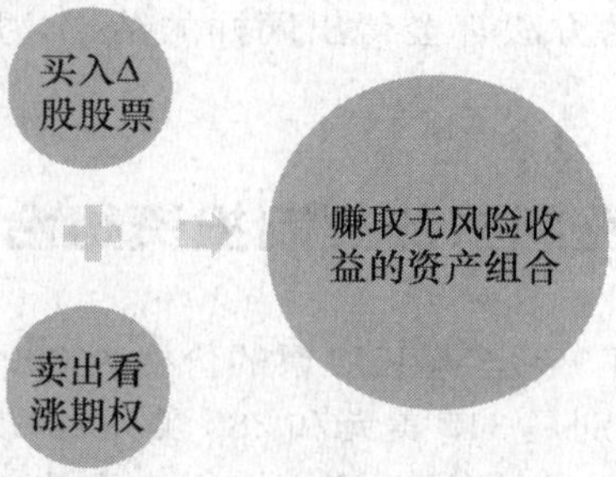

图 12—8　套利组合的形成

正如图 12—7 所示，如果股票的到期日价格高于行权价，看涨期权的买方将会从卖方获得收益：期权拥有者的收益是 15 美元（315－300）。相应地，期权卖方的收益（损失）正好相反。如果到期日的股价低于行权价，看涨期权变得没有价值：双方的收益都是 0。因此，这种方法与为股票购买保险的做法相类似。

- 在第 1 天，如果股价从 300 美元上涨到 315 美元，股票的价值就变成 315Δ 美元，因为期权的价值是 15 美元，所以该套利组合的总价值是 315Δ－15 美元。如果股价从 300 美元降到 285 美元，股票的价值就变成 285Δ 美元，期权的价值为 0。所以该套利组合的总价值是 285Δ 美元。我们的目标是计算出股票的数量 Δ，在这个数量下到期时该套利组合的价值总是一样的。因此我们也就形成了一个无风险套利组合。Δ 指的是形成套利组合的股票数量，我们很容易得到该数值

$$315\Delta-15=285\Delta$$

因此

$$\Delta=0.50$$

无风险套利组合（见图 12—9）就是：

买入：0.50 股
卖出：1 份看涨期权

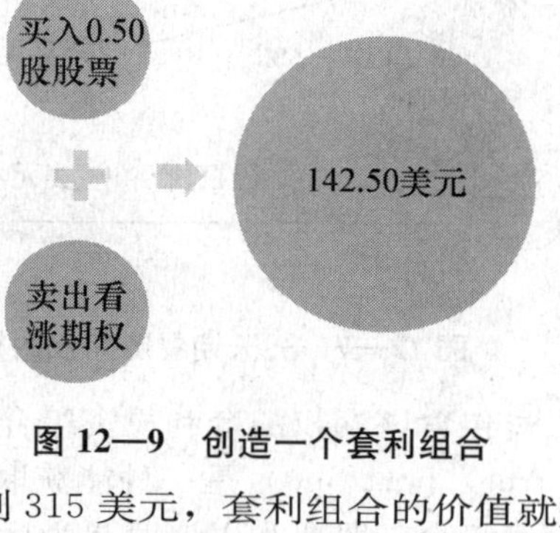

图 12—9　创造一个套利组合

因此，如果股价上涨到 315 美元，套利组合的价值就是：

$$315\times0.5-15=142.50(\text{美元})$$

如果股价下降到 285 美元，套利组合的价值就是：

$$285\times0.5=142.50(\text{美元})$$

很明显，无论股价上涨还是下跌，该套利组合在第 1 天末的价值始终都是 142.50 美元。

● 在第 0 天，股价是 300 美元，但是我们并不知道期权的价值。然而，我们知道套利组合的价值：我们也知道在第 1 天投资组合的价值是 142.50 美元。因此，我们可以推断出：

$$(300\times0.50-C)_{\text{第0天}}<(142.50)_{\text{第1天}}$$

为了使两个期权的价值相等，有必要将第 1 天的价值折现到第 0 天。所以，我们可以将目前的价值 142.50 美元折现到一天之前：

$$300\times0.50-C=\frac{142.50}{1+r}$$

式中，r 指的是一天的利率。既然套利组合是无风险的，利率也通常使用无风险利率，即 6%。一天的利率也就是（1/365）×0.06＝0.000 16，前面的等式也就变成：

$$300\times0.50-C=\frac{142.50}{1+0.00016}$$

$$C=7.52(\text{美元})$$

得出了 C 的值，我们也就可以得到一天期看涨期权在第 0 天的价值是 7.52 美元。

现在可以总结我们在这个简单案例中所得出的结论。

● 假设没有**套利机会**（arbitrage opportunities）[4]，我们可以明确地知道包含股票和期权的投资组合在到期日的价值。

● 因为投资组合的价值没有不确定性，投资组合也就没有风险溢价，因此，可以用无风险利率来进行折现。

● 只要建立了包含股票和卖出看涨期权的投资组合，无论在到期日是上涨还是下跌，该投资组合的价值都是一样的。

● 本质上，该投资组合转移了与标的资产相关的所有风险。

● 因为投资者对冲了所有风险，体现资金时间价值的合适折现率是无风险利率。

12.3.2　无风险融资法

另一种为金融期权定价的方法是使用无风险融资的方法，同样也是根据 12.3.1 节所提到的套利组合概念。首先，让我们假设资产今天的价值是 300 美元，在第 1 天资产的价值可能以概率 p 上涨到 $u=1.05$，或者以概率（$1-p$）下跌到 $d=0.95$（即 $uS=315$ 美元和 $dS=285$ 美元）。因此，我们想知道在第 1 天到期日行权价为 300 美元的欧式看涨期权在今天的价值。

我们想要构造一个复制投资组合，它既包括标的资产（在本例中是股票），也包括代替看涨期权的无风险债券。在图 12—10 中，我们设计一种包括 Δ 股股票和 b 美元无风险债券的投资组合。在第 1 天，我们知道该组合上涨后的价值是 $u\Delta S+Rb$，组合下降后的价值将是 $d\Delta S+Rb$。该复制投资组合应该与看涨期权具有相同的价值，否则投资者可以通过套利机会来获利。因此，我们可以得

$$u\Delta S+Rb=C_u$$
$$d\Delta S+Rb=C_d$$

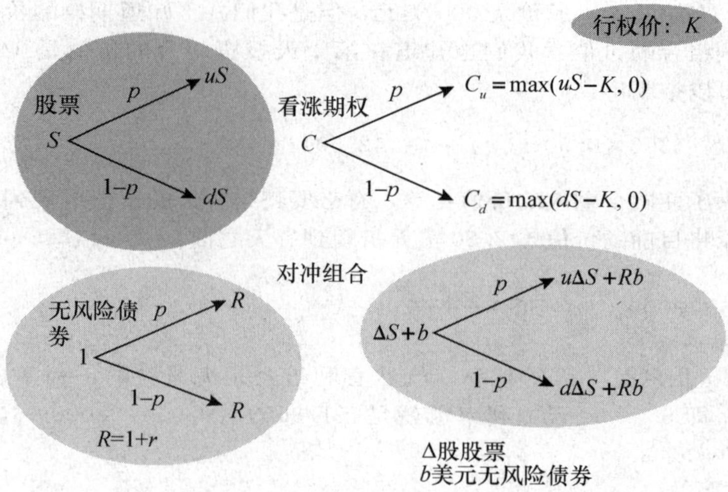

图 12—10　由 Δ 股股票和 b 美元无风险债券（例如美国国债）构成的复制投资组合

分别求出 ΔS 和 b，可得

$$\Delta S=\frac{C_u-C_d}{u-d} \tag{12.1}$$

$$b=\frac{C_u-u\Delta S}{R}=\frac{uC_d-dC_u}{R(u-d)} \tag{12.2}$$

根据式（12.1）和式（12.2）求得

$$\Delta S=\frac{C_u-C_d}{u-d}=\frac{15-0}{1.05-0.95}=150(\text{美元})$$

$$b=\frac{C_u-u\Delta S}{R}=\frac{uC_d-dC_u}{R(u-d)}=\frac{15-1.05\times150}{1.000\,16}=-142.48(\text{美元})$$

$$C=\Delta S+b=150.00-142.48=7.52(\text{美元})$$

这些等式说明，该复制投资组合由价值 150 美元股票构成，其中 142.48 美元通过无风险利率为 6% 的债券融资，因此在第 0 天的期权价值为 7.52 美元。这与我们在 12.3.1 节求得的期权价值是相同的。

□ 12.3.3　风险中性概率法

假设期权估价所处投资环境是风险中性的，12.3.2 节提到通过复制投资组合来对冲标的资产的所有风险，因为所有的风险都被转移了，所以该方法与在风险中性的条件下来评估期权价值是相同的。

与上节一样，假设 p 和 $(1-p)$ 分别是上行（uS）和下行（dS）概率，参见图 12—11。那么复制投资组合的价值将根据这些概率发生改变。既然不存在套利机会，那么基于式（12.1）和式（12.2）我们可以得

$$\Delta S+b=\frac{C_u-C_d}{u-d}+\frac{uC_d-dC_u}{R(u-d)}=\frac{1}{R}\left(\frac{R-d}{u-d}C_u+\frac{u-R}{u-d}C_d\right) \tag{12.3}$$

设 $q=(R-d)/(u-d)$，则式（12.3）可改写为：

$$C=\Delta S+b=\frac{1}{R}[qC_u+(1-q)C_d] \tag{12.4}$$

注意，该期权价值是概率为 q 时的期望值，并以无风险利率折现而来。这里，概率 q 就是**风险中性概率**（risk-neutral probability），另一变量概率 p 与计算无关。换句话说，在计算期权的价值时，我们不需要风险调整的折现率。

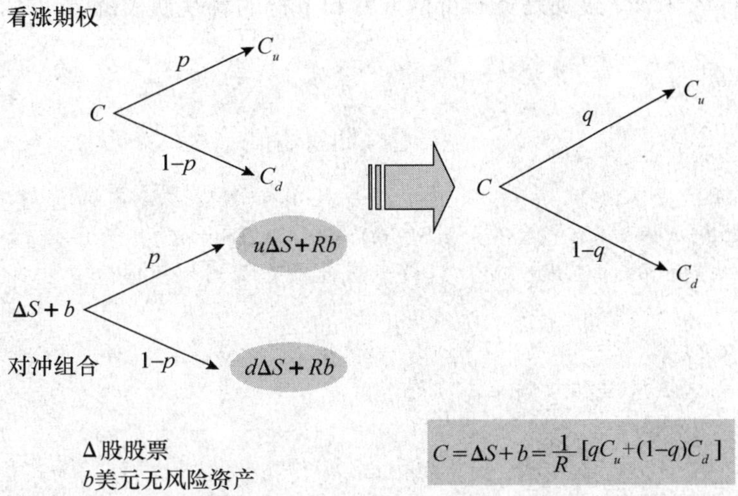

图12—11 评估期权价值的风险中性概率法

假设折现过程是连续的，那么上行 q 的风险中性概率和看涨期权价值可以计算为：

$$q=\frac{R-d}{u-d}=\frac{e^{rt}-d}{u-d} \tag{12.5}$$

并且

$$C=\Delta S+b=\frac{1}{e^{rt}}[qC_u+(1-q)C_d] \tag{12.6}$$
$$=e^{-rt}[qC_u+(1-q)C_d]$$

注意，t 是以年来表示的时间单位，如果持有期是一个月，那么 $t=1/12$。

在风险中性的条件下，有下列等式：

$$q=\frac{R-d}{u-d}=\frac{1.000\,16-0.95}{1.05-0.95}=0.501\,6$$

$$C=\Delta S+b=\frac{1}{R}[qC_u+(1-q)C_d]$$
$$=\frac{1}{1.000\,16}[0.501\,6\times15+(1-0.501\,6)\times0]$$
$$=7.52(\text{美元})$$

这与其他方法所得到的结论相同。风险中性评价方法由于其容易操作和计算简便，成为最受欢迎的一种方法。所以，我们将在大部分期权价值计算中使用该方法。

12.3.4 看跌期权估值

看跌期权的估值方法与看涨期权类似，只是收益函数不同。采用风险中性方法，估值方程是：

$$q=\frac{e^{rt}-d}{u-d} \tag{12.7}$$

$$C=e^{-rt}[qP_u+(1-q)P_d] \tag{12.8}$$

式中，P_u 和 P_d 分别是资产价格上行和下行的看跌期权价值。

例 12—5

看跌期权估值

假设某资产今天的价格是 50 美元，并且 1 年之后该资产的价格有可能上涨到 $u=1.2$ 或者下降到 $d=0.8$（也就是，$uS=60$ 美元和 $dS=40$ 美元）。行权价为 55 美元的 1 年期欧式看跌期权的价值是多少？假设无风险利率是 6%，连续复利计息。

解：

已知：$u=1.2$，$d=0.8$，$T=1$，$r=6\%$，$S_0=50$ 美元，$K=55$ 美元。

求：风险中性概率和看跌期权价值。

由图 12—12 得

$$q=\frac{e^{0.06}-0.8}{1.2-0.8}=0.654\,6$$

$$C_{看跌期权}=e^{-0.06}[0\times0.654\,6+15\times0.345\,4]=4.88(美元)$$

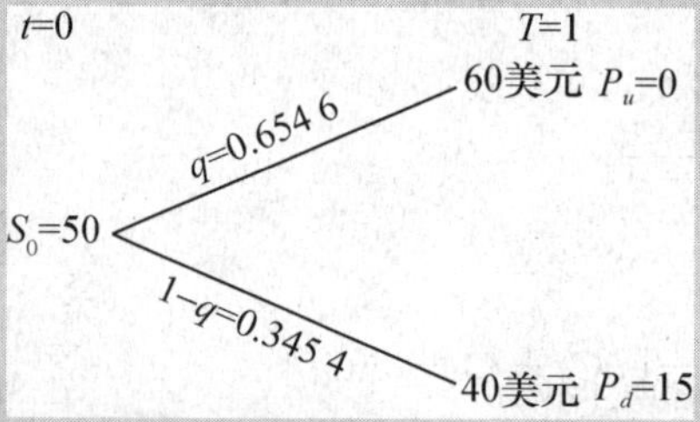

图 12—12　无风险概率的二叉树模型

□ 12.3.5　两期二叉树期权估值

上节中所举例子标的资产为单期的假设，如果期权期限为两天，结果会有何不同？继续假设股价每天可能上涨或下跌 5%，图 12—13 显示了这 3 天的股价分布情况。

我们的目标是求出期权在第 0 天的价格，也就是二叉树的初始节点。我们首先求出股价在第 1 天的可能情况（也就是 315 美元和 285 美元）。接着我们用这些数值求出期权在第 0 天的价值。根据风险中性法，我们可以使用以前计算的 q 值，即

$$q=\frac{R-d}{u-d}=\frac{1.000\,16-0.95}{1.05-0.95}=0.501\,6$$

- 在第 1 天，如果股价是 315 美元，看涨期权的价值是：

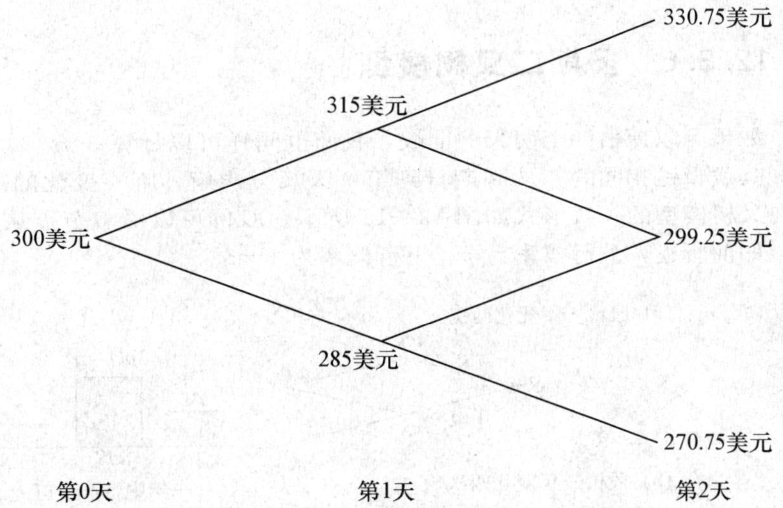

图 12—13　二期二叉树模型中的股价

$$C_{第1天,315美元}=\frac{1}{1.000\,16}[0.501\,6\times 30.75+(1-0.501\,6)\times 0]=15.421\,7(美元)$$

● 在第 1 天，如果股价是 285 美元，看涨期权的价值为 0，无论股价是上涨到 299.25 美元还是下降到 270.75 美元，看涨期权的价值都为 0（注意行权价是每股 300 美元），如图 12—14 所示。

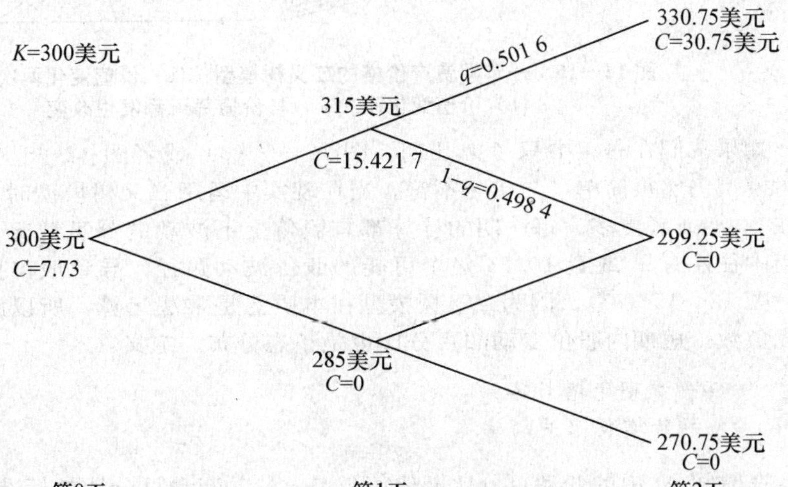

图 12—14　节点上方数字为期权价格，下方为股价的两阶段二叉树模型

● 在第 0 天，二叉树仅包含了第 1 天的期权价格，因此，在将年利率 6%转化为一天期利率之后，计算得

$$C_{第0天}=\frac{1}{1.000\,16}[0.501\,6\times 15.421\,7+(1-0.501\,6)\times 0]=7.73(美元)$$

所以该看涨期权的价值是 7.73 美元，注意，该期权的价值从 7.52 美元上涨到 7.73 美元仅仅是因为期权的到期期限增加了一天。

12.3.6 多期二叉树模型

如果可以评估一个两天的期权，我们也同样可以计算 3 天、4 天或者 n 天的期权，其逻辑是相同的：从到期日到第 0 天反复求解，唯一变化的是问题的规模。n 期二叉树模型的一般形式如图 12—15 所示。股价可以沿着节点从左到右依次推算出，如前所述，上行概率为 p，下行概率为 $1-p$。

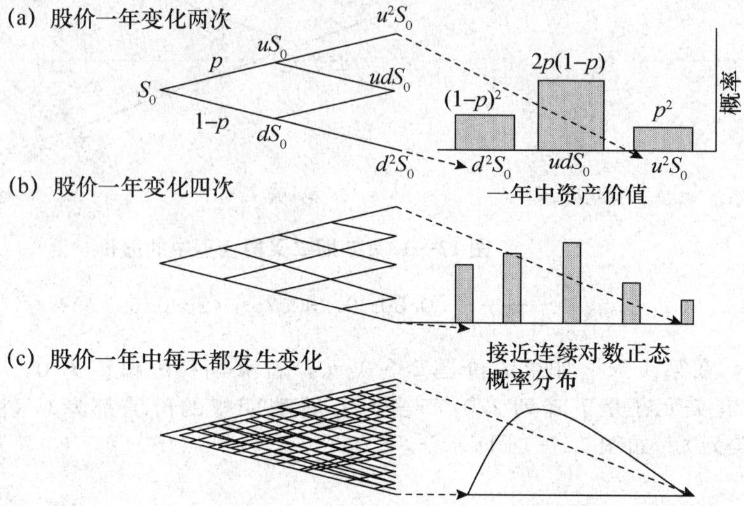

图 12—15 一年期资产价格的二叉树模型：(a) 价值变化两次；(b) 价值变化四次；(c) 价值每天都发生改变

如果我们在一年中只考虑几期，图 12—5（a）或者图 12—5（b）所描述的二叉树模型仍然很简单，与实际不符。当在现实中运用二叉树模型时，期权的寿命通常在 30 期或者更多。每一期的计算都有股价上下波动的分叉情况。这也就是说在一年中往往有 2^{30} 或者 10.73 亿个可能的股价波动路径，导致股价接近对数正态分布（图 12—15（c））。因为二叉树模型在本质上是乘法运算，所以股价永远不可能变成负数。短期内股价变动的百分比也是正态分布。定义：

u=预期年增长率

σ=年增长率波动率

那么在时间 Δt 内的变动百分比期望值就是 $u\Delta t$，变动百分比的标准差是 $\sigma\sqrt{\Delta t}$。为了求出股价的变化量，我们需要为 u，d 和概率 p 赋值。如果以时间 Δt 的长度作为一个时间周期，并且该数值与 1（年）相比很小，那么该二叉树模型可以写作股价波动 σ 的函数：

$$
\begin{aligned}
p &= \frac{1}{2}+\frac{1}{2}\left(\frac{u}{\sigma}\right)\sqrt{\Delta t} \\
u &= e^{\sigma\sqrt{\Delta t}} \\
d &= \frac{1}{u}=e^{-\sigma\sqrt{\Delta t}}
\end{aligned}
\tag{12.9}
$$

以此形式，二叉树模型将会与股价增长率期望值 μ 和其方差 σ^2 相匹配。并且 Δt 越接近于零，这种匹配程度越高。

例 12—6

二叉树模型的建立

假设谷歌的股价起始值是 430 美元，并且参数 $\mu=25\%$，年均变动量 $\sigma=50\%$。我们想以每周为时间段建立起二叉树模型。该二叉树模型可以反映出四个星期内股价的变化。

解：

已知：$u=25\%$，$\sigma=50\%$，$\Delta t=1/52$。

求：p，u，d 和 4 周的二叉树模型。

根据式 (12.9)，可得

$$u=e^{0.50/\sqrt{52}}=1.071\ 80$$

$$d=\frac{1}{u}=0.933\ 0$$

$$p=\frac{1}{2}+\frac{1}{2}\left(\frac{0.25}{0.50}\right)\sqrt{\frac{1}{52}}=0.534\ 67$$

图 12—16 显示了 4 周的二叉树模型。最后节点处的联合概率可以计算为：

- 价格节点(567.44 美元)：$(0.534\ 67)^4=0.081\ 7$
- 价格节点(493.96 美元)：$(0.534\ 67)^3(0.465\ 33)\times 4=0.284\ 5$
- 价格节点(430.00 美元)：$(0.534\ 67)^2(0.465\ 33)^2\times 6=0.371\ 4$
- 价格节点(374.32 美元)：$(0.534\ 67)(0.465\ 33)^3\times 4=0.215\ 5$
- 价格节点(325.85 美元)：$(0.465\ 33)^4=0.046\ 9$

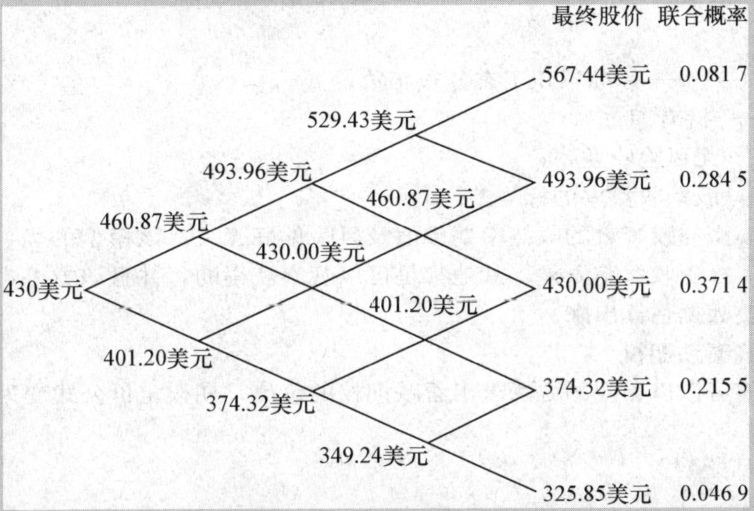

图 12—16 谷歌股票 4 周的二叉树模型

最后股价的期望值和方差也可以推导如下：

$$\text{期望值}(\mu_T)=567.44\times 0.081\ 7+493.96\times 0.284\ 5+\cdots+325.85\times 0.046\ 9=442.54(\text{美元})$$

$$\text{方差}(\sigma_T^2)=(567.44-442.54)^2\times 0.081\ 7+\cdots+(325.85-442.54)^2\times 0.046\ 9=(61.05)^2$$

□ 12.3.7 Black-Scholes 期权模型

如图 12—15（c）所示，如果到期期限足够长，而所取的时间段足够短，我们可以比较准确地得到股价分布的对数函数，并且可以通过 Black-Scholes 期权模型计算得到目前时点的期权价值。1973 年，布莱克（Black）和斯科尔斯（Scholes）基于无风险套利理论建立了一种期权定价模型，这也就意味着，在短的时间段内，投资者可以通过构造一个包含股票和无风险资产的投资组合来复制股票期权未来的收益。这个模型为投资者提供了一种交易策略，即可以通过该组合产生与无风险收益率相等的投资回报。Black-Scholes 模型是一种连续时间模型，并且假设到期日时的股价分布是对数正态的形式。

欧式看涨期权

一个标准的看涨期权给予持有者在到期日以行权价（K）购买一定数量股票的权利，却并没有上述义务。如果目前的股价是 S_0，期权定价的 Black-Scholes 模型为：

$$C_{看涨期权}=S_0N(d_1)-Ke^rN(d_2) \tag{12.10}$$

式中：$$d_1=\frac{\ln(S_0/K)+(r+\sigma^2/2)T}{\sigma\sqrt{T}}$$

$$d_2=\frac{\ln(S_0/K)+(r-\sigma^2/2)T}{\sigma\sqrt{T}}=d_1-\sigma\sqrt{T}$$

$N(\ )$——标准累积正态分布函数；

T——持有期；

r——无风险收益率；

σ——股票收益率的标准差。

该模型与投资者的收益率期望值及风险偏好无关。该模型的优点是所有输入变量中除了投资收益率方差，其他都是可以观察获得的，并且该方差也很容易通过股价的历史数据估算出来。

欧式看跌期权

我们可以以相同的方法求出看跌期权的价值，期权定价公式变为：

$$C_{看跌期权}=Ke^rN(-d_2)-S_0N(-d_1) \tag{12.11}$$

式中：$$d_1=\frac{\ln(S_0/K)+(r+\sigma^2/2)T}{\sigma\sqrt{T}}$$

$$d_2=\frac{\ln(S_0/K)+(r-\sigma^2/2)T}{\sigma\sqrt{T}}=d_1-\sigma\sqrt{T}$$

注意，在推导前面的连续时间模型时，布莱克和斯科尔斯仅评估欧式期权，并且没有分红。对美式期权而言，我们仍然需要运用离散时间变量的二叉树模型。当然，我们也可以在该模型中考虑现金分红的影响，之所以没有考虑这些情况，是因为我们的重点并不是计算金融期权的价值。

例 12—7

连续时间过程下的期权价值

假设一只股票目前的交易价格是 40 美元，行权价是 44 美元，现在你需要为同样是从现在起两年到期的看涨期权和看跌期权定价。股票的波动性标准差是 40%，无风险利率是 6%。

解：

已知：$S_0=40$，$K=44$ 美元，$r=6\%$，$T=2$ 年，$\sigma=40\%$。

求：看涨期权的价值 $C_{看涨期权}$ 和看跌期权的价值 $C_{看跌期权}$。

看涨期权的价值计算如下：

$$d_1=\frac{\ln(40/44)+(0.06+0.4^2/2)2}{0.4\sqrt{2}}=0.326\ 5$$

$$d_2=0.326\ 5-0.4\sqrt{2}=-0.239\ 2$$

$$N(d_1)=N(0.326\ 5)=0.628$$

$$N(d_2)=N(-0.239\ 2)=0.405$$

$$C_{看涨期权}=40\times0.628-44e^{-0.06(2)}\times0.405=9.30(\text{美元})$$

看跌期权的价值计算：

$$N(-d_1)=N(-0.326\ 5)=0.372$$

$$N(-d_2)=N(0.239\ 2)=0.595$$

$$C_{看跌期权}=44e^{-0.06(2)}\times0.595-40\times0.372=8.32(\text{美元})$$

评注：注意，看跌期权的升水要小于看涨期权，表明股票上涨的可能性大于下跌的可能性。Black-Scholes 方程估值的计算有些枯燥，但是可以通过 Excel 自动算出。图 12—17 展示了为 Black-Scholes 模型评估设计的工作表。

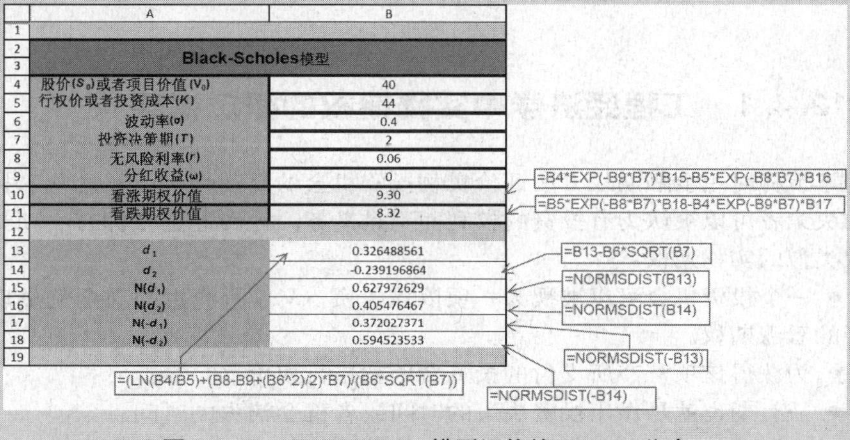

	A	B
1		
2	Black-Scholes模型	
3		
4	股价(S_0)或者项目价值(V_0)	40
5	行权价或者投资成本(K)	44
6	波动率(σ)	0.4
7	投资决策期(T)	2
8	无风险利率(r)	0.06
9	分红收益(ω)	0
10	看涨期权价值	9.30
11	看跌期权价值	8.32
12		
13	d_1	0.326488561
14	d_2	-0.239196864
15	$N(d_1)$	0.627972629
16	$N(d_2)$	0.405476467
17	$N(-d_1)$	0.372027371
18	$N(-d_2)$	0.594523533
19		

图 12—17　Black-Scholes 模型评估的 Excel 工作表

12.4　实物期权分析

到目前为止，我们已经讨论了金融期权定价的概念基础，现在的问题是，“我们能够将同样的逻辑运用于实物资产估值吗?”为了考察这种可能性，我们将会探索一种公司投资决策的新方法。这种方法的前提条件是任何公司对实物资产投资或处置的决策都是一种期权，期权持有者享有投资的权利而没有任何实施义务。决策者因此也就有了更大的灵活性，这种实施灵活性的价值也应该被考虑在内。首先通过对期权实践情形的描述开始我们的讨论。

目前的实践——新数学的应用[5]

一个公司正在决定是否要投资一个互联网项目，该项目既可能盈利也可能亏损——亏损的可能性更大些。传统净现值的计算方法是将项目视为一个整体，并将其未来的现金流量折现成今天的价值，以此来决定是否可行。但是实物期权分析将项目分解成几个阶段，并决定是否至少投资第一阶段。以下就是它的分析程序。

步骤1：单独评价项目的每一阶段。对第一阶段而言，建立一个网站，将会产生净现值−5 000万美元。对第二阶段，一年后的电子商务项目数据很难估算，净现值最合适的估计数据是−3亿美元。

步骤2：理解你的期权。创建网站赋予你的将来开创电子商务事业的机会而不是义务。一年之后，你将会更好地理解这个机会是否值得投资。如果不值得，那么你所损失的将仅仅是投资网站的费用。但是第二阶段的价值有可能非常大。

步骤3：根据期权的思想重新评估项目。在股市中，一些公式比如Black-Scholes模型，可以计算出你应该为一份期权付出的费用，比如购买一份6月30日到期、行权价为90美元、目前价格是82美元的IBM公司股票期权。互联网项目的第一阶段可视为购买这样一份期权——虽然有一定风险并且是虚值，但是很便宜。

步骤4：可行判断。鉴于设立网站的有限损失和它所能创造的巨大收益机会，实物期权分析有可能得出整个项目的净现值为正，比如7 000万美元，所以不可行变成了可行。下一步，我们将考察把这种逻辑过程运用于企业战略决策中的固有风险。

□ 12.4.1 工程经济学中实物期权的概念框架

本节将对用金融期权方法评价实物投资机会的灵活性进行概念化。持有这种机会的决策者可以被认为有投资的权利而不是义务。他因此也就拥有一项与股票看涨期权类似的实物期权：

- 一个投资机会可以被视为一项以该投资（V）所产生的现金流量现值为标的资产的看涨期权。
- 为获得该项资产所支付的投资费用就是行权价（I）。
- 持有期也就是做出投资决策的时间或者机会消失的时间。

一个股票的看涨期权与资本投资实物期权的类比见图12—18。实物期权到期日的价值依赖于资产的价值，并且会影响到是否行权的决策。决策者只有在有利可图的情况下才会执行该实物期权。

实物看涨期权的概念

为了战略考量，将投资的净现值（NPW）纳入期权的框架，这也称为战略净现值（SNPW），这种方法与式（12.10）的Black-Scholes模型计算出来的结果是相同的。执行该项投资的权利价值是（R_{min}），也就是立即行权的收益。如果$V>I$，

图 12—18 基于股票的看涨期权与实物期权的类比

那么收益就是 $V-I$，如果 $V<I$，收益为 0。所求的期权真实价值（R）其实也就是实物期权的战略净现值（见图 12—19）。因为只有在未来有利可图的情况下投资者才会采取投资，所以战略净现值大于传统的净现值。战略净现值法与传统净现值法的区别是，前者具有可以选择推迟投资的灵活性价值。这种实物期权溢价（ROP）或者灵活性价值可以写成：

$$\text{灵活性价值(ROP)}=\text{战略净现值(SNPW)}-\text{传统净现值(NPW)} \quad (12.12)$$

图 12—19 战略净现值（SNPW）的定义

实物看跌期权的概念

从战略的视角来看，实物看跌期权的概念非常重要。看跌期权给予投资者在无利可图的情况下处置该资产的权利。这种看跌期权的作用类似于防止事情变坏的保障或者保险。一个早期放弃投资的决策可以视为一个简单的看跌期权。当一项资产在二级市场上的转售价值高于其使用价值时，在早期放弃该项目的期权便具有价值。看跌期权保证了资产的使用价值（V）不低于市场转售价值（I）。如果这种状况发生，期权持有者就会行使该看跌期权。在大部分情形下，不可能准确地区分基于股票的标准看跌期权和基于资本投资的实物期权。

现在我们将通过一个简单的计算例子来解释实物期权决策框架的主要概念，假设我们对该项目现金流的不确定性的解决方式是等待，如等待 1 年。

例 12—8

通过等待来解决不确定性——实物期权决策框架的概念

考虑一个项目需要 2 亿美元投资，并且未来 3 年的现金流量如下表所示：

需求	概率	年现金流量（百万美元）
好	0.25	250
一般	0.30	100
差	0.45	35

考虑市场风险的资本成本，风险调整折现率是10%，无风险收益率是6%。我们可以将项目推迟1年然后待市场需求合适或者良好时再执行该项目吗？

解：

已知：三种需求情况，要求投资额为2亿美元，无风险收益率为6%，风险调整折现率是10%，$T=1$年。

求：推迟投资1年的期权价值。

传统方法：根据净现值的期望值，我们可以判断项目的可接受性：

$$E[A_n]=0.25\times250+0.30\times100+0.45\times35=108.25\text{(百万美元)}$$

$$E[\text{PW}(10\%)]_{\text{收益}}=108.25(P/A,10\%,3)=269.20\text{(百万美元)}$$

$$E[\text{PW}(10\%)]=269.20-200=69.20\text{(百万美元)}>0$$

因为项目的净现值期望是正的，所以认为该项目应立即实施。值得注意的是，我们需使用风险调整收益率，它反映了估算项目现金流量时本身的固有风险。如果我们立即执行该项目，它的净现值期望是69.20百万美元。然而，该项目是有风险的，如果需求好，净现值是421.72百万美元，如果需求一般，净现值是48.69百万美元，如果需求差，净现值为−112.96百万美元。参见图12—20。当然，即使净现值的期望是正的，我们仍然会担心未来需求出现较差的情况。

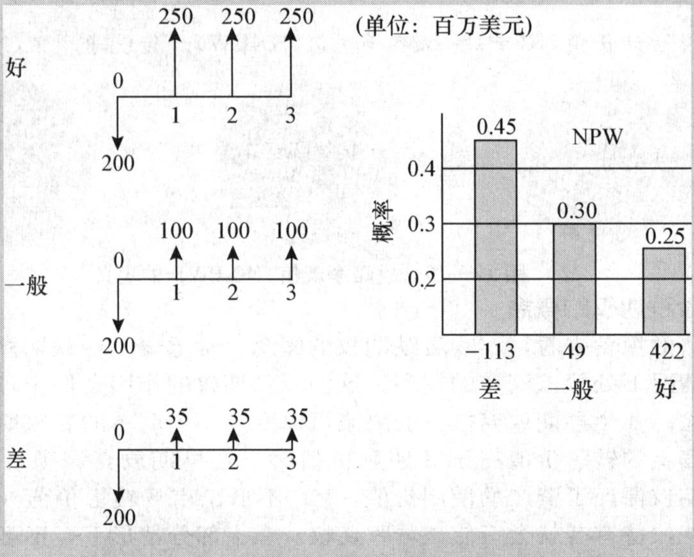

图12—20　例12—8中需求不同时的现金流量图

实物期权法：假设我们拥有一项可以将该投资决策推迟1年的期权，1年后我们将会获得更多关于需求方面的额外信息。如果需求不足，项目将不会执行，如果我们等待，前期费用以及后续的现金流量将不会发生变化，只是被推后1年。下表描述了需求的三种情况。

需求状况	未来现金流量（百万美元）					n=0时的净现值（百万美元）	概率
	0	1	2	3	4		
好	▶	−200	250	250	250	376.51	25%
一般	▶	−200	100	100	100	37.40	30%
差	▶	0	0	0	0	0	45%

注意，这里假设推迟2亿美元的初始投资不会产生任何成本，如果有成本产生，我们也可以在初始投资中加上这笔费用。为了求出净现值，我们将使用两种不同的折现率。因为项目的成本是确定的，所以采用6%的无风险收益率来折现项目的投资费用，以风险调整收益率来折现项目的经营现金流量，可得

$$PW_{好}=-200(P/F,6\%,1)+250(P/A,10\%,3)(P/F,10\%,1)=376.51（百万美元）$$
$$PW_{一般}=-200(P/F,6\%,1)+100(P/A,10\%,3)(P/F,10\%,1)=37.40（百万美元）$$
$$PW_{差}=0（百万美元）$$

接着通过前面所述的三种情况概率计算项目的净现值期望：

$$E[NPW]_{等待}=0.25\times376.51+0.30\times37.40+0.45\times0=105.35（百万美元）$$

这就是我们所介绍的战略净现值（SNPW）。现在我们可以将这种等待期权与传统的净现值分析作对比。注意，等待期权的价值要高（105.35百万美元相比于69.20百万美元）：

$$ROP=105.35-69.20=36.15（百万美元）$$

换句话说，等待的期权价值为36.15百万美元。如果我们今天就执行该项目，可以得到69.20百万美元，但是会失去未来实施项目的价值105.35百万美元，从而损失36.15百万美元。因此，我们应该选择等待，并根据明年可观察的需求情况来决定是否实施该项目。值得注意的是，在等待期权的情况下，未来的现金流量风险较小，因为我们能够避免低收入的现金流量。并且，实施项目的投资费用也并不是没有风险的。考虑到风险的变化，或许我们应该使用不同的折现率来折现现金流量。另一个可以观察到的结论是，SNPW与我们在第11章讨论的EVPI的概念是相同的，因为其也是在拥有对未来完全信息情况下所得到的价值。

评注：等待期权类似于一个金融看涨期权：如果1年后项目的价值超过2亿美元，那么1年后我们选择用2亿美元"购买"该项目。这类似于行权价2亿美元、到期期限1年的看涨期权。若采用Black-Scholes模型来评价等待期权的价值，输入变量是：

$K=I$，即行权价=实施项目的投资费用=2亿美元；

r=无风险收益率=6%；

T=到期期限=1年；

$S_0=V$=当前股价=项目当前估计价值；

σ^2=股票收益的方差=项目收益的估计方差。

本例不需要估算σ^2，因为我们可以通过等待1年来解决项目现金流量的不确定性。然而，在实践中这是一个十分简化的假设。通常来讲，我们需要估算两个未知变量：V和σ^2。V的估算类似于金融期权中目前的股价。在实物期权中，V是项目今天的价值，这可通过将项目未来的预期现金流量以资本成本（或风险调整折现率）折现。在以下章节，本书将介绍如何计算这些数值并将其运用于计算实物期权价值当中。

□ 12.4.2 实物期权类型

如图12—21所示，大部分常见的实物期权可以归为三类。一些期权的特性将通过算例来讨论。

实物期权类别	实物期权种类	描述	例子
投资/增长	规模扩张	定位良好的业务可以随着市场的增长而进行后续效益投资以扩大规模	• 高新技术 • 研发投入 • 国外扩张 • 战略并购
	转换扩张	根据投入产出需求或价格的改变而转换产品或生产工艺的灵活性期权	• 小批量产品生产者 • 公用事业 • 农业
	范围扩张	在一个行业专有资产上的投资可以使公司有效地进入另一个行业；联结和杠杆投资	• 有一定壁垒的公司 • 实际上的标准制定者
防御/学习	学习/开始	延迟投资，直到获得更多的信息或技能	• 自然资源公司 • 房地产开发
减资/缩减	规模收缩	如果新的信息改变了预期收益，中途缩减或停止一个项目	• 资本密集型行业 • 金融服务 • 新产品导入 • 机身订单取消
	转换收缩	当获得新的信息时，转向更加有效及灵活的资产	• 小批量产品生产者 • 公用事业
	范围收缩	当在某个商业机会中没有更大的潜力时，缩减经营范围或放弃经营	• 多元经营

图 12—21 实物期权类型

资料来源："Get Real—Using Real Options in Security Analysis," *Frontiers of Finance*, Volume 10, by Michael J. Mauboussin. Credit Suisse First Boston, June 23, 1999.

推迟投资期权

推迟投资期权与股票的看涨期权相似。假设你有一种新产品目前在美国卖得很好，你的公司正在考虑是否开发中国的市场。因为中国市场上的许多不确定性和风险（价格、竞争压力、市场规模和物流），公司正考虑在中国聘请一家市场研究公司为该产品做市场测试。通过市场测试所得到的任何新的或可靠的信息都将决定公司是否发布该产品。如果市场已经为该产品准备充分，公司将会采取扩张策略；如果市场还不成熟，公司将会再等一年或者放弃扩张计划。在这种情况下，公司将仅仅损失测试市场的相关成本。市场调研阶段的成本可根据美式扩张期权进行估算。

例 12—9

推迟投资：等待价值

一家公司正在考虑生产并销售一种新的数字电话。关于该数字电话项目有如下财务信息：

- 当前投资费用估算为 5 000 万美元，未来 5 年的年净现金流入估计是 1 200 万美元。
- 由于新型数字电话的高度市场不确定性，现金流量的波动率估算为 50%。
- 假设该投资决策有两年的"机会窗"。
- 如果公司推迟投资决策，投资成本预计每年增长 10%。
- 公司的风险调整折现率（MARR）是 12%，无风险收益率是 6%。

公司应该马上投资该项目吗？如果不是，推迟两年投资的决策是否有价值？

解：

已知：估算的项目现金流量，投资需求额＝5 000 万美元，无风险收益率＝6%，风险调整折现率＝12%，σ＝50%，T＝2 年。

求：推迟两年投资的期权价值。

传统方法：公司应该马上投资吗？如果运用传统的净现值判据，结论是不应该马上投资，因为项目的净现值是负的 674 万美元：

$$PW(12\%) = -50 + 12(P/A, 12\%, 5) = -6.74\text{(百万美元)}$$

实物期权法：等待两年有价值吗？从期权法的角度来看，该投资被当作一种等待的机会，并在两年后情况乐观的条件下实施。正如图 12—22 所示的那样，这种推迟期权可以视为一种看涨期权，如果项目的价值 V 在从现在开始的两年后大于投资费用 I，那么这个期权就应该被执行。如果不是，到期放弃行权。因此：

$$\text{推迟期权} = \max[V_2 - I_2, 0]$$

式中，V_2 是依赖于市场需求的随机变量。

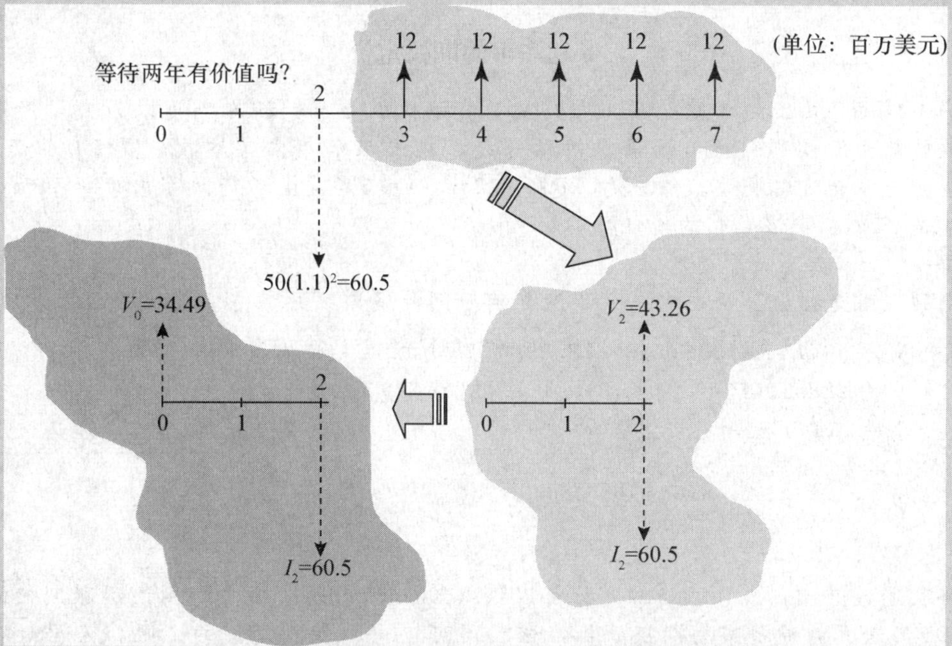

图 12—22 将现金流量数据转化为求解期权价值的输入变量 V_0 和 I_2

现在，假设可以运用 Black-Scholes 公式来评估两年后实施项目的机会。[6] 等待的机会可以视为一个欧式看涨期权，其标的资产是项目未来现金流量的现值，$V_0 = 34.49$ 百万美元，从现在开始的两年后到期（$T=2$），行权价是 $I = 60.50$ 百万美元。因为 $r = 6\%$，$\sigma = 50\%$，根据 Black-Scholes 公式可得，$d_1 = -0.2715$，$d_2 = -0.9786$，$N(d_1) = 0.3930$，$N(d_2) = 0.1639$。期权价值计算如下：

$$C = SNPW = 34.49 \times 0.3930 - 60.5e^{-(0.06)2} \times 0.1639 = 13.5549 - 8.7941$$
$$= 4.76\text{(百万美元)}$$

$$ROP = 4.76 - (-6.74) = 11.50\text{(百万美元)}$$

因此，该等待期权价值 1 150 万美元。选择等待可以为决策者提供 476 万美元的战略净现值，而不是 674 万美元的负净现值。一方面，如果该产品的市场转好，那么该公司可以实值行权，并在第 2 年投资该项目。另一方面，如果市场在两年后不乐观，将会放弃该投资。总的来说，可以支付 1 150 万美元来拥有该推迟期权。

评注：476 万美元的延期价值意味着什么呢？假设该公司的项目组合中包含 10 个项目，其中也包括这个数字电话项目。那么如果其他 9 个项目的净现值是 1 亿美元，该公司根据标准净现值法计算出的价值也是1亿美元，因为数字电话的项目有负的净现值而没有被接受。如果在估值中包含该期权的价值，那么公司投资组合的价值就是1.047 6亿美元。因此，公司拥有的延期期权的价值是额外的476万美元。

专利许可的估值

一项专利或者许可赋予了公司在某段时期内开发某种产品（或者土地）的权利而不是义务。只有在其预期收益（V）超过项目的研发成本（I）时，使用该专利的权利才有价值，价值是 $\max\{V-I, 0\}$。在评估一个专利或许可对公司的价值时，这项权利可以视为一项实物期权。

例 12—10

专利许可的期权定价

一个技术公司正在考虑购买一项数字智能手机的专利，该专利可以为公司带来3年的排他性使用的权利。对市场需求的估算是，在未来7年内年均收入是5 000万美元。预计生产成本是2亿美元。假设MARR=12%，$r=6\%$，由于产品需求市场不确定性的波动率是35%。求该专利的价值。

解：

专利许可允许该公司在未来3年的任何时间使用该项数字电话技术。因此

$V_3=50(P/A,12\%,7)=228.19$（百万美元）

$V_0=228.19(P/F,12\%,3)=162.42$（百万美元）

$I_3=200$ 百万美元

$T=3$

$r=6\%$

$\sigma=35\%$

将上述数值代入式（12.10），就可以根据Black-Scholes公式得到该看涨期权的价值为3 695万美元。通过实物期权分析，该公司可以得到专利价值的上限。公司最多应该为这项专利支付3 695万美元，在谈判时该公司可以将其作为谈判的依据。

增长期权

当初始投资需要后续的投资来支持时便产生了增长期权，例如：（1）一项处于扩张阶段的投资；（2）一项基于互联网的技术投资；（3）一项市场占有的投资。初始投资费用代表了看涨期权的成本。初始投资的决策为后续的投资机会提供了一个期权。例如，假设一个公司正在计划初期投资一个小规模项目。如果进展顺利，那么公司将会投资大规模项目。增长期权就是评估在进展顺利的情况下投资大规模项目的灵活性价值。项目初始投资费用可视为期权的成本。

例 12—11

增长期权的估值

一个公司计划在当地和所属区域两个市场开拓并销售其产品。初始投资于当地市场，并在后续的3年内产生现金流入。如果进展顺利，公司将会在区域市场投资和销售其产品，并预期在未来4年产生收益。图12—23显示了该项目增长期权的投资机会。

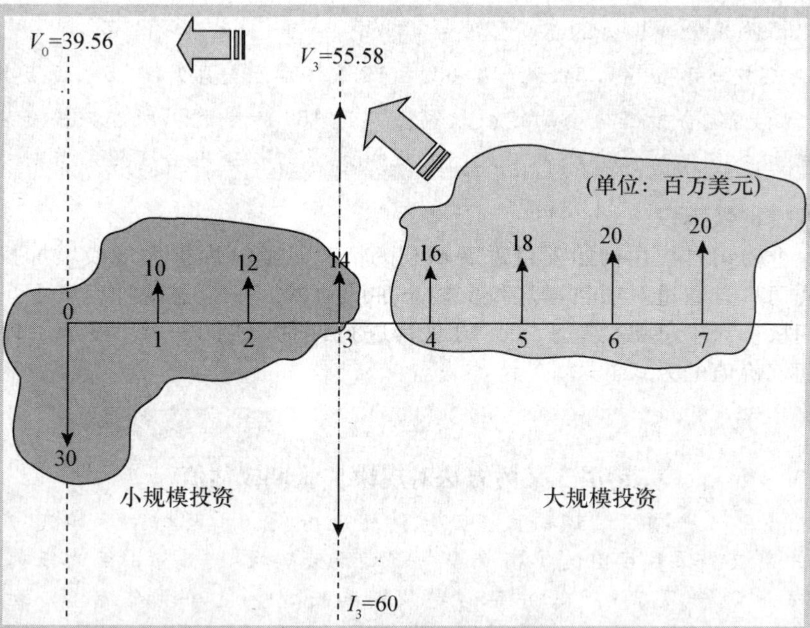

图 12—23 两个投资机会的现金流量：紧跟一个小规模投资的大规模投资。大规模投资相机于小规模投资

假设公司的 MARR 是 12%，无风险收益率是 6%。求增长期权的价值。

解：

每一阶段的净现值是：

$$PW(12\%)_{小,第0年}=-30+10(P/F,12\%,1)+12(P/F,12\%,2)+14(P/F,12\%,3)$$
$$=-1.54(百万美元)(在第0年)$$

$$PW(12\%)_{大,第3年}=-60+16(P/F,12\%,1)+18(P/F,12\%,2)$$
$$+20(P/F,12\%,3)+20(P/F,12\%,4)$$
$$=-4.42(百万美元)(在第3年)$$

因此，该两阶段投资项目的总净现值是：

$$PW(12\%)_{总计,第0年}=-1.54-4.42(P/F,12\%,3)=-1.54-3.14$$
$$=-4.68(百万美元)<0$$

在投资小规模项目之后，公司没有义务必须投资大规模阶段。因此，这是一种期权。这种两阶段投资机会的价值可以分为两步来计算。

步骤 1。该扩张期权可以视为一个欧式看涨期权，根据 Black-Scholes 公式（式(12.10)），该期权的输入变量是：

$V_{大,第3年}=55.58$ 百万美元

$V_{大,第0年}=55.58(P/F,12\%,3)=39.56$(百万美元)

$I_3=60$ 百万美元

$T=3$

$R=6\%$

$\sigma=40\%$

期权的价值（SNPW）是 7.54 百万美元。

步骤2。两阶段投资机会的总价值是：

实物期权权利金=7.54−(−4.68)=12.22(百万美元)>1.54(百万美元)

因为基于这些组合投资机会的期权权利金超过154万美元，所以该投资应该被执行。即使在当地的市场初始投资会产生损失，大规模投资的收益也会在随后弥补该损失。

规模扩张期权

一个公司有权在初始项目进展顺利的情况下随时为扩大规模增加投资。换句话说，公司具有通过对项目增加投资以增加收益的期权。在某种程度上，这也是一种增长期权，只不过将会基于二叉树对其进行评估。例12—12显示了评估这种规模扩张期权价值的方式。

例12—12

运用二叉树方法对规模扩张期权估值

某公司投资了一个项目，该项目使公司具有一份投资于新增生产和资源配置（或者规模扩张）的期权。项目目前的价值是 V_0=1 000万美元，未来3年的任何时刻，公司都可以增加投资 I=300万美元，并且得到预期增长30%的净现金流量，因此项目的价值增加30%。无风险收益率是6%，项目价值的波动率是30%。根据二叉树法，以一年为增量来评估该规模扩张美式期权的价值。（该项目只要合适随时都可以扩张。）

解：

我们将通过两步来解决这个问题：第一步是判定相关资产的价值如何随着时间而改变；第二步是根据点阵法计算期权的价值。

步骤1：构造标的资产的二叉树。首先，通过测算出以下参数的值来建立二叉树，显示项目随时间变化的价值：

$$u=e^{0.30(1)}=1.35$$

$$d=1/u=0.74$$

$$q=\frac{1.06-0.74}{1.35-0.74}=0.524\ 1$$

该项目的二叉树模型如图12—24所示，从左到右各值乘以上行、下行参数获得前向的新值。

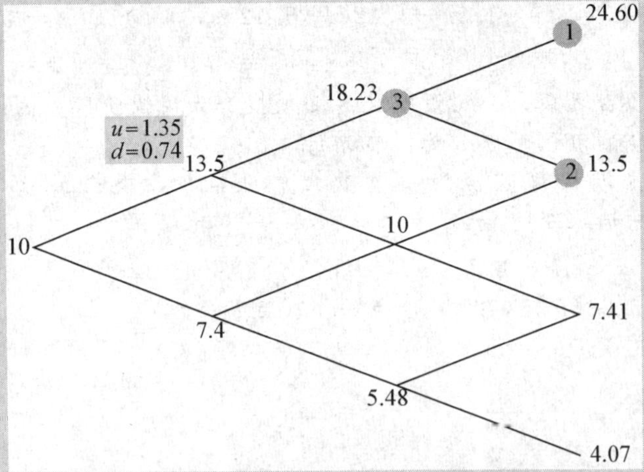

图12—24 事件树：形成项目标的资产价值的二叉树

步骤 2：构造期权估值的二叉树。一旦建立了标的资产的二叉树，就可以通过以下两步建立期权估值的二叉树：最终节点的价值和中间节点的价值计算。这种计算是从后向前推导的，也就是从最后的节点开始：估值从二叉树最后的节点开始，从右到左。

所有的计算和步骤见图 12—25。为了方便说明，我们将以圆圈圈住数字表示的节点（①）为例进行讨论：

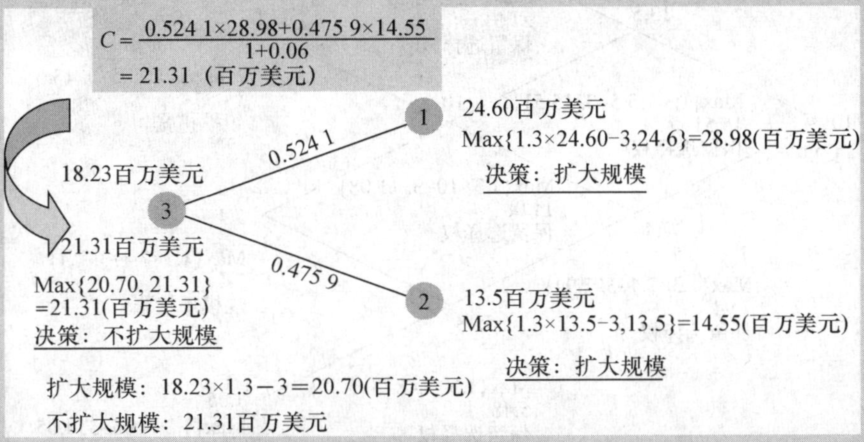

图 12—25　描述节点③处决策过程的决策树图

● 节点①显示的价值是 24.60 百万美元，也就是公司在不扩张规模的情况下所能实现的价值。现在，有了扩张期权，项目价值可以在投资 3 百万美元的条件下增加 30%，新的价值是 1.3×24.60−3=28.98 百万美元。因为这个数字大于 24.60 百万美元，所以公司将会选择扩张规模。

● 类似地，在节点②公司将会做出同样的决策，也就是规模将扩张到 14.55 百万美元。

● 到节点③，我们看到公司又有两种选择：立即扩张规模而不是在未来扩张，或者保留未来的选择权，当市场上升时，公司可以有能力执行该期权。用数学公式表达，我们可以将该期权写成：

现在扩张($n=2$)：$1.3\times 18.23-3=20.70$(百万美元)

保留选择权：$C=\frac{0.524\,1\times 28.98+0.457\,9\times 14.55}{1+0.06}=21.31$(百万美元)

因此，决策的结果是保留选择权。最后，在第 0 年，我们计算得出：

$$C=\frac{0.524\,1\times 15.51+0.457\,9\times 7.94}{1+0.06}=11.23(\text{百万美元})$$

图 12—26 的二叉树代表了有扩张期权的项目价值。该扩张期权的价值是：

期权价值$=11.23-10=1.23$(百万美元)

因此，该项目未来扩张的期权价值为 123 万美元。

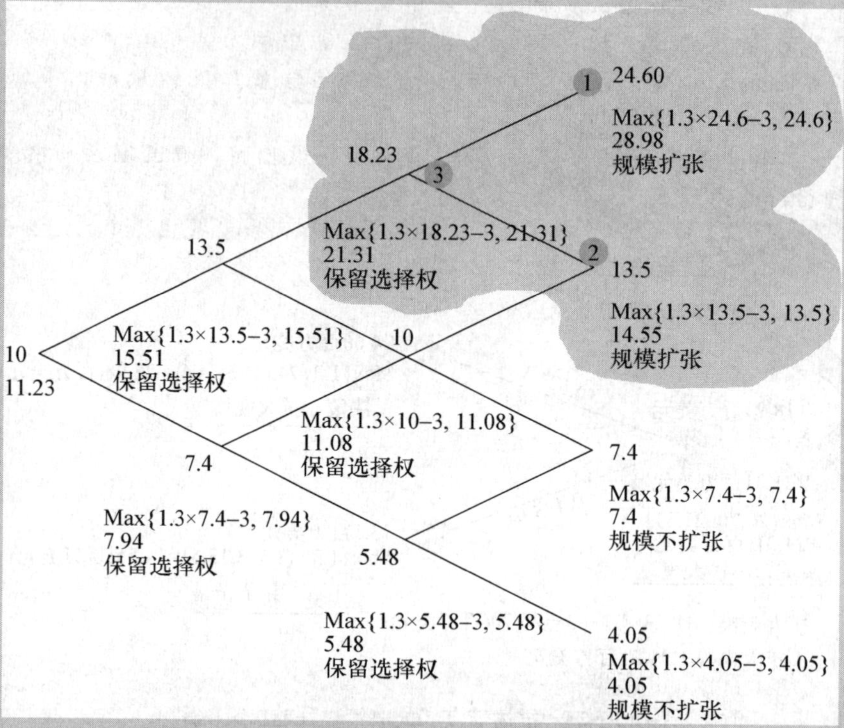

图 12—26 扩张期权的决策树（二叉树评估）

12.5 复合期权

在复合期权分析中，一个期权的价值依赖于另一个期权。当一个项目包含多个阶段，并且后面的阶段依赖于前面阶段的成功时，便产生了复合期权。处理这种连续复合期权问题的逻辑步骤如下。

步骤 1：通过先计算上下行参数确定初始标的资产的节点价值，并计算计划期内未来现金流量的现值。

步骤 2：首先计算长期的期权然后计算短期的期权，因为复合期权的价值依赖于早期的期权。

步骤 3：计算复合期权的价值。

例 12—13 显示了如何评估复合期权的过程。

例 12—13

管理实物期权的一种现实方法[7]

假设一家公司正在考虑建设一个新的化工厂，该工厂的建设许可和筹备花费了 6 000 为美元。在第 1 年年末，公司有权投资 4 亿美元于设计阶段。在设计完成时，公司有另一项权利在接下来的两年投资 8 亿美元建设工厂。公司的风险调整折现率是 10.83%。如果该工厂在今天的市场价值是 10 亿美元，工厂价值的波动率（σ）是 18.23%，无风险收益率是 8%，求该项目的净现值，每一阶段决策节点的期权价值以及该项目复合期权的价值。

解题思路：注意，有三个投资阶段：许可和筹备阶段（阶段 0），该阶段提供了投资于设计阶段的期权；(2) 设计阶段（阶段 1），其提供了投资于工厂建设的期权；(3) 建设阶段（阶段 2）。每一阶段都依赖于前一阶段的决策。因此，第二阶段的投资依赖于第一阶段，第一阶段的投资也依赖于第 0 阶段的结果。目前的首要任务是建立事件树或者二叉树来显示项目的价值如何随着时间改变。我们需要上行（u）和下行（d）两个参数。因为时间单位是 1 年，所以 $\Delta t=1$；又由于 $\sigma=0.182\,3$，u 和 d 的值分别为：

$$u=e^{\sigma\sqrt{\Delta t}}=e^{0.182\,3\sqrt{1}}=1.2$$

$$d=\frac{1}{u}=0.833$$

项目标的资产价值的二叉树见图 12—27。

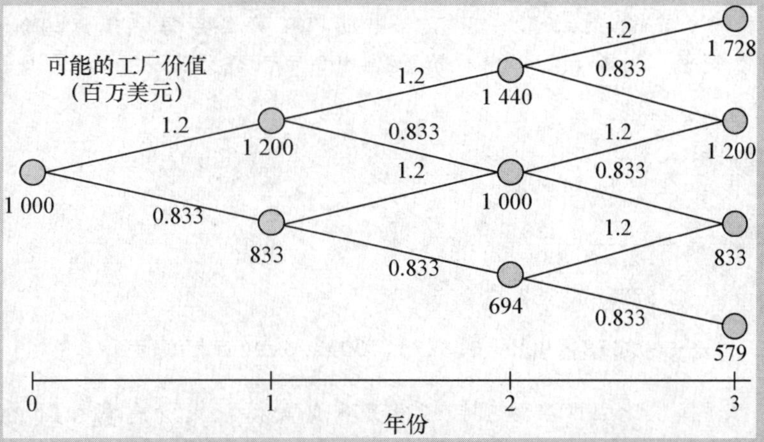

图 12—27　描述项目价值如何随时间而改变的事件树

解：

(a) 传统净现值的计算：使用传统的折现现金流量模型，可以计算出预期未来现金流量的净现值。在折现率为 10.83%时，得

$$PW(10.83\%)_{投资}=60+\frac{400}{1.108\,3}+\frac{800}{1.108\,3^3}$$

$$=1\,008.56(百万美元)$$

$$PW(10.83\%)_{投资价值}=1\,000\ 百万美元$$

$$NPW=1\,000-1\,008.56=-8.56(百万美元)<0(否决)$$

既然净现值是负的，该项目就不可行。注意，我们使用资本成本（k）10.83%来折现预期的现金流量。这个资本成本体现的是风险调整折现率。

(b) 实物期权分析：根据逆向归纳法，我们可以通过两步来推导出期权的价值：最终节点的价值和中间节点的价值。在本例中，我们从第 3 年的节点开始。

步骤 1：评估阶段 2 的期权。假设我们处在第 3 年年末，此时该项目的价值有 4 种可能（1 728 百万美元、1 200 百万美元、833 百万美元、579 百万美元），如图 12—28 所示。从图中可以清楚地看到，该项目在前三个节点的价值超过投资费用 8 亿美元，所以决策应投资第 2 阶段。只有在最后一个节点（579 百万美元）才会放弃投资该项目。

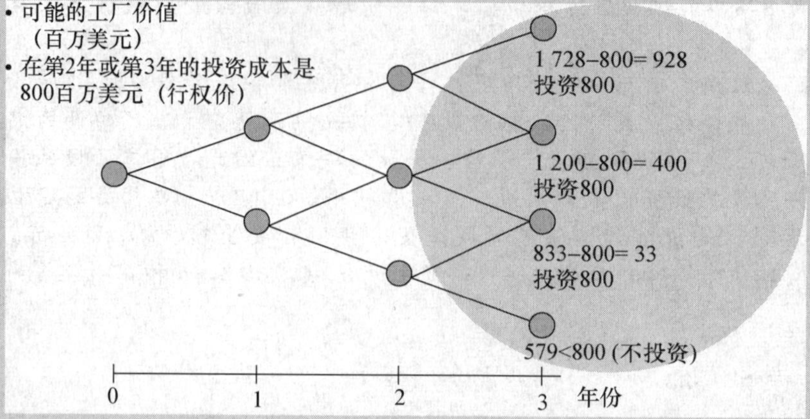

图 12—28　评估第 2 阶段的期权价值

步骤 2：求第 2 年的期权价值。为了求出期权在第 2 年每一节点的价值，首先需要计算出风险中性概率。对节点 B，期权价值是 699 百万美元：

$$u=e^{\sigma\sqrt{\Delta t}}=e^{0.1823\sqrt{1}}=1.2$$

$$d=1/u=0.833$$

$$R=1+r=1+0.08=1.08$$

$$q=\frac{R-d}{u-d}=\frac{1.08-0.833}{1.2-0.833}=0.673$$

$$1-q=1-0.673=0.327$$

$$C=\frac{1}{1+0.08}(0.673\times928+0.327\times400)=699(\text{百万美元})$$

因此，保留选择权比立即实施项目（投资 8 亿美元）更加有利可图，因为净投资价值要小于期权价值（1 440－800＝640 百万美元）。

在第 2 年年末其余节点的期权价值如图 12—29 所示。注意在第 2 年，不管在哪个节点，我们都不应该执行该期权。

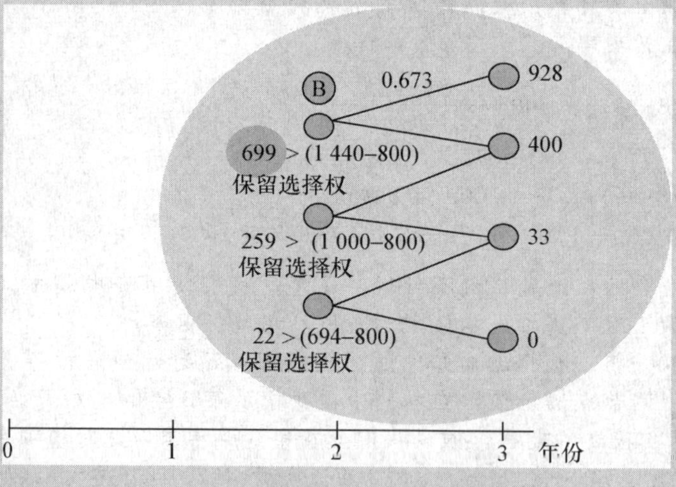

图 12—29　阶段复合期权（二叉树估值）

步骤 3：求第 1 年各节点的期权价值。转移到第 1 年的节点，我们可以看到，图 12—30 中的节点 C，执行该期权的价值是 514—400＝114 百万美元，并且

Max{514—400,0}＝114(百万美元)

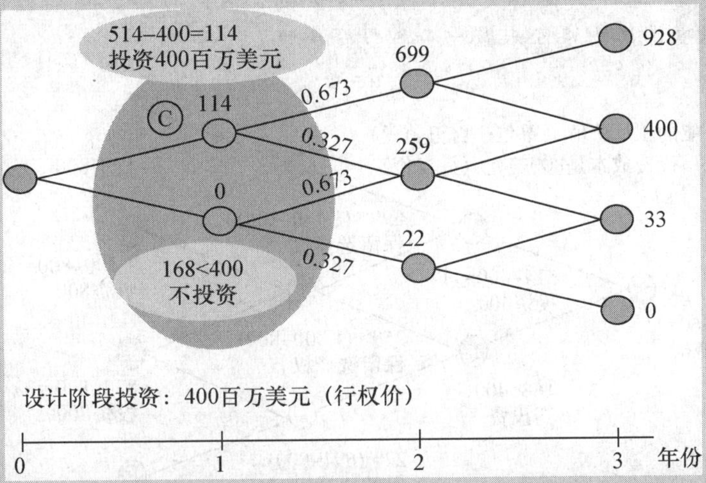

图 12—30　第一阶段期权的估值

应该记住的是 514 百万美元的值是通过第 2 年的期权价值二叉树计算出来的：

$$\frac{1}{1+0.08}(0.673\times699+0.327\times259)=514(\text{百万美元})$$

为了在节点 C 处实现 514 百万美元的期权价值，需要投资 400 百万美元。因此，实施该项目的价值是 514—400＝114 百万美元。注意到在第一阶段的最后，第二个期权到期。因此，它必须以 400 百万美元的成本执行或者自动到期放弃行权（没有任何成本）。如果被行权，其收益将不直接依赖于标的项目（1 200 百万美元），而是依赖于下一阶段投资的期权价值。

步骤 4：求复合期权的价值。在第 0 年，我们既可以保留第一阶段选择权，也可以以 60 百万美元的价格执行该期权，据此可以估算出该复合期权的现值。如图 12—31 所示，期权的价值可以推算为：

$$C=\frac{1}{0.08}(0.673\times114+0.327\times0)=71.039(\text{百万美元})$$

Max{71—60,0}＝11 百万美元

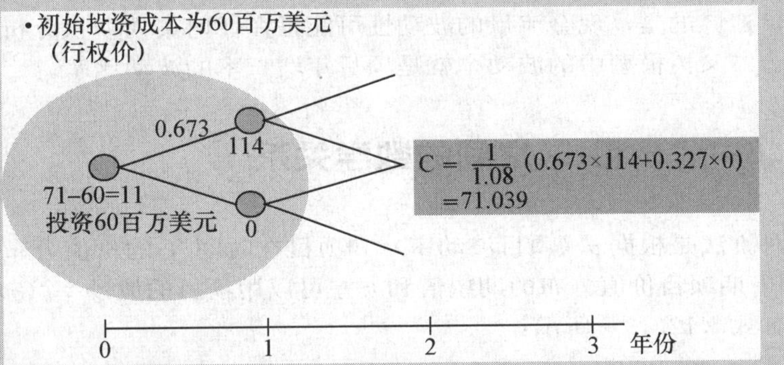

图 12—31　第 0 阶段期权的估值

我们可以把 71.039 百万美元视为某项目的净现值，该项目今天的价值是 1 000 百万美元，每年的标准差是 18.23%，并且要求完成三次投资：第一阶段 60 百万美元，设计阶段是 400 百万美元，建设阶段的 800 百万美元必须在第 3 年的年底开始投资。如果启动投资的成本高于 71.039 百万美元，项目将会被否决；否则，将会被接受。图 12—32 显示了怎样根据事件树的路径来做出各种投资决策。

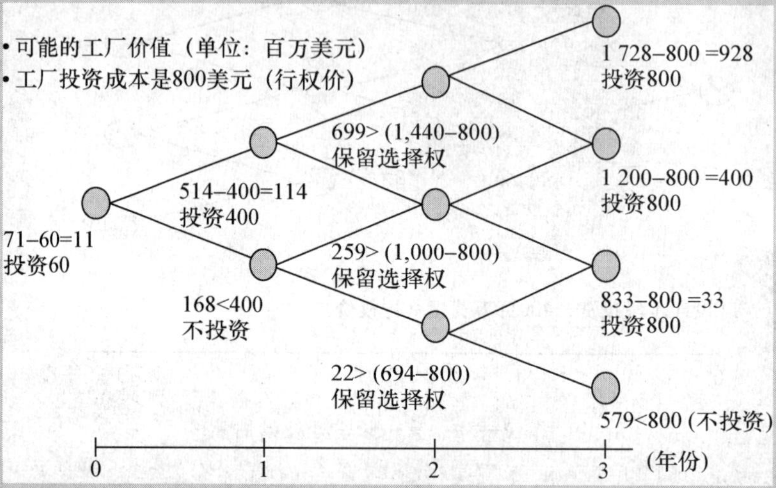

图 12—32 阶段复合期权（联合二叉树模型）

现在，我们可以总结如下：

● 项目战略净现值是 71 百万美元。既然项目的初始投资只有 60 百万美元，因此也就值得启动项目的许可和筹备工作以此来取得该期权。总的来说，该复合期权的实物期权权利金是：

实物期权权利金＝71.039－(－8.56)＝79.60(百万美元)＞60 百万美元

12.6 在项目的层次估算波动性

到现在为止，我们假设项目现金流量的波动性是已知的或者在某种程度上可以估算的。遗憾的是，现金流量的波动性可能是在任何实物期权分析中最难确定的参数之一。二叉树模型中的波动率就是项目年增长率的波动比率。

12.6.1 σ 和 σ_T 之间的数学关系

一种方法是根据 σ（项目波动率）和项目在时间 T 的价值分布参数之间的数学关系。[8] T 期项目价值分布的期望值和方差可以用项目的波动率（σ），V_0，r 和 T 来表示，如式（12.13）所示：

$$\mu_T = V_0 e^{rT}$$

$$\sigma_T^2 = V_0^2 e^{2rT}(e^{\sigma^2 T} - 1) \tag{12.13}$$

式中：V_0——项目今天的价值；

u_T——T 期项目价值分布的期望值；

σ_T^2——T 期时项目价值分布的方差。

或者，我们可以将式（12.13）写成

$$\sigma = \sqrt{\frac{\ln\left[\left(\frac{\sigma_T}{\mu_T}\right)^2 + 1\right]}{T}} \tag{12.14}$$

图 12—33 对上述数学关系进行了描述。该关系说明，只要能够得到 V_T 的分布，我们就可以通过式（12.14）测算出用于二叉树模型的项目波动率。

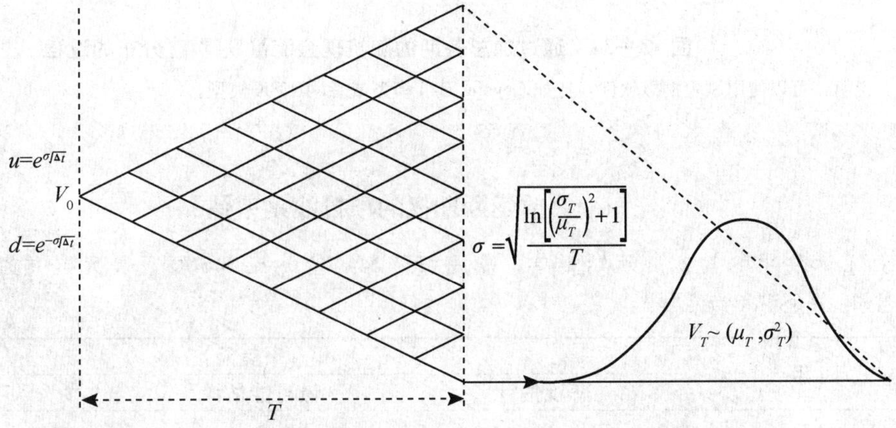

图 12—33　σ 和 σ_T 之间的数学关系（Δt 与 1 相比很小，V_T 是对数正态分布）

12.6.2　V_T 分布估计

为了在期权到期时估计项目价值的分布，我们可以使用蒙特卡罗模拟方法来获得项目现金流量各随机变量的组合分布。在此过程中，我们将会使用以下步骤。

步骤 1：如果项目在期权寿命期（T）末实施，估算出项目寿命期（$T+n$）的现金流量。典型地，各个现金流量通常可以以三种状态点估算（低，最可能，高）。

步骤 2：通过加总项目在各期的现金流量然后以无风险利率折现得到 V_T 分布，因是现金流量分布而不是现金流量系列的估算。

步骤 3：如果已知各期现金流量的期望值和方差，通过式（11.11）到式（11.13）可以计算出 V_T 的期望值（μ_T）和方差（σ_T^2）。如果已知各个现金流量估计的概率分布函数，可以根据 Crystal Ball 模型或者@RISK 模型来求得 V_T 分布值。

步骤 4：通过式（12.14）计算出 σ。

图 12—34 总结了前述求解过程，计算例子见例 12—14。

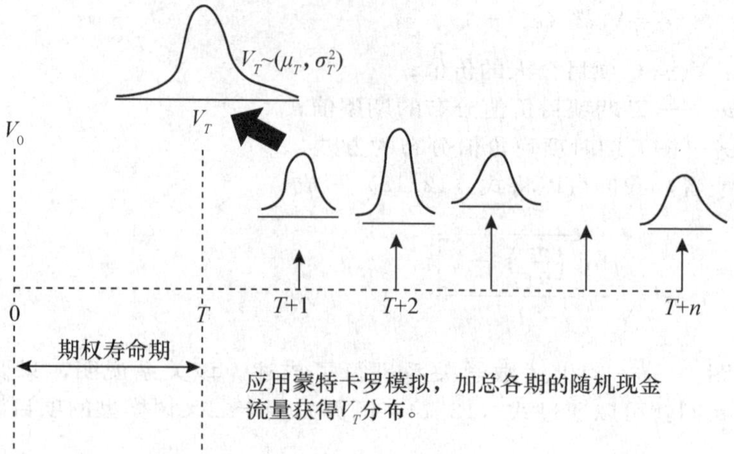

图 12—34　通过加总各期的随机现金流量获得 V_T 分布的过程

说明：可以使用风险模拟软件，比如 Crystal Ball 模型或者@RISK 模型。

例 12—14

一个简单延期期权的项目波动率估算

如果评价中的某项目延期 1 年；所需投资额将会达到 3 500 万美元，并且在未来的 3 年将会有以下现金流量。

时期	A_n（千美元）		
	悲观估计	最可能估计	乐观估计
0			
1		（延期 1 年）	
2	2 000	16 000	30 000
3	4 500	20 000	40 000
4	3 000	18 000	38 000

市场风险的资本成本（风险调整折现率）是 10%，无风险利率是 6%。估算在期权价值计算中的项目波动率。

解题思路： 实践中常用的计算过程就是给出问题描述中所说的三种状态点的估计值，其含义是：

- 乐观估计（H）：一切进展都可能顺利。
- 悲观估计（L）：一切进展都可能不顺。
- 最可能估计（M_0）：估算的净现金流量将最可能发生。

然后，这三种估计将分别作为相应现金流量概率分布的上限、下限和众数值。该概率分布可以视为一个标准差为上限和下限（乐观和悲观估算）之差 1/6 的贝塔分布。有了这些假设，期望值和方差就变成了这些界限值和众数值的显函数。若第 n 期末现金流量分布函数 A_n 的估算界限值和众数值已知，可得

$$E[A_n]=\frac{L+4M_0+H}{6} \tag{12.15}$$

$$\mathrm{Var}[A_n]=\left(\frac{H-L}{6}\right)^2 \tag{12.16}$$

之所以假设为贝塔分布是为了方便起见，当然我们也可以使用其他分布函数，比如三角分布。

解：

已知：项目寿命期每一时间点的现金流量估算，无风险利率=6%，$T=1$。

求：μ_T，σ_T^2，项目波动率（σ）和期权价值。

分析方法：$n=1$：根据式（12.15）和式（12.16），可得

$$E[A_2]=\frac{2\,000+4\times16\,000+30\,000}{6}=16\,000(\text{千美元})$$

$$\mathrm{Var}[A_2]=\left(\frac{30\,000-2\,000}{6}\right)^2=21\,777\,778$$

类似地，我们可以计算出其他时期的期望值和方差。

时期（n）	A_n（千美元）			$E[A_n]$	$\mathrm{Var}[A_n]$
	悲观估计	最可能估计	乐观估计		
0					
1		延期 1 年			
2	2 000	16 000	30 000	16 000	21 777 778
3	4 500	20 000	40 000	20 750	35 006 944
4	3 000	18 000	38 000	18 833	34 027 778

根据式（11.11）和式（11.12）及现金流量中的统计不相关[9]假设，我们可以求出在无风险折现率[10]为 6%时项目在第一阶段时的价值分布（V_1）。

$$E[V_1]=\mu_1=\frac{16\,000}{1+0.06}+\frac{20\,750}{(1+0.06)^2}+\frac{18\,833}{(1+0.06)^3}=49\,374(\text{千美元})$$

$$\mathrm{Var}[V_1]=\sigma_1^2=\frac{21\,777\,778}{1+0.06}+\frac{35\,006\,944}{(1+0.06)^4}+\frac{34\,027\,778}{(1+0.06)^6}=(8\,432)^2$$

根据式（12.14），可以估算出项目的波动率（σ）：

$$\sigma=\sqrt{\frac{\ln\left[\left(\frac{\sigma_T}{\mu_T}\right)^2+1\right]}{T}}=\sqrt{\frac{\ln\left[\left(\frac{8\,432}{49\,374}\right)^2+1\right]}{1}}=0.169\,6$$

因此，在实物期权分析中，我们可以使用 16.96%作为项目的波动率。

模拟法：如果已知现金流量估计（A_n）的概率分布，我们可以用 Crystal Ball 来求出 V_1分布。一旦我们求出 $E[V_1]$ 和 $\mathrm{Var}[V_1]$，剩下的过程就跟前面求解过程一样。

期权价值计算：最后，我们可以根据二叉树（离散过程假设）或者 Black-Scholes 模型（连续过程假设）求出期权的权利金价值。

首先需要求出 V_0的值，在这里不能使用 $E[V_1]$ 的值，因为它基于无风险利率折现。我们不是在直接求 V_0分布，而是依据某状态估算，忽略了方差。此种情况下，我们需要使用风险调整折现率确定 V_0的值。

$$V_0=\left[\frac{16\,000}{1+0.10}+\frac{20\,750}{(1+0.10)^2}+\frac{18\,833}{(1+0.10)^3}\right](P/F,10\%,1)=41\,677(\text{千美元})$$

或者，传统净现值是：

$$传统净现值=V_0-I=41\ 677-35\ 000=6\ 677(千美元)$$

● 根据 Black-Scholes 模型计算期权价值：将估算的参数值代入式（12.10），可求得期权价值为 8 954 千美元：

$$V_0=41\ 677\text{ 千美元}, K=35\ 000\text{ 千美元}, r=0.06$$

$$T=1, \sigma^2=(0.169\ 6)^2=0.028\ 76$$

$$d_1=\frac{\ln(41\ 677/35\ 000)+(0.06+0.028\ 76/2)\times 1}{0.169\ 6\sqrt{1}}=1.468\ 1$$

$$d_2=1.468\ 1-0.169\ 6\sqrt{1}=1.298\ 46$$

$$N(d_1)=0.928\ 96$$

$$N(d_2)=0.902\ 94$$

$$C_{看涨}=41\ 677\times 0.928\ 96-35\ 000e^{-0.06(1)}\times 0.902\ 94=8\ 954(千美元)$$

● 根据二叉树模型计算期权价值：如果使用离散的二叉树模型，我们需要创造一个事件树模型来描述标的风险资产的潜在价值。这个二叉树不包括决策节点，仅仅是将标的资产的价值变化模型化。将 T 定义为上行的年数，σ^2 为标的资产价值的年波动率，我们可以根据式（12.10）来计算上下行乘数值：

$$上行乘数=u=e^{\sigma\sqrt{T}}$$

$$下行乘数=d=\frac{1}{u}$$

将数值代入上述公式，得

$$u=e^{\sigma\sqrt{T}}=e^{0.169\ 6\sqrt{1}}=1.184\ 8$$

$$d=\frac{1}{u}=\frac{1}{1.184\ 8}=0.844\ 0$$

当在事件树上添加决策点时，便得到了决策树（见图 12—35）。

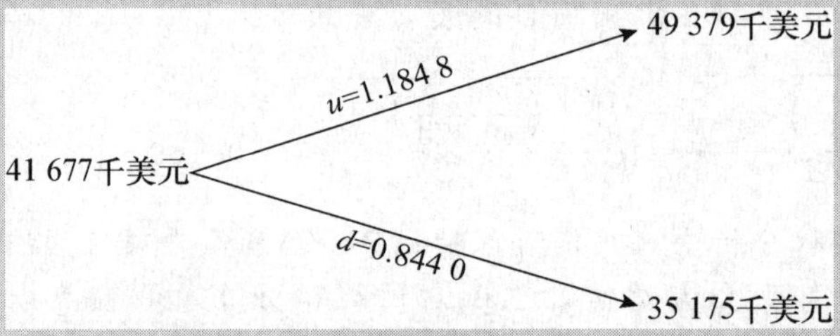

图 12—35　事件树：二叉树模型

为了得到具有推迟期权的项目价值，我们沿着该决策树（见图 12—36）由后向前推导，在每一个节点处使用风险中性概率法：

$$R=1+r=1+0.06=1.06$$

$$q=\frac{R-d}{u-d}=\frac{1.06-0.844\ 0}{1.184\ 8-0.844\ 0}=0.633\ 8$$

$$1-q=1-0.633\ 8=0.366\ 2$$

$$C=\frac{1}{1.06}(0.633\ 8\times 14\ 379+0.366\ 2\times 0)=8\ 598(千美元)$$

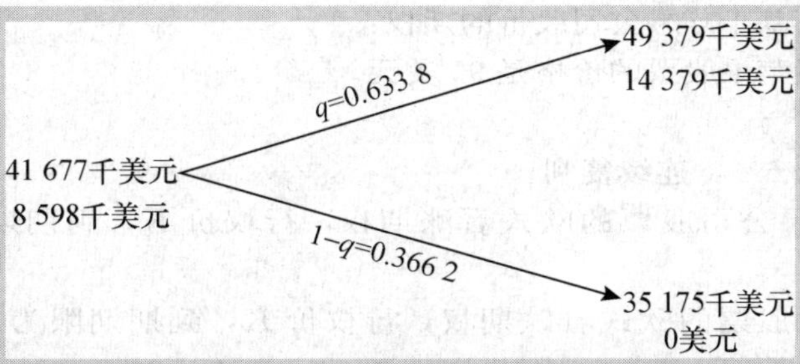

图 12—36　通过二叉树模型计算期权价值

注意，这个结果与我们之前根据 Black-Scholes 模型得到的结果不同，这并不令人奇怪，因为 $T=1$ 的离散模型只是一个连续情况下的粗略估计。既然期权本身价值 8.954 百万美元，ROP 就是

$$\text{ROP}=8\,954-6\,677=2\,277(\text{千美元})$$

很明显，在本案例中，推迟投资 1 年是更明智的。

习　题

＊金融期权

※12.1　一份基于无分红股票的 6 个月的欧式看涨期权，该股票当前股价是 80.38 美元，行权价是 90 美元，无风险利率是 6%，假设股票的波动率是 80%，期权价格是多少？

※12.2　一份基于无分红股票的两个月的欧式看跌期权，该股票当前股价是 136.08 美元，行权价是 160 美元，无风险利率是 5%，假设股票的波动率是 60%，期权价格是多少？

12.3　假设 $S_0=55$ 美元，行权价 $K=45$ 美元，看涨期权权利金＝10 美元，看跌期权权利金＝2 美元。请画出买入看涨期权、卖出看涨期权、买入看跌期权和卖出看跌期权的收益图。

12.4　现在拥有以下信息：看涨期权的成本目前是 4 美元，行权价是 52 美元，无风险利率是 5%，波动率是 60%，到期期限是 9 个月。目前的股价等于多少？

※12.5　根据二叉树模型评估一份欧式看涨期权的价值：

(a) 标的资产的目前价格是 60。

(b) 行权价是 60。

(c) 波动率是 30%。

(d) 无风险利率是 5%。

(e) 到期期限是 18 个月。

(f) 二阶段决策过程。

※12.6　根据二叉树模型评估一份美式看跌期权的价值：

(a) 标的资产的目前价格是 40。

(b) 行权价是 45。

(c) 波动率是 30%。

(d) 无风险利率是 5%。

(e) 到期期限是 3 年。

(f) 三阶段决策过程。

12.7 考虑以下基于苹果公司股价的期权：

- 目前购买一股苹果股票的价格是 90 美元。
- 股票不分红。
- 无风险利率是 6%，连续复利。
- 一份基于苹果公司股票的欧式看涨期权，行权价 K，到期期限为 1 年，成本是 35.15 美元。
- 一份基于苹果股票的欧式看跌期权，行权价 K，到期期限为 1 年，成本是 13.95 美元。

求行权价 K。

12.8 某投资者的投资组合包括以下资产和工具：

- 一个行权价为 40 美元，购买成本为 3 美元的买入看涨期权。
- 一个行权价为 45 美元，购买成本为 4 美元的卖空看跌期权。
- 两份行权价为 35 美元，购买成本为 5 美元的卖空看涨期权。
- 两种购买成本为每股 40 美元的空头股票。

假设这些合约都具有相同的到期日，忽略资金的时间价值。如果到期日的股价是 $S_T=60$ 美元，求该投资组合的净收益。

* 实物期权分析

12.9 一家公司正在计划投资 2 百万美元升级其针对新兴市场的一种产品。这个市场是高度波动性的，但是该公司具有一项产品专利可在第 2 年前阻止竞争者的进入。由于升级产品需求的不确定性，有一种可能性是该产品可以促进该公司的发展。预计未来现金流的现值估算为 1.9 百万美元。假设无风险利率是 8%，年度未来现金流现值的标准差是 40%。实施该项投资而不是取消该产品的价值是多少？

* 增长期权

12.10 你正在考虑一个两年期的圣诞树农场的投资。这个农场一年前已经种上了树，并且这些树每年的增长情况如下表所示：

	第 1 年	第 2 年
增长	1.6	1.5

树的价格遵循一个 $u=1.25$ 并且 $d=0.80$ 的二叉树模型。随着树的增长，一般来说投资的价值也随之提高。然而，如果树长得太大，它们的吸引力将会降低，所以对这种圣诞树来说，一个 3 年期的循环将是一个周期。利率（无风险）是常数 6%。用于租赁林地的年花费是 40 万美元，并且在年初支付。一年期树苗的初始投资是 1 百万美元（假设立即收割）。你可以在任意一年圣诞节的开始砍伐这些树（也就是 12 月 1 日），并且在此之后不需要再支付租金。假设每年的租金是 40 万美元，计算出最优的砍伐方案（何时砍伐）以及最优方案的投资机会价值。

* 延期期权

12.11 假设目前你拥有一块土地，正在考虑是建设一个有 10 个店铺的小商店还是有 30 个店铺的大商店。每个店铺目前的市场价值是 60 000 美元，该价值下的波动性是 20%。现在建设一个有 10 个店铺的购物中心，一个店铺需要花费 35 000 美元。你拥有一项推迟该项建设决策的两年期期权。然而，如果你真的决定推迟，目前的建设成本预计以每年 5%的速度增长。假设无风险利率是 6%的复合利率。将该建设决策推迟两年的价值是多少？

＊转换期权

12.12　一个公司已经投资了一个项目 A，并且目前正在从该项目中获益。项目 A 目前的价值是 4 百万美元。在未来的 5 年，公司有一项可以将该项目 A 的设备转换为项目 B 的期权。转换结束时将要承担 2 百万美元的投资成本。项目 B 在未来 10 年的预期净现金流是每年 1 百万美元。这个投资决策的总价值是多少？假设最低可接受收益率＝12%，利率＝6%，标准差＝50%。

＊研发期权

12.13　一家制药公司需要估算研发一种新型节食药物的最大支出。估算需要 3 年的时间来研发和市场测试该药。初始的 3 年之后，生产和制造的投资需要在第 4 年进行。现在预计销售此药物的 6 年内都会有净现金流入。图 12—37 总结了该公司估算的现金流量表。

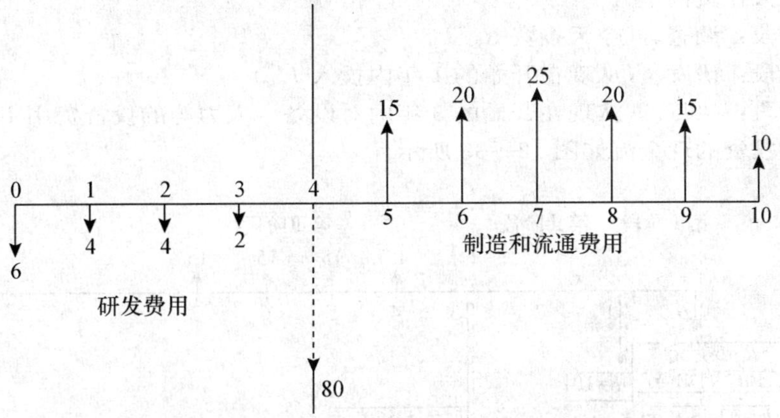

图 12—37

假设最低可接受收益率是 12%，标准差是 50%，无风险利率是 6%，判断对该节食药物进行研发的支出是否合理。

＊放弃期权

12.14　一家公司正在考虑采购一项设备来制造一种新产品。该设备将花费 3 百万美元，预期无限期净现金流入是 0.35 百万美元。如果该产品的市场需求较低，在 5 年之内公司可以将该设备卖到二级市场获得 2.2 百万美元。假设最低可接受的收益率是 12%，标准差是 50%，利率是 6%。该公司此次投资机会的价值是多少？

＊规模缩减期权

12.15　一家公司投资了一个项目，该项目允许其出售部分设备和设施并且分租该项目的部分工作量。该项目目前的价值是 $V_0=10$ 百万美元。未来 3 年的任何时间，该公司都可以以 4 百万美元的价格出售部分项目资源，但是其净现金流预计会减少 20%（因此也就是项目价值减少 20%）。假设利率为 6%，标准差为 30%。一年期增量可以使用二叉树模型。推算该规模缩减投资机会的价值。

＊扩张—收缩期权

12.16　假设一家大型制造公司正在考虑通过运用战略期权对冲风险。特别是，其可以选择的有以下两种期权。

● 扩张目前的制造规模。

● 在未来的两年内任意时刻收缩其目前的制造规模。

● 既不扩张也不收缩。

假设该公司基于折现的现金流量模型其未来的收益静态值是 100 百万美元。该公司估算项目未来现金流的收益波动率是 15%，无风险利率是 5%。最后，假设该公司可以在未来的两年内缩减其 10%的规模，缩减之后可以节省 25 百万美元的费用。如果选择扩张可以在花费 20 百万美元的初始成本的情况下为公司扩张 30%的规模。[11]

（a）请做出两年期的二叉树模型。

（b）保留该项可以从两种方案中选择的期权价值是多少（也就是，既包含扩张期权也包含收缩期权）？

*复合期权

12.17 一个公司通过研发来维持其利润水平。该公司需要推算出一个三阶段项目中第Ⅰ阶段的最大投资额。

● 第Ⅰ阶段：调查。（今天投资 R_0。）

● 第Ⅱ阶段：研发。（从现在开始的 1 年内投入 I_1。）

● 第Ⅲ阶段：执行。（从现在开始的 3 年内对设备、人力等的投资费用 I_2。）

该三阶段投资的现金流如图 12—38 所示。

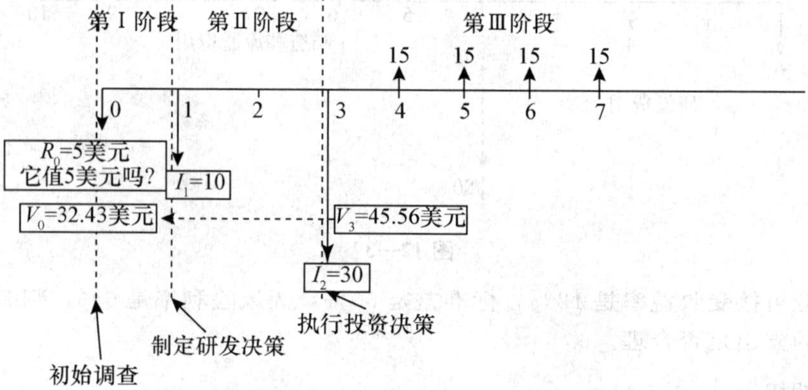

图 12—38

假设最低可接受的收益率是 12%，标准差是 50%，利率是 6%。为该公司确定最优的投资策略。

[注释]

[1] "Shipping Lines Sail Uncertain Seas—Global weakness sends rates tumbling with new vessels on the way; Some may become cruise ships," by John W. Miller, *The Wall Street Journal*, October 8, 2008. Copyright 2008, Dow Jones & Company, Inc. All Rights Reserved.

[2] "Exploiting Uncertainty—The 'Real-Options' Revolution in Decision-Making," *BusinessWeek*, June 7, 1999, p. 119.

[3] 本节根据芝加哥期权交易委员会（CBOE）提供的资料写成。所有资料可查阅公司网址 http://www.cboe.com。

[4] 套利机会——利用不同市场或不同方式的同一或类似金融工具的价格差异获利的行为。

[5] From "Exploiting Uncertainty—The 'Real-Options' Revolution in Decision-Making," *BusinessWeek*, June 7, 1999, p. 119.

[6]通过将一年到期时间划分成非常小的时间间隔，二叉树模型法可得到大致类似的值。

[7] This example is based on the article "A Real World Way to Manage Real Options," by Tom Copeland, *Harvard Business Review*, March 2004.

[8] *Investment under Uncertainty* by Dixit, A. K. and R. S. Pindyck, Princeton University Press, Princeton, NJ, 1994.

[9] 如果现金流量为相关的随机因变量，采用式（11.13）计算项目价值分布的方差。

[10] 这里再次采用无风险折现率，因项目价值分布体现所有项目现金流量的随机性。

[11] This problem is adapted from Johnathan Mun, *Real Options Analysis*, New York: John Wiley, 2002, p. 182.

第5篇

工程经济学专题

第13章 更新决策

学习目标

通过本章学习，应该掌握以下概念：

- 更新决策问题不同于其他资本投资决策问题的特点。
- 在分析更新决策问题时，需要收集的财务信息。
- 如何根据机会成本的概念对新旧资产进行比较。
- 如何确定资产的经济寿命。
- 如何确定防御资产的最优更换期限。
- 如何在更新分析中考虑税收的影响。

联合航空公司的大笔喷气式飞机订单[1]

波音和空客（Airbus）受邀投标联合航空公司（United Airlines）150架规模的新客机订单——这是金融危机中大公司借此捡便宜货的最近一个案例。

对这两家飞机制造商来说，在其他顾客纷纷要求取消或者推迟订单的情况下，该订单的价值超过100亿美元。在买方强势的情况下，据知情人士透露，联合航空的母公司，UAL公司，正希望比其他各方获得更优惠的条件。

在旅行需求下滑和借贷紧缩的环境中，考虑到UAL近期严重的亏损和较低的信贷比率，这项举措引人注目。但是即使在经济状况良好时期，飞机制造商也努力通过内部融资手段及其他措施来帮助航空公司购买飞机。它们的目标是：在周期性十分明显的航空业中使其产品保持较为稳定的份额。

联合航空是众多希望利用经济下滑机会——在一些案例中，是通过更低的成本——来扩张规模或者取得更优定价的公司之一。

联合航空以其近年飞机采购的不足为自豪，而同期其美国的竞争对手大量订购。通过在经济下滑期扩大采购，它希望能够在几年之后经济形势变好时，开始陆续取得飞机。过去，订单都是在经济状况良好时产生的，所以一旦经济下滑便会有大量闲置飞机。据知情人士介绍，已经拥有400架喷气式飞机的联合航空已经于周二向波音和空客发出了正式采购需求。消息称，这些订单中包括更换许多联合航空已经拥有的宽身Ⅲ机型和波音757窄身机型。与竞争对手不同，联合航空同时拥有波音和空客两类飞机，因此两家飞机制造商均有动力争取大额订单。作为订单的一部分内容，联合航空希望能够减少机型种类以简化其航班机组。这一举措也可以帮助其缩减维护和人员培训成本。

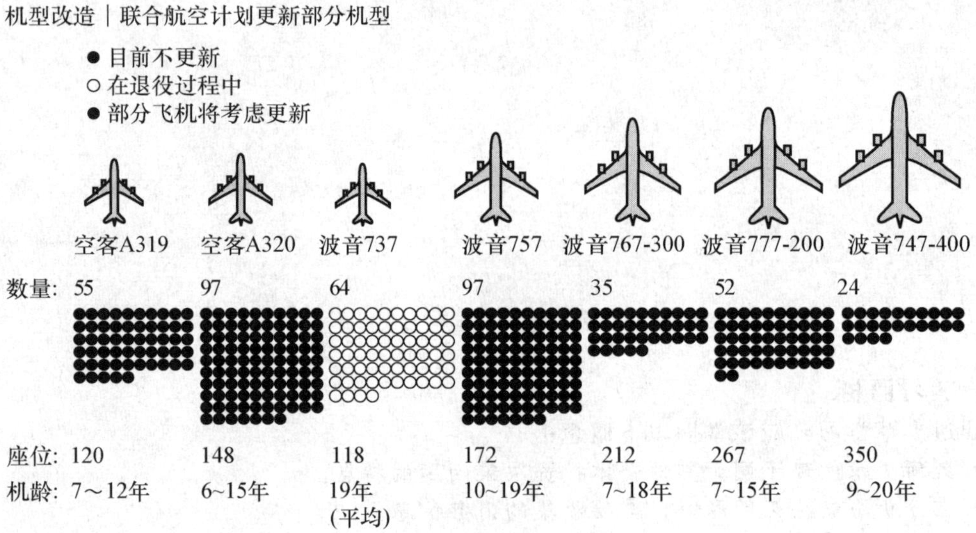

资料来源：AHS UAI annual report.

知情人士表示，如果波音或空客同意这些条件，联合航空最快将于今年秋天签署订单。据悉，其中最为关键的条款就是由制造商进行融资，从而确保不占用联合航空的现金。它们还透露，联合航空还希望获得日后改变订单的灵活性。

通过签署订单，航空公司承诺在未来的几年中以一定的价格进行采购。然而，合同通常规定航空公司在违约的情况下承担有限的惩罚措施。

如果波音和空客的相互竞争没有达成联合航空公司愿意接受的交易，航空公司可以选择等待，因为其客机的平均年龄只有13年。它已经淘汰了半数以上的旧型波音737，并且计划在年底之前全部淘汰。

最近几年，美国大型航空公司的客机订单相当稀少。在2001年恐怖袭击之后，航空公司始终挣扎于重组和破产之中。海外航空公司的表现则较为出色，订单不断。航空公司都觊觎那些燃料效率更高的新机型。新的机型也能使它们运营那些以往不能承运的航线。

从第6章到第8章，本书介绍了选择最优投资方案的各种方法。这些章节中讨论的主要是新增盈利项目，然而经济分析也经常要涉及现有设备或者盈利不变的项目——这些项目的主要目的不是增加销量，而是保持目前的生产状况。实践中，盈利不变项目很少涉及新机器的对比，主要讨论购买一套效率更高的新设备还是继续使用现有的设备。这一类问题可以归结为**更新问题**（replacement problem）。在本章中，我们将论述更新问题的基本概念和方法。

13.1　设备更新分析基础

下文将要讨论三个更新问题：(1) 防御资产和挑战资产的比较方法；(2) 经济寿命的确定；(3) 当要求的服务期限较长时，如何进行更新分析。所得税的影响将忽略不计。13.4 节将重新讨论这些更新问题，并且将所得税考虑在内。

13.1.1　基本概念和术语

更新项目是涉及更换已经过时或者淘汰资产的决策问题，决定了企业经营的持续性，决策的失败会造成生产下降或者停顿。现在的问题是，"应该何时将现有设备替换成更有效率的新设备呢?"此种情形应用**防御者**（defender）和**挑战者**（challenger）两个术语比较贴切。两个术语经常用在拳击比赛中。在每一场拳击比赛中，守护冠军的一方经常要面对一位新的挑战者。在置换分析中，防御资产（防御者）就是现有的设备（或系统），挑战资产（挑战者）就是可获得的最优更新设备。

现有设备将在未来的某一时间淘汰——要么其任务已经完成，要么该任务可以采用更有效率的新设备。现有的问题不是现有设备是否需要更新而是何时更新。这就衍生出另一个问题，为什么我们需要现在更新现有设备而不是通过维修而延期更新？防御资产与挑战资产比较的另一方面就是决定哪一个设备才是最优的挑战资产。如果防御资产要被挑战资产替换，通常人们希望安装可能选择的设备中最优的。

当前的市场价值

在进行更新现有设备问题的分析时，最常遇到的问题就是，什么样的财务信息与该决策相关。通常来讲，在分析时，显然不可避免牵涉一些无关信息。例 13—1 说明了这种决策问题。

例 13—1

更新分析相关信息

Macintosh 印刷公司两年前采购了一套价值为 20 000 美元的印刷设备，公司期望该设备有 5 年的寿命并且残值为 5 000 美元。公司去年的维修费用为 5 000 美元，并且运营费用以每年 8 000 美元的金额增长。另外，该设备在寿命期末的预期残值也减少到 2 500 美元，该设备目前的市场价值是 10 000 美元。如果公司决定用一台新设备来替换目前的旧设备，设备的卖主允许该公司以旧换新全额折价购买新设备。防御资产的哪些价值与分析相关？

解：

已知：初始成本，市场价值，以旧换新折价额。

求：与更新分析相关的成本信息。

该例中，有三种不同的与防御资产相关的货币数额：

1. 初始成本。印刷设备的购买价格是 20 000 美元。
2. 市场价值。公司估算该旧设备的市场价值是 10 000 美元。
3. 折价金额。与市场价值相等。（然而在其他案例中，它可能与市场价值不等。）

评注：本例中，并且在所有的防御资产分析中，相关的信息是设备**目前市场价值**（current market value）。初始成本、维修费用和折价额都是不相关的。一个常见的错误概念是，折价金额与设备目前的市场价值相等，因此就可以用来作为设备的当前价值。然而，这并不总是对的。例如，汽车零售商允许顾客以旧换新降低新车购买价格。但是如果对方没有同时销售新车，会对旧车提供同样价格吗？答案是，“一般不会”。在许多案例中，以旧换新折价往往被抬高以使该交易看起来合算，同时新车的价格也会被提高以弥补零售商允许旧车折价所产生的损失。在这种情况下，商品的以旧换新折价并不代表其本身的真实价值，所以该金额在经济分析中不应被使用。[2]

沉没成本

如 2.4.3 节所指，**沉没成本**（sunk cost）就是那些过去已经发生的成本，它不会影响未来的投资决策。在例 13—1 中，公司在两年前花费了 20 000 美元购买该项资产，去年，又有超过 5 000 美元花费在该设备上，总共的费用为 25 000 美元。如果设备在今天被出售，公司将仅仅收回 10 000 美元（见图 13—1），因此很容易误以为，如果该旧设备在今天被出售并且更换为新设备，不考虑新设备的成本，公司将会损失 15 000 美元。但是，这种方法对经济分析而言是错的。正确的工程经济分析中，只有未来的成本应该被考虑在内，过去的成本或者沉没成本都应该被忽略。因此，更新分析中，防御资产的价值应该使用其目前的市场价值，而不是当初的购买价值，也不是已支出的机器维修成本。

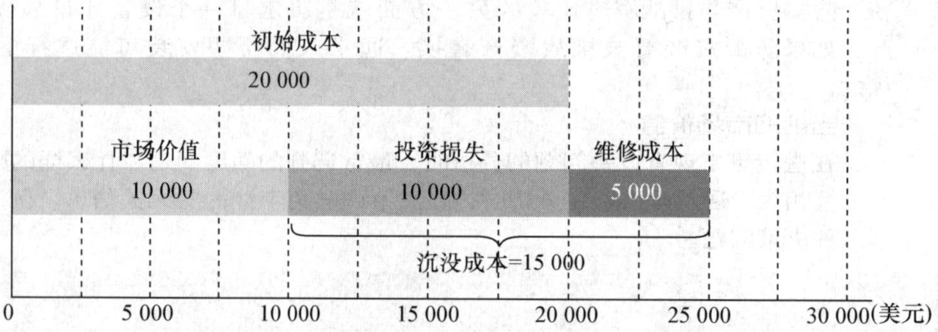

图 13—1　例 13—1 中资产处置的沉没成本

沉没成本是已经发生的成本，目前的任何行动都不会弥补。它代表的是过去的行动——过去的决策结果。在现时进行经济分析时，我们应只考虑各种不同方案的可能结果，并且选出结果最优的方案。在方案比较时考虑沉没成本，只会导致我们做出更坏的决策。

经营成本

更新现有设备的动机之一就是，继续使用现有设备的成本随着时间越来越高。设备运营的总费用包括修理费用和维护费用、操作人员的工资、能源消耗费用和材料费用。其中任何一项或者几项费用在某一期间的增加都会引起更新现有资产的念头。挑战资产往往比防御资产更新，并且通常包含设计上的改进和更新颖的技术。结果就是，挑战资产的一些或者全部费用都要比防御资产更低。

与设备经营相关的各项费用总称为**经营成本**（operating costs）。下节将说明，保留防御资产比购置挑战资产涉及的初始成本较低，却要付出更高的年经营成本。一般来说，防御资产和挑战资产的经营成本都随着时间而增加。在许多实例中，劳动力成本、材料成本和动力成本对防御资产和挑战资产来说是相同的，并不随着时间而改变，引起设备经营成本提高的主要是每年的修理和维护成本的增加。

如果对防御资产和挑战资产来说，只有每年的修理和维护成本是不同的，在分析时，就应该仅考虑这些成本。在分析经营成本时不论选择包含哪些成本因素，对防御资产和挑战资产来说都应该一致对待。例如，如果防御资产的经营成本中纳入了能源消耗费用，则对挑战资产而言也应该考虑这一成本。在第 7 章已对设备制造时所产生的各种不同类型的成本做了介绍。

13.1.2　防御资产和挑战资产比较的机会成本法

虽然更新项目属于第 4 章所研究的互斥项目决策的范畴，但它的确有一些特征值得我们采用一些专有概念和特殊分析工具对其进行研究。分析更新问题时所使用的基础方法是人们熟知的**机会成本法**（opportunity cost approach）。

基本的问题是处理旧设备的出售收益。事实上，如果你决定保留旧设备，放弃的就是潜在的收益。机会成本法将保留旧设备所放弃的收益视为一项机会成本。换句话说，对防御资产而言，残值是一项现金流出（或者是为了保留该设备所需要的投资）。

例 13—2

基于机会成本法的更新分析

假设例 13—1 中，公司有机会以 15 000 美元购买另一台印刷设备。3 年使用寿命期间，该设备将减少劳动力和材料消耗，使经营成本由 8 000 美元减至 6 000 美元，第 3 年年末预计以 5 500 美元出售。如果购买新设备，旧设备将被出售给另一公司而没有用来抵消新设备的部分支出。

假设该公司需要设备生产 3 年，在此期间预期市场并未有更先进的设备出现。如公司基准收益率为 12%，确定是否需要更新。

解：

已知：防御资产和挑战资产的财务数据。

求：是否要更新防御资产？

● 方案 1：保留防御资产。如果决策的结果是保留旧设备，机会成本法就是将旧设备目前的残值 10 000 美元作为一项投资成本。未来 3 年的年经营成本将是 8 000 美元，3 年后设备的残值为 2 500 美元。旧设备的现金流量见图 13—2(a)。

● 方案 2：用挑战资产替换防御资产。新的设备花费 15 000 美元，新设备的年均经营成本是 6 000 美元。3 年后新设备的残值将是 5 500 美元。该方案的现金流量如图13—2(b)所示。每种方案的净现值和等值年度费用如下：

$$\mathrm{PW}(12\%)_D = 10\,000 + 8\,000(P/A, 12\%, 3) - 2\,500(P/F, 12\%, 3) = 27\,435\text{(美元)}$$

$$\mathrm{AEC}(12\%)_D = \mathrm{PW}(12\%)_D(A/P, 12\%, 3) = 11\,423\text{(美元)}$$

$$\mathrm{PW}(12\%)_C = 15\,000 + 6\,000(P/A, 12\%, 3) - 5\,500(P/F, 12\%, 3) = 25\,496\text{(美元)}$$

$$AEC(12\%)_C = PW(12\%)_C(A/P,\ 12\%,\ 3) = 10\,615\ （美元）$$

因为更新设备的等值年度费用比不更新要低 808 美元，所以应该现在更新设备。

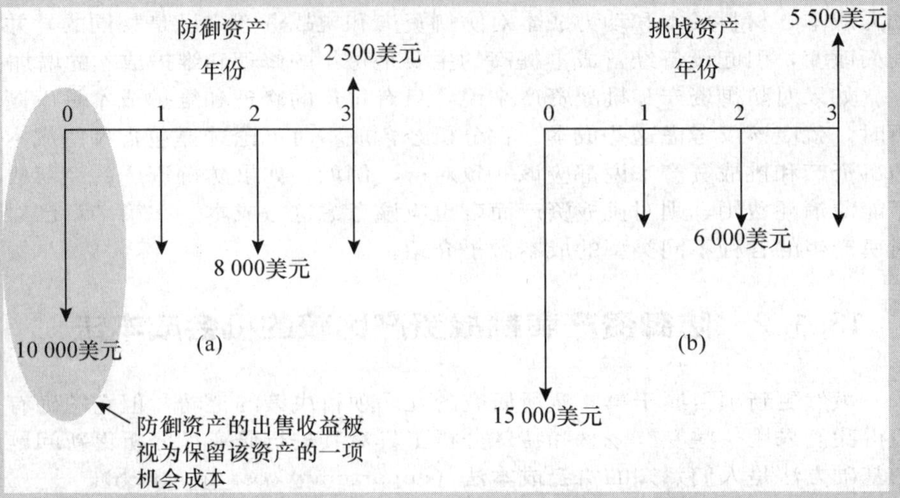

图 13—2　基于机会成本法的防御资产与挑战资产比较（例 13—2）

评注： 我们曾假设防御资产和挑战资产具有相等的服务寿命，但一般来讲，旧设备与新设备相比具有相对较短的寿命，所以该假设太简单化了。当新设备与旧设备的寿命不同时，为取得共同分析期间，我们必须做出一定的假设。一个常用的假设就是，在初始决策之后，我们用与挑战资产相似的资产来**永久更新**（perpetual replacement）。当然，我们也可以根据实际现金流来进行现值分析，但是要求所分析是无限期现金流量系列的情况。

如果例 13—2 的分析结果是旧设备不应该更新，则还需研究旧设备应该保留一年还是两年然后被新设备替换。回答这个问题需要知道更多随时间变化的市场价值数据。在 13.3 节将会讨论这种情况。另外，在对比防御资产和挑战资产时，我们必须基于每项资产的最优寿命。这里的最优寿命指的是该资产的经济寿命。下节将会讨论如何确定设备的经济寿命。

13.2　经济寿命

或许你已经看到过使用 50 年的汽车仍然能提供服务。假如可以得到适当的修理和维护，几乎任何设备都可以延长其使用寿命。假如可以让一辆车保持无限期的服务，那为什么马路上没有很多锈迹斑斑的旧车呢？有两个原因：一是一些人讨厌驾驶显得陈旧的汽车；还有一些人在汽车维修费用超支时不愿意继续持有该汽车。

一般来讲，需要从经济角度考虑一项资产一旦投入使用，它应该服务多长时间。例如，一个经常采购同类型卡车的汽车租赁公司需要决定，一辆卡车应该服务多久才被替换。如果计算出合适的寿命周期，公司就可以规划卡车的采购和更新，以使其每年的资本预算更加合理。

第 5 章讨论过，取得和经营一项资产的成本可以分为两部分：**资本投资费用**（capital costs）和**经营成本**（operating costs）。资本投资费用包含两部分：初始投资和资产处置时的残值。挑战资产的初始投资就是其购买价格。对防御资产而言，机会成本应看作其初始投资。我们用 N 表示资产的保留使用年限，I 代表初始投资，S_N 代表 N 年后资产的残值。

资本投资费用

资本投资费用的年度等值称为资本恢复费用（见 5.2 节），其 N 年期的计算公式为：

$$\begin{aligned}\mathrm{CR}(i) &= I(A/P,i,N)-S_N(A/F,i,N)\\ &= (I-S_N)(A/P,i,N)+iS_N\end{aligned} \tag{13.1}$$

一般来讲，随着资产使用年限的增加，其残值越来越小。只要残值少于初始投资，资本恢复费用就是 N 的递减函数。换句话说，我们保留一项资产的时间越长，资本恢复费用越低。如果残值等于初始投资，无论设备使用多长时间，资本恢复费用都是一个常数。

经营成本

正如前面所述，一项资产的经营成本包括运营和维护（O&M）费用、劳动力费用、材料费用和能源消耗费用。如果设备的使用保持连续，那么对同一设备来说，劳动力、材料和能源消耗等费用通常是个常数。然而，随着使用时间的增加，O&M 成本趋向于增加。由于 O&M 成本增加，资产的总经营成本也随着年限而增加。我们用 OC_n 代表在第 n 年的总经营成本，$\mathrm{OC}(i)$ 代表 N 年寿命期间经营成本的年度等值。因此，$\mathrm{OC}(i)$ 可以表达为：

$$\mathrm{OC}(i)=\Big(\sum_{n=1}^{N}\mathrm{OC}_n(P/N,i,n)\Big)(A/P,i,N) \tag{13.2}$$

只要年度经营成本随着设备使用年限的增加而增加，$\mathrm{OC}(i)$ 就是设备寿命的递增函数。如果年度经营成本每年保持不变，$\mathrm{OC}(i)$ 就是一个常数，并且无论设备使用多久，它都等于年度经营成本。

年度等值费用（AEC）

拥有并且经营一项资产的年度等值费用是资本恢复费用与年度经营成本的总和：

$$\mathrm{AEC}(i)=\mathrm{CR}(i)+\mathrm{OC}(i) \tag{13.3}$$

资产的经济寿命为拥有和经营该资产的年度等值费用最小的使用期限。基于前面的讨论，我们需要求出式（13.3）表示的 AEC 最小化时 N 的值。如果 $\mathrm{CR}(i)$ 是 N 的递减函数，$\mathrm{OC}(i)$ 是 N 的递增函数，一般而言，AEC 将是 N 的凸函数，并且有唯一的最低点（见图 13—3）。本书假设 AEC 有一个最低点。以下三种特殊情况值得考虑：

1. 如果资产的残值是常数并且等于初始投资费用，年度经营成本随着时间而增加，那么 AEC 就是 N 的递增函数，在 $N=1$ 时取得最小值。在这种情况下，我们应该尽快更新该设备。

2. 但是，如果年度经营成本是常数，并且残值少于初始投资且随着时间递减，那么 AEC 就是 N 的递减函数。在这种情况下，我们应该尽可能地延长设备的使用年限。

3. 最后，如果残值是个常数并且等于初始投资费用，且年度经营成本也是个常量，那么 AEC 也应该是个常量。在这种情况下，何时更新设备没有经济上的不同。

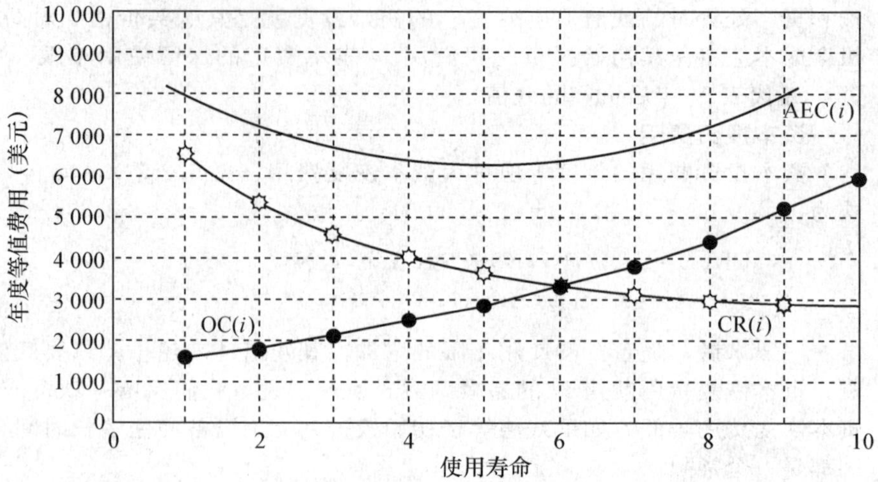

图 13—3　资本恢复费用、年度经营成本及总的年度等值费用的趋势图

更新策略

如果一项新资产购置后一直运营到其经济寿命结束，则年度等值费用是最小的。如果进一步假设在无限长的时期内设备都可以以相同的价格和特性重复购置，那么设备就可以总是在其经济寿命结束时更新。根据其经济寿命来更新设备，我们就可以得到在无限长的时期内最低的 AEC 系列。然而，如果没有该假设，就必须根据 13.3 节介绍的方法来进行更新分析。下一例子介绍计算资产经济寿命的方法。

例 13—3

起重汽车的经济寿命

假设某公司有一辆叉车，目前正在考虑购买一台价格为 18 000 美元，第 1 年经营成本为 3 000 美元的新的电子起重汽车。在使用期间，经营成本将在前一年的基础上每年递增 15%。类似地，残值每年在上一年残值的基础上递减 20%。该起重汽车最大的使用寿命是 8 年。公司要求的税前收益率是 12%。计算新车的经济寿命。

解题思路： 对一项收益要么未知要么不相关的资产，经济寿命的计算需要基于其资产费用和每年的残值，并分别比较保留使用 1 年、2 年、3 年等方案年度等值费用。具有最低年度等值费用（AEC）的期限就是资产的经济寿命。

解：

已知：I=18 000 美元，O&M 成本，整个 8 年各年的残值，i=12%。

求：经济寿命。

● n=1：一年更新周期。在这种情况下，机器购置之后只使用一年，并在第 1 年年末被出售。该方案的年度等值费用是：

$$AEC(12\%)_{n=1}=18\,000(A/P,12\%,1)+3\,000-14\,400=8\,760(\text{美元})$$

因为 N=1，所以 $(A/P,12\%,1)=(F/P,12\%,1)$，第 1 年年末的费用等于年度等值费用。由于计算的是年度等值费用，因此将费用项视为正值，而残值视为负值。

● n=2：两年更新周期。在这种情况下，起重汽车将被使用两年并且在第 2 年年末处置。第 2 年的经营成本比第 1 年高 15%，第 2 年的残值比第 1 年低 20%。该方案的现金流量如图 13—4 所示。两年期的年度等值费用为：

$$
\begin{aligned}
AEC(12\%)_{n=2} &= [18\,000+3\,000(P/A_1,15\%,12\%,2)](A/P,12\%,2) \\
&\quad -11\,520(A/F,12\%,2) \\
&= 8\,429(\text{美元})
\end{aligned}
$$

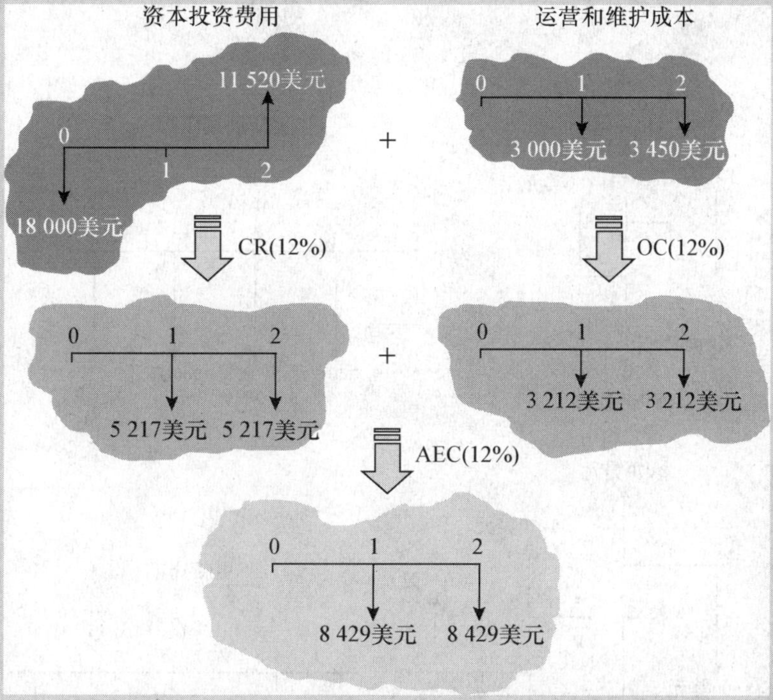

图 13—4　拥有并经营资产两年的年度等值费用（AEC）

● 与此类似，我们可以得到将设备使用 3 年、4 年、5 年、6 年、7 年和 8 年时各种方案的年度等值费用。每一种方案的结果如图 13—5 所示。

	A	B	C	D	E	F	G
1							
2		市场价值年变化率		-20%			
3		运营和维护成本年增长率		15%			
4		利率		12%			
5							
6	*n*	市场价值	运营和维护成本	CR(12%)	OC(12%)	AEC(12%)	
7							
8	0	$18,000					
9	1	$14,400	$3,000	$5,760	$3,000	$8,760	
10	2	$11,520	$3,450	$5,217	$3,212	$8,429	
11	3	$9,216	$3,968	$4,763	$3,436	$8,199	
12	4	$7,373	$4,563	$4,384	$3,672	$8,055	
13	5	$5,898	$5,247	$4,065	$3,920	$7,985	
14	6	$4,719	$6,034	$3,797	$4,180	$7,977	
15	7	$3,775	$6,939	$3,570	$4,454	$8,024	
16	8	$3,020	$7,980	$3,378	$4,740	$8,118	
17							
18							
19							
20							
21							
22							
23							

=D16+E16

=-PMT($D$4,A16,NPV($D$4,$C$9:C16),0)

=B15*(1+$D$2)

=C15*(1+$D$3)

=-PMT($D$4,A16,$B$8,-B16)

图 13—5　起重汽车的经济寿命计算

在上述从 $n=1$ 到 $n=8$ 的计算中，当 $n=6$ 时，AEC（12%）最小。如果汽车在第 6 年被出售，其每年的等值费用是 7 977 美元。如果其使用年限不是 6 年，年度等值费用都高于 7 977 美元。因此，该卡车的经济寿命是 6 年。根据 6 年的经济寿命来更新设备，可以得到最低的年度等值费用流。图 13—16 解释了这个概念，当然应想象设备更长寿命期的情况。

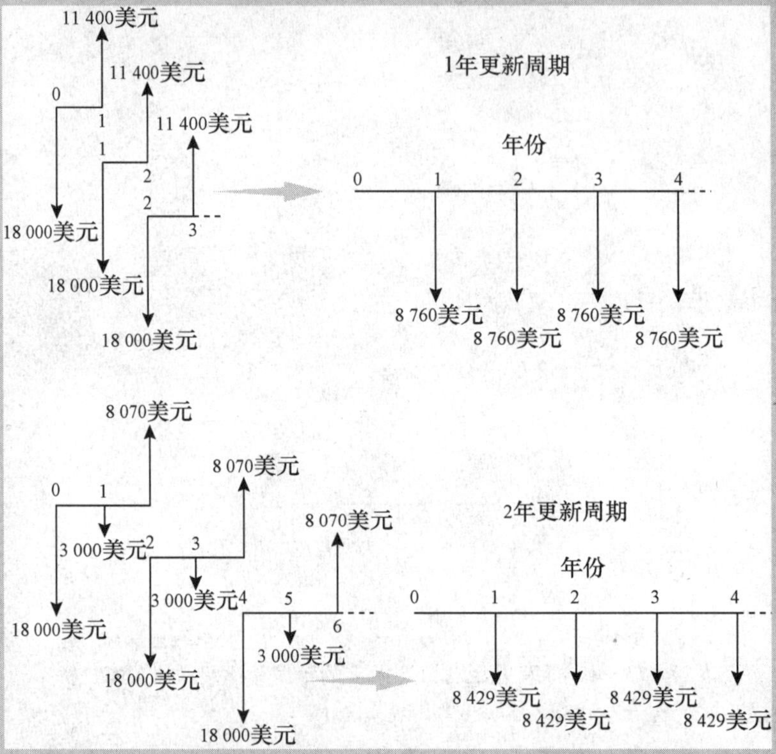

图 13—6　无限长的更新周期向无限期年度等值费用流的转换（例 13—3）

13.3　所要求使用寿命很长时的更新分析

理解了资产经济寿命如何计算之后，下一个问题是，我们如何根据这些信息求出现在是否应该更新防御资产。如果现在不是合适的时间，那么何时才是最佳时机呢？在介绍回答该问题的分析方法之前，先来考虑一些重要的假设。

13.3.1　必要的假设条件及决策框架

对于何时更新旧设备，需要考虑以下三个因素（见图 13—7）：

- 计划期（研究期）。
- 技术。
- 相关现金流量信息。

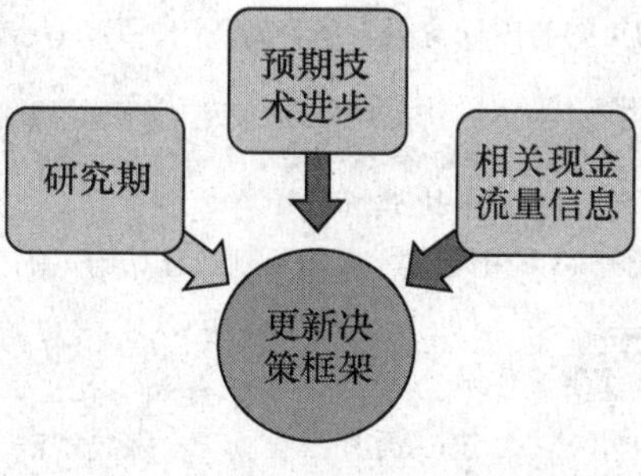

图 13—7　更新决策框架中的因素

研究期

根据研究期，我们可以确定防御资产及未来一系列挑战资产的服务寿命。只有在我们无法预计该活动何时终止时才使用无限长的研究期。在其他情况下，项目通常会有一个明确和可预测的期限，因而，更新政策应该在预定的研究期基础上合理规划。

技术

研究期内对技术类型的预测指的是有可能替换旧设备的各种挑战资产的发展状况。在现有设备的寿命周期内预测受新设备效率影响的购置成本、残值和经营成本时存在许多可能性。如果我们假设未来所有的设备都与现在的设备相同，那么可以说在这一领域不存在技术进步。在其他情况下，我们可以认为，未来的设备将比目前市场上的设备具备更高的效率、可靠性和生产率（个人计算机就是一个很好的案例）。这就提醒我们要意识到技术变迁和过时的存在。很明显，如果可得的最优设备随着时间越变越好，我们就应该考虑将设备的更新延后几年——这种观点与不存在技术变迁的状况正好相反。

资产寿命期间的相关现金流量

有多种方法可以用来估算设备寿命期内的收入、费用和残值。有时收入是个常数，而费用却增加，残值也随着机器的使用而减少。在另外一种情况下，设备的收入随着年限的增加而减少。具体情况决定了更新分析是以成本最小化（收入不变）还是收益最大化（收入变动）为目标。下文将围绕残值不随年限增加来阐述更新决策。

决策框架

为了描述决策框架的形成过程，首先将资产更新系列表示为（j_0，n_0），（j_1，n_1），（j_2，n_2），…，（j_k，n_k）。每一对字母（j，n）代表的是某类资产及其保留使用期限。首先列出的资产 0 是防御资产，如果防御资产现在更新，那么 $n_0=0$。一系列成对数字可覆盖一段有限或者无限长的期限。例如，序列（j_0，2），（j_1，5），（j_2，3）指的是在保留使用防御资产两年之后用资产 j_1 替换，再使用 5 年之后，用资产 j_2 来替换 j_1，然后继续使用 j_2 3 年。在这种情况下，总的研究期是 10 年（2＋5＋3）。一种特殊情形是使用防御资产 n_0 年，并在其后无限长的时期内重复购置和使用资产 j 达 n^* 年，该序列可以表示为（j_0，n_0），（j，n^*）$_\infty$。该序列代表的是无限期限，其关系如图 13—8 所示。

决策标准

虽然防御资产的经济寿命指的是年度等值费用最小（或者年度等值最大）时的年限，但它并不一定是最优的更新时间。正确的更新时间依赖于挑战资产与防御资产的各项数据。

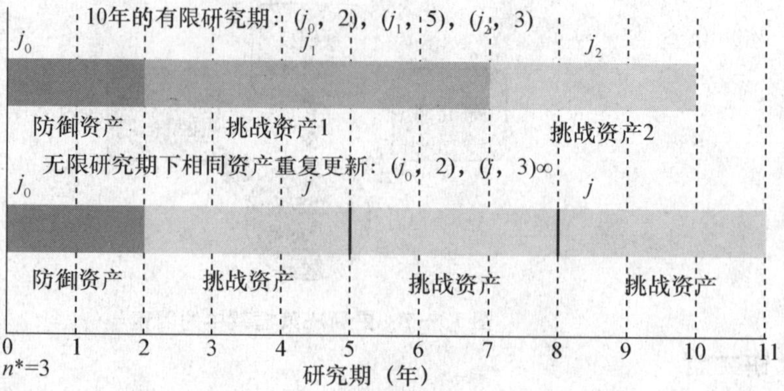

图 13—8　更新决策框架的几种类型

作为一项决策标准，年度等值法提供了无限期情况下一种更为直接的解决办法。当期限有限时，净现值法使用更为方便。本章将分别介绍两种情形的更新决策过程。首先在没有技术变迁的情况下分析无限研究期的情况。即使这种简化情况在现实生活中不可能发生，该分析方法也会对无限研究期有技术变革的更新问题具有参考作用。

13.3.2　无限长研究期情况下的更新策略

假设一家公司有一台设备，预期在无限期限内使用。目前，市场上有一种比该设备（某些方面）更有效率的新机器。问题是防御资产应该何时更新为挑战资产。

无限研究期情况下，服务需要持续很长时间。所以我们要么继续使用防御资产来提供该服务，要么用可得的最佳挑战资产来替换防御资产。在这种情况下，我们可以根据以下步骤来进行更新分析。

1. 计算防御资产和挑战资产的经济寿命。分别用 N_{D^*} 和 N_{C^*} 表示防御资产和挑战资产的经济寿命。防御资产和挑战资产在其各自寿命期间的年度等值费用分别表示为 AEC_{D^*} 和 AEC_{C^*}。

2. 比较 AEC_{D^*} 和 AEC_{C^*}。

● 如果 $\text{AEC}_{D^*} > \text{AEC}_{C^*}$，那么保留防御资产的成本要大于挑战资产。因此，防御资产应该现在就更新。

● 如果 $\text{AEC}_{D^*} < \text{AEC}_{C^*}$，那么保留防御资产的成本要小于挑战资产。因此，防御资产不应该现在更新。在没有技术变革的情况下，应该继续使用防御资产直至达到经济寿命。

3. 如果防御资产现在不更新，那么应该何时更新？首先，应该继续使用防御资产直至其经济寿命结束。然后，应该计算在其经济寿命之后再保留使用一年的成本。这种方法称为**边际分析**（marginal analysis）；计算防御资产再使用一年的增量成本。换言之，分析继续使用防御资产一年所付出的成本是否超过推迟购买挑战资产产生的费用节省。

● 如果该边际成本超过 AEC_{C^*}，防御资产应该在经济寿命结束时更新。否则，我们应该计算防御资产经济寿命结束后第 2 年的使用成本。

● 如果第 2 年的边际成本超过 AEC_{C^*}，防御资产应该在经济寿命结束一年以后更新。该计算过程应该以此类推继续下去直到算出最佳的更新时间。这里，我们假设最优的挑战资产没有改变。

上述计算过程是动态的。例如，可按年进行更新分析。一旦防御资产的成本数据发生变更或者在市场上出现新的挑战资产，新数据都应该体现在计算过程中。例 13—4 对上述计算过程进行了具体说明。

例 13—4

无限研究期下的更新分析

某公司一台用来检测电路绝缘体强度的旧设备发生损坏，正在考虑是否用一台更现代、效率更高的设备来替换。

● 方案 1：如果修理，这台旧设备可以再使用 6 年。然而，公司目前可以将其以 5 000 美元的价格出售给行业内的另一家公司。如果保留该机器，则需要 1 200 美元来进行一次大修，以使该设备恢复运营状态。这次大修既不会延长设备初始估算的使用寿命，也不会增加其检测机器的价值。第 1 年的经营成本估算为 2 000 美元，以后每年增加 1 500 美元。该设备未来的市场价值预计在上一年的基础上每年递减 25%。

● 方案 2：新设备花费 10 000 美元，并且在第 1 年的经营成本是 2 200 美元，此后每年增加 20%。预期一年后的残值是 6 000 美元，并且每年递减 15%。新设备的物理寿命为 8 年。

公司要求的税前收益率是 15%。计算各方案的经济寿命，并且确定何时应该更新旧设备。

解：

已知：新旧设备的各项财务数据，$i=15\%$。

求：(a) 新旧设备的经济使用寿命；(b) 何时更新旧设备。

(a) 经济寿命。

● 旧设备：如果公司保留旧检测设备，实际上也就是决定对设备进行一次大修，并且将设备目前的市场价值数额投资于该方案，其机会成本是 5 000 美元。因为要想使该设备保持运营需要 1 200 美元的大修费用，所以设备相关的初始现金流出是 5 000＋1 200＝6 200 美元。其他市场（残余）价值和 O&M 成本的数据参见图 13—9。

	A	B	C	D	E	F	G
1							
2		市场价值年变化率		-25%			
3		运营和维护成本年增长率		$1,500			
4		利率		15%			
5							
6	*n*	市场价值	运营和维护成本	CR(15%)	OC(15%)	AEC(15%)	
7							
8	0	$5,000	$1,200				
9	1	$3,750	$2,000	$2,000	$3,380	$5,380	
10	2	$2,813	$3,500	$1,767	$3,436	$5,203	
11	3	$2,109	$5,000	$1,582	$3,886	$5,469	
12	4	$1,582	$6,500	$1,435	$4,410	$5,844	
13	5	$1,187	$8,000	$1,316	$4,942	$6,258	
14	6	$890	$9,500	$1,220	$5,463	$6,682	
15							
16							
17							
18							
19							
20							
21							
22							
23							
24							

=B13*(1+$D$2)

=C13+$D$3

=-PMT($D$4,A14,$B$8,-B14)

=-PMT($D$4,A14,NPV($D$4,$C$9:C14)+$C$8,0)

=D14+E14

图 13—9　旧设备经济寿命的计算（例 13—4）

旧设备保留1年、2年、3年等的年度等值费用计算公式为：

$$\text{AEC}(15\%)_N=(5\,000+1\,200)(A/P,15\%,N)+2\,000+1\,500(A/G,15\%,N)$$
$$-5\,000(1-0.25)^N(A/F,15\%,N)$$

例如，当 $N=4$ 时，其年现金流量如图13—10所示，年度等值费用 $\text{AEC}(15\%)_4=$ 5 844美元。

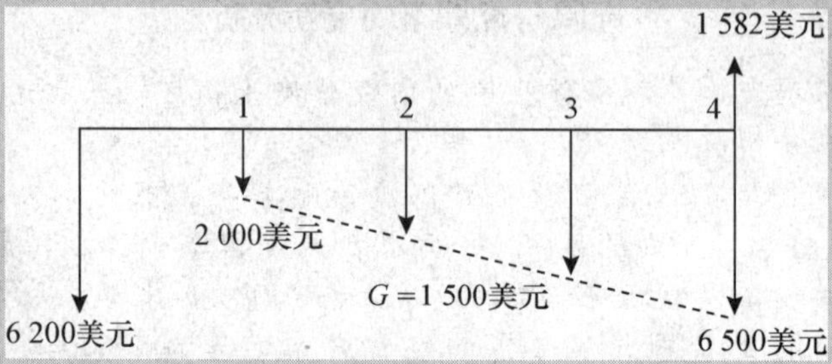

图13—10　当 $N=4$ 时旧设备的现金流量图（例13—4）

如图13—9所示，当 $N=2$ 时，我们可以得到最低的AEC的值。因此，旧设备的经济寿命是2年。用相应符号表示，可得

$N_{D^*}=2$ 年

$\text{AEC}_{D^*}=5\,203$ 美元

- 新设备：新设备的经济寿命可以用例13—3中相同的方法求得。计算公式是：

$$\text{AEC}(15\%)_N=10\,000(A/P,15\%,N)+2\,200(P/A_1,20\%,15\%,N)(A/P,15\%,N)$$
$$-6\,000(1-0.15)^{N-1}(A/F,15\%,N)$$

我们也可以做一张类似于旧设备的Excel工作表来计算其经济寿命，如图13—11所示。可以清楚地看到，新设备的经济寿命是4年，也就是：

$N_{C^*}=4$ 年

$\text{AEC}_{C^*}=5\,625$ 美元

	A	B	C	D	E	F	G
1							
2		市场价值年变化率		-15%			
3		运营和维护成本年增长率		20%			
4		利率		15%			
5							
6	*n*	市场价值	运营和维护成本	CR(12%)	OC(12%)	AEC(12%)	
7							
8	0	$10,000					
9	1	$6,000	$2,200	$5,500	$2,200	$7,700	
10	2	$5,100	$2,640	$3,779	$2,405	$6,184	
11	3	$4,335	$3,168	$3,131	$2,624	$5,756	
12	4	$3,685	$3,802	$2,765	$2,860	$5,625	
13	5	$3,132	$4,562	$2,519	$3,113	$5,631	
14	6	$2,662	$5,474	$2,338	$3,382	$5,721	
15	7	$2,263	$6,569	$2,199	$3,670	$5,869	
16	8	$1,923	$7,883	$2,088	$3,977	$6,066	
17							
18							
19							
20							
21							
22							
23							

=D16+E16

=B15*(1+$D$2)

=C15*(1+$D$3)

=-PMT($D$4,A16,NPV($D$4,$C$9:C16),0)

=-PMT($D$4,A16,$B$8,-B16)

图13—11　新设备经济寿命的计算（例13—4）

（b）旧设备应该现在更新吗？因为 $AEC_{D^*}=5\ 203$ 美元$<AEC_{C^*}=5\ 625$ 美元，所以旧设备不应该现在更新。如果在未来的几年中没有发生技术进步，那么旧设备就应该至少使用 $N_{D^*}=2$ 年。然而，在其经济寿命的最高点更新旧设备并不一定最优，它依赖于未来可获得的挑战资产的种类。

（c）何时应该更新旧设备？回答该问题，必须要计算从现在开始的第 3 年保留和使用该旧设备的成本。也就是，在第 2 年年末没有出售该旧设备，在第 3 年继续使用，并在第 3 年年末才更新的成本是多少？相关现金流量如下：

- 在第 2 年年末的机会成本：等于其市场价值，为 2 813 美元。
- 第 3 年的经营成本：5 000 美元。
- 第 3 年年末残值：2 109 美元。

上述现金流量见图 13—12。

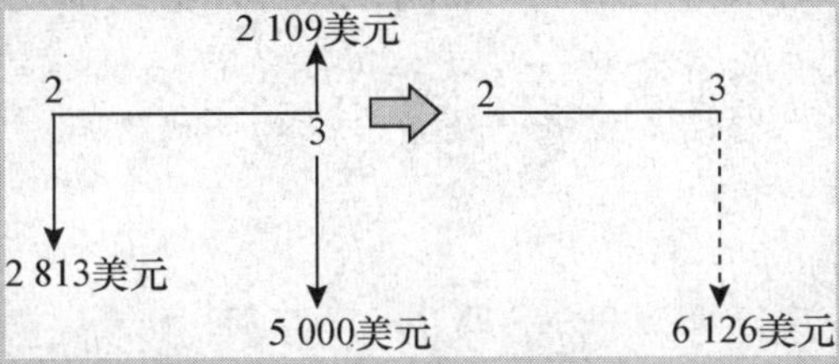

图 13—12　经济寿命后继续保留旧设备一年的边际成本

在经济寿命结束之后继续使用旧设备一年的成本是：

$$2\ 813\times 1.15+5\ 000-2\ 109=6\ 126(\text{美元})$$

因为 $AEC_{C^*}=5\ 625$ 美元，所以第 3 年继续使用旧设备的成本要高于更换成新设备。据此得出，应该在第 2 年年末更换新设备。如果这一年的成本仍然小于 AEC_{C^*}，我们就应该计算在第 4 年使用旧设备的成本并将其与新设备的 AEC_{C^*} 相比较。

在更新分析中处理不同服务寿命的问题

在更新分析中，通常防御资产与挑战资产服务寿命不同，常用年度等值方法处理。但是，之所以在更新分析中使用年度等值（AEC）方法，不是因为我们必须处理服务寿命不同的问题，而是因为 AEC 方法为此类更新问题提供了一些计算上的优势。

第 4 章讨论了不同寿命方案比较的一般原则。特别是，AEC 方法的运用依赖于项目的可重复性和两个假设之一：无限长的研究期或者一个正常的服务期。然而，在防御资产与挑战资产相比较的情形下，不能假设防御资产的可重复性。事实上，此类问题的特点是，防御资产不是在重复使用，而是更新为某些方面比其有所改进的挑战资产。因此，对不同寿命方案的年现金流量分析所作的假设不能用于通常的防御资产与挑战资产相比较的情形。

如果我们意识到更新问题不是是否更新旧设备，而是何时更新，就可以解决不同寿命期的复杂问题。当旧设备更新时，替换它的总是新设备——目前条件下能获得的最优设备。重复更新的新设备可以是相同的。事实上，在更新分析中，我们比较的是以下两种方案：

1. 现在更新旧设备。新设备的现金流量从现在开始，并且如果在未来被相同的新设备更新时将重复发生。无限期内的年现金流量 AEC_{C^*} 与此现金流量等值。

2. x 年后更新旧设备。在初始的 x 年为旧设备的现金流量。从第 $x+1$ 年开始，新设备的现金流量无限期重复发生。

对两种方案而言，x 年之后的年等值现金流量是相同的。我们只需要比较前 x 年的年等值现金流量就可判断出哪种方案更好。这就是通过比较 AEC_{D^*} 和 AEC_{C^*} 来判断是否应该现在更换旧设备的原因。

13.3.3 有限研究期情况下的更新策略

如果研究期是有限的（如 8 年），基于旧设备的经济寿命期内的年度等值比较一般来说是不适用的。解决有限研究期问题的步骤是对所有方案建立“合理的”共同研究期，然后根据净现值法做出最经济的选择，参见例 13—5 。

例 13—5

有限研究期下的更新分析（净现值法）

仍以例 13—4 中的新旧设备为例。假设公司要执行一份合同来完成一项服务，可以在接下来的 8 年使用目前的旧设备或者新设备。契约完成之后，新旧设备都不会被保留。什么才是最好的更新策略？

解：

已知：新旧设备的年度等值费用（AEC），研究期＝8 年，$i=15\%$。

求：最经济的更新方案。

回顾新旧设备在服务期内年度等值最小的年份（分别是 $N_{D^*}=2$ 和 $N_{C^*}=4$）：

年度等值费用（美元）		
n	**旧设备**	**新设备**
1	5 380	7 700
2	5 203	6 184
3	5 469	5 756
4	5 844	5 625
5	6 258	5 631
6	6 682	5 721

许多更新决策的方案通常会完成 8 年的研究期，如图 13—13 所示。在这些方案中，方案 6 似乎是最可能出现的情况。各方案及其费用现值列示如下：

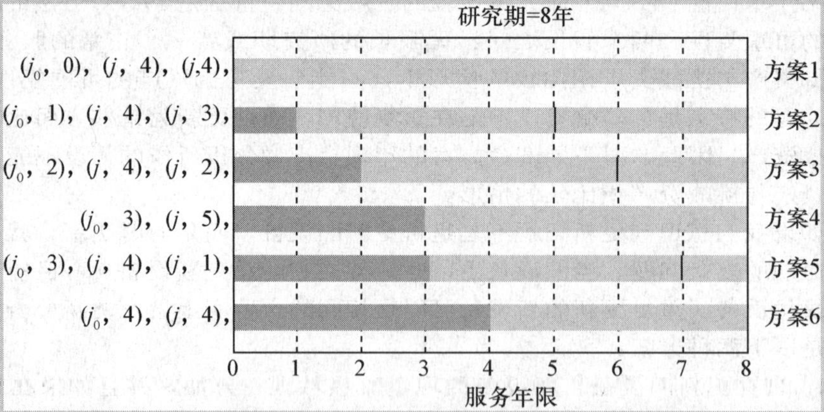

图 13—13　8 年有限研究期下一些可能的更新策略（例 13—5）

- 方案1：(j_0，0)，(j，4)，(j，4)

$$\begin{aligned}PW(15\%)_1&=5\,625(P/A,15\%,8)\\&=25\,241(美元)\end{aligned}$$

- 方案2：(j_0，1)，(j，4)，(j，3)

$$\begin{aligned}PW\ (15\%)_2&=5\,380(P/F,15\%,1)+5\,625(P/A,15\%,4)(P/F,15\%,1)\\&\quad+5\,756(P/A,15\%,3)(P/F,15\%,5)\\&=25\,177(美元)\end{aligned}$$

- 方案3：(j_0，2)，(j，4)，(j，2)

$$\begin{aligned}PW\ (15\%)_3&=5\,203(P/F,15\%,2)+5\,625(P/A,15\%,4)(P/F,15\%,2)\\&\quad+6\,184(P/A,15\%,2)(P/F,15\%,6)\\&=24\,948(美元)\end{aligned}$$

- 方案4：(j_0，3)，(j，5)

$$\begin{aligned}PW\ (15\%)_4&=5\,469(P/A,15\%,3)+5\,631(P/A,15\%,5)(P/F,15\%,3)\\&=24\,898(美元)\longleftarrow 最小成本\end{aligned}$$

- 方案5：(j_0，3)，(j，4)，(j，1)

$$\begin{aligned}PW(15\%)_5&=5\,469(P/A,15\%,3)\\&\quad+5\,625(P/A,15\%,4)(P/F,15\%,3)\\&\quad+7\,700(P/F,15\%,8)\\&=25\,563(美元)\end{aligned}$$

- 方案6：(j_0，4)，(j，4)

$$\begin{aligned}PW(15\%)_6&=5\,844(P/A,15\%,4)+5\,625(P/A,15\%,4)(P/F,15\%,4)\\&=25\,866(美元)\end{aligned}$$

考察上述8年研究期的费用现值计算结果，可以看出6种决策方案中费用最低的是方案4：保留旧设备3年，然后采购新设备，并使用5年。

评注：此例中，比选最优方案时，我们只考察了6种决策方案，但应注意本例没有分析其他各种可能性。图13—14解释了这一点，图中显示了有限研究期内各种更新策略的情况。例如，更新策略[(j_0，2)，(j，3)，(j，3)]（图中实线所示数字）也是可行的，但是在前述方案中没有考虑进去。当然，当研究期延长后，可能的决策方案数也成倍地增加。为了确保得出的是最优方案，可以使用动态规划等最优化技术。[3]

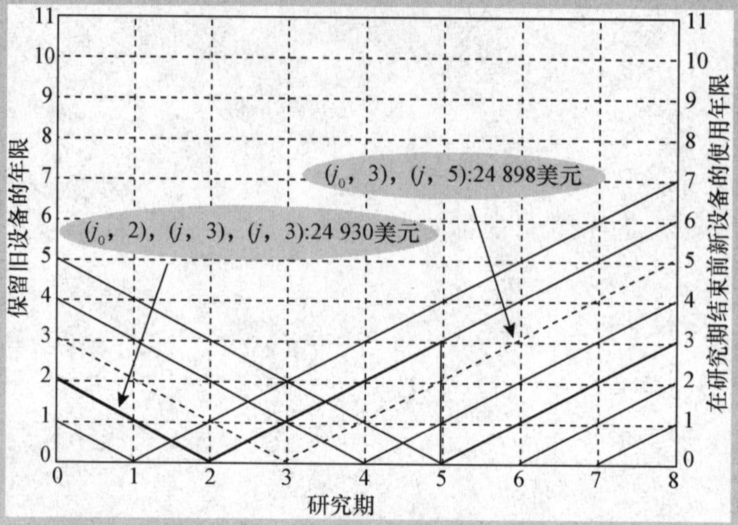

图 13—14　在有限研究期下更新策略的图示（例 13—5）

13. 3. 4　技术变革因素

到目前为止，我们都简单地假定挑战资产是防御资产更新的最优可得资产。但是我们应该意识到更新决策中的新旧资产通常是不同的，也就是说，在某种程度上，比现有资产有所改进。这也反映了技术的持续进步。未来的机器模型更有可能比目前的模型更有效率。很多领域，技术变革通常是以效率的不断提高来体现的。然而，偶然的技术突破却可以彻底革新机器的特性。

对改进的未来挑战资产的预期会使目前的挑战资产作为备选方案变得不那么必要。通过保留防御资产，我们可以有机会在未来获得更优的挑战资产。按照这种假设，对未来挑战资产的预期可以影响到目前防御资产与挑战资产的更新决策。实际上难以精确地预测未来技术变革的趋势。然而，在制定长期更新策略时，我们需要将技术变革考虑在内。

13. 4　考虑税收的更新决策分析

到目前为止，我们已经讨论了更新决策中的各种概念和方法。本节使用相同的例子（例 13—1 至例 13—4），说明如何应用这些概念和方法分析税收对更新决策的影响。所需其他信息如下：

- 防御资产和挑战资产的折旧计划。
- 资产处置时的应税利得和利得税。
- 税后的经营现金流量。
- 基于税后的 MARR，通常小于税前值。

例 13—6

旧设备处理时的净收益

假设例 13—1 中，20 000 美元的资本支出按 7 年 MACRS 折旧（各年的折旧额分别为：2 858 美元，4 898 美元，3 498 美元，2 498 美元，1 786 美元，1 784 美元，892 美元）。如果公司的边际所得税率是 40%，求应税所得以及处理旧设备的净收益。

解：

已知：折旧计划，$S=10\,000$ 美元，$t_m=40\%$。

求：更新决策分析中的市场价值。

首先需要计算旧印刷设备的账面价值，根据计提折旧的半年惯例（如果设备现在被出售），将初始投资成本减去累计折旧为：

$$20\,000-(2\,858+4\,898/2)=14\,693(\text{美元})$$

可得：

账面价值＝14 693 美元

目前市场价值＝10 000 美元

损失＝4 693 美元

税收节省＝4 693×0.40＝1 877(美元)

出售净收益＝10 000＋1 877＝11 877(美元)

计算过程如图 13—15 所示。

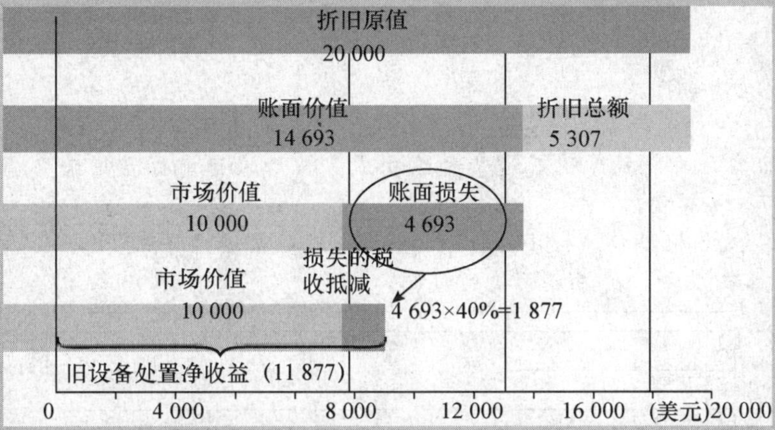

图 13—15 旧印刷设备处置净收益（例 13—6）

例 13—7

运用机会成本法进行税后更新分析

在例 13—2 中，假设新设备和旧设备一样按 7 年 MACRS 折旧。公司的税后利率（MARR）为 10%，边际所得税率是 40%。运用机会成本法来计算是否应更新旧设备。

解：

已知：新旧设备的财务信息，$t_m=40\%$，$i=10\%$。

求：是否应该现在更新旧设备？

● 方案1：保留旧设备。图13—16为根据一般现金流量法分析更新项目的工作表。每一行都做了编号，并逐行进行说明。

	A	B	C	D	E	F	G
1							
2	n	-2	-1	0	1	2	3
3	财务数据						
4							
5	(1) 折旧		$ 2,858	$ 4,898	$ 3,498	$ 2,498	$ 893
6	(2) 账面价值	$ 20,000	17,142	12,244	8,746	6,248	5,355
7	(3) 残值						2,500
8	(4) 处置损失						(2,855)
9	(5) 大修费用		5,000				
10	(6) 运营和维护成本				8,000	8,000	8,000
11							
12	现金流量表						
13	(7) 机会成本			(11,877)			
14	(8) 处置净收益						3,642
15	(9) 运营和维护成本 ×（0.60）				(4,800)	(4,800)	(4,800)
16	(10) 折旧费 ×（0.40）				1,399	999	357
17							
18	净现金流量			$ (11,877)	$ (3,401)	$ (3,801)	$ (801)
19							
20		PW(10%) =	$ (18,712)		AEC(10%) =	$7,524	
21							

图13—16 更新分析工作表：方案1——保留旧设备（例13—7）

第1～4行：如果保留旧设备，每年的折旧额是（3 498美元、2 498美元和1 786美元）。根据计提折旧的半年惯例，假设资产将在3年后被替换，因此，第3年的折旧额是1 786×0.5=893美元。累计折旧额就是14 645美元，账面价值是20 000－14 645=5 355美元。

第5～6行：5 000美元的维修费用在更新决策以前就已经发生，因而是沉没成本，不应该考虑在内。如果5 000美元的大修费用是为了保持旧设备的服务状态，那么它应该体现在第0年的支出中。如果旧设备在未来3年继续使用，税前的年运营和维护成本（O&M）显示在第6行。

第7～10行：值得注意的是，折旧所带来的税收减少等于折旧额乘以税率。经营成本乘以（1－税率）可以得到税后运营和维护成本。如果目前保留旧设备，那么其AEC（10%）就是7 524美元。

● 方案2：更新旧设备。图13—17为基于一般现金流量法的Excel工作表。像前面一样，每一行都被编号，并且逐行进行说明。

	A	B	C	D	E	F	G
1							
2	n	-2	-1	0	1	2	3
3	财务数据						
4							
5	(1) 折旧				$ 2,144	$ 3,674	$ 1,312
6	(2) 账面价值			$ 15,000	12,856	9,182	7,870
7	(3) 残值						5,500
8	(4) 处置损失						(2,370)
9	(5) 大修费用						
10	(6) 运营和维护成本				6,000	6,000	6,000
11							
12	现金流量表						
13	(7) 机会成本			(15,000)			
14	(8) 处置净收益						6,448
15	(9) 运营和维护成本 ×（0.60）				(3,600)	(3,600)	(3,600)
16	(10) 折旧 ×（0.40）				858	1,470	525
17							
18	净现金流量			$ (15,000)	$ (2,742)	$ (2,130)	$ 3,373
19							
20		PW(10%) =	$ (16,720)		AEC(10%) =	$6,723	
21							

图13—17 更新分析工作表：方案2——更新旧设备（例13—7）

第1行：各年折旧额，以及新设备的账面价值（7年MACRS）都给出。另外，第3年的折旧额1 312美元也是遵循半年惯例。

第 2 行：新设备的购价，包含安装和运费（如果有的话），将是新设备的折旧原值。其账面价值也在此给出。

第 4 行：残值预计为 5 500 美元，如果在第 3 年年底出售新设备，损失估计为 7 870－5 500＝2 370 美元。

第 6 行：新设备的运营和维护成本在此行列示。

第 7～10 行：税后运营和维护成本以及折旧的税收抵减与图 13—16 的相同。如果更新旧设备，AEC（10%）是 6 723 美元。

因为新设备的年成本低 801 美元，所以结论是应该现在更新。图 13—18 显示了与这些决策方案相关的现金流量。

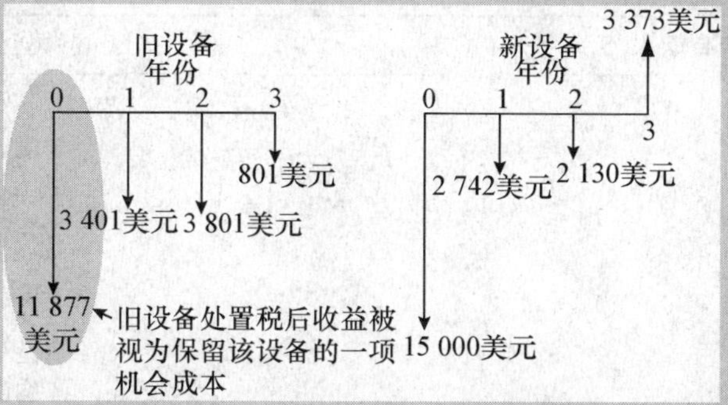

图 13—18 基于机会成本法的新旧设备的比较（例 13—7）

例 13—8

基于税后的起重汽车经济寿命

根据以下附加数据，再次分析例 13—3。该资产按 5 年 MACRS 折旧，每年的折旧率分别为：20%，32%，19.20%，11.52%，11.52%和 5.76%。公司的边际税率是 40%，税后 MARR 为 9%。求新设备的经济寿命。

解题思路： 计算设备的经济寿命，首先需要列出起重汽车在各经营年度末期处置时的损益。为此目的需要计算每一个经营年度年末账面价值。按照计提折旧的半年惯例，年末账面价值（MACRS 资产）基于所发生的处理年限。如图 13—19 所示，这些价值为计算旧设备处置净收益的基础。

	A	B	C	D	E	F	G	H	I	J
1	年折旧额									
2		持有期								
3		0	1	2	3	4	5	6	7	8
4	D1		$3,600	$3,600	$3,600	$3,600	$3,600	$3,600	$3,600	$3,600
5	D2			$2,880	$5,760	$5,760	$5,760	$5,760	$5,760	$5,760
6	D3				$1,728	$3,456	$3,456	$3,456	$3,456	$3,456
7	D4					$1,037	$2,074	$2,074	$2,074	$2,074
8	D5						$1,037	$2,074	$2,074	$2,074
9	D6							$1,036	$1,036	$1,036
10	D7								$0	$0
11	D8									$0
12										
13	折旧累计		$3,600	$6,480	$11,088	$13,853	$15,927	$18,000	$18,000	$18,000
14	账面价值	$18,000	$14,400	$11,520	$6,912	$4.147	$2,073	$0	$0	$0
15										
16	市场价值	$18,000	$14,400	$11,520	$9,216	$7,373	$5,898	$4,719	$3,775	$3,020
17	应税利得		$0	$0	$2,304	$3,226	$3,825	$4,719	$3,775	$3,020
18	设备处置净收益		$14,400	$11,520	$8,294	$6,082	$4,368	$2,831	$2,265	$1,812
19										

图 13—19 作为持有期函数的设备处置净收益计算

解：

已知：例13—3中的财务数据，折旧年限，$t_m=40\%$，$i=9\%$。

求：经济寿命。

计算经济寿命有两种方法：(a) 广义现金流量法；(b) 表格法。

(a) 广义现金流量法。因为只有很少的现金流量要素（运营和维护成本，折旧和残值），因此，获得税后现金流量的一个有效方法就是9.4节讨论的广义现金流量法。例如，可做Excel工作表（如图13—20所示），总结出两年所有期的现金流量。在估算为持有期限函数的运营和维护成本以及资产处置净收益之后，我们可以继续得出资产在其余物理寿命年限内的逐年税后数据。同样，后续年度的年度等值费用计算如下：

持有期	AEC (9%)（美元）
1	5 580
2	5 347
3	5 149
4	5 013
5	4 935
6	4 901
7	4 910
8	4 959

	A	B	C	D	E	F
1						
2	*n*	-2	-1	0	1	2
3	账务数据					
4						
5	(1) 折旧				$ 3,600	$ 2,880
6	(2) 账面价值			$ 18,000	14,400	11,520
7	(3) 残值					11,520
8	(4) 处置损失					-
9	(5) 运营和维护成本				3,000	3,450
10						
11	现金流量表					
12	(6) 投资费用			(18,000)		
13	(7) 处置净收益					11,520
14	(8) 运营和维护成本 × (0.60)				(1,800)	(2,070)
15	(9) 折旧 × (0.40)				1,440	1,152
16						
17	净现金流量			$ (18,000)	$ (360)	$ 10,602
18						
19		PW(9%) =	$ (9,407)		AEC(9%) =	$5,347
20						

图13—20　拥有并经营设备两年的税后现金流量计算

如果该汽车6年后出售，将会有最小的年度费用4 901美元。如图13—21所示，6年就是通过比较所得的经济寿命。重复在第6年更新设备，我们可以取得无限最小年度等值费用系列。

(b) 表格法。该法将年度等值费用分为两个组成部分，一部分与资产的资本恢复有关，另一部分与资产的运营有关。在计算资本恢复费用时，我们需要求得各个持有期末的税后残值，见图13—19。然后，我们可以根据式（13.3）求出任意年限的总的年度等值费用。

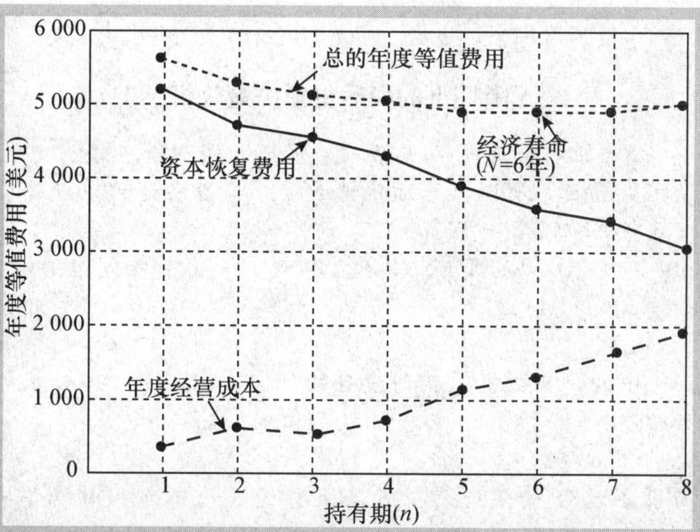

图 13—21　通过计算最小年度等值费用求得经济寿命（例 13—8）

说明：注意成本被视为正值。

考察图 13—22 所示的年度等值费用（第 I 和 J 列），可以发现，随着资产寿命的增加，年运营和维护（O&M）成本也是增加的。同时，资本恢复费用随着资产使用年限增长而减少。减少的资本恢复费用和增加的运营和维护成本相加，就可以得到如图 13—21 所示的总的年度等值费用。

	A	B	C	D	E	F	G	H	I	J	K
1											
2	税率	40%									
3	MARR	9%									
4											
5	持有期	持有期内年折旧额								折旧额合计	账面价值
6	(N)	1	2	3	4	5	6	7	8		
7	0										$18,000
8	1	$3,600								$3,600	$14,400
9	2	$3,600	$2,880							$6,480	$11,520
10	3	$3,600	$5,760	$1,728						$11,088	$6,912
11	4	$3,600	$5,760	$3,456	$1,037					$13,853	$4,147
12	5	$3,600	$5,760	$3,456	$2,074	$1,037				$15,927	$2,073
13	6	$3,600	$5,760	$3,456	$2,074	$2,074	$1,036			$18,000	$0
14	7	$3,600	$5,760	$3,456	$2,074	$2,074	$1,036	$0		$18,000	$0
15	8	$3,600	$5,760	$3,456	$2,074	$2,074	$1,036	$0	$0	$18,000	$0
16											
17											
18	持有期	持有期内年运营和维护成本								运营和维护	税后运营和维
19	(N)	1	2	3	4	5	6	7	8	成本的现值	护成本的现值
20	0										
21	1	$3,000								$2,752	$1,651
22	2	$3,000	$3,450							$5,656	$3,394
23	3	$3,000	$3,450	$3,968						$8,720	$5,232
24	4	$3,000	$3,450	$3,968	$4,563					$11,953	$7,172
25	5	$3,000	$3,450	$3,068	$4,563	$6,247				$15,363	$9,218
26	6	$3,000	$3,450	$3,968	$4,563	$5,247	$6,034			$18,961	$11,376
27	7	$3,000	$3,450	$3,968	$4,563	$5,247	$6,034	$6,939		$22,757	$13,654
28	8	$3,000	$3,450	$3,968	$4,563	$5,247	$6,034	$6,939	$7,980	$26,761	$16,057
29											
30											
31	持有期	预期市	应税	利得	税后市	持有期内经营成本的税后现值			OC(9%)	CR(9%)	总 AEC（9%）
32	(N)	场价值	利得	税	场净值	O&M 成本	税盾	成本总计			
33	0	$18,000									
34	1	$14,400	$0	$0	$14,400	$1,651	$1,321	$330	$360	$5,220	$5,580
35	2	$11,520	$0	$0	$11,520	$3,394	$2,291	$1,103	$627	$4,720	$5,347
36	3	$9,216	$2,304	$922	$8,294	$5,232	$3,794	$1,438	$568	$4,581	$5,149
37	4	$7,373	$3,226	$1,290	$6,083	$7,172	$4,622	$2,550	$787	$4,226	$5,013
38	5	$5,898	$3,825	$1,530	$4,368	$9,218	$5,185	$4,033	$1,037	$3,898	$4,935
39	6	$4,719	$4,719	$1,888	$2,831	$11,376	$5,702	$5,675	$1,265	$3,636	$4,901
40	7	$3,775	$3,775	$1,510	$2,265	$13,654	$5,702	$7,952	$1,580	$3,330	$4,910
41	8	$3,020	$3,020	$1,208	$1,812	$16,057	$5,702	$10,355	$1,871	$3,088	$4,959
42											
43	单元格公式:										
44	cell K13:=$K$7-J13				cell D39:=C39*$B$2			cell G39:=NPV($B$3,B13:I13)*$B$2			
45	cell K26:==J26*(1-$B$2)				cell E39:=B39-D39			cell I39:=-PMT($B$3,A26,H39,0,0)			
46	cell C39:=B39-K113				cell F39:=K26			cell J39: =-PMT($B$3,A26,$B$33,-E39)			
47											

图 13—22　基于税后现金流量的经济寿命（例 13—8）

例 13—9

无限期下的税后更新决策分析

回顾例 13—4，公司正在考虑是否更新一台损坏的探测设备。补充数据如下：

- 旧设备已经完全折旧，所以其账面价值为零。该设备还可以继续使用 6 年。
- 新设备将按 5 年 MACRS 折旧。

边际税率是 40%，税后 MARR 为 12%。求例 13—4 中各方案的经济寿命，并且决策何时更新旧设备。

解：

已知：例 13—4 中的财务数据，新旧设备的折旧计划，$i=12\%$，$t_m=40\%$。

求：何时更新旧设备？

经济寿命：

- 旧设备。旧设备已经完全折旧，所以所有的残值都可以视为普通利得，税率为 40%。税后市场价值显示在图 13—23 中的单元格 B21～B27。

如果公司决定保留该探测设备，实际上也就是决定维修设备并投资目前的市场价值（税后）于该方案。虽然公司没有发生实物上的现金交易，但其实际上放弃了探测设备的市场价值收入（机会成本）。税后的运营和维护成本显示在图 13—23 中的单元格 C21～C27 中。

	A	B	C	D	E	F	G
1							
2		市场价值年变化率		-25%			
3		运营和维护成本年增长额		$1,500			
4		税率		40%			
5		税后利率		12%			
6							
7	*n*	预计		账面价值	应税利得		
8		市场价值	运营和维护成本				
9							
10	0	$5,000	$1,200	$0	$5,000		
11	1	$3,750	$2,000	$0	$3,750		
12	2	$2,813	$3,500	$0	$2,813		
13	3	$2,109	$5,000	$0	$2,109	=B12-D12	
14	4	$1,582	$6,500	$0	$1,582		
15	5	$1,187	$8,000	$0	$1,187		
16	6	$890	$9,500	$0	$890		
17							
18		税后	税后				
19	*N*	市场价值	运营和维护成本	CR(12%)	OC(12%)	AEC(12%)	
20							
21	0	$3,000	$720				
22	1	$2,250	$1,200	$1,110	$2,006	$3,116	
23	2	$1,688	$2,100	$979	$2,051	$3,030	
24	3	$1,266	$3,000	$874	$2,332	$3,206	=D22+E22
25	4	$949	$3,900	$789	$2,660	$3,449	
26	5	$712	$4,800	$720	$2,997	$3,717	
27	6	$534	$5,700	$664	$3,330	$3,994	
28							
29							
30		=E11*(1-$D$4))	=C13*(1-$D$4)				
31							
32				=-PMT($D$5,A23,NPV($D$5,$C$22:C23)+$C$21,0)			
33							
34				=-PMT($D$5,A22,$B$21,-B22)			
35							

图 13—23　继续保留旧设备 *N* 年的经济分析（例 13—9）

将设备目前的市场价值作为保留旧设备的投资，计算为持有期函数的年度等值费用，结论认为在没有新设备的情况下应继续使用旧设备两年，见图 13—23。第 0 年的修理费用 1 200 美元在不增加设备价值的情况下可以视为扣减所得税的经营费用。（增加设备价值的任何修理或改进支出都必须对其资本化并在估算的寿命期间内进行折旧。）

● 新设备。因为新设备在其纳税的寿命期内都将折旧，所以必须确定各期末资产的账面价值，以计算其税后残值。这一过程显示在图 13—24 的第 4～15 行中。税后的运营和维护成本显示在表的第 17～28 行中。现通过计算年度等值费用求出新设备的经济寿命，新设备的经济寿命是 5 年，年度等值费用（12%）是 3 541 美元，计算过程参见图 13—24 的第 30～41 行。

	A	B	C	D	E	F	G	H	I	J	K
1											
2	税率	40%									
3	MARR	12%									
4											
5	持有期	持有期内年折旧额								折旧	账面
6	(N)	1	2	3	4	5	6	7	8	合计	价值
7	0										$10,000
8	1	$2,000								$2,000	$8,000
9	2	$2,000	$1,600							$3,600	$6,400
10	3	$2,000	$3,200	$960						$6,160	$3,840
11	4	$2,000	$3,200	$1,920	$576					$7,696	$2,304
12	5	$2,000	$3,200	$1,920	$1,152	$576				$8,848	$1,152
13	6	$2,000	$3,200	$1,920	$1,152	$1,152	$576			$10,000	$0
14	7	$2,000	$3,200	$1,920	$1,152	$1,152	$576	$0		$10,000	$0
15	8	$2,000	$3,200	$1,920	$1,152	$1,152	$576	$0	$0	$10,000	$0
16											
17											
18	持有期	持有期内年运营和维护成本								运营和维护	税后运营和维
19	(N)	1	2	3	4	5	6	7	8	成本的现值	护成本的现值
20	0										
21	1	$2,200								$1,964	$1,179
22	2	$2,200	$2,640							$4,069	$2,441
23	3	$2,200	$2,640	$3,168						$6,324	$3,794
24	4	$2,200	$2,640	$3,168	$3,802					$8,740	$5,244
25	5	$2,200	$2,640	$3,168	$3,802	$4,562				$11,329	$6,797
26	6	$2,200	$2,640	$3,168	$3,802	$4,562	$5,474			$14,102	$8,461
27	7	$2,200	$2,640	$3,168	$3,802	$4,562	$5,474	$6,569		$17,073	$10,244
28	8	$2,200	$2,640	$3,168	$3,802	$4,562	$5,474	$6,569	$7,883	$20,257	$12,154
29											
30						持有期内税后经营成本的现值					总
31	持有期	预计市	应税利得	利得税	税后市				OC(12%)	CR(12%)	AEC(12%)
32	(N)	场价值			场净值	0&M 成本	税盾	成本合计			
33	0										
34	1	$6,000	($2,000)	($800)	$6,800	$1,179	$714	$464	$520	$4,400	$4,920
35	2	$5,100	($1,300)	($520)	5,620	$2,441	$1,224	$1,217	$720	$3,266	$3,986
36	3	$4,335	$495	$198	$4,137	$3,794	$2,008	$1,786	$744	$2,937	$3,681
37	4	$3,685	$1,381	$552	$3,133	$5,244	$2,428	$2,816	$927	$2,637	$3,564
38	5	$3,132	$1,980	$792	$2,340	$6,797	$2,705	$4,092	$1,135	$2,406	$3,541
39	6	$2,662	$2,662	$1,065	$1,597	$8,461	$2,952	$5,509	$1,340	$2,235	$3,575
40	7	$2,263	$2,263	$905	$1,358	$10,244	$2,952	$7,292	$1,598	$2,057	$3,654
41	8	$1,923	$1,923	$769	$1,154	$12,154	$2,952	$9,202	$1,852	$1,919	$3,772
42											
43	单元格公式：										
44	cell K13:=$K$7-J13				cell D39:=C39*$B$2			cell G39:=NPV($B$3,B13:I13)*$B$2			
45	cell K26:==J26*(1-$B$2)				cell E39:=B39-D39			cell I39:=-PMT($B$3,A26,H39,0,0)			
46	cell C39:=B39-K113				cell F39:=K26			cell J39: =-PMT($B$3,A26,10000,-E39)			
47											

图 13—24 拥有并经营新设备 N 年的经济性分析（例 13—9）

更新旧设备的最优时间：因为旧设备保留使用年限的年度等值费用是 3 030 美元，小于 3 541 美元，因此决策结论是目前应当保留旧设备。当然，旧设备的保留年份为两年并不意味着公司必须保留该设备两年再更新为新设备，理由是计算出旧设备保留年限两年并没有考虑未来将会出现何种新设备。当新设备的财务数据可得时，我们应该定量计算各种时点的更新可能性。

假设目前新设备的费用和效率在未来不会发生改变，各种可能方案的现金流量情况见图 13—25。从图中我们可以看到，旧设备物理寿命期之后，各方案的年现金流量是相同的。

在我们评价各种更新决策方案之前，首先需要在假定的服务寿命期间计算出新旧设备的年度等值费用（如图13—23和图13—24所示）。

年度等值费用（美元）		
n	旧设备	新设备
1	3 116	4 920
2	3 030	3 986
3	3 206	3 681
4	3 449	3 564
5	3 717	3 541
6	3 994	3 575
7	—	3 654

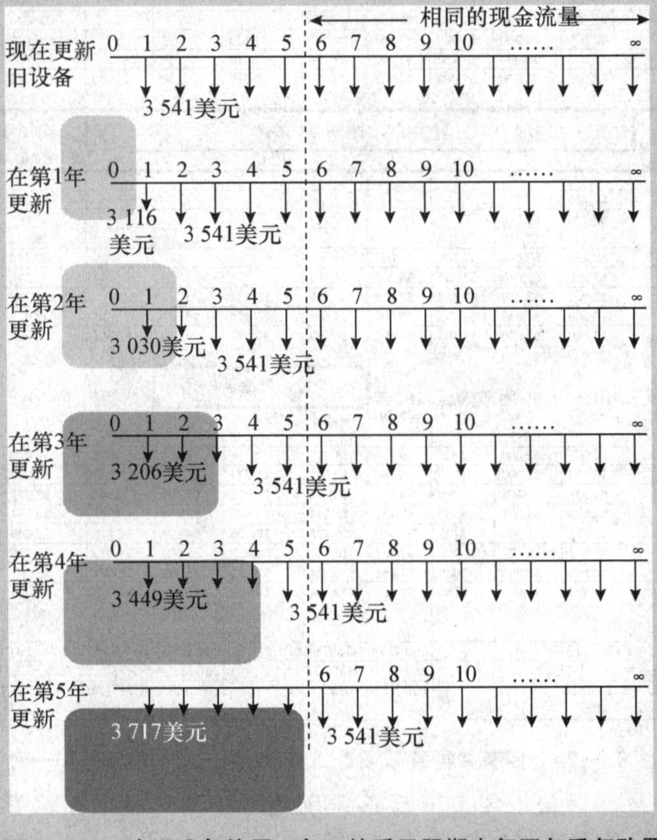

图13—25　当旧设备使用 *n* 年，然后无限期内每四年重复购置新设备的年度等值现金流量（例13—9）

本例不使用例13—4中的边际分析，而是使用现值分析，即要求估算出无限期长的现金流量。（两种计算方法的结果是相同的。）立即更新旧设备，计算的是年度费用等于−3 541美元的无限现金流量系列。如果使用第4章讨论的资本化等值法（$CE(i)=A/i$），可得：

● $n=0$：

$$PW(12\%)_{n_0=0}=(1/0.12)\times 3\,541=29\,508\text{(美元)}$$

假设旧设备再继续保留 n 年，然后更新为新设备。计算 $PW(i)_{n_0=n}$ 如下：

● $n=1$：

$$PW(12\%)_{n_0=1}=3\,116(P/F,12\%,1)+29\,508(P/F,12\%,1)=29\,129\text{(美元)}$$

● $n=2$：

$$PW(12\%)_{n_0=2}=3\,030(P/A,12\%,2)+29\,508(P/F,12\%,2)=28\,644\text{(美元)}$$

● $n=3$：

$$PW(12\%)_{n_0=3}=3\,206(P/A,12\%,3)+29\,508(P/F,12\%,3)=28\,703\text{(美元)}$$

● $n=4$：

$$PW(12\%)_{n_0=4}=3\,449(P/A,12\%,4)+29\,508(P/F,12\%,4)=29\,228\text{(美元)}$$

28 644 美元的费用现值反映了保留旧设备两年，然后更新为新设备，并在随后无限长的时期内每 5 年更新设备的净成本。

评注：本例中，恰好在设备的经济寿命期内都保留该设备，但是我们并不能期望在所有的情况下都得到该结果。在许多情况下，在超过设备经济寿命时继续使用该设备仍然是经济的。

习　题

* 沉没成本、机会成本和现金流量

13.1　考虑以下两个与工厂内一台旧的专用机器相关的方案。

● 方案 1：继续使用 4 年前以 12 000 美元购买的旧机器。它已经被完全折旧，但仍然可以卖 2 000 美元。如果继续使用，在合理的维修以及额外保养的情况下，它仍然可以使用 3 年。在第 3 年年末残值为 0。该旧机器每年的维修费用是 10 000 美元。

● 方案 2：以 15 000 美元的价格购置一台新机器用于更新现有机器。由于其专用属性，经济寿命也为 3 年，并且残值为 5 000 美元。该新设备 3 年中每年的运营和维护成本是 3 000 美元。

(a) 对旧机器而言，在更新分析中的沉没成本是多少？

(b) 现在保留旧机器的机会成本是多少？

(c) 15%利率下，更新旧设备的增量净收益（或者损失）现值是多少？

13.2　某公司正在研究是否更新 3 年前以 15 000 美元购买的旧叉车。原来预计的叉车使用寿命为 8 年，残值为 0。叉车不是不可或缺的，在等待修理时常常停止使用。维护费用逐年均匀增加，目前大概 3 000 美元。旧叉车目前的市场价值为 6 000 美元。如果保留旧叉车，需要马上投入 1 500 美元大修费用以保持旧叉车的服务状态。大修行为并不能延长原来预计的使用寿命以及增加旧叉车的价值。未来 6 年各年经营成本、大修费用以及市场价值见表 13—1。

第 5 年经营成本的显著增加源于该年产生的保持叉车服务状态的大修费用支出。公司 MARR 为 15%，回答以下问题：

(a) 如果叉车现在出售，沉没成本是多少？

（b）旧叉车现在不更新的机会成本是多少？

（c）再持有和经营叉车2年的年度等值费用是多少？

（d）再持有和经营叉车5年的年度等值费用是多少？

表13—1　　单位：美元

n	运营和维护成本	折旧费	发动机大修费用	市场价值
−3	—	—	—	—
−2	—	3 000	—	—
−1	—	4 800	—	—
0	—	2 880	1 500	6 000
1	3 000	1 728	—	4 000
2	3 500	1 728	—	3 000
3	3 800	864	—	1 500
4	4 500	0	—	1 000
5	4 800	0	5 000	0

＊经济寿命

※13.3　某新设备价值200 000美元。前5年每年的运营和维护成本是20 000美元，第6年是22 000美元，第7年是25 000美元，第8年是28 000美元。第1年的残值估算是130 000美元，并且未来每年递减20%。最低可接受收益率是12%，计算设备的经济寿命。

＊无限期和没有技术变革情况下的更新决策

13.4　一个车床8年前购买价格为45 000美元，其经营成本是8 700美元/年。某设备供应商以53 500美元的价格提供一个新设备。如果采购该新设备，可以将旧设备作价8 500美元作为折让额。该旧设备将在5年后废弃。新设备的经济寿命是5年并且残值为12 000美元。新设备的运营和维护成本预计第1年是4 200美元，并在此后的每年递增500美元。公司的MARR是12%。哪个方案较优？

13.5　某公司4年前以23 000美元价格购买一台工业烘炉。折旧期10年，残值为1 000美元。如果烘炉现在被出售，将带来2 000美元的收益。如果在年末出售，将带来1 500美元的收益。以后各年经营成本是3 800美元。新的设备将花费50 000美元，使用年限是12年，残值是3 000美元。每年的经营成本是3 000美元，并且由于更好的质量控制，每年可以节省费用6 000美元。如果公司MARR为14%，现在是否更新旧设备？

＊有限期情况下的更新问题

13.6　继续保留旧设备4年（物理寿命）或者运营新设备6年（物理寿命）的税后年度等值费用如表13—2所示。

表13—2　　单位：美元

n	旧设备	新设备
1	3 200	5 800
2	2 500	4 230
3	2 650	3 200
4	3 300	3 500
5	—	4 000
6	—	5 500

如果你需要设备服务 10 年，最好的更新策略是什么？假设 MARR 为 12%，并且未来没有技术进步。

13.7　继续保留旧设备 4 年（物理寿命）或者新设备运营 6 年（物理寿命）的税后年度等值费用如表 13—3 所示。

表 13—3　　单位：美元

n	旧设备	新设备
1	13 400	12 300
2	13 500	13 000
3	13 800	13 600
4	13 200	13 400
5	—	13 000
6	—	12 500

如果你需要设备服务 8 年，最好的更新策略是什么？假设 MARR 为 12%，并且未来没有技术进步。

13.8　某现有设备两年前的价值是 16 000 美元，今天的市场价值是 12 000 美元，再继续使用 6 年后的残值预计为 2 000 美元，年经营成本是 4 000 美元。目前正在考虑的一套新设备初始价值是 10 000 美元，在 3 年经济寿命末残值是 4 000 美元，年经营成本是 2 000 美元。如果需要的话，以后每 3 年用相同的新设备重复更新。MARR 为 11%，使用期为 6 年，请根据净现值法来计算现有设备是否应该更新。

13.9　根据年度等值费用标准重新分析习题 13.8。

* 考虑税收情况下的更新分析

13.10　根据以下补充信息重新分析习题 13.2。

- 该设备按 5 年 MACRS 折旧，如果现在处置，账面价值是 5 760 美元。
- 公司的边际税率是 40%，税后 MARR 为 12%。

13.11　根据以下补充信息重新分析习题 13.4。

- 旧设备完全折旧。
- 新设备按 7 年 MACRS 折旧。
- 公司的边际税率是 40%，MARR 是 10%。

[注释]

[1] "United Plans Huge Jet Order—Boeing, Airbus to Vie for Possible Purchase Worth $10 Billion; Exploiting the Slump," by Susan Carey, *The Wall Street Journal*, June 4, 2009.

[2] 然而，如果我们的确做成了该交易，合理使用交易发生时的实际净现金流是很重要的。

[3] F. S. Hillier and G. S. Lieberman, *Introduction to Operations Research*, 8th ed. New York: McGraw-Hill, 2005.

第14章

资本预算决策

学习目标

通过本章学习，应该掌握以下概念：

- 企业如何募集资金来支持它的发展项目。
- 如何计算债务成本。
- 如何计算权益成本。
- 如何计算资本的边际成本。
- 如何在项目评估中计算最低吸引力收益率 MARR。
- 如何在资金限额的前提下建立最优项目组合。

未来上海迪士尼乐园计划[1]

在世界经济不景气的当口，沃尔特·迪士尼公司（Walt Disney Co.）计划着一场豪赌，打算在中国内地兴建一个投资35.9亿美元的主题公园。

上海迪士尼乐园，将是中国内地迄今为止最大的一项外资投资计划，是在对全球经济衰退的担忧中和香港迪士尼公园挣扎生存了3年后的一个重要的里程碑。

迪士尼花了很长时间寻求在中国内地建设主题公园，以进入巨大的中国市场。这个拥有378亿美元资产的传媒巨人通过该主题公园给中国将会带来50 000个新增就业岗位。经济下滑给公园的建设带来了新的机遇。某知情人士透露："我认为在现在的经济大环境下，这的确是一次飞跃。"

据知情人士透露，加利福尼亚州迪士尼拥有上海迪士尼43%的股份，而一家上海市所属合资公司拥有上海迪士尼57%的股份。

公园的一期工程，占地面积1.5平方公里，包括一个主题公园、一家饭店和购物大卖场。一期工程投资达35.9亿美元，项目选址位于上海浦东国际机场附近。

对迪士尼来说，这个项目代表了一定程度的妥协。按其目前的现有运作模式，整个项目没有中国媒体的介入。1999年项目开始讨论时，迪士尼公司拒绝了上海方面的投资邀请，因为迪士尼需要自己的电视频道。在美国，迪士尼拥有ABC广播公司和有线电视网络。

媒体宣传是迪士尼发展战略的关键部分，有助于吸引数以亿计的大陆游客到新的迪士尼乐园，并将品牌推广到这个世界上人口最多的国家。迪士尼相信，媒体宣传将迅速在中国广大消费者中树立迪士尼的特许形象，能够吸引他们来上海主题公园。

当年由于缺乏迪士尼中文频道，相当有损香港迪士尼乐园的经营。香港迪士尼自从其2005年开放开始就一直经营艰难，参观人数低于预期，参观者都抱怨规模太小等。在开放的第一年，就比其预计的560万参观人数低了40万人，第二年参观人数继续下跌，只有400万人。

根据迪士尼在上海建立的框架协议，预计迪士尼上海项目的一期工程需要6年的时间，将会在2014年正式开放。

一旦迪士尼上海项目正式启动的话，迪士尼需要为此进行巨大的项目融资。鉴于项目的筹资规模，公司采取的融资方式将会影响整个公司的资本结构，这会在一定程度上增加公司的财务风险，财务成本也会相应增加。本章将介绍关于固定资产投资决策的**资本预算**（capital budgeting）的基本框架，此处资本预算指预计购置固定资产的费用支出。资本预算包括项目分析和决策的整个过程，即分析和决策是否应将项目列入资本预算。之前章节关注如何评价和比较投资项目，即介绍资本预算的分析方法。本章将主要探讨预算本身。正确的资本预算决策包括项目融资方式选择、投资机会预算和最低吸引力收益率（MARR）的估计。

14.1 融资方式

在之前的章节，我们将注意力集中于如何做投资决策。现实中，投资决策并不总与资本来源无关。只不过在经济学中，我们为了便于分析，通常将投资决策和融资决策分开考虑：首先确定投资项目，然后确定资金来源。当我们选定好融资来源之后，再对原先确定的投资决策做适当调整。

我们同时也假设使用企业的自有资金（如保留盈余）或者是短期借入资金作为项目资产投资资金。实践中，这一融资安排并不是那么吸引人，有时甚至是不可能的。如果投资项目需要大量资本注入，企业可能通过发行股票来募集所需资金。或者，企业会通过发行债券借钱融资。本章先讨论一个企业如何从外部募集资金，然后讨论外部融资如何影响税后现金流以及筹资决策如何影响投资决策。

权益融资（equity financing）和**债务融资**[2]（debt financing）是企业为其投资项目募集资金的两种主要方法。我们将会简单地分析这两种获得外部投资资金的方式并检验它们对税后现金流量的影响。

14.1.1 权益融资

权益融资（equity financing）有以下两种形式：（1）运用未分配给股东的留存

盈余；（2）发行股票。两种形式都从现有的或者新的公司所有者手里募集资金。

迄今为止，我们一直假设公司具备自有资金来进行资本投资；很明显，融资来自现有的留存盈余。如果公司没有将这部分盈余用于再投资，也许公司会把这部分资金以股息的形式发放给公司股票的持有者，或者继续留在手头以满足未来的需求。

如果一个公司没有足够充裕的现金，也不希望举债来募集所需投资资金，那么它可以通过发行普通股来募集资金。这么做，公司必须决定融资金额、证券发行类型（普通股还是优先股）以及发行价。

一旦公司决定发行普通股，就必须先估计**发行成本**（flotation costs），即与发行有关的费用，包括投行承销费用、律师费用、审计费用和印制费用。通常，投资银行会首先将公司发行的股票折价全部买进。（这一价格会略低于股票的公众发行价格，两个价格的价差就基本代表了发行成本。）如果该公司股票已经在市场上流通，那么发行价格通常会基于该公司股票现时的市场价格。如果该公司股票属于首次公开市场发行，无现成市场价格可以参照，那么投资银行就需要估计股票发行后的预期市场价格。例 14—1 说明了各种费用如何影响普通股股票的发行成本。

例 14—1

通过发行股票进行权益融资

科学运动公司（SSI）是一家高尔夫球杆制造企业，开发了一种新的金属球杆。这种球杆的材料是钛合金，具有质量轻、耐用、抗震性好等特点。公司预期新产品市场占有率很高。为了生产这一新产品，SSI 公司需要新的制造工厂，投入费用 1 000 万美元。公司因此决定发行普通股，用以募集 1 000 万美元的资金，目前公司的股票市场价格为每股 30 美元。投资银行告知 SSI 管理者，新增发股票由于市场上流通股数量的增加需要降低发行价格，发行定价必须为 28 美元/股。发行成本为发行价格的 6%，因此 SSI 增发股票每股实际募集资金为 26.32 美元。求 SSI 公司需要增加发行多少股票数量才能够募集到除发行成本后 1 000 万美元的资金？

解：

已知：募集 1 000 万美元，增发价格 28 美元/股，发行费率为 6%。

求：需要增发的股票数量。

设 X 是增发股票数量，则 SSI 的总发行成本为：

$$(0.06)(28\text{ 美元})(X)=1.68X$$

为了净筹资 1 000 万美元，计算如下：

$$\text{发行收入}-\text{发行成本}=\text{净发行收入}$$
$$28X-1.68X=10\,000\,000$$
$$26.32X=10\,000\,000$$
$$X=379\,940(\text{股})$$

可得此次普通股发行的总发行成本.

$$1.68\times379\,940=638\,300(\text{美元})$$

14.1.2　债务融资

公司融资的第二个主要方式是**债务融资**（debt financing），包括从金融机构获得的短期借款和发行长期债券，它们是在固定期限内的借入资金。第 9 章介绍过，支付给贷款或者债券的利息可以在税前抵扣，因此高税率的公司通过借债，可以有效降低税后融资成本。除了影响借款的利率和税率等级，贷款偿还方式同样也会影响融资成本。

当企业选择债务融资时，出于财务分析目的，我们需要从贷款偿还中分离出利息支出。利息支出安排取决于取得借款时确定的贷款偿还计划。发行债券是主要的债务融资方式之一。债券融资不包括本金的部分偿还：每年（或者每半年）只支付债券利息。本金只有在债券到期后才一次性偿还。（参照 3.6.3 节关于债券的术语和估值方式。）债务融资与权益融资类似，都需要在发行时支付一定的发行费用。

例 14—2 阐述了如何运用这些不同的方法影响债券或者长期贷款的发行费用。

例 14—2

通过发行债券进行债务融资

假设例 14—1 中的 SSI 决定不发行股票而是通过债务融资的方式募集 1 000 万美元。SSI 可以发行抵押债券，发行费用占融资额 1 000 万美元的 1.8%。公司雇用的投资银行建议，面值为 1 000 美元的 5 年期债券发行价为 985 美元。债券的年利率为 12%。

解：

已知：1 000 万美元的融资需求，面值 1 000 美元，市场价格 985 美元，年利率 12%，发行费率 1.8%。

求：债券发行数量。

(a) 为了获得 1 000 万美元的资金，SSI 需要发行债券总值为：

$$\frac{10\,000\,000}{1-0.018}=10\,183\,300(\text{美元})$$

发行成本为 183 000 美元。由于这些面值 1 000 美元的债券将以 1.5%的折扣率在市场发行，因此总共需要发行的债券数量为：

$$\frac{10\,183\,300}{985}=10\,338.38(\text{或者 }10\,339)$$

(b) 该债券融资的年支付利息为：

$$10\,338\,380\times 0.12=1\,240\,606(\text{美元})$$

只有债券年息分期支付，本金欠款数额并不变化。本金和利息支付情况见表 14—1。

表 14—1	通过发行债券进行债务融资（例 14—2）				单位：美元
	0	**1**	**2**	**3**	**4**	**5**

	0	1	2	3	4	5
1. 债务融资：到期一次还本型						
期初余额	10 338 380	10 338 380	10 338 380	10 338 380	10 338 380	10 338 380
应付利息		1 240 606	1 240 606	1 240 606	1 240 606	1 240 606
还款						
利息		(1 240 606)	(1 240 606)	(1 240 606)	(1 240 606)	(1 240 606)
本金						(10 338 380)
期末余额	10 338 380	10 338 380	10 338 380	10 338 380	10 338 380	0

14.1.3 资本结构

总负债和总资本的比率，通常称为**负债率**（debt ratio）或者**资本结构**（capital structure），表示总资本中借贷资金的百分比。比如说，负债率为 0.4 代表总资本中的 40%是外部借款，剩余的资金来自公司的权益（留存盈余或者股票的发行）。对这一类的融资方式我们称为**混合融资**（mixed financing）。

借款通常会影响企业的资本结构，在决定最终的融资决策前，企业必须计算负债率对于企业市场价值的影响。即使债务融资很吸引人，你也必须理解企业不应该仅以债务融资的方式进行项目融资。企业通常会在考虑了各种融资方式的影响后，建立一个**目标资本结构**（target capital structure）或者**目标负债率**（target debt ratio）。这一目标比率随着商业环境的变化而相应变化，但是无论何时考虑融资决策，企业的管理层通常都努力保持这一目标比率。一方面，如果实际负债率低于目标负债率，那么新的资本需求可以通过发行债券来募集。另一方面，如果负债率高于目标负债率，那么资本扩张需要通过发行股票来实现。

一个典型的企业是如何决定它的目标资本结构的？这是个非常难以回答的问题，但是我们可以列出一些影响资本结构政策的因素。

● 首先，资本结构政策应体现风险和收益之间的权衡。当你在商业扩张中承担更多的债务时，内在的商业风险[3]将同时增加，但是投资者会把具有较高预期收益率公司的扩张视作有利信号。当投资者认为投资具有高风险，企业的股价就会降低。相反，当投资者认为投资具有高收益，企业的股票就会升值。最佳的资本结构就是在商业投资风险和预期未来收益两者中寻找一个平衡点。企业的商业风险越大，最佳负债率就越低。

● 其次，企业运用债务融资方式的一个主要原因是在商业运作中，利息可以作为可扣除费用抵减所得税，从而降低借款的有效成本。股息是付给普通持股人的，但不能税前扣除。企业使用债务融资，必须支付贷款利息，而如果它运用权益融资，也需要向股东支付股息。一家公司只需要在税前利润中取 1 美元用来支付 1 美元的利息，但是假设该公司税率为 35%，就需要 1/(1－0.35)＝1.54 美元的税前利润用于支付 1 美元股息。

● 最后，融资灵活性——在金融市场内进一步融资的能力，也是一个重要的考虑因素。企业需要为稳定的经营提供持续的资本，当货币趋紧时投资者偏向于投资那些具有健康资本结构的公司，即那些具有低负债率的公司。

商业风险、税务、融资灵活性三个元素是决定公司最佳资本结构的主要因素。例 14—3 举例说明了一家典型的公司如何为其大规模的工程项目进行融资，同时保持其原先确定的资本结构。

例 14—3

基于最优资本结构的项目融资

再次考虑例 14—1 中 SSI 公司的 1 000 万美元资金的风险投资项目。假设 SSI 的最优资本结构要求负债率为 0.5。在考虑了 SSI 的资本结构后，投资银行方面说服 SSI 管理层以目前的市场条件，股票发行 500 万美元，债券融资 500 万美元。由于每种融资金额减少一半，发行成本也同样发生变化。其中，普通股发行成本为 8.1%，而债券的发行成本为 3.2%。债券和例 14—2 一样，5 年期，年利率 12%，面值 1 000 美元，发行价格为 985 美元。

假设公司开始从金融市场募集这 1 000 万美元，工程部门列出以下财务信息。

- 新项目期限为 5 年。
- 1 000 万美元中土地支出 100 万美元，建筑支出 300 万美元，设备支出 600 万美元。厂址和生产厂房都是现成的，生产可以在第 1 年开始。厂房为 39 年 MACRS 资产类别，设备为 7 年 MACRS 资产类别。第 5 年年末，各类资产残值分别为：土地 150 万美元，厂房 200 万美元，设备 250 万美元。
- 计划普通股股东项目期间获得每股 2 美元现金股息。这一稳定的现金股利能够保证公司股票的市场价值稳定。
- 单位生产成本为 50.31 美元，其中原材料成本 22.70 美元，人工成本和制造费用为 10.57 美元（不包括折旧费用），加工费用为 17.04 美元。
- 单位价格为 250 美元，SSI 预计每年生产 20 000 个产品。
- 运营成本和维护成本，包括广告费用，总共为 600 000 美元/年。
- 项目初期需要 5 000 000 美元的营运资本，项目结束时回收。
- 公司边际税率为 40%，在整个项目寿命期内保持不变。

(a) 计算该通过外部融资的投资项目的税后现金流量。

(b) MARR20%时，项目是否可接受？

解题思路： 当融资金额和发行成本变化时，我们需要重新计算发行股票数（或债券数）。以 500 万美元的普通股发行来说，发行成本增加至 8.1%。[4]净募集 500 万美元需要发行的股票数量是 5 000 000/(0.919×28)=194 311 股（或者发行数额 5 440 708 美元）。以另外 500 万美元的债券发行来说，发行成本为 3.2%，因此获得这 500 万美元，SSI 需要发行 5 000 000/(0.968×985)=5 243.948 份面值为 1 000 美元的债券。这其实表明 SSI 实际借款为 5 243 948 美元，以此为基数，每年所需支付的利息为 5 243 948×0.12=629 274 美元。

解：

已知：SSI 投资项目的财务数据。

求：融资活动的净现金流量。

(a) 税后现金流量。图 14—1 总结了这一投资项目的税后现金流量。在制作这张表时，我们做了如下的计算和假设。

- 营业收入：250×20 000=5 000 000 美元/年。
- 销售成本：50.31×20 000=1 006 200 美元/年。
- 债券利息：5 243 948×0.12=629 274 美元/年。

	A	B	C	D	E	F	G
1							
2	利润表						
3	年末	0	1	2	3	4	5
4							
5	收入		$5,000,000	$ 5,000,000	$ 5,000,000	$5,000,000	$ 5,000,000
6	支出：						
7	销售成本		$1,006,200	$ 1,006,200	$ 1,006,200	$1,006,200	$ 1,006,200
8	运营和维护成本		$ 600,000	$ 600,000	$ 600,000	$ 600,000	$ 600,000
9	债券利息		$ 629,274	$ 629,274	$ 629,274	$ 629,274	$ 629,274
10	折旧：						
11	厂房		73,718	76,923	76,923	76,923	73,718
12	设备		$ 857,400	$ 1,469,400	$ 1,049,400	$ 749,400	$ 267,900
13							
14	应税所得		$1,833,408	$ 1,218,203	$ 1,638,203	$1,938,203	$ 2,422,908
15	所得税（40%）		$ 733,363	$ 487,281	$ 655,281	$ 775,281	$ 969,163
16							
17	净利润		$1,100,045	$ 730,922	$ 982,922	$1,162,922	$ 1,453,745
18							
19	现金流量表						
20	经营活动：						
21	净利润		$1,100,045	$ 730,922	$ 982,922	$1,162,922	$ 1,453,745
22	折旧		$ 931,118	$ 1,546,323	$ 1,126,323	$ 826,323	$ 341,618
23	投资活动：						
24	土地	$(1,000,000)					$ 1,500,000
25	厂房	$(3,000,000)					$ 2,000,000
26	设备	$(6,000,000)					$ 2,500,000
27	营运资本	$ (500,000)					$ 500,000
28	利得税						$ (308,682)
29	筹资活动：						
30	普通股	$ 5,000,000					$(5,440,708)
31	债券	$ 5,000,000					$(5,243,948)
32	现金股息		$ (388,622)	$ (388,622)	$ (388,622)	$ (388,622)	$ (388,622)
33							
34	净现金流量	$ (500,000)	$1,642,541	$ 1,888,623	$ 1,720,623	$1,600,623	$(3,086,597)
35							
36							
37	PW(20%)=	$ 2,707,529					
38							

图 14—1　为了保持目标资本结构的项目融资效果及对现金流量的影响

- 折旧：假设 1 月份开始，厂房可以投入运营，第 1 年的折旧率为 2.457 3%。因此，允许的折旧金额为 3 000 000×0.024 573＝73 718 美元。其余年份的年折旧率为 2.564 1%（或 76 923 美元），到第 5 年根据半月惯例重新等于 73 718 美元。设备按 7 年 MACRS 折旧。
- 利得税：

单位：美元

财产	残值	账面价值	损益	利得税
土地	1 500 000	1 000 000	500 000	200 000
厂房	2 000 000	2 621 795	(621 795)	(248 718)
设备	2 500 000	1 606 500	893 500	357 400
				308 682

- 现金股利：194 311×2＝388 622 美元。
- 普通股：当项目终止，债券到期后，负债率将不再是 0.5。如果 SSI 希望继续保持 0.5 的资本结构，它需要从二级市场回购总市值为 5 440 708 美元的普通股。图 14—1 中，假设普通股回购在项目每年年末都会进行。实际上企业不一定能回购普通股。另一种保持原有资本结构的方法是企业为其他项目投资进行借款。
- 债券：5 年后债券到期，总面值金额 5 243 948 美元，必须全部付给债券持有人。

(b) 项目价值计算。该项目的净现值为：

$$
\begin{aligned}
PW(20\%) &= -500\,000 + 1\,642\,541(P/F,20\%,1) + \cdots \\
&\quad -3\,086\,597(P/F,20\%,5) \\
&= 2\,707\,529(\text{美元})
\end{aligned}
$$

该投资项目不是常规投资，但又是混合投资。MARR 为 20%时，RIC 为 327%。虽然该项目寿命期末需要大量现金支出，但根据 RIC 依旧是个极具盈利性的项目。

例 14—3 中，我们既没有讨论项目融资的资本成本，也没有解释 MARR 和资本成本的关系。在以下章节里，我们将讨论这些内容。从 14.3 节可知如果根据资本结构调整折现率，即使用平均加权资本成本，我们也可以完全忽略项目融资对现金流量的具体影响。

14.2 资本成本

在以前章节资本预算的案例中，通常假设公司完全通过权益资金融资经营。这种情况下，资本成本应当表示为权益要求收益率。然而，大多数公司会通过长期债务（债券）融资募集大量资金，也会将发行优先股作为资本来源。在这些情况下，公司的资本成本就不只是权益成本。本节将讨论公司目标资本结构下，各种融资方式（留存盈余、普通股、优先股、负债）的成本估算[5]方法。

14.2.1 权益成本

债务和优先股属于合同化的义务，成本易于确定，然而权益资本成本并不容易确定。原则上，权益资本成本包含着**机会成本**（opportunity cost）。事实上，公司的税后现金流量属于公司股东。管理层既可以将这部分盈余以股息的方式分配也可以把它留存在公司内再投资经营。如果管理层决定留存这部分盈余，就存在一个机会成本：股东以股息形式可以获得的盈余并将其投资于其他金融资产。因此，公司通过留存盈余所获回报至少不能低于股东自己通过其他可比投资所获的回报。

当投资者购买一个公司的股票时，他们会考虑两个问题：(1) 现金股息；(2) 出售时的资本利得（股票溢价）。理论上，投资者通过将预期的未来股息按（考虑未来增长的）利率折现来确定股票市场价值。基于投资者通常追求有成长性的公司，对于未来股息的预期增长因素在计算时通常也考虑在内。

举例来说，假设投资者在股票市场中投资 ABC 公司的普通股，预期第 1 年年末每股获得 5 美元股息。未来年股息以 10%的比率增长。投资者将持有该股票两年，同时预期到第 3 年末股票的市场价值升至 120 美元。根据这些假设，ABC 预期投资者愿意以现在的股票市场价格每股 100 美元购买其股票。ABC 公司普通股的要求收益率 k_r 为多少？可以通过以下等式求解 k_r：

$$100=\frac{5}{(1+k_r)}+\frac{5(1+0.1)}{(1+k_r)^2}+\frac{5(1+0.1)^2+120}{(1+k_r)^3}$$

求得 $k_r=11.44\%$。这表示如果 ABC 通过留存盈余或者以市场价每股 100 美元增发新股为项目筹资，新投资必须达到 11.44%的最低要求收益率。因此，11.44%即为用来计算加权平均资本成本的权益成本。由于发行新股还包括发行成本，因此权益成本将上升。如果投资者认为买 ABC 公司的股票是有一定风险的，希望以低于 100 美元的价格购买（但保持相同的预期），权益成本也将上升。我们将从两个不同的角度归纳前文的结论。

基于资本来源的权益成本计算

一种方法是先确定以不同方式筹得权益资金的个别资本成本。

● **留存盈余成本**：假设ABC公司具有上述同样假定情形。ABC公司的留存盈余属于普通股股东。如果ABC公司股票的市场价值为 P_0，第一年的股息[6]为 D_1，以后每年按比率 g 增长。在无限期持有该股的情况下（随着时间推移股票可能会换手，但是谁持有股票并不影响计算），留存盈余的个别资本成本可以计算为：

$$P_0 = \frac{D_1}{(1+k_r)} + \frac{D_1(1+g)}{(1+k_r)^2} + \frac{D_1(1+g)^2}{(1+k_r)^2} + \cdots$$
$$= \frac{D_1}{1+k_r \sum_{n=0}^{\infty}\left[\frac{(1+g)}{(1+k_r)}\right]^n}$$
$$= \frac{D_1}{1+k_r}\left[\frac{1}{1-\frac{1+g}{1+k_r}}\right]$$

式中，$g<k_r$。

求解 k_r，得

$$k_r = \frac{D_1}{P_0} + g \qquad (14.1)$$

如果用 k_r 作为折现率来评价新的项目，当且仅当项目IRR大于 k_r 时，NPW为正。所以，任何项目以 k_r 来计算得出NPW为正时，也就暗示着股票的市场价格会上升。因此，根据定义，k_r 是股东的要求收益率，应当作为权益成本的一部分来计算加权平均资本成本。

● **发行新普通股**：由于发行新股时涉及发行成本，我们将留存盈余成本 k_r 修改为：

$$k_e = \frac{D_1}{P_0(1+f_c)} + g \qquad (14.2)$$

式中，k_e 表示普通股成本；发行成本 f_c 以股票价格的百分比表示。

上述每种计算看似简单，都可以用来确定权益成本。但现实中，市场价格随时都在波动，公司的未来收益也在变化。因此，未来股息不可能像模型中预测的按固定比率增长。考虑到一个稳定发展的公司增长较平缓，所以不论是用式（14.1）还是式（14.2）来计算权益成本都是可接受的近似计算。

● **优先股成本**：优先股可以看做一个混合证券，它既有债券的属性又有与普通股相似的属性。类似债券持有者，优先股持有者可以每年获得固定的股息。事实上，许多公司将支付优先股股息作为一种义务，如同支付债券持有人利息。因此，确定优先股成本也相对简单。为了计算加权平均资本成本，优先股的个别资本成本可以定义为：

$$k_p = \frac{D^*}{P^*(1-f_c)} \qquad (14.3)$$

式中，D^* 表示固定年股息；P^* 表示发行价格；f_c 表示发行成本。

● **权益成本**：一旦确定了各权益组成部分的个别成本，我们就可以计算新项目的加权平均权益成本（i_e）。

$$i_e = \left(\frac{c_r}{c_e}\right)k_r + \left(\frac{c_c}{c_e}\right)k_e + \left(\frac{c_p}{c_e}\right)k_p \qquad (14.4)$$

式中，c_r为通过留存盈余筹得的权益资金；c_c表示通过发行新股筹得的权益资金；c_p表示通过发行优先股筹得的权益资金；$c_r + c_c + c_p = c_e$。例 14—4 举例说明了如何确定权益成本。

例 14—4

计算权益成本

Alpha 公司需要募集 1 000 万美元的资金用于其工厂的现代化。公司预算资本结构负债占比 40%，也就是说募集资金中有 600 万美元是权益融资。

- Alpha 公司计划从如下渠道募集这 600 万美元权益资金：

来源	金额（百万美元）	占总股本比例
留存盈余	1	0.167
新发普通股	4	0.666
优先股	1	0.167

- Alpha 公司目前普通股股价为 40 美元，这一市场价值已经反映了对公司未来工厂现代化改造的预期。Alpha 公司计划第 1 年支付每股 5 美元的现金股息，今后的股息将以每年 8%的比率增长。
- 新发普通股将以 40 美元的价格增发，发行成本为市场价格的 12.4%。
- Alpha 可以以 9%的年股息率发行面值为 100 美元的优先股（表示 Alpha 以面值计算股息，每股 9 元）。这部分优先股的市场价格是 95 美元，发行成本为市场价格的 6%。

计算工厂现代化改造所募资金的权益成本。

解：

已知：权益融资 600 万美元，$D_1 = 5$ 美元，$g = 8\%$，$D^* = 9$ 美元，$P^* = 95$ 美元，$P_0 = 40$ 美元。

求：权益成本（i_e）。

我们将分别计算各项权益资本来源的成本。

- 留存盈余成本：由 $D_1 = 5$ 美元，$g = 8\%$，$P_0 = 40$ 美元，得

$$k_r = \frac{5}{40} + 0.08 = 20.5\%$$

- 增发普通股成本：由 $D_1 = 5$ 美元，$g = 8\%$，$f_c = 12.4\%$，得

$$k_e = \frac{5}{40(1-0.124)} + 0.08 = 22.27\%$$

- 优先股成本：由 $D^* = 9$ 美元，$f_c = 6\%$，$P^* = 95$ 美元，得

$$k_p = \frac{9}{95(1-0.06)} = 10.08\%$$

- 权益成本：由 $\frac{c_r}{c_e} = 0.167$，$\frac{c_c}{c_e} = 0.666$，$\frac{c_p}{c_e} = 0.167$，得

$$\begin{aligned} i_e &= 0.167 \times 0.205 + 0.666 \times 0.2227 + 0.167 \times 0.1008 \\ &= 19.96\% \end{aligned}$$

基于金融市场的权益成本计算

另一种更实用的方法是从投资者的角度来确定权益成本。

- **风险资产的期望收益率**：股东预期从留存盈余中获得的收益率是多少？这个问题很难回答，但通常视其为股东对公司普通股所要求的收益率。如果公司将留存盈余投资无法实现权益最低要求收益率，就应该将这笔钱支付给公司股东，让他们直接投资到能够提供相应收益率的其他资产。通常风险资产的预期收益率由三部分[7]组成：

$$\begin{matrix}\text{风险资产的}\\\text{预期收益率}\end{matrix}=\begin{matrix}\text{无风险}\\\text{利率}\end{matrix}+\begin{matrix}\text{通货膨胀}\\\text{溢价}\end{matrix}+\begin{matrix}\text{风险}\\\text{溢价}\end{matrix}$$

该等式表明风险资产的所有人预期从三方面获得收益：

- 持有该资产的机会成本补偿，以无风险利率表示。
- 随时间推移投资购买力下降而造成损失的补偿，以通货膨胀溢价表示。
- 承担风险的补偿，以风险溢价表示。

公式的前两项并不需分别计算，可以合并用无违约风险债券（政府债券）的预期收益率表示。也就是说，政府债券的持有者预期收益来自前两个方面而没有第三个方面——这种情况我们可以表示为：

$$\begin{matrix}\text{风险资产的}\\\text{预期收益率}\end{matrix}=\begin{matrix}\text{政府债券}\\\text{利率}\end{matrix}+\begin{matrix}\text{风险}\\\text{溢价}\end{matrix}$$

- **权益成本计算**：权益成本等于债务无风险成本（例如，20 年期的美国国债利率 6%）加上承担是否获得收益的不确定风险的溢价。风险溢价等于市场的平均收益率，通常以美国标准普尔 500 成分股的平均收益率（比如 12.5%）减去债务无风险成本。再将溢价乘以 β 系数（用以量化风险的股票价格波动情况的衡量指标）。β 系数测算一个公司股票价格相对于整个市场股票价格的波动。如果 β 值大于 1，说明这只股票的波动性要高于市场平均水平。如果 β 值小于 1 说明这只股票的波动性要低于市场平均水平。大多数公开交易股票的 β 系数值可以从许多渠道获得，例如 Value-Line[8]。权益成本的计算公式如下：

$$i_e=r_f+\beta[r_M-r_f] \tag{14.5}$$

式中，r_f 表示无风险利率（通常参考经通胀调整的美国国债收益率）；r_M 表示市场收益率（通常参考经通胀调整的标普 500 成分股指数基金的平均收益率）。例 14—5 举例说明了如何确定权益成本。

例 14—5

基于金融市场计算权益成本

Alpha 公司需要募集 1 000 万美元的资金，用于工厂的现代化改造。公司目标资本结构负债占比 40%，即 600 万美元资金将通过权益方式募集。

- Alpha 公司计划从金融市场募集 600 万美元。
- Alpha 公司的 β 系数为 1.99，大于 1，表示公司股票的投资风险高于市场平均水平。
- 无风险利率为 6%，市场平均投资收益率为 13%。（这些利率都已经包含了经济通胀影响。）

计算为工厂现代化改造募集资金的权益成本。

解：

已知：$r_M=13\%$，$r_f=6\%$和$\beta=1.99$。

求：i_e。

$$i_e=0.06+1.99(0.13-0.06)$$
$$=19.93\%$$

评注：本例中，我们选择特定β值，使i_e与例 14—4 中的权益成本相近。19.93%意味着什么？如果 Alpha 公司的这一项目融资都来自权益资金，那么该项目必须获得高于 19.93%的投资收益率。

通常情况下权益融资成本将高于债务融资成本。因为美国税法允许债务利息支出在税前抵扣，而权益成本不能税前抵扣，可能是因为权益成本的界定和计算复杂而且主观。

14.2.2 债务成本

本节讨论加权平均资本成本中债务部分的成本计算。这一计算相对比较直接和简单。14.1.2 节曾提到，债务融资有贷款和发行债券两种方式。由于两种方式的利息支出都是在税前抵扣，因此债务成本会相应减少。

税后债务成本（i_d）的计算公式如下：

$$i_d=\left(\frac{c_s}{c_d}\right)k_s(1-t_m)+\left(\frac{c_b}{c_d}\right)k_b(1-t_m) \tag{14.6}$$

式中，c_s 为短期贷款金额；k_s 是贷款的税前利率；t_m 是公司的边际税率；k_b 代表债券的税前利率；c_b 是债券融资的金额；$c_s+c_b=c_d$。

在发行债券时，长期债券的发行需要一定的发行成本。这一成本减少了公司的募集资金，也因此提高了募集资金的个别成本。例如，当一家公司发行票面价值为 1 000 美元的债券时，净募集资金为 940 美元，发行成本为票面值的 6%。因此，债券的有效税后融资成本将高于债券的票面利率，参见例 14—6。

例 14—6

计算债务成本

假设例 14—4 中，Alpha 公司决定通过债务融资的方式募集剩余的 400 万美元，其中一部分通过贷款解决，另一部分通过发行 20 年票面价值为 1 000 美元的债券，具体如下：

来源	金额（百万美元）	占比	年利率	发行成本
贷款	1	0.25	12%	
债券	3	0.75	10%	6%

如果单位债券发行净值为 940 美元（减去 6%的发行费用），计算 400 万美元债务融资的成本。Alpha公司的边际税率为 38%，预期边际税率在未来保持不变。

解：

已知：债务融资 400 万美元，$k_b=10\%$，$k_s=12\%$。

求：债务融资成本（i_d）。

首先计算发行成本 6%时，债券融资的有效税后成本。税前成本可以通过下式计算：

$$\begin{aligned}940&=\frac{100}{(1+k_b)}+\frac{100}{(1+k_b)^2}+\cdots+\frac{100+1\,000}{(1+k_b)^{20}}\\&=100(P/A,k_b,20)+1\,000(P/F,k_b,20)\end{aligned}$$

根据上式计算得到 $k_b=10.74\%$。注意，当考虑到债券的发行成本，债券的融资成本从原来的 10%上升到 10.74%。

债务税后成本等于债券利率乘以（$1-t_m$）。效果上，等于政府支付了一部分债务成本，这是因为利息是税前扣除。由此，我们可以计算出全部 400 万美元债务的税后成本：

$$\begin{aligned}i_d&=0.25\times0.12\times(1-0.38)+0.75\times0.107\,4\times(1-0.38)\\&=6.85\%\end{aligned}$$

14.2.3 计算资本成本

每种融资方式的个别成本确定之后，就可以基于总资本计算纳税调整的加权平均资本成本，进而确定用于项目评价的边际资本成本。

加权平均资本成本

假设公司根据目标资本结构募集资金，且保持未来经营中资本结构不变，我们就可以确定一个**纳税调整的加权平均资本成本**（tax-adjusted weighted-average cost of capital）（简称**资本成本**（cost of capital））。这一复合指标反映的是以不同方式募集资金的成本。资本成本可以定义为：

$$k=\frac{i_d c_d}{V}+\frac{i_e c_e}{V} \tag{14.7}$$

式中：c_d——债务资本总额，以美元计；

c_e——权益资本总额，以美元计；

V——c_d+c_e；

i_e——每期平均权益收益率，考虑所有权益融资来源；

i_d——每期税后平均借款利率，考虑所有债务融资来源；

k——纳税调整后的加权平均资本成本。

注意，权益成本已经是税后项，因为无论是普通股还是优先股，持有人都是在企业支付所得税后获得股利收入。图 14 2 总结了计算资本成本的整个过程。

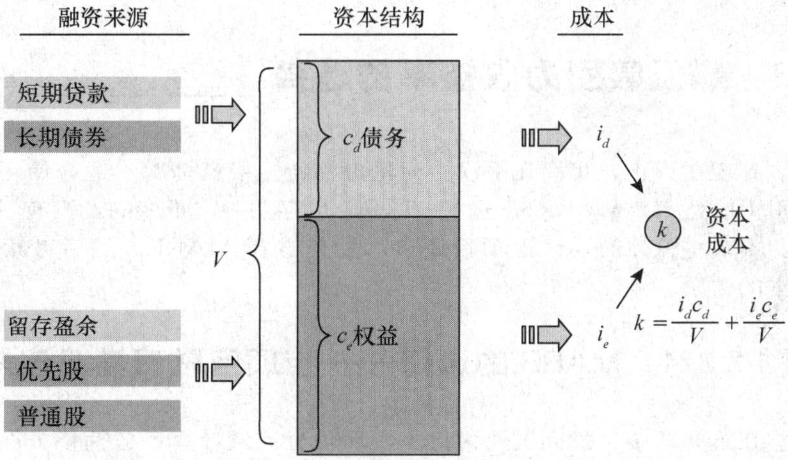

图 14—2　资本成本的计算过程

说明：记住，一共有两种不同的方法计算权益成本，一种是传统方法，另一种是通过金融市场，即 CAPM（资本资产定价模型）计算。

边际资本成本

了解如何计算资本成本后，我们会问，“一家公司能够以相同的成本无限制地募集新的资本吗?”回答是否定的。当一家公司试图吸引更多新的资金投入时，每额外募集 1 美元的成本也将以一定的点数增加。由此，每额外募集 1 美元的加权平均资本成本也将上升。因而**边际资本成本**（marginal cost of capital）可以定义为每获得 1 美元新增资本的成本。在一定时期内，边际成本随募集资本的增加而上升。

在投资项目评价中，我们会用到边际资本成本的概念。它的计算公式与式（14.6）相同，然而，等式中的债务和权益成本是指新增债务和权益的利率而不是指未偿付债务或已有权益。也就是说，我们只关注边际资本成本——明确讲就是将之用于评价新的投资项目。可见，公司以前的借款利率并不重要。例 14—7 描述了确定资本成本（k）的计算过程。

例 14—7

计算边际资本成本

继续讨论例 14—5 和例 14—6 的情形。Alpha 公司的边际税率（t_m）预计未来将保持在 38%。假设其未来资本结构也保持不变，计算募集资金 1 000 万美元的边际资本成本（k）。

解：

已知：$c_b=4$ 百万美元，$c_e=6$ 百万美元，$V=10$ 百万美元，$i_d=6.85\%$ 和 $i_e=19.93\%$。

求：k。

根据式（14.7）计算可得

$$\begin{aligned} k &= \frac{0.0685\times 4}{10}+\frac{0.1993\times 6}{10} \\ &= 14.70\% \end{aligned}$$

14.70%代表 Alpha 公司在已知的资本结构下，募集 1 000 万美元所需要的边际资本成本。

14.3 最低吸引力收益率的选择

到现在为止，我们几乎没有讨论过在特定投资情况下适合使用哪个利率或最低吸引力收益率（MARR）。选择 MARR 是存在一定难度的，没有一个比率总是适合的。本节将首先简要讨论项目评价时如何选择 MARR。然后考察资本预算和资本成本的关系。

14.3.1 MARR 的选择——当项目融资情况已知

在第 9 章中，我们主要讨论了税后现金流量计算，包括债务融资的情况。计算的考虑利息、税收和债务偿还之后的现金流量称为**净权益现金流量**（net equity flow）。如果公司的目标是股东权益最大化，为什么不只是考虑税后权益现金流量，而是考虑全部资本的现金流量？计算权益现金流量现值时，适当的折现率应是权益成本。事实上，我们默认所有的税后现金流量问题（在以前的章节中融资现金流量情况明确）都为净权益现金流量，所用 MARR 表示**权益成本**（i_e）（cost of equity）。例 14—8 举例说明了运用净权益现金流量方法进行项目评价的过程。

例 14—8

通过净权益现金流量进行项目评价

Alpha 公司（其资本结构同例 14—7）想要引进一套新的机械工具，引进后未来 5 年的公司收入预计将有较大提升。这套工具需要投资 150 000 美元，其中 40%通过债务融资获得，60%通过股权融资获得。普通股和优先股两种来源的综合权益成本（i_e）等于 19.96%。债务融资额 60 000 美元通过年利率为 12%的短期贷款解决，并分 5 年等额还款。资产按 3 年 MACRS 折旧，无残值。引进后的增量收入和增量经营成本预计如下：

n	收入（美元）	经营成本（美元）
1	68 000	20 500
2	73 000	20 000
3	79 000	20 500
4	84 000	20 000
5	90 000	20 500

边际税率为 38%（综合了联邦、州和市税率），通过净权益现金流量评价该投资项目，i_e=19.96%。

解：

已知：项目现金流量信息，i_e=19.96%。

求：净权益现金流量，并基于 i_e=19.96%评价该投资项目。

整个计算过程见图 14—3。净现值（NPW）和内部收益率（IRR）的计算如下：

$$PW(19.96\%) = -90\,000 + 34\,541(P/F, 19.96\%, 1) + 43\,854(P/F, 19.96\%, 2) + 29\,893(P/F, 19.96\%, 3) + 28\,540(P/F, 19.96\%, 4) + 27\,124(P/F, 19.96\%, 5) = 11\,285(\text{美元})$$

$$IRR = 25.91\% > 19.96\%$$

	A	B	C	D	E	F	G
2	利润表						
3	年末	0	1	2	3	4	5
4							
5	收入		$ 68,000	$ 73,000	$ 79,000	$ 84,000	$ 90,000
6	支出：						
7	经营成本		$ 20,500	$ 20,000	$ 20,500	$ 20,000	$ 20,500
8	利息		$ 7,200	$ 6,067	$ 4,797	$ 3,376	$ 1,783
9	折旧		$ 50,000	$ 66,667	$ 22,222	$ 11,111	$ -
10							
11	应税所得		$ (9,700)	$ (19,734)	$ 31,481	$ 49,513	$ 67,717
12	所得税（38%）		$ (3,686)	$ (7,499)	$ 11,963	$ 18,815	$ 25,732
13							
14	净利润		$ (6,014)	$ (12,235)	$ 19,518	$ 30,698	$ 41,985
15							
16	现金流量表						
17	经营活动：						
18	净利润		$ (6,014)	$ (12,235)	$ 19,518	$ 30,698	$ 41,985
19	折旧		$ 50,000	$ 66,667	$ 22,222	$ 11,111	$ -
20	投资活动：						
21	机器工具	$(150,000)					
22	残值						$ -
23	利得税						$ -
24	筹资活动：						
25	借入资金	$ 60,000					
26	本金偿还		$ (9,445)	$ (10,578)	$ (11,847)	$ (13,269)	$ (14,861)
27							
28	净现金流量	$ (90,000)	$ 34,541	$ 43,854	$ 29,893	$ 28,540	$ 27,124
29							
30							
31	PW(19.96%)=	$ 11,285					
32	IRR =	25.91%					

图 14—3　净权益现金流量法——当项目融资渠道已知

该现金流量的内部收益率为 25.91%，超过了 $i_e = 19.96\%$。因此该项目是可盈利的。

评注：本例中假设 Alpha 公司能够以同样的比率 19.96%募集增量权益资金，因此 19.96%可视为边际资本成本。

□ 14.3.2　MARR 的选择——当项目融资情况未知

你可能会问，“如果我们只使用权益成本（i_e），那么 k 有什么用?”回答是，我们可以使用 k 值来评价债务流情况（包括利息和本金）不明确的投资项目。这种情况下，我们需要对折现率进行税务调整，使用有效税后债务成本来计算。资本成本法认为由于利息的抵税作用，净利息成本有效地转嫁给了债权人，所以债务融资被隐性处理。本方法更适用于单个投资债务融资不明确的情况，反而使得公司能够从事一系列投资。（除了融资情况明确说明，本书所有以前的案例中都认为债务融资无法明确到单个投资项目更符合现实情况。）因此，MARR 以加权资本成本（k）来表示。例 14—9 举例说明了这一概念。

例 14—9

通过边际资本成本进行项目评价

例 14—8 中，假设 Alpha 公司尚未决定如何募集这 150 000 美元的资金。然而，Alpha 公司始终坚持公司的预期资本结构应始终维持负债率 40%。使用 k，计算净现值（NPW）和内部收益率（IRR）。

解：

已知：现金流量信息，负债率 40%，募集资金额 150 000 美元。

求：基于项目边际资本成本评价项目。

不考虑债务融资相关现金流量，项目税后现金流量的计算如图 14—4 所示。注意，当使用该方法计算净增量税后现金流量时，我们不考虑利息和利息抵税情况。也就是说，没有任何现金流量与未来融资活动相关。这样，需缴纳税收的利润被高估了，所得税增加。为了弥补高估情况，折现率相应减少。这里暗含假设，所得税的超额支出恰好等于因 i_d 产生的利息减少量。

	A	B	C	D	E	F	G
2	利润表						
3	年末	0	1	2	3	4	5
4							
5	收入		$ 68,000	$ 73,000	$ 79,000	$ 84,000	$ 90,000
6	支出：						
7	经营成本		$ 20,500	$ 20,000	$ 20,500	$ 20,000	$ 20,500
8	折旧		$ 50,000	$ 66,667	$ 22,222	$ 11,111	$ -
9							
10	应税所得		$ (2,500)	$ (13,667)	$ 36,278	$ 52,889	$ 69,500
11	所得税（38%）		$ (950)	$ (5,193)	$ 13,786	$ 20,098	$ 26,410
12							
13	净利润		$ (1,550)	$ (8,474)	$ 22,492	$ 32,791	$ 43,090
14							
15	现金流量表						
16	经营活动：						
17	净利润		$ (1,550)	$ (8,474)	$ 22,492	$ 32,791	$ 43,090
18	折旧		$ 50,000	$ 66,667	$ 22,222	$ 11,111	$ -
19	投资活动：						
20	机器工具	$(150,000)					
21	残值						$ -
22	利得税						$ -
23							
24	净现金流量	$(150,000)	$ 48,450	$ 58,193	$ 44,714	$ 43,902	$ 43,090
25							
26							
27	PW(14.70%)=	$ 13,175					
28	IRR =	18.47%					
29							

图 14—4 资本成本法——当项目融资计划未知

时点 0 的现金流量为总投资额，即 150 000 美元。Alpha 公司的 k 值等于 14.70%，图 14—4 中根据税后现金流量计算得出的内部收益率为 18.47%，大于 14.70%。因为 IRR 大于 k 值，该投资项目可接受。这里，我们利用 k 值评价税后现金流量，得出了与例 14—8 一样的结论，即该项目具有投资价值。

评注：对独立项目而言，净权益现金流量和资本成本方法通常都会得出相同的接受与否决策（假设债务分期偿还计划相同，如定期贷款）。互斥项目通常也能得出相同的比较结论。但是当使用一些特定的融资计划来控制抵税额和融资资金流入及偿付的时间分布，就能够增加（或者减少）项目的投资吸引力。这时，两种方法的评价就会产生差异。

综上所述，在明确的债务融资及偿还情况计划已知的情况下，建议使用净权益现金流量方法。权益成本 i_e 作为合适的 MARR。如果没有明确地假定项目采用何种方式筹资（但假设给定的资本结构不变），则确定税后现金流量时不考虑债务现金流量，边际资本成本（k）为合适的 MARR。

□ 14.3.3 在资金限额情况下选择 MARR

区分清楚 14.2.3 中计算的资本成本（k）和**资金限额**（capital rationing）情况下项目评价的最低吸引力收益率（i）是非常重要的。资金限额是指可用于资本投资的资金并不足以覆盖所有潜在可接受项目。当投资机会超过可用资金时，我们必须判断哪些机会较优。显然，应确保所有选上项目都比最优否决项目盈利性更强（或者至少与最差接受项目相当）。最优否决项目是指放弃的最优机会，它的价值称为**机会成本**（opportunity cost）。在资金限额的情况下，MARR 就等于该机会成本，通常要大于边际资本成本。也就是说，i 值代表公司的时间价值平衡，同时也反映了可得的投资机会。因此，在借款时用 k 而在评价现金流量时又按不同的比率 i 计算并不是不合理的。很可能这笔资金经投资可以获得收益率 i 或者更高。下面举例说明如何在资金限额的情况下选择项目评价的最低吸引力收益率 MARR。

公司可能会借款投资盈利性项目，或者将未使用资金投入**投资池**（investment pool），当有其他投资活动时再使用。这里，我们把借入利率看作边际资本成本（k）（式（14.7）所定义）。假设所有可得资金用于投资能够获得收益率 l，即**贷出利率**（lending rate）。所有这些资金可视为一个投资池。公司可能会从中支取资金用于投资其他项目，但如果留在投资池中，那么它的收益率就是 l，也就是机会成本。MARR 不是与借入利率有关就是与贷出利率有关。为了说明这三者间的关系，定义以下变量：

k＝借入利率（或资本成本）

l＝贷出利率（或机会成本）

i＝MARR

一般来说，我们预计 $k \geqslant l$。我们使用别人的资金所需支付的成本必定大于我们把钱借给别人所能获得的收益（除非我们是专门的贷款机构）。所以 MARR 处于 l 和 k 之间。我们可以通过一个例子来更好地理解资金限额情况下确定 MARR 的思路。

例 14—10

作为预算函数的 MARR 确定

Sand Hill 公司有 6 个寿命期为一年的投资项目机会。公司将所有潜在接受项目信息列表表示，见表 14—2。表中显示各项目一年寿命期内的净现金流量和 IRR，并根据 IRR 从大到小对项目进行排序。

表 14—2　　Sand Hill 公司的投资机会和 IRR 估计

项目	现金流量（美元）		IRR（%）
	A0	A1	
1	−10 000	12 000	20
2	−10 000	11 500	15
3	−10 000	11 000	10
4	−10 000	10 800	8
5	−10 000	10 700	7
6	−10 000	10 400	4

设 k 为 10%，预算额在 60 000 美元内保持不变，l 为 6%。假设公司具有：(a) 40 000 美元；(b) 60 000 美元；(c) 0 美元可用于投资，分别计算每种情况下合适的 MARR。

解：

已知：资本预算和项目情况。

求：各种预算下合适的 MARR。

在资金限额的前提下计算合适折现率（MARR）的步骤如下。

步骤 1：形成作为资本预算函数的公司资本成本筹划。例如，当融资金额增加时，资本成本也相应增加。同时如果有余留现金可以外借或者继续投资于公司的投资池，确定企业贷款的利率。

步骤 2：通过在不同收益率下企业的可投资额，描绘企业的投资机会筹划，如图 14—5 所示。

(a) 如果公司有 40 000 美元的可投资资金，应该投资项目 1，2，3，4。当然，从市场上以 10%的利率借来资金投资于项目 5 或项目 6 是不值得的。这里，最优否决项目是项目 5，最差可接受项目是项目 4。如果将机会成本视为最差可接受项目的成本，那么最低吸引力收益率为项目 4 的收益率 8%。

(b) 如果企业具有 60 000 美元的资金，就应该投资项目 1，2，3，4 和 5。最后 10 000 美元可以用于发放贷款，收益率为 6%，好于投资项目 6。在这种情况下，最低吸引力收益率为贷款利率，即 MARR$=l=$6%。

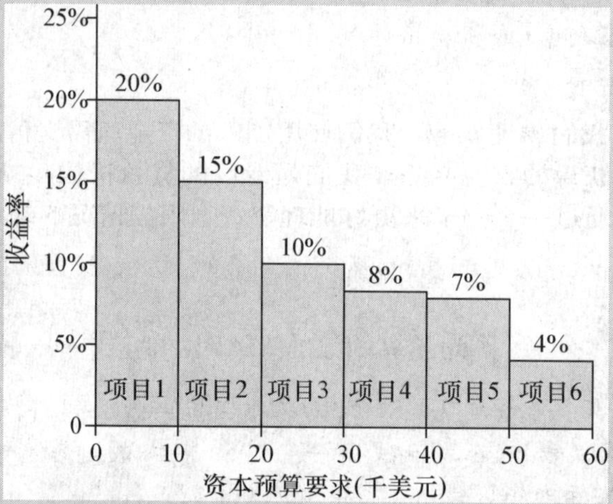

图14—5 投资机会筹划，按收益率排序（例 14—10）

(c) 如果企业没有任何可投资金，那么只能通过借款方式投资于项目 1 和项目 2。当然企业也可以借款投资项目 3，但是除非考虑其他因素，两种方式产生的未来现金流量没有区别。在这种情况下，最低吸引力收益率 MARR$=k=$10%，因此，当未来投资机会完全确定时，我们可以认为 $l\leqslant$MARR$\leqslant k$。图 14—6 描述了在资金限额的情况下选择适当 MARR 的思路。

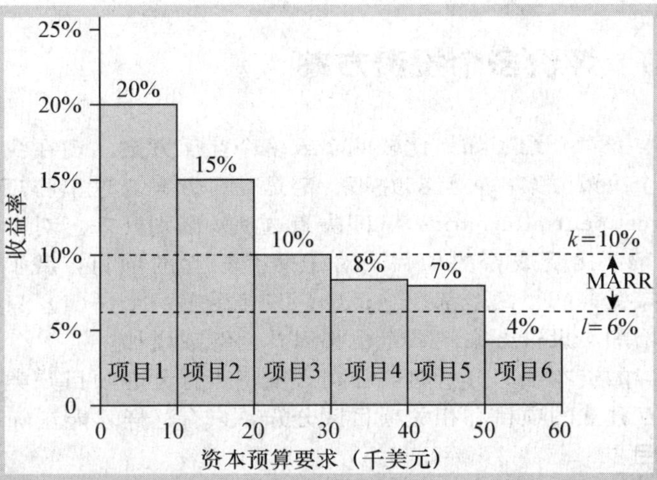

图 14—6　在资金限额条件下，作为预算函数的 MARR 的范围（例 14—10）

说明：如果资本预算没有限额，那么 MARR＝贷款利率；如果没有可用资本预算，但是你可以借到资金，那么 MARR＝边际资本成本。

评注：为简化起见，本例假设所有投资项目的时间是相同的，即在初始时点 0。如果各项目需要若干期的投资时间，分析将变得非常复杂。在选择合适的 MARR 时，必须同时考虑投资金额及其时间分布。[9]

总之，如果企业通过借款进行项目投资，那么 MARR＝k；如果企业是放债人，那么 MARR＝l。一家公司可能在某一时期是放债人，另一时期是借款人；相应地，适合采用的收益率会随着时期的不同而变化。实际上，企业是放债人还是借款人很大程度上取决于它的投资决策。

在实践中，大多数公司对所有的投资项目都设立了一个单独的 MARR。例 14—10 中我们假设投资机会具有**完全确定性**（complete certainty），如果在经济环境不确定性较高的情况下，MARR 将高出公司的资本成本 k 许多。例如，如果 k＝10%，那么 MARR＝15%并不会被认为过高。由于风险因素的存在，很少有公司愿意投资盈利仅仅是略高于其资本成本的项目。这种 MARR 中考虑风险因素的方式，也就是我们在第 12 章中讨论过的风险调整折现率。

如果公司有许多现在的或未来的机会能够获得期望的收益，那么 MARR 可看作公司愿意投资的最低收益率；我们也可以假设现有投资的收益，可以通过再投资获得 MARR。另外，如果我们选择了“无”方案，所有可用资金的投资收益为 MARR。在工程经济学中，我们通常将风险问题从 MARR 概念分离出来。正如第 11 章所阐述，我们只在必要时考虑风险的影响。

14.4　资本预算

本节将讨论项目是否应该纳入资本预算的决策过程，尤其是在资金限额的情况下评价多个投资方案时运用的决策过程。

14.4.1 评价多个投资方案

第4，5，6章介绍了如何比较两个或多个互斥方案。现在我们要把比较方法扩展至一组多个决策方案中，且其并不一定是互斥方案。这里将**项目**（project）和**投资方案**（investment alternative）（即决策选项）区别开来。对于一个项目，我们有两个决策方案：接受或否决项目。对于两个独立的项目，我们有四个投资方案：（1）两个都接受；（2）两个都拒绝；（3）只接受第一个；（4）只接受第二个。随着相关项目的增加，投资方案的数量也将以几何级数增加。

进行正确的资本预算分析时，公司必须将所有考虑项目归类为决策方案。归类首先要将相互独立的项目和相关项目区分开，只有这样才能正确地列出方案。

独立项目

一个自身被接受或拒绝对于其他项目的接受与否不会造成影响的项目叫做**独立项目**（independent project）。例如，购买铣床、办公家具和铲车构成了三个独立项目。项目间只有经济上相互独立才能进行独立评价。（预算约束可能导致一个或多个独立项目被拒绝；外部约束条件不会改变项目的独立性。）

相关项目

在许多决策问题中，许多投资项目都是与其他项目相关联的，即一个项目被接受与否会影响到对其他项目的决策判断。互斥项目和或有项目是两种典型的相关项目。如果接受一个项目同时也必须接受其他项目，那么我们说这两个或两个以上项目是**依存关系**（contingent）。例如，购买电脑打印机就必须购买电脑，但是在购买电脑时可以不买打印机。

14.4.2 形成互斥方案

投资项目的选择可看作从一组互斥方案中选取一个决策方案的问题。每个投资项目都是一个投资方案，但是一个投资方案可能涉及一组投资项目。处理多种项目关系的通常做法是组合投资项目以便于只从互斥方案中做出决策选择。为了获得这些互斥方案，需要列出所有可行的项目组合。

独立项目

已知若干独立投资项目，可以很容易列举出互斥方案。例如，在表14—3中，两个项目（A和B），有4种决策方案，包括无项目方案。

表14—3 列举独立项目的互斥投资方案

投资方案	描述	X_A	X_B
1	拒绝A，拒绝B	0	0
2	接受A，接受B	1	0
3	拒绝A，接受B	0	1
4	接受A，拒绝B	1	1

X_j表示与投资项目j有关的决策变量。如果$X_j=1$，表示接受项目j；如果$X_j=0$，表示拒绝项目j。因为接受这些方案中的一个方案也就排除了其他的，所

以这些方案都是互斥的。

互斥项目

假设两个独立的项目组（A 和 B）。每组有两个互斥项目（A1，A2）和（B1，B2）。选择 A1 或 A2 同选择组 B 中的任何项目是独立的。也就是说，你可以同时选择 A1 和 B1，但你不能同时选择 A1 和 A2。对于这些投资项目，它们的互斥方案如表 14—4 所示。我们可以看到，包含互斥项目的两个独立组共有 9 种不同的决策方案。

表 14—4　　列举相关项目的互斥方案

投资方案	(X_{A1}, X_{A2})	(X_{B1}, X_{B2})
1	(0，0)	(0，0)
2	(1，0)	(0，0)
3	(0，1)	(0，0)
4	(0，0)	(1，0)
5	(0，0)	(0，1)
6	(1，0)	(1，0)
7	(0，1)	(1，0)
8	(1，0)	(0，1)
9	(0，1)	(0，1)

依存项目

假设接受 C 的前提条件是接受 A 和 B，接受 B 的前提条件是接受 A，则决策方案数量如表 14—5 所示。因此，对于一定数量的独立、互斥或者依存项目，通过逻辑排列项目容易列举出一组互斥投资方案。

表 14—5　　列举依存项目的决策方案

投资方案	X_A	X_B	X_C
1	0	0	0
2	1	0	0
3	1	1	0
4	1	1	1

这种列举方法的难点在于，当项目数量增加时，互斥方案的数量将以指数增加。例如，10 个独立项目的互斥方案数为 2^{10}（即 1 024）个。20 个独立项目就有 2^{20}（即 1 048 576）个方案。当决策方案的数量不断增加，就必须利用数学规划求解投资问题。值得庆幸的是，实践中同一时间需考虑的工程项目数量通常是可控的，所以运用列举法是切实可行的。

14.4.3　资金限额下的资本预算决策

前面提到过，资金限额指可用资金无法满足所有项目的所需投资资金的情况。在这种情况下，我们需要列出所有的投资方案，但可以从中剔除投资超过资本预算的那些互斥方案。最有效的处理这类资金限额问题的方法是，选择能够使未来现金流量对于所需投资支出的净现值最大的项目组合。例 14—11 描述了资金限额情况下最优资本预算的思路。

例 14—11

资本预算约束下的四个节能项目

一家电子器件企业的设备部门正在研究四个节能项目，分别是：

项目 1：电机。这一项目需要用高效率的电机更换一栋特殊建筑里现有空调设备和排风机中的标准效率电机。

项目 2：建筑外墙包装。这一项目是在建筑物现有门窗内表面涂上低辐射太阳膜。

项目 3：空调系统。这一项目需要在建筑现有的通风装置和通气管道之间安装热交换器。

项目 4：照明系统。这一项目需要卸除建筑物原有的天花板格栅灯槽，取而代之，安装镜面反射罩。

这些项目需要的资金基本在 50 000～140 000 美元范围内，大约有 8 年的使用寿命。设备部门的第一项工作是预测这些节能项目给企业带来的年节省费用。当时企业支付的电费为 7.8 美分/千瓦时和 4.85 美元/千立方英尺。假设这一能源价格将在未来的 8 年内保持不变，公司对未来每个项目的现金流量和 IRR 分别做了预测，如下表所示。

项目	投资额（美元）	年运营和维护成本（美元）	年节省（电量）	年节省费用（美元）	IRR
1	46 800	1 200	151 000 千瓦时	11 778	15.43%
2	104 850	1 050	513 077 千瓦时	40 020	33.48%
3	135 480	1 350	6 700 000 立方英尺	32 495	15.95%
4	94 230	942	470 738 瓦时	36 718	34.40%

由于每个项目可以单独采纳，因此投资项目的任意组合都可形成决策方案。为了方便起见，假设所有项目是相互独立的（相反的情况则是互斥的），并且风险程度相同，风险大小与企业平均现存资产相等。

（a）计算节能项目的最优资本预算。

（b）目前会计年度，节能改造基金总共批准 250 000 美元的资金，在没有公司总部额外资金调配的情况下，设备部门没有足够的资金实施所有这四个项目。列出所有的决策方案并选择最优方案。

解题思路：在不知道边际资本成本的情况下，还不能计算净现值。因此，首要任务是形成**边际资本成本**（marginal cost of capital，MCC）变化图，用来显示在一个给定年份中募集更多资金时，资本成本的变化情况。图 14—7 显示了某公司的边际资本成本。第一个 100 000 美元的募集成本为 14%，下一个 100 000 美元的募集成本为 14.5%，再之后的 100 000 美元为 15%，超过 300 000 美元的募集成本为 15.5%。然后绘出各个项目的内部收益率 IRR 数据，此做法称为**投资机会预算**（investment opportunity schedule，IOS）。IOS 图显示出对于不同的投资收益率，企业可能投资多少资金。

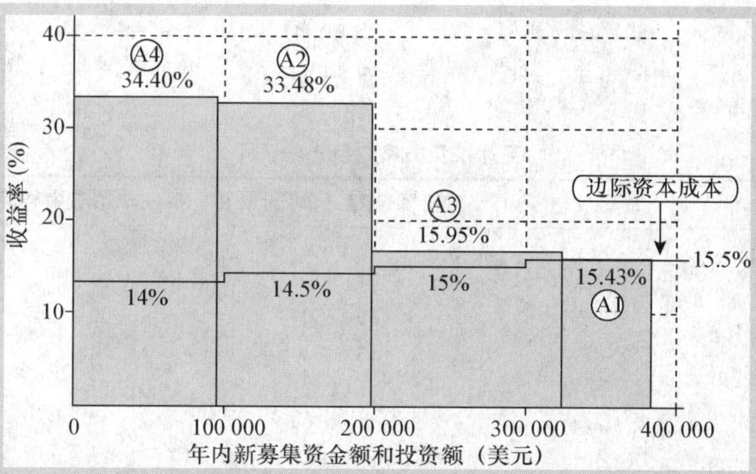

图 14—7　结合边际资本成本变化和投资机会筹划曲线确定公司的最优资本预算（例 14—11）

解：

已知：四个节能项目的内部收益率 IRR。

求：最优资本预算。

(a) 如果项目可以部分接受时的最优资本预算。

项目 A4 的内部收益率为 34.40%，所募资金成本为 14%，因此应该接受该项目。同样，项目 A2 和项目 A3 也可以接受，因为这些项目的内部收益率都超过所需的边际资本成本。相反，项目 A1 应该拒绝，因为其内部收益率低于边际资本成本。所以，如果资金预算总额为 334 560 美元，该公司应该接受项目 A2，A3，A4，因为三个项目的收益率均高于融资的资本成本，因此该预算额即为最优资本预算。

图 14—7 中，虽然在为项目 A3 融资时，边际资本成本发生两次变化（先由 14.5% 上升至 15%，再由 15%上升至 15.5%），但对 A3 项目的可接受性决策保持不变，因为其项目收益率始终高于边际资本成本。如果发生 MCC 曲线截断项目 A3 预算线的情况，应如何分析？例如，假设募集资金额度超过 300 000 美元后，边际资本成本上升到 16% 而不是 15.5%，导致 MCC 线穿过项目 A3 预算线。

我们应该接受项目 A3 吗？如果项目 A3 可以部分实施，我们仅最多实施项目的 74.49%。

(b) 如果项目不可以部分接受时的最优资本预算。

如果项目不能部分实施，我们就必须在预算限额内先枚举出各种可行的投资决策方案。如表 14—6 所示，四个独立的项目可组成 16 种互斥的投资决策方案，包括无项目方案。然而，投资决策方案 13，14，15 和 16 由于整体投资额将超过预算限额 250 000 美元，因此不可行，我们只需要考虑方案 1～12。

但边际资本成本变化时，如何比较这些方案呢？回顾图 14—7，如果首先考虑项目 A1，它可以接受，因为 15.43%的收益率高于 14%的资本成本。但我们为什么不能这么做？答案是，我们的目标是收益超过成本最多，即最大化图中高于 MCC 曲线但低于 IOS 曲线的区域。因此我们必须先接受盈利性最高的项目。按照这一思路，只要预算允许，应先接受项目 A4，其次是项目 A2。这两个项目共需要资金 199 080 美元，剩余可用资金为 50 920 美元。现在的问题是，“怎么运用这部分资金？”当然，这些金额无法满足项目 A3 的资金需求，但可以满足项目 A1。在项目 A1 所需资金募集范围内，其收益率仍大于边际资本成本（15.43%>15%）。因此除非剩余资金的收益率高于 15.43%，否则方案 12 即为最优资本预算（见图 14—8）。

表 14—6　　互斥决策方案（例 14—11）

j	方案	所需预算（美元）	年总节省费用（美元）	
1	0	0	0	
2	A1	(46 800)	10 578	
3	A2	(104 850)	38 970	
4	A3	(135 480)	31 145	
5	A4	(94 230)	35 776	
6	A4，A1	(141 030)	46 354	
7	A2，A1	(151 650)	49 548	
8	A3，A1	(182 280)	41 723	
9	A4，A2	(199 080)	74 746	
10	A4，A3	(229 710)	66 921	
11	A2，A3	(240 330)	70 115	
12	A4，A2，A1	(245 880)	85 324	最优方案
13	A4，A3，A1	(276 510)	77 499	不可行方案
14	A2，A3，A1	(287 130)	80 693	不可行方案
15	A4，A2，A3	(334 560)	105 891	不可行方案
16	A4，A2，A3，A1	(381 360)	116 469	不可行方案

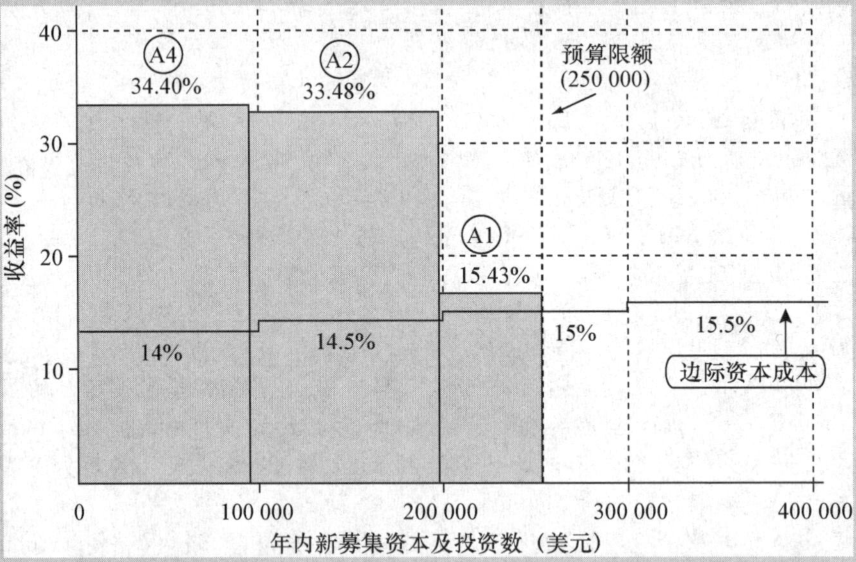

图 14—8　资本预算限额 250 000 美元时，决策方案 12 的资本预算过程中合适的资本成本为 15%

评注： 例 14—10 中，MARR 根据对于投资机会预算的资本限额来确定。公司可以根据投资情况来借款或贷款，本例没有明确假设借款情况。

习　题

＊融资方式

14.1　世界光学公司（The Optical World Corporation）主要制造周边视觉存储系统，需要 1 000 万美元推广新产品。公司主要考虑两种融资方式：普通股和债券。如果公司决定通过发行普通股募集资金，发行成本是 6%，股票价格为 25 美元。如果公司决定通过债券融资，债券面值为 1 000 美元，期限 10 年，利率 12%，发行成本为 1.9%。

（a）计算权益融资发行成本以及为募集 1 000 万美元需发行的股票数量。

（b）计算债务融资发行成本以及为募集 1 000 万美元需发行的面值为 1 000 美元的债券数量。年利息支付为多少？

14.2　Edison 电力公司现经营一处 20 年前安装了燃煤涡轮机的发电设施。由于设施老化，去年发生了 65 次运行中断并且在过去的 7 年中发生了两次爆炸。Edison 计划报废现有设施，安装新的蒸汽发电设施，其单位燃料的电力产出比原设施更高。

新的 50-MW 蒸汽涡轮机设施的燃料主要是气化煤、木料、农业废料，建造成本为 6 500 万美元。公司考虑通过三种方式来募集资金：45%的普通股，10%的优先股（6%的现金股息），45%的借款。发行成本如下：

融资来源	发行成本	价格	面值
普通股	4.6%	32 美元/股	10 美元
优先股	8.1%	55 美元/股	15 美元
债券	1.4%	980 美元	1 000 美元

（a）募集 6 500 万美元的发行成本为多少？

（b）为募集 6 500 万美元，需发行的股数（包括普通股和优先股）和债券数量。

（c）如果 Edison 每年普通股的现金股息为 2 美元/股，债券年利率为 12%，公司需要多少现金来履行这些义务？（当公司分配普通股现金股息时，优先股股东都能获得面值 6%的股息。）

＊资本成本

14.3　Sweeney 纸业公司计划发行价值 1 000 万美元的长期债券，利率为 11%。面值为 1 000 美元债券的发行价能使投资者获得 13%的到期收益。发行成本为 1.9%。如果 Sweeney 公司的边际税率为 35%，那么它的年税后债务成本为多少？

14.4　Delta 化学公司预计未来的资本结构如表 14—7 所示。

表 14—7

税后融资来源	总资本占比	税前成本	成本
债务	30%		
短期	10%	14%	
长期	20%	12%	
权益	70%		
普通股	70%		30%

发行成本已经计入各类成本中，边际所得税率预计保持在 40%。

（a）计算资本成本（k）。

（b）如果无风险利率为 6%，标普 500 指数的平均收益率为 12%，$\beta=1.2$，根据资本资产定价模型计算权益成本。

(c) 根据 (b) 中得到的权益成本计算资本成本。

* 资本预算

14.5 DNA 生物工程公司目前有 7 个研发项目要募集资金，每个项目的研发期为 3～5 年。表 14—8 中的 IRR 数据，表示将研发成果卖给制药公司的特许权收益要求。DNA 公司只能募集 1 亿美元。公司的借款利率为 18%，贷款利率为 12%。哪些研发项目应当纳入预算？

表 14—8

项目	投资额（百万美元）	内部收益率要求（%）
1. 疫苗	15	22
2. 化学碳水化合物	25	40
3. 反义分子	35	80
4. 化学合成	5	15
5. 生物抗体	60	90
6. 多肽化学	23	30
7. 细胞移植/基因治疗	19	32

[注释]

[1] "Disney's Shanghai Park Plan Advances," by James T. Areddy and Peter Sanders, *The Wall Street Journal*, January 9, 2009.

[2] 融资租赁是一种混合融资方式，已在 9.4.3 节有所讨论。

[3] 与权益融资的股息支付是可选择的不同，债务利息和本金（面值）必须及时偿还。此外，未来的经营收益和费用预测也存在不确定性。在经营不好的时期，债务影响是毁灭性的；而在经营好的时期，可以利用利息的抵税作用增加所有者收益。

[4] 由于固定成本的存在，募集金额小的项目发行成本要高于募集金额大的项目。无论金额大小，固定成本必然发生，所以发行成本的比率随着募集规模的变小而上升。

[5] 用非常精确的方法估算资本成本是很困难的。

[6] 在查看股票清单时，我们很难确定第 1 年的股息 D_1，但是我们可以确定最近一期的股息分配 D_0。根据预期增长率为 g（从现在到第 1 年年末），D_1就可以表示为 $D_1=D_0(1+g)$。

[7] An excellent discussion of this subject matter is found in Robert C. Higgins, *Analysis for Financial Management*, 5th ed. Boston: Irwin/McGraw-Hill, 1998.

[8] Value Line 报告涵盖了 5 000 家上市公司，并且数量还在不断增加。该报告主要提供以下信息：(1) 总资产；(2) 总负债；(3) 总权益；(4) 长期负债占总资本比率；(5) 权益占总资本比率；(6) 融资优势（用来确定利率）；(7) β值；(8) 投资收益率。

[9] This is certainly beyond the scope of any introductory engineering economics text, but can be found in C. S. Park and G. P. Sharp-Bette, *Advanced Engineering Economics*. New York: John Wiley, 1990.

第15章

服务部门的经济分析

学习目标

通过本章学习，应该掌握以下概念：

- 如何为服务定价。
- 如何评价医疗卫生领域的投资项目。
- 如何进行费用—效益分析和费用—效果分析。

印第安河盐水湖南部工程[1]

马丁和圣卢西亚县——佛罗里达的"黄金海岸"——环绕着佛罗里达州最富饶并且污染最严重的河口区域之一，印第安河盐水湖和圣卢西亚河口区。作为超过4 300个动植物物种的家园和年经济贡献超过7.3亿美元的地区，它将会从水资源的恢复和保护中受益。

目前印第安河盐水湖南部（IRL-S）水资源恢复工程开始在该区域实施，目的是扭转日益严重的污染破坏以及向这些生态上至关重要的水体注入淡水从而恢复该区域淡水与咸水的平衡比例，净化污水，使消失的动物栖息地重现生机。

IRL-S水资源恢复工程是更大更系统的佛罗里达综合湿地恢复计划（CERP）的一部分，该计划旨在恢复、保护和保持佛罗里达中部和南部的湿地，包含了涉及广阔的基西米湖和奥基乔比湖分水岭以及印第安河盐水湖区的大量工程。当所有工程实施后，自然环境将会明显改善。

从1996年到2004年，南佛罗里达水资源管理局（SFWMD）和美国陆军工程兵团一起实施了IRL-S可行性研究。积极的公共参与也有助于形成解决区域面临问题的最终计划。IRL-S最终的项目执行报告和环境影响分析被递交到国会，并得到

2007年《水资源发展法案》（WRDA）的授权，其预算是12亿美元，计划于2015年完工。

IRL-S 恢复工程特征和效益

- 项目完成之后每年可带来效益1.59亿美元：
- 12 000英亩的地上储存区域；
- 9 000英亩的人造湿地；
- 90 000英亩的自然区域，包括53 000英亩的恢复湿地，还有额外的水资源储存；
- 90英亩的适宜水生植物生长的人工水下栖息地；
- 922英亩修复的水生植物栖息地；
- 900万立方码的淤泥被清除；
- 长期减少41%的磷；
- 长期减少26%的氮；
- 在圣卢西亚河流域创造出2 650英亩的生物栖息地；
- 889英亩得到修复的牡蛎栖息地；
- 通过提高淡水资源的供应，农业效益增加610万美元。

总费用估算：

- 初始建设成本：1 207 288 000美元；
- 建设期间的投资成本：103 987 398美元；
- 年运营、维护和修理费用：6 144 700美元。

美国陆军工程兵团基于什么理由通过了IRL-S项目？到目前为止，本书主要关注美国经济制造业部门相关问题的经济分析，这样做的主要原因是有许多工程师在这一部门工作。然而，越来越多的工程师现在正在服务部门寻找他们的职业机会，比如医疗卫生、金融机构、交通和物流以及政府部门。本章将介绍一些服务部门投资项目评价的特征。

15.1 什么是服务部门[2]

美国经济的服务部门在国内生产总值（GDP）和就业中占有份额最大。它同时也是经济体系中增长最快的一部分，并为工程师改进生产效率提供了最多的机会。例如，如图15—1所示，服务业目前提供了美国接近80%的就业，远远超过制造业（14%）和农业（2%）。

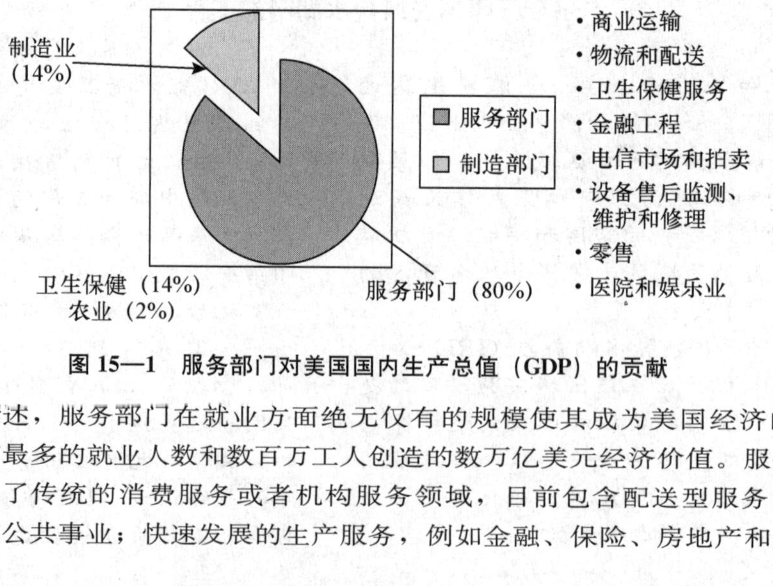

图15—1 服务部门对美国国内生产总值（GDP）的贡献

如前所述，服务部门在就业方面绝无仅有的规模使其成为美国经济的关键部分，它拥有最多的就业人数和数百万工人创造的数万亿美元经济价值。服务部门已经远远超出了传统的消费服务或者机构服务领域，目前包含配送型服务，例如运输、通信和公共事业；快速发展的生产服务，例如金融、保险、房地产和广告；批发和零售；非营利部门，包括健康、慈善和教育；政府部门。服务部门的技术应用可以促进技能退化（亦即自动化）。然而，安全可靠的美国服务业既为整个国家提供了大部分关键基础设施，也为世界的商业发展提供了保障。随着过程和运营的变革，为了更好地保障关键服务的安全性和可靠性，大量的新挑战也随之产生。上述变化均导致在基础设施领域的大量投资，都要求进行详细的经济分析。

15.1.1　服务部门的特征

服务部门项目评价与制造部门不同的一些特征总结如下。

● 服务一般是无形的，即“任何服务的经济价值都是看不到、摸不着的”。

● 通常来说不可能建立服务的库存。要么服务需求被积压，要么需求产生时立即提供足够的资源满足需求。

● 与制造产品相比，服务更加动态并对需求更加敏感。这也意味着在服务业中变化和风险都是更为关键的问题。的确，金融风险管理本身就是一项十分重要的服务。

● 许多服务（比如医疗服务和设备修理）在服务提供开始都需要一个诊断的步骤。许多情形下合作生产（比如服务人员和顾客之间的协作）也很必要。

● 与制造产品相比，服务产品通常不够标准化，且并非严格服从设计要求，因为其产出是根据消费者的需要提供。因此这也使得我们难以区分服务产品设计和产品的生产及配送。

● 与那些有形产品相比，服务质量的区分更加微妙和易受主观影响。不仅是因为服务的参数难以表达，还因为顾客对满意和价值的感知也起着重要的作用。

● 与制造业相比，大部分服务经营都是劳动力密集型的。

● 与制造业相比，服务经济中有很大一部分政府及机构的实施行为。

● 信息技术对服务业来说十分重要。通常来说，它是大大提高人工服务效率的唯一重要方法。

当然，本书的目的不是说明服务部门的方方面面，仅是介绍工程师通常面对的一些经济分析问题。

15.1.2　服务定价的困难

服务改进可以包含方方面面。例如，对 UPS 公司或联邦快递公司（FedEx）这样的快递服务商来说，减少接送货总时间的任何措施都可以视为服务的改进。对航空公司来说，按时起飞和到达，登机行李错误率的降低，以及在登机口的快速登机，都可以视为重要的服务参数。因为这些因素可以使航班乘客感到满意，转而会促进业务量的增长。因此，与改进服务相关的一个关键问题是，“服务提供商通过为供应商和顾客改进其服务可以获得什么好处？”如果服务的改进可以用货币度量，经济分析也就变得相当明确：如果服务改进所带来的净效益增加超过投资费用，项目就是可接受的。对于这种决策问题，我们可以运用第 4 章到第 6 章介绍的任何一种投资评价指标进行分析。

改进服务是一回事，为服务定价是另一回事。它比为产品定价更加困难，因为服务的效益大多是无形的，并且服务公司通常缺少标准化的单位成本内容。当一家公司为其销售的设备设计售后服务合同时，可以根据客户的服务需求进行分类，而不是根据客户规模、行业或者设备类型。公司随后开始定价、签订合同并且监督该服务的提供能力是否具有费用—效果性。[3] 例如，根据需求水平对顾客分类，通常有三种类型："基本需求者"需要的是标准化水平的服务，即具备基本的检查和定期维护。"风险规避者"寻求的是避免大额账单，而对于其他细节不是特别在意，比如响应时间。"掌控一切者"通常需要更高水平的服务，要求具备快速可靠的响应时间，并且他们愿意为这种特需服务买单。因此，为了最大化收益，服务类公司需要采取一种更加仔细并且基于事实的方法来为其服务进行设计和定价，以此从服务业务中取得更大的价值（见图 15—2）。

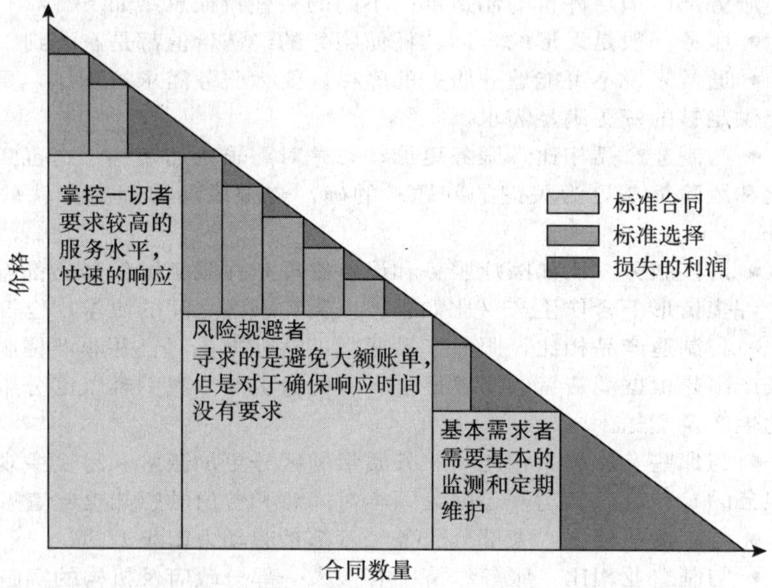

图 15—2　怎样挽回损失的利润

说明：通过用合适的服务方案将顾客分为三类，公司就可以挽回大部分损失的利润。比如确保响应时间、远程设备监测或者延长保证期。

本章中我们所关心的服务类型问题主要有：（1）非营利组织（例如医院）或卫生保健领域的公共政策制定者所遇到的问题；（2）公共部门的相关经济决策问题。下一节将介绍卫生保健服务行业中普遍采用的一些决策工具。公共部门的经济分析将在 15.3 节加以讨论。

15.2　卫生保健服务的经济分析

若各领域都算在内，卫生保健服务业 GDP 的比重为 14%～15%。显然，美国卫生保健行业是最大且科研密集程度最高的行业之一。因此，美国的医疗知识也正以令人惊讶的速度扩张，美国人享有其他国家难以匹敌的医疗科技优势。与此同时，国家卫生保健体系却没能提供高质量的服务：接受和提供医疗服务的差距很大，医疗事故较多，费用不断上升，资源很少用于优化医疗经营体系和改善卫生服务。

15.2.1　经济评价工具

经济评价可以为决策提供信息，例如：

- 我们提供（或者改进）的是什么服务？何时提供？以什么样的水平？
- 如何提供服务？
- 在哪里提供服务？
- 服务提供或者改进的成本是什么？

卫生保健服务项目的经济评价方法有以下三种：

1. **费用—效果分析**。该方法主要用于卫生经济学领域，将财务费用与以健康效果指标（例如增加寿命年限或溃疡治愈率）衡量的医疗产出进行比较。费用—效果分析（CEA）虽是卫生经济学中最广泛使用的经济分析方法，但当不同的措施所具有的医疗效果不同时，不能采用 CEA 进行比较。

2. **费用—效用分析**。这种方法与费用—效果分析相似，即有确定的产出结果并且实现产出的费用可以用货币度量。产出可以用寿命的增加和生命质量来测算（例如质量调整生命年（QALY））。费用—效果分析可以从多种不同的干预方案中选出最有货币价值的方案，但是它不适用于针对不同卫生保健领域的比较，因为效果衡量指标可能十分不同。只要产出效果是增加的寿命年限，还可以来做比较，但是在这种情况下，费用—效果分析仍然对生命质量不敏感。为了确定何领域的卫生医疗方案能够提供最好的健康改善效果，需要采用费用—效用分析[4]来测算跨领域的健康效果。

3. **费用—效益分析**。如果需要了解干预措施导致资源节省方面的相关信息，就需要进行费用—效益分析（CBA）。与费用—效用分析类似，费用—效益分析也有其自身的缺点。在费用—效益分析中，效益指的是干预措施所带来的经济效益，因此，费用和效益都是以货币来计量的，费用—效益分析也就忽略了难以用货币衡量（但是十分重要）的无形效益（比如痛苦和焦虑的减轻）。虽然该分析方法的优点是可以针对卫生保健领域在不同方案之间进行比较，但在卫生经济学中并没有得到广泛运用。

15.2.2　费用—效果分析

在费用—效果分析中，产出是用一个单独的单位衡量的。费用—效果分析是从经济视角比较某干预方案的费用和健康效果来评估干预行为是否值得。首先，费用—效果分析是一种特殊类型的经济分析，其中所有的费用都与单个普通效果相关。决策制定者可以通过这种方法来比较不同的资源配置方案。人们普遍的误解是费用—效果分析仅仅是找出“最物有所值”的低成本方案。实际上，费用—效果分析是一个比较工具，它不仅用来表明一个明确的选择，还可以基于有关模型定量客观地评价各种方案。费用—效果分析一般用来评价卫生保健领域的干预措施，但是其方法论也可以用于非卫生领域的经济分析。费用—效果分析可以根据可度量的产出结果比较任何资源配置方案。

费用的组成

在费用—效果分析中，通常要区分出干预措施的直接成本和间接成本。一些干预措施也会产生无形费用，虽然很难定量测算，但是也应该归为费用的范畴。这些不同种类的费用如下所示。

- **直接成本**。如药物、医疗人员工作时间、医疗设备、运输、病人所支付的费用。
- **间接成本**。如病人在接受治疗期间损失的生产时间。
- **无形费用**。如伤痛和病痛，医疗干预的副作用。

在进行费用—效果分析时，为了避免结果被曲解，明确哪种费用应该包含在内，哪种不应该包含在内是很重要的。

费用—效果比

费用—效果比就是所有费用的总和，再除以所有健康效果的总和：

$$\text{费用—效果比}=\frac{\text{所有费用之和}}{\text{所有测算的健康效果之和}} \tag{15.1}$$

健康效益不单以货币衡量，还用包含健康产出指标和货币的比率衡量。

费用—效果比应与有关预算相结合，以此来决策出最优的方案。费用—效果分析将不同的方案进行比较，并按照费用—效果比进行排序。例如有两个健康检查干预方案，方案 1 每延长一年寿命花费 10 000 美元，方案 2 每延长一年寿命花费 40 000 美元，但方案 1 要求每月做一次检查，方案 2 要求每年做两次检查。考虑到每月一次的检查执行起来不太容易，因此决策者将会为研究人群制定最合适的选择方案。有时，分析人员会将一个方案与基本方案相比较，比如“无项目”方案或者“接受一般卫生保健服务”方案。这两个方案都是有效的选择。

折现

在卫生服务投入和相关健康效益之间通常会有一个明显的时间滞后。一般来说，人们更偏好现在享受服务而在未来支付费用。为了在经济评价中反映出这种倾向性，费用通常需要折现。

独立干预项目与互斥干预项目

应用费用—效果分析时，需要区分出哪些项目相互独立和哪些项目具有相关关系。如果一个项目的费用和效果既不受其他项目的影响也不会影响其他项目，则这两个（或多个）项目是相互独立的。如果一个项目的执行会导致另一个项目费用或效果的改变，就说这两个（或多个）项目是相互依赖的。

- **相互独立干预项目**。相互独立项目的费用—效果分析要求计算各个项目的费用—效果比并进行排序。按照排序在预算允许的情况下尽可能多地选择项目。如果排名第一的项目分配资金之后还有预算剩余，就继续分配给排名第二的项目，依此类推。
- **互斥干预项目**。在实际应用中，更多的可能性是在同样状况下从不同的治疗方案、不同的剂量或治疗与预防中做出决策（即互斥的干预项目）。在这种情况下，应该使用增量费用—效果比（ΔCER）：

$$\Delta CER_{2-1}=\frac{\text{P2 费用}-\text{P1 费用}}{\text{P2 效果}-\text{P1 效果}}$$

然后根据各种项目的增量费用—效果比大小进行排序。

例 15—1 介绍了相互独立项目费用—效果分析的过程，例 15—2 则考察了互斥项目的情形。

例 15—1

相互独立项目的费用—效果分析[5]

考虑表 15—1 中所示的针对不同病人群体的三个不同项目。每个项目都有一个“无项目”方案。确定在预算约束下哪个项目可以得到资金支持。

表 15—1　三个独立项目的费用效果分析

项目	费用（美元）	健康效果（增加寿命年限）	费用—效果比
A	100 000	1 200	83.33
B	120 000	1 350	88.89
C	150 000	1 850	81.08

解：

已知：三种药物干预项目的费用和健康效果。

求：在预算约束下哪个项目可以得到资金支持？

根据费用—效果分析，项目 C 应该比项目 A 优先考虑，因为它具有更低的费用—效果比，但是为了判断哪个项目可行，还必须考虑可得资源的情况。很明显，独立项目的选择受资金预算的影响。例如，如果有 200 000 美元，我们将会选择项目 C，剩下的 50 000 美元将会用来支持项目 A（达 50%）。表 15—2 总结了预算约束下各项目的选择情况。

表 15—2　预算约束下的项目选择

可得预算（美元）	执行项目
少于 150 000	尽量满足项目 C
150 000	100%执行项目 C
150 000～250 000	项目 C，剩下的预算支持项目 A
250 000	项目 C 和 A
250 000～370 000	项目 C 和 A，剩下的预算支持项目 B
370 000	所有三个项目：A，B，C

例 15—2

互斥项目的费用—效果分析

考虑表 15—3 中所列五种互斥药物干预项目的费用和健康效果。选出最优干预项目。

表 15—3　互斥项目

项目	费用（美元）	效果（增加寿命年限）	费用—效果比（每增加一年寿命的费用）	增量费用—效果比
P1	125 000	1 300	96.15	96.15
P2	100 000	1 500	66.67	−125
P3	160 000	2 000	80.00	120
P4	140 000	2 200	63.63	−100
P5	170 000	2 600	65.38	75

解：

已知：五种药物治疗项目。

求：增量费用—效果比和最优项目。

● 如果资金没有限制，很明显P5是最优项目，因为其增加寿命年限是最大的。

● 因其与“无项目”相比，效果最差的项目（P1）具有相同的费用—效果比（CER）和增量费用—效果比（ICER）：

$$\Delta CER_{1-0}=\frac{125\ 000-0}{1\ 300-0}=96.15$$

● 将项目P1和P2比较，可得

$$\Delta CER_{2-1}=\frac{\text{P2 费用}-\text{P1 费用}}{\text{P2 效果}-\text{P1 效果}}=\frac{100\ 000-125\ 000}{1\ 500-1\ 300}=-125<96.15$$

● 项目P2具有负的增量费用—效果比，意味着采用项目P2而不是P1会产生寿命的增加和费用的降低这一效果，这也意味着P2比P1具有优势。因此，在这一步的分析中我们可以排除项目P1。

● 将项目P2和P3进行比较，可得

$$\Delta CER_{3-2}=\frac{160\ 000-100\ 000}{2\ 000-1\ 500}=120>66.67$$

项目P3的增量费用—效果比是120，说明与项目P2相比，每增加1年的寿命要花费120美元。因此，在项目P2与P3之间没有明显的优劣。

● 将项目P3与P4比较，可得

$$\Delta CER_{4-3}=\frac{140\ 000-160\ 000}{2\ 200-2\ 000}=-100<80$$

由于增量费用—效果比是负的，因此项目P4要优于项目P3。因为P4优于P3，因此在这一步的分析中我们可以排除P3。排除P1和P3之后，我们要重新计算P2，P4和P5，如表15—4所示。

表15—4　排除高费用低效果的项目之后剩余的互斥项目

项目	费用（美元）	效果（增加寿命年限）	费用效果比（每增加一年寿命的费用）	增量费用—效果比
P2	100 000	1 500	66.67	66.67
P4	140 000	2 200	63.63	57.14
P5	170 000	2 600	65.38	75.00

● 将项目P2与P4比较，可得

$$\Delta CER_{4-2}=\frac{140\ 000-100\ 000}{2\ 200-1\ 500}=57.14<66.67$$

因此，项目P4优于P2，因为P4具有更好的效果并且每增加一单位花费更低（57.14美元相比于66.67美元）。较劣的项目被排除，再次计算增量费用—效果比（见表15—5）。

● 最后，比较项目P4和P5：

$$\Delta CER_{5-4}=\frac{170\ 000-140\ 000}{2\ 600-2\ 200}=75>63.63$$

表 15—5　　排除所有的较劣项目之后剩余的互斥项目

项目	费用（美元）	效果（增加寿命年限）	费用—效果比（每增加一年寿命的费用）	增量费用—效果比
P4	140 000	2 200	63.63	63.63
P5	170 000	2 600	65.38	75.00

项目 P4 与 P5 之间没有明显的优劣。如图 15—3 所示，这两个项目都是值得资金支持的。在决策时，预算资金的规模必须考虑在内。如果预算资金是 140 000 美元，那么所有的病人都应受到 P4 项目的干预，然而如果预算资金是 170 000 美元，那么所有的病人都应受到更加有效的 P5 项目的干预。但是，如果预算是 150 000 美元，由于 P4 和 P5 的费用差额是 30 000 美元，而预算就剩余 10 000 美元，因此可以让 1/3 的病人接受项目 P5 干预，这样总花费就仍在预算之内。

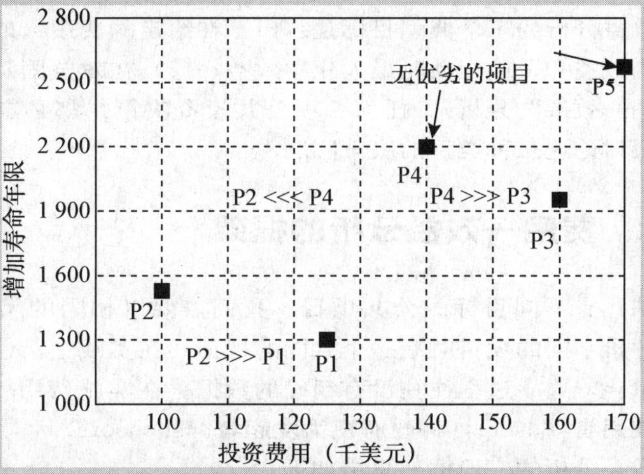

图 15—3　费用—效果图——增加寿命年限

15.3　公共部门的经济分析

在前面的章节中，我们关注的是私人部门的投资决策，这类投资的主要目标是增加公司财富。在公共部门，联邦、州和地方政府在各种公共活动中每年花费达数千亿美元，比如在本章开篇案例中介绍的环境工程。此外，各级政府都通过对个体和商业活动进行规制影响大量生产资源的利用。那么公共决策制定者是如何考虑他们的决策，以影响各种资源的有效使用，实现公共利益的呢？许多土木工程师从事各种公共工程领域，例如高速公路建设、机场建设以及水务工程。在本章开始介绍的印第安河盐水湖南部工程案例中，各个方案都要求不同水平的投资并产生不同程度的效益。机场扩建工程分析的重要一点就是用货币度量航班延误费用。换言之，规划者会问，“减少航班延误的经济效益是什么？”对航空公司而言，滑行和到达的延迟意味着增加燃料费用。对机场而言，延误意味着飞机起降的收入损失。从公众角度来看，延误意味着利益损失，因为人们不得不花费更多的时间在交通上。将投资的费用与潜在的效益进行比较就是费用—效益分析，它是经济分析的一个重要方法。

15.3.1 什么是费用—效益分析

费用—效益分析（benefit-cost analysis）是通过系统化分析公共项目的有利和不利结果，为投资决策提供有效信息的决策制定工具。从某种意义上说，我们可以将公共部门的费用—效益分析视为私人部门的盈利能力分析。换言之，费用—效益分析试图判断出一项公共活动的社会效益是否超过其社会成本。一般来说，公共投资决策涉及巨大的支出，其效益也会在很长的一段时间内产生。费用—效益分析的案例通常包括以下研究：（1）公共交通系统；（2）噪声和污染的环境规制；（3）公共安全计划；（4）教育和培训计划；（5）公共卫生计划；（6）洪水控制；（7）水资源规划；（8）国防计划。

费用—效益分析的三个典型目标是：（1）在给定的费用（或者预算）内最大化效益；（2）当效益和费用变动时最大化净效益；（3）在效益固定时最小化费用（通常称为“费用—效果”分析）。任何一项公共投资决策，都必定与其中一个目标有关，本章将会讨论这三种类型的决策问题。

15.3.2 费用—效益分析的框架

为了评估具有不同目标的公共项目，我们需要以相同的尺度测算其费用和效益，从而在评价不同的项目时有一个共同的视角。在实践中，这也就意味着将费用和效益货币量化，这一过程往往没有精确的数据。在实施费用—效益分析时，我们将公众视为**使用者**（user），将政府视为**发起者**（sponsors）。

费用—效益分析的一般框架总结如下：

步骤1：确认所有使用者因该项目所获得的效益。

步骤2：尽量将这些效益货币量化，从而不同的效益可以互相比较并与相关的费用进行比较。

步骤3：确认发起者的费用。

步骤4：尽量将这些费用货币量化以用来进行比较。

步骤5：根据项目合适的折现率，计算基期内的效益和费用等值。

步骤6：如果使用者的效益等值超过发起人的费用等值，则接受该项目。

费用—效益分析可用于公共交通运输系统、有灌溉系统的大坝、高速公路或者空中交通控制系统等项目的资源配置决策。如果项目的费用固定在某一范围，那么只需要选择效益超出费用最大的项目即可。上面归纳的步骤针对的是单个（或者独立）的项目评价。如同内部收益率评价判据，为了比较互斥方案，必须使用增量效益—费用比，具体见15.3.3节。

15.3.3 效益和费用的估值

本质上，费用—效益分析的框架与本书所讲的私人投资项目评价并没有区别。困难之处（实践中即会发现）在于如何对公共项目所有的费用和效益进行识别和估值。

使用者效益

进行费用—效益分析，首先需要确定项目给使用者带来的所有**效益**（benefits）（令人满意的结果）和**负效益**（disbenefits）（令人不满意的结果）。同时，也应考虑项目所造成的间接结果——也称为**从属效果**（secondary effects）。例如，一条新公路的建设会带来新的商业机会，比如加油站、饭店和汽车旅馆（效益），但是它也会从旧的路段上分流部分交通，结果引起旧路段的商业损失（负效益）。一旦效益和非效益得到量化，使用者效益就可定义为：

使用者效益(B)＝效益－负效益

为了确定使用者效益，我们必须区分**主要效益**（primary benefit）（直接由项目带来的效益）和**从属效益**（secondary benefit）（项目间接带来的效益）。例如，美国政府曾经想在得克萨斯州建造一座超导体研究实验室，如果该项目得以实现，它将会为该地区吸引很多科学家和工程师以及其他附属人员。该项目主要的国家效益就是研究成果商业化给美国带来的长期效益。主要的地区性效益就是研究实验活动所带来的经济效益，因为它会产生许多附属商业机会。从属效益可能包括国际贸易的增加以及由于人口增长地区生产者收入增加所带来的新经济财富。

之所以做这种区分，是为了简化分析：如果单是主要效益就足以说明项目的可接受性，那么我们就可不必花精力量化从属效益。

发起人费用

通过识别和划分所需各项支出以及实现的任何费用节省（或者收入）来估算发起人费用。发起人费用既应包括资本支出也应包括年经营成本。项目完成之后产品或服务的任何销售都会产生收入——例如，高速公路收费收入。这些收入减少了发起人费用。因此，综合上述费用因素可计算发起人费用为：

发起人费用＝资本投资费用＋运营和维护费用－收入

社会折现率

正如第 14 章所述，在私人部门的投资项目评价中，确定一个合理的 MARR 是十分关键的。在公共项目分析中，我们也需要选择一个利率，以将效益和费用进行等值换算，它称为社会折现率。公共项目评价中社会折现率的确定和私人部门最低吸引力收益率的确定同样重要。

自 20 世纪 30 年代开始在对公共水资源和相关土地开发利用的项目评价中使用现值计算以来，与私人财产市场利率相比，采用较低的折现率的做法一直沿用。在 20 世纪 50 年代到 60 年代期间，水利项目采用的折现率是 2.63%，甚至低于那一时期长期国债的收益率。水利项目之所以坚持使用较低的折现率是由于政治原因。最近几年，随着 20 世纪 60 年代绩效预算和系统分析中的利率提高，政府机构也开始考虑在公共部门中采用合适的折现率以实现整体经济的有效资源配置。目前比较流行的关于社会折现率确定的观点主要有以下两种。

1. **私人部门不存在相似的项目**。社会折现率应该仅反映政府部门的现行借款利率。一些项目，比如为控制洪水而建的大坝，非商业用途的通道以及为社区供水的水库可能都没有相应的私人参照项目。在这些领域的政府活动中，使用费用—效益分析评估时，习惯采用的折现率都是政府的借款利率。事实上，水利项目评价完全遵循这种观点。

2. **私人部门存在相似的项目**。社会折现率应反映私人部门未退出资金所获得的收益率。对那些通过借款融资对私人投资有挤出效应的公共项目而言，在确定社会折现率时，我们应该关注私人部门投资的资本机会成本。在一些与私人部门类似的公共投资项目中，其产品或者服务（比如电力）也可以在市场中销售，这时采用的社会折现率就应该是第14章讨论的平均资本成本。之所以在那些与私人部门类似的项目中使用私人部门的投资收益率作为资本机会成本，原因有：

（1）为了防止公共部门将资金从高收益投资领域转移到低收益领域。

（2）为了迫使公共项目分析人员在评价项目时采用市场标准。

管理和预算办公室（OMB）赞同第二种观点。自1992年10月以来，OMB[6]已经要求针对拟议投资和规制政策按不变价进行的费用—效益分析，应以7%的实际折现率（无通货膨胀率）估算其净现值和其他结果。这一比率接近于近几年私人部门平均投资的边际税前收益率。如果将市场中3%的通货膨胀率考虑在内，折现率就大致等于10%的市场利率。在OMB未来更新的文件中将反映出这一利率的重要变化。

15.3.4 效益和费用的量化

本章已经讨论了费用—效益分析的一般框架以及合适的社会折现率，接下来将介绍公共项目所产生的效益和费用量化的过程，案例为新泽西州发起的一个机动车检测计划。[7]

美国许多州都采用了机动车检测系统。批评人士认为这些计划缺乏效力，并且在减少死亡、伤害、交通事故和污染方面有很低的效益—费用比。

效益和费用的组成

根据图15—4的说明，新泽西州确认了新检测项目的主要效益和从属效益如下：

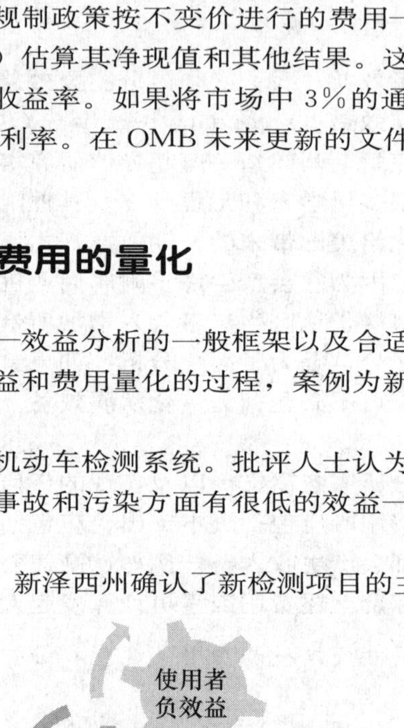

图15—4 效益和费用的组成

1. **使用者效益**。

主要效益。与机动车交通事故相关的伤亡会给个人和社会带来财务支出。通过该项检测计划避免类似成本可以产生下列主要效益：

（1）避免由于个体的死亡可能会对社会造成的贡献损失。

（2）避免个体因交通事故而需恢复的过程中所产生的生产力损失。

（3）医疗、法律和保险服务的节省。

（4）财物更新或者维修费用的节省。

从属效益。从属效益有不可度量的（比如伤痛和病痛的避免）和可度量的两种类型的效益，均应进行仔细分析。

（1）交通事故受害人的家人、朋友收入的节省，否则这些收入可能用于对受害人的照顾上。

（2）避免空气和噪声的污染[8]以及节省燃料费用。

（3）与事故调查相关的执行和管理费用的节省。

（4）伤痛和病痛的避免。

2. **使用者负效益**。

（1）进行车辆检测的时间成本（包括旅行时间），因为可以将这些时间做其他用途（机会成本）。

（2）检测付费成本。

（3）如果没有该项检测活动不会发生的修理费用。

（4）车辆修理所耗时间的价值（包括旅行时间）。

（5）重新检测的时间成本和直接支付的费用。

3. **发起人费用**。

（1）检测设施所需的资本投入。

（2）与检测设施相关的运营和维护费用。（包括所有的直接和间接人工，人事和行政管理费用。）

4. **发起人收入或者费用节省**。

检测费。

效益和费用的估值

费用—效益分析的目标是全部效益减去全部费用的等值（以现值或者年值表示）最大化。该目标是与提高居民经济福利相一致的。一般来说，公共项目的效益很难测算，而费用则较容易确定。简化起见，将以年值形式量化主要使用者效益和发起人费用。

5. **主要使用者效益计算**：

（1）由于死亡人数减少所带来的效益。重大交通事故受害人的平均收入损失的等值[9]预计为 571 106 美元/人。该州估计实施该项检测计划每年将会减少交通事故死亡人数 304 人，则潜在的费用节省是：

$$304\times 571\,106=173\,616\,224(\text{美元})$$

（2）由于财产损失减少带来的效益。每一次交通事故所造成的平均财产损失估算为 1 845 美元。这个数字包括了损坏车辆的维修费用、保险费用、诉讼和法庭受理费用、警察事故调查费用以及由于事故导致的交通延误费用。州政府估计每年的事故将减少 37 910 起，并且有 63%的事故将只会造成财产损失。因此，由于财产损失减少每年所带来的效益估算为：

$$1\,845\times 37\,910\times 0.63=44\,064\,689(\text{美元})$$

年主要效益估算合计为：

死亡人数减少的价值	173 616 224 美元
财产损失减少的价值	44 064 689 美元
合计	217 680 913 美元

2. **主要使用者负效益的计算**：

（1）将车辆送去检测所花费时间的机会成本。该成本估算为：

$$C_1=\text{检测车辆数}\times\text{平均旅行时间}\times\text{平均工资率}$$

每辆车的平均旅行时间估算为 1.02 小时，每小时的平均工资是 14.02 美元，每年检测的车辆数是 5 136 224 辆，可得

C_1＝5 136 224×1.02×14.02＝73 450 058(美元)

（2）检测费。该项成本可以根据以下公式计算：

C_2＝检测费×检测车辆数

假设每辆车的检测费是 5 美元，每年的检测费用总计为：

C_2＝5×5 136 224＝25 681 120(美元)

（3）检测过程等待时间的机会成本。该项成本可以由下列公式计算：

C_3＝平均等待的小时数×每小时平均工资率×检测车辆数

假设平均等待时间为 9 分钟（或者 0.15 小时），则

C_3＝0.15×14.02×5 136 224＝10 801 479(美元)

（4）检测过程的车辆使用成本。这些费用估算为：

C_4＝检测车辆数×每英里的车辆运行成本×往返监测站的平均英里数

假设每英里的运行成本是 0.35 美元，往返是 20 英里，可得

C_4＝5 136 224×0.35×20＝35 953 568(美元)

每年的主要负效益合计为：

项	金额
C_1	73 450 058 美元
C_2	25 681 120 美元
C_3	10 801 479 美元
C_4	35 453 568 美元
负效益合计	145 886 225 美元 （或者平均每辆车 28.40 美元）

3. **主要发起人费用的计算**：

新泽西机动车管理部门报告显示检测设施的支出为 46 376 703 美元（每年的资本恢复费用），用于检测的年经营支出是 10 665 600 美元，合计是 57 042 303 美元。

4. **主要发起人收入的计算**：

发起人的费用在很大程度上都被每年的检测收入所抵消，因此必须减去以避免重复计算。每年的检测收入等于发生在使用者身上的直接检测成本（C_2），其数值是 20 339 447 美元。

最终决策

最终，6％的折现率被视为是合理的，因为新泽西州政府通过发行 6％的长期免税债券来资助大部分公共工程。费用和效益流通过折现得到现值和年度等值数据。

根据州政府的估算，检测的主要效益估值为 217 689 486 美元，而检测的主要负效益总共是 145 886 225 美元。因此，使用者的净效益是：

使用者净效益＝217 680 913－145 886 225＝71 794 688(美元)

发起人的净费用是：

发起人净费用＝57 042 303－20 339 447＝36 702 856(美元)

因为所有的效益和费用都是以年度等值表示的，根据这些数值可以直接计算出效益超过发起人费用的程度：

71 794 688－36 702 856＝35 091 832(美元/年)

年度等值为正表明新泽西的检测系统在经济上是合理的。我们可以推断，如果将从属效益也计算在内，这个数值将会更大。（例如，为简化起见，我们没有考虑新泽西州的机动车数量增长。如进行完整的分析，这一增长因素必须考虑在内，以计算出所有相关的费用和效益的等值。）

15.3.5　公共项目分析的固有困难

从上节机动车检测计划的案例中可见，公众的效益很难以一种令人信服的方式来进行量化。以某一情况下对挽救的生命进行估值为例。理论上挽救一个生命的全部效益包含避免的保险管理费用，以及避免的法律和诉讼费用。此外，由于过早死亡（考虑年龄和性别）导致的潜在收入损失也应该考虑在内。显然，为生命赋予精确价值的困难是难以克服的。

例如，几年以前，一个50岁的商业主管在一场飞机事故中丧生。调查表明该飞机没有按照联邦指南进行合理的维护。受害人家属起诉航空公司，法院最终判定航空公司赔偿受害人家属5 250 000美元。法官计算其生命价值的依据是，假设这名主管活着，在原职位继续工作直至退休，他的余生所得收入等值将是5 250 000美元。这是一个将个体生命进行货币量化的具体案例，但显然，人的生命价值的平均估值是具有争议的。我们可以对该个案表示异议：受害人的工资足以代表他对家人的价值吗？我们是否应该将家属对他的依赖关系进行货币量化，如果这样做，这个数值又是多少呢？

又如，某地方政府打算加宽城市道路以减轻交通拥堵状况。已知该工程将由当地和州政府的税收来支持，许多州外的旅行者也将受益，决策者是否应该仅仅以当地居民的受益为判断项目的依据呢？应从哪个角度衡量效益？是市政的层面还是州的层面，或两者兼有？任何效益的测算都必须站在一定的视角进行考量。

除了估值和所持视角，还有影响费用—效益分析结论的其他许多可能因素。不像私人部门，许多公共项目的实施是由于政治压力而不仅是它们的经济效益。特别是，无论何时效益—费用比变得等于或者小于1，政府总有潜在的办法将效益数字变大以使项目看起来可行。

15.4　效益—费用比

反映公共项目价值的另一方法就是通过效益—费用比比较使用者效益（B）和发起人费用（C）。本节将讨论效益—费用比（B/C）并解释其与传统的净现值判据的关系。

15.4.1　效益—费用比的定义

费用和效益被识别和量化后，设符号B和C分别表示效益和费用的现值，则：

$$B=\sum_{n=0}^{N}b_n(1+i)^{-n} \tag{15.2}$$

$$C=\sum_{n=0}^{N}c_n(1+i)^{-n} \tag{15.3}$$

式中：b_n——第 n 期末的效益，$b_n \geqslant 0$；

c_n——第 n 期末的费用，$c_n \geqslant 0$；

A_n——$b_n - c_n$；

N——项目寿命；

i——发起人的利率（折现率）。

发起人费用（C）包括资本支出的等值（I）和以后各期产生的年经营成本等值（C'）。（请注意计算效益—费用比时符号的习惯用法。因为计算的是一个比率，所以所有的效益和费用流都以正值表示。回顾以往在进行等值计算时符号习惯写法是将现金流入量前加“＋”号，现金流出量前加“－”号。）假设在开始的 K 时期需要一系列的初始投资，而年运营和维护费用发生在以后各期。那么各部分费用的现值为：

$$I=\sum_{n=0}^{K}c_n(1+i)^{-n} \tag{15.4}$$

$$C'=\sum_{n=K+1}^{N}c_n(1+i)^{-n} \tag{15.5}$$

并且

$$C=I+C'$$

B/C 比率[10]定义为：

$$\mathrm{BC}(i)=\frac{B}{C}=\frac{B}{I+C'},\ I+C'>0 \tag{15.6}$$

如果接受一个项目，$\mathrm{BC}(i)$ 必须要大于 1。

注意 B，C' 和 I 必须是现值形式，或者以年值形式计算出这些价值，然后计算 B/C。B/C 计算结果不受影响。

例 15—3

IRL-S 项目的效益—费用比

再来考虑本章开篇案例介绍的印第安河盐水湖区项目。该项目的目的是：

- 恢复流向佛罗里达湿地的自然水资源；
- 加强对南佛罗里达地区的水供应；
- 提供持续的洪水控制。

美国陆军工程兵团估算的项目费用和效益如图 15—5 所示。

- 初始建设成本估算：1 207 288 000 美元；
- 每年的运营和维护、修理费用：6 144 700 美元；
- 年效益估算：150 000 000 美元；
- 使用的折现率：5.625%；
- 项目期限：39 年。

计算 B，C，I，C'和 B/C。

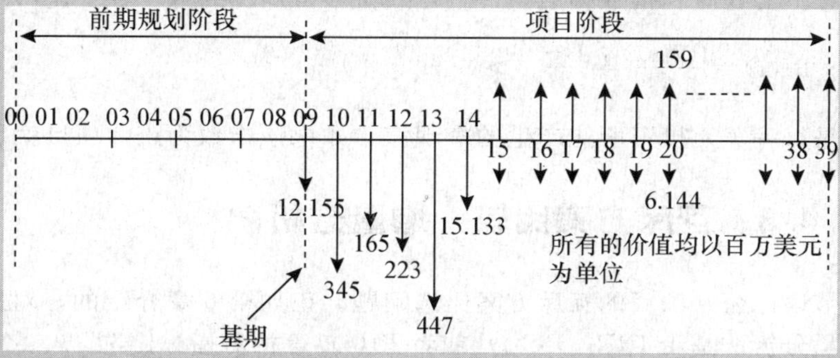

图 15—5　与 IRL—南部工程相关的项目现金流量

解：

已知：如图 15—5 所示的项目效益和费用流，$i=5.625\%$，$N=39$，$K=5$。

求：B/C。

$$B=159(P/A,5.625\%,25)(P/F,5.625\%,5)=1\,602.65(\text{美元})$$

$$C'=6.144(P/A,5.625\%,25)(P/F,5.625\%,5)=61.93(\text{美元})$$

$$I=12.155+345(P/F,5.625\%,1)+165(P/F,5.625\%,2)+\cdots+15.133(P/F,5.625\%,5)=1\,046.54(\text{美元})$$

$$C=I+C'=1\,046.54+61.93=1\,108.47(\text{美元})$$

根据式（15.6），B/C 计算如下：

$$\mathrm{BC}(5.625\%)=\frac{1\,602.65}{1\,046.54+61.93}=1.45$$

B/C 大于 1，所以使用者效益超过发起人费用。

□ 15.4.2　效益—费用比、盈利指数和净现值的关系

就单个项目而言，B/C 与净现值判据的决策结论是相同的。判别项目可接受性的 BC(i) 判据可表示为：

$$\frac{B}{I+C'}>1 \tag{15.7}$$

将上式两边都乘以（$I+C'$），并将（$I+C'$）移到左侧，可得

$$B>(I+C')$$

$$B-(I+C')>0$$

$$\mathrm{PW}(i)=B-C>0 \tag{15.8}$$

与通过净现值判据判断项目的可接受性是一样的。[11] 这就意味着在评价私人项目时我们可以用效益—费用比来代替净现值判据，或者在评价公共项目时也可以使用净现值判据。项目决策时使用任何一种方法都是一致的。回顾例 15—3：

$$\mathrm{PW}(5.625\%)=B-C=1\,602.65-1\,108.47=494.18(\text{美元})>0$$

根据净现值判据，该项目是可接受的。

注意不要与盈利指数相混淆，它是效益—费用比的另一种变化形式，定义为：

$$\mathrm{PI}(i)=\frac{\mathrm{PW}(i)}{I}=\frac{B-C}{I}>0 \tag{15.9}$$

其含义是每一美元投资所能产生的净现值。如果该指数为正，项目就是可行的。

15.4.3 互斥方案比较：增量分析

本节讨论公共项目的互斥方案比选问题。正如第 6 章介绍的，对互斥方案必须使用增量分析法基于 IRR，BC(i) 或者 PI(i) 等相对指标比选。

为了使用增量分析，我们需要求出各项（B，I'和 C'）增量，并在此基础上计算效益—费用比。过程如下：

步骤 1：如果有不止一个方案的效益—费用比大于 1，排除那些效益—费用比小于 1 的方案。

步骤 2：将余下方案按照分母（$I+C'$）从小到大的顺序进行排列。这样，分母最小的方案就记为第一个方案（j），分母第二小的方案记为第二个方案（K），依此类推。

步骤 3：计算两个方案各项（B，I 和 C'）的增量：

$$\Delta B=B_k-B_j$$
$$\Delta I=I_k-I_j$$
$$\Delta C'=C'_k-C'_j$$

步骤 4：根据增量计算 BC(i) 的值：

$$\mathrm{BC}(i)_{k-j}=\frac{\Delta B}{\Delta I+\Delta C'} \tag{15.10}$$

如果 $\mathrm{BC}(i)_{k-j}>1$，选择方案 k。反之，选择方案 j。

步骤 5：通过计算增量效益—费用比，与下一方案进行比较。[12] 继续这一过程直到最后一个方案比较结束。最后选出来的方案就是最优方案。

当遇到以下情况时，可调整上述决策过程：

● 如果 $\Delta I+\Delta C'=0$，则效益—费用比不能使用，因为这一等式意味着两个方案需要相等的初始投资和经营支出。如果出现这种情况，我们就可以直接选择效益最大的方案。

● 当要比较的公共项目具有不同的寿命期，并且项目可重复时，我们可以计算各项（B，C'和 I）的年度等值，然后应用年度等值数据进行增量分析。

例 15—4

增量效益—费用比

现有四个不同的轻轨线路长度设计方案：A1，A2，A3 和 A4，各设计方案服务寿命均为 30 年，残值均忽略不计。旅行时间节省、事故避免、排放减少等年效益和轨道系统的运营和维护费用（及初始投资成本）如下表所示：

单位：美元

设计方案	投资费用	年效益	年运营和维护费用
A1	700	80	20
A2	950	120	30
A3	1 300	160	40
A4	2 000	210	50

已知上述方案均为互斥方案，在折现率为5%的情况下哪一个方案最优？给出根据增量投资的效益—费用比得出正确结论的计算步骤。

解：

已知：I，B，C'，$i=5\%$，$N=30$ 年。

求：哪个设计方案最优？

效益—费用比的计算：首先需要计算30年期限、5%折现率情况下各方案的I，B和C'。计算如下：

设计方案	**I**（美元）	**B**（美元）	C'（美元）	BC(5%)
A1	700	1 229.80	307.45	1.22
A2	950	1 844.69	461.17	1.31
A3	1 300	2 459.59	614.90	1.28
A4	2 000	3 228.21	768.62	1.17

因为所有方案的BC(i)都大于1，所以每个方案单独来看都是可接受的。

增量分析：因为所有方案均为互斥，所以我们必须使用增量分析原则。显然，如果根据B/C比率的大小进行排序，将会得到不同方案的优先顺序。例如，如果使用根据总投资计算的BC(i)，A2则为最优方案，A4为最差方案，但这种方法是错的。通过计算增量效益—费用比，我们可以选出与净现值判据相一致的方案。

- A1与A2相比。根据无项目方案，首先排除效益—费用比小于1的方案，所以A1与A2的增量比较结果为：

$$\text{BC}(5\%)_{2-1}=\frac{1\,844.69-1\,229.80}{(950-700)+(461.17-307.45)}=1.52>1$$

因为该比率大于1，所以A2优于A1。因此，A2成为临时最优方案。

- A3与A2相比。下一步确定A3产生的增量效益是否值得。因此，A3与A2相比可得

$$\text{BC}(5\%)_{3-2}=\frac{2\,459.59-1\,844.69}{(1\,300-950)+(610.90-461.17)}=1.22>1$$

增量效益—费用比大于1，因此，A3优于A2。

- A4与A3相比。接下来，我们将A3与A4比较：

$$\text{BC}(5\%)_{4-3}=\frac{3\,228.21-2\,459.59}{(2\,000-1\,300)+(768.62-614.90)}=0.90<1$$

增量效益—费用比小于1，因此，方案A3优于A4。再无其他方案可选，所以A3就是最优方案。[13]图15—6描述了排除较劣方案的过程。

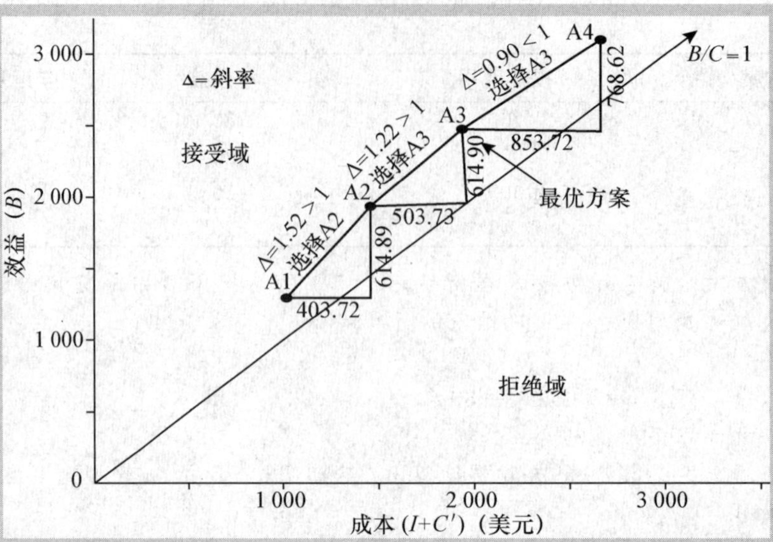

图15—6　增量效益—费用分析

说明：直线A2—A1的斜率1.52表示增量效益—费用比大于1。这对A3—A2也同样成立，但是对直线A4—A3则不成立，因此方案A3就是最终的选择。

15.5　公共项目费用—效果分析

在评价公共投资项目时，我们可能会遇到互斥方案具有相同目标的情况，但是达到目标的效果有的可以货币量化，有的则不能。在这些情况下，我们可以基于它们的**费用—效果**（cost-effectiveness）来进行方案的比较。因此，我们根据方案实施以后目标实现的程度来判断效果，其中有的效果可以货币量化，有的不能。最优方案要么是那些在给定费用的情况下能够产生最大效果的方案，要么是在效果一定的情况下费用最低的方案。

15.5.1　公共部门的费用—效果分析

一个典型的公共部门费用—效果分析包括以下步骤：

步骤1：通过分析确定所要实现的目标。

步骤2：明确实现目标的限制规定，如预算或者压力下的任务要求。

步骤3：确定实现目标所有可行的方案。

步骤4：确定分析使用的社会折现率。

步骤5：计算各方案寿命期内的等值费用，包括研发费用、测试费用、资本投资、年运营和维护费用以及残值。

步骤6：确定计算费用—效果指标的基础数据。有两种方法可以使用（见图15—7）：(1) 固定费用法；(2) 固定效果法。如果使用固定费用法，则计算费用一定的情况下所产生的效果量。如果使用固定效果法，则要计算预先给定效果的情况下所发生的费用。

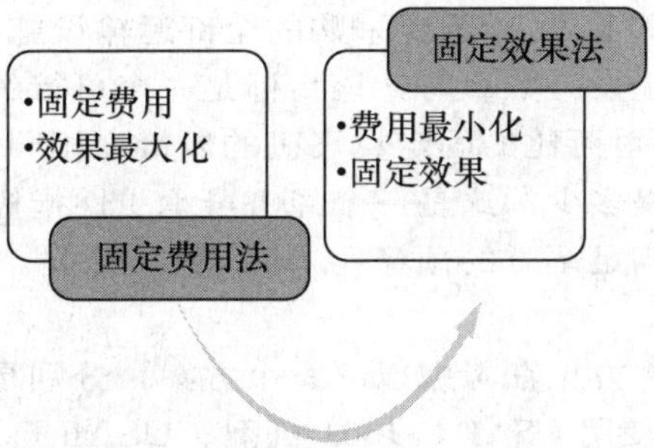

图 15—7　费用—效果分析的类型

步骤 7：根据步骤 6 选择的方法计算各方案的费用—效果比。

步骤 8：选择具有最大费用—效果指标的方案。

当实现计划目标所产生的费用或者效果水平给定之后，大部分费用—效果分析将变得相当简单明了。如果没有上述情况，决策制定者应该提出自己的方案目标，以固定计划的费用或者要实现的效果水平。下节举例说明该方法在公共项目或者军事工程中的运用。

15.5.2　费用—效果分析案例研究[14]

本节以美国陆军如何应用费用—效果分析为战争前线基地输送紧要物资和重要人员为例，说明费用—效果分析的步骤。

问题阐述

在最近的几次战争中，美国陆军从传统的定位作战方式向分布式作战转换，这就要求其具备快速的活动安排能力。为了保证新的作战形式成功，军队需要及时将物资和人员输送至分布地点。因此，军队分散安排使得地面输送线路（LOC）出现不可靠情况，航空运输被认为是解决这一问题的现实方案。紧要物资由于具有时间紧迫的性质，最好是直接由中间战线基地输送到旅级战斗部队（BCT）前线。

运输网络通常包括长距运输（固定翼飞机运输）和短距的分送（通过直升机或卡车）。长距运输通常是停在离支援机场最近的地点，但是如果有合适机型，也可以进行单独直接输送。长距运输部分问题较大——卡车花费的时间太长并且容易受到敌人的攻击，美国空军的飞机并不随时可用或时间合适，并且现有直升机不能够在有效的范围内飞行。此外，大型美军用飞机的使用会造成负荷效率低下，因为那些紧要物资只占飞机运能的一小部分。军方正在调研如何解决这一问题。他们考虑了三个方案来解决长距离输送的问题：（1）使用美国空军的（C-130J）机型；（2）采购商业货机（FCA）；（3）使用新增直升机（CH-47）。

目标定义

如能提供投资所需的最佳运能，该方案将会是“最有价值”的选择。该选择过程必须从以下三个视角进行分析。

1. “微观”分析：对某给定的战场配置（运输网络、支持组织和定位），决策指标就是输送紧要物资所花费的时间以及备选方案的相对运营成本。该指标是度量系统满足及时输送要求的合适标准。

2. “宏观”分析：考虑一段更广泛、更长时期的作战要求，决策标准就变为，“多少比例的紧要物资可以被送到?”和“建立满足输送需求的综合运输网络（固定翼飞机、直升机和卡车)，需要采购的全部运输设施的费用是多少?”为了满足物资运量要求，在确定设施数量时，该指标是一个可行的度量标准。

3. 给定了相对可比的固定翼飞机的数量（相同负荷装载量不同)，这些方案15年寿命期的费用是多少？这是一个经济可承受性指标，以确保所有寿命周期成本正确识别，并能够满足军方的预算要求。

方案描述

如前所述，军方正在考虑以下三个方案，分别是：

1. **方案1：使用USAF C-130J机型**。USAF C-130J机型被认为是一种适合于执行长距离任务的机型。C-130J是一种新的机型，具有以下两种用途：首先，直接运输型；其次，作为标准的USAF定期飞行补给（STAR）航线的一部分（类似于一条公交线路)。目前STAR航线应用的主要是C-130机型。如果C-130J在运输舞台上有足够的优先权，可应用于更加直接的输送方式而不仅仅局限于STAR航线。

2. **方案2：使用未来货运飞机**。另外一种长距运输方案是采购两种商业机型中的一种，以此来实现物资的及时有效供应。

3. **方案3：使用新增C-47直升机**。今天大部分长距离输送任务，采用的都是CH-47直升机或者C-130飞机与另一机动车联合运输。CH-47之所以被用来执行这项任务是因为它是军方可获得的最好机型。遗憾的是，它的运营成本很高，并且它的距离限制也使它难以有效完成任务。再者，ISB与前线之间的长距离输送使直升机的累计飞行时间很快就会达到计划服务寿命，也对维护提出了更高的要求。

各种长距输送方案见表15—6。

表15—6　　长距运输网络各种备选方案的描述

方案	描述	评论
方案1（C-130J）	采购若干C-130J飞机，在执行长距输送紧要物资及人员任务时最大化其作用，尽量减少对CH-47的新增需求。	C-130J将同时使用USAF的定期飞行补给（STAR）航线和直航线路。C-130J相比较小的FCA机型具有更长的跑道要求。
方案2（陆军FCA）	采购某种FCA，在执行长距输送紧要物资及人员任务时最大化其作用，尽量减少对CH-47的使用。	在某些情况下，FCA能够接近或者直接在BCT位置上着陆。两种型号的FCA（2A和2B）都在本次考察范围内。
方案3（较多的CH-47）	采购若干CH-47，在执行长距输送紧要物资及人员任务时最大化其作用。	该方案要求新增若干CH-47以配合CH-47的长距运输。

除了长距运输任务，短距配送点通常也需要一个附属场地或者直升机设施以完成最终输送任务，源于固定翼机型因缺少改进的着陆跑道或者跑道不够长，不能够接近BCT。确保完成任务的场地或者旋转翼飞机充裕，会对运输网络造成较大的压力。表15—7描述了各种长距运输和最终配送系统的联合运输方案。图15—8说明了这些输送网络方案。

表 15—7　　输送网络方案的描述

主要方案	网络选项	描述
方案 1	NO_1	方案 1（C-130）直接从 ISB 到承担 C-130 前线机场，再用卡车运送到 BCT
	NO_2	方案 1（C-130）直接从 ISB 到承担 C-130 的前线机场，再用 CH-47 运送到 BCT
	NO_3	方案 1（C-130）沿 STAR 航线从 ISB 到承担 C-130 的前线机场（在最接近 BCT 处着陆），再用卡车运送到 BCT
	NO_4	方案 1（C-130）沿 STAR 航线从 ISB 到承担 C-130 的前线机场（在最接近 BCT 处着陆），再用 CH-47 运送到 BCT
方案 2	NO_5	方案 2A 直接从 ISB 到承担 FCA 的前线机场，再用卡车运送到 BCT
	NO_6	方案 2A 直接从 ISB 到承担 FCA 的前线机场，再用 CH-47 运送到 BCT
	NO_7	方案 2A 直接从 ISB 到 BCT
	NO_8	方案 2B 直接从 ISB 到承担 FCA 的前线机场，再用卡车运送到 BCT
	NO_9	方案 2B 直接从 ISB 到承担 FCA 的前线机场，再用 CH-47 运送到 BCT
	NO_{10}	方案 2B 直接从 ISB 到 BCT
方案 3	NO_{11}	方案 3（CH-47）直接从 ISB 到 BCT，沿航线具有多个加油点

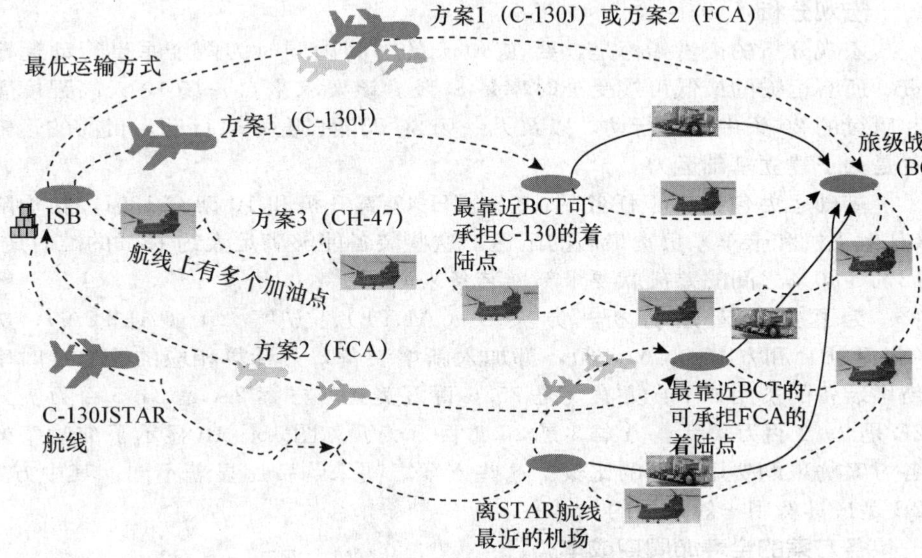

图 15—8　输送网络方案图示

微观分析

为了进行费用—效果分析，将输送时间（见图 15—9 的纵轴）作为效果指标和单程运营费用（横轴）进行微观比较。具有较低费用和较短输送时间的网络方案集中于图中的左下角。网络的各类机型的运营成本（每飞行小时）是：C-130J 是 3 850美元，FCA 2A 是 2 800 美元，FCA 2B 是 1 680 美元，CH-47 是 4 882 美元。

运输网络选项 10（NO_{10}）是基于方案 2B FCA，而 NO_7 是基于方案 2A FCA，

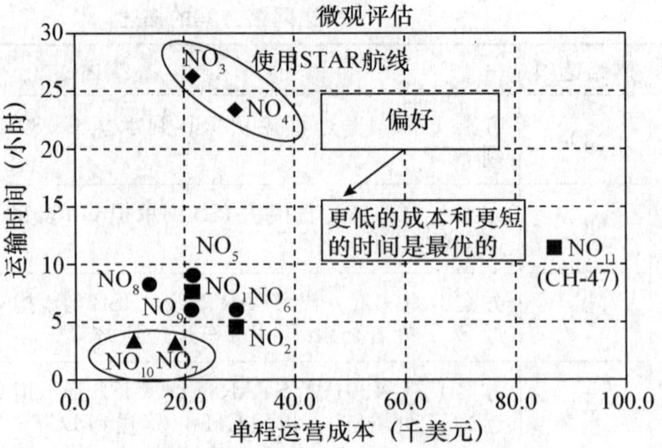

图 15—9 微观费用—效果分析的评估结果

两者都是从 ISB 直接飞往 BCT，并且都用了最短的时间来完成任务。它们各自的运营成本促使它们进入图中的最优区域。

无疑 NO_2 是下一最快的选项，它基于方案 1，直接飞到承担 C-130 的前线机场，再用 CH-47 运送到目的地。然而，C-130J 经营成本较高（超过 FCA 机型），且 CH-47 使得运营成本为 NO_{10} 的两倍还高。

至于其余选项，NO_3 和 NO_4（沿 STAR 航线使用 C-130J）需要的运送时间最长，而运营成本相比于 NO_{11} 具有优势。NO_{11} 是以 CH-47 机型为基础的方案，具有最高的运营成本。图 15—9 汇总了 11 个运输网络选项的结果。

宏观分析

宏观分析的衡量指标是，要在 30 天的时间内同时为两个军事行动运输紧要物资。所有运输的最低可接受准时率是 80%。该要求来自一场 10 天高强度军事行动和后续的 20 天中强度行动，以及另一场 30 天低强度军事行动。目前的运输装备配置是为了建立基础运力。

基础运力包括用于任务的 28 架 CH-47 直升机和 10 架 C-130J，新增陆军装备（其他飞机和卡车）负责最后的配送。这些装备能够满足大约 12%的准时送达需求。12%～80%之间的差额就要求新增装备来满足。

为了完成宏观分析，方案 1（ALT1）、方案 2A（ALT2A）、方案 2B（ALT2B）和方案 3（ALT3），都加入新增装备，并计算相应的输送准时率。采购新增装备的费用如下：方案 1 是 75.6 百万美元，方案 2A 是 34.5 百万美元，方案 2B 是 29.2 百万美元，方案 3 是 26.1 百万美元。图 15—10 显示了准时率的变化与各方案的采购费用之间的比较。这些方案之间采购费用显著不同，其中方案 2A 和 2B 是最具费用—效果性的。

各方案的全寿命周期成本

本案例的第三部分是对各种方案进行全寿命周期成本（LCC）分析。表 15—8 显示了该全寿命成本分析的费用列表。事实上，这些费用项都是由美国国防部管理的一般决策内容，同时还有合理的规则和假设条件，以确保每一方案都根据可比较的费用和支付能力进行评估。首先，LCC 是针对每一方案的特定数量长距离运输机进行估计的。选择一定数量的飞机组成相同运输能力的机队（机队规模不必相同）。其次，为了确定每种方案的飞机数量，美国军方使用了 80%的紧要物资和关键人员输送准时率这一相同的效果标准。

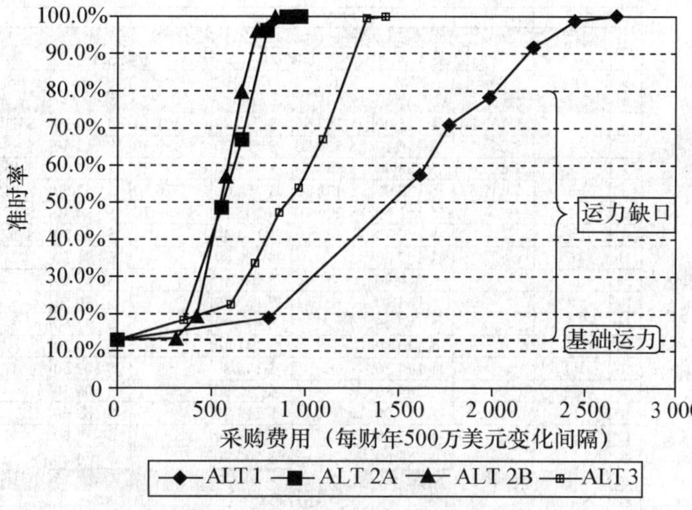

图 15—10　宏观分析的评估结果

表 15—8　生命周期费用变量的定义

寿命周期成本要素	费用变量	说明
1	研究、开发、测试与评估	对物资系统的研究、开发、测试与评估的管理和分包费用。
2	采购	陆军物资系统的生产和初始储存过程费用。
3	军事设施建设	与物资系统相关的军事设施建设工程费用。任何 FCA 方案都没有军事建设工程。
4	军事人员	与研发和运营材料系统相关的军事人员费用。
5	运营和维护	研发、生产、储存、运营和维护材料系统 20 年所产生的运营和维护费用。

● 方案 2A 和 2B 根据宏观分析和新增采购分析，使用 56 架的机队规模。

● 方案 1，USAF C-130J，使用 40 架飞机，假设所有新增飞机需求都受 USAF 的计划支持。

● 方案 3 使用了 92 架 CH-47F 来完成任务，没有新增飞机辅助需求，这 92 架将会添加到现有的 400 架 CH-47 机队中去。

各方案分别进行费用估算。用一张简单的表格来描述未来的采购和运营的估算费用。采购费用既包括研究、开发、测试与评估的费用也包括采购本身的成本。经营成本包括运营和维护费用以及军事人员费用。有一些名义上的军事设施建设费用，但是它们对所有方案来说是相等的。

成本估算的假设前提是 15 年的经营期（从第一次采购到最后一次运营）。未来几年的费用如图 15—11 所示。对美国国防部的大部分采购而言，未来的通货膨胀情况必须要在分析时明确指出。该案例使用 2%的年通货膨胀率。在利率方面，计算各方案的 LCC 时使用的风险调整折现率是 8%。以图 15—11 中方案 1 的 LCC 计算为例：

$$\begin{aligned}\text{PW}(8\%)\text{ALT1} &= (702.8+25.0)+(796.5+51.9)(P/F,8\%,1)+\cdots\\&\quad+10.6(P/F,8\%,15)\\&=3\,726.50(\text{美元})\end{aligned}$$

	A	B	C	D	E	F	G	H	I
1									
2		方案 1		方案 2A		方案 2B		方案 3	
3	年份	Proc	O&M	Proc	O&M	Proc	O&M	Proc	O&M
4									
5	0	$ 702.80	$ 25.00	$ 257.50	$ 4.80	$ 221.10	$ 3.30	$ 620.20	$ 10.80
6	1	$ 860.27	$ 56.10	$ 529.90	$ 14.70	$ 450.30	$ 12.50	$ 654.40	$ 82.00
7	2	$ 877.47	$ 88.40	$ 800.80	$ 43.00	$ 687.20	$ 35.00	$ 451.40	$ 163.20
8	3	$ 447.51	$ 122.00	$ 431.30	$ 64.00	$ 376.10	$ 52.60	$ 145.20	$ 224.10
9	4		$ 151.60	$ 206.10	$ 105.10	$ 189.20	$ 80.70	$ 351.00	$ 251.40
10	5		$ 154.70		$ 114.30		$ 80.50	$ 262.60	$ 258.80
11	6		$ 157.80		$ 120.60		$ 81.50		$ 262.30
12	7		$ 160.90		$ 128.40		$ 86.80		$ 274.70
13	8		$ 164.10		$ 132.20		$ 90.50		$ 287.50
14	9		$ 167.40		$ 139.90		$ 95.60		$ 301.20
15	10		$ 170.80		$ 141.40		$ 98.30		$ 315.50
16	11		$ 174.20		$ 145.80		$ 102.50		$ 324.40
17	12		$ 145.80		$ 129.60		$ 106.50		$ 362.10
18	13		$ 110.00		$ 119.80		$ 89.60		$ 248.80
19	14		$ 72.60		$ 106.20		$ 77.60		$ 86.70
20	15		$ 33.60		$ 100.90		$ 74.20		$ 35.40
21									
22	PW(8%)	$3,726.39		$2,773.53		$2,278.84		$4,123.38	
23									
24	注 1：所有的费用以百万美元计。								
25	注 2：“Proc”表示采购费用估算。								
26	注 3：“O&M”包括经营、维护和人工费用。								
27									

图 15—11　各方案的全寿命周期成本估算

图 15—12 说明了每个方案的 LCC 的费用组成要素。该图显示，方案 2A 和 2B，都使用了 56 架飞机，拥有比方案 1 即 40 架 C-130J，或者方案 3 即 92 架 CH-47F，更低的采购和运营维护费用。正如前面预计，CH-47F 方案由于高运营成本成为费用最高的方案，即使其 92 架直升机的采购成本低于 40 架 C-130J 飞机。运营成本由于机型的不同而不同。固定翼飞机预计每年可以飞行 600 小时，而直升机的计划飞行时间则少于 200 小时。然而，由于直升机的飞行速度和飞行距离都远远低于固定翼飞机，就需要更多的 CH-47 机型来满足同一水平的运力要求。方案 1 由于将 C-130J 作为主要机型，因此使用的飞机数量少于方案 2A 和 2B，但是其单位成本大约 2 倍于其他两种方案，因此是费用较高的方案。结论认为，所有方案中，FCA 的商业采购（方案 2A 和 2B）是最优的，可以满足军方对于紧要物资和关键人员从 ISB 到 BCT 的直接输送，其中根据计算指标，方案 2B 相对于方案 2A 有微弱优势。

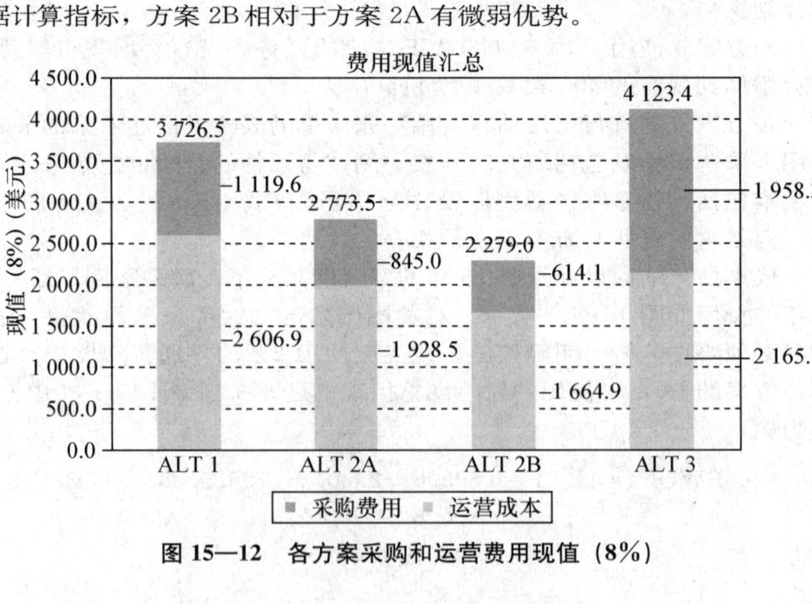

图 15—12　各方案采购和运营费用现值（8%）

习 题

* 费用—效果分析

15.1 表 15—9 显示了基于三种抗生素的疾病治疗费用和相关健康效益（效果）。哪一方案最优？

表 15—9

治疗类型	治疗 100 个病人的费用（美元）	效果（患者成功治愈的比例）
抗生素 A	12 000	75%
抗生素 B	13 500	80%
抗生素 C	14 800	82%

15.2 表 15—10 汇总了几种子宫颈癌的治疗方案及其健康效果，为子宫颈癌患者找到最优的治疗方案。

表 15—10

方案	费用（美元）	边际费用（美元）	效果	边际效果	费用—效果比
无	0	—	0 年	—	—
简单	5 000	5 000	5 年	5 年	1 000 美元/年
复杂	50 000	45 000	5.5 年	0.5 年	90 000 美元/年

* 费用—效益分析

15.3 2009 年 9 月，具有 360 个床位的东南地区医院投入使用了一个功率为 345 万瓦特的热电冷联供（CHP）系统。该 CHP 系统是 20 000 平方英尺集中公用事业设施的一部分，该设施为 800 000 平方英尺的健康医疗设施提供冷热空调和电力。通过将所有的公用设施集中在一个地点，该医院获得了巨大的能源节省以及更高的维护效率。与该项目相关的财务数据如下：

- 安装费用：250 万美元；
- 年能源费用节省：786 000 美元；
- 年运营和维护成本：233 000 美元；
- 项目服务寿命：15 年；
- 残值：200 000 美元。

在利率为 8%的情况下，每美元投资的净费用节省是多少？

15.4 某市政府正在考虑引进两种城市垃圾处理系统。方案 A 要求初始投资 400 000 美元，在以后的 15 年里每年的运营和维护成本为 50 000 美元。方案 B 要求初始投资 300 000 美元，在以后的 15 年中年运营和维护成本为 80 000 美元。居民每年的使用费是 85 000 美元。利率是 8%，两个系统的残值都为 0。

(a) 根据效益—费用比 $BC(i)$，应该选择哪一个系统？

(b) 如果有一个新的设计方案（方案 C），要求初始投资为 350 000 美元，年运营和维护成本是 65 000 美元，(a) 小题中的答案是否发生了变化？

※15.5 考虑以下三个投资项目 A1，A2 和 A3。每个项目都有相同的服务寿命，B，I 和 C' 的现值都按 10%计算，如表 15—11 所示：

表 15—11

	项目（美元）		
	A1	A2	A3
投资（I）	5 000	20 000	14 000
效益（B）	12 000	35 000	21 000
年经营费用（C'）	4 000	8 000	1 000
PW(i)	3 000	7 000	6 000

（a）如果三个项目是独立的，根据效益—费用比 BC(i)，应该选择哪一个项目？

（b）如果三个项目是互斥的，哪一个方案最优？请写出能够得到正确结果的计算过程。根据增量投资的效益—费用比进行分析。

15.6 美国政府正在考虑为那些在国外工作并且住在当地产权住宅中的政府雇员建造公寓。表 15—12 显示的是两种建设方案的比较。

表 15—12　　单位：美元

	建设方案 X	建设方案 Y
政府机构的初始投资	8 000 000	12 000 000
年维护费用估计值	240 000	180 000
雇员每年节省的房租	1 960 000	1 320 000

假设公寓残值或者销售价值是初始投资的 60%。当折现率为 10%，研究期限为 20 年时，根据增量分析计算效益—费用比，并确定最优方案（假设不存在无项目方案）。

※**15.7** 具有相同服务寿命的三个公共投资项目方案：A1，A2 和 A3。它们各自的总效益、费用和初始投资以现值的形式由表 15—13 给出：

表 15—13

现值	方案		
	A1	A2	A3
投资（I）	100	300	200
效益（B）	400	700	500
年经营费用（C'）	100	200	150

假设不存在无项目方案，根据增量投资的效益—费用比 BC(i)，你会选择哪一种方案？

15.8 一条州际高速公路有两种不同的线路方案：

	高速公路长度（英里）	初始费用（百万美元）	年保养费（美元）
"长"路线	22	21	140 000
过山的捷径	10	45	165 000

对任何一种方案来说，交通量都是每年 400 000 辆车。假设这些车每英里的行驶费用是 0.25 美元，每条线路的寿命都是 40 年，利率是 10%。确定最优线路。

[注释]

[1] Indian River Lagoon—South，Fact & Information，http://www.evergladesplan.org/index.aspx.

[2] This section is taken from the National Science Foundation program "Exploratory Research on Engineering the Service Sector (ESS)," NSF 02-029.

[3] Russell G. Bundschuh and Theodore M. Dezvane, "How to Make After-Sales Services Pay Off," *The McKinsey Quarterly*, 2003, No. 4, pp. 3-13.

[4] 本章不会讨论费用—效用分析方法的技术细节，但是读者可以在许多卫生经济学参考书中找到相关内容。

[5] This section is based on the article "What Is Cost-effectiveness?" by Ceri Phillips and Guy Thompson, Vol. 1, No. 3, *Hayward Medical Communications*, Copyright © 2001; on the Internet at www. evidence-based-medicine. co. uk.

[6] Circular No. A-94 Revised, Office of Management and Budget, Whitehouse website (http://www. whitehouse. gov/omb/circulars/a094/a094. html#8).

[7] General analysis framework based on Loeb, P. D. and Gilad, B. "The Efficacy and Cost Effectiveness of Vehicle Inspection," *Journal of Transport Economics and Policy*, May 1984, pp. 145-164. The original cost data, which were given in 1981 dollars, were converted to the equivalent cost data in 2000 by using the prevailing consumer price indices during the period.

[8] 2007 年，新泽西州州长科尔津（Corzine）签署了一项行政命令，要求到 2020 年减少 20%的温室气体排放，到 2050 年减少 80%。就在一年以前，他签署了一项法案同意新泽西州加入地区性温室气体倡议（Regional Greenhouse Gas Initiative），这是美国第一个有关二氧化碳排放总量交易的法案。

[9] 这些估算主要是基于如果受害人没有死亡所能创造的总的平均收入。人的生命的平均价值的计算是基于年龄、性别和收入群体等因素。

[10] 效益—费用比的一个变形叫做盈利指数（通常称为净效益—费用比），分母中仅将初始资本支出作为现金流出，分子为年净效益：

$$\mathrm{B'C}(i)=\frac{B-C'}{I}=\frac{B'}{I},I>0$$

决策规则没有改变，该指标仍然必须大于 1。容易证明一个项目若 $\mathrm{BC}(i)>1$，$\mathrm{B'C}(i)>1$ 也一定成立，只要 C 和 l 都大于零，为体现决策规则含义，判据中必须为不等号。$\mathrm{BC}(i)$的大小通常与 $\mathrm{B'C}(i)$不同，但量级大小与决策无关，重要的是比率是否超过门槛值。然而，一些分析人员倾向于使用 $\mathrm{B'C}(i)$，因为该比率表明了单位投资的净效益。

[11] 很容易证明净 B/C 比率与净现值判据之间具有类似的关系。

[12] 如果使用净效益—费用比，就需要将备选方案按照投资 I 从小到大进行排序，并计算基于增量投资的净效益—费用比。

[13] 注意如果在增量投资决策时不得不使用净效益—费用比，我们也可以得到同样的结论。比较前两个方案，可得

$$\mathrm{B'C}(5\%)_{2-1}=\frac{(1\,844.69-1\,229.80)-(461.17-307.45)}{950-700}=1.84>1$$

因此项目 A2 成为临时最优方案，下一步比较 A2 和 A3，A3 更优。最后将 A3 和 A4 比较，得出 A3 更优。所以根据净效益—费用比判据，A3 为最优方案。

[14] This case study is provided by Dr. George C. Prueitt of CAS, Inc. All numbers used herein do not represent the actual values used by the U. S. Army.

附录 A 复利系数表

0.25%

N	一次支付		等额支付系列				梯度系列	
	复利系数 (F/P,i,N)	现值系数 (P/F,i,N)	复利系数 (F/A,i,N)	积累基金系数 (A/F,i,N)	现值系数 (P/A,i,N)	资金恢复系数 (A/P,i,N)	等额支付转换系数 (A/G,i,N)	现值系数 (P/G,i,N)
1	1.002 5	0.997 5	1.000 0	1.000 0	0.997 5	1.002 5	0.000 0	0.000 0
2	1.005 0	0.995 0	2.002 5	0.499 4	1.992 5	0.501 9	0.499 4	0.995 0
3	1.007 5	0.992 5	3.007 5	0.332 5	2.985 1	0.335 0	0.998 3	2.980 1
4	1.010 0	0.990 1	4.015 0	0.249 1	3.975 1	0.251 6	1.496 9	5.950 3
5	1.012 6	0.987 6	5.025 1	0.199 0	4.962 7	0.201 5	1.995 0	9.900 7
6	1.015 1	0.985 1	6.037 6	0.165 6	5.947 8	0.168 1	2.492 7	14.826 3
7	1.017 6	0.982 7	7.052 7	0.141 8	6.930 5	0.144 3	2.990 0	20.722 3
8	1.020 2	0.980 2	8.070 4	0.123 9	7.910 7	0.126 4	3.486 9	27.583 9
9	1.022 7	0.977 8	9.090 5	0.110 0	8.888 5	0.112 5	3.983 4	35.406 1
10	1.025 3	0.975 3	10.113 3	0.098 9	9.863 9	0.101 4	4.479 4	44.184 2
11	1.027 8	0.972 9	11.138 5	0.089 8	10.836 8	0.092 3	4.975 0	53.913 3
12	1.030 4	0.970 5	12.166 4	0.082 2	11.807 3	0.084 7	5.470 2	64.588 6
13	1.033 0	0.968 1	13.196 8	0.075 8	12.775 3	0.078 3	5.965 0	76.205 3
14	1.035 6	0.965 6	14.229 8	0.070 3	13.741 0	0.072 8	6.459 4	88.758 7
15	1.038 2	0.963 2	15.265 4	0.065 5	14.704 2	0.068 0	6.953 4	102.244 1
16	1.040 8	0.960 8	16.303 5	0.061 3	15.665 0	0.063 8	7.446 9	116.656 7
17	1.043 4	0.958 4	17.344 3	0.057 7	16.623 5	0.060 2	7.940 1	131.991 7
18	1.046 0	0.956 1	18.387 6	0.054 4	17.579 5	0.056 9	8.432 8	148.244 6
19	1.048 6	0.953 7	19.433 6	0.051 5	18.533 2	0.054 0	8.925 1	165.410 6
20	1.051 2	0.951 3	20.482 2	0.048 8	19.484 5	0.051 3	9.417 0	183.485 1
21	1.053 8	0.948 9	21.533 4	0.046 4	20.433 4	0.048 9	9.908 5	202.463 4
22	1.056 5	0.946 6	22.587 2	0.044 3	21.380 0	0.046 8	10.399 5	222.341 0

续前表

0.25%

N	一次支付		等额支付系列				梯度系列	
	复利系数 (F/P,i,N)	现值系数 (P/F,i,N)	复利系数 (F/A,i,N)	积累基金系数 (A/F,i,N)	现值系数 (P/A,i,N)	资金恢复系数 (A/P,i,N)	等额支付转换系数 (A/G,i,N)	现值系数 (P/G,i,N)
23	1.059 1	0.944 2	23.643 7	0.042 3	22.324 1	0.044 8	10.890 1	243.113 1
24	1.061 8	0.941 8	24.702 8	0.040 5	23.266 0	0.043 0	11.380 4	264.775 3
25	1.064 4	0.939 5	25.764 6	0.038 8	24.205 5	0.041 3	11.870 2	287.323 0
26	1.067 1	0.937 1	26.829 0	0.037 3	25.142 6	0.039 8	12.359 6	310.751 6
27	1.069 7	0.934 8	27.896 1	0.035 8	26.077 4	0.038 3	12.848 5	335.056 6
28	1.072 4	0.932 5	28.965 8	0.034 5	27.009 9	0.037 0	13.337 1	360.233 4
29	1.075 1	0.930 1	30.038 2	0.033 3	27.940 0	0.035 8	13.825 2	386.277 6
30	1.077 8	0.927 8	31.113 3	0.032 1	28.867 9	0.034 6	14.313 0	413.184 7
31	1.080 5	0.925 5	32.191 1	0.031 1	29.793 4	0.033 6	14.800 3	440.950 2
32	1.083 2	0.923 2	33.271 6	0.030 1	30.716 6	0.032 6	15.287 2	469.569 6
33	1.085 9	0.920 9	34.354 7	0.029 1	31.637 5	0.031 6	15.773 6	499.038 6
34	1.088 6	0.918 6	35.440 6	0.028 2	32.556 1	0.030 7	16.259 7	529.352 8
35	1.091 3	0.916 3	36.529 2	0.027 4	33.472 4	0.029 9	16.745 4	560.507 6
36	1.094 1	0.914 0	37.620 6	0.026 6	34.386 5	0.029 1	17.230 6	592.498 8
40	1.105 0	0.905 0	42.013 2	0.023 8	38.019 9	0.026 3	19.167 3	728.739 9
48	1.127 3	0.887 1	50.931 2	0.019 6	45.178 7	0.022 1	23.020 9	1 040.055 2
50	1.133 0	0.882 6	53.188 7	0.018 8	46.946 2	0.021 3	23.980 2	1 125.776 7
60	1.161 6	0.860 9	64.646 7	0.015 5	55.652 4	0.018 0	28.751 4	1 600.084 5
72	1.196 9	0.835 5	78.779 4	0.012 7	65.816 9	0.015 2	34.422 1	2 265.556 9
80	1.221 1	0.818 9	88.439 2	0.011 3	72.426 0	0.013 8	38.169 4	2 764.456 8
84	1.233 4	0.810 8	93.341 9	0.010 7	75.681 3	0.013 2	40.033 1	3 029.759 2
90	1.252 0	0.798 7	100.788 5	0.009 9	80.503 8	0.012 4	42.816 2	3 446.870 0
96	1.270 9	0.786 9	108.347 4	0.009 2	85.254 6	0.011 7	45.584 4	3 886.283 2
100	1.283 6	0.779 0	113.450 0	0.008 8	88.382 5	0.011 3	47.421 6	4 191.241 7
108	1.309 5	0.763 6	123.809 3	0.008 1	94.545 3	0.010 6	51.076 2	4 829.012 5
120	1.349 4	0.741 1	139.741 4	0.007 2	103.561 8	0.009 7	56.508 4	5 852.111 6
240	1.820 8	0.549 2	328.302 0	0.003 0	180.310 9	0.005 5	107.586 3	19 398.985 2
360	2.456 8	0.407 0	582.736 9	0.001 7	237.189 4	0.004 2	152.890 2	36 263.929 9

0.50%

N	一次支付		等额支付系列				梯度系列	
	复利系数 (F/P,i,N)	现值系数 (P/F,i,N)	复利系数 (F/A,i,N)	积累基金系数 (A/F,i,N)	现值系数 (P/A,i,N)	资金恢复系数 (A/P,i,N)	等额支付转换系数 (A/G,i,N)	现值系数 (P/G,i,N)
1	1.005 0	0.995 0	1.000 0	1.000 0	0.995 0	1.005 0	0.000 0	0.000 0
2	1.010 0	0.990 1	2.005 0	0.498 8	1.985 1	0.503 8	0.498 8	0.990 1
3	1.015 1	0.985 1	3.015 0	0.331 7	2.970 2	0.336 7	0.996 7	2.960 4
4	1.020 2	0.980 2	4.030 1	0.248 1	3.950 5	0.253 1	1.493 8	5.901 1
5	1.025 3	0.975 4	5.050 3	0.198 0	4.925 9	0.203 0	1.990 0	9.802 6
6	1.030 4	0.970 5	6.075 5	0.164 6	5.896 4	0.169 6	2.485 5	14.655 2
7	1.035 5	0.965 7	7.105 9	0.140 7	6.862 1	0.145 7	2.980 1	20.449 3
8	1.040 7	0.960 9	8.141 4	0.122 8	7.823 0	0.127 8	3.473 8	27.175 5
9	1.045 9	0.956 1	9.182 1	0.108 9	8.779 1	0.113 9	3.966 8	34.824 4
10	1.051 1	0.951 3	10.228 0	0.097 8	9.730 4	0.102 8	4.458 9	43.386 5
11	1.056 4	0.946 6	11.279 2	0.088 7	10.677 0	0.093 7	4.950 1	52.852 6
12	1.061 7	0.941 9	12.335 6	0.081 1	11.618 9	0.086 1	5.440 6	63.213 6
13	1.067 0	0.937 2	13.397 2	0.074 6	12.556 2	0.079 6	5.930 2	74.460 2
14	1.072 3	0.932 6	14.464 2	0.069 1	13.488 7	0.074 1	6.419 0	86.583 5
15	1.077 7	0.927 9	15.536 5	0.064 4	14.416 6	0.069 4	6.906 9	99.574 3
16	1.083 1	0.923 3	16.614 2	0.060 2	15.339 9	0.065 2	7.394 0	113.423 8
17	1.088 5	0.918 7	17.697 3	0.056 5	16.258 6	0.061 5	7.880 3	128.123 1
18	1.093 9	0.914 1	18.785 8	0.053 2	17.172 8	0.058 2	8.365 8	143.663 4
19	1.099 4	0.909 6	19.879 7	0.050 3	18.082 4	0.055 3	8.850 4	160.036 0
20	1.104 9	0.905 1	20.979 1	0.047 7	18.987 4	0.052 7	9.334 2	177.232 2
21	1.110 4	0.900 6	22.084 0	0.045 3	19.888 0	0.050 3	9.817 2	195.243 4
22	1.116 0	0.896 1	23.194 4	0.043 1	20.784 1	0.048 1	10.299 3	214.061 1
23	1.121 6	0.891 6	24.310 4	0.041 1	21.675 7	0.046 1	10.780 6	233.676 8
24	1.127 2	0.887 2	25.432 0	0.039 3	22.562 9	0.044 3	11.261 1	254.082 0
25	1.132 8	0.882 8	26.559 1	0.037 7	23.445 6	0.042 7	11.740 7	275.268 6

续前表

0.50%

N	一次支付		等额支付系列				梯度系列	
	复利系数 (F/P,i,N)	现值系数 (P/F,i,N)	复利系数 (F/A,i,N)	积累基金系数 (A/F,i,N)	现值系数 (P/A,i,N)	资金恢复系数 (A/P,i,N)	等额支付转换系数 (A/G,i,N)	现值系数 (P/G,i,N)
26	1.138 5	0.878 4	27.691 9	0.036 1	24.324 0	0.041 1	12.219 5	297.228 1
27	1.144 2	0.874 0	28.830 4	0.034 7	25.198 0	0.039 7	12.697 5	319.952 3
28	1.149 9	0.869 7	29.974 5	0.033 4	26.067 7	0.038 4	13.174 7	343.433 2
29	1.155 6	0.865 3	31.124 4	0.032 1	26.933 0	0.037 1	13.651 0	367.662 5
30	1.161 4	0.861 0	32.280 0	0.031 0	27.794 1	0.036 0	14.126 5	392.632 4
31	1.167 2	0.856 7	33.441 4	0.029 9	28.650 8	0.034 9	14.601 2	418.334 8
32	1.173 0	0.852 5	34.608 6	0.028 9	29.503 3	0.033 9	15.075 0	444.761 8
33	1.178 9	0.848 2	35.781 7	0.027 9	30.351 5	0.032 9	15.548 0	471.905 5
34	1.184 8	0.844 0	36.960 6	0.027 1	31.195 5	0.032 1	16.020 2	499.758 3
35	1.190 7	0.839 8	38.145 4	0.026 2	32.035 4	0.031 2	16.491 5	528.312 3
36	1.196 7	0.835 6	39.336 1	0.025 4	32.871 0	0.030 4	16.962 1	557.559 8
40	1.220 8	0.819 1	44.158 8	0.022 6	36.172 2	0.027 6	18.835 9	681.334 7
48	1.270 5	0.787 1	54.097 8	0.018 5	42.580 3	0.023 5	22.543 7	959.918 8
50	1.283 2	0.779 3	56.645 2	0.017 7	44.142 8	0.022 7	23.462 4	1 035.696 6
60	1.348 9	0.741 4	69.770 0	0.014 3	51.725 6	0.019 3	28.006 4	1 448.645 8
72	1.432 0	0.698 3	86.408 9	0.011 6	60.339 5	0.016 6	33.350 4	2 012.347 8
80	1.490 3	0.671 0	98.067 7	0.010 2	65.802 3	0.015 2	36.847 4	2 424.645 5
84	1.520 4	0.657 7	104.073 9	0.009 6	68.453 0	0.014 6	38.576 3	2 640.664 1
90	1.566 6	0.638 3	113.310 9	0.008 8	72.331 3	0.013 8	41.145 1	2 976.076 9
96	1.614 1	0.619 5	122.828 5	0.008 1	76.095 2	0.013 1	43.684 5	3 324.184 6
100	1.646 7	0.607 3	129.333 7	0.007 7	78.542 6	0.012 7	45.361 3	3 562.793 4
108	1.713 7	0.583 5	142.739 9	0.007 0	83.293 4	0.012 0	48.675 8	4 054.374 7
120	1.819 4	0.549 6	163.879 3	0.006 1	90.073 5	0.011 1	53.550 8	4 823.505 1
240	3.310 2	0.302 1	462.040 9	0.002 2	139.580 8	0.007 2	96.113 1	13 415.539 5
360	6.022 6	0.166 0	1 004.515 0	0.001 0	166.791 6	0.006 0	128.323 6	21 403.304 1

0.75%

N	一次支付 复利系数 (F/P,i,N)	一次支付 现值系数 (P/F,i,N)	等额支付系列 复利系数 (F/A,i,N)	等额支付系列 积累基金系数 (A/F,i,N)	等额支付系列 现值系数 (P/A,i,N)	等额支付系列 资金恢复系数 (A/P,i,N)	梯度系列 等额支付转换系数 (A/G,i,N)	梯度系列 现值系数 (P/G,i,N)
1	1.007 5	0.992 6	1.000 0	1.000 0	0.992 6	1.007 5	0.000 0	0.000 0
2	1.015 1	0.985 2	2.007 5	0.498 1	1.977 7	0.505 6	0.498 1	0.985 2
3	1.022 7	0.977 8	3.022 6	0.330 8	2.955 6	0.338 3	0.995 0	2.940 8
4	1.030 3	0.970 6	4.045 2	0.247 2	3.926 1	0.254 7	1.490 7	5.852 5
5	1.038 1	0.963 3	5.075 6	0.197 0	4.889 4	0.204 5	1.985 1	9.705 8
6	1.045 9	0.956 2	6.113 6	0.163 6	5.845 6	0.171 1	2.478 2	14.486 6
7	1.053 7	0.949 0	7.159 5	0.139 7	6.794 6	0.147 2	2.970 1	20.180 8
8	1.061 6	0.942 0	8.213 2	0.121 8	7.736 6	0.129 3	3.460 8	26.774 7
9	1.069 6	0.935 0	9.274 8	0.107 8	8.671 6	0.115 3	3.950 2	34.254 4
10	1.077 6	0.928 0	10.344 3	0.096 7	9.599 6	0.104 2	4.438 4	42.606 4
11	1.085 7	0.921 1	11.421 9	0.087 6	10.520 7	0.095 1	4.925 3	51.817 4
12	1.093 8	0.914 2	12.507 6	0.080 0	11.434 9	0.087 5	5.411 0	61.874 0
13	1.102 0	0.907 4	13.601 4	0.073 5	12.342 3	0.081 0	5.895 4	72.763 2
14	1.110 3	0.900 7	14.703 4	0.068 0	13.243 0	0.075 5	6.378 6	84.472 0
15	1.118 6	0.894 0	15.813 7	0.063 2	14.137 0	0.070 7	6.860 6	96.987 6
16	1.127 0	0.887 3	16.932 3	0.059 1	15.024 3	0.066 6	7.341 3	110.297 3
17	1.135 4	0.880 7	18.059 3	0.055 4	15.905 0	0.062 9	7.820 7	124.388 7
18	1.144 0	0.874 2	19.194 7	0.052 1	16.779 2	0.059 6	8.298 9	139.249 4
19	1.152 5	0.867 6	20.338 7	0.049 2	17.646 8	0.056 7	8.775 9	154.867 1
20	1.161 2	0.861 2	21.491 2	0.046 5	18.508 0	0.054 0	9.251 6	171.229 7
21	1.169 9	0.854 8	22.652 4	0.044 1	19.362 8	0.051 6	9.726 1	188.325 3
22	1.178 7	0.848 4	23.822 3	0.042 0	20.211 2	0.049 5	10.199 4	206.142 0
23	1.187 5	0.842 1	25.001 0	0.040 0	21.053 3	0.047 5	10.671 4	224.668 2
24	1.196 4	0.835 8	26.188 5	0.038 2	21.889 1	0.045 7	11.142 2	243.892 3
25	1.205 4	0.829 6	27.384 9	0.036 5	22.718 8	0.044 0	11.611 7	263.802 9

续前表

0.75%

N	一次支付		等额支付系列				梯度系列	
	复利系数 (F/P,i,N)	现值系数 (P/F,i,N)	复利系数 (F/A,i,N)	积累基金系数 (A/F,i,N)	现值系数 (P/A,i,N)	资金恢复系数 (A/P,i,N)	等额支付转换系数 (A/G,i,N)	现值系数 (P/G,i,N)
26	1.214 4	0.823 4	28.590 3	0.035 0	23.542 2	0.042 5	12.080 0	284.388 8
27	1.223 5	0.817 3	29.804 7	0.033 6	24.359 5	0.041 1	12.547 0	305.638 7
28	1.232 7	0.811 2	31.028 2	0.032 2	25.170 7	0.039 7	13.012 8	327.541 6
29	1.242 0	0.805 2	32.260 9	0.031 0	25.975 9	0.038 5	13.477 4	350.086 7
30	1.251 3	0.799 2	33.502 9	0.029 8	26.775 1	0.037 3	13.940 7	373.263 1
31	1.260 7	0.793 2	34.754 2	0.028 8	27.568 3	0.036 3	14.402 8	397.060 2
32	1.270 1	0.787 3	36.014 8	0.027 8	28.355 7	0.035 3	14.863 6	421.467 5
33	1.279 6	0.781 5	37.284 9	0.026 8	29.137 1	0.034 3	15.323 2	446.474 6
34	1.289 2	0.775 7	38.564 6	0.025 9	29.912 8	0.033 4	15.781 6	472.071 2
35	1.298 9	0.769 9	39.853 8	0.025 1	30.682 7	0.032 6	16.238 7	498.247 1
36	1.308 6	0.764 1	41.152 7	0.024 3	31.446 8	0.031 8	16.694 6	524.992 4
40	1.348 3	0.741 6	46.446 5	0.021 5	34.446 9	0.029 0	18.505 8	637.469 3
48	1.431 4	0.698 6	57.520 7	0.017 4	40.184 8	0.024 9	22.069 1	886.840 4
50	1.453 0	0.688 3	60.394 3	0.016 6	41.566 4	0.024 1	22.947 6	953.848 6
60	1.565 7	0.638 7	75.424 1	0.013 3	48.173 4	0.020 8	27.266 5	1 313.518 9
72	1.712 6	0.583 9	95.007 0	0.010 5	55.476 8	0.018 0	32.288 2	1 791.246 3
80	1.818 0	0.550 0	109.072 5	0.009 2	59.994 4	0.016 7	35.539 1	2 132.147 2
84	1.873 2	0.533 8	116.426 9	0.008 6	62.154 0	0.016 1	37.135 7	2 308.128 3
90	1.959 1	0.510 4	127.879 0	0.007 8	65.274 6	0.015 3	39.494 6	2 577.996 1
96	2.048 9	0.488 1	139.856 2	0.007 2	68.258 4	0.014 7	41.810 7	2 853.935 2
100	2.111 1	0.473 7	148.144 5	0.006 8	70.174 6	0.014 3	43.331 1	3 040.745 3
108	2.241 1	0.446 2	165.483 2	0.006 0	73.839 4	0.013 5	46.315 4	3 419.904 1
120	2.451 4	0.407 9	193.514 3	0.005 2	78.941 7	0.012 7	50.652 1	3 998.562 1
240	6.009 2	0.166 4	667.886 9	0.001 5	111.145 0	0.009 0	85.421 0	9 494.116 2
360	14.730 6	0.067 9	1 830.743 5	0.000 5	124.281 9	0.008 0	107.114 5	13 312.387 1

1.0%

N	一次支付		等额支付系列				梯度系列	
	复利系数 (F/P,i,N)	现值系数 (P/F,i,N)	复利系数 (F/A,i,N)	积累基金系数 (A/F,i,N)	现值系数 (P/A,i,N)	资金恢复系数 (A/P,i,N)	等额支付转换系数 (A/G,i,N)	现值系数 (P/G,i,N)
1	1.010 0	0.990 1	1.000 0	1.000 0	0.990 1	1.010 0	0.000 0	0.000 0
2	1.020 1	0.980 3	2.010 0	0.497 5	1.970 4	0.507 5	0.497 5	0.980 3
3	1.030 3	0.970 6	3.030 1	0.330 0	2.941 0	0.340 0	0.993 4	2.921 5
4	1.040 6	0.961 0	4.060 4	0.246 3	3.902 0	0.256 3	1.487 6	5.804 4
5	1.051 0	0.951 5	5.101 0	0.196 0	4.853 4	0.206 0	1.980 1	9.610 3
6	1.061 5	0.942 0	6.152 0	0.162 5	5.795 5	0.172 5	2.471 0	14.320 5
7	1.072 1	0.932 7	7.213 5	0.138 6	6.728 2	0.148 6	2.960 2	19.916 8
8	1.082 9	0.923 5	8.285 7	0.120 7	7.651 7	0.130 7	3.447 8	26.381 2
9	1.093 7	0.914 3	9.368 5	0.106 7	8.566 0	0.116 7	3.933 7	33.695 9
10	1.104 6	0.905 3	10.462 2	0.095 6	9.471 3	0.105 6	4.417 9	41.843 5
11	1.115 7	0.896 3	11.566 8	0.086 5	10.367 6	0.096 5	4.900 5	50.806 7
12	1.126 8	0.887 4	12.682 5	0.078 8	11.255 1	0.088 8	5.381 5	60.568 7
13	1.138 1	0.878 7	13.809 3	0.072 4	12.133 7	0.082 4	5.860 7	71.112 6
14	1.149 5	0.870 0	14.947 4	0.066 9	13.003 7	0.076 9	6.338 4	82.422 1
15	1.161 0	0.861 3	16.096 9	0.062 1	13.865 1	0.072 1	6.814 3	94.481 0
16	1.172 6	0.852 8	17.257 9	0.057 9	14.717 9	0.067 9	7.288 6	107.273 4
17	1.184 3	0.844 4	18.430 4	0.054 3	15.562 3	0.064 3	7.761 3	120.783 4
18	1.196 1	0.836 0	19.614 7	0.051 0	16.398 3	0.061 0	8.232 3	134.995 7
19	1.208 1	0.827 7	20.810 9	0.048 1	17.226 0	0.058 1	8.701 7	149.895 0
20	1.220 2	0.819 5	22.019 0	0.045 4	18.045 6	0.055 4	9.169 4	165.466 4
21	1.232 4	0.811 4	23.239 2	0.043 0	18.857 0	0.053 0	9.635 4	181.695 0
22	1.244 7	0.803 4	24.471 6	0.040 9	19.660 4	0.050 9	10.099 8	198.566 3
23	1.257 2	0.795 4	25.716 3	0.038 9	20.455 8	0.048 9	10.562 6	216.066 0
24	1.269 7	0.787 6	26.973 5	0.037 1	21.243 4	0.047 1	11.023 7	234.180 0
25	1.282 4	0.779 8	28.243 2	0.035 4	22.023 2	0.045 4	11.483 1	252.894 5

续前表

N	一次支付		等额支付系列				梯度系列	
	复利系数 (F/P,i,N)	现值系数 (P/F,i,N)	复利系数 (F/A,i,N)	积累基金系数 (A/F,i,N)	现值系数 (P/A,i,N)	资金恢复系数 (A/P,i,N)	等额支付转换系数 (A/G,i,N)	现值系数 (P/G,i,N)
26	1.295 3	0.772 0	29.525 6	0.033 9	22.795 2	0.043 9	11.940 9	272.195 7
27	1.308 2	0.764 4	30.820 9	0.032 4	23.559 6	0.042 4	12.397 1	292.070 2
28	1.321 3	0.756 8	32.129 1	0.031 1	24.316 4	0.041 1	12.851 6	312.504 7
29	1.334 5	0.749 3	33.450 4	0.029 9	25.065 8	0.039 9	13.304 4	333.486 3
30	1.347 8	0.741 9	34.784 9	0.028 7	25.807 7	0.038 7	13.755 7	355.002 1
31	1.361 3	0.734 6	36.132 7	0.027 7	26.542 3	0.037 7	14.205 2	377.039 4
32	1.374 9	0.727 3	37.494 1	0.026 7	27.269 6	0.036 7	14.653 2	399.585 8
33	1.388 7	0.720 1	38.869 0	0.025 7	27.989 7	0.035 7	15.099 5	422.629 1
34	1.402 6	0.713 0	40.257 7	0.024 8	28.702 7	0.034 8	15.544 1	446.157 2
35	1.416 6	0.705 9	41.660 3	0.024 0	29.408 6	0.034 0	15.987 1	470.158 3
36	1.430 8	0.698 9	43.076 9	0.023 2	30.107 5	0.033 2	16.428 5	494.620 7
40	1.488 9	0.671 7	48.886 4	0.020 5	32.834 7	0.030 5	18.177 6	596.856 1
48	1.612 2	0.620 3	61.222 6	0.016 3	37.974 0	0.026 3	21.597 6	820.146 0
50	1.644 6	0.608 0	64.463 2	0.015 5	39.196 1	0.025 5	22.436 3	879.417 6
60	1.816 7	0.550 4	81.669 7	0.012 2	44.955 0	0.022 2	26.533 3	1 192.806 1
72	2.047 1	0.488 5	104.709 9	0.009 6	51.150 4	0.019 6	31.238 6	1 597.867 3
80	2.216 7	0.451 1	121.671 5	0.008 2	54.888 2	0.018 2	34.249 2	1 879.877 1
84	2.306 7	0.433 5	130.672 3	0.007 7	56.648 5	0.017 7	35.717 0	2 023.315 3
90	2.448 6	0.408 4	144.863 3	0.006 9	59.160 9	0.016 9	37.872 4	2 240.567 5
96	2.599 3	0.384 7	159.927 3	0.006 3	61.527 7	0.016 3	39.972 7	2 459.429 8
100	2.704 8	0.369 7	170.481 4	0.005 9	63.028 9	0.015 9	41.342 6	2 605.775 8
108	2.928 9	0.341 4	192.892 6	0.005 2	65.857 8	0.015 2	44.010 3	2 898.420 3
120	3.300 4	0.303 0	230.038 7	0.004 3	69.700 5	0.014 3	47.834 9	3 334.114 8
240	10.892 6	0.091 8	989.255 4	0.001 0	90.819 4	0.011 0	75.739 3	6 878.601 6
360	35.949 6	0.027 8	3 494.964 1	0.000 3	97.218 3	0.010 3	89.699 5	8 720.432 3

1.0%

1.25%

N	一次支付		等额支付系列				梯度系列	
	复利系数 (F/P,i,N)	现值系数 (P/F,i,N)	复利系数 (F/A,i,N)	积累基金系数 (A/F,i,N)	现值系数 (P/A,i,N)	资金恢复系数 (A/P,i,N)	等额支付转换系数 (A/G,i,N)	现值系数 (P/G,i,N)
1	1.012 5	0.987 7	1.000 0	1.000 0	0.987 7	1.012 5	0.000 0	0.000 0
2	1.025 2	0.975 5	2.012 5	0.496 9	1.963 1	0.509 4	0.496 9	0.975 5
3	1.038 0	0.963 4	3.037 7	0.329 2	2.926 5	0.341 7	0.991 7	2.902 3
4	1.050 9	0.951 5	4.075 6	0.245 4	3.878 1	0.257 9	1.484 5	5.756 9
5	1.064 1	0.939 8	5.126 6	0.195 1	4.817 8	0.207 6	1.975 2	9.516 0
6	1.077 4	0.928 2	6.190 7	0.161 5	5.746 0	0.174 0	2.463 8	14.156 9
7	1.090 9	0.916 7	7.268 0	0.137 6	6.662 7	0.150 1	2.950 3	19.657 1
8	1.104 5	0.905 4	8.358 9	0.119 6	7.568 1	0.132 1	3.434 8	25.994 9
9	1.118 3	0.894 2	9.463 4	0.105 7	8.462 3	0.118 2	3.917 2	33.148 7
10	1.132 3	0.883 2	10.581 7	0.094 5	9.345 5	0.107 0	4.397 5	41.097 3
11	1.146 4	0.872 3	11.713 9	0.085 4	10.217 8	0.097 9	4.875 8	49.820 1
12	1.160 8	0.861 5	12.860 4	0.077 8	11.079 3	0.090 3	5.352 0	59.296 7
13	1.175 3	0.850 9	14.021 1	0.071 3	11.930 2	0.083 8	5.826 2	69.507 2
14	1.190 0	0.840 4	15.196 4	0.065 8	12.770 6	0.078 3	6.298 2	80.432 0
15	1.204 8	0.830 0	16.386 3	0.061 0	13.600 5	0.073 5	6.768 2	92.051 9
16	1.219 9	0.819 7	17.591 2	0.056 8	14.420 3	0.069 3	7.236 2	104.348 1
17	1.235 1	0.809 6	18.811 1	0.053 2	15.229 9	0.065 7	7.702 1	117.302 1
18	1.250 6	0.799 6	20.046 2	0.049 9	16.029 5	0.062 4	8.165 9	130.895 8
19	1.266 2	0.789 8	21.296 8	0.047 0	16.819 3	0.059 5	8.627 7	145.111 5
20	1.282 0	0.780 0	22.563 0	0.044 3	17.599 3	0.056 8	9.087 4	159.931 6
21	1.298 1	0.770 4	23.845 0	0.041 9	18.369 7	0.054 4	9.545 0	175.339 2
22	1.314 3	0.760 9	25.143 1	0.039 8	19.130 6	0.052 3	10.000 6	191.317 4
23	1.330 7	0.751 5	26.457 4	0.037 8	19.882 0	0.050 3	10.454 2	207.849 9
24	1.347 4	0.742 2	27.788 1	0.036 0	20.624 2	0.048 5	10.905 6	224.920 4
25	1.364 2	0.733 0	29.135 4	0.034 3	21.357 3	0.046 8	11.355 1	242.513 2

续前表

1.5%

N	一次支付		等额支付系列				梯度系列	
	复利系数 $(F/P,i,N)$	现值系数 $(P/F,i,N)$	复利系数 $(F/A,i,N)$	积累基金系数 $(A/F,i,N)$	现值系数 $(P/A,i,N)$	资金恢复系数 $(A/P,i,N)$	等额支付转换系数 $(A/G,i,N)$	现值系数 $(P/G,i,N)$
26	1.381 2	0.724 0	30.499 6	0.032 8	22.081 3	0.045 3	11.802 4	260.612 8
27	1.398 5	0.715 0	31.880 9	0.031 4	22.796 3	0.043 9	12.247 8	279.204 0
28	1.416 0	0.706 2	33.279 4	0.030 0	23.502 5	0.042 5	12.691 1	298.271 9
29	1.433 7	0.697 5	34.695 4	0.028 8	24.200 0	0.041 3	13.132 3	317.801 9
30	1.451 6	0.688 9	36.129 1	0.027 7	24.888 9	0.040 2	13.571 5	337.779 7
31	1.469 8	0.680 4	37.580 7	0.026 6	25.569 3	0.039 1	14.008 6	358.191 2
32	1.488 1	0.672 0	39.050 4	0.025 6	26.241 3	0.038 1	14.443 8	379.022 7
33	1.506 7	0.663 7	40.538 6	0.024 7	26.905 0	0.037 2	14.876 8	400.260 7
34	1.525 6	0.655 5	42.045 3	0.023 8	27.560 5	0.036 3	15.307 9	421.892 0
35	1.544 6	0.647 4	43.570 9	0.023 0	28.207 9	0.035 5	15.736 9	443.903 7
36	1.563 9	0.639 4	45.115 5	0.022 2	28.847 3	0.034 7	16.163 9	466.283 0
40	1.643 6	0.608 4	51.489 6	0.019 4	31.326 9	0.031 9	17.851 5	559.232 0
48	1.815 4	0.550 9	65.228 4	0.015 3	35.931 5	0.027 8	21.129 9	759.229 6
50	1.861 0	0.537 3	68.881 8	0.014 5	37.012 9	0.027 0	21.929 5	811.673 8
60	2.107 2	0.474 6	88.574 5	0.011 3	42.034 6	0.023 8	25.808 3	1 084.842 9
72	2.445 9	0.408 8	115.673 6	0.008 6	47.292 5	0.021 1	30.204 7	1 428.456 1
80	2.701 5	0.370 2	136.118 8	0.007 3	50.386 7	0.019 8	32.982 2	1 661.865 1
84	2.839 1	0.352 2	147.129 0	0.006 8	51.822 2	0.019 3	34.325 8	1 778.838 4
90	3.058 8	0.326 9	164.705 0	0.006 1	53.846 1	0.018 6	36.285 5	1 953.830 3
96	3.295 5	0.303 4	183.641 1	0.005 4	55.724 6	0.017 9	38.179 3	2 127.524 4
100	3.463 4	0.288 7	197.072 3	0.005 1	56.901 3	0.017 6	39.405 8	2 242.241 1
108	3.825 3	0.261 4	226.022 6	0.004 4	59.086 5	0.016 9	41.773 7	2 468.263 6
120	4.440 2	0.225 2	275.217 1	0.003 6	61.982 8	0.016 1	45.118 4	2 796.569 4
240	19.715 5	0.050 7	1 497.239 5	0.000 7	75.942 3	0.013 2	67.176 4	5 101.528 8
360	87.541 0	0.011 4	6 923.279 6	0.000 1	79.086 1	0.012 6	75.840 1	5 997.902 7

1.5%

N	一次支付		等额支付系列				梯度系列	
	复利系数 $(F/P,i,N)$	现值系数 $(P/F,i,N)$	复利系数 $(F/A,i,N)$	积累基金系数 $(A/F,i,N)$	现值系数 $(P/A,i,N)$	资金恢复系数 $(A/P,i,N)$	等额支付转换系数 $(A/G,i,N)$	现值系数 $(P/G,i,N)$
1	1.015 0	0.985 2	1.000 0	1.000 0	0.985 2	1.015 0	0.000 0	0.000 0
2	1.030 2	0.970 7	2.015 0	0.496 3	1.955 9	0.511 3	0.496 3	0.970 7
3	1.045 7	0.956 3	3.045 2	0.328 4	2.912 2	0.343 4	0.990 1	2.883 3
4	1.061 4	0.942 2	4.090 9	0.244 4	3.854 4	0.259 4	1.481 4	5. 7098
5	1.077 3	0.928 3	5.152 3	0.194 1	4.782 6	0.209 1	1.970 2	9.422 9
6	1.093 4	0.914 5	6.229 6	0.160 5	5.697 2	0.175 5	2.456 6	13.995 6
7	1.109 8	0.901 0	7.323 0	0.136 6	6.598 2	0.151 6	2.940 5	19.401 8
8	1.126 5	0.887 7	8.432 8	0.118 6	7.485 9	0.133 6	3.421 9	25.615 7
9	1.143 4	0.874 6	9.559 3	0.104 6	8.360 5	0.119 6	3.900 8	32.612 5
10	1.160 5	0.861 7	10.702 7	0.093 4	9.222 2	0.108 4	4.377 2	40.367 5
11	1.177 9	0.848 9	11.863 3	0.084 3	10.071 1	0.099 3	4.851 2	48.856 8
12	1.195 6	0.836 4	13.041 2	0.076 7	10.907 5	0.091 7	5.322 7	58.057 1
13	1.213 6	0.824 0	14.236 8	0.070 2	11.731 5	0.085 2	5.791 7	67.945 4
14	1.231 8	0.811 8	15.450 4	0.064 7	12.543 4	0.079 7	6.258 2	78.499 4
15	1.250 2	0.799 9	16.682 1	0.059 9	13.343 2	0.074 9	6.722 3	89.697 4
16	1.269 0	0.788 0	17.932 4	0.055 8	14.131 3	0.070 8	7.183 9	101.517 8
17	1.288 0	0.776 4	19.201 4	0.052 1	14.907 6	0.067 1	7.643 1	113.940 0
18	1.307 3	0.764 9	20.489 4	0.048 8	15.672 6	0.063 8	8.099 7	126.943 5
19	1.327 0	0.753 6	21.796 7	0.045 9	16.426 2	0.060 9	8.553 9	140.508 4
20	1.346 9	0.742 5	23.123 7	0.043 2	17.168 6	0.058 2	9.005 7	154.615 4
21	1.367 1	0.731 5	24.470 5	0.040 9	17.900 1	0.055 9	9.455 0	169.245 3
22	1.387 6	0.720 7	25.837 6	0.038 7	18.620 8	0.053 7	9.901 8	184.379 8
23	1.408 4	0.710 0	27.225 1	0.036 7	19.330 9	0.051 7	10.346 2	200.000 6
24	1.429 5	0.699 5	28.633 5	0.034 9	20.030 4	0.049 9	10.788 1	216.090 1
25	1.450 9	0.689 2	30.063 0	0.033 3	20.719 6	0.048 3	11.227 6	232.631 0

续前表

N	一次支付		等额支付系列				梯度系列	
	复利系数 $(F/P,i,N)$	现值系数 $(P/F,i,N)$	复利系数 $(F/A,i,N)$	积累基金系数 $(A/F,i,N)$	现值系数 $(P/A,i,N)$	资金恢复系数 $(A/P,i,N)$	等额支付转换系数 $(A/G,i,N)$	现值系数 $(P/G,i,N)$
26	1.472 7	0.679 0	31.514 0	0.031 7	21.398 6	0.046 7	11.664 6	249.606 5
27	1.494 8	0.669 0	32.986 7	0.030 3	22.067 6	0.045 3	12.099 2	267.000 2
28	1.517 2	0.659 1	34.481 5	0.029 0	22.726 7	0.044 0	12.531 3	284.795 8
29	1.540 0	0.649 4	35.998 7	0.027 8	23.376 1	0.042 8	12.961 0	302.977 9
30	1.563 1	0.639 8	37.538 7	0.026 6	24.015 8	0.041 6	13.388 3	321.531 0
31	1.586 5	0.630 3	39.101 8	0.025 6	24.646 1	0.040 6	13.813 1	340.440 2
32	1.610 3	0.621 0	40.688 3	0.024 6	25.267 1	0.039 6	14.235 5	359.691 0
33	1.634 5	0.611 8	42.298 6	0.023 6	25.879 0	0.038 6	14.655 5	379.269 1
34	1.659 0	0.602 8	43.933 1	0.022 8	26.481 7	0.037 8	15.073 1	399.160 7
35	1.683 9	0.593 9	45.592 1	0.021 9	27.075 6	0.036 9	15.488 2	419.352 1
36	1.709 1	0.585 1	47.276 0	0.021 2	27.660 7	0.036 2	15.900 9	439.830 3
40	1.814 0	0.551 3	54.267 9	0.018 4	29.915 8	0.033 4	17.527 7	524.356 8
48	2.043 5	0.489 4	69.565 2	0.014 4	34.042 6	0.029 4	20.666 7	703.546 2
50	2.105 2	0.475 0	73.682 8	0.013 6	34.999 7	0.028 6	21.427 7	749.963 6
60	2.443 2	0.409 3	96.214 7	0.010 4	39.380 3	0.025 4	25.093 0	988.167 4
72	2.921 2	0.342 3	128.077 2	0.007 8	43.844 7	0.022 8	29.189 3	1 279.793 8
80	3.290 7	0.303 9	152.710 9	0.006 5	46.407 3	0.021 5	31.742 3	1 473.074 1
84	3.492 6	0.286 3	166.172 6	0.006 0	47.578 6	0.021 0	32.966 8	1 568.514 0
90	3.818 9	0.261 9	187.929 9	0.005 3	49.209 9	0.020 3	34.739 9	1 709.543 9
96	4.175 8	0.239 5	211.720 2	0.004 7	50.701 7	0.019 7	36.438 1	1 847.472 5
100	4.432 0	0.225 6	228.803 0	0.004 4	51.624 7	0.019 4	37.529 5	1 937.450 6
108	4.992 7	0.200 3	266.177 8	0.003 8	53.313 7	0.018 8	39.617 1	2 112.134 8
120	5.969 3	0.167 5	331.288 2	0.003 0	55.498 5	0.018 0	42.518 5	2 359.711 4
240	35.632 8	0.028 1	2 308.854 4	0.000 4	64.795 7	0.015 4	59.736 8	3 870.691 2
360	212.703 8	0.004 7	14 113.585 4	0.000 1	66.353 2	0.015 1	64.966 2	4 310.716 5

1.5%

1.75%

N	一次支付		等额支付系列				梯度系列	
	复利系数 (F/P,i,N)	现值系数 (P/F,i,N)	复利系数 (F/A,i,N)	积累基金系数 (A/F,i,N)	现值系数 (P/A,i,N)	资金恢复系数 (A/P,i,N)	等额支付转换系数 (A/G,i,N)	现值系数 (P/G,i,N)
1	1.017 5	0.982 8	1.000 0	1.000 0	0.982 8	1.017 5	0.000 0	0.000 0
2	1.035 3	0.965 9	2.017 5	0.495 7	1.948 7	0.513 2	0.495 7	0.965 9
3	1.053 4	0.949 3	3.052 8	0.327 6	2.898 0	0.345 1	0.988 4	2.864 5
4	1.071 9	0.933 0	4.106 2	0.243 5	3.830 9	0.261 0	1.478 3	5.663 3
5	1.090 6	0.916 9	5.178 1	0.193 1	4.747 9	0.210 6	1.965 3	9.331 0
6	1.109 7	0.901 1	6.268 7	0.159 5	5.649 0	0.177 0	2.449 4	13.836 7
7	1.129 1	0.885 6	7.378 4	0.135 5	6.534 6	0.153 0	2.930 6	19.150 6
8	1.148 9	0.870 4	8.507 5	0.117 5	7.405 1	0.135 0	3.408 9	25.243 5
9	1.169 0	0.855 4	9.656 4	0.103 6	8.260 5	0.121 1	3.884 4	32.087 0
10	1.189 4	0.840 7	10.825 4	0.092 4	9.101 2	0.109 9	4.356 9	39.653 5
11	1.210 3	0.826 3	12.014 8	0.083 2	9.927 5	0.100 7	4.826 6	47.916 2
12	1.231 4	0.812 1	13.225 1	0.075 6	10.739 5	0.093 1	5.293 4	56.848 9
13	1.253 0	0.798 1	14.456 5	0.069 2	11.537 6	0.086 7	5.757 3	66.426 0
14	1.274 9	0.784 4	15.709 5	0.063 7	12.322 0	0.081 2	6.218 4	76.622 7
15	1.297 2	0.770 9	16.984 4	0.058 9	13.092 9	0.076 4	6.676 5	87.414 9
16	1.319 9	0.757 6	18.281 7	0.054 7	13.850 5	0.072 2	7.131 8	98.779 2
17	1.343 0	0.744 6	19.601 6	0.051 0	14.595 1	0.068 5	7.584 2	110.692 6
18	1.366 5	0.731 8	20.944 6	0.047 7	15.326 9	0.065 2	8.033 8	123.132 8
19	1.390 4	0.719 2	22.311 2	0.044 8	16.046 1	0.062 3	8.480 5	136.078 3
20	1.414 8	0.706 8	23.701 6	0.042 2	16.752 9	0.059 7	8.924 3	149.508 0
21	1.439 5	0.694 7	25.116 4	0.039 8	17.447 5	0.057 3	9.365 3	163.401 3
22	1.464 7	0.682 7	26.555 9	0.037 7	18.130 3	0.055 2	9.803 4	177.738 5
23	1.490 4	0.671 0	28.020 7	0.035 7	18.801 2	0.053 2	10.238 7	192.500 0
24	1.516 4	0.659 4	29.511 0	0.033 9	19.460 7	0.051 4	10.671 1	207.667 1
25	1.543 0	0.648 1	31.027 5	0.032 2	20.108 8	0.049 7	11.100 7	223.221 4

续前表

N	一次支付		等额支付系列				梯度系列	
	复利系数 (F/P,i,N)	现值系数 (P/F,i,N)	复利系数 (F/A,i,N)	积累基金系数 (A/F,i,N)	现值系数 (P/A,i,N)	资金恢复系数 (A/P,i,N)	等额支付转换系数 (A/G,i,N)	现值系数 (P/G,i,N)
26	1.570 0	0.636 9	32.570 4	0.030 7	20.745 7	0.048 2	11.527 4	239.145 1
27	1.597 5	0.626 0	34.140 4	0.029 3	21.371 7	0.046 8	11.951 3	255.421 0
28	1.625 4	0.615 2	35.737 9	0.028 0	21.987 0	0.045 5	12.372 4	272.032 1
29	1.653 9	0.604 6	37.363 3	0.026 8	22.591 6	0.044 3	12.790 7	288.962 3
30	1.682 8	0.594 2	39.017 2	0.025 6	23.185 8	0.043 1	13.206 1	306.195 4
31	1.712 2	0.584 0	40.700 0	0.024 6	23.769 9	0.042 1	13.618 8	323.716 3
32	1.742 2	0.574 0	42.412 2	0.023 6	24.343 9	0.041 1	14.028 6	341.509 7
33	1.772 7	0.564 1	44.154 4	0.022 6	24.908 0	0.040 1	14.435 6	359.561 3
34	1.803 7	0.554 4	45.927 1	0.021 8	25.462 4	0.039 3	14.839 8	377.856 7
35	1.835 3	0.544 9	47.730 8	0.021 0	26.007 3	0.038 5	15.241 2	396.382 4
36	1.867 4	0.535 5	49.566 1	0.020 2	26.542 8	0.037 7	15.639 9	415.125 0
40	2.001 6	0.499 6	57.234 1	0.017 5	28.594 2	0.035 0	17.206 6	492.010 9
48	2.299 6	0.434 9	74.262 8	0.013 5	32.293 8	0.031 0	20.208 4	652.605 4
50	2.380 8	0.420 0	78.902 2	0.012 7	33.141 2	0.030 2	20.931 7	693.701 0
60	2.831 8	0.353 1	104.675 2	0.009 6	36.964 0	0.027 1	24.388 5	901.495 4
72	3.487 2	0.286 8	142.126 3	0.007 0	40.756 4	0.024 5	28.194 8	1 149.118 1
80	4.006 4	0.249 6	171.793 8	0.005 8	42.879 9	0.023 3	30.532 9	1 309.248 2
84	4.294 3	0.232 9	188.245 0	0.005 3	43.836 1	0.022 8	31.644 2	1 387.158 4
90	4.765 4	0.209 8	215.164 6	0.004 6	45.151 6	0.022 1	33.240 9	1 500.879 8
96	5.288 2	0.189 1	245.037 4	0.004 1	46.337 0	0.021 6	34.755 6	1 610.471 6
100	5.668 2	0.176 4	266.751 8	0.003 7	47.061 5	0.021 2	35.721 1	1 681.088 6
108	6.512 0	0.153 6	314.973 8	0.003 2	48.367 9	0.020 7	37.549 4	1 816.185 2
120	8.019 2	0.124 7	401.096 2	0.002 5	50.017 1	0.020 0	40.046 9	2 003.026 9
240	64.307 3	0.015 6	3 617.560 2	0.000 3	56.254 3	0.017 8	53.351 8	3 001.267 8
360	515.692 1	0.001 9	29 410.974 7	0.000 0	57.032 0	0.017 5	56.443 4	3 219.083 3

1.75%

2.0%

N	一次支付		等额支付系列				梯度系列	
	复利系数 (F/P,i,N)	现值系数 (P/F,i,N)	复利系数 (F/A,i,N)	积累基金系数 (A/F,i,N)	现值系数 (P/A,i,N)	资金恢复系数 (A/P,i,N)	等额支付转换系数 (A/G,i,N)	现值系数 (P/G,i,N)
1	1.020 0	0.980 4	1.000 0	1.000 0	0.980 4	1.020 0	0.000 0	0.000 0
2	1.040 4	0.961 2	2.020 0	0.495 0	1.941 6	0.515 0	0.495 0	0.961 2
3	1.061 2	0.942 3	3.060 4	0.326 8	2.883 9	0.346 8	0.986 8	2.845 8
4	1.082 4	0.923 8	4.121 6	0.242 6	3.807 7	0.262 6	1.475 2	5.617 3
5	1.104 1	0.905 7	5.204 0	0.192 2	4.713 5	0.212 2	1.960 4	9.240 3
6	1.126 2	0.888 0	6.308 1	0.158 5	5.601 4	0.178 5	2.442 3	13.680 1
7	1.148 7	0.870 6	7.434 3	0.134 5	6.472 0	0.154 5	2.920 8	18.903 5
8	1.171 7	0.853 5	8.583 0	0.116 5	7.325 5	0.136 5	3.396 1	24.877 9
9	1.195 1	0.836 8	9.754 6	0.102 5	8.162 2	0.122 5	3.868 1	31.572 0
10	1.219 0	0.820 3	10.949 7	0.091 3	8.982 6	0.111 3	4.336 7	38.955 1
11	1.243 4	0.804 3	12.168 7	0.082 2	9.786 8	0.102 2	4.802 1	46.997 7
12	1.268 2	0.788 5	13.412 1	0.074 6	10.575 3	0.094 6	5.264 2	55.671 2
13	1.293 6	0.773 0	14.680 3	0.068 1	11.348 4	0.088 1	5.723 1	64.947 5
14	1.319 5	0.757 9	15.973 9	0.062 6	12.106 2	0.082 6	6.178 6	74.799 9
15	1.345 9	0.743 0	17.293 4	0.057 8	12.849 3	0.077 8	6.630 9	85.202 1
16	1.372 8	0.728 4	18.639 3	0.053 7	13.577 7	0.073 7	7.079 9	96.128 8
17	1.400 2	0.714 2	20.012 1	0.050 0	14.291 9	0.070 0	7.525 6	107.555 4
18	1.428 2	0.700 2	21.412 3	0.046 7	14.992 0	0.066 7	7.968 1	119.458 1
19	1.456 8	0.686 4	22.840 6	0.043 8	15.678 5	0.063 8	8.407 3	131.813 9
20	1.485 9	0.673 0	24.297 4	0.041 2	16.351 4	0.061 2	8.843 3	144.600 3
21	1.515 7	0.659 8	25.783 3	0.038 8	17.011 2	0.058 8	9.276 0	157.795 9
22	1.546 0	0.646 8	27.299 0	0.036 6	17.658 0	0.056 6	9.705 5	171.379 5
23	1.576 9	0.634 2	28.845 0	0.034 7	18.292 2	0.054 7	10.131 7	185.330 9
24	1.608 4	0.621 7	30.421 9	0.032 9	18.913 9	0.052 9	10.554 7	199.630 5
25	1.640 6	0.609 5	32.030 3	0.031 2	19.523 5	0.051 2	10.974 5	214.259 2

续前表

2.0%

N	一次支付		等额支付系列				梯度系列	
	复利系数 (F/P,i,N)	现值系数 (P/F,i,N)	复利系数 (F/A,i,N)	积累基金系数 (A/F,i,N)	现值系数 (P/A,i,N)	资金恢复系数 (A/P,i,N)	等额支付转换系数 (A/G,i,N)	现值系数 (P/G,i,N)
26	1.673 4	0.597 6	33.670 9	0.029 7	20.121 0	0.049 7	11.391 0	229.198 7
27	1.706 9	0.585 9	35.344 3	0.028 3	20.706 9	0.048 3	11.804 3	244.431 1
28	1.741 0	0.574 4	37.051 2	0.027 0	21.281 3	0.047 0	12.214 5	259.939 2
29	1.775 8	0.563 1	38.792 2	0.025 8	21.844 4	0.045 8	12.621 4	275.706 4
30	1.811 4	0.552 1	40.568 1	0.024 6	22.396 5	0.044 6	13.025 1	291.716 4
31	1.847 6	0.541 2	42.379 4	0.023 6	22.937 7	0.043 6	13.425 7	307.953 8
32	1.884 5	0.530 6	44.227 0	0.022 6	23.468 3	0.042 6	13.823 0	324.403 5
33	1.922 2	0.520 2	46.111 6	0.021 7	23.988 6	0.041 7	14.217 2	341.050 8
34	1.960 7	0.510 0	48.033 8	0.020 8	24.498 6	0.040 8	14.608 3	357.881 7
35	1.999 9	0.500 0	49.994 5	0.020 0	24.998 6	0.040 0	14.996 1	374.882 6
36	2.039 9	0.490 2	51.994 4	0.019 2	25.488 8	0.039 2	15.380 9	392.040 5
40	2.208 0	0.452 9	60.402 0	0.016 6	27.355 5	0.036 6	16.888 5	461.993 1
48	2.587 1	0.386 5	79.353 5	0.012 6	30.673 1	0.032 6	19.755 6	605.965 7
50	2.691 6	0.371 5	84.579 4	0.011 8	31.423 6	0.031 8	20.442 0	642.360 6
60	3.281 0	0.304 8	114.051 5	0.008 8	34.760 9	0.028 8	23.696 1	823.697 5
72	4.161 1	0.240 3	158.057 0	0.006 3	37.984 1	0.026 3	27.223 4	1 034.055 7
80	4.875 4	0.205 1	193.772 0	0.005 2	39.744 5	0.025 2	29.357 2	1 166.786 8
84	5.277 3	0.189 5	213.866 6	0.004 7	40.525 5	0.024 7	30.361 6	1 230.419 1
90	5.943 1	0.168 3	247.156 7	0.004 0	41.586 9	0.024 0	31.792 9	1 322.170 1
96	6.692 9	0.149 4	284.646 7	0.003 5	42.529 4	0.023 5	33.137 0	1 409.297 3
100	7.244 6	0.138 0	312.232 3	0.003 2	43.098 4	0.023 2	33.986 3	1 464.752 7
108	8.488 3	0.117 8	374.412 9	0.002 7	44.109 5	0.022 7	35.577 4	1 569.302 5
120	10.765 2	0.092 9	488.258 2	0.002 0	45.355 4	0.022 0	37.711 4	1 710.416 0
240	115.888 7	0.008 6	5 744.436 8	0.000 2	49.568 6	0.020 2	47.911 0	2 374.880 0
360	1 247.561 1	0.000 8	62 328.056 4	0.000 0	49.959 9	0.020 0	49.711 2	2 483.567 9

3.0%

N	一次支付		等额支付系列				梯度系列	
	复利系数 (F/P,i,N)	现值系数 (P/F,i,N)	复利系数 (F/A,i,N)	积累基金系数 (A/F,i,N)	现值系数 (P/A,i,N)	资金恢复系数 (A/P,i,N)	等额支付转换系数 (A/G,i,N)	现值系数 (P/G,i,N)
1	1.030 0	0.970 9	1.000 0	1.000 0	0.970 9	1.030 0	0.000 0	0.000 0
2	1.060 9	0.942 6	2.030 0	0.492 6	1.913 5	0.522 6	0.492 6	0.942 6
3	1.092 7	0.915 1	3.090 9	0.323 5	2.828 6	0.353 5	0.980 3	2.772 9
4	1.125 5	0.888 5	4.183 6	0.239 0	3.717 1	0.269 0	1.463 1	5.438 3
5	1.159 3	0.862 6	5.309 1	0.188 4	4.579 7	0.218 4	1.940 9	8.888 8
6	1.194 1	0.837 5	6.468 4	0.154 6	5.417 2	0.184 6	2.413 8	13.076 2
7	1.229 9	0.813 1	7.662 5	0.130 5	6.230 3	0.160 5	2.881 9	17.954 7
8	1.266 8	0.789 4	8.892 3	0.112 5	7.019 7	0.142 5	3.345 0	23.480 6
9	1.304 8	0.766 4	10.159 1	0.098 4	7.786 1	0.128 4	3.803 2	29.611 9
10	1.343 9	0.744 1	11.463 9	0.087 2	8.530 2	0.117 2	4.256 5	36.308 8
11	1.384 2	0.722 4	12.807 8	0.078 1	9.252 6	0.108 1	4.704 9	43.533 0
12	1.425 8	0.701 4	14.192 0	0.070 5	9.954 0	0.100 5	5.148 5	51.248 2
13	1.468 5	0.681 0	15.617 8	0.064 0	10.635 0	0.094 0	5.587 2	59.419 6
14	1.512 6	0.661 1	17.086 3	0.058 5	11.296 1	0.088 5	6.021 0	68.014 1
15	1.558 0	0.641 9	18.598 9	0.053 8	11.937 9	0.083 8	6.450 0	77.000 2
16	1.604 7	0.623 2	20.156 9	0.049 6	12.561 1	0.079 6	6.874 2	86.347 7
17	1.652 8	0.605 0	21.761 6	0.046 0	13.166 1	0.076 0	7.293 6	96.028 0
18	1.702 4	0.587 4	23.414 4	0.042 7	13.753 5	0.072 7	7.708 1	106.013 7
19	1.753 5	0.570 3	25.116 9	0.039 8	14.323 8	0.069 8	8.117 9	116.278 8
20	1.806 1	0.553 7	26.870 4	0.037 2	14.877 5	0.067 2	8.522 9	126.798 7
21	1.860 3	0.537 5	28.676 5	0.034 9	15.415 0	0.064 9	8.923 1	137.549 6
22	1.916 1	0.521 9	30.536 8	0.032 7	15.939 6	0.062 7	9.318 6	148.509 4
23	1.973 6	0.506 7	32.452 9	0.030 8	16.443 6	0.060 8	9.709 3	159.656 6
24	2.032 8	0.491 9	34.426 5	0.029 0	16.935 5	0.059 0	10.095 4	170.971 1
25	2.093 8	0.477 6	36.459 3	0.027 4	17.413 1	0.057 4	10.476 8	182.433 6

续前表

N	一次支付		等额支付系列				梯度系列	
	复利系数 (F/P,i,N)	现值系数 (P/F,i,N)	复利系数 (F/A,i,N)	积累基金系数 (A/F,i,N)	现值系数 (P/A,i,N)	资金恢复系数 (A/P,i,N)	等额支付转换系数 (A/G,i,N)	现值系数 (P/G,i,N)
26	2.156 6	0.463 7	38.553 0	0.025 9	17.876 8	0.055 9	10.853 5	194.026 0
27	2.221 3	0.450 2	40.709 6	0.024 6	18.327 0	0.054 6	11.225 5	205.730 9
28	2.287 9	0.437 1	42.930 9	0.023 3	18.764 1	0.053 3	11.593 0	217.532 0
29	2.356 6	0.424 3	45.218 9	0.022 1	19.188 5	0.052 1	11.955 8	229.413 7
30	2.427 3	0.412 0	47.575 4	0.021 0	19.600 4	0.051 0	12.314 1	241.361 3
31	2.500 1	0.400 0	50.002 7	0.020 0	20.000 4	0.050 0	12.667 8	253.360 9
32	2.575 1	0.388 3	52.502 8	0.019 0	20.388 8	0.049 0	13.016 9	265.399 3
33	2.652 3	0.377 0	55.077 8	0.018 2	20.765 8	0.048 2	13.361 6	277.464 2
34	2.731 9	0.366 0	57.730 2	0.017 3	21.131 8	0.047 3	13.701 8	289.543 7
35	2.813 9	0.355 4	60.462 1	0.016 5	21.487 2	0.046 5	14.037 5	301.626 7
40	3.262 0	0.306 6	75.401 3	0.013 3	23.114 8	0.043 3	15.650 2	361.749 9
45	3.781 6	0.264 4	92.719 9	0.010 8	24.518 7	0.040 8	17.155 6	420.632 5
50	4.383 9	0.228 1	112.796 9	0.008 9	25.729 8	0.038 9	18.557 5	477.480 3
55	5.082 1	0.196 8	136.071 6	0.007 3	26.774 4	0.037 3	19.860 0	531.741 1
60	5.891 6	0.169 7	163.053 4	0.006 1	27.675 6	0.036 1	21.067 4	583.052 6
65	6.830 0	0.146 4	194.332 8	0.005 1	28.452 9	0.035 1	22.184 1	631.201 0
70	7.917 8	0.126 3	230.594 1	0.004 3	29.123 4	0.034 3	23.214 5	676.086 9
75	9.178 9	0.108 9	272.630 9	0.003 7	29.701 8	0.033 7	24.163 4	717.697 8
80	10.640 9	0.094 0	321.363 0	0.003 1	30.200 8	0.033 1	25.035 3	756.086 5
85	12.335 7	0.081 1	377.857 0	0.002 6	30.631 2	0.032 6	25.834 9	791.352 9
90	14.300 5	0.069 9	443.348 9	0.002 3	31.002 4	0.032 3	26.566 7	823.630 2
95	16.578 2	0.060 3	519.272 0	0.001 9	31.322 7	0.031 9	27.235 1	853.074 2
100	19.218 6	0.052 0	607.287 7	0.001 6	31.598 9	0.031 6	27.844 4	879.854 0

3.0%

4.0%

N	一次支付		等额支付系列				梯度系列	
	复利系数 (F/P,i,N)	现值系数 (P/F,i,N)	复利系数 (F/A,i,N)	积累基金系数 (A/F,i,N)	现值系数 (P/A,i,N)	资金恢复系数 (A/P,i,N)	等额支付转换系数 (A/G,i,N)	现值系数 (P/G,i,N)
1	1.040 0	0.961 5	1.000 0	1.000 0	0.961 5	1.040 0	0.000 0	0.000 0
2	1.081 6	0.924 6	2.040 0	0.490 2	1.886 1	0.530 2	0.490 2	0.924 6
3	1.124 9	0.889 0	3.121 6	0.320 3	2.775 1	0.360 3	0.973 9	2.702 5
4	1.169 9	0.854 8	4.246 5	0.235 5	3.629 9	0.275 5	1.451 0	5.267 0
5	1.216 7	0.821 9	5.416 3	0.184 6	4.451 8	0.224 6	1.921 6	8.554 7
6	1.265 3	0.790 3	6.633 0	0.150 8	5.242 1	0.190 8	2.385 7	12.506 2
7	1.315 9	0.759 9	7.898 3	0.126 6	6.002 1	0.166 6	2.843 3	17.065 7
8	1.368 6	0.730 7	9.214 2	0.108 5	6.732 7	0.148 5	3.294 4	22.180 6
9	1.423 3	0.702 6	10.582 8	0.094 5	7.435 3	0.134 5	3.739 1	27.801 3
10	1.480 2	0.675 6	12.006 1	0.083 3	8.110 9	0.123 3	4.177 3	33.881 4
11	1.539 5	0.649 6	13.486 4	0.074 1	8.760 5	0.114 1	4.609 0	40.377 2
12	1.601 0	0.624 6	15.025 8	0.066 6	9.385 1	0.106 6	5.034 3	47.247 7
13	1.665 1	0.600 6	16.626 8	0.060 1	9.985 6	0.100 1	5.453 3	54.454 6
14	1.731 7	0.577 5	18.291 9	0.054 7	10.563 1	0.094 7	5.865 9	61.961 8
15	1.800 9	0.555 3	20.023 6	0.049 9	11.118 4	0.089 9	6.272 1	69.735 5
16	1.873 0	0.533 9	21.824 5	0.045 8	11.652 3	0.085 8	6.672 0	77.744 1
17	1.947 9	0.513 4	23.697 5	0.042 2	12.165 7	0.082 2	7.065 6	85.958 1
18	2.025 8	0.493 6	25.645 4	0.039 0	12.659 3	0.079 0	7.453 0	94.349 8
19	2.106 8	0.474 6	27.671 2	0.036 1	13.133 9	0.076 1	7.834 2	102.893 3
20	2.191 1	0.456 4	29.778 1	0.033 6	13.590 3	0.073 6	8.209 1	111.564 7
21	2.278 8	0.438 8	31.969 2	0.031 3	14.029 2	0.071 3	8.577 9	120.341 4
22	2.369 9	0.422 0	34.248 0	0.029 2	14.451 1	0.069 2	8.940 7	129.202 4
23	2.464 7	0.405 7	36.617 9	0.027 3	14.856 8	0.067 3	9.297 3	138.128 4
24	2.563 3	0.390 1	39.082 6	0.025 6	15.247 0	0.065 6	9.647 9	147.101 2
25	2.665 8	0.375 1	41.645 9	0.024 0	15.622 1	0.064 0	9.992 5	156.104 0

续前表

4.0%

N	一次支付		等额支付系列				梯度系列	
	复利系数 $(F/P,i,N)$	现值系数 $(P/F,i,N)$	复利系数 $(F/A,i,N)$	积累基金系数 $(A/F,i,N)$	现值系数 $(P/A,i,N)$	资金恢复系数 $(A/P,i,N)$	等额支付转换系数 $(A/G,i,N)$	现值系数 $(P/G,i,N)$
26	2.772 5	0.360 7	44.311 7	0.022 6	15.982 8	0.062 6	10.331 2	165.121 2
27	2.883 4	0.346 8	47.084 2	0.021 2	16.329 6	0.061 2	10.664 0	174.138 5
28	2.998 7	0.333 5	49.967 6	0.020 0	16.663 1	0.060 0	10.990 9	183.142 4
29	3.118 7	0.320 7	52.966 3	0.018 9	16.983 7	0.058 9	11.312 0	192.120 6
30	3.243 4	0.308 3	56.084 9	0.017 8	17.292 0	0.057 8	11.627 4	201.061 8
31	3.373 1	0.296 5	59.328 3	0.016 9	17.588 5	0.056 9	11.937 1	209.955 6
32	3.508 1	0.285 1	62.701 5	0.015 9	17.873 6	0.055 9	12.241 1	218.792 4
33	3.648 4	0.274 1	66.209 5	0.015 1	18.147 6	0.055 1	12.539 6	227.563 4
34	3.794 3	0.263 6	69.857 9	0.014 3	18.411 2	0.054 3	12.832 4	236.260 7
35	3.946 1	0.253 4	73.652 2	0.013 6	18.664 6	0.053 6	13.119 8	244.876 8
40	4.801 0	0.208 3	95.025 5	0.010 5	19.792 8	0.050 5	14.476 5	286.530 3
45	5.841 2	0.171 2	121.029 4	0.008 3	20.720 0	0.048 3	15.704 7	325.402 8
50	7.106 7	0.140 7	152.667 1	0.006 6	21.482 2	0.046 6	16.812 2	361.163 8
55	8.646 4	0.115 7	191.159 2	0.005 2	22.108 6	0.045 2	17.807 0	393.689 0
60	10.519 6	0.095 1	237.990 7	0.004 2	22.623 5	0.044 2	18.697 2	422.996 6
65	12.798 7	0.078 1	294.968 4	0.003 4	23.046 7	0.043 4	19.490 9	449.201 4
70	15.571 6	0.064 2	364.290 5	0.002 7	23.394 5	0.042 7	20.196 1	472.478 9
75	18.945 3	0.052 8	448.631 4	0.002 2	23.680 4	0.042 2	20.820 6	493.040 8
80	23.049 8	0.043 4	551.245 0	0.001 8	23.915 4	0.041 8	21.371 8	511.116 1
85	28.043 6	0.035 7	676.090 1	0.001 5	24.108 5	0.041 5	21.856 9	526.938 4
90	34.119 3	0.029 3	827.983 3	0.001 2	24.267 3	0.041 2	22.282 6	540.736 9
95	41.511 4	0.024 1	1 012.784 6	0.001 0	24.397 8	0.041 0	22.655 0	552.730 7
100	50.504 9	0.019 8	1 237.623 7	0.000 8	24.505 0	0.040 8	22.980 0	563.124 9

5.0%

N	一次支付		等额支付系列				梯度系列	
	复利系数 $(F/P,i,N)$	现值系数 $(P/F,i,N)$	复利系数 $(F/A,i,N)$	积累基金系数 $(A/F,i,N)$	现值系数 $(P/A,i,N)$	资金恢复系数 $(A/P,i,N)$	等额支付转换系数 $(A/G,i,N)$	现值系数 $(P/G,i,N)$
1	1.050 0	0.952 4	1.000 0	1.000 0	0.952 4	1.050 0	0.000 0	0.000 0
2	1.102 5	0.907 0	2.050 0	0.487 8	1.859 4	0.537 8	0.487 8	0.907 0
3	1.157 6	0.863 8	3.152 5	0.317 2	2.723 2	0.367 2	0.967 5	2.634 7
4	1.215 5	0.822 7	4.310 1	0.232 0	3.546 0	0.282 0	1.439 1	5.102 8
5	1.276 3	0.783 5	5.525 6	0.181 0	4.329 5	0.231 0	1.902 5	8.236 9
6	1.340 1	0.746 2	6.801 9	0.147 0	5.075 7	0.197 0	2.357 9	11.968 0
7	1.407 1	0.710 7	8.142 0	0.122 8	5.786 4	0.172 8	2.805 2	16.232 1
8	1.477 5	0.676 8	9.549 1	0.104 7	6.463 2	0.154 7	3.244 5	20.970 0
9	1.551 3	0.644 6	11.026 6	0.090 7	7.107 8	0.140 7	3.675 8	26.126 8
10	1.628 9	0.613 9	12.577 9	0.079 5	7.721 7	0.129 5	4.099 1	31.652 0
11	1.710 3	0.584 7	14.206 8	0.070 4	8.306 4	0.120 4	4.514 4	37.498 8
12	1.795 9	0.556 8	15.917 1	0.062 8	8.863 3	0.112 8	4.921 9	43.624 1
13	1.885 6	0.530 3	17.713 0	0.056 5	9.393 6	0.106 5	5.321 5	49.987 9
14	1.979 9	0.505 1	19.598 6	0.051 0	9.898 6	0.101 0	5.713 3	56.553 8
15	2.078 9	0.481 0	21.578 6	0.046 3	10.379 7	0.096 3	6.097 3	63.288 0
16	2.182 9	0.458 1	23.657 5	0.042 3	10.837 8	0.092 3	6.473 6	70.159 7
17	2.292 0	0.436 3	25.840 4	0.038 7	11.274 1	0.088 7	6.842 3	77.140 5
18	2.406 6	0.415 5	28.132 4	0.035 5	11.689 6	0.085 5	7.203 4	84.204 3
19	2.527 0	0.395 7	30.539 0	0.032 7	12.085 3	0.082 7	7.556 9	91.327 5
20	2.653 3	0.376 9	33.066 0	0.030 2	12.462 2	0.080 2	7.903 0	98.488 4
21	2.786 0	0.358 9	35.719 3	0.028 0	12.821 2	0.078 0	8.241 6	105.667 3
22	2.925 3	0.341 8	38.505 2	0.026 0	13.163 0	0.076 0	8.573 0	112.846 1
23	3.071 5	0.325 6	41.430 5	0.024 1	13.488 6	0.074 1	8.897 1	120.008 7
24	3.225 1	0.310 1	44.502 0	0.022 5	13.798 6	0.072 5	9.214 0	127.140 2
25	3.386 4	0.295 3	47.727 1	0.021 0	14.093 9	0.071 0	9.523 8	134.227 5

续前表

5.0%

N	一次支付		等额支付系列				梯度系列	
	复利系数 (F/P,i,N)	现值系数 (P/F,i,N)	复利系数 (F/A,i,N)	积累基金系数 (A/F,i,N)	现值系数 (P/A,i,N)	资金恢复系数 (A/P,i,N)	等额支付转换系数 (A/G,i,N)	现值系数 (P/G,i,N)
26	3. 555 7	0. 281 2	51. 113 5	0. 019 6	14. 375 2	0. 069 6	9. 826 6	141. 258 5
27	3. 733 5	0. 267 8	54. 669 1	0. 018 3	14. 643 0	0. 068 3	10. 122 4	148. 222 6
28	3. 920 1	0. 255 1	58. 402 6	0. 017 1	14. 898 1	0. 067 1	10. 411 4	155. 110 1
29	4. 116 1	0. 242 9	62. 322 7	0. 016 0	15. 141 1	0. 066 0	10. 693 6	161. 912 6
30	4. 321 9	0. 231 4	66. 438 8	0. 015 1	15. 372 5	0. 065 1	10. 969 1	168. 622 6
31	4. 538 0	0. 220 4	70. 760 8	0. 014 1	15. 592 8	0. 064 1	11. 238 1	175. 233 3
32	4. 764 9	0. 209 9	75. 298 8	0. 013 3	15. 802 7	0. 063 3	11. 500 5	181. 739 2
33	5. 003 2	0. 199 9	80. 063 8	0. 012 5	16. 002 5	0. 062 5	11. 756 6	188. 135 1
34	5. 253 3	0. 190 4	85. 067 0	0. 011 8	16. 192 9	0. 061 8	12. 006 3	194. 416 8
35	5. 516 0	0. 181 3	90. 320 3	0. 011 1	16. 374 2	0. 061 1	12. 249 8	200. 580 7
40	7. 040 0	0. 142 0	120. 799 8	0. 008 3	17. 159 1	0. 058 3	13. 377 5	229. 545 2
45	8. 985 0	0. 111 3	159. 700 2	0. 006 3	17. 774 1	0. 056 3	14. 364 4	255. 314 5
50	11. 467 4	0. 087 2	209. 348 0	0. 004 8	18. 255 9	0. 054 8	15. 223 3	277. 914 8
55	14. 635 6	0. 068 3	272. 712 6	0. 003 7	18. 633 5	0. 053 7	15. 966 4	297. 510 4
60	18. 679 2	0. 053 5	353. 583 7	0. 002 8	18. 929 3	0. 052 8	16. 606 2	314. 343 2
65	23. 839 9	0. 041 9	456. 798 0	0. 002 2	19. 161 1	0. 052 2	17. 154 1	328. 691 0
70	30. 426 4	0. 032 9	588. 528 5	0. 001 7	19. 342 7	0. 051 7	17. 621 2	340. 840 9
75	38. 832 7	0. 025 8	756. 653 7	0. 001 3	19. 485 0	0. 051 3	18. 017 6	351. 072 1
80	49. 561 4	0. 020 2	971. 228 8	0. 001 0	19. 596 5	0. 051 0	18. 352 6	359. 646 0
85	63. 254 4	0. 015 8	1 245. 087 1	0. 000 8	19. 683 8	0. 050 8	18. 634 6	366. 800 7
90	80. 730 4	0. 012 4	1 594. 607 3	0. 000 6	19. 752 3	0. 050 6	18. 871 2	372. 748 8
95	103. 034 7	0. 009 7	2 040. 693 5	0. 000 5	19. 805 9	0. 050 5	19. 068 9	377. 677 4
100	131. 501 3	0. 007 6	2 610. 025 2	0. 000 4	19. 847 9	0. 050 4	19. 233 7	381. 749 2

6.0%

N	一次支付		等额支付系列				梯度系列	
	复利系数 (F/P,i,N)	现值系数 (P/F,i,N)	复利系数 (F/A,i,N)	积累基金系数 (A/F,i,N)	现值系数 (P/A,i,N)	资金恢复系数 (A/P,i,N)	等额支付转换系数 (A/G,i,N)	现值系数 (P/G,i,N)
1	1.060 0	0.943 4	1.000 0	1.000 0	0.943 4	1.060 0	0.000 0	0.000 0
2	1.123 6	0.890 0	2.060 0	0.485 4	1.833 4	0.545 4	0.485 4	0.890 0
3	1.191 0	0.839 6	3.183 6	0.314 1	2.673 0	0.374 1	0.961 2	2.569 2
4	1.262 5	0.792 1	4.374 6	0.228 6	3.465 1	0.288 6	1.427 2	4.945 5
5	1.338 2	0.747 3	5.637 1	0.177 4	4.212 4	0.237 4	1.883 6	7.934 5
6	1.418 5	0.705 0	6.975 3	0.143 4	4.917 3	0.203 4	2.330 4	11.459 4
7	1.503 6	0.665 1	8.393 8	0.119 1	5.582 4	0.179 1	2.767 6	15.449 7
8	1.593 8	0.627 4	9.897 5	0.101 0	6.209 8	0.161 0	3.195 2	19.841 6
9	1.689 5	0.591 9	11.491 3	0.087 0	6.801 7	0.147 0	3.613 3	24.576 8
10	1.790 8	0.558 4	13.180 8	0.075 9	7.360 1	0.135 9	4.022 0	29.602 3
11	1.898 3	0.526 8	14.971 6	0.066 8	7.886 9	0.126 8	4.421 3	34.870 2
12	2.012 2	0.497 0	16.869 9	0.059 3	8.383 8	0.119 3	4.811 3	40.336 9
13	2.132 9	0.468 8	18.882 1	0.053 0	8.852 7	0.113 0	5.192 0	45.962 9
14	2.260 9	0.442 3	21.015 1	0.047 6	9.295 0	0.107 6	5.563 5	51.712 8
15	2.396 6	0.417 3	23.276 0	0.043 0	9.712 2	0.103 0	5.926 0	57.554 6
16	2.540 4	0.393 6	25.672 5	0.039 0	10.105 9	0.099 0	6.279 4	63.459 2
17	2.692 8	0.371 4	28.212 9	0.035 4	10.477 3	0.095 4	6.624 0	69.401 1
18	2.854 3	0.350 3	30.905 7	0.032 4	10.827 6	0.092 4	6.959 7	75.356 9
19	3.025 6	0.330 5	33.760 0	0.029 6	11.158 1	0.089 6	7.286 7	81.306 2
20	3.207 1	0.311 8	36.785 6	0.027 2	11.469 9	0.087 2	7.605 1	87.230 4
21	3.399 6	0.294 2	39.992 7	0.025 0	11.764 1	0.085 0	7.915 1	93.113 6
22	3.603 5	0.277 5	43.392 3	0.023 0	12.041 6	0.083 0	8.216 6	98.941 2
23	3.819 7	0.261 8	46.995 8	0.021 3	12.303 4	0.081 3	8.509 9	104.700 7
24	4.048 9	0.247 0	50.815 6	0.019 7	12.550 4	0.079 7	8.795 1	110.381 2
25	4.291 9	0.233 0	54.864 5	0.018 2	12.783 4	0.078 2	9.072 2	115.973 2

续前表

6.0%

N	一次支付		等额支付系列				梯度系列	
	复利系数 (F/P,i,N)	现值系数 (P/F,i,N)	复利系数 (F/A,i,N)	积累基金系数 (A/F,i,N)	现值系数 (P/A,i,N)	资金恢复系数 (A/P,i,N)	等额支付转换系数 (A/G,i,N)	现值系数 (P/G,i,N)
26	4.549 4	0.219 8	59.156 4	0.016 9	13.003 2	0.076 9	9.341 4	121.468 4
27	4.822 3	0.207 4	63.705 8	0.015 7	13.210 5	0.075 7	9.602 9	126.860 0
28	5.111 7	0.195 6	68.528 1	0.014 6	13.406 2	0.074 6	9.856 8	132.142 0
29	5.418 4	0.184 6	73.639 8	0.013 6	13.590 7	0.073 6	10.103 2	137.309 6
30	5.743 5	0.174 1	79.058 2	0.012 6	13.764 8	0.072 6	10.342 2	142.358 8
31	6.088 1	0.164 3	84.801 7	0.011 8	13.929 1	0.071 8	10.574 0	147.286 4
32	6.453 4	0.155 0	90.889 8	0.011 0	14.084 0	0.071 0	10.798 8	152.090 1
33	6.840 6	0.146 2	97.343 2	0.010 3	14.230 2	0.070 3	11.016 6	156.768 1
34	7.251 0	0.137 9	104.183 8	0.009 6	14.368 1	0.069 6	11.227 6	161.319 2
35	7.686 1	0.130 1	111.434 8	0.009 0	14.498 2	0.069 0	11.431 9	165.742 7
40	10.285 7	0.097 2	154.762 0	0.006 5	15.046 3	0.066 5	12.359 0	185.956 8
45	13.764 6	0.072 7	212.743 5	0.004 7	15.455 8	0.064 7	13.141 3	203.109 6
50	18.420 2	0.054 3	290.335 9	0.003 4	15.761 9	0.063 4	13.796 4	217.457 4
55	24.650 3	0.040 6	394.172 0	0.002 5	15.990 5	0.062 5	14.341 1	229.322 2
60	32.987 7	0.030 3	533.128 2	0.001 9	16.161 4	0.061 9	14.790 9	239.042 8
65	44.145 0	0.022 7	719.082 9	0.001 4	16.289 1	0.061 4	15.160 1	246.945 0
70	59.075 9	0.016 9	967.932 2	0.001 0	16.384 5	0.061 0	15.461 3	253.327 1
75	79.056 9	0.012 6	1 300.948 7	0.000 8	16.455 8	0.060 8	15.705 8	258.452 7
80	105.796 0	0.009 5	1 746.599 9	0.000 6	16.509 1	0.060 6	15.903 3	262.549 3
85	141.578 9	0.007 1	2 342.981 7	0.000 4	16.548 9	0.060 4	16.062 0	265.809 6
90	189.464 5	0.005 3	3 141.075 2	0.000 3	16.578 7	0.060 3	16.189 1	268.394 6
95	253.546 3	0.003 9	4 209.104 2	0.000 2	16.600 9	0.060 2	16.290 5	270.437 5
100	339.302 1	0.002 9	5 638.368 1	0.000 2	16.617 5	0.060 2	16.371 1	272.047 1

7.0%

N	一次支付		等额支付系列				梯度系列	
	复利系数 (F/P,i,N)	现值系数 (P/F,i,N)	复利系数 (F/A,i,N)	积累基金系数 (A/F,i,N)	现值系数 (P/A,i,N)	资金恢复系数 (A/P,i,N)	等额支付转换系数 (A/G,i,N)	现值系数 (P/G,i,N)
1	1.070 0	0.934 6	1.000 0	1.000 0	0.934 6	1.070 0	0.000 0	0.000 0
2	1.144 9	0.873 4	2.070 0	0.483 1	1.808 0	0.553 1	0.483 1	0.873 4
3	1.225 0	0.816 3	3.214 9	0.311 1	2.624 3	0.381 1	0.954 9	2.506 0
4	1.310 8	0.762 9	4.439 9	0.225 2	3.387 2	0.295 2	1.415 5	4.794 7
5	1.402 6	0.713 0	5.750 7	0.173 9	4.100 2	0.243 9	1.865 0	7.646 7
6	1.500 7	0.666 3	7.153 3	0.139 8	4.766 5	0.209 8	2.303 2	10.978 4
7	1.605 8	0.622 7	8.654 0	0.115 6	5.389 3	0.185 6	2.730 4	14.714 9
8	1.718 2	0.582 0	10.259 8	0.097 5	5.971 3	0.167 5	3.146 5	18.788 9
9	1.838 5	0.543 9	11.978 0	0.083 5	6.515 2	0.153 5	3.551 7	23.140 4
10	1.967 2	0.508 3	13.816 4	0.072 4	7.023 6	0.142 4	3.946 1	27.715 6
11	2.104 9	0.475 1	15.783 6	0.063 4	7.498 7	0.133 4	4.329 6	32.466 5
12	2.252 2	0.444 0	17.888 5	0.055 9	7.942 7	0.125 9	4.702 5	37.350 6
13	2.409 8	0.415 0	20.140 6	0.049 7	8.357 7	0.119 7	5.064 8	42.330 2
14	2.578 5	0.387 8	22.550 5	0.044 3	8.745 5	0.114 3	5.416 7	47.371 8
15	2.759 0	0.362 4	25.129 0	0.039 8	9.107 9	0.109 8	5.758 3	52.446 1
16	2.952 2	0.338 7	27.888 1	0.035 9	9.446 6	0.105 9	6.089 7	57.527 1
17	3.158 8	0.316 6	30.840 2	0.032 4	9.763 2	0.102 4	6.411 0	62.592 3
18	3.379 9	0.295 9	33.999 0	0.029 4	10.059 1	0.099 4	6.722 5	67.621 9
19	3.616 5	0.276 5	37.379 0	0.026 8	10.335 6	0.096 8	7.024 2	72.599 1
20	3.869 7	0.258 4	40.995 5	0.024 4	10.594 0	0.094 4	7.316 3	77.509 1
21	4.140 6	0.241 5	44.865 2	0.022 3	10.835 5	0.092 3	7.599 0	82.339 3
22	4.430 4	0.225 7	49.005 7	0.020 4	11.061 2	0.090 4	7.872 5	87.079 3
23	4.740 5	0.210 9	53.436 1	0.018 7	11.272 2	0.088 7	8.136 9	91.720 1
24	5.072 4	0.197 1	58.176 7	0.017 2	11.469 3	0.087 2	8.392 3	96.254 5
25	5.427 4	0.184 2	63.249 0	0.015 8	11.653 6	0.085 8	8.639 1	100.676 5

续前表

7.0%

N	一次支付		等额支付系列				梯度系列	
	复利系数 (F/P,i,N)	现值系数 (P/F,i,N)	复利系数 (F/A,i,N)	积累基金系数 (A/F,i,N)	现值系数 (P/A,i,N)	资金恢复系数 (A/P,i,N)	等额支付转换系数 (A/G,i,N)	现值系数 (P/G,i,N)
26	5.807 4	0.172 2	68.676 5	0.014 6	11.825 8	0.084 6	8.877 3	104.981 4
27	6.213 9	0.160 9	74.483 8	0.013 4	11.986 7	0.083 4	9.107 2	109.165 6
28	6.648 8	0.150 4	80.697 7	0.012 4	12.137 1	0.982 4	9.328 9	113.226 4
29	7.114 3	0.140 6	87.346 5	0.011 4	12.277 7	0.081 4	9.542 7	117.162 2
30	7.612 3	0.131 4	94.460 8	0.010 6	12.409 0	0.080 6	9.748 7	120.971 8
31	8.145 1	0.122 8	102.073 0	0.009 8	12.531 8	0.079 8	9.947 1	124.655 0
32	8.715 3	0.114 7	110.218 2	0.009 1	12.646 6	0.079 1	10.138 1	128.212 0
33	9.325 3	0.107 2	118.933 4	0.008 4	12.753 8	0.078 4	10.321 9	131.643 5
34	9.978 1	0.100 2	128.258 8	0.007 8	12.854 0	0.077 8	10.498 7	134.950 7
35	10.676 6	0.093 7	138.236 9	0.007 2	12.947 7	0.077 2	10.668 7	138.135 3
40	14.974 5	0.066 8	199.635 1	0.005 0	13.331 7	0.075 0	11.423 3	152.292 8
45	21.002 5	0.047 6	285.749 3	0.003 5	13.605 5	0.073 5	12.036 0	163.755 9
50	29.457 0	0.033 9	406.528 9	0.002 5	13.800 7	0.072 5	12.528 7	172.905 1
55	41.315 0	0.024 2	575.928 6	0.001 7	13.939 9	0.071 7	12.921 5	180.124 3
60	57.946 4	0.017 3	813.520 4	0.001 2	14.039 2	0.071 2	13.232 1	185.767 7
65	81.272 9	0.012 3	1 146.755 2	0.000 9	14.109 9	0.070 9	13.476 0	190.145 2
70	113.989 4	0.008 8	1 614.134 2	0.000 6	14.160 4	0.070 6	13.666 2	193.518 5
75	159.876 0	0.006 3	2 269.657 4	0.000 4	14.196 4	0.070 4	13.813 6	196.103 5
80	224.234 4	0.004 5	3 189.062 7	0.000 3	14.222 0	0.070 3	13.927 3	198.074 8
85	314.500 3	0.003 2	4 478.576 1	0.000 2	14.240 3	0.070 2	14.014 6	199.571 7
90	441.103 0	0.002 3	6 287.185 4	0.000 2	14.253 3	0.070 2	14.081 2	200.704 2
95	618.669 7	0.001 6	8 823.853 5	0.000 1	14.262 6	0.070 1	14.131 9	201.558 1
100	867.716 3	0.001 2	12 381.661 8	0.000 1	14.269 3	0.070 1	14.170 3	202.200 1

8.0%

N	一次支付		等额支付系列				梯度系列	
	复利系数 (F/P,i,N)	现值系数 (P/F,i,N)	复利系数 (F/A,i,N)	积累基金系数 (A/F,i,N)	现值系数 (P/A,i,N)	资金恢复系数 (A/P,i,N)	等额支付转换系数 (A/G,i,N)	现值系数 (P/G,i,N)
1	1.080 0	0.925 9	1.000 0	1.000 0	0.925 9	1.080 0	0.000 0	0.000 0
2	1.166 4	0.857 3	2.080 0	0.480 8	1.783 3	0.560 8	0.480 8	0.857 3
3	1.259 7	0.793 8	3.246 4	0.308 0	2.577 1	0.388 0	0.948 7	2.445 0
4	1.360 5	0.735 0	4.506 1	0.221 9	3.312 1	0.301 9	1.404 0	4.650 1
5	1.469 3	0.680 6	5.866 6	0.170 5	3.992 7	0.250 5	1.846 5	7.372 4
6	1.586 9	0.630 2	7.335 9	0.136 3	4.622 9	0.216 3	2.276 3	10.523 3
7	1.713 8	0.583 5	8.922 8	0.112 1	5.206 4	0.192 1	2.693 7	14.024 2
8	1.850 9	0.540 3	10.636 6	0.094 0	5.746 6	0.174 0	3.098 5	17.806 1
9	1.999 0	0.500 2	12.487 6	0.080 1	6.246 9	0.160 1	3.491 0	21.808 1
10	2.158 9	0.463 2	14.486 6	0.069 0	6.710 1	0.149 0	3.871 3	25.976 8
11	2.331 6	0.428 9	16.645 5	0.060 1	7.139 0	0.140 1	4.239 5	30.265 7
12	2.518 2	0.397 1	18.977 1	0.052 7	7.536 1	0.132 7	4.595 7	34.633 9
13	2.719 6	0.367 7	21.495 3	0.046 5	7.903v8	0.126 5	4.940 2	39.046 3
14	2.937 2	0.340 5	24.214 9	0.041 3	8.244 2	0.121 3	5.273 1	43.472 3
15	3.172 2	0.315 2	27.152 1	0.036 8	8.559 5	0.116 8	5.594 5	47.885 7
16	3.425 9	0.291 9	30.324 3	0.033 0	8.851 4	0.113 0	5.904 6	52.264 0
17	3.700 0	0.270 3	33.750 2	0.029 6	9.121 6	0.109 6	6.203 7	56.588 3
18	3.996 0	0.250 2	37.450 2	0.026 7	9.371 9	0.106 7	6.492 0	60.842 6
19	4.315 7	0.231 7	41.446 3	0.024 1	9.603 6	0.104 1	6.769 7	65.013 4
20	4.661 0	0.214 5	45.762 0	0.021 9	9.818 1	0.101 9	7.036 9	69.089 8
21	5.033 8	0.198 7	50.422 9	0.019 8	10.016 8	0.099 8	7.294 0	73.062 9
22	5.436 5	0.183 9	55.456 8	0.018 0	10.200 7	0.098 0	7.541 2	76.925 7
23	5.871 5	0.170 3	60.893 3	0.016 4	10.371 1	0.096 4	7.778 6	80.672 6
24	6.341 2	0.157 7	66.764 8	0.015 0	10.528 8	0.095 0	8.006 6	84.299 7
25	6.848 5	0.146 0	73.105 9	0.013 7	10.674 8	0.093 7	8.225 4	87.804 1

续前表

8.0%

N	一次支付		等额支付系列				梯度系列	
	复利系数 (F/P,i,N)	现值系数 (P/F,i,N)	复利系数 (F/A,i,N)	积累基金系数 (A/F,i,N)	现值系数 (P/A,i,N)	资金恢复系数 (A/P,i,N)	等额支付转换系数 (A/G,i,N)	现值系数 (P/G,i,N)
26	7.396 4	0.135 2	79.954 4	0.012 5	10.810 0	0.092 5	8.435 2	91.184 2
27	7.988 1	0.125 2	87.350 8	0.011 4	10.935 2	0.091 4	8.636 3	94.439 0
78	8.627 1	0.115 9	95.338 8	0.010 5	11.051 1	0.090 5	8.828 9	97.568 7
29	9.317 3	0.107 3	103.965 9	0.009 6	11.158 4	0.089 6	9.013 3	100.573 8
30	10.062 7	0.099 4	113.283 2	0.008 8	11.257 8	0.088 8	9.189 7	103.455 8
31	10.867 7	0.092 0	123.345 9	0.008 1	11.349 8	0.088 1	9.358 4	106.216 3
32	11.737 1	0.085 2	134.213 5	0.007 5	11.435 0	0.087 5	9.519 7	108.857 5
33	12.676 0	0.078 9	145.950 6	0.006 9	11.513 9	0.086 9	9.673 7	111.381 9
34	13.690 1	0.073 0	158.626 7	0.006 3	11.586 9	0.086 3	9.820 8	113.792 4
35	14.785 3	0.067 6	172.316 8	0.005 8	11.654 6	0.085 8	9.961 1	116.092 0
40	21.724 5	0.046 0	259.056 5	0.003 9	11.924 6	0.083 9	10.569 9	126.042 2
45	31.920 4	0.031 3	386.505 6	0.002 6	12.108 4	0.082 6	11.044 7	133.733 1
50	46.901 6	0.021 3	573.770 2	0.001 7	12.233 5	0.081 7	11.410 7	139.592 8
55	68.913 9	0.014 5	848.923 2	0.001 2	12.318 6	0.081 2	11.690 2	144.006 5
60	101.257 1	0.009 9	1 253.213 3	0.000 8	12.376 6	0.080 8	11.901 5	147.300 0
65	148.779 8	0.006 7	1 847.248 1	0.000 5	12.416 0	0.080 5	12.060 2	149.738 7
70	218.606 4	0.004 6	2 720.080 1	0.000 4	12.442 8	0.080 4	12.178 3	151.532 6
75	321.204 5	0.003 1	4 002.556 6	0.000 2	12.461 1	0.080 2	12.265 8	152.844 8
80	471.954 8	0.002 1	5 886.935 4	0.000 2	12.473 5	0.080 2	12.330 1	153.800 1
85	693.456 5	0.001 4	8 655.706 1	0.000 1	12.482 0	0.080 1	12.377 2	154.492 5
90	1 018.915 1	0.001 0	12 723.938 6	0.000 1	12.487 7	0.080 1	12.411 6	154.992 5
95	1 497.120 5	0.000 7	18 701.506 9	0.000 1	12.491 7	0.080 1	12.436 5	155.352 4
100	2 199.761 3	0.000 5	27 484.515 7	0.000 0	12.494 3	0.080 0	12.454 5	155.610 7

9.0%

N	一次支付		等额支付系列				梯度系列	
	复利系数 $(F/P,i,N)$	现值系数 $(P/F,i,N)$	复利系数 $(F/A,i,N)$	积累基金系数 $(A/F,i,N)$	现值系数 $(P/A,i,N)$	资金恢复系数 $(A/P,i,N)$	等额支付转换系数 $(A/G,i,N)$	现值系数 $(P/G,i,N)$
1	1.090 0	0.917 4	1.000 0	1.000 0	0.917 4	1.090 0	0.000 0	0.000 0
2	1.188 1	0.841 7	2.090 0	0.478 5	1.759 1	0.568 5	0.478 5	0.841 7
3	1.295 0	0.772 2	3.278 1	0.305 1	2.531 3	0.395 1	0.942 6	2.386 0
4	1.411 6	0.708 4	4.573 1	0.218 7	3.239 7	0.308 7	1.392 5	4.511 3
5	1.538 6	0.649 9	5.984 7	0.167 1	3.889 7	0.257 1	1.828 2	7.111 0
6	1.677 1	0.596 3	7.523 3	0.132 9	4.485 9	0.222 9	2.249 8	10.092 4
7	1.828 0	0.547 0	9.200 4	0.108 7	5.033 0	0.198 7	2.657 4	13.374 6
8	1.992 6	0.501 9	11.028 5	0.090 7	5.534 8	0.180 7	3.051 2	16.887 7
9	2.171 9	0.460 4	13.021 0	0.076 8	5.995 2	0.166 8	3.431 2	20.571 1
10	2.367 4	0.422 4	15.192 9	0.065 8	6.417 7	0.155 8	3.797 8	24.372 8
11	2.580 4	0.387 5	17.560 3	0.056 9	6.805 2	0.146 9	4.151 0	28.248 1
12	2.812 7	0.355 5	20.140 7	0.049 7	7.160 7	0.139 7	4.491 0	32.159 0
13	3.065 8	0.326 2	22.953 4	0.043 6	7.486 9	0.133 6	4.818 2	36.073 1
14	3.341 7	0.299 2	26.019 2	0.038 4	7.786 2	0.128 4	5.132 6	39.963 3
15	3.642 5	0.274 5	29.360 9	0.034 1	8.060 7	0.124 1	5.434 6	43.806 9
16	3.970 3	0.251 9	33.003 4	0.030 3	8.312 6	0.120 3	5.724 5	47.584 9
17	4.327 6	0.231 1	36.973 7	0.027 0	8.543 6	0.117 0	6.002 4	51.282 1
18	4.717 1	0.212 0	41.301 3	0.024 2	8.755 6	0.114 2	6.268 7	54.886 0
19	5.141 7	0.194 5	46.018 5	0.021 7	8.950 1	0.111 7	6.523 6	58.386 8
20	5.604 4	0.178 4	51.160 1	0.019 5	9.128 5	0.109 5	6.767 4	61.777 0
21	6.108 8	0.163 7	56.764 5	0.017 6	9.292 2	0.107 6	7.000 6	65.050 9
22	6.658 6	0.150 2	62.873 3	0.015 9	9.442 4	0.105 9	7.223 2	68.204 8
23	7.257 9	0.137 8	69.531 9	0.014 4	9.580 2	0.104 4	7.435 7	71.235 9
24	7.911 1	0.126 4	76.789 8	0.013 0	9.706 6	0.103 0	7.638 4	74.143 3
25	8.623 1	0.116 0	84.700 9	0.011 8	9.822 6	0.101 8	7.831 6	76.926 5

续前表

N	一次支付		等额支付系列				梯度系列		9.0%
	复利系数 (F/P,i,N)	现值系数 (P/F,i,N)	复利系数 (F/A,i,N)	积累基金系数 (A/F,i,N)	现值系数 (P/A,i,N)	资金恢复系数 (A/P,i,N)	等额支付转换系数 (A/G,i,N)	现值系数 (P/G,i,N)	
26	9.399 2	0.106 4	93.324 0	0.010 7	9.929 0	0.100 7	8.015 6	79.586 3	
27	10.245 1	0.097 6	102.723 1	0.009 7	10.026 6	0.099 7	8.190 6	82.124 1	
28	11.167 1	0.089 5	112.968 2	0.008 9	10.116 1	0.098 9	8.357 1	84.541 9	
29	12.172 2	0.082 2	124.135 4	0.008 1	10.198 3	0.098 1	8.515 4	86.842 2	
30	13.267 7	0.075 4	136.307 5	0.007 3	10.273 7	0.097 3	8.665 7	89.028 0	
31	14.461 8	0.069 1	149.575 2	0.006 7	10.342 8	0.096 7	8.808 3	91.102 4	
32	15.763 3	0.063 4	164.037 0	0.006 1	10.406 2	0.096 1	8.943 6	93.069 0	
33	17.182 0	0.058 2	179.800 3	0.005 6	10.464 4	0.095 6	9.071 8	94.931 4	
34	18.728 4	0.053 4	196.982 3	0.005 1	10.517 8	0.095 1	9.193 3	96.693 5	
35	20.414 0	0.049 0	215.710 8	0.004 6	10.566 8	0.094 6	9.308 3	98.359 0	
40	31.409 4	0.031 8	337.882 4	0.003 0	10.757 4	0.093 0	9.795 7	105.376 2	
45	48.327 3	0.020 7	525.858 7	0.001 9	10.881 2	0.091 9	10.160 3	110.556 1	
50	74.357 5	0.013 4	815.083 6	0.001 2	10.961 7	0.091 2	10.429 5	114.325 1	
55	114.408 3	0.008 7	1 260.091 8	0.000 8	11.014 0	0.090 8	10.626 1	117.036 2	
60	176.031 3	0.005 7	1 944.792 1	0.000 5	11.048 0	0.090 5	10.768 3	118.968 3	
65	270.846 0	0.003 7	2 998.288 5	0.000 3	11.070 1	0.090 3	10.870 2	120.334 4	
70	416.730 1	0.002 4	4 619.223 2	0.000 2	11.084 4	0.090 2	10.942 7	121.294 2	
75	641.190 9	0.001 6	7 113.232 1	0.000 1	11.093 8	0.090 1	10.994 0	121.964 6	
80	986.551 7	0.001 0	10 950.574 1	0.000 1	11.099 8	0.090 1	11.029 9	122.430 6	
85	1 517.932 0	0.000 7	16 854.800 3	0.000 1	11.103 8	0.090 1	11.055 1	122.753 3	
90	2 335.526 6	0.000 4	25 939.184 2	0.000 0	11.106 4	0.090 0	11.072 6	122.975 8	
95	3 593.497 1	0.000 3	39 916.635 0	0.000 0	11.108 0	0.090 0	11.084 7	123.128 7	
100	5 529.040 8	0.000 2	61 422.675 5	0.000 0	11.109 1	0.090 0	11.093 0	123.233 5	

N	一次支付		等额支付系列				梯度系列		10.0%
	复利系数 (*F/P,i,N*)	现值系数 (*P/F,i,N*)	复利系数 (*F/A,i,N*)	积累基金系数 (*A/F,i,N*)	现值系数 (*P/A,i,N*)	资金恢复系数 (*A/P,i,N*)	等额支付转换系数 (*A/G,i,N*)	现值系数 (*P/G,i,N*)	
1	1.100 0	0.909 1	1.000 0	1.000 0	0.909 1	1.100 0	0.000 0	0.000 0	
2	1.210 0	0.826 4	2.100 0	0.476 2	1.735 5	0.576 2	0.476 2	0.826 4	
3	1.331 0	0.751 3	3.310 0	0.302 1	2.486 9	0.402 1	0.936 6	2.329 1	
4	1.464 1	0.683 0	4.641 0	0.215 5	3.169 9	0.315 5	1.381 2	4.378 1	
5	1.610 5	0.620 9	6.105 1	0.163 8	3.790 8	0.263 8	1.810 1	6.861 8	
6	1.771 6	0.564 5	7.715 6	0.129 6	4.355 3	0.229 6	2.223 6	9.684 2	
7	1.948 7	0.513 2	9.487 2	0.105 4	4.868 4	0.205 4	2.621 6	12.763 1	
8	2.143 6	0.466 5	11.435 9	0.087 4	5.334 9	0.187 4	3.004 5	16.028 7	
9	2.357 9	0.424 1	13.579 5	0.073 6	5.759 0	0.173 6	3.372 4	19.421 5	
10	2.593 7	0.385 5	15.937 4	0.062 7	6.144 6	0.162 7	3.725 5	22.891 3	
11	2.853 1	0.350 5	18.531 2	0.054 0	6.495 1	0.154 0	4.064 1	26.396 3	
12	3.138 4	0.318 6	21.384 3	0.046 8	6.813 7	0.146 8	4.388 4	29.901 2	
13	3.452 3	0.289 7	24.522 7	0.040 8	7.103 4	0.140 8	4.698 8	33.377 2	
14	3.797 5	0.263 3	27.975 0	0.035 7	7.366 7	0.135 7	4.995 5	36.800 5	
15	4.177 2	0.239 4	31.772 5	0.031 5	7.606 1	0.131 5	5.278 9	40.152 0	
16	4.595 0	0.217 6	35.949 7	0.027 8	7.823 7	0.127 8	5.549 3	43.416 4	
17	5.054 5	0.197 8	40.544 7	0.024 7	8.021 6	0.124 7	5.807 1	46.581 9	
18	5.559 9	0.179 9	45.599 2	0.021 9	8.201 4	0.121 9	6.052 6	49.639 5	
19	6.115 9	0.163 5	51.159 1	0.019 5	8.364 9	0.119 5	6.286 1	52.582 7	
20	6.727 5	0.148 6	57.275 0	0.017 5	8.513 6	0.117 5	6.508 1	55.406 9	
21	7.400 2	0.135 1	64.002 5	0.015 6	8.648 7	0.115 6	6.718 9	58.109 5	
22	8.140 3	0.122 8	71.402 7	0.014 0	8.771 5	0.114 0	6.918 9	60.689 3	
23	8.954 3	0.111 7	79.543 0	0.012 6	8.883 2	0.112 6	7.108 5	63.146 2	
24	9.849 7	0.101 5	88.497 3	0.011 3	8.984 7	0.111 3	7.288 1	65.481 3	
25	10.834 7	0.092 3	98.347 1	0.010 2	9.077 0	0.110 2	7.458 0	67.696 4	

续前表

10.0%

N	一次支付		等额支付系列				梯度系列	
	复利系数 (F/P,i,N)	现值系数 (P/F,i,N)	复利系数 (F/A,i,N)	积累基金系数 (A/F,i,N)	现值系数 (P/A,i,N)	资金恢复系数 (A/P,i,N)	等额支付转换系数 (A/G,i,N)	现值系数 (P/G,i,N)
26	11.918 2	0.083 9	109.181 8	0.009 2	9.160 9	0.109 2	7.618 6	69.794 0
27	13.110 0	0.076 3	121.099 9	0.008 3	9.237 2	0.108 3	7.770 4	71.777 3
28	14.421 0	0.069 3	134.209 9	0.007 5	9.306 6	0.107 5	7.913 7	73.649 5
29	15.863 1	0.063 0	148.630 9	0.006 7	9.369 6	0.106 7	8.048 9	75.414 6
30	17.449 4	0.057 3	164.494 0	0.006 1	9.426 9	0.106 1	8.176 2	77.076 6
31	19.194 3	0.052 1	181.943 4	0.005 5	9.479 0	0.105 5	8.296 2	78.639 5
32	21.113 8	0.047 4	201.137 8	0.005 0	9.526 4	0.105 0	8.409 1	80.107 8
33	23.225 2	0.043 1	222.251 5	0.004 5	9.569 4	0.104 5	8.515 2	81.485 6
34	25.547 7	0.039 1	245.476 7	0.004 1	9.608 6	0.104 1	8.614 9	82.777 3
35	28.102 4	0.035 6	271.024 4	0.003 7	9.644 2	0.103 7	8.708 6	83.987 2
40	45.259 3	0.022 1	442.592 6	0.002 3	9.779 1	0.102 3	9.096 2	88.952 5
45	72.890 5	0.013 7	718.904 8	0.001 4	9.862 8	0.101 4	9.374 0	92.454 4
50	117.390 9	0.008 5	1 163.908 5	0.000 9	9.914 8	0.100 9	9.570 4	94.888 9
55	189.059 1	0.005 3	1 880.591 4	0.000 5	9.947 1	0.100 5	9.707 5	96.561 9
60	304.481 6	0.003 3	3 034.816 4	0.000 3	9.967 2	0.100 3	9.802 3	97.701 0
65	490.370 7	0.002 0	4 893.707 3	0.000 2	9.979 6	0.100 2	9.867 2	98.470 5
70	789.747 0	0.001 3	7 887.469 6	0.000 1	9.987 3	0.100 1	9.911 3	98.987 0
75	1 271.895 4	0.000 8	12 708.953 7	0.000 1	9.992 1	0.100 1	9.941 0	99.331 7
80	2 048.400 2	0.000 5	20 474.002 1	0.000 0	9.995 1	0.100 0	9.960 9	99.560 6
85	3 298.969 0	0.000 3	32 979.690 3	0.000 0	9.997 0	0.100 0	9.974 2	99.712 0
90	5 313.022 6	0.000 2	53 120.226 1	0.000 0	9.998 1	0.100 0	9.983 1	99.811 8
95	8 556.676 0	0.000 1	85 556.760 5	0.000 0	9.998 8	0.100 0	9.988 9	99.877 3
100	13 780.612 3	0.000 1	137 796.123 4	0.000 0	9.999 3	0.100 0	9.992 7	99.920 2

11.0%

N	一次支付		等额支付系列				梯度系列	
	复利系数 (F/P,i,N)	现值系数 (P/F,i,N)	复利系数 (F/A,i,N)	积累基金系数 (A/F,i,N)	现值系数 (P/A,i,N)	资金恢复系数 (A/P,i,N)	等额支付转换系数 (A/G,i,N)	现值系数 (P/G,i,N)
1	1.110 0	0.900 9	1.000 0	1.000 0	0.900 9	1.110 0	0.000 0	0.000 0
2	1.232 1	0.811 6	2.110 0	0.473 9	1.712 5	0.583 9	0.473 9	0.811 6
3	1.367 6	0.731 2	3.342 1	0.299 2	2.443 7	0.409 2	0.930 6	2.274 0
4	1.518 1	0.658 7	4.709 7	0.212 3	3.102 4	0.322 3	1.370 0	4.250 2
5	1.685 1	0.593 5	6.227 8	0.160 6	3.695 9	0.270 6	1.792 3	6.624 0
6	1.870 4	0.534 6	7.912 9	0.126 4	4.230 5	0.236 4	2.197 6	9.297 2
7	2.076 2	0.481 7	9.783 3	0.102 2	4.712 2	0.212 2	2.586 3	12.187 2
8	2.304 5	0.433 9	11.859 4	0.084 3	5.146 1	0.194 3	2.958 5	15.224 6
9	2.558 0	0.390 9	14.164 0	0.070 6	5.537 0	0.180 6	3.314 4	18.352 0
10	2.839 4	0.352 2	16.722 0	0.059 8	5.889 2	0.169 8	3.654 4	21.521 7
11	3.151 8	0.317 3	19.561 4	0.051 1	6.206 5	0.161 1	3.978 8	24.694 5
12	3.498 5	0.285 8	22.713 2	0.044 0	6.492 4	0.154 0	4.287 9	27.838 8
13	3.883 3	0.257 5	26.211 6	0.038 2	6.749 9	0.148 2	4.582 2	30.929 0
14	4.310 4	0.232 0	30.094 9	0.033 2	6.981 9	0.143 2	4.861 9	33.944 9
15	4.784 6	0.209 0	34.405 4	0.029 1	7.190 9	0.139 1	5.127 5	36.870 9
16	5.310 9	0.188 3	39.189 9	0.025 5	7.379 2	0.135 5	5.379 4	39.695 3
17	5.895 1	0.169 6	44.500 8	0.022 5	7.548 8	0.132 5	5.618 0	42.409 5
18	6.543 6	0.152 8	50.395 9	0.019 8	7.701 6	0.129 8	5.843 9	45.007 4
19	7.263 3	0.137 7	56.939 5	0.017 6	7.839 3	0.127 6	6.057 4	47.485 6
20	8.062 3	0.124 0	64.202 8	0.015 6	7.963 3	0.125 6	6.259 0	49.842 3
21	8.949 2	0.111 7	72.265 1	0.013 8	8.075 1	0.123 8	6.449 1	52.077 1
22	9.933 6	0.100 7	81.214 3	0.012 3	8.175 7	0.122 3	6.628 3	54.191 2
23	11.026 3	0.090 7	91.147 9	0.011 0	8.266 4	0.121 0	6.796 9	56.186 4
24	12.239 2	0.081 7	102.174 2	0.009 8	8.348 1	0.119 8	6.955 5	58.065 6
25	13.585 5	0.073 6	114.413 3	0.008 7	8.421 7	0.118 7	7.104 5	59.832 2
26	15.079 9	0.066 3	127.998 8	0.007 8	8.488 1	0.117 8	7.244 3	61.490 0
27	16.738 6	0.059 7	143.078 6	0.007 0	8.547 8	0.117 0	7.375 4	63.043 3
28	18.579 9	0.053 8	159.817 3	0.006 3	8.601 6	0.116 3	7.498 2	64.496 5
29	20.623 7	0.048 5	178.397 2	0.005 6	8.650 1	0.115 6	7.613 1	65.854 2
30	22.892 3	0.043 7	199.020 9	0.005 0	8.693 8	0.115 0	7.720 6	67.121 0
31	25.410 4	0.039 4	221.913 2	0.004 5	8.733 1	0.114 5	7.821 0	68.301 6
32	28.205 6	0.035 5	247.323 6	0.004 0	8.768 6	0.114 0	7.914 7	69.400 7
33	31.308 2	0.031 9	275.529 2	0.003 6	8.800 5	0.113 6	8.002 1	70.422 8
34	34.752 1	0.028 8	306.837 4	0.003 3	8.829 3	0.113 3	8.083 6	71.372 4
35	38.574 9	0.025 9	341.589 6	0.002 9	8.855 2	0.112 9	8.159 4	72.253 8
40	65.000 9	0.015 4	581.826 1	0.001 7	8.951 1	0.111 7	8.465 9	75.778 9
45	109.530 2	0.009 1	986.638 6	0.001 0	9.007 9	0.111 0	8.676 3	78.155 1
50	184.564 8	0.005 4	1 668.771 2	0.000 6	9.041 7	0.110 6	8.818 5	70.734 1
55	311.002 5	0.003 2	2 818.204 2	0.000 4	9.061 7	0.110 4	8.913 5	80.771 2
60	524.057 2	0.001 9	4 755.065 8	0.000 2	9.073 6	0.110 2	8.976 2	81.446 1

12.0%

N	一次支付		等额支付系列				梯度系列	
	复利系数 $(F/P,i,N)$	现值系数 $(P/F,i,N)$	复利系数 $(F/A,i,N)$	积累基金系数 $(A/F,i,N)$	现值系数 $(P/A,i,N)$	资金恢复系数 $(A/P,i,N)$	等额支付转换系数 $(A/G,i,N)$	现值系数 $(P/G,i,N)$
1	1.120 0	0.892 9	1.000 0	1.000 0	0.892 9	1.120 0	0.000 0	0.000 0
2	1.254 4	0.797 2	2.120 0	0.471 7	1.690 1	0.591 7	0.471 7	0.797 2
3	1.404 9	0.711 8	3.374 4	0.296 3	2.401 8	0.416 3	0.924 6	2.220 8
4	1.573 5	0.635 5	4.779 3	0.209 2	3.037 3	0.329 2	1.358 9	4.127 3
5	1.762 3	0.567 4	6.352 8	0.157 4	3.604 8	0.277 4	1.774 6	6.397 0
6	1.973 8	0.506 6	8.115 2	0.123 2	4.111 4	0.243 2	2.172 0	8.930 2
7	2.210 7	0.452 3	10.089 0	0.099 1	4.563 8	0.219 1	2.551 5	11.644 3
8	2.476 0	0.403 9	12.299 7	0.081 3	4.967 6	0.201 3	2.913 1	14.471 4
9	2.773 1	0.360 6	14.775 7	0.067 7	5.328 2	0.187 7	3.257 4	17.356 3
10	3.105 8	0.322 0	17.548 7	0.057 0	5.650 2	0.177 0	3.584 7	20.254 1
11	3.478 5	0.287 5	20.654 6	0.048 4	5.937 7	0.168 4	3.895 3	23.128 8
12	3.896 0	0.256 7	24.133 1	0.041 4	6.194 4	0.161 4	4.189 7	25.952 3
13	4.363 5	0.229 2	28.029 1	0.035 7	6.423 5	0.155 7	4.468 3	28.702 4
14	4.887 1	0.204 6	32.392 6	0.030 9	6.628 2	0.150 9	4.731 7	31.362 4
15	5.473 6	0.182 7	37.279 7	0.026 8	6.810 9	0.146 8	4.980 3	33.920 2
16	6.130 4	0.163 1	42.753 3	0.023 4	6.974 0	0.143 4	5.214 7	36.367 0
17	6.866 0	0.145 6	48.883 7	0.020 5	7.119 6	0.140 5	5.435 3	38.697 3
18	7.690 0	0.130 0	55.749 7	0.017 9	7.249 7	0.137 9	5.642 7	40.908 0
19	8.612 8	0.116 1	63.439 7	0.015 8	7.365 8	0.135 8	5.837 5	42.997 9
20	9.646 3	0.103 7	72.052 4	0.013 9	7.469 4	0.133 9	6.020 2	44.967 6
21	10.803 8	0.092 6	81.698 7	0.012 2	7.562 0	0.132 2	6.191 3	46.818 8
22	12.100 3	0.082 6	92.502 6	0.010 8	7.644 6	0.130 8	6.351 4	48.554 3
23	13.552 3	0.073 8	104.602 9	0.009 6	7.718 4	0.129 6	6.501 0	50.177 6
24	15.178 6	0.065 9	118.155 2	0.008 5	7.784 3	0.128 5	6.640 6	51.692 9
25	17.000 1	0.058 8	133.333 9	0.007 5	7.843 1	0.127 5	6.770 8	53.104 6
26	19.040 1	0.052 5	150.333 9	0.006 7	7.895 7	0.126 7	6.892 1	54.417 7
27	21.324 9	0.046 9	169.374 0	0.005 9	7.942 6	0.125 9	7.004 9	55.636 9
28	23.883 9	0.041 9	190.698 9	0.005 2	7.984 4	0.125 2	7.109 8	56.767 4
29	26.749 9	0.037 4	214.582 8	0.004 7	8.021 8	0.124 7	7.207 1	57.814 1
30	29.959 9	0.033 4	241.332 7	0.004 1	8.055 2	0.124 1	7.297 4	58.782 1
31	33.555 1	0.029 8	271.292 6	0.003 7	8.085 0	0.123 7	7.381 1	59.676 1
32	37.581 7	0.026 6	304.847 7	0.003 3	8.111 6	0.123 3	7.458 6	60.501 0
33	42.091 5	0.023 8	342.429 4	0.002 9	8.135 4	0.122 9	7.530 2	61.261 2
34	47.142 5	0.021 2	384.521 0	0.002 6	8.156 6	0.122 6	7.596 5	61.961 2
35	52.799 6	0.018 9	431.663 5	0.002 3	8.175 5	0.122 3	7.657 7	62.605 2
40	93.051 0	0.010 7	767.091 4	0.001 3	8.243 8	0.121 3	7.898 8	65.115 9
45	163.987 6	0.006 1	1 358.230 0	0.000 7	8.282 5	0.120 7	8.057 2	66.734 2
50	289.002 2	0.003 5	2 400.018 2	0.000 4	8.304 5	0.120 4	8.159 7	67.762 4
55	509.320 6	0.002 0	4 236.005 0	0.000 2	8.317 0	0.120 2	8.225 1	68.408 2
60	897.596 9	0.001 1	7 471.641 1	0.000 1	8.324 0	0.120 1	8.266 4	68.810 0

13.0%

N	一次支付		等额支付系列				梯度系列	
	复利系数 (F/P,i,N)	现值系数 (P/F,i,N)	复利系数 (F/A,i,N)	积累基金系数 (A/F,i,N)	现值系数 (P/A,i,N)	资金恢复系数 (A/P,i,N)	等额支付转换系数 (A/G,i,N)	现值系数 (P/G,i,N)
1	1.130 0	0.885 0	1.000 0	1.000 0	0.885 0	1.130 0	0.000 0	0.000 0
2	1.276 9	0.783 1	2.130 0	0.469 5	1.668 1	0.599 5	0.469 5	0.783 1
3	1.442 9	0.693 1	3.406 9	0.293 5	2.361 2	0.423 5	0.918 7	2.169 2
4	1.630 5	0.613 3	4.849 8	0.206 2	2.974 5	0.336 2	1.347 9	4.009 2
5	1.842 4	0.542 8	6.480 3	0.154 3	3.517 2	0.284 3	1.757 1	6.180 2
6	2.082 0	0.480 3	8.322 7	0.120 2	3.997 5	0.250 2	2.146 8	8.581 8
7	2.352 6	0.425 1	10.404 7	0.096 1	4.422 6	0.226 1	2.517 1	11.132 2
8	2.658 4	0.376 2	12.757 3	0.078 4	4.798 8	0.208 4	2.868 5	13.765 3
9	3.004 0	0.332 9	15.415 7	0.064 9	5.131 7	0.194 9	3.201 4	16.428 4
10	3.394 6	0.294 6	18.419 7	0.054 3	5.426 2	0.184 3	3.516 2	19.079 7
11	3.835 9	0.260 7	21.814 3	0.045 8	5.686 9	0.175 8	3.813 4	21.686 7
12	4.334 5	0.230 7	25.650 2	0.039 0	5.917 6	0.169 0	4.093 6	24.224 4
13	4.898 0	0.204 2	29.984 7	0.033 4	6.121 8	0.163 4	4.357 3	26.674 4
14	5.534 8	0.180 7	34.882 7	0.028 7	6.302 5	0.158 7	4.605 0	29.023 2
15	6.254 3	0.159 9	40.417 5	0.024 7	6.462 4	0.154 7	4.837 5	31.261 7
16	7.067 3	0.141 5	46.671 7	0.021 4	6.603 9	0.151 4	5.055 2	33.384 1
17	7.986 1	0.125 2	53.739 1	0.018 6	6.729 1	0.148 6	5.258 9	35.387 6
18	9.024 3	0.110 8	61.725 1	0.016 2	6.839 9	0.146 2	5.449 1	37.271 4
19	10.197 4	0.098 1	70.749 4	0.014 1	6.938 0	0.144 1	5.626 5	39.036 6
20	11.523 1	0.086 8	80.946 8	0.012 4	7.024 8	0.142 4	5.791 7	40.685 4
21	13.021 1	0.076 8	92.469 9	0.010 8	7.101 6	0.140 8	5.945 4	42.221 4
22	14.713 8	0.068 0	105.491 0	0.009 5	7.169 5	0.139 5	6.088 1	43.648 6
23	16.626 6	0.060 1	120.204 8	0.008 3	7.229 7	0.138 3	6.220 5	44.971 8
24	18.788 1	0.053 2	136.831 5	0.007 3	7.282 9	0.137 3	6.343 1	46.196 0
25	21.230 5	0.047 1	155.619 6	0.006 4	7.330 0	0.136 4	6.456 6	47.326 4
26	23.990 5	0.041 7	176.850 1	0.005 7	7.371 7	0.135 7	6.561 4	48.368 5
27	27.109 3	0.036 9	200.840 6	0.005 0	7.408 6	0.135 0	6.658 2	49.327 6
28	30.633 5	0.032 6	227.949 9	0.004 4	7.441 2	0.134 4	6.747 4	50.209 0
29	34.615 8	0.028 9	258.583 4	0.003 9	7.470 1	0.133 9	6.829 6	51.017 9
30	39.115 9	0.025 6	293.199 2	0.003 4	7.495 7	0.133 4	6.905 2	51.759 2
31	44.201 0	0.022 6	332.315 1	0.003 0	7.518 3	0.133 0	6.974 7	52.438 0
32	49.947 1	0.020 0	376.516 1	0.002 7	7.538 3	0.132 7	7.038 5	53.058 6
33	56.440 2	0.017 7	426.463 2	0.002 3	7.556 0	0.132 3	7.097 1	53.625 6
34	63.777 4	0.015 7	482.903 4	0.002 1	7.571 7	0.132 1	7.150 7	54.143 0
35	72.068 5	0.013 9	546.680 8	0.001 8	7.585 6	0.131 8	7.199 8	54.614 8
40	132.781 6	0.007 5	1 013.704 2	0.001 0	7.634 4	0.131 0	7.388 8	56.408 7
45	244.641 4	0.004 1	1 874.164 6	0.000 5	7.660 9	0.130 5	7.507 6	57.514 8
50	450.735 9	0.002 2	3 459.507 1	0.000 3	7.675 2	0.130 3	7.581 1	58.187 0
55	830.451 7	0.001 2	6 380.397 9	0.000 2	7.683 0	0.130 2	7.626 0	58.590 9
60	1 530.053 5	0.000 7	11 761.949 8	0.000 1	7.687 3	0.130 1	7.653 1	58.831 3

14.0%

N	一次支付		等额支付系列				梯度系列	
	复利系数 $(F/P,i,N)$	现值系数 $(P/F,i,N)$	复利系数 $(F/A,i,N)$	积累基金系数 $(A/F,i,N)$	现值系数 $(P/A,i,N)$	资金恢复系数 $(A/P,i,N)$	等额支付转换系数 $(A/G,i,N)$	现值系数 $(P/G,i,N)$
1	1.140 0	0.877 2	1.000 0	1.000 0	0.877 2	1.140 0	0.000 0	0.000 0
2	1.299 6	0.769 5	2.140 0	0.467 3	1.646 7	0.607 3	0.467 3	0.769 5
3	1.481 5	0.675 0	3.439 6	0.290 7	2.321 6	0.430 7	0.912 9	2.119 4
4	1.689 0	0.592 1	4.921 1	0.203 2	2.913 7	0.343 2	1.337 0	3.895 7
5	1.925 4	0.519 4	6.610 1	0.151 3	3.433 1	0.291 3	1.739 9	5.973 1
6	2.195 0	0.455 6	8.535 5	0.117 2	3.888 7	0.257 2	2.121 8	8.251 1
7	2.502 3	0.399 6	10.730 5	0.093 2	4.288 3	0.233 2	2.483 2	10.648 9
8	2.852 6	0.350 6	13.232 8	0.075 6	4.638 9	0.215 6	2.824 6	13.102 8
9	3.251 9	0.307 5	16.085 3	0.062 2	4.946 4	0.202 2	3.146 3	15.562 9
10	3.707 2	0.269 7	19.337 3	0.051 7	5.216 1	0.191 7	3.449 0	17.990 6
11	4.226 2	0.236 6	23.044 5	0.043 4	5.452 7	0.183 4	3.733 3	20.356 7
12	4.817 9	0.207 6	27.270 7	0.036 7	5.660 3	0.176 7	3.999 8	22.639 9
13	5.492 4	0.182 1	32.088 7	0.031 2	5.842 4	0.171 2	4.249 1	24.824 7
14	6.261 3	0.159 7	37.581 1	0.026 6	6.002 1	0.166 6	4.481 9	26.900 9
15	7.137 9	0.140 1	43.842 4	0.022 8	6.142 2	0.162 8	4.699 0	28.862 3
16	8.137 2	0.122 9	50.980 4	0.019 6	6.265 1	0.159 6	4.901 1	30.705 7
17	9.276 5	0.107 8	59.117 6	0.016 9	6.372 9	0.156 9	5.088 8	32.430 5
18	10.575 2	0.094 6	68.394 1	0.014 6	6.467 4	0.154 6	5.263 0	34.038 0
19	12.055 7	0.082 9	78.969 2	0.012 7	6.550 4	0.152 7	5.424 3	35.531 1
20	13.743 5	0.072 8	91.024 9	0.011 0	6.623 1	0.151 0	5.573 4	36.913 5
21	15.667 6	0.063 8	104.768 4	0.009 5	6.687 0	0.149 5	5.711 1	38.190 1
22	17.861 0	0.056 0	120.436 0	0.008 3	6.742 9	0.148 3	5.838 1	39.365 8
23	20.361 6	0.049 1	138.297 0	0.007 2	6.792 1	0.147 2	5.954 9	40.446 3
24	23.212 2	0.043 1	158.658 6	0.006 3	6.835 1	0.146 3	6.062 4	41.437 1
25	26.461 9	0.037 8	181.870 8	0.005 5	6.872 9	0.145 5	6.161 0	42.344 1
26	30.166 6	0.033 1	208.332 7	0.004 8	6.906 1	0.144 8	6.251 4	43.172 8
27	34.389 9	0.029 1	238.499 3	0.004 2	6.935 2	0.144 2	6.334 2	43.928 9
28	39.204 5	0.025 5	272.889 2	0.003 7	6.960 7	0.143 7	6.410 0	44.617 6
29	44.693 1	0.022 4	312.093 7	0.003 2	6.983 0	0.143 2	6.479 1	45.244 1
30	50.950 2	0.019 6	356.786 8	0.002 8	7.002 7	0.142 8	6.542 3	45.813 2
31	58.083 2	0.017 2	407.737 0	0.002 5	7.019 9	0.142 5	6.599 8	46.329 7
32	66.214 8	0.015 1	465.820V2	0.002 1	7.035 0	0.142 1	6.652 2	46.797 9
33	75.484 9	0.013 2	532.035 0	0.001 9	7.048 2	0.141 9	6.699 8	47.221 8
34	86.052 8	0.011 6	607.519 9	0.001 6	7.059 9	0.141 6	6.743 1	47.605 3
35	98.100 2	0.010 2	693.572 7	0.001 4	7.070 0	0.141 4	6.782 4	47.951 9
40	188.883 5	0.005 3	1 342.025 1	0.000 7	7.105 0	0.140 7	6.930 0	49.237 6
45	363.679 1	0.002 7	2 590.564 8	0.000 4	7.123 2	0.140 4	7.018 8	49.996 3
50	700.233 0	0.001 4	4 994.521 3	0.000 2	7.132 7	0.140 2	7.071 4	50.437 5

15.0%

N	一次支付 复利系数 (F/P,i,N)	一次支付 现值系数 (P/F,i,N)	等额支付系列 复利系数 (F/A,i,N)	等额支付系列 积累基金系数 (A/F,i,N)	等额支付系列 现值系数 (P/A,i,N)	等额支付系列 资金恢复系数 (A/P,i,N)	梯度系列 等额支付转换系数 (A/G,i,N)	梯度系列 现值系数 (P/G,i,N)
1	1.150 0	0.869 6	1.000 0	1.000 0	0.869 6	1.150 0	0.000 0	0.000 0
2	1.322 5	0.756 1	2.150 0	0.465 1	1.625 7	0.615 1	0.465 1	0.756 1
3	1.520 9	0.657 5	3.472 5	0.288 0	2.283 2	0.438 0	0.907 1	2.071 2
4	1.749 0	0.571 8	4.993 4	0.200 3	2.855 0	0.350 3	1.326 3	3.786 4
5	2.011 4	0.497 2	6.742 4	0.148 3	3.352 2	0.298 3	1.722 8	5.775 1
6	2.313 1	0.432 3	8.753 7	0.114 2	3.784 5	0.264 2	2.097 2	7.936 8
7	2.660 0	0.375 9	11.066 8	0.090 4	4.160 4	0.240 4	2.449 8	10.192 4
8	3.059 0	0.326 9	13.726 8	0.072 9	4.487 3	0.222 9	2.781 3	12.480 7
9	3.517 9	0.284 3	16.785 8	0.059 6	4.771 6	0.209 6	3.092 2	14.754 8
10	4.045 6	0.247 2	20.303 7	0.049 3	5.018 8	0.199 3	3.383 2	16.979 5
11	4.652 4	0.214 9	24.349 3	0.041 1	5.233 7	0.191 1	3.654 9	19.128 9
12	5.350 3	0.186 9	29.001 7	0.034 5	5.420 6	0.184 5	3.908 2	21.184 9
13	6.152 8	0.162 5	34.351 9	0.029 1	5.583 1	0.179 1	4.143 8	23.135 2
14	7.075 7	0.141 3	40.504 7	0.024 7	5.724 5	0.174 7	4.362 4	24.972 5
15	8.137 1	0.122 9	47.580 4	0.021 0	5.847 4	0.171 0	4.565 0	26.693 0
16	9.357 6	0.106 9	55.717 5	0.017 9	5.954 2	0.167 9	4.752 2	28.296 0
17	10.761 3	0.092 9	65.075 1	0.015 4	6.047 2	0.165 4	4.925 1	29.782 8
18	12.375 5	0.080 8	75.836 4	0.013 2	6.128 0	0.163 2	5.084 3	31.156 5
19	14.231 8	0.070 3	88.211 8	0.011 3	6.198 2	0.161 3	5.230 7	32.421 3
20	16.366 5	0.061 1	102.443 6	0.009 8	6.259 3	0.159 8	5.365 1	33.582 2
21	18.821 5	0.053 1	118.810 1	0.008 4	6.312 5	0.158 4	5.488 3	34.644 8
22	21.644 7	0.046 2	137.631 6	0.007 3	6.358 7	0.157 3	5.601 0	35.615 0
23	24.891 5	0.040 2	159.276 4	0.006 3	6.398 8	0.156 3	5.704 0	36.498 8
24	28.625 2	0.034 9	184.167 8	0.005 4	6.433 8	0.155 4	5.797 9	37.302 3
25	32.919 0	0.030 4	212.793 0	0.004 7	6.464 1	0.154 7	5.883 4	38.031 4
26	37.856 8	0.026 4	245.712 0	0.004 1	6.490 6	0.154 1	5.961 2	38.691 8
27	43.535 3	0.023 0	283.568 8	0.003 5	6.513 5	0.153 5	6.031 9	39.289 0
28	50.065 6	0.020 0	327.104 1	0.003 1	6.533 5	0.153 1	6.096 0	39.828 3
29	57.575 5	0.017 4	377.169 7	0.002 7	6.550 9	0.152 7	6.154 1	40.314 6
30	66.211 8	0.015 1	434.745 1	0.002 3	6.566 0	0.152 3	6.206 6	40.752 6
31	76.143 5	0.013 1	500.956 9	0.002 0	6.579 1	0.152 0	6.254 1	41.146 6
32	87.565 1	0.011 4	577.100 5	0.001 7	6.590 5	0.151 7	6.297 0	41.500 6
33	100.699 8	0.009 9	664.665 5	0.001 5	6.600 5	0.151 5	6.335 7	41.818 4
34	115.804 8	0.008 6	765.365 4	0.001 3	6.609 1	0.151 3	6.370 5	42.103 3
35	133.175 5	0.007 5	881.170 2	0.001 1	6.616 6	0.151 1	6.401 9	42.358 6
40	267.863 5	0.003 7	1 779.090 3	0.000 6	6.641 8	0.150 6	6.516 8	43.283 0
45	538.769 3	0.001 9	3 585.128 5	0.000 3	6.654 3	0.150 3	6.583 0	43.805 1
50	1 083.657 4	0.000 9	7 217.716 3	0.000 1	6.660 5	0.150 1	6.620 5	44.095 8

16.0%

N	一次支付		等额支付系列				梯度系列	
	复利系数 (F/P,i,N)	现值系数 (P/F,i,N)	复利系数 (F/A,i,N)	积累基金系数 (A/F,i,N)	现值系数 (P/A,i,N)	资金恢复系数 (A/P,i,N)	等额支付转换系数 (A/G,i,N)	现值系数 (P/G,i,N)
1	1.160 0	0.862 1	1.000 0	1.000 0	0.862 1	1.160 0	0.000 0	0.000 0
2	1.345 6	0.743 2	2.160 0	0.463 0	1.605 2	0.623 0	0.463 0	0.743 2
3	1.560 9	0.640 7	3.505 6	0.285 3	2.245 9	0.445 3	0.901 4	2.024 5
4	1.810 6	0.552 3	5.066 5	0.197 4	2.798 2	0.357 4	1.315 6	3.681 4
5	2.100 3	0.476 1	6.877 1	0.145 4	3.274 3	0.305 4	1.706 0	5.585 8
6	2.436 4	0.410 4	8.977 5	0.111 4	3.684 7	0.271 4	2.072 9	7.638 0
7	2.826 2	0.353 8	11.413 9	0.087 6	4.038 6	0.247 6	2.416 9	9.761 0
8	3.278 4	0.305 0	14.240 1	0.070 2	4.343 6	0.230 2	2.738 8	11.896 2
9	3.803 0	0.263 0	17.518 5	0.057 1	4.606 5	0.217 1	3.039 1	13.999 8
10	4.411 4	0.226 7	21.321 5	0.046 9	4.833 2	0.206 9	3.318 7	16.039 9
11	5.117 3	0.195 4	25.732 9	0.038 9	5.028 6	0.198 9	3.578 3	17.994 1
12	5.936 0	0.168 5	30.850 2	0.032 4	5.197 1	0.192 4	3.818 9	19.847 2
13	6.885 8	0.145 2	36.786 2	0.027 2	5.342 3	0.187 2	4.041 3	21.589 9
14	7.987 5	0.125 2	43.672 0	0.022 9	5.467 5	0.182 9	4.246 4	23.217 5
15	9.265 5	0.107 9	51.659 5	0.019 4	5.575 5	0.179 4	4.435 2	24.728 4
16	10.748 0	0.093 0	60.965 0	0.016 4	5.668 5	0.176 4	4.608 6	26.124 1
17	12.467 7	0.080 2	71.673 0	0.014 0	5.748 7	0.174 0	4.767 6	27.407 4
18	14.462 5	0.069 1	84.140 7	0.011 9	5.817 8	0.171 9	4.913 0	28.582 8
19	16.776 5	0.059 6	98.603 2	0.010 1	5.877 5	0.170 1	5.045 7	29.655 7
20	19.460 8	0.051 4	115.379 7	0.008 7	5.928 8	0.168 7	5.166 6	30.632 1
21	22.574 5	0.044 3	134.840 5	0.007 4	5.973 1	0.167 4	5.276 6	31.518 0
22	26.186 4	0.038 2	157.415 0	0.006 4	6.011 3	0.166 4	5.376 5	32.320 0
23	30.376 2	0.032 9	183.601 4	0.005 4	6.044 2	0.165 4	5.467 1	33.044 2
24	35.236 4	0.028 4	213.977 6	0.004 7	6.072 6	0.164 7	5.549 0	33.697 0
25	40.874 2	0.024 5	249.214 0	0.004 0	6.097 1	0.164 0	5.623 0	34.284 1
26	47.414 1	0.021 1	290.088 3	0.003 4	6.118 2	0.163 4	5.689 8	34.811 4
27	55.000 4	0.018 2	337.502 4	0.003 0	6.136 4	0.163 0	5.750 0	35.284 1
28	63.800 4	0.015 7	392.502 8	0.002 5	6.152 0	0.162 5	5.804 1	35.707 3
29	74.008 5	0.013 5	456.303 2	0.002 2	6.165 6	0.162 2	5.852 8	36.085 6
30	85.849 9	0.011 6	530.311 7	0.001 9	6.177 2	0.161 9	5.896 4	36.423 4
31	99.585 9	0.010 0	616.161 6	0.001 6	6.187 2	0.161 6	5.935 6	36.724 7
32	115.519 6	0.008 7	715.747 5	0.001 4	6.195 9	0.161 4	5.970 6	36.993 0
33	134.002 7	0.007 5	831.267 1	0.001 2	6.203 4	0.161 2	6.001 9	27.231 8
34	155.443 2	0.006 4	965.269 8	0.001 0	6.209 8	0.161 0	6.029 9	37.444 1
35	180.314 1	0.005 5	1 120.713 0	0.000 9	6.215 3	0.160 9	6.054 8	37.632 7
40	378.721 2	0.002 6	2 360.757 2	0.000 4	6.233 5	0.160 4	6.144 1	38.299 2
45	795.443 8	0.001 3	4 965.273 9	0.000 2	6.242 1	0.160 2	6.193 4	38.659 8
50	1 670.703 8	0.000 6	10 435.648 8	0.000 1	6.246 3	0.160 1	6.220 1	38.852 1

18.0%

N	一次支付		等额支付系列				梯度系列	
	复利系数 $(F/P,i,N)$	现值系数 $(P/F,i,N)$	复利系数 $(F/A,i,N)$	积累基金系数 $(A/F,i,N)$	现值系数 $(P/A,i,N)$	资金恢复系数 $(A/P,i,N)$	等额支付转换系数 $(A/G,i,N)$	现值系数 $(P/G,i,N)$
1	1.180 0	0.847 5	1.000 0	1.000 0	0.847 5	1.180 0	0.000 0	0.000 0
2	1.392 4	0.718 2	2.180 0	0.458 7	1.565 6	0.638 7	0.458 7	0.718 2
3	1.643 0	0.608 6	3.572 4	0.279 9	2.174 3	0.459 9	0.890 2	1.935 4
4	1.938 8	0.515 8	5.215 4	0.191 7	2.690 1	0.371 7	1.294 7	3.482 8
5	2.287 8	0.437 1	7.154 2	0.139 8	3.127 2	0.319 8	1.672 8	5.231 2
6	2.699 6	0.370 4	9.442 0	0.105 9	3.497 6	0.285 9	2.025 2	7.083 4
7	3.185 5	0.313 9	12.141 5	0.082 4	3.811 5	0.262 4	2.352 6	8.967 0
8	3.758 9	0.266 0	15.327 0	0.065 2	4.077 6	0.245 2	2.655 8	10.829 2
9	4.435 5	0.225 5	19.085 9	0.052 4	4.303 0	0.232 4	2.935 8	12.632 9
10	5.233 8	0.191 1	23.521 3	0.042 5	4.494 1	0.222 5	3.193 6	14.352 5
11	6.175 9	0.161 9	28.755 1	0.034 8	4.656 0	0.214 8	3.430 3	15.971 6
12	7.287 6	0.137 2	34.931 1	0.028 6	4.793 2	0.208 6	3.647 0	17.481 1
13	8.599 4	0.116 3	42.218 7	0.023 7	4.909 5	0.203 7	3.844 9	18.876 5
14	10.147 2	0.098 5	50.818 0	0.019 7	5.008 1	0.199 7	4.025 0	20.157 6
15	11.973 7	0.083 5	60.965 3	0.016 4	5.091 6	0.196 4	4.188 7	21.326 9
16	14.129 0	0.070 8	72.939 0	0.013 7	5.162 4	0.193 7	4.336 9	22.388 5
17	16.672 2	0.060 0	87.068 0	0.011 5	5.222 3	0.191 5	4.470 8	23.348 2
18	19.673 3	0.050 8	103.740 3	0.009 6	5.273 2	0.189 6	4.591 6	24.212 3
19	23.214 4	0.043 1	123.413 5	0.008 1	5.316 2	0.188 1	4.700 3	24.987 7
20	27.393 0	0.036 5	146.628 0	0.006 8	5.352 7	0.186 8	4.797 8	25.681 3
21	32.323 8	0.030 9	174.021 0	0.005 7	5.383 7	0.185 7	4.885 1	26.300 0
22	38.142 1	0.026 2	206.344 8	0.004 8	5.409 9	0.184 8	4.963 2	26.850 6
23	45.007 6	0.022 2	244.486 8	0.004 1	5.432 1	0.184 1	5.032 9	27.339 4
24	53.109 0	0.018 8	289.494 5	0.003 5	5.450 9	0.183 5	5.095 0	27.772 5
25	62.668 6	0.016 0	342.603 5	0.002 9	5.466 9	0.182 9	5.150 2	28.155 5
26	73.949 0	0.013 5	405.272 1	0.002 5	5.480 4	0.182 5	5.199 1	28.493 5
27	87.259 8	0.011 5	479.221 1	0.002 1	5.491 9	0.182 1	5.242 5	28.791 5
28	102.966 6	0.009 7	566.480 9	0.001 8	5.501 6	0.181 8	5.281 0	29.053 7
29	121.500 5	0.008 2	669.447 5	0.001 5	5.509 8	0.181 5	5.314 9	29.284 2
30	143.370 6	0.007 0	790.948 0	0.001 3	5.516 8	0.181 3	5.344 8	29.486 4
31	169.177 4	0.005 9	934.318 6	0.001 1	5.522 7	0.181 1	5.371 2	29.663 8
32	199.629 3	0.005 0	1 103.496 0	0.000 9	5.527 7	0.180 9	5.394 5	29.819 1
33	235.562 5	0.004 2	1 303.125 3	0.000 8	5.532 0	0.180 8	5.414 9	29.954 9
34	277.963 8	0.003 6	1 538.687 8	0.000 6	5.535 6	0.180 6	5.432 8	30.073 6
35	327.997 3	0.003 0	1 816.651 6	0.000 6	5.538 6	0.180 6	5.448 5	30.177 3
40	750.378 3	0.001 3	4 163.213 0	0.000 2	5.548 2	0.180 2	5.502 2	30.526 9
45	1 716.683 9	0.000 6	9 531.577 1	0.000 1	5.552 3	0.180 1	5.529 3	30.700 6
50	3 927.356 9	0.000 3	2 1813.093 7	0.000 0	5.554 1	0.180 0	5.542 8	30.785 6

20.0%

N	一次支付		等额支付系列				梯度系列	
	复利系数 (F/P,i,N)	现值系数 (P/F,i,N)	复利系数 (F/A,i,N)	积累基金系数 (A/F,i,N)	现值系数 (P/A,i,N)	资金恢复系数 (A/P,i,N)	等额支付转换系数 (A/G,i,N)	现值系数 (P/G,i,N)
1	1.200 0	0.833 3	1.000 0	1.000 0	0.833 3	1.200 0	0.000 0	0.000 0
2	1.440 0	0.694 4	2.200 0	0.454 5	1.527 8	0.654 5	0.454 5	0.694 4
3	1.728 0	0.578 7	3.640 0	0.274 7	2.106 5	0.474 7	0.879 1	1.851 9
4	2.073 6	0.482 3	5.368 0	0.186 3	2.588 7	0.386 3	1.274 2	3.298 6
5	2.488 3	0.401 9	7.441 6	0.134 4	2.990 6	0.334 4	1.640 5	4.906 1
6	2.986 0	0.334 9	9.929 9	0.100 7	3.325 5	0.300 7	1.978 8	6.580 6
7	3.583 2	0.279 1	12.915 9	0.077 4	3.604 6	0.277 4	2.290 2	8.255 1
8	4.299 8	0.232 6	16.499 1	0.060 6	3.837 2	0.260 6	2.575 6	9.883 1
9	5.159 8	0.193 8	20.798 9	0.048 1	4.031 0	0.248 1	2.836 4	11.433 5
10	6.191 7	0.161 5	25.958 7	0.038 5	4.192 5	0.238 5	3.073 9	12.887 1
11	7.430 1	0.134 6	32.150 4	0.031 1	4.327 1	0.231 1	3.289 3	14.233 0
12	8.916 1	0.112 2	39.580 5	0.025 3	4.439 2	0.225 3	3.484 1	15.466 7
13	10.699 3	0.093 5	48.496 6	0.020 6	4.532 7	0.220 6	3.659 7	16.588 3
14	12.839 2	0.077 9	59.195 9	0.016 9	4.610 6	0.216 9	3.817 5	17.600 8
15	15.407 0	0.064 9	72.035 1	0.013 9	4.675 5	0.213 9	3.958 8	18.509 5
16	18.488 4	0.054 1	87.442 1	0.011 4	4.729 6	0.211 4	4.085 1	19.320 8
17	22.186 1	0.045 1	105.930 6	0.009 4	4.774 6	0.209 4	4.197 6	20.041 9
18	26.623 3	0.037 6	128.116 7	0.007 8	4.812 2	0.207 8	4.297 5	20.680 5
19	31.948 0	0.031 3	154.740 0	0.006 5	4.843 5	0.206 5	4.386 1	21.243 9
20	38.337 6	0.026 1	186.688 0	0.005 4	4.869 6	0.205 4	4.464 3	21.739 5
21	46.005 1	0.021 7	225.025 6	0.004 4	4.891 3	0.204 4	4.533 4	22.174 2
22	55.206 1	0.018 1	271.030 7	0.003 7	4.909 4	0.203 7	4.594 1	22.554 6
23	66.247 4	0.015 1	326.236 9	0.003 1	4.924 5	0.203 1	4.647 5	22.886 7
24	79.496 8	0.012 6	392.484 2	0.002 5	4.937 1	0.202 5	4.694 3	23.176 0
25	95.396 2	0.010 5	471.981 1	0.002 1	4.947 6	0.202 1	4.735 2	23.427 6
26	114.475 5	0.008 7	567.377 3	0.001 8	4.956 3	0.201 8	4.770 9	23.646 0
27	137.370 6	0.007 3	681.852 8	0.001 5	4.963 6	0.201 5	4.802 0	23.835 3
28	164.844 7	0.006 1	819.223 3	0.001 2	4.969 7	0.201 2	4.829 1	23.999 1
29	197.813 6	0.005 1	984.068 0	0.001 0	4.974 7	0.201 0	4.852 7	24.140 6
30	237.376 3	0.004 2	1 181.881 6	0.000 8	4.978 9	0.200 8	4.873 1	24.262 8
31	284.851 6	0.003 5	1 419.257 9	0.000 7	4.982 4	0.200 7	4.890 8	24.368 1
32	341.821 9	0.002 9	1 704.109 5	0.000 6	4.985 4	0.200 6	4.906 1	24.458 8
33	410.186 3	0.002 4	2 045.931 4	0.000 5	4.987 8	0.200 5	4.919 4	24.536 8
34	492.223 5	0.002 0	2 456.117 6	0.000 4	4.989 8	0.200 4	4.930 8	24.603 8
35	590.668 2	0.001 7	2 948.341 1	0.000 3	4.991 5	0.200 3	4.940 6	24.661 4
40	1 469.771 6	0.000 7	7 343.857 8	0.000 1	4.996 6	0.200 1	4.972 8	24.846 9
45	3 657.262 0	0.000 3	18 281.309 9	0.000 1	4.998 6	0.200 1	4.987 7	24.931 6

N	一次支付		等额支付系列				梯度系列		25.0%
	复利系数 (F/P,i,N)	现值系数 (P/F,i,N)	复利系数 (F/A,i,N)	积累基金系数 (A/F,i,N)	现值系数 (P/A,i,N)	资金恢复系数 (A/P,i,N)	等额支付转换系数 (A/G,i,N)	现值系数 (P/G,i,N)	
1	1.250 0	0.800 0	1.000 0	1.000 0	0.800 0	1.250 0	0.000 0	0.000 0	
2	1.562 5	0.640 0	2.250 0	0.444 4	1.440 0	0.694 4	0.444 4	0.640 0	
3	1.953 1	0.512 0	3.812 5	0.262 3	1.952 0	0.512 3	0.852 5	1.664 0	
4	2.441 4	0.409 6	5.765 6	0.173 4	2.361 6	0.423 4	1.224 9	2.892 8	
5	3.051 8	0.327 7	8.207 0	0.121 8	2.689 3	0.371 8	1.563 1	4.203 5	
6	3.814 7	0.262 1	11.258 8	0.088 8	2.951 4	0.338 8	1.868 3	5.514 2	
7	4.768 4	0.209 7	15.073 5	0.066 3	3.161 1	0.316 3	2.142 4	6.772 5	
8	5.960 5	0.167 8	19.841 9	0.050 4	3.328 9	0.300 4	2.387 2	7.946 9	
9	7.450 6	0.134 2	25.802 3	0.038 8	3.463 1	0.288 8	2.604 8	9.020 7	
10	9.313 2	0.107 4	33.252 9	0.030 1	3.570 5	0.280 1	2.797 1	9.987 0	
11	11.641 5	0.085 9	42.566 1	0.023 5	3.656 4	0.273 5	2.966 3	10.846 0	
12	14.551 9	0.068 7	54.207 7	0.018 4	3.725 1	0.268 4	3.114 5	11.602 0	
13	18.189 9	0.055 0	68.759 6	0.014 5	3.780 1	0.264 5	3.243 7	12.261 7	
14	22.737 4	0.044 0	86.949 5	0.011 5	3.824 1	0.261 5	3.355 9	12.833 4	
15	28.421 7	0.035 2	109.686 8	0.009 1	3.859 3	0.259 1	3.453 0	13.326 0	
16	35.527 1	0.028 1	138.108 5	0.007 2	3.887 4	0.257 2	3.536 6	13.748 2	
17	44.408 9	0.022 5	173.635 7	0.005 8	3.909 9	0.255 8	3.608 4	14.108 5	
18	55.511 2	0.018 0	218.044 6	0.004 6	3.927 9	0.254 6	3.669 8	14.414 7	
19	69.388 9	0.014 4	273.555 8	0.003 7	3.942 4	0.253 7	3.722 2	14.674 1	
20	86.736 2	0.011 5	342.944 7	0.002 9	3.953 9	0.252 9	3.766 7	14.893 2	
21	108.420 2	0.009 2	429.680 9	0.002 3	3.963 1	0.252 3	3.804 5	15.077 7	
22	135.525 3	0.007 4	538.101 1	0.001 9	3.970 5	0.251 9	3.836 5	15.232 6	
23	169.406 6	0.005 9	673.626 4	0.001 5	3.976 4	0.251 5	3.863 4	15.362 5	
24	211.758 2	0.004 7	843.032 9	0.001 2	3.981 1	0.251 2	3.886 1	15.471 1	
25	264.697 8	0.003 8	1 054.791 2	0.000 9	3.984 9	0.250 9	3.905 2	15.561 8	
26	330.872 2	0.003 0	1 319.489 0	0.000 8	3.987 9	0.250 8	3.921 2	15.637 3	
27	413.590 3	0.002 4	1 650.361 2	0.000 6	3.990 3	0.250 6	3.934 6	15.700 2	
28	516.987 9	0.001 9	2 063.951 5	0.000 5	3.992 3	0.250 5	3.945 7	15.752 4	
29	646.234 9	0.001 5	2 580.939 4	0.000 4	3.993 8	0.250 4	3.955 1	15.795 7	
30	807.793 6	0.001 2	3 227.174 3	0.000 3	3.995 0	0.250 3	3.962 8	15.831 6	
31	1 009.742 0	0.001 0	4 034.967 8	0.000 2	3.996 0	0.250 2	3.969 3	15.861 4	
32	12 62.177 4	0.000 8	5 044.709 8	0.000 2	3.996 8	0.250 2	3.974 6	15.885 9	
33	1 577.721 8	0.000 6	6 306.887 2	0.000 2	3.997 5	0.250 2	3.979 1	15.906 2	
34	1 972.152 3	0.000 5	7 884.609 1	0.000 1	3.998 0	0.250 1	3.982 8	15.922 9	
35	2 465.190 3	0.000 4	9 856.761 3	0.000 1	3.998 4	0.250 1	3.985 8	15.936 7	
40	7 523.163 8	0.000 1	30 088.655 4	0.000 0	3.999 5	0.250 0	3.994 7	15.976 6	

30.0%

N	一次支付		等额支付系列				梯度系列	
	复利系数 $(F/P,i,N)$	现值系数 $(P/F,i,N)$	复利系数 $(F/A,i,N)$	积累基金系数 $(A/F,i,N)$	现值系数 $(P/A,i,N)$	资金恢复系数 $(A/P,i,N)$	等额支付转换系数 $(A/G,i,N)$	现值系数 $(P/G,i,N)$
1	1.300 0	0.769 2	1.000 0	1.000 0	0.769 2	1.300 0	0.000 0	0.000 0
2	1.690 0	0.591 7	2.300 0	0.434 8	1.360 9	0.734 8	0.434 8	0.591 7
3	2.197 0	0.455 2	3.990 0	0.250 6	1.816 1	0.550 6	0.827 1	1.502 0
4	2.856 1	0.350 1	6.187 0	0.161 6	2.166 2	0.461 6	1.178 3	2.552 4
5	3.712 9	0.269 3	9.043 1	0.110 6	2.435 6	0.410 6	1.490 3	3.629 7
6	4.826 8	0.207 2	12.756 0	0.078 4	2.642 7	0.378 4	1.765 4	4.665 6
7	6.274 9	0.159 4	17.582 8	0.056 9	2.802 1	0.356 9	2.006 3	5.621 8
8	8.157 3	0.122 6	23.857 7	0.041 9	2.924 7	0.341 9	2.215 6	6.480 0
9	10.604 5	0.094 3	32.015 0	0.031 2	3.019 0	0.331 2	2.396 3	7.234 3
10	13.785 8	0.072 5	42.619 5	0.023 5	3.091 5	0.323 5	2.551 2	7.887 2
11	17.921 6	0.055 8	56.405 3	0.017 7	3.147 3	0.317 7	2.683 3	8.445 2
12	23.298 1	0.042 9	74.327 0	0.013 5	3.190 3	0.313 5	2.795 2	8.917 3
13	30.287 5	0.033 0	97.625 0	0.010 2	3.223 3	0.310 2	2.889 5	9.313 5
14	39.373 8	0.025 4	127.912 5	0.007 8	3.248 7	0.307 8	2.968 5	9.643 7
15	51.185 9	0.019 5	167.286 3	0.006 0	3.268 2	0.306 0	3.034 4	9.917 2
16	66.541 7	0.015 0	218.472 2	0.004 6	3.283 2	0.304 6	3.089 2	10.142 6
17	86.504 2	0.011 6	285.013 9	0.003 5	3.294 8	0.303 5	3.134 5	10.327 6
18	112.455 4	0.008 9	371.518 0	0.002 7	3.303 7	0.302 7	3.171 8	10.478 8
19	146.192 0	0.006 8	483.973 4	0.002 1	3.310 5	0.302 1	3.202 5	10.601 9
20	190.049 6	0.005 3	630.165 5	0.001 6	3.315 8	0.301 6	3.227 5	10.701 9
21	247.064 5	0.004 0	820.215 1	0.001 2	3.319 8	0.301 2	3.248 0	10.782 8
22	321.183 9	0.003 1	1 067.279 6	0.000 9	3.323 0	0.300 9	3.264 6	10.848 2
23	417.539 1	0.002 4	1 388.463 5	0.000 7	3.325 4	0.300 7	3.278 1	10.900 9
24	542.800 8	0.001 8	1 806.002 6	0.000 6	3.327 2	0.300 6	3.289 0	10.943 3
25	705.641 0	0.001 4	2 348.803 3	0.000 4	3.328 6	0.300 4	3.297 9	10.977 3
26	917.333 3	0.001 1	3 054.444 3	0.000 3	3.329 7	0.300 3	3.305 0	11.004 5
27	1 192.533 3	0.000 8	3 971.777 6	0.000 3	3.330 5	0.300 3	3.310 7	11.026 3
28	1 550.293 3	0.000 6	5 164.310 9	0.000 2	3.331 2	0.300 2	3.315 3	11.043 7
29	2 015.381 3	0.000 5	6 714.604 2	0.000 1	3.331 7	0.300 1	3.318 9	11.057 6
30	2 619.995 6	0.000 4	8 729.985 5	0.000 1	3.332 1	0.300 1	3.321 9	11.068 7
31	3 405.994 3	0.000 3	11 349.981 1	0.000 1	3.332 4	0.300 1	3.324 2	11.077 5
32	4 427.792 6	0.000 2	14 755.975 5	0.000 1	3.332 6	0.300 1	3.326 1	11.084 5
33	5 756.130 4	0.000 2	19 183.768 1	0.000 1	3.332 8	0.300 1	3.327 6	11.090 1
34	7 482.969 6	0.000 1	24 939.898 5	0.000 0	3.332 9	0.300 0	3.328 8	11.094 5
35	9 727.860 4	0.000 1	32 422.868 1	0.000 0	3.333 0	0.300 0	3.329 7	11.098 0

35.0%

N	一次支付		等额支付系列				梯度系列	
	复利系数 (F/P,i,N)	现值系数 (P/F,i,N)	复利系数 (F/A,i,N)	积累基金系数 (A/F,i,N)	现值系数 (P/A,i,N)	资金恢复系数 (A/P,i,N)	等额支付转换系数 (A/G,i,N)	现值系数 (P/G,i,N)
1	1.350 0	0.740 7	1.000 0	1.000 0	0.740 7	1.350 0	0.000 0	0.000 0
2	1.822 5	0.548 7	2.350 0	0.425 5	1.289 4	0.775 5	0.425 5	0.548 7
3	2.460 4	0.406 4	4.172 5	0.239 7	1.695 9	0.589 7	0.802 9	1.361 6
4	3.321 5	0.301 1	6.632 9	0.150 8	1.996 9	0.500 8	1.134 1	2.264 8
5	4.484 0	0.223 0	9.954 4	0.100 5	2.220 0	0.450 5	1.422 0	3.156 8
6	6.053 4	0.165 2	14.438 4	0.069 3	2.385 2	0.419 3	1.669 8	3.982 8
7	8.172 2	0.122 4	20.491 9	0.048 8	2.507 5	0.398 8	1.881 1	4.717 0
8	11.032 4	0.090 6	28.664 0	0.034 9	2.598 2	0.384 9	2.059 7	5.351 5
9	14.893 7	0.067 1	39.696 4	0.025 2	2.665 3	0.375 2	2.209 4	5.888 6
10	20.106 6	0.049 7	54.590 2	0.018 3	2.715 0	0.368 3	2.333 8	6.336 3
11	27.143 9	0.036 8	74.696 7	0.013 4	2.751 9	0.363 4	2.436 4	6.704 7
12	36.644 2	0.027 3	101.840 6	0.009 8	2.779 2	0.359 8	2.520 5	7.004 9
13	49.469 7	0.020 2	138.484 8	0.007 2	2.799 4	0.357 2	2.588 9	7.247 4
14	66.784 1	0.015 0	187.954 4	0.005 3	2.814 4	0.355 3	2.644 3	7.442 1
15	90.158 5	0.011 1	254.738 5	0.003 9	2.825 5	0.353 9	2.688 9	7.597 4
16	121.713 9	0.008 2	344.897 0	0.002 9	2.833 7	0.352 9	2.724 6	7.720 6
17	164.313 8	0.006 1	466.610 9	0.002 1	2.839 8	0.352 1	2.753 0	7.818 0
18	221.823 6	0.004 5	630.924 7	0.001 6	2.844 3	0.351 6	2.775 6	7.894 6
19	299.461 9	0.003 3	852.748 3	0.001 2	2.847 6	0.351 2	2.793 5	2.954 7
20	404.273 6	0.002 5	1 152.210 3	0.000 9	2.850 1	0.350 9	2.807 5	8.001 7
21	545.769 3	0.001 8	1 556.483 8	0.000 6	2.851 9	0.350 6	2.818 6	8.038 4
22	736.788 6	0.001 4	2 102.253 2	0.000 5	2.853 3	0.350 5	2.827 2	8.066 9
23	994.664 6	0.001 0	2 839.041 8	0.000 4	2.854 3	0.350 4	2.834 0	8.089 0
24	1 342.797 3	0.000 7	3 833.706 4	0.000 3	2.855 0	0.350 3	2.839 3	8.106 1
25	1 812.776 3	0.000 6	5 176.503 7	0.000 2	2.855 6	0.350 2	2.843 3	8.119 4
26	2 447.248 0	0.000 4	6 989.280 0	0.000 1	2.856 0	0.350 1	2.846 5	8.129 6
27	3 303.784 8	0.000 3	9 436.528 0	0.000 1	2.856 3	0.350 1	2.849 0	8.137 4
28	4 460.109 5	0.000 2	12 740.312 8	0.000 1	2.856 5	0.350 1	2.850 9	8.143 5
29	6 021.147 8	0.000 2	17 200.422 2	0.000 1	2.856 7	0.350 1	2.852 3	8.148 1
30	8 128.549 5	0.000 1	23 221.570 0	0.000 0	2.856 8	0.350 0	2.853 5	8.151 7

40.0%

N	一次支付		等额支付系列				梯度系列	
	复利系数 (F/P,i,N)	现值系数 (P/F,i,N)	复利系数 (F/A,i,N)	积累基金系数 (A/F,i,N)	现值系数 (P/A,i,N)	资金恢复系数 (A/P,i,N)	等额支付转换系数 (A/G,i,N)	现值系数 (P/G,i,N)
1	1.400 0	0.714 3	1.000 0	1.000 0	0.714 3	1.400 0	0.000 0	0.000 0
2	1.960 0	0.510 2	2.400 0	0.416 7	1.224 5	0.816 7	0.416 7	0.510 2
3	2.744 0	0.364 4	4.360 0	0.229 4	1.588 9	0.629 4	0.779 8	1.239 1
4	3.841 6	0.260 3	7.104 0	0.140 8	1.849 2	0.540 8	1.092 3	2.020 0
5	5.378 2	0.185 9	10.945 6	0.091 4	2.035 2	0.491 4	1.358 0	2.763 7
6	7.529 5	0.132 8	16.323 8	0.061 3	2.168 0	0.461 3	1.581 1	3.427 8
7	10.541 4	0.094 9	23.853 4	0.041 9	2.262 8	0.441 9	1.766 4	3.997 0
8	14.757 9	0.067 8	34.394 7	0.029 1	2.330 6	0.429 1	1.918 5	4.471 3
9	20.661 0	0.048 4	49.152 6	0.020 3	2.379 0	0.420 3	2.042 2	4.858 5
10	28.925 5	0.034 6	69.813 7	0.014 3	2.413 6	0.414 3	2.141 9	5.169 6
11	40.495 7	0.024 7	98.739 1	0.010 1	2.438 3	0.410 1	2.221 5	5.416 6
12	56.693 9	0.017 6	139.234 8	0.007 2	2.455 9	0.407 2	2.284 5	5.610 6
13	79.371 5	0.012 6	195.928 7	0.005 1	2.468 5	0.405 1	2.334 1	5.761 8
14	111.120 1	0.009 0	275.300 2	0.003 6	2.477 5	0.403 6	2.372 9	5.878 8
15	155.568 1	0.006 4	386.420 2	0.002 6	2.483 9	0.402 6	2.403 0	5.968 8
16	217.795 3	0.004 6	541.988 3	0.001 8	2.488 5	0.401 8	2.426 2	6.037 6
17	304.913 5	0.003 3	759.783 7	0.001 3	2.491 8	0.401 3	2.444 1	6.090 1
18	426.878 9	0.002 3	1 064.697 1	0.000 9	2.494 1	0.400 9	2.457 7	6.129 9
19	597.630 4	0.001 7	1 491.576 0	0.000 7	2.495 8	0.400 7	2.468 2	6.160 1
20	836.682 6	0.001 2	2 089.206 4	0.000 5	2.497 0	0.400 5	2.476 1	6.182 8
21	1 171.355 6	0.000 9	2 925.888 9	0.000 3	2.497 9	0.400 3	2.482 1	6.199 8
22	1 639.897 8	0.000 6	4 097.244 5	0.000 2	2.498 5	0.400 2	2.486 6	6.212 7
23	2 295.856 9	0.000 4	5 737.142 3	0.000 2	2.498 9	0.400 2	2.490 0	6.222 2
24	3 214.199 7	0.000 3	8 032.999 3	0.000 1	2.499 2	0.400 1	2.492 5	6.229 4
25	4 499.879 6	0.000 2	11 247.199 0	0.000 1	2.499 4	0.400 1	2.494 4	6.234 7
26	6 299.831 4	0.000 2	15 747.078 5	0.000 1	2.499 6	0.400 1	2.495 9	6.238 7
27	8 819.764 0	0.000 1	22 046.909 9	0.000 0	2.499 7	0.400 0	2.496 9	6.241 6
28	12 347.669 6	0.000 1	30 866.673 9	0.000 0	2.499 8	0.400 0	2.497 7	6.243 8
29	17 286.737 4	0.000 1	43 214.343 5	0.000 0	2.499 9	0.400 0	2.498 3	6.245 4
30	24 201.432 4	0.000 0	60 501.080 9	0.000 0	2.499 9	0.400 0	2.498 8	6.246 6

50.0%

N	一次支付		等额支付系列				梯度系列	
	复利系数 (F/P,i,N)	现值系数 (P/F,i,N)	复利系数 (F/A,i,N)	积累基金系数 (A/F,i,N)	现值系数 (P/A,i,N)	资金恢复系数 (A/P,i,N)	等额支付转换系数 (A/G,i,N)	现值系数 (P/G,i,N)
1	1.500 0	0.666 7	1.000 0	1.000 0	0.666 7	1.500 0	0.000 0	0.000 0
2	2.250 0	0.444 4	2.500 0	0.400 0	1.111 1	0.900 0	0.400 0	0.444 4
3	3.375 0	0.296 3	4.750 0	0.210 5	1.407 4	0.710 5	0.736 8	1.037 0
4	5.062 5	0.197 5	8.125 0	0.123 1	1.604 9	0.623 1	1.015 4	1.629 46
5	7.593 8	0.131 7	13.187 5	0.075 8	1.736 6	0.575 8	1.241 7	2.156 4
6	11.390 6	0.087 8	20.781 3	0.048 1	1.824 4	0.548 1	1.422 6	2.595 3
7	17.085 9	0.058 5	32.171 9	0.031 1	1.882 9	0.531 1	1.564 8	2.946 5
8	25.628 9	0.039 0	49.257 8	0.020 3	1.922 0	0.520 3	1.675 2	3.219 6
9	38.443 4	0.026 0	74.886 7	0.013 4	1.948 0	0.513 4	1.759 6	3.427 7
10	57.665 0	0.017 3	113.330 1	0.008 8	1.965 3	0.508 8	1.823 5	3.583 8
11	86.497 6	0.011 6	170.995 1	0.005 8	1.976 9	0.505 8	1.871 3	3.699 4
12	129.746 3	0.007 7	257.492 7	0.003 9	1.984 6	0.503 9	1.906 8	3.784 2
13	194.619 5	0.005 1	387.239 0	0.002 6	1.989 7	0.502 6	1.932 9	3.845 9
14	291.929 3	0.003 4	581.858 5	0.001 7	1.993 1	0.501 7	1.951 9	3.890 4
15	437.893 9	0.002 3	873.787 8	0.001 1	1.995 4	0.501 1	1.965 7	3.922 4
16	656.840 8	0.001 5	1 311.681 7	0.000 8	1.997 0	0.500 8	1.975 6	3.945 2
17	985.261 3	0.001 0	1 968.522 5	0.000 5	1.998 0	0.500 5	1.982 7	3.961 4
18	1 477.891 9	0.000 7	2 953.783 8	0.000 3	1.998 6	0.500 3	1.987 8	3.972 9
19	2 216.837 8	0.000 5	4 431.675 6	0.000 2	1.999 1	0.500 2	1.991 4	3.981 1
20	3 325.256 7	0.000 3	6 648.513 5	0.000 2	1.999 4	0.500 2	1.994 0	3.986 8

附录 B　标准正态分布函数值

A 部分：累积标准正态分布函数

z	0.00	0.01	0.02	0.03	0.04	0.05	0.06	0.07	0.08	0.09
−3	0.001 35	0.001 31	0.001 26	0.001 22	0.001 18	0.001 14	0.001 11	0.001 07	0.001 04	0.001 00
−2.9	0.001 87	0.001 81	0.001 75	0.001 69	0.001 64	0.001 59	0.001 54	0.001 49	0.001 44	0.001 39
−2.8	0.002 56	0.002 48	0.002 40	0.002 33	0.002 26	0.002 19	0.002 12	0.002 05	0.001 99	0.001 93
−2.7	0.003 47	0.003 36	0.003 26	0.003 17	0.003 07	0.002 98	0.002 89	0.002 80	0.002 72	0.002 64
−2.6	0.004 66	0.004 53	0.004 40	0.004 27	0.004 15	0.004 02	0.003 91	0.003 79	0.003 68	0.003 57
−2.5	0.006 21	0.006 04	0.005 87	0.005 70	0.005 54	0.005 39	0.005 23	0.005 08	0.004 94	0.004 80
−2.4	0.008 20	0.007 98	0.007 76	0.007 55	0.007 34	0.007 14	0.006 95	0.006 76	0.006 57	0.006 39
−2.3	0.010 72	0.010 44	0.010 17	0.009 90	0.009 64	0.009 39	0.009 14	0.008 89	0.008 66	0.008 42
−2.2	0.013 90	0.013 55	0.013 21	0.012 87	0.012 55	0.012 22	0.011 91	0.011 60	0.011 30	0.011 01
−2.1	0.017 86	0.017 43	0.017 00	0.016 59	0.016 18	0.015 78	0.015 39	0.015 00	0.014 63	0.014 26
−2	0.022 75	0.022 22	0.021 69	0.021 18	0.020 68	0.020 18	0.019 70	0.019 23	0.018 76	0.018 31
−1.9	0.028 72	0.028 07	0.027 43	0.026 80	0.026 19	0.025 59	0.025 00	0.024 42	0.023 85	0.023 30
−1.8	0.035 93	0.035 15	0.034 38	0.033 62	0.032 88	0.032 16	0.031 44	0.030 74	0.030 05	0.029 38
−1.7	0.044 57	0.043 63	0.042 72	0.041 82	0.040 93	0.040 06	0.039 20	0.038 36	0.037 54	0.036 73
−1.6	0.054 80	0.053 70	0.052 62	0.051 55	0.050 50	0.049 47	0.048 46	0.047 46	0.046 48	0.045 51
−1.5	0.066 81	0.065 52	0.064 26	0.063 01	0.061 78	0.060 57	0.059 38	0.058 21	0.057 05	0.055 92
−1.4	0.080 76	0.079 27	0.077 80	0.076 36	0.074 93	0.073 53	0.072 15	0.070 78	0.069 44	0.068 11
−1.3	0.096 80	0.095 10	0.093 42	0.091 76	0.090 12	0.088 51	0.086 91	0.085 34	0.083 79	0.082 26
−1.2	0.115 07	0.113 14	0.111 23	0.109 35	0.107 49	0.105 65	0.103 83	0.102 04	0.100 27	0.098 53
−1.1	0.135 67	0.133 50	0.131 36	0.129 24	0.127 14	0.125 07	0.123 02	0.121 00	0.119 00	0.117 02
−1	0.158 66	0.156 25	0.153 86	0.151 51	0.149 17	0.146 86	0.144 57	0.142 31	0.140 07	0.137 86
−0.9	0.184 06	0.181 41	0.178 79	0.176 19	0.173 61	0.171 06	0.168 53	0.166 02	0.163 54	0.161 09
−0.8	0.211 86	0.208 97	0.206 11	0.203 27	0.200 45	0.197 66	0.194 89	0.192 15	0.189 43	0.186 73
−0.7	0.241 96	0.238 85	0.235 76	0.232 70	0.229 65	0.226 63	0.223 63	0.220 65	0.217 70	0.214 76
−0.6	0.274 25	0.270 93	0.267 63	0.264 35	0.261 09	0.257 85	0.254 63	0.251 43	0.248 25	0.245 10
−0.5	0.308 54	0.305 03	0.301 53	0.298 06	0.294 60	0.291 16	0.287 74	0.284 34	0.280 96	0.277 60
−0.4	0.344 58	0.340 90	0.337 24	0.333 60	0.329 97	0.326 36	0.322 76	0.319 18	0.315 61	0.312 07
−0.3	0.382 09	0.378 28	0.374 48	0.370 70	0.366 93	0.363 17	0.359 42	0.355 69	0.351 97	0.348 27
−0.2	0.420 74	0.416 83	0.412 94	0.409 05	0.405 17	0.401 29	0.397 43	0.393 58	0.389 74	0.385 91
−0.1	0.460 17	0.456 20	0.452 24	0.448 28	0.444 33	0.440 38	0.436 44	0.432 51	0.428 58	0.424 65
0	0.500 00	0.503 99	0.507 98	0.511 97	0.515 95	0.519 94	0.523 92	0.527 90	0.531 88	0.535 86

B部分：累积标准正态分布函数

z	0.00	0.01	0.02	0.03	0.04	0.05	0.06	0.07	0.08	0.09
0	0.500 00	0.503 99	0.507 98	0.511 97	0.515 95	0.519 94	0.523 92	0.527 90	0.531 88	0.535 86
0.1	0.539 83	0.543 80	0.547 76	0.551 72	0.555 67	0.559 62	0.563 56	0.567 49	0.571 42	0.575 35
0.2	0.579 26	0.583 17	0.587 06	0.590 95	0.594 83	0.598 71	0.602 57	0.606 42	0.610 26	0.614 09
0.3	0.617 91	0.621 72	0.625 52	0.629 30	0.633 07	0.636 83	0.640 58	0.644 31	0.648 03	0.651 73
0.4	0.655 42	0.659 10	0.662 76	0.666 40	0.670 03	0.673 64	0.677 24	0.680 82	0.684 39	0.687 93
0.5	0.691 46	0.694 97	0.698 47	0.701 94	0.705 40	0.708 84	0.712 26	0.715 66	0.719 04	0.722 40
0.6	0.725 75	0.729 07	0.732 37	0.735 65	0.738 91	0.742 15	0.745 37	0.748 57	0.751 75	0.754 90
0.7	0.758 04	0.761 15	0.764 24	0.767 30	0.770 35	0.773 37	0.776 37	0.779 35	0.782 30	0.785 24
0.8	0.788 14	0.791 03	0.793 89	0.796 73	0.799 55	0.802 34	0.805 11	0.807 85	0.810 57	0.813 27
0.9	0.815 94	0.818 59	0.821 21	0.823 81	0.826 39	0.828 94	0.831 47	0.833 98	0.836 46	0.838 91
1	0.841 34	0.843 75	0.846 14	0.848 49	0.850 83	0.853 14	0.855 43	0.857 69	0.859 93	0.862 14
1.1	0.864 33	0.866 50	0.868 64	0.870 76	0.872 86	0.874 93	0.876 98	0.879 00	0.881 00	0.882 98
1.2	0.884 93	0.886 86	0.888 77	0.890 65	0.892 51	0.894 35	0.896 17	0.897 96	0.899 73	0.901 47
1.3	0.903 20	0.904 90	0.906 58	0.908 24	0.909 88	0.911 49	0.913 09	0.914 66	0.916 21	0.917 74
1.4	0.919 24	0.920 73	0.922 20	0.923 64	0.925 07	0.926 47	0.927 85	0.929 22	0.930 56	0.931 89
1.5	0.933 19	0.934 48	0.935 74	0.936 99	0.938 22	0.939 43	0.940 62	0.941 79	0.942 95	0.944 08
1.6	0.945 20	0.946 30	0.947 38	0.948 45	0.949 50	0.950 53	0.951 54	0.952 54	0.953 52	0.954 49
1.7	0.955 43	0.956 37	0.957 28	0.958 18	0.959 07	0.959 94	0.960 80	0.961 64	0.962 46	0.963 27
1.8	0.964 07	0.964 85	0.965 62	0.966 38	0.967 12	0.967 84	0.968 56	0.969 26	0.969 95	0.970 62
1.9	0.971 28	0.971 93	0.972 57	0.973 20	0.973 81	0.974 41	0.975 00	0.975 58	0.976 15	0.976 70
2	0.977 25	0.977 78	0.978 31	0.978 82	0.979 32	0.979 82	0.980 30	0.980 77	0.981 24	0.981 69
2.1	0.982 14	0.982 57	0.983 00	0.983 41	0.983 82	0.984 22	0.984 61	0.985 00	0.985 37	0.985 74
2.2	0.986 10	0.986 45	0.986 79	0.987 13	0.987 45	0.987 78	0.988 09	0.988 40	0.988 70	0.988 99
2.3	0.989 28	0.989 56	0.989 83	0.990 10	0.990 36	0.990 61	0.990 86	0.991 11	0.991 34	0.991 58
2.4	0.991 80	0.992 02	0.992 24	0.992 45	0.992 66	0.992 86	0.993 05	0.993 24	0.993 43	0.993 61
2.5	0.993 79	0.993 96	0.994 13	0.994 30	0.994 46	0.994 61	0.994 77	0.994 92	0.995 06	0.995 20
2.6	0.995 34	0.995 47	0.995 60	0.995 73	0.995 85	0.995 98	0.996 09	0.996 21	0.996 32	0.996 43
2.7	0.996 53	0.996 64	0.996 74	0.996 83	0.996 93	0.997 02	0.997 11	0.997 20	0.997 28	0.997 36
2.8	0.997 44	0.997 52	0.997 60	0.997 67	0.997 74	0.997 81	0.997 88	0.997 95	0.998 01	0.998 07
2.9	0.998 13	0.998 19	0.998 25	0.998 31	0.998 36	0.998 41	0.998 46	0.998 51	0.998 56	0.998 61
3	0.998 65	0.998 69	0.998 74	0.998 78	0.998 82	0.998 86	0.998 89	0.998 93	0.998 96	0.999 00

注 1：标准正态分布的函数形式为 $f(x)=\frac{1}{\sqrt{2\pi}}e^{\frac{-z^2}{2}}$，其函数图形为区域 1 上方的钟形曲线，拐点位于 $z=-1$ 和 $z=1$ 处。

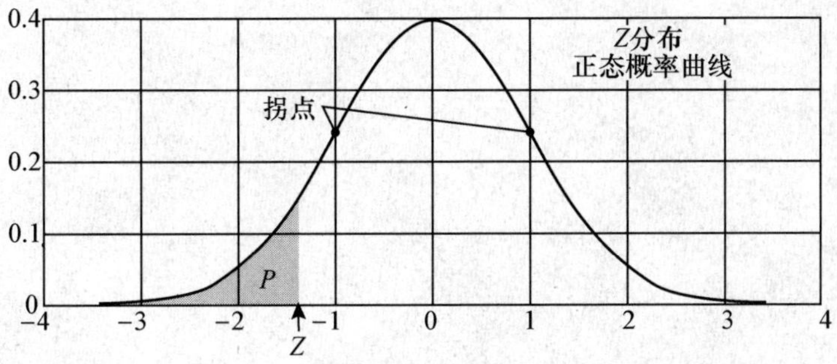

注 2：如果随机变量 X 不服从标准正态分布，则需要将变量标准化，即设 $z=\frac{x-u}{\sigma}$，欲求正态概率曲线下方阴影部分 P 的面积，则有 $P(X\leqslant x)=\Phi\left(z=\frac{x-u}{\sigma}\right),\Phi(-z)=1-\Phi(z)$。例如，已知 NPW 服从正态分布，期望值为 200 美元，方差为 400 美元，求净现值（NPW）为负的概率，则计算过程如下：

$$P(\text{NPW}\leqslant 0)=\Phi\left(z=\frac{0-20}{\sqrt{400}}=-1\right)=0.158\,66$$

如果要求 NPW 大于 50 美元的概率，则有

$$P(\text{NPW}\geqslant 50)=1-P(NPW\leqslant 50)=1-\Phi\left(z=\frac{50-20}{\sqrt{400}}=1.5\right)$$
$$=1-0.933\,19=0.066\,8$$

图书在版编目（CIP）数据

工程经济学：第5版/帕克著，邵颖红译. —北京：中国人民大学出版社，2012.8
（管理科学与工程经典译丛）
ISBN 978-7-300-16014-6

Ⅰ.①工… Ⅱ.①钱…②邵… Ⅲ.①工程经济学 Ⅳ.①F062.4

中国版本图书馆CIP数据核字（2012）第135139号

管理科学与工程经典译丛
工程经济学（第5版）
钱·S·帕克　著
邵颖红　译
Gongcheng Jingjixue

出版发行	中国人民大学出版社		
社　址	北京中关村大街31号	**邮政编码**	100080
电　话	010－62511242（总编室）		010－62511398（质管部）
	010－82501766（邮购部）		010－62514148（门市部）
	010－62515195（发行公司）		010－62515275（盗版举报）
网　址	http://www.crup.com.cn		
	http://www.ttrnet.com（人大教研网）		
经　销	新华书店		
印　刷	涿州市星河印刷有限公司		
规　格	185 mm×260 mm　16开本	**版　次**	2012年11月第1版
印　张	37.25 插页1	**印　次**	2017年4月第3次印刷
字　数	895 000	**定　价**	75.00元

为了确保您及时有效地申请培生整体教学资源，请您务必完整填写如下表格，加盖学院的公章后传真给我们，我们将会在2～3个工作日内为您处理。

需要申请的资源（请在您需要的项目后划“√”）：

□ 教师手册、PPT、题库、试卷生成器等常规教辅资源

□ MyLab 学科在线教学作业系统

□ CourseConnect 整体教学方案解决平台

请填写所需教辅的开课信息：

采用教材			□中文版 □英文版 □双语版
作　者		出版社	
版　次		ISBN	
课程时间	始于　年　月　日	学生人数	
	止于　年　月　日	学生年级	□专科 □本科 1/2 年级 □研究生 □本科 3/4 年级

请填写您的个人信息：

学　校			
院系/专业			
姓　名		职　称	□助教 □讲师 □副教授 □教授
通信地址/邮编			
手　机		电　话	
传　真			
official email（必填） （eg：xxx@ruc.edu.cn）		email （eg：xxx@163.com）	
是否愿意接受我们定期的新书讯息通知：　□是　□否			

系/院主任：________（签字）

（系/院办公室章）

____年____月____日

100013 北京市东城区北三环东路 36 号环球贸易中心 D 座 1208 室
电话：（8610） 57355169
传真：（8610） 58257961
Please send this form to：Service.CN@pearson.com
Website：www.pearsonhighered.com/educator

教师教学服务说明

中国人民大学出版社工商管理分社以出版经典、高品质的工商管理、财务会计、统计、市场营销、人力资源管理、运营管理、物流管理、旅游管理等领域的各层次教材为宗旨。

为了更好地为一线教师服务，近年来工商管理分社着力建设了一批数字化、立体化的网络教学资源。教师可以通过以下方式获得免费下载教学资源的权限：

在“人大经管图书在线”（www.rdjg.com.cn）注册，下载“教师服务登记表”，或直接填写下面的“教师服务登记表”，加盖院系公章，然后邮寄或传真给我们。我们收到表格后将在一个工作日内为您开通相关资源的下载权限。

如您需要帮助，请随时与我们联络：

中国人民大学出版社工商管理分社

联系电话：010-62515735，62515749，62515987

传　　真：010-62515732，62514775　　　　电子邮箱：rdcbsjg@crup.com.cn

通讯地址：北京市海淀区中关村大街甲 59 号文化大厦 1501 室（100872）

教师服务登记表

姓名		□先生　□女士	职　称		
座机/手机			电子邮箱		
通讯地址			邮　编		
任教学校			所在院系		
所授课程	课程名称	现用教材名称	出版社	对象（本科生/研究生/MBA/其他）	学生人数
需要哪本教材的配套资源					
人大经管图书在线用户名					
院/系领导（签字）： 院/系办公室盖章					